BIBLIOTHÈQUE
D'HISTOIRE CONTEMPORAINE

HISTOIRE DIPLOMATIQUE
DE
L'EUROPE

DEPUIS L'OUVERTURE DU CONGRÈS DE VIENNE
JUSQU'A LA CLÔTURE DU CONGRÈS DE BERLIN (1814-1878)

PAR

A. DEBIDOUR

Ancien Doyen de la Faculté des lettres de Nancy.
Inspecteur général de l'Instruction publique.

TOME SECOND
LA RÉVOLUTION

PARIS
ANCIENNE LIBRAIRIE GERMER BAILLIÈRE ET Cie
FÉLIX ALCAN, ÉDITEUR
108, BOULEVARD SAINT-GERMAIN, 108

1891

HISTOIRE DIPLOMATIQUE

DE L'EUROPE

COULOMMIERS
Imprimerie Paul Brodard.

HISTOIRE DIPLOMATIQUE

DE

L'EUROPE

DEPUIS L'OUVERTURE DU CONGRÈS DE VIENNE
JUSQU'À LA CLÔTURE DU CONGRÈS DE BERLIN (1814-1878)

PAR

A. DEBIDOUR

Ancien Doyen de la Faculté des lettres de Nancy,
Inspecteur général de l'Instruction publique.

TOME SECOND

LA RÉVOLUTION

PARIS

ANCIENNE LIBRAIRIE GERMER BAILLIÈRE ET Cie

FÉLIX ALCAN, ÉDITEUR

108, BOULEVARD SAINT-GERMAIN, 108

1891

HISTOIRE DIPLOMATIQUE

DE

L'EUROPE

DEUXIÈME PARTIE

LA RÉVOLUTION

CHAPITRE PREMIER

L'ÉBRANLEMENT DE L'EUROPE[1]

I. La France et le manifeste de Lamartine. — II. Agitation générale en Europe. — III. La Révolution en Allemagne et en Italie. — IV. Le premier vol de l'aigle germanique. — V. L'Autriche, le Parlement de Francfort et le vicariat de l'Empire. — VI. L'*Italia fara da se* : Custozza. — VII. La cour de Vienne entre les Slaves et les Hongrois. — VIII. De Malmoe à Francfort. — IX. La Révolution à Vienne (octobre 1848). — X. La Révolution à Rome (novembre 1848). — XI. Les débuts de Schwarzenberg. — XII. La cour de Prusse et la politique de Gagern. — XIII. Joute diplomatique entre Vienne et Berlin. — XIV. Mazzini, Pie IX et Charles-Albert. XV. La Constitution allemande de 1849 — XVI. Le canon russe. — XVII. La reculade de Frédéric-Guillaume. — XVIII. La république française et la république romaine.

(1848-1849)

I

La diplomatie n'a joué qu'un rôle secondaire en Europe pendant les années 1848 et 1849. Tous les calculs des cabinets ont été à

1. Sources : *Annuaire des Deux Mondes*, année 1850 ; — Antioche (Ad. d'), *Deux diplomates, le comte Raczynsky et Donoso Cortès* ; — Azeglio (M.), *Correspondance* ; — Balleydier, *Histoire des révolutions de l'empire d'Autriche* (1848-1849) ; *Turin et Charles-Albert* ; *Histoire de la révolution de Rome*

cette époque subordonnés aux chances de la guerre. Les événements ont été le fait des peuples bien plus que celui des politiques. L'édifice péniblement élevé par le congrès de Vienne a failli tout

(1846-1850); — Barrot (Odilon), *Mémoires*; — Belgiojoso (princesse de), *l'Italie et la révolution italienne en 1848* (Revue des Deux Mondes, 1848-1849): — *Belgique* (*Lettres sur la*), Revue des Deux Mondes, 15 juillet, 15 août 1848: — Berger, *Vie du prince de Schwarzenberg*; — Berryer, *Discours parlementaires*; — Beust (comte de), *Mémoires*, t. I; — Bianchi, *Storia documentata della diplomazia europea in Italia (1813-1861)*; — Blanc (L.), *Histoire de la révolution de 1848*; — Broglie (Albert de), *De la Politique étrangère de la France depuis la révolution de février* (Revue des Deux Mondes, 1er août 1848): — Buloz, *la Suisse depuis la révolution de février* (Revue des Deux Mondes, 1er octobre 1850); — Bunsen (baron de), *Mémoires*; — Canitz-Dallwitz (baron de), *Denkschriften*, t. II; — Cantu, *Della Indipendenza italiana*, t. III; — Costa de Beauregard, *les Dernières années du roi Charles-Albert*; — *Danemark* (*Affaires de*), Revue des Deux Mondes, 15 mai 1849; — Desprez (H.), *le Danemark et la confédération germanique* (Revue des Deux Mondes, 1er oct. 1848); *la Révolution dans l'Europe orientale* (Revue des Deux Mondes, 1848-1849); *les Polonais dans la révolution européenne* (Revue des Deux Mondes, 15 août, 15 sept. 1849); *la Turquie et l'alliance austro-russe* (Revue des Deux Mondes, 1er nov. 1849); — Deventer (van), *Cinquante années de l'histoire fédérale de l'Allemagne*; — Droysen, *la Révolution danoise de 1848*; — Favre (J.), *Discours parlementaires*; — Falloux (comte de), *Mémoires d'un royaliste*; — Ficquelmont (Cte de), *Éclaircissements sur l'intervalle du 20 mars au 4 mai 1848*; — Fouquier, *Annuaire historique*, années 1848-1849; — Garnier-Pagès, *Histoire de la révolution de 1848*; — Geoffroy (L. de), *Affaires d'Italie* (Revue des Deux Mondes, 1848-1850); — Greville (Ch.), *les Quinze premières années du règne de la reine Victoria*; — Harcourt (B. d'), *les Quatre ministères de M. Drouyn de Lhuys*; — Hervé (Ed.), *la Crise irlandaise depuis la fin du* XVIIIe *siècle*; — Hubbard, *Histoire contemporaine de l'Espagne*, t. V; — Klaczko (J.), *Études de diplomatie contemporaine*; — La Gorce, *Histoire de la seconde République française*; — Lamartine, *Histoire de la Révolution de 1848*; — Langsdorff (de), *la Hongrie en 1848* (Revue des Deux Mondes, 1848); *la Transylvanie jusqu'en 1849* (Revue des Deux Mondes, 1849); — Mac Carthy, *Histoire contemporaine de l'Angleterre*, t. II; — Maissin (E.), *la Médiation anglo-française à Palerme* (Revue des Deux Mondes, 15 avril 1849); — Martin (H.), *Daniel Manin*; — Martin (Th.), *le Prince Albert*. t. I; — Malmesbury, *Mémoires d'un ancien ministre*; — Metternich (prince de), *Mémoires, documents et écrits divers*, t. VIII; — Molbeck, *le Duché de Schleswig dans ses rapports historiques avec le Danemark et avec le Holstein*; — Montanelli, *Mémoires*; — Normanby (lord), *Une année de révolution*; — Pepe (G.), *Histoire des révolutions et des guerres d'Italie en 1847, 1848 et 1849*; — Perrens, *Deux ans de révolution en Italie*; — Pierre (V.), *Histoire de la République de 1848*; — Pillersdorf (baron de), *Coup d'œil rétrospectif sur les événements politiques en Autriche pendant les années 1848-1849*; — Rattazzi (Mme), *Rattazzi et son temps*, t. I. — Ricciardi, *Histoire de la révolution d'Italie en 1848*; — Rempp (M.), *le Danemark et l'Allemagne*; — Rothan, *l'Europe et l'avènement du second Empire*; — Stern (D.), *Histoire de la révolution de 1848*; — Simon (E.), *l'Empereur Guillaume*; — Saint-René Taillandier, *Études sur la Révolution en Allemagne*; — Thiers, *Discours parlementaires*; — Thomas (Alex.), *la Praguerie en 1848* (Revue des Deux Mondes, 1er sept. 1848); — Ulloa (général), *Guerre de l'indépendance italienne en 1848-1849*; — Varnhagen d'Ense, *Journal*; — Yranyi et Chassin, *Histoire politique de la révolution de Hongrie en 1847-1849*; — Zeller, *Pie IX et Victor-Emmanuel*, etc.

à coup être mis en pièces par une révolution presque universelle. S'il n'a été disloqué qu'à moitié, c'est que l'accord est peut-être aussi difficile à établir entre les peuples qu'entre les rois. Les nations qu'on n'avait pas consultées sur leurs destinées en 1815 ont pris la parole en 1848. Mais leur ignorance, leur jalousie mutuelle et l'inexpérience de leurs gouvernements improvisés ont facilité aux princes la tâche de les réduire au silence. Leur croisade anarchique pour la liberté a été un avortement. Mais, pour avoir été vaincues une fois, elles ne devaient pas rester longtemps découragées. Parmi les problèmes posés par elles pendant cette crise mémorable, plusieurs (et non des moindres) ont été résolus depuis lors; les autres n'ont cessé, jusqu'à nos jours, de les préoccuper et de les passionner.

Au lendemain du 24 février, il ne fut douteux pour aucun homme d'État que l'Europe ne dût être prochainement ébranlée par le contre-coup des événements dont Paris venait d'être le théâtre. La France était regardée, non sans raison, comme le foyer principal de la Révolution. Le feu, longtemps comprimé par Louis-Philippe, éclatait maintenant et se répandait sans obstacle. Du jour au lendemain, sans préparation, sans transition, notre pays avait passé de la monarchie bourgeoise et censitaire au régime de la démocratie pure. Ses nouveaux chefs l'appelaient à la République et le dotaient du suffrage universel. N'allaient-il pas, fidèles à l'esprit de propagande qui, si longtemps, les avait animés, eux et leurs devanciers, provoquer tous les peuples à la délivrance, déchirer hardiment les traités de 1815? On put le croire pendant quelques jours. Le gouvernement provisoire [1] n'avait pas les mêmes motifs que la royauté de Juillet pour s'abstenir et se tenir coi. Il semblait que la victoire lui fût facile, puisque toutes les nationalités opprimées étaient prêtes à se soulever à sa voix. En France une guerre de revanche contre la politique de la Sainte-Alliance n'eût pas

1. Ce gouvernement, improvisé au milieu de l'émeute, se composait de Dupont (de l'Eure), Lamartine, Crémieux, Arago, Ledru-Rollin, Garnier-Pagès, Marie, Marrast, Louis Blanc, Flocon et Albert (ce dernier seul est encore vivant à l'heure actuelle). Le ministère qu'il constitua dès le 24 février était ainsi formé : Dupont (de l'Eure), président, sans portefeuille; Crémieux (ministre de la justice); Ledru-Rollin (de l'intérieur); Goudchaux (des finances); Arago (de la marine); Bedeau (de la guerre); Carnot (de l'instruction publique); Bethmont (du commerce); Marie (des travaux publics).

été moins populaire en 1848 qu'en 1830. Ajoutons qu'elle eût servi de dérivatif à la démagogie aveugle dont les violences devaient être si funestes à la seconde République et qu'elle eût probablement prévenu les journées de juin et le second Empire. Elle ne répugnait pas à certains membres du nouveau gouvernement. Mais d'autres se disaient que des gouvernants sans mandat régulier, quelque pures que fussent leurs intentions, n'avaient pas le droit d'engager la fortune, l'honneur, l'avenir de la France dans une pareille entreprise. Arrivés de la veille aux affaires, et à l'improviste, ils avaient presque tout à apprendre, en fait de diplomatie comme d'administration. Ils n'étaient pas, en outre, sans savoir que l'armée française, maintenue par Louis-Philippe à un effectif très bas et dont la meilleure partie demeurait en Algérie, était pour le moment dans l'impossibilité d'entrer en campagne. Puis comment pénétrer en Belgique sans s'attirer la redoutable inimitié de l'Angleterre? Comment revendiquer le Rhin sans réveiller les fureurs germaniques de 1840? Enfin, si toutes les nationalités étaient respectables, s'il était injuste d'en contrarier aucune, était-il prudent de les favoriser toutes? Avions-nous intérêt à seconder par un concours matériel les vœux unitaires des Italiens et des Allemands et à former de nos mains sur nos frontières deux puissances de premier ordre, futures rivales, peut-être même futures ennemies de la France?

Toutes réflexions faites, le gouvernement provisoire pensa que son devoir était de tenir à l'Europe un langage pacifique. Mais il se crut tenu d'affirmer en même temps son intention de faire respecter les droits de la France et sa sympathie pour la cause des peuples. De là le manifeste lancé le 5 mars par Lamartine, qui, dès le 24 février, avait pris en son nom la direction des affaires étrangères. Dans cette pièce, qui devait avoir en Europe un immense retentissement, le grand poète, improvisé diplomate [1],

1. Lamartine (Alphonse de), né à Mâcon le 21 octobre 1790, rendu célèbre sous la Restauration par la publication de ses premières poésies (1820-1823), n'avait guère pratiqué la diplomatie que pour avoir été secrétaire de légation à Florence de 1824 à 1829. Député à partir de 1833, il s'était fait une place à part à la Chambre par sa lyrique éloquence et par l'indépendance de sa politique. Il s'était peu à peu rapproché du parti démocratique et, au commencement de 1848 (peu après la publication de son *Histoire des Girondins*), il était

déclarait que « la proclamation de la République française n'était un acte d'agression contre aucune forme de gouvernement dans le monde ». La guerre, ajoutait-il, n'est pas le principe de la République française; elle l'accepterait, mais ne l'intenterait pas. » Il réprouvait hautement les traités de 1815, lesquels, disait-il, *n'existaient plus en droit* aux yeux du nouveau gouvernement. *Toutefois les circonscriptions territoriales de ces traités étaient un fait qu'il admettait comme base et comme point de départ de ses rapports avec les autres nations.* Mais Lamartine ne cachait pas que « si l'heure de la reconstruction de quelques nationalités opprimées en Europe, ou ailleurs, nous paraissait avoir sonné dans les décrets de la Providence », si la Suisse ou l'Italie étaient menacées, entravées dans leurs transformations intérieures par quelque intervention hostile, « la République française se croirait en droit d'armer elle-même pour protéger ces mouvements légitimes ». Et il terminait par cette profession de foi quelque peu menaçante pour les trônes : « La République française est décidée à ne jamais voiler son principe démocratique au dehors. Elle ne laissera mettre la main de personne entre le rayonnement pacifique de la liberté et le regard des peuples. Elle se proclame l'alliée intellectuelle et cordiale de tous les droits, de tous les progrès, de tous les développements d'institutions des nations qui veulent vivre du même principe que le sien. Elle ne fera point de propagande sourde et incendiaire chez ses voisins.... Mais elle exercera, par la lueur de ses idées, par le spectacle d'ordre et de paix qu'elle espère donner au monde, le seul et honnête prosélytisme, le prosélytisme de l'estime et de la sympathie. Ce n'est point là la guerre, c'est la nature. Ce n'est point là incendier le monde, c'est briller de sa place sur l'horizon des peuples pour les devancer et les guider à la fois. »

l'homme le plus populaire de France. Dix départements l'élurent, en avril, représentant à l'Assemblée constituante. Quelques mois après, il ne recueillait qu'un nombre infime des voix pour la présidence de la République. Il n'entra à l'Assemblée législative que par une élection partielle. Le coup d'État du 2 décembre le fit rentrer, comme tant d'autres, dans la vie privée. Il passa ses dernières années à lutter péniblement contre la misère et mourut à Paris le 1er mars 1869.

II

La déclaration du 5 mars était, en somme, beaucoup moins rassurante pour les trônes que ne le pensait Lamartime. Si l'Angleterre, heureuse d'avoir vu tomber Louis-Philippe et rassurée sur le sort de la Belgique, reconnut sans difficulté le nouveau gouvernement français, les autres puissances monarchiques lui témoignèrent d'abord une méfiance assez explicable. Mais elles n'eurent guère le temps de se concerter pour lui chercher querelle. Au bout de quelques jours, la Révolution, comme une traînée de poudre, se répandit dans toute l'Europe et chaque souverain eut assez à faire de lui tenir tête dans ses propres États.

L'agitation populaire n'eut point, il est vrai, partout la même gravité, non plus que la même durée. Dans les pays qui jouissaient déjà d'une certaine mesure de liberté, les masses furent moins violentes et les pouvoirs publics moins menacés. La Suisse, qui n'avait plus à craindre d'intervention étrangère, put, dans un calme relatif, réformer sa constitution et se donner une forme de gouvernement assez semblable à celle des États-Unis [1]. En Belgique, dans les Pays-Bas, les souverains cédèrent d'assez bonne grâce aux vœux de leurs peuples et, s'ils n'ouvrirent pas la porte toute grande à la démocratie, lui firent du moins des concessions dont elle se tint pour le moment satisfaite. En Angleterre, les manifestations chartistes et les complots de la *jeune Irlande* firent quelque bruit, mais rien de plus; la ferme attitude du gouvernement et quelques mesures énergiques du Parlement rétablirent en peu de temps la tranquillité. En Espagne, la vigueur de Narvaez (redevenu premier ministre depuis quelques mois) contint non seulement le parti avancé, mais la faction carliste qui, sur plusieurs points, reparut en armes. Ailleurs la Révolution éclata avec d'autant plus de force que les peuples avaient été plus com-

1. La nouvelle constitution, adoptée le 18 septembre 1848, a été modifiée, dans un sens encore plus démocratique, par le plébiscite du 19 avril 1874. — Par suite des changements accomplis en 1848, le canton de Neuchâtel, qui appartenait au roi de Prusse, devint de fait indépendant de ce souverain. Mais Frédéric-Guillaume IV ne reconnut pas les faits accomplis et, pendant près de dix ans, comme on le verra plus loin, persista à revendiquer ses droits.

primés. Mais elle ne trouva pas partout le terrain qui lui convenait. La Pologne, qui ne manqua pas de revendiquer ses droits, fut domptée en quelques semaines. Dès le mois de mars, en effet, l'empereur de Russie porta toutes ses forces vers Varsovie, qui ne put bouger. En avril et mai, l'empereur d'Autriche et le roi de Prusse triomphèrent sans peine, à coups de canon, de la Posnanie et de la Gallicie insurgées. Mais l'Italie et l'Allemagne furent moins faciles à dompter. C'est particulièrement dans ces deux pays que la Révolution donna, comme on va le voir, la mesure de sa force.

Dans le premier, tout semblait prêt pour une transformation politique dont les préludes étaient antérieurs même à l'événement du 24 février. La République française fut saluée au delà des Alpes par une explosion générale d'enthousiasme et d'espérance. Ceux des souverains qui n'avaient pas encore cédé aux vœux de leurs sujets durent se hâter de capituler. Dès le 4 mars, Charles-Albert proclama le *Statut fondamental*, constitution presque semblable à la charte française de 1830. Quelques jours après, Pie IX s'exécutait à son tour par une mesure analogue (10-15 mars). Les cris de *liberté*, d'*indépendance*, d'*unité* retentissaient alors d'un bout à l'autre de l'Italie. De tous côtés les patriotes couraient aux armes. On poussait le roi de Sardaigne à se mettre à la tête de la croisade nationale contre l'Autriche. Ce prince ne demandait pas mieux; ses troupes se massaient déjà le long du Tessin. Mais la cour de Vienne faisait d'autre part de formidables préparatifs de défense, et le prudent roi de Piémont croyait encore nécessaire de dissimuler ses véritables desseins. Pendant ce temps la démocratie forçait les portes de toutes les petites cours allemandes. Dès la fin de février et le commencement de mars, presque tous les princes de la confédération germanique étaient contraints d'accorder ou de rétablir la liberté de la presse et la liberté de réunion; les constitutions renaissaient ou surgissaient de toutes parts. La diète de Francfort rapportait piteusement ses arrêtés réactionnaires de 1832 et de 1834. Chose plus grave, quelques patriotes, justement populaires parce qu'ils faisaient depuis longtemps campagne pour la cause de l'unité, s'assemblaient spontanément le 5 mars à Heidelberg et prenaient sur eux de convoquer pour le 31 un *Vor-Parlament* ou parlement préparatoire qui avait pour mission d'inviter l'Allemagne à élire une assemblée constituante et de tracer à cette dernière son programme. De la mer du Nord à l'Adriatique un immense cri de joie répondait à cet appel. Metternich, tremblant pour son œuvre de prédilection, s'épuisait en efforts désespérés pour donner le change à la nation allemande. Il proposait par exemple à la Prusse des conférences diplomatiques qui devaient avoir lieu à Dresde le 25 mars et où les deux cours de Vienne et de Berlin chercheraient à rendre inoffensive pour les trônes l'adjonction d'un élément représentatif à la diète de Francfort. Mais avec quelque hâte qu'il menât cette négociation, la révolution marchait plus vite que lui. L'Allemagne et l'Italie n'étaient plus tenues en respect que par la cour d'Autriche. La cour d'Autriche à son tour dut capituler devant l'émeute.

III

Le 13 mars, Vienne entière se souleva au nom de la liberté. Comme à Paris, quelques heures de lutte suffirent au peuple pour obtenir gain de cause. L'empereur, l'incapable et timoré Ferdinand Ier, qui n'avait jamais, à ce qu'il semble, fait acte de souverain, eut pour la première fois une volonté. Il avait peur et n'hésita pas à sacrifier le vieux ministre qui depuis quarante ans gouvernait l'Autriche. Metternich, renvoyé, dut prendre la fuite et, non sans péril, se retirer en Hollande, d'où il gagna l'Angleterre. Ficquelmont [1], qui lui succéda, promit, au nom de son maître, une constitution. Les pays allemands de l'Empire applaudirent. Mais la Hongrie, qui depuis si longtemps revendiquait ses droits nationaux, ne se tint pas pour satisfaite. Il fallut lui donner un ministère indépendant, à la tête duquel fut placé le comte Batthyani [2] (17 mars)

1. Ficquelmont (Charles-Louis, comte de), né à Dieuze (Lorraine) en 1777. Fils d'un émigré français, il servit d'abord dans l'armée autrichienne, où il parvint au grade de major général de cavalerie, puis entra dans la diplomatie, alla représenter la cour de Vienne à Stockholm (1813), à Florence (1820), à Naples (1821), à Saint-Pétersbourg (1829), devint ministre de la guerre en 1840, premier ministre en mars 1848, fut renversé au mois de mai de la même année et mourut à Venise le 7 avril 1857.

2. Batthyani (Louis, comte), né à Presbourg en 1809, s'était fait dès 1840, à la Chambre des magnats, une place importante dans l'opposition par son patriotisme et son éloquence; membre de la diète de 1847, président du conseil des ministres de Hongrie en mars 1848, démissionnaire le 1er septembre,

et concéder à la diète de Pesth une autorité législative presque sans limite. Enfin les sujets slaves, qui prétendaient constituer des nationalités particulières dans la monarchie, exigèrent des engagements conformes à leurs aspirations et le faible empereur ne crut pas devoir les leur refuser (28 mars-8 avril).

La première conséquence des événements dont Vienne venait d'être le théâtre fut le déchaînement irrésistible de la révolution, jusqu'alors contenue, dans le nord de l'Italie. Du 16 au 22 mars, Venise sous Manin[1] se souleva, chassa les troupes autrichiennes et se constitua en république, en attendant de pouvoir s'unir au reste de l'Italie; Milan s'insurgea aussi, donna le branle à toute la Lombardie et, après quatre jours de bataille, réduisit le vieux maréchal Radetzki[2], chef de l'armée impériale, à se retirer vers les places fortes de Peschiera, Mantoue, Legnago et Vérone. Ces quatre villes furent bientôt tout ce qui resta aux Autrichiens du royaume lombard-vénitien. Dans le même temps, les ducs de Modène et de Parme étaient chassés de leurs États. De toutes parts, les peuples soulevés appelaient Charles-Albert. Jusqu'au 23 mars ce prince avait dissimulé. Le 24, il crut enfin devoir lever le masque, lança une proclamation par laquelle il appelait la nation italienne à l'indépendance et se mit à la tête de ses troupes. Deux jours après, il entrait triomphalement à Milan. S'il eût été plus hardi, il eût commencé sa campagne deux jours plus tôt, il eût sans doute empêché Radetzki de rallier ses forces et de se mettre en retraite. Si même, au lieu de s'arrêter à Milan, il eût sans désemparer poursuivi ce général, il lui eût probablement infligé un irrémédiable désastre. Mais Charles-Albert se méfiait à ce moment de la France et regardait vers les Alpes. Il avait commencé par déclarer qu'il ne voulait rien devoir au gouvernement

il retourna siéger à la diète en novembre, fut arrêté par ordre de Windischgrætz le 8 janvier 1849, condamné à mort le 5 octobre suivant et, peu après, fusillé.

1. Manin (Daniel), né à Venise en 1804, avocat (à partir de 1830) dans cette ville, où il devint bientôt le chef du parti national; dictateur de la république en 1848 et 1849. Exclu de l'amnistie après la reddition de Venise (août 1849), il se retira en France et mourut à Paris le 22 septembre 1857.

2. Il était né en 1766 à Trzebnitz (Bohême), avait pris une part considérable aux guerres de l'Autriche contre la France pendant la Révolution et l'Empire, et était devenu lieutenant-feld-maréchal en 1809 et feld-maréchal en 1836. Depuis 1831, il était commandant en chef des troupes autrichiennes en Italie, et il le demeura jusqu'en 1856. Il est mort le 2 janvier 1858.

provisoire (que même il n'avait pas encore reconnu). L'Italie, disait-il orgueilleusement, se suffirait à elle-même (*fara da se*). Il craignait que la République française ne se vengeât par une propagande démocratique qui pouvait fort bien renverser son trône. Des manifestations révolutionnaires, organisées surtout à Lyon, avaient lieu à ce moment même en Savoie. Elles échouèrent (3-4 avril). Mais ce fut seulement après avoir constaté leur insuccès que Charles-Albert reprit sa marche en avant. En peu de jours, il arriva jusqu'au Mincio, qu'il put franchir grâce à la victoire de Goito (8 avril), perdit encore plusieurs semaines parce qu'il voulait surveiller Milan, où le parti républicain commençait à s'agiter, mais, à la suite d'un nouveau succès (celui de Pastrengo, du 29 avril), refoula Radetzki jusque sous Vérone et entreprit avec de sérieuses chances de réussite le siège de Peschiera. La fortune à ce moment semblait ne pas se lasser de lui sourire. Toute l'Italie du Nord marchait avec lui. Le grand-duc de Toscane, bien qu'Autrichien, était contraint de lui envoyer plusieurs milliers d'auxiliaires. Le général Durando [1], chef de l'armée pontificale, prenait sur lui de franchir le Pô et se portait en Vénétie pour couper à Radetzki ses communications avec l'Autriche. Enfin le roi de Naples, bien malgré lui, envoyait sa flotte au secours de Venise et devait autoriser le vieux général Pepe [2] à marcher lui aussi, avec 25 000 hommes, dans la direction de Vicence. L'armée impériale paraissait absolument perdue.

La Révolution n'était pas moins triomphante au nord qu'au midi des Alpes. La capitale de la Prusse avait eu, elle aussi, ses *journées*. Du 15 au 19 mars, Berlin avait été ensanglanté par l'émeute. Enfin le 20, Frédéric-Guillaume IV avait cédé sur tous les points, pris un ministère libéral, renvoyé son frère, le prince

1. Durando (Jean), né à Mondovi en 1805, servit de 1832 à 1840 dans les armées constitutionnelles de Portugal et d'Espagne, rentra en Piémont, fut appelé par le pape à organiser son armée, qu'il commanda en 1848, passa ensuite dans l'armée sarde, combattit à Novare (1849), en Crimée (1855), à Solférino (1859), devint général d'armée (maréchal), puis sénateur (1860), prit part à la bataille de Custozza (24 juin 1866) et mourut à Florence en 1869.

2. Pepe (Guillaume), né à Squillace (Calabre) en 1782; officier d'ordonnance de Murat en 1809; général de division à la suite de ses brillants services sous Suchet en Catalogne (1810-1813); généralissime de l'armée napolitaine après la révolution de 1820; proscrit après la réaction de 1821; rentré à Naples après un très long exil (1848); défenseur de Venise en 1848 et 1849; proscrit de nouveau en 1849; mort à Turin en 1855.

Guillaume [1], qui passait pour le chef du parti féodal et rétrograde, enfin convoqué les États du royaume pour le 2 avril, à l'effet de voter la loi électorale d'après laquelle serait élue, à bref délai, une assemblée constituante. Ce souverain, comprenant fort bien quel grand rôle la Prusse pouvait jouer en prenant la direction politique de l'Allemagne, tenait maintenant le langage le plus libéral et ne perdait surtout aucune occasion d'affirmer son dévouement à la grande patrie germanique, dont il serait, disait-il, le défenseur et, au besoin, le vengeur.

Vu ce qui venait de se passer à Vienne et à Berlin, on comprend qu'aucun gouvernement allemand ne pouvait plus s'opposer à la réunion du *Vor-Parlament.* Cette assemblée, qui siégea du 31 mars au 4 avril à Francfort, décida que le Parlement constituant serait élu au suffrage universel par la totalité de la nation allemande, qu'il aurait pour mission d'organiser, sous la forme monarchique, un gouvernement fédéral vraiment fort, et enfin qu'il serait souverain [2]. Il était impossible de rompre plus hardiment en visière avec les doctrines de la Sainte-Alliance.

IV

Certains patriotes allemands eussent voulu la république. Aussi fomentèrent-ils, en avril, quelques mouvements insurrectionnels, d'ailleurs insignifiants, dans les pays rhénans. Mais ils ne formaient dans la nation qu'une infime minorité. On leur sut mauvais gré d'ailleurs de leur connivence avec la démocratie française. Au delà du Rhin, comme au delà des Alpes, le *fara da se* était le mot d'ordre de la Révolution. Les Allemands ne voulaient pas de notre concours. Ils nous regardaient toujours comme des ennemis et nous reprochaient plus aigrement que jamais d'avoir acquis l'Alsace et la Lorraine, qui devaient, suivant eux, faire retour à la patrie germanique. Cette patrie, leur érudition complaisante en étendait démesurément les limites. Ils réclamaient par exemple pour elle la

1. Le futur fondateur de l'empire allemand.
2. C'est-à-dire que la constitution qu'il élaborerait ne serait pas soumise aux divers gouvernements de la confédération.

Pologne prussienne. Ils revendiquaient aussi le Sleswig, que certains liens féodaux avaient jadis rattaché au Holstein, mais qui, depuis 1720 [1], était partie intégrante de la monarchie danoise et dont la population était en grande majorité scandinave. Leurs diverses prétentions, et surtout cette dernière, étaient hautement soutenues par la Prusse, qui trouvait par là le moyen, non seulement de se rendre populaire, mais d'accroître notablement sa puissance.

Le roi de Danemark Christian VIII [2] était mort le 20 janvier 1848. Son successeur Frédéric VII [3] avait aussitôt annoncé le projet de donner une constitution commune aux différentes provinces de sa monarchie. Les Holsteinois, appuyés par l'Allemagne, avaient protesté. Ils voulaient pour leur pays une organisation particulière, applicable également au Sleswig. La question de succession leur fournissait aussi matière à réclamation. Frédéric VII, deux fois marié et deux fois divorcé, n'avait pas d'enfants. Ses plus proches héritiers, les princes de Hesse, ne se rattachaient à lui que par les femmes. Or, si la *lex regia* de 1665 admettait l'hérédité féminine en Danemark, le Holstein, fief allemand, était toujours régi par la loi salique. Le duc d'Augustenbourg, agnat de la dynastie danoise, le regardait comme son futur héritage et, naturellement, ne le séparait pas dans ses prétentions du duché de Sleswig. A la nouvelle des révolutions de Vienne et de Berlin, ce prince souleva le Holstein, provoqua la création d'une *lieutenance des duchés*, à la tête de laquelle il fut placé (24 mars) et fit appel au gouvernement prussien. Ce dernier n'était pas sans voir quel avantage il aurait à former entre la mer du Nord et la mer Baltique un État qui lui ouvrirait ses ports et augmenterait notablement la puissance du Zollverein [4]. Aussi Frédéric-Guillaume ne se fit-il pas longtemps prier. Dès le 6 avril, sans déclaration de guerre, sans qu'il existât de dissentiment particulier entre les cours de Copenhague et de

1. Grâce au traité de Frédériksborg conclu à cette époque par le Danemark avec la Suède et garanti par la France et par l'Angleterre.

2. Ce prince, né en 1786, avait succédé à son cousin Frédéric VI en 1839.

3. Né le 6 octobre 1808, mort le 15 novembre 1863.

4. Il ne faut pas oublier qu'à cette époque le Hanovre, les deux Mecklembourg, l'Oldenbourg, les villes hanséatiques, aussi bien que le Holstein, étaient encore en dehors du Zollverein; cette association n'avait pas de ports sur la mer du Nord, et sur la mer Baltique la Prusse n'en avait pas qui fût comparable à celui de Kiel.

Berlin, les troupes prussiennes entrèrent dans le Holstein. Un mois après, elles occupaient tout le Sleswig et envahissaient même le Jutland. Encouragés par ces faciles succès, les petits gouvernements de l'Allemagne du Nord, comme le Hanovre, le Mecklembourg, arrivaient eux aussi à la curée et grossissaient de leurs contingents l'armée prussienne. Il semblait que la convoitise allemande fût sur le point de réduire la monarchie danoise à quelques îles de la mer Baltique.

V

L'Autriche pendant ce temps subissait de nouvelles convulsions. Ficquelmont, élève de Metternich, habitué à ruser comme son maître, cherchait à donner le change à la Révolution et ne parvenait qu'à l'exaspérer. Au lieu d'une constitution librement débattue, il faisait promulguer par l'empereur (le 25 avril) une *charte octroyée* et publiait le 6 mai une loi électorale dont le parti démocratique dénonçait avec colère l'insuffisance. Vienne se souleva de nouveau le 15 mai. Pour la seconde fois Ferdinand Ier capitula devant l'émeute victorieuse. L'impopulaire ministre fut renvoyé et une assemblée *constituante* fut convoquée pour le mois de juillet. Mais dès le lendemain le faible monarque prit la fuite avec ses nouveaux conseillers et alla chercher au fond du Tyrol, à Innsbrück, la sécurité, l'indépendance dont il ne jouissait plus dans sa capitale.

Le choix que le souverain fugitif fit d'une province allemande pour lui servir d'asile ne lui fut point dicté par un vain caprice. Dans la situation critique où il se trouvait, il lui importait au plus haut point de ne pas paraître déserter le sol germanique. Sans doute il aurait pu se retirer à Pesth, où les Hongrois l'appelaient à grands cris. Mais outre qu'il ne voulait pas se livrer à cette nation fière, exigeante, qui eût sans doute abusé de sa détresse, il savait que par là il déplairait à l'empereur de Russie, dont l'assistance pouvait être bientôt sa dernière ressource. Nicolas détestait les Magyars, d'abord parce qu'il voyait en eux des adversaires de la politique moscovite sur le Danube, ensuite parce qu'il sympathisait avec les Slaves du Sud [1], leurs ennemis; enfin parce que les patriotes polonais trouvaient en Hongrie la faveur la moins déguisée.

Ferdinand Ier eût pu se réfugier en Croatie, en Esclavonie. Mais la préférence accordée à ces provinces qui, sous le ban Jellachich [2], venaient de s'insurger contre la couronne de Saint-Étienne et demandaient à former une nationalité autonome, eût poussé à bout les Magyars, qu'il avait intérêt à ménager. Restait la Bohême, qui eût été heureuse de le recevoir; mais comment, sans exaspérer les Allemands, se placer sous la protection des Tchèques, qui, réagissant à outrance contre le germanisme, voulaient, eux aussi, constituer un État, convoquaient pour le 31 mai à Prague un congrès où devaient être représentées toutes les races slaves de l'empire et refusaient d'envoyer des députés au parlement de Francfort? Justement cette dernière assemblée se réunissait le 18 mai et prenait pour président Henri de Gagern [3], l'un des chefs de ce parti national qui, dès cette époque, inclinait à offrir la direction politique de l'Allemagne au roi de Prusse. Un de ses premiers actes allait être d'instituer un gouvernement provisoire de l'empire germanique. Si Ferdinand Ier ne se montrait bon Allemand, c'est-à-dire ne tournait le dos aux Slaves, son influence allait sans doute être exclue de ce gouvernement. Puis pouvait-il compter sur le concours moral du Parlement pour combattre la révolution italienne?

En se retirant sur une terre allemande ce souverain prouva qu'il était bien conseillé. Il ne tarda pas, du reste, à donner des gages plus sérieux de son germanisme. On le vit, par exemple, désavouer

1. Les Croates, les Esclavons et d'autres groupes encore, dont les droits et les aspirations nationales étaient méconnus par la Hongrie, qui prétendait les retenir sous sa domination.

2. Jellachich de Buzim (Joseph, baron de), né en 1801, officier dans l'armée autrichienne depuis 1819, colonel en 1842, nommé ban de Croatie en 1848, gouverneur civil et militaire de la Croatie et de l'Esclavonie en 1849, mort à Agram en 1859.

3. Gagern (Henri-Guillaume-Auguste, baron de), né à Baireuth le 20 août 1779; plusieurs fois député à la diète de Hesse-Darmsdadt (1832, 1834, 1835, 1847); premier ministre de ce grand-duché (5 mars 1848); président du parlement de Francfort (mai 1848); nommé président du ministère national par le vicaire de l'Empire (déc. 1848); démissionnaire le 8 mai 1849; membre du parlement d'Erfurt (1850); major dans l'armée sleswig-holsteinoise (1850-1852); ministre plénipotentiaire de Hesse-Darmstadt à Vienne de 1864 à 1872; mort à Darmstadt le 22 mai 1880.

les agissements de Jellachich et même destituer à grand bruit le ban de Croatie. Il fit bien plus encore : des troubles, qu'il eût pu prévenir, ayant éclaté à Prague, cette ville fut bombardée, traitée en place conquise par les troupes autrichiennes et le congrès slave fut dispersé, on peut le dire, à coups de canon (12-14 juin).

Ferdinand Ier recueillit bientôt les fruits de la conduite inhumaine et peu sincère, mais habile, qu'on lui faisait tenir. Le parti des Habsbourg, encore fort puissant à Francfort, décida la majorité du Parlement à confier le vicariat de l'Empire à un prince autrichien. Un oncle de Ferdinand, l'archiduc Jean [1], personnage fort populaire dans toute l'Allemagne, fut investi de cette haute dignité (28 juin), dont il prit possession le 12 juillet, jour où l'ancienne diète, qui, depuis plusieurs mois, n'existait plus guère que de nom, fut solennellement dissoute; et dans le ministère qu'il constitua, la principale place fut attribuée à un Autrichien, le baron de Schmerling [2]. En même temps l'assemblée affirmait hautement que la cause soutenue par la cour de Vienne en Italie était celle de l'Allemagne et que le maintien de l'autorité des Habsbourg était d'un intérêt capital pour le monde germanique.

VI

Le drapeau de Ferdinand Ier se relevait du reste visiblement à cette époque au delà des Alpes. De la fin d'avril au milieu de juin, Radetzki, malheureux dans ses tentatives pour refouler les Piémontais, ne s'était maintenu lui-même qu'à grand'peine dans ses positions. Il avait perdu la forte place de Peschiera. Son

1. Fils de l'empereur Léopold II, né à Florence en 1782, ce prince, après avoir commandé plusieurs fois en chef des armées autrichiennes (1800, 1805, 1809), avait été disgracié à la suite de la campagne de 1809. Il vivait dans la retraite depuis 1815, passait pour libéral et était fort populaire en Allemagne. Après son vicariat (déc. 1849), il rentra dans la vie privée et mourut presque oublié à Grætz en 1859.

2. Schmerling (Antoine, chevalier de), né à Vienne en 1805; magistrat avant 1848; membre du parlement national; chef du ministère national de juillet à décembre 1848; ministre plénipotentiaire d'Autriche à Francfort (déc. 1848 — avril 1849); appelé par François-Joseph au ministère de la justice (1849), au ministère d'État (déc. 1860), où il reste jusqu'en 1866; membre de la Chambre des seigneurs d'Autriche (1867); premier président de la cour suprême depuis 1865.

seul espoir, sa seule chance de salut était d'être rejoint par une armée de renfort que Nugent, à travers la Vénétie, lui amenait d'Autriche. Mais il y avait de grandes chances pour que le général fût arrêté en route, surtout si les troupes napolitaines avaient le temps de franchir le Pô. Durant quelques semaines la cour d'Autriche jugea ses intérêts si compromis en Italie qu'elle parut disposée à faire la part du feu. Elle invoqua les bons offices de l'Angleterre, offrit d'abord de réunir les duchés de Parme et de Modène au royaume Lombard-Vénitien sous un vice-roi héréditaire qui serait un prince de la maison d'Este, puis d'abandonner sans condition la Lombardie et de constituer la Vénétie en province autonome. Mais le cabinet britannique, qui n'était pas fâché de voir se former dans l'Italie du Nord, par l'extension du Piémont, un État de second ordre assez fort pour tenir en respect d'une part l'Autriche, de l'autre la France, déclarait ses offres insuffsantes. En France, où l'assemblée constituante venait de se réunir et de confier le pouvoir exécutif à une partie des membres du gouvernement provisoire (4-10 mai) [1], on ne gardait pas rancune à Charles-Albert de ses méfiances et de ses dédains; on affirmait par un ordre du jour solennel (24 mai) les sympathies les plus vives pour la cause des nationalités et surtout pour celle de l'Italie; sans doute on n'était pas disposé à faire pour un roi au delà des Alpes ce qu'on eût fait pour une république. Mais on se croyait intéressé à ce que, même sous sa forme monarchique, la révolution italienne n'eût pas le dessous. Une armée française se massait le long des Alpes et notre ministre des affaires étrangères, Jules Bastide [2], unissait ses efforts à ceux de Palmerston pour amener l'Autriche à résigner ses droits sur le royaume Lombard-Vénitien. Encouragé par ce douple appui, Charles-Albert repoussait donc les offres de Ferninand Ier et voulait que son adversaire évacuât entièrement la péninsule. La nation italienne ne lui aurait du reste pas pardonné

1. Les cinq membres composant la *Commission exécutive* furent Arago, Garnier-Pagès, Marie, Lamartine et Ledru-Rollin.

2. Bastide (Jules), né à Paris en 1800; connu pour sa participation à la propagande démocratique pendant le règne de Louis-Philippe; rédacteur du *National*, puis de la *Revue nationale*; secrétaire général du ministère des affaires étrangères (février 1848), dont il reçut le portefeuille au mois de mai suivant. Il dut se retirer avec Cavaignac en décembre. Il faisait partie de l'Assemblée constituante, où il vota d'ordinaire avec le petit groupe de républicains catholiques dont Buchez était l'inspirateur.

sur ce point la moindre transaction. Milan et la Lombardie se donnaient à lui le 4 juin. Parme, Modène, Venise allaient sous peu voter également leur annexion au Piémont. Mais la fortune prospère semblait l'endormir. Au lieu de pousser vigoureusement ses avantages, il laissait languir les opérations militaires. C'est alors que, par suite d'événements auxquels il était fort loin de s'attendre, la victoire passa de nouveau sous l'étendard de l'Autriche.

Le pape, dès la fin d'avril, avait désavoué solennellement l'initiative prise par son général Durando. Obligé peu après de subir le ministère Mamiani[1], qui le poussait à déclarer la guerre à l'Autriche, il se refusait obstinément à cette mesure. Quant au roi de Naples, une insurrection, provoquée dans sa capitale par sa mauvaise foi, lui donnait, le 15 mai, l'occasion depuis longtemps attendue par lui d'opérer une vigoureuse réaction. Il dissolvait aussitôt son parlement, rappelait sa flotte de Venise et donnait à Pepe, déjà parvenu à Bologne, l'ordre de ramener ses troupes dans l'Italie méridionale. Ce général désobéit, il est vrai; mais la plus grande partie de ses soldats l'abandonnèrent. Il ne put en conduire à Venise (vers le milieu de juin) que deux ou trois mille. Ce contretemps devait être fatal à Charles-Albert. En effet, Durando, attaqué à Vicence par Radetzki et par Nugent, ne put empêcher la jonction des deux armées autrichiennes. Dès lors le roi de Sardaigne devait fatalement être vaincu. Enflé par ses succès antérieurs, enorgueilli par l'offre que lui faisaient alors les Siciliens, qui demandaient pour roi son second fils, peut-être aussi comptait-il sur le secours de la France. Mais cet État, dont la capitale était alors livrée à l'anarchie (c'était le moment des journées de juin), était pour plusieurs semaines au moins réduit à l'impuissance. C'est ce que Radetzki

1. Mamiani (Terenzio della Rovere, comte de), né le 18 septembre 1799 à Pesaro (États de l'Église); compromis dans l'insurrection des Romagnes (1831), il se réfugia en France, se fit honorablement connaître comme poète et philosophe, put rentrer à Rome après l'avènement de Pie IX, qui l'appela au ministère (4 mai 1846), démissionna au mois d'août suivant, reçut de nouveau le portefeuille des affaires étrangères après le meurtre de Rossi (novembre), s'opposa vainement à l'établissement de la république après la fuite du pape et se retira des affaires (décembre). Il alla s'établir en 1849 à Gênes, où il fonda l'Académie philosophique, devint en 1855 professeur à l'université de Turin, entra au parlement sarde, fut nommé en 1860 ministre de l'instruction publique, l'année suivante ministre plénipotentiaire d'Italie en Grèce, puis en Suisse (1863), où il resta jusqu'en 1865; sénateur et conseiller d'État; il est mort à Rome le 21 mai 1885.

comprit fort bien ; aussi, après avoir ramené rapidement à l'obéissance la plus grande partie de la Vénétie, se porta-t-il résolument, vers le milieu de juillet, avec la plus grande partie de ses forces, sur le centre de la ligne beaucoup trop étendue qu'occupait la petite armée piémontaise. Cette fois ses efforts eurent un plein succès. Le 25 juillet, Charles-Albert, battu à Custozza, reprenait en déroute le chemin de Milan; le 6 août, il lui fallait évacuer cette ville; et trois jours après il dut s'estimer heureux d'obtenir, par l'entremise de la France et de l'Angleterre, dont l'Autriche n'osa décliner la médiation, un armistice qui lui permit de ramener ses derniers soldats en deçà du Tessin. A ce moment Ferdinand Ier n'avait plus guère à reconquérir que Venise pour se retrouver dans la position qu'il occupait en Italie au commencement de 1848.

VII

Fière de ces succès aussi éclatants qu'inespérés, la cour d'Autriche crut pouvoir se retourner contre la Hongrie, dont les exigences depuis quelque temps étaient devenues excessives. Récemment (19 juin), cet État venait de s'annexer la Transylvanie, dont la population, en majorité roumaine, répugnait à subir le joug des Magyars. Les Hongrois déniaient aux Slaves du Sud, qu'ils regardaient comme leurs sujets, tout droit à l'autonomie. Ils avaient contraint l'empereur de destituer le ban Jellachich. Leur parlement constituant, réuni le 5 juillet, encourageait leurs prétentions les plus exorbitantes et faisait table rase de toutes les institutions du passé. Tant qu'elle avait été obligée de faire face aux Italiens, la cour d'Autriche les avait ménagés avec le plus grand soin. Mais elle n'en avait pas moins pris, dès cette époque, indirectement, des mesures pour contenir au besoin cette nationalité menaçante. C'est ainsi que, des mouvements révolutionnaires ayant éclaté, vers la fin de juin, en Moldavie et en Valachie (sans doute avec l'assentiment de la Turquie et de l'Angleterre, heureuses que les circonstances leur permissent d'écarter du Danube l'influence moscovite), l'Autriche avait consenti sans difficulté à ce qu'une armée russe allât occuper ces principautés (juillet-août). Le czar, qui avait deux cent mille hommes en Pologne et qui n'avait presque plus rien à craindre du côté de Varsovie, avait profité de la détresse de l'Autriche qui, non seulement n'était pas en état de s'opposer à ses progrès sur le Danube, mais pour le moment était bien aise que l'armée de Nicolas s'étendît menaçante le long des frontières hongroises.

Après la bataille de Custozza et l'armistice du 9 août, la cour de Vienne résolut de ramener au plus tôt, et sans l'aide d'aucune puissance, les Magyars à leur docilité d'autrefois. Les négociations commencées au sujet de l'Italie sous les auspices de la France et de l'Angleterre pouvaient être aisément traînées en longueur. Pour le moment les ministres autrichiens avaient à cœur d'en finir vite avec les Hongrois. C'est alors que l'empereur, qui feignait précédemment de réprouver l'attitude des Slaves du Sud, mais qui, en réalité, n'avait jamais cessé de les encourager dans leur insurrection, commença à lever le masque. Peu à peu, dans le courant d'août, il devint évident pour les Magyars que Ferdinand Ier et ses conseillers n'avaient jamais cessé de les tromper. Le doute ne fut plus permis à personne quand ce souverain crut pouvoir rendre officiellement à Jellachich son titre de ban de Croatie (3 septembre).

VIII

L'alliance manifeste de la cour de Vienne avec la Russie, que l'Allemagne regardait alors comme sa pire ennemie [1], et avec les Slaves du Sud, n'eut pas seulement pour effet d'exaspérer les Hongrois. Elle devait aussi forcément lui aliéner le monde germanique. Le Parlement de Francfort avait du reste à cette époque un autre motif pour la suspecter et se déclarer contre elle. Car l'Au-

1. Pour justifier l'attitude menaçante que prenaient ses troupes sur la frontière germanique, Nicolas venait de faire lancer par Nesselrode (le 6 juillet) une circulaire dans laquelle il se plaignait amèrement des soupçons injustes et des menaces dont la Russie était, disait-il, l'objet de la part de l'Allemagne depuis la dernière révolution. « La guerre contre la Russie, lit-on dans cette pièce, a été proclamée comme une des nécessités de l'époque. » Il incriminait les intentions du Parlement de Francfort à l'égard des provinces baltiques, de la Pologne, du Danemark; il le rappelait au respect des traités de 1815 et réprouvait l'idée de *cette unité matérielle telle que la rêvait une démocratie avide de nivellement et d'agrandissement et qui mettrait tôt ou tard infailliblement l'Allemagne en état de guerre avec ses voisins.*

triche ne pouvait échapper au soupçon de complicité avec les puissances qui, à ce moment même, refrénaient en Danemark l'ambition de la nation allemande.

La cour de Copenhague, injustement attaquée et incapable, malgré la vigueur de ses troupes, d'une longue résistance, avait fait appel à tous les États intéressés au maintien et à l'intégrité d'une monarchie qui semblait avoir pour principale mission de défendre l'équilibre maritime dans le nord de l'Europe. La Suède et l'Angleterre avaient, dès le mois de mai, par leurs pressantes instances, obligé la Prusse à évacuer le Jutland. Puis, d'accord avec la Russie, elles lui avaient, le 2 juillet, dicté un armistice. Mais la cour de Berlin avait fait rejeter cet arrangement par le parlement de Francfort. En août, la France, qui, grâce à Cavaignac[1], avait recouvré la liberté de ses mouvements, intervint à son tour. Ses efforts, joints à ceux des gouvernements que nous venons de nommer et secrètement corroborés par l'Autriche[2], aboutirent à un second armistice qui fut conclu à Malmoe le 26 août, pour une durée de sept mois, et qui était manifestement favorable au Danemark. La Prusse le subit, parce qu'elle n'était pas la plus forte. Le Parlement de Francfort le rejeta d'abord avec fureur (5 septembre), puis, reconnaissant l'impossibilité de s'y soustraire, consentit à le ratifier (16 septembre). Son dernier vote amena (18 septembre) dans les rues de Francfort une violente insurrection. L'assemblée éperdue appela à son secours les troupes prussiennes, qui fort énergiquement rétablirent l'ordre dans la ville. Les mécontents se répandirent alors le long du Rhin et y fomentèrent, comme en avril, une agitation républicaine que le Parlement réprouva. C'est à Frédéric-Guillaume IV que les constituants demandèrent de combattre la

1. Cavaignac (Louis-Eugène), né à Paris le 15 octobre 1802. Fils du conventionnel de ce nom et frère de Godefroy Cavaignac, qui fut sous Louis-Philippe un des chefs les plus populaires du parti républicain, il avait conquis dans les guerres d'Afrique le grade de général de division; gouverneur général de l'Algérie après la révolution de Février, membre de l'Assemblée constituante (avril 1848), ministre de la guerre (mai), il fut mis à la tête du gouvernement en remplacement de la Commission exécutive (24 juin), triompha de l'insurrection socialiste de Paris et exerça le pouvoir jusqu'au 20 décembre, jour où il le remit à Louis Bonaparte, dont il avait été le compétiteur malheureux à la présidence de la République. Il fit partie de l'Assemblée législative (1849-1851), fut arrêté au 2 décembre et mourut près du Mans le 28 octobre 1857.

2. Metternich, qui était alors à Londres et que la cour de Vienne ne cessait de consulter, ne fut sans doute pas étranger à cette intrigue.

démagogie dans l'Allemagne occidentale, mission qu'il remplit avec autant de plaisir que de succès. Aussi le roi de Prusse, que les Allemands plaignaient, sans le blâmer, d'avoir subi la loi de l'Europe en Danemark et dont les troupes faisaient maintenant face à la France, était-il désigné chaque jour plus ouvertement par l'opinion publique comme le futur chef de l'empire germanique.

IX

Par contre, le gouvernement autrichien était en butte à la réprobation des Allemands, aussi bien qu'à l'animadversion des Hongrois. De nouvelles épreuves, plus terribles que les précédentes, s'annonçaient pour lui dans le courant de septembre. Le parlement de Vienne, où, grâce à ses menées électorales, l'élément slave dominait, exaspérait par ses tendances l'assemblée de Francfort d'une part et de l'autre le ministère de Pesth. Bientôt les Magyars, menacés par Jellachich, qui venait de franchir la Drave, et ne pouvant obtenir de l'empereur qu'il voulût bien l'arrêter, se préparèrent à se faire eux-mêmes justice et prirent les allures d'un peuple insurgé. Le comte Lamberg, envoyé par Ferdinand à Pesth comme commissaire extraordinaire, fut massacré dans cette ville par une populace furieuse (27 septembre). Aussitôt le souverain prononça la dissolution des chambres magyares (29 septembre) et quatre jours après acheva de révéler ses intentions en appelant Jellachich au commandement supérieur de la Hongrie. Cette dernière provocation combla la mesure. Le 6 octobre, Vienne se souleva pour la troisième fois. Le lendemain, le faible empereur prenait de nouveau la fuite et se retirait à Kremsier, où il ordonnait au parlement autrichien de venir le rejoindre. Une partie seulement de cette assemblée lui obéit; les députés slaves allèrent à Kremsier, sauf pourtant les Polonais, qui demeurèrent dans la capitale avec les Allemands et y constituèrent une sorte de gouvernement révolutionnaire. L'assemblée de Francfort, sans approuver expressément ce qui venait de se passer, témoigna cependant qu'elle avait vu sans trop de déplaisir cette nouvelle explosion populaire et fit partir pour Vienne, à titre de conciliateurs, trois de ses membres, qui ne tardèrent pas à se déclarer partisans de l'insurrection. Si les Hongrois, qui organisaient alors leurs forces sous leur grand orateur Kossuth[1], eussent été prêts à marcher, l'empereur n'eût évidemment pas pu reprendre sa capitale; la cour d'Autriche eût été irrémédiablement perdue. Mais le gouvernement de Pesth ne put mettre son armée en marche que vers la fin d'octobre. Il ne sauva donc pas Vienne qui fut, comme Prague, bombardée et domptée par le prince Windischgraetz[2] (31 octobre). Mais la réoccupation de cette ville n'était point pour les troupes impériales un succès décisif. La Hongrie tout entière était debout, intacte et formidable, soutenue par un grand nombre de volontaires polonais, que commandaient des capitaines tels que Dembinski[3] et Bem. D'autre part, le Parlement de Francfort ne cachait plus son hostilité à la cour d'Autriche. Il ne prétendait maintenant rien moins que l'exclure — indirectement — de l'empire d'Allemagne, dont il discutait alors la constitution. C'est en effet à cette époque (octobre-novembre) qu'il adoptait les paragraphes suivants du pacte fondamental :

1. Kossuth (Louis), né à Monok (Hongrie), le 27 avril 1806; avocat à Pesth (1831), où il acquit une grande popularité par l'ardeur avec laquelle il soutint la cause nationale dans la *Gazette de la diète* et, à partir de 1841, dans le *Journal de Pesth*; membre de la diète hongroise de 1847; ministre des finances dans le cabinet Batthyany (17 mars 1848); président du comité de défense nationale et investi d'une véritable dictature (septembre 1848); réduit à prendre la fuite après la capitulation de Vilagos (août 1849), et interné en Turquie jusqu'au mois d'août 1851, époque à laquelle il put se rendre en Angleterre et, de là, aux États-Unis. Il revint, en juin 1852, s'établir à Londres, où il forma, avec Mazzini et Ledru-Rollin, un comité international de propagande révolutionnaire. Pendant les guerres de 1859 et de 1866, il se rendit en Italie, espérant pouvoir profiter des embarras de l'Autriche pour soulever la Hongrie. En 1875, il se fixa définitivement à Turin. Élu plusieurs fois, depuis 1866, membre de la diète magyare, il refusa de siéger. En novembre 1879, il perdit ses droits de citoyen hongrois, par suite d'une loi contre laquelle tout récemment encore de vives attaques ont été dirigées au parlement de Pesth.

2. Windischgraetz (Alfred-Candide-Ferdinand, prince de), né à Bruxelles en 1787; feld-maréchal-lieutenant depuis 1833; feld-maréchal en octobre 1848; envoyé peu après à la tête de l'armée impériale en Hongrie, d'où il fut rappelé le 12 avril 1849; chargé d'une mission à Berlin en 1859; membre de la Chambre des seigneurs d'Autriche (février 1861).

3. Dembinski (Henri), né dans le palatinat de Cracovie le 16 janvier 1791, avait pris une grande part à la guerre de Pologne, en 1831; il avait ensuite passé deux ans au service de Méhémet-Ali (1833-1835). Après un long séjour en France, il alla offrir son épée à la Hongrie (1848); puis, quand la cause qu'il soutenait eut succombé, il gagna la Turquie et, en 1850, retourna se fixer à Paris, où il mourut le 13 juin 1864. — Bem (Joseph), né à Tarnow (Gallicie) en 1795, professeur à l'Ecole d'artillerie de Varsovie en 1819, s'était également distingué dans la guerre de l'indépendance polonaise en 1831. Après la défaite des Hongrois, il se retira, lui aussi, en Turquie, embrassa l'islamisme, obtint la dignité de pacha et mourut en 1850.

« Aucune partie de l'Empire ne pourra être réunie en un seul État avec des pays non allemands.

« Si un pays allemand a le même souverain qu'un pays non allemand, les rapports entre les deux pays ne pourront être réglés que d'après les principes de l'union personnelle. »

Ces prescriptions visaient, on le comprend, particulièrement l'Autriche, qui avait la prétention d'entrer dans l'empire avec l'ensemble de ses possessions. L'unité et la centralisation que rêvait la cour de Vienne lui devenaient donc impossibles, à moins qu'elle ne consentît à s'exclure elle-même du monde germanique. Elle manifesta la plus violente colère contre le Parlement de Francfort. Un des commissaires [1] envoyés à Vienne par cette assemblée pendant l'insurrection y fut exécuté sans jugement (novembre). La cause des Habsbourg ne devait, on le pense bien, rien gagner à cet acte de représailles aussi brutal qu'irrégulier.

X

L'horizon, du reste, s'assombrissait de toutes parts autour d'eux. En Italie, la Révolution, intimidée un moment après Custozza, relevait la tête et c'était naturellement l'Autriche qu'elle menaçait le plus. Sans doute les Impériaux avaient, en août, réoccupé, non seulement la Lombardie, mais les duchés de Parme et de Modène. Il est vrai qu'ayant voulu pénétrer sur le territoire pontifical, ils avaient été rudement chassés de Bologne par la population de cette ville. Sans doute le pape, pressé par Mamiani de leur déclarer la guerre, avait renvoyé ce ministre. Mais ses sujets n'avaient pas renoncé à lui forcer la main. A Rome on commençait à parler, dès la fin d'août, de la nécessité de convoquer dans cette ville une assemblée constituante qui représenterait l'Italie entière et qui ferait pour ce pays ce que le Parlement de Francfort faisait pour l'Allemagne. Sans doute le roi de Naples avait pour la seconde fois dissous son parlement (5 septembre), entrepris de soumettre la Sicile par les armes et fait bombarder Messine par Filangieri [2].

1. Robert Blum.
2. Filangieri (Charles), prince de Satriano, fils du célèbre auteur de la *Science de la législation*, né à Naples en 1783, servit avec distinction dans

Mais l'Angleterre et la France l'avaient arrêté dans ses succès, et, lui imposant leur médiation, lui avaient fait conclure un armistice avec le gouvernement révolutionnaire de Palerme (16 septembre). Dans le même temps, ces deux puissances négociaient activement avec l'Autriche en faveur du Piémont, persistaient à demander pour ce pays un agrandissement et encourageaient ainsi Charles-Albert, que le parti avancé poussait de toutes ses forces à recommencer la guerre. L'effervescence qui régnait dans toute la péninsule prit un caractère tout à fait menaçant pour l'Autriche en octobre, quand on apprit la dernière révolution de Vienne. Les troupes impériales étant en très grande partie retenues sur le Danube, on cria de toutes parts que c'était le moment d'agir; la revanche de Custozza parut prochaine. Les Vénitiens, gouvernés par Manin et Pepe, prirent l'offensive et remportèrent en quelques semaines, du côté du Frioul, de brillants avantages (octobre-novembre). A Turin, les réfugiés lombards, qui avaient leur assemblée délibérante comme s'ils eussent été à Milan, ravivèrent l'ambition du roi en lui faisant espérer le soulèvement de leur pays. En Toscane, le parti de la constituante italienne, qui s'agitait bruyamment à Florence et surtout à Livourne, arriva au pouvoir avec le ministère Montanelli [1] (26 octobre). Mais c'est surtout à Rome que la Révolution triompha. Ce fut, il est vrai, par un crime à jamais regrettable et qui ne compromit pas peu la cause italienne. Pie IX avait pour principal ministre, depuis le 14 septembre, le comte Rossi, ancien ambassadeur de Louis-Philippe, qui avait cessé de

l'armée française sous Napoléon et dans l'armée napolitaine sous Murat, joua un rôle équivoque pendant la révolution de 1820-1821, ce qui lui valut d'être disgracié par Ferdinand Ier, rentra en faveur (1831), sous Ferdinand II, qui, grâce à lui, triompha de la Sicile en 1849, devint vice-roi de cette île, fut appelé par François II au poste de premier ministre en mai 1859, démissionna quelques mois après, et mourut à Portico en 1867.

1. Montanelli (Joseph), né à Fucecchio (Toscane) en 1812; déjà très influent en 1847, grâce à son journal l'*Italie* il alla combattre les Autrichiens en 1848; blessé à Curtatone, il entra quelques mois plus tard au parlement de Florence, devint président du conseil des ministres, puis triumvir de la Toscane, avec Guerrazzi et Mazzoni (février 1849); peu après, il fut envoyé comme ministre plénipotentiaire en France. Proscrit après la restauration du grand-duc, il passa dix ans en France, où il écrivit ses intéressants *Mémoires*, alla servir comme volontaire dans les *Chasseurs des Apennins* pendant la campagne de 1859, mais compromit sa popularité en combattant la cause de l'unité italienne, à laquelle il ne se rallia que peu avant sa mort, arrivée en 1862.

servir la France depuis le 24 février. Cet homme d'État, trop libéral aux yeux de la camarilla du Quirinal, était au contraire regardé comme un agent de réaction par le parti populaire. Le souvenir du concours qu'il avait prêté à la politique de Guizot lui faisait grand tort dans l'opinion publique. Du reste, Rossi repoussait l'idée de la constituante, prétendait ne former la fédération italienne que par l'accord des princes, détournait le pape de déclarer la guerre à l'Autriche et semblait remettre à un avenir encore éloigné l'entier affranchissement de la péninsule. Aussi était-il profondément impopulaire à Rome. Ses hauteurs et son insouciance du danger lui coûtèrent la vie. Le 15 novembre, au moment où il allait exposer ses vues politiques devant la chambre des députés, il fut poignardé par un bras inconnu. Personne ne prit la peine de rechercher son assassin. Ce meurtre fut célébré comme un triomphe patriotique par un peuple fanatisé, qui, le lendemain, se porta tumultueusement au Quirinal et somma le pape d'adopter le programme de la Révolution. Pie IX céda à demi devant l'émeute. S'il ne se prononça pas sur la question de la constituante et de la déclaration de guerre, il donna du moins satisfaction à l'opinion dominante en formant un ministère où, à côté de Mamiani, prirent place les principaux chefs du parti démocratique [1]. Mais il n'eut plus dès lors d'autre pensée que celle de fuir une capitale où il ne se jugeait plus libre et où son autorité était presque réduite à néant. Où irait-il? Le gouvernement français tremblant qu'il ne se mît sous la protection de l'Autriche, se hâta de lui offrir un asile et réunit même quelques troupes qui semblaient avoir mission d'aller le chercher [2]. Mais le pape ne voulait ni quitter l'Italie ni se mettre à la discrétion d'une République. Comme il ne pouvait, d'autre part, sans paraître trahir la cause italienne se retirer sur un territoire dépendant de la cour de Vienne, c'est au roi de Naples, dont les sentiments conservateurs étaient si manifestes, qu'il résolut de demander asile. Dans la nuit du 24 au

1. Galetti, Sterbini, Campello, etc.

2. Cavaignac avait aussi une raison personnelle pour agir ainsi. Il était à ce moment candidat à la présidence de la République. Le jour de l'élection approchait (elle eut lieu le 10 décembre). Il désirait naturellement ne pas s'aliéner le parti de l'Église, qui disposait en France de plusieurs millions de suffrages, et qui n'en soutint pas moins son concurrent sur lequel il comptait davantage.

25 novembre, il parvint à sortir de Rome sous un déguisement et arriva bientôt à Gaëte, où Ferdinand II le reçut avec de grands honneurs. Il était sauf; mais il laissait derrière lui la Révolution sans contrepoids. La péninsule parut dès lors menacée d'un prochain bouleversement.

XI

On voit par ce qui précède que, malgré la reprise de Vienne, la cause de l'Autriche, c'est-à-dire, de la contre-révolution, était à ce moment au plus bas. Mais elle se releva, juste à partir de cette époque, grâce au concours d'un homme d'État, énergique et heureux, que Ferdinand Ier eut la bonne inspiration d'appeler au pouvoir. Le prince de Schwarzenberg, nommé premier ministre le 21 novembre [1], était un diplomate jeune encore, aussi réfractaire que Metternich son maître au progrès démocratique et à l'esprit révolutionnaire, mais plus hardi et moins habitué à biaiser. Hautain, fier et cassant, il se souvenait qu'il avait été militaire [2] et eût volontiers mené l'Europe, s'il l'eût pu, à coups de cravache. Ses premiers actes dénotèrent tout ce qu'il y avait en lui d'audace et de vigueur. Dès le 27 novembre, il lançait à la tête du Parlement de Francfort une note très ferme d'où il ressortait en substance : 1° que son but était d'unifier l'empire d'Autriche, ce qui était en complète opposition avec les paragraphes de la constitution que nous avons cités plus haut; 2° qu'il ne reconnaissait la constitution future de l'empire d'Allemagne que sous réserve du droit qu'avait son maître de l'examiner et d'en exiger au besoin l'amendement. « Quant aux rapports établis entre l'Autriche et l'Allemagne nouvelle, disait-il, on ne pourra s'en occuper que lorsqu'elles auront accompli toutes les deux leur travail de rajeunissement et qu'elles se seront donné de solides institutions. Jusque-là l'Autriche continuera à remplir fidèlement ses devoirs. Dans toutes les relations

1. Schwarzenberg (Félix-Louis-Jean-Frédéric, prince de), né à Krumau (Bohême) en 1800; d'abord officier, puis attaché d'ambassade à Saint-Pétersbourg (1824), à Londres (1826), plus tard à Paris, à Berlin; ministre plénipotentiaire à Turin, à Parme, puis à Naples de 1846 à 1848. Il avait été nommé major général dans l'armée autrichienne en 1842.

2. Tout récemment encore il avait exercé un commandement important en Italie et s'était distingué aux batailles de Curtatone et de Custozza.

extérieures nous saurons défendre la dignité et les intérêts de l'empire autrichien, et nous ne permettrons à aucune influence égarée de troubler le libre travail de notre développement extérieur. »

Fort peu de jours après (2 décembre), Schwarzenberg, jugeant sans doute que l'avènement d'un nouvel empereur, jeune, sans passé politique, sans engagements, lui procurerait la liberté d'action dont il jugeait avoir besoin, déterminait l'incapable et pusillanime Ferdinand Ier à une abdication que lui conseillaient aussi sa famille et certains souverains étrangers [1]. Un prince de dix-huit ans, l'archiduc François-Joseph [2], fut appelé au trône. Presque aussitôt, le premier ministre résolut de prendre l'offensive avec toutes les forces dont il pouvait disposer contre les Hongrois. Les discussions du Parlement de Francfort, qui se prolongeaient outre mesure, lui laissaient quelque répit. Il traînait d'autre part en longueur les négociations relatives à l'Italie, semblait vouloir se prêter à la réunion d'un congrès que les puissances médiatrices parlaient de convoquer à Bruxelles, mais en retardait de son mieux l'ouverture par des conditions préalables qui ne pouvaient guère être admises. Il savait bien que pour le moment il n'avait rien à craindre de l'armée française massée le long des Alpes. En effet, la France, qui venait de se donner (le 4 novembre) une constitution démocratique, basée sur le principe du suffrage universel, était alors absorbée par l'élection présidentielle fixée au 10 décembre. Louis-Napoléon Bonaparte, qui l'emporta sur son concurrent Cavaignac, dut en grande partie son élection à l'appui de l'Église et des partis monarchiques. Il n'était pas à supposer qu'il fût, pour le moment du moins, porté à soutenir la Révolution en Italie. Schwarzenberg pouvait donc sans inquiétude se tourner vers la Hongrie. Aussi ne s'en fit-il pas faute. Dès le 10 décembre, Windischgraetz d'une part, Jellachich de l'autre se portaient vers Pesth. Moins d'un mois

1. Notamment l'empereur de Russie.

2. Neveu de Ferdinand Ier, ce prince était fils de l'archiduc François-Charles (1802-1878), qui avait renoncé au trône, et de la princesse Sophie de Bavière, femme énergique et ambitieuse, qui eut jusqu'à sa mort (en 1872) une grande influence sur lui. Né à Schœnbrunn le 18 août 1830, il a épousé, le 24 avril 1854, Elisabeth de Bavière, dont il a eu plusieurs filles et un seul fils, l'archiduc Rodolphe (né le 21 août 1858). Depuis le suicide romanesque de ce dernier (30 janvier 1889), qui n'a pas laissé d'enfants mâles, l'héritier présomptif de la couronne est l'archiduc François (né en 1863), neveu de François-Joseph.

après, cette capitale était réoccupée par les troupes autrichiennes (5 janvier 1849). Kossuth et ses collègues du gouvernement se retiraient à Debreczin. La cause hongroise parut à ce moment perdue.

Mais Schwarzenberg dut alors s'arrêter au milieu de ses succès. Pendant plus de six semaines les opérations militaires contre les Magyars furent presque interrompues. La cour d'Autriche dut quelque peu détourner son attention de la Hongrie pour la porter principalement vers l'Allemagne et vers l'Italie, d'où de nouveaux orages semblaient sur le point de fondre sur elle.

XII

A Francfort la note du 27 novembre avait aggravé les dispositions, déjà peu bienveillantes, des constituants à l'égard des Habsbourg. De jour en jour l'assemblée qui devait donner un empereur à l'Allemagne penchait plus visiblement vers le roi de Prusse. Ce n'est pas que Frédéric-Guillaume lui inspirât une sympathie et une confiance sans mélange. Ce souverain, dont l'esprit confus, brouillon se répandait sans cesse en projets, en rêveries contradictoires, avait pu à certains moments se croire libéral. Au fond, il était demeuré sectateur du droit divin. Depuis plusieurs mois il avait fait revenir d'Angleterre le prince Guillaume, son frère et son héritier présomptif, qui ne pactisait pas avec la Révolution. Il s'était laissé ressaisir par cette coterie monarchique et féodale que l'histoire désigne sous le nom de parti des *Hobereaux* ou de *la Croix* et où, à côté des Gerlach et des Stahl, M. de Bismarck [1], le

1. Bismarck-Schœnhausen (Otto-Edouard-Léopold, aujourd'hui prince de), né à Schœnhausen (province de Magdebourg) le 1er avril 1815. Après avoir passé par l'université de Gœttingue, où il fut, paraît-il, un étudiant indiscipliné, tapageur et peu laborieux, il servit quelque temps dans l'armée, entra dans l'administration, puis s'occupa d'agriculture et fit ses débuts dans le monde politique comme député à la première diète générale de Prusse, en 1847. On verra plus loin par le détail la suite de sa vie. — Le parti des *Junker* ou hobereaux, appelé aussi parti de *la Croix* parce que son organe le plus accrédité dans la presse était la *Gazette de la Croix*, avait pour chefs le jurisconsulte et économiste Stahl (Frédéric-Jules), né en 1802, professeur à l'université de Berlin depuis 1840, mort en 1861; et le magistrat de Gerlach (Ernest-Louis), né Berlin en 1795, président de cour à Magdebourg en 1846, qui fut membre du parlement d'Erfurt en 1850, puis membre de la haute chambre de Prusse, conseiller intime et aulique de justice supérieure (1865), et mourut en 1871

futur chancelier, se faisait déjà remarquer par l'âpreté de ses diatribes contre la politique de la démocratie. Cette faction détournait le roi d'accepter du peuple allemand une couronne que, disait-elle, il n'avait pas le droit de lui donner. Elle soutenait la cause de l'Autriche, parce que c'était celle de la réaction. Sous cette influence, le roi avait réprimé avec quelque brutalité l'agitation populaire dont Berlin était alors le théâtre. Il avait mis sa capitale en état de siège, il avait tranféré la chambre des députés à Brandebourg, puis il l'avait dissoute (novembre, commencement de décembre). Il avait maintenant un ministère fort rétrograde[1]. Il déclarait à ses intimes qu'il ne voulait être empereur que par le libre choix des souverains allemands et repoussait à l'avance toute compromission avec « la plus niaise, la plus sotte, la plus stupide.... des révolutions de ce siècle ».

Il est vrai que ce n'était point publiquement qu'il s'exprimait en de pareils termes. Au fond, il tenait passionnément à la couronne impériale, et Gagern, qui était venu en novembre sonder ses dispositions, était reparti convaincu que, si elle lui était décernée par le Parlement, il l'accepterait, sauf à forcer la main aux autres princes allemands, dont aucun ne serait en état de lui faire opposition si l'Autriche était exclue de l'Empire. Plusieurs de ses conseillers ou pour mieux dire de ses amis les plus chers, tels que le général de Radowitz et le chevalier de Bunsen, le détournaient de toutes leurs forces de céder au parti de la Croix et n'étaient pas sans influence sur lui. A ce moment même (5 décembre), ils obtenaient de lui que, pour dissiper les méfiances des constituants de Francfort, il fît une manifestation solennelle de libéralisme, et pour leur plaire Frédéric-Guillaume donnait de son chef à la Prusse une constitution presque démocratique[2]. Le souverain, du reste, ne fit pas difficulté de signer un pareil acte : du moment que la constitution était librement *octroyée* par lui, à ses yeux le droit divin était sauf. Ne serait-il pas, du reste, plus tard souverain pour retirer ses concessions, comme il l'était à cette heure pour les faire? Mais, quelles que fussent ses secrètes pensées,

1. Constitué le 31 octobre et dont les principaux membres étaient le comte de Brandebourg (oncle du roi), président du conseil, et le baron de Manteuffel, *homme d'État d'avant le déluge*, comme l'appelait M. de Vincke.
2. Elle était calquée sur celle de la Belgique.

l'acte du 5 décembre parut au Parlement de Francfort une preuve qu'il était disposé à marcher d'accord avec l'Allemagne nouvelle[1]. Cette assemblée se réservait, du reste, de lui faire ses conditions et de ne lui offrir la couronne impériale qu'après avoir stipulé dans la constitution toutes les garanties que la nation germanique pouvait exiger de son futur chef.

Sa préférence pour le roi de Prusse devint bientôt si manifeste que le ministère Schmerling, qui, au fond, tenait pour l'Autriche, ne crut pas pouvoir demeurer aux affaires. Dès le milieu de décembre, l'archiduc Jean dut former un nouveau cabinet, à la tête duquel fut appelé le partisan le plus déterminé du roi de Prusse, c'est-à-dire Henri de Gagern. Le premier acte de cet homme d'État fut une proposition tendant à exclure formellement l'Autriche de l'empire allemand (18 décembre). Vainement Schwarzenberg, fort alarmé, protesta d'avance contre un pareil projet et adressa à Gagern les notes les plus aigres, les plus comminatoires. Ce dernier lui répondit sans s'émouvoir, ne céda rien et finalement obtint gain de cause devant le Parlement. Il fut en effet décidé par cette assemblée (14 janvier) que le souverain autrichien ne pourrait être admis dans l'empire germanique qu'en se conformant aux articles déjà votés de la constitution qui interdisaient la fusion politique d'un État allemand avec un État non allemand. Comme la cour de Vienne affirmait plus que jamais son intention de n'en rien faire, elle était *ipso facto* écartée d'une association qui, de parti pris, repoussait tout élément non teutonique et qui regardait l'Autriche comme dominée par les Slaves, peut-être même par la Russie.

XIII

Schwarzenberg ne manqua pas de protester encore et, pour gagner du temps, entama une négociation dilatoire avec la Prusse. Frédéric-Guillaume, toujours hésitant entre deux partis contradictoires, n'osait rompre avec lui et cherchait à concilier son désir

1. Du reste, à certains égards, le parlement de Francfort n'était pas fâché qu'il eût dissous la Chambre prussienne, qui s'était signalée par un esprit éminemment particulariste.

de prendre la direction politique de l'Allemagne avec sa crainte de s'attirer une inimitié qui pouvait lui être fatale. C'est ainsi que, dans une note fort bizarre du 23 janvier, après avoir déclaré qu'il ne repousserait point la constitution de Francfort, à condition qu'elle fût admise par les souverains allemands, il insinuait l'idée qu'il n'était point nécessaire d'exclure l'Autriche; que la *Grande Allemagne*, telle que la rêvait Schwarzenberg, pouvait et devait être constituée; seulement l'Autriche ne devait, à son sens, y exercer qu'une primauté d'honneur; son rôle effectif consisterait à représenter et à rendre prépondérante l'influence germanique au dehors, à lui soumettre les pays slaves, l'Italie, surtout l'Orient; quant à l'Allemagne proprement dite, elle se grouperait, par le libre accord de ses princes, autour de la Prusse, accepterait son hégémonie, formerait enfin avec elle une sorte de Zollverein politique et militaire. Au fond, ce plan chimérique et compliqué tendait, comme celui de Gagern, qui avait au moins le mérite d'être franc, à exclure l'Autriche de l'Allemagne, et il fallait croire bien naïvement à la naïveté de Schwarzenberg pour imaginer qu'il fût disposé à l'accepter de gaîté de cœur. Le ministre de François-Joseph, pour couper court à des propositions qu'il regardait comme injurieuses envers son maître, commença par déclarer (4 février) que jamais l'Autriche ne consentirait ni à être exclue de l'empire germanique, ni à reconnaître en Allemagne un gouvernement unitaire tel qu'on était en train de le constituer à Francfort. Brandebourg, dans sa réponse, fort embarrassée et fort vague, rédigée à l'effet de plaire en même temps à Vienne et à Francfort (16 février), fit connaître que le roi de Prusse n'approuvait point l'extension énorme que les constituants entendaient donner au gouvernement impérial, mais qu'à son sens si le futur chef de l'Allemagne ne devait pas absorber les attributions essentielles des gouvernements locaux, un pouvoir fort lui était cependant nécessaire. Il priait en même temps le cabinet de Vienne d'exposer ses vues sur l'organisation de l'État germanique. A quoi Schwarzenberg riposta (27 février) par l'énoncé d'un projet qui, sans faire mention des droits de l'Allemagne à une représentation nationale, tendait tout simplement à reconstituer une diète fédérale où les princes seuls eussent été représentés et où, par une habile attribution des suffrages (réduits au nombre de 9), l'Autriche eût toujours été assurée de la majorité. Il émettait en outre formellement dans cette pièce l'exorbitante prétention de faire entrer dans la confédération la monarchie des Habsbourg tout entière, sans en exclure, comme l'avait fait le congrès de Vienne, ses provinces slaves, italiennes et magyares. Enfin, peu de jours après (4 mars), comme s'il eût pris à tâche de pousser à bout l'opinion allemande, le hardi ministre, enorgueilli par un récent succès en Hongrie [1], où venait de s'ouvrir une nouvelle campagne, dissolvait la diète de Kremsier et faisait *octroyer* par son maître une constitution qui unissait en un seul corps politique, en une seule représentation toutes les parties de la monarchie autrichienne.

XIV

Il y avait en un tel défi d'autant plus d'imprudence qu'à ce moment la Hongrie, bien armée, semblait fort capable de reprendre l'avantage et que la révolution italienne, touchant à son paroxysme, menaçait l'Autriche d'une guerre imminente au delà des Alpes.

Les Romains, après plusieurs tentatives infructueuses pour déterterminer le pape à rentrer dans sa capitale, s'étaient donné pour gouvernement provisoire (le 11 décembre) un triumvirat qui, en attendant l'assemblée nationale italienne, dota les populations de l'État pontifical du suffrage universel et les convia à élire une assemblée constituante. Cette dernière, réunie à Rome le 5 février, proclama quatre jours après la République. Bientôt le plus célèbre et le plus puissant agitateur de l'Italie, Mazzini, fit partie du triumvirat, qu'il domina sans peine; Joseph Garibaldi [2], partisan déjà

1. La victoire de Kapolna, remportée par Windischgraetz le 27 février.

2. Garibaldi (Joseph), né à Nice le 4 juillet 1807, servit d'abord dans la marine sarde, puis, compromis dans une conspiration (1834), passa en France, fut employé quelque temps par le bey de Tunis, puis s'embarqua pour l'Amérique (1836), combattit longtemps pour la république de Rio-Grande contre le Brésil et, en 1843, entra au service de l'Uruguay, qu'il servit vaillamment sur mer et sur terre dans sa guerre contre Rosas. Passionnément dévoué à l'idée de l'indépendance et de l'unité italienne, il vint, dès le mois d'avril 1848, offrir son épée au comité de défense de Milan et, à la tête d'une légion de volontaires, prit part à la première campagne de Charles-Albert contre l'Autriche. Général de l'armée romaine en 1849, il dut, après l'écrasement de son parti, quitter de nouveau l'Italie, se rendit aux États-Unis, où

fort populaire, vint offrir son concours à la nouvelle démocratie, et ses bandes furent rapidement grossies de nombreux volontaires accourus de tous les points de la péninsule. De Rome, la république gagna en peu de jours la Toscane, dont le grand-duc venait de prendre la fuite et finit par se retirer comme le pape à Gaëte. Elle fut proclamée à Florence le 18 février. On put croire à ce moment qu'elle ne s'arrêterait pas aux Apennins et qu'elle irait sous peu planter son drapeau jusqu'au cœur du Piémont.

Charles-Albert en tremblait d'effroi. La démocratie, qui grondait à Turin et qui lui reprochait son inaction vis-à-vis de l'Autriche, l'avait contraint, dès le 15 décembre, de former un ministère dont les deux chefs, Gioberti et Rattazzi [1], avaient pris pour mot d'ordre, comme la masse du peuple, la revanche de Custozza. Ce nouveau cabinet voulait, il est vrai, sauver la royauté piémontaise. Aussi désirait-il vivement, non seulement que la contagion républicaine cessât de se répandre, mais que la monarchie constitutionnelle fût promptement rétablie à Florence et à Rome. Suivant le plan de Gioberti, le roi de Sardaigne devait commencer par restaurer le grand-duc de Toscane et le pape, pour les entraîner ensuite dans la croisade italienne contre l'Autriche. Il acquerrait ainsi aisément l'hégémonie de la péninsule.

Ce projet avait l'assentiment du gouvernement français, dont le chef, Louis-Napoléon, obligé de l'Église et désireux de garder ses bonnes grâces, souhaitait la rentrée de Pie IX à Rome et, d'autre part, ne voulait à aucun prix qu'il y fût ramené ou rappelé par les

il s'adonna à l'industrie, puis en Chine (1852), puis au Pérou, revint à Gènes (1854) et commanda quelques années un navire de commerce. On verra dans la suite de cet ouvrage quel rôle il joua depuis 1859. Il est mort à Caprera le 2 juin 1882.

1. Rattazzi (Urbain), né à Alexandrie le 30 juin 1808; avocat à Turin (1838); puis à Casal; membre du parlement piémontais en 1848; ministre de l'intérieur et de la justice (15 décembre 1848), peu après président du conseil; obligé de se retirer après Novare (1849); chef du centre gauche pendant le ministère d'Azeglio (1849-1852); président de la Chambre des députés (1852); ministre de la justice (1854) et de l'intérieur (1855), démissionnaire en janvier 1858; successeur de Cavour comme président du conseil, de juillet 1859 à janvier 1860; président de la Chambre pour la seconde fois (1861-1862); rappelé à la présidence du conseil, avec le portefeuille des affaires étrangères, en mars 1862; renversé par Minghetti en décembre de la même année; marié le 3 février 1863 à Mme de Solms (Marie-Studolmine Wyse), petite-fille de Lucien Bonaparte; encore une fois premier ministre (avril-octobre 1867); mort à Frosinone, le 4 juin 1873.

Autrichiens. Le cabinet de l'Élysée[1] préconisait un programme en vertu duquel les rois de Sardaigne et de Naples eussent été seuls chargés des deux restaurations de Florence et de Rome. Gioberti s'en accommodait sans peine. Mais il eût fallu que Ferdinand II fût du même avis, et surtout que les deux souverains fugitifs se prêtassent à cet arrangement. Or c'est ce qui n'eut pas lieu. Dès le 4 décembre, Pie IX avait invoqué le secours non pas d'un ou de deux États italiens, mais de toutes les puissances catholiques. En réponse à cet appel, l'Espagne, toujours gouvernée par le conservateur Narvaez, avait, le 21 du même mois, pris l'initiative de proposer à ces puissances un congrès, qui se réunirait à Gaëte[2]. Vainement Gioberti s'efforça, deux mois durant, de faire adopter par le pape la combinaison tout italienne que nous avons indiquée ci-dessus. Pie IX repoussait obstinément le concours du roi de Sardaigne, dans lequel il ne voyait qu'un suppôt de la Révolution. Le roi de Naples refusait de s'allier à Charles-Albert. La cour de Vienne et le grand-duc de Toscane, qui lui était inféodé, combattaient de toutes leurs forces la politique piémontaise. Le souverain-pontife fit évanouir toutes les espérances du cabinet de Turin en requérant formellement (le 18 février) l'intervention de l'Autriche, de la France, de l'Espagne et des Deux-Siciles. Gioberti, suspect à la Révolution et rebuté par la réaction, devint alors un ministre impossible. Il donna donc sa démission. Qu'allait faire Charles-Albert? Se refuser plus longtemps à la guerre, c'était s'exposer à être prochainement renversé par le parti républicain. La guerre, tout le Piémont et une grande partie de l'Italie la demandaient à grands cris. Les négociations de Bruxelles, à peine commencées grâce aux lenteurs calculées de Schwarzenberg, ne donnaient aucun espoir aux patriotes italiens. L'Autriche ne voulait pas céder un pouce de territoire. Sommé par son peuple d'en finir en reprenant sur-le-champ les hostilités, Charles-Albert ne se dissimulait pas qu'il marcherait seul, que les républicains de Rome et de Flo-

1. Nom du palais où résidait, comme aujourd'hui, le président de la république française.

2. Il ne faut pas oublier qu'une bonne partie de l'Europe, et notamment l'Autriche, n'avait pas encore reconnu Isabelle comme reine légitime d'Espagne. Il était évident (c'était le calcul de Narvaez) que les États qui allaient négocier officiellement avec elle à Gaëte ne pourraient pas plus longtemps la traiter en usurpatrice.

rence le seconderaient peu ou ne le seconderaient point, que son armée, faible, désorganisée depuis Custozza, ne supporterait peut-être pas le premier choc des troupes autrichiennes. Mais l'honneur et l'intérêt de sa dynastie étaient à tel point en jeu qu'il ne pouvait plus hésiter. Aussi le 12 mars déclara-t-il l'armistice rompu et appela-t-il solennellement, comme l'année précédente, l'Italie à la guerre nationale.

XV

Le roi de Sardaigne n'était point par lui-même fort redoutable. Mais son entrée en campagne aggravait singulièrement la situation déjà si difficile du gouvernement autrichien. Le Parlement de Francfort, voyant la cour de Vienne aux prises d'une part avec les Hongrois, de l'autre avec les Italiens, et la jugeant réduite à l'impuissance parfaite de contrecarrer sa politique, n'hésita plus à lui porter le dernier coup. La publication intempestive de la constitution du 4 mars l'avait exaspéré. Dès le 12 fut faite solennellement dans l'assemblée la proposition de proclamer le roi de Prusse empereur héréditaire d'Allemagne. Les démocrates firent, il est vrai, manquer l'élection de Frédéric-Guillaume lors d'un premier scrutin. Mais les concessions qu'ils obtinrent du parti de Gagern ne tardèrent pas à les ramener. La constitution fut achevée. En vertu de cet acte, le suffrage universel était maintenu; l'empereur, chef politique, militaire et diplomatique l'Allemagne, gouvernerait par l'entremise de ministres responsables devant deux chambres, le *Volkshaus*, formé des députés de la nation, et le *Staatenhaus*, réunion des délégués envoyés par les Parlements des divers États confédérés; il n'y aurait pas de diète princière; enfin le souverain n'aurait pas le droit de *veto* absolu. C'est à ces conditions que les suffrages du parti avancé furent assurés à Frédéric-Guillaume, à qui le parlement conféra enfin le 28 mars 1849 la dignité impériale.

La révolution germanique semblait par là terminée. Le roi de Prusse, qui reçut, le 3 avril, la députation de l'Assemblée chargée de lui notifier son élection, répéta ce qu'il avait dit bien souvent, savoir que le suffrage des princes pouvait seul le faire empereur légitime. Mais il était facile de comprendre à son langage qu'il se croyait assuré de l'obtenir. Il insinua l'idée qu'en attendant, le vicariat de l'Empire, toujours exercé par l'archiduc Jean, lui revenait de droit. Il protesta plus haut que jamais de sa ferme volonté de protéger en tous temps et en tous lieux l'honneur et les intérêts de l'Allemagne. Pour qu'on n'en pût douter, du reste, il faisait dans le même temps recommencer par ses troupes les hostilités contre le Danemark[1], et annonçait l'intention de ne poser cette fois les armes que lorsque la question des duchés serait tranchée suivant le vœu de la patrie germanique.

Mais la fortune, qui, depuis une année, avait si souvent tourné, devait encore une fois changer de camp. Le roi de Prusse allait avoir plus que jamais à compter avec l'Autriche qui, sur ces entrefaites, se relevait de nouveau, comme par miracle, de son abaissement.

XVI

Tout d'abord, des deux parties que la cour de Vienne avait dû engager contre le Piémont et contre la Hongrie, la première fut gagnée par elle en quelques jours et à la suite d'une seule bataille. Le vieux Radetzki, précédé d'un violent et injurieux manifeste contre Charles-Albert, avait franchi le Tessin dès le 20 mars avec une puissante armée. Trois jours après, il se heurta à Novare contre les troupes sardes dans une action décisive et les mit en une telle déroute que le roi vaincu, désespérant de relever sa cause, résolut tout aussitôt de renoncer à la couronne. Effectivement, le soir même du combat, Charles-Albert abdiqua en faveur de son fils aîné Victor-Emmanuel et partit pour l'exil où, miné par

1. L'armistice du 26 août 1848 avait été suivi de négociations confuses qui avaient eu lieu tout à la fois à Londres, à Francfort, à Berlin, à Copenhague, etc., et qui étaient restées sans résultat. La Prusse et le parlement allemand réclamaient toujours hautement le Sleswig. Le Danemark était d'autant moins disposé à céder qu'il se sentait moralement soutenu par la Suède, l'Angleterre, la Russie et la France. Le général français Fabvier était venu, avec l'autorisation de son gouvernement, aider Frédéric VII à réorganiser son armée. Aussi ce souverain venait-il de dénoncer l'armistice (26 février). Les hostilités furent reprises le 3 avril.

le chagrin, il ne devait pas tarder à mourir[1]. Le nouveau souverain piémontais obtint à grand'peine, par l'intercession de la France et de l'Angleterre (le 26 mars), un armistice, aux termes duquel les Autrichiens devaient occuper son territoire jusqu'à la Sesia et tenir garnison dans Alexandrie. Schwarzenberg et son maître étaient donc débarrassés du côté de l'Italie d'une grande inquiétude.

La Hongrie ne fut pas, il est vrai, aussi facile à abattre que le Piémont. La constitution unitaire du 4 mars avait porté en ce pays jusqu'au paroxysme une exaspération patriotique dont l'éclat faillit un moment être fatal à la maison de Habsbourg. Le gouvernement magyar avait mis sur pied, par la levée en masse, une armée formidable. Le 14 avril, il proclama solennellement la Hongrie indépendante et Kossuth, investi de la dictature, envoya dans diverses cours des agents diplomatiques qui ne furent pas partout mal reçus[2]. Déjà, du reste, depuis plusieurs semaines, les Hongrois avaient repris victorieusement l'offensive contre les troupes autrichiennes. Bem refoulait Jellachich, remportait victoires sur victoires en Transylvanie et menaçait de révolutionner les Principautés danubiennes. Gœrgei[3] faisait mieux, car, avant la fin d'avril, il reprenait Pesth, et, poussant devant lui la principale armée autrichienne toute découragée, semblait devoir porter prochainement jusqu'à Vienne son drapeau triomphant. Si ce général, par suite de son funeste désaccord avec Kossuth, n'eût perdu un mois au siège de Bude et ne se fût ensuite immobilisé systémati-

1. C'est à Oporto qu'il se retira et qu'il acheva sa vie le 28 juillet 1849. Son successeur, Victor-Emmanuel II, à qui était réservée une si éclatante fortune, était né le 14 mars 1820. Il est mort à Rome le 9 janvier 1878.

2. Notamment en Angleterre, où, sans se compromettre au point de reconnaître l'indépendance de la Hongrie, on était bien aise d'inquiéter un peu la Russie, qui s'apprêtait à la combattre.

3. Gœrgei (Arthur), né à Toporez (Hongrie) le 5 février 1818, avait, après quelques années de service, quitté l'armée pour se livrer à des recherches scientifiques, lorsque la révolution de 1848 lui donna l'occasion de montrer sa haute capacité militaire. D'abord capitaine dans les *Honved*, il fut, au bout de quelques mois, pourvu d'un grand commandement, dont il se montra digne par ses brillants succès. Mais dès le commencement de 1849 il se mit, par une profession publique d'attachement à la monarchie autrichienne, en opposition avec Kossuth et perdit ainsi la Hongrie. La capitulation de Vilagos, dont il sera question plus loin, lui a toujours été reprochée par ses compatriotes comme une trahison. Depuis ce triste événement, il rentra pour toujours dans la vie privée.

quement sous Comorn, il eût sans doute assuré le succès de la cause qu'il servait. Mais ses retards sauvèrent l'Autriche en lui donnant le temps de se procurer une alliance toute-puissante.

On a vu plus haut que, dès l'année 1848, l'empereur de Russie, très hostile aux Hongrois, avait fait prendre à ses troupes, non seulement en Pologne, mais en Moldavie et en Valachie, des positions menaçantes pour cette nation. En janvier et février 1849, un de ses généraux avait même pénétré avec quelques troupes en Transylvanie, d'où Bem l'avait facilement chassé. En mars, l'Autriche jugea sa propre situation si critique qu'elle n'hésita plus à requérir l'intervention d'une grande armée russe en Hongrie. Qu'allait faire le czar? plusieurs de ses conseillers étaient d'avis qu'il ne se hâtât point de porter secours à François-Joseph. Il fallait, suivant eux, laisser l'Autriche se disloquer entièrement. Quand elle serait réduite à une parfaite impuissance, Nicolas pourrait à son aise faire la loi sur le Danube et dans tout l'Orient. Mais ce souverain préféra suivre d'autres inspirations. Le concours que les réfugiés polonais prêtaient aux Hongrois et la sympathie que ces derniers témoignaient à la Pologne, qu'il craignait de voir d'un moment à l'autre se soulever tout entière, l'irritaient au dernier point. Il tenait du reste à honneur, lui, le seul souverain dont l'autorité n'eût pas été ébranlée par les commotions de 1848, de se poser en Europe comme le champion le plus résolu des principes conservateurs et de venger les monarques moins heureux que lui des outrages de la Révolution. Par-dessus tout, il songeait à la réalisation de ses vues sur l'Orient et, pour obtenir ce résultat, comptait — un peu naïvement, il faut le dire — sur la reconnaissance de l'Autriche, qu'il allait sauver. A ce moment même, la France et, surtout, l'Angleterre qui, depuis l'entrée de ses troupes dans les Principautés, n'avaient cessé de soutenir la Porte dans ses réclamations, l'obligeaient de conclure avec le sultan le traité de Balta-Liman, qui fut signé le 1er mai, et en vertu duquel il dut promettre d'évacuer la Moldavie et la Valachie. Cette convention lui assurait, il est vrai, de grands avantages dans les provinces en question[1]. Mais il y voyait un échec et une humiliation pour sa

1. Le traité de Balta-Liman stipulait que les hospodars des deux principautés seraient nommés par la Porte, *d'accord avec la Russie*, pour une durée de sept ans; que les assemblées des boyards seraient suspendues; que les

politique. Il se figura que la revanche lui serait facile, grâce à la docilité de François-Joseph qui ne pourrait manquer, pensait-il, de lui rendre ses bons offices, tout au moins en le laissant faire. Enfin le czar, qui n'avait nulle sympathie pour l'unité germanique, tenait absolument à ce que l'Autriche redevînt forte, pour pouvoir empêcher la Prusse de réaliser ses desseins sur l'Allemagne. Guidé par ces motifs, ce souverain promit un concours sans réserve à la cour de Vienne. Dès le mois d'avril une puissante armée, sous Paskéwitch, se massa sur la frontière septentrionale de la Hongrie. Au commencement de mai, les premières colonnes russes débouchèrent dans ce pays. Les Magyars, sans renoncer à la lutte, se sentirent perdus.

XVII

Schwarzenberg n'avait pas attendu la conclusion de l'alliance pour faire comprendre à Frédéric-Guillaume IV qu'il était en mesure de l'arrêter dans sa marche oblique et sournoise vers l'empire. Dès les premiers jours d'avril, il avait déclaré que l'Autriche ne reconnaissait pas la constitution de Francfort et ordonné aux 121 députés autrichiens qui siégeaient au Parlement allemand de quitter cette assemblée. Puis il avait invité l'archiduc Jean à conserver le vicariat de l'Empire et dénié au roi de Prusse le droit de se substituer à lui. Peu après, il fit partir pour Berlin Schmerling, qui alla voir Frédéric-Guillaume (15 avril) et lui parla sans doute très net de la part de François-Joseph et de Nicolas, car bientôt

deux puissances contractantes s'entendraient plus tard pour leur rétablissement; qu'en attendant il y aurait, dans chaque principauté, un *divan* formé de notables qu'elles désigneraient; qu'elles institueraient en Moldavie et en Valachie deux commissions chargées de leur signaler et de leur soumettre les modifications à introduire dans le règlement administratif de 1831; que chacune d'elles entretiendrait dans ces provinces un corps de vingt-cinq à trente mille hommes « pour le moment » et jusqu'à ce que les frontières (de Hongrie) ne fussent plus menacées, de dix mille jusqu'à ce que la pacification intérieure et la réorganisation de la milice fussent achevées. Elles devaient être, jusqu'à nouvel ordre, représentées dans les Principautés par deux hauts commissaires, qui, on le comprend, allaient réduire les nouveaux hospodars à la condition de simples préfets. — La Russie, du reste, ne se pressa pas d'exécuter le traité, du moins en ce qui touchait à l'occupation militaire, qu'elle devait prolonger, sous divers prétextes, jusqu'au mois d'avril 1851.

ce souverain, toujours fort prompt à s'effrayer, se décida, malgré l'opinion publique et malgré la nouvelle chambre des députés de Prusse (dont il dut prononcer la dissolution), à refuser officiellement la couronne impériale (27 avril). A la vérité il déclara que son refus était dicté uniquement par ses scrupules monarchiques et qu'il ne renonçait pas à l'espoir de grouper l'Allemagne entière autour de lui par l'assentiment des princes. Mais il était douteux qu'il réussît. Puis, ce n'était point là ce qu'avait rêvé le peuple allemand, dont le désir était de créer un empire fondé sur le principe de la souveraineté nationale.

La décision du roi de Prusse fut pour le monde germanique une profonde déception. Une agitation violente se produisit aussitôt d'un bout à l'autre de l'Allemagne; dans la plupart des États de la confédération des émeutes éclatèrent et les princes furent sommés de reconnaître la constitution de Francfort. Les plus faibles s'y résignèrent sous la pression de la nécessité. Les autres résistèrent et donnèrent le temps à la Prusse de venir à leur secours. C'est ainsi que, dans la première quinzaine de mai, les rois de Saxe et de Hanovre, après avoir tenu bon quelques jours, invoquèrent les troupes de Frédéric-Guillaume qui, à coups de canon et de fusil, rétablirent l'ordre monarchique dans l'un et l'autre État. Le cabinet de Berlin ne manqua pas, d'ailleurs, de profiter du besoin qu'avaient ces princes de son concours pour leur dicter, le 26 mai, une alliance connue sous le nom de *traité des trois rois* et qui, dans sa pensée, devait avoir pour la Prusse les plus fructueuses conséquences.

Nous aurons à expliquer, dans le chapitre qui va suivre, la nature et la portée de cette convention. Il suffit ici de faire remarquer que Frédéric-Guillaume avait à ce moment pour tactique de se concilier les princes allemands, dont il était décidé à briguer les suffrages, en les aidant — *manu militari* — à comprimer la Révolution [1]. Il se déclara donc hautement, dès le milieu de mai, contre le Parlement de Francfort qui, prenant les allures de la Convention, appelait maintenant l'Allemagne aux armes pour la défense de la constitution de mars. Les députés de l'Autriche

1. Lui-même s'apprêtait à profiter des circonstances pour restreindre le plus possible les libertés qu'il avait cru devoir *octroyer* à son peuple par la constitution du 5 décembre.

avaient quitté cette assemblée. Ceux de la Prusse en firent autant. Dès lors les défections se multiplièrent. Il ne resta bientôt plus à Francfort qu'un petit groupe de démocrates, irrités de leur impuissance et d'autant plus exaltés. Gagern lui-même, bien qu'il eût quitté le ministère, parce que l'archiduc Jean refusait de suivre ses énergiques conseils, se sépara d'eux quand ils annoncèrent l'intention de destituer ce prince du vicariat (19 mai) et alla tenir à Gotha, avec ses amis du tiers parti, une assemblée éphémère, sans autorité, qui ne tarda pas à se dissoudre. Réduit à 105 membres, le Parlement, que menaçaient les troupes prussiennes, quitta Francfort le 30 mai pour se réfugier à Stuttgard [1], où il se débattit encore quelques jours et finit par être dispersé militairement (19 juin) sur les ordres du gouvernement wurtembergeois. L'Allemagne occidentale semblait, il est vrai, avoir pris fait et cause pour lui. La région rhénane était, à ce moment, le théâtre d'une agitation républicaine que le voisinage de la France, fort troublée elle-même [2], n'était pas fait pour apaiser. Le grand-duc de Bade dut fuir ses États. Mais l'armée prussienne ne tarda pas à paraître, conduite par le prince Guillaume. En quelques semaines (juin-juillet), l'insurrection démocratique fut par elle balayée, anéantie. De cruelles exécutions, qui se renouvelèrent encore en août et septembre, firent rentrer l'Allemagne occidentale, comme naguère l'Allemagne centrale, dans son habituelle docilité. Frédéric-Guillaume, dont les troupes, victorieuses de Cologne à Carlsruhe, s'étendaient tout le long du Rhin comme pour menacer la France, semblait en passe de dicter ses volontés à tout le corps germanique.

Certes, si ce souverain eût eu l'audace et l'esprit d'à-propos d'un conquérant, il eût pu profiter à ce moment de ses succès pour imposer son hégémonie à l'Allemagne. Mais l'indécision était le fond de son caractère. Il s'entendait au fait de discuter; mais il ne fut jamais homme d'action. Il venait d'ailleurs d'éprouver en Danemark un échec fort grave; il n'en fallait pas plus pour le décou-

1. Le roi de Wurtemberg avait été contraint par une émeute, le 25 avril, de reconnaître la constitution impériale.

2. Le président Louis-Napoléon était alors vivement attaqué par le parti avancé, et, le 13 juin, un certain nombre de députés, à la tête desquels était *Ledru-Rollin*, tentèrent de le renverser par une insurrection populaire, qui, du reste, n'eut pas de succès.

rager et lui faire perdre la tête. Attaqué par lui en avril, Frédéric VII avait pu, grâce au concours indirect des puissances qui le protégeaient, non seulement résister, mais prendre l'offensive, et, après une campagne de trois mois, les Prussiens avaient subi devant Frédéricia, le 6 juillet, une retentissante défaite. Aussi, dès le 10, le cabinet de Berlin, sur les instances des cours médiatrices, avait-il consenti aux préliminaires de la paix avec celui de Copenhague. Un nouvel armistice avait été conclu et, en attendant le règlement des questions en litige, il avait été convenu que le Sleswig serait occupé par les troupes suédoises au nord, par les troupes prussiennes au sud, les droits du roi de Danemark étant d'ailleurs réservés.

XVIII

Pendant ce temps, les armées autrichienne et russe luttaient péniblement en Hongrie contre les levées tumultuaires de Kossuth, mais gagnaient chaque jour du terrain. Après une campagne de plus de deux mois, le dictateur, mal secondé par Gœrgei, qui jalousait les généraux polonais, dut s'avouer que la prolongation de la guerre était impossible. Voyant la cause de son pays compromise et perdue par un autre, il résigna ses fonctions le 11 août. Deux jours après, Gœrgei, serré de près par les troupes russes, déposait les armes à Vilagos avec tous ses soldats. « La Hongrie, écrivit Paskéwitch au czar, est aux pieds de Votre Majesté[1]. » Plusieurs des chefs de l'insurrection magyare purent se réfugier en Turquie. Mais leur malheureux pays allait subir, durant plusieurs années, une impitoyable réaction.

La chute de l'Italie révolutionnaire coïncida, dans cette tragique année 1849, avec celle de la Hongrie indépendante. Au delà, comme en deçà des Alpes, l'Autriche triompha, presque à la même heure. Mais, chose étrange, si elle ne put vaincre sur le Danube qu'à l'aide d'un gouvernement despotique (la Russie), c'est à la connivence d'une république (la France) qu'elle dut l'écrasement de la démocratie sur les bords du Tibre et, par suite, dans toute la péninsule italique.

1. Elle était en effet tout entière soumise, sauf la place de Comorn, qui résista, sous le général Klapka, jusqu'à la fin de septembre.

Il est juste de dire qu'en cette contrée la réaction avait commencé dès le lendemain de Novare. En avril et en mai, le roi de Naples, après avoir dissous un troisième parlement et suspendu de fait la constitution du 11 février 1848, avait reconquis la Sicile, que ses troupes mirent à feu et à sang. Dans le même temps, le parti contre-révolutionnaire avait renversé la république à Florence et introduit les troupes autrichiennes en Toscane. Mais la république romaine était restée debout. Tant qu'elle tenait bon, le Piémont pouvait refuser de signer la paix et Venise, qui résistait héroïquement, n'abandonnait pas l'espoir de la victoire. Mais Rome n'était pas menacée seulement par la cour de Vienne. Le cabinet de l'Élysée méditait aussi sa perte. Louis-Napoléon et ses ministres étaient bien résolus à ne pas permettre que l'Autriche fît seule la loi dans l'Italie centrale. Il faut ajouter que, n'ayant pas reconnu la république de Mazzini, c'était, non pour la soutenir, mais pour la renverser qu'ils étaient décidés à intervenir. Le ministère, sous la direction nominale d'Odilon Barrot, était mené en cette affaire par un des chefs les plus remuants et les plus habiles de la réaction catholique, le comte de Falloux[1]. Le président, qui devait au clergé d'avoir supplanté Cavaignac et qui, pour fonder l'empire, comme il le méditait dès cette époque, ne pouvait se passer de son concours, était d'autant plus porté en ce moment à lui complaire que l'Assemblée constituante approchait du terme de son mandat et que la France allait sous peu, par des élections générales, où l'Église devait jouer un grand rôle, désigner les membres de l'Assemblée législative. Il est vrai que, tant que la Constituante, assemblée sincèrement républicaine, n'était pas dissoute, il eût été imprudent à lui de démasquer ses batteries. Et

1. Falloux (Frédéric-Alfred-Pierre, comte de), né à Angers en 1811, acquit comme écrivain, sous le règne de Louis-Philippe, une certaine influence dans le parti légitimiste et clérical, entra à la Chambre des députés en 1846, fut, grâce à ses professions de foi républicaines, élu à l'Assemblée constituante de 1848, rendit inévitable, par un rapport resté célèbre, l'insurrection de juin, fut, de décembre 1848 à octobre 1849, ministre de Louis-Napoléon, qui se débarrassa de lui et de ses collègues quand il ne crut plus avoir besoin d'eux; fut arrêté au 2 décembre, partagea, sous l'Empire, son temps entre ses travaux agricoles et une polémique tenace contre la politique de Napoléon III, ne put entrer en 1871 à l'Assemblée nationale, mais n'en fut pas moins, durant plusieurs années, surtout en 1873, un des meneurs les plus puissants du parti de *la fusion* monarchique. Il est mort à Paris le 6 janvier 1886. Ses *Mémoires d'un royaliste* ont été récemment publiés.

cependant les circonstances étaient pressantes ; il fallait agir au plus tôt. Le prince se tira d'embarras par l'emploi d'une politique tortueuse et machiavélique, qu'il n'eut peut-être pas le mérite d'imaginer à lui seul, mais qui lui réussit à merveille.

Dès le 30 mars, il amena sans peine les représentants du pays, alarmés par la nouvelle de Novare, à voter un ordre du jour portant « que si, pour mieux garantir l'intégrité du territoire piémontais et mieux sauvegarder les intérêts et l'honneur de la France, le pouvoir exécutif croyait pouvoir appuyer ses négociations par l'occupation partielle et temporaire d'un point quelconque de l'Italie, il trouverait dans l'Assemblée nationale le plus sincère et le plus entier concours ». C'est en invoquant ce vote que, peu de jours après (16 avril), il demanda un crédit destiné à l'entretien d'un corps de troupes, qui, sous le général Oudinot[1], allait s'embarquer pour Civita-Vecchia. Le crédit fut accordé, mais il fut bien entendu que les troupes françaises n'étaient pas envoyées en Italie pour détruire la République romaine. Quelle ne fut donc pas la stupéfaction des constituants en apprenant peu après qu'Oudinot, débarqué à Civita-Vecchia le 25 avril, avait marché sur Rome en ennemi et avait subi un sanglant échec le 30 du même mois en attaquant cette ville? L'assemblée, fort irritée, vota aussitôt (7 mai) un ordre du jour invitant le gouvernement « à prendre sans délai les mesures nécessaires pour que l'expédition d'Italie ne fût pas plus longtemps détournée du but qui lui avait été assigné ». Mais Louis-Napoléon prit sur lui dès le lendemain d'écrire au général une lettre par laquelle il l'invitait à poursuivre son entreprise et lui annonçait de puissants renforts.

Cependant les élections pour l'Assemblée législative approchaient. Elles semblaient devoir être favorables à la réaction. Mais comme, à tout prendre, le contraire pourrait se produire, le prince voulut se ménager un moyen de défense en envoyant à Rome un agent spécial, M. de Lesseps[2], chargé de négocier avec

1. Oudinot (Nicolas-Charles-Victor), duc de Reggio, fils du maréchal de ce nom, né à Bar-le-Duc, le 3 novembre 1791, chef d'escadron en 1814, maréchal de camp en 1824, lieutenant général en 1835 après une brillante campagne en Algérie; membre de la Chambre des députés où il siégea au centre gauche de 1842 à 1848; commandant du corps d'observation des Alpes (mars 1848); membre de l'Assemblée constituante (1848) et de l'Assemblée législative (1849); arrêté au 2 décembre 1851, mort en 1863.

2. Lesseps (Ferdinand de), né à Versailles en 1805; attaché au consulat

le triumvirat. Ce diplomate partit en effet, ne se doutant probablement pas qu'il jouait un rôle de dupe, et négocia fort loyalement, du 17 au 31 mai, avec Mazzini, tandis que le général Oudinot profitait de ce répit pour compléter ses dispositions d'attaque, que les Autrichiens, entrés sur le territoire pontifical depuis la fin d'avril. arrivaient jusqu'à Ancône et que deux corps, l'un espagnol, l'autre napolitain, pénétraient aussi par le sud dans les États de l'Église. Il conclut enfin avec la République un arrangement fort acceptable, qui la mettait sous la protection des troupes françaises, sans permettre, il est vrai, à ces dernières d'occuper Rome. Mais à ce moment la comédie prit fin. Le résultat des élections de France (qui avaient eu lieu le 18 mai) était connu. Elles avaient donné une forte majorité aux partis de la réaction. Oudinot avait reçu l'ordre de ne plus hésiter à attaquer Rome. Il déclara ne pas reconnaître la convention Lesseps, dont l'auteur retourna aussitôt à Paris, où il fut scandaleusement désavoué. Le siège de Rome commença dès le 1er juin. Quelques jours encore, Mazzini et ses collègues escomptèrent le succès d'un revirement républicain qui eût pu se produire en France, si Ledru-Rollin et ses amis n'eussent misérablement échoué dans leur tentative insurrectionnelle du 13 juin. A partir de ce moment, ils ne luttèrent plus que pour l'honneur. L'assaut heureux donné à une des portes de la ville, le 29 juin, les réduisit, non point à se soumettre, mais à quitter la place. Le 2 juillet, les triumvirs résignèrent leurs pouvoirs; Garibaldi partit avec quelques milliers de soldats qui lui restaient encore et qui furent bientôt dispersés dans les Apennins par les Autrichiens. Le lendemain, Oudinot entrait à Rome; les jours suivants, le gouvernement pontifical fut rétabli dans toute sa rigueur. De sa retraite de Gaëte, qu'il ne voulut quitter que l'année sui-

général de France à Lisbonne (1825), puis à la direction commerciale au ministère des affaires étrangères (1827); attaché au consulat général de Tunis (1828); élève-consul, puis vice-consul en Egypte (1831-1833); consul au Caire (1833); chargé à plusieurs reprises (1834, 1836) de la gestion du consulat général d'Alexandrie; consul à Rotterdam (1838), à Malaga (1839), à Barcelone (1842), où il demeura à titre de consul général (1847); ministre plénipotentiaire à Madrid (1848-1849); désavoué après sa mission à Rome, ce qui lui fit prendre le parti d'abandonner la diplomatie (1849). On sait que depuis M. de Lesseps a exécuté l'œuvre colossale du percement de l'isthme de Suez et que, plus récemment, il a commencé, avec moins de succès, le percement de l'isthme de Panama.

vante, Pie IX, docile à la polititique rétrograde de son ministre Antonelli [1], dirigea, sous la protection des troupes françaises et malgré les protestations de Louis-Napoléon [2], une réaction qui ramena bientôt l'État pontifical au régime suranné et abhorré de Grégoire XVI. Le gouvernement français se trouva n'avoir guère travaillé, en somme, que pour l'Autriche, dont Pie IX suivait exclusivement les inspirations. En allant détruire la république à Rome, Louis-Napoléon s'était condamné à occuper indéfiniment cette ville [3]. Il venait de commettre, pour assurer le succès momentané de son ambition personnelle, une faute capitale, qu'il devait payer bien cher vingt ans après et que, par malheur, la France devait expier encore plus cruellement que lui-même.

Il inaugurait du reste à cette époque cette politique de bascule si maladroite, si contradictoire, qui lui a été plus tard si funeste. Car, tandis qu'il opérait, de concert avec l'Autriche, la contre-révolution dans l'Italie centrale, il soutenait dans une certaine mesure, par le concours qu'il prêtait au Piémont, la liberté et le principe des nationalités. C'est en effet à sa médiation, corroborée par celle de l'Angleterre, que le fils de Charles-Albert dut la paix, relativement avantageuse, qu'il obtint, le 6 août 1849, de la cour de Vienne. Par ce traité, que le patriotisme sarde n'accepta pourtant pas sans peine [4], Victor-Emmanuel recouvrait la totalité de ses États; l'Au-

1. Antonelli (Giacomo), né à Sonnio, près de Terracine, le 2 avril 1806, nommé par Grégoire XVI sous-secrétaire d'État au ministère de l'intérieur (1841), puis second trésorier (1844), grand trésorier des deux chambres apostoliques (ou ministre des finances) en 1845; cardinal (12 juin 1847), sous Pie IX, qui l'appela successivement à la présidence de la Consulte d'État (1847) et à la présidence du conseil des ministres (mars 1848); éloigné quelque temps — en apparence — des affaires, il n'en resta pas moins le conseiller intime du pape, qu'il alla rejoindre à Gaëte en novembre 1848; nommé peu après secrétaire d'État, il dirigea dès lors la politique pontificale, jusqu'à sa mort, arrivée le 6 novembre 1876.

2. Le président de la République française crut devoir adresser, sur ce sujet, de sérieuses remontrances au gouvernement papal par l'intermédiaire d'un de ses officiers d'ordonnance, Edgard Ney, et, le 18 août, écrivit à ce dernier une lettre, qu'il rendit publique et par laquelle il demandait au souverain pontife, en termes presque impératifs, une amnistie générale, la sécularisation de l'administration, l'établissement du code Napoléon et un gouvernement libéral. — Le Saint-Siège ne tint du reste, en fait, aucun compte de ce programme.

3. Si les Français demeurèrent à Rome (le pouvoir temporel du pape n'étant plus possible qu'à l'ombre de leur drapeau), les Autrichiens, de leur côté, s'établirent dans les Légations et y demeurèrent jusqu'en 1859.

4. A Turin, la Chambre des députés le repoussa. Le roi, ne pouvant avoir

triche lui imposait seulement une contribution de 75 millions. Elle eût, du reste, réduit à cet égard ses exigences, si le jeune roi eût voulu abolir la constitution établie par son père en mars 1848. Mais, au moment où tout le reste de la péninsule, sous la domination étrangère, s'abandonnait à la réaction, Victor-Emmanuel fut assez bien inspiré pour faire de son royaume l'asile de la liberté. Il en devait être plus tard amplement récompensé. C'est en lui que dès lors la nationalité italienne mit toute sa confiance et tout son espoir.

Mais en attendant le jour d'une revanche qui paraissait alors bien lointaine, elle dut baisser tristement la tête. La paix austro-piémontaise fit tomber son dernier boulevard. Venise, qui jusqu'alors avait tenu bon et qui, depuis dix-huit mois, disputait ses lagunes à la flotte et à l'armée autrichienne, Venise, n'ayant plus aucun secours, aucune diversion à attendre, dut enfin s'avouer vaincue. Le dictateur Manin résigna ses pouvoirs et, tandis que l'ennemi entrait dans la ville (22 août), alla vivre pauvrement dans l'exil, où la mort devait le surprendre avant que l'heure de la délivrance eût sonné pour sa patrie.

C'est ainsi que se termina la grande crise révolutionnaire de 1848. A l'époque où nous sommes parvenus, après tant d'effervescences, de soulèvements, d'espérances, les peuples étaient partout vaincus; les souverains triomphaient partout. Mais leur victoire était plus apparente que réelle. Le canon se taisait, mais la diplomatie avait encore à résoudre des problèmes redoutables, dont la solution ne pouvait être fournie que par la liberté ou le principe des nationalités.

raison de sa résistance, dut la dissoudre (20 novembre) et fit élire une nouvelle assemblée qui se résigna, par patriotisme, à l'accepter (20 décembre 1849).

CHAPITRE II

LA POLITIQUE DE SCHWARZENBERG[1]

I. La Prusse et l'union restreinte. — II. Schwarzenberg et le traité du 30 septembre 1849. — III. M. de Beust et l'alliance des trois rois. — IV. Le Parlement d'Erfurt et le *plenum* de Francfort (1850). — V. La question danoise et la conférence de Londres. — VI. Le conflit austro-prussien de 1850. — VII. La reculade d'Olmütz. — VIII. La conférence de Dresde et l'équilibre européen (1850-1851). — IX. La diète de Francfort et la politique de réaction. — X. Le coup d'État du 2 décembre et ses effets. — XI. Schwarzenberg et la question du Zollverein (1851-1852). — XII. Règlement de la succession danoise; traité de Londres.

(1849-1852)

I

L'attention de l'Europe, captivée jusqu'au mois d'août 1849 par les guerres de Hongrie et d'Italie, dut, à partir de cette époque, se

1. Sources : *Annuaire des Deux Mondes,* années 1850 et 1851-52 ; — Antioche (Ad. d'), *Deux diplomates, le comte Raczynsky et Donoso Cortès*; — Bamberg, *le Zollverein et l'union austro-allemande* (Revue des Deux Mondes, 15 octobre 1852); — Barrot (Odilon), *Mémoires*; — Berger, *Vie du prince de Schwarzenberg*; — Berryer, *Discours parlementaires*; — Beust (comte de), *Mémoires*, t. I; — Bismarck (prince de), *M. de Bismarck député*; *Correspondance diplomatique* (1851-1859), t. I; — Bordier (H.), *l'Allemagne aux Tuileries de 1850 à 1870* (collection de documents tirés du cabinet de l'empereur); — Bulwer, *Life of Palmerston*; — Bunsen (baron de), *Mémoires*; — Delord (T.), *Histoire du second Empire*, t. I; — Desprez (H.), *la Russie et la crise européenne* (Revue des Deux Mondes, 15 mars 1850); *l'Intérêt de la France dans la question du Sleswig-Holstein* (Revue des Deux Mondes, 15 juin 1850); — Deventer (van), *Cinquante années de l'histoire fédérale de l'Allemagne*; — Falloux (comte de), *Mémoires d'un royaliste*; — Ficquelmont (Cte de), *l'Allemagne, l'Autriche et la Prusse*; *Lord Palmerston, l'Angleterre et le continent*; — Fouquier, *Annuaire historique*, années 1849-1852; — Greville (Ch.), *les Quinze premières années*

reporter vers l'Allemagne, dont l'organisation fédérale était encore à refaire et dont l'Autriche était moins que jamais disposée à céder l'hégémonie à la Prusse.

Frédéric-Guillaume IV n'avait pas su saisir l'occasion d'imposer sa volonté aux États germaniques, alors que les armées de François-Joseph et de Nicolas, retenues sur la Theiss, n'eussent pu l'en empêcher : mais il était fort loin d'avoir renoncé au dessein et à l'espoir de dominer l'Allemagne. Inspiré par son confident de prédilection, Radowitz, esprit faux et chimérique comme lui-même, il comptait amener par persuasion les princes de l'ancienne confédération à se dessaisir en sa faveur de presque tous les attributs de la souveraineté et à le reconnaître pour leur chef héréditaire. La facilité avec laquelle il avait amené les cabinets de Dresde et de Hanovre à conclure le traité des *trois rois* lui faisait à cet égard singulièrement illusion.

Cet arrangement, daté du 26 mai 1849, établissait entre les parties contractantes une alliance « ayant pour but la conservation de la sûreté intérieure et extérieure de l'Allemagne, ainsi que l'indépendance et l'inviolabilité des États allemands particuliers ». Les droits et les devoirs des membres de la Confédération germanique étaient réservés. Les trois alliés recevraient l'accession de tous les Allemands qui croiraient devoir adhérer à leur union. Tout membre de la nouvelle ligue aurait droit à son assistance militaire ou diplomatique, suivant le cas. Le traité était conclu pour une durée d'un an, mais pourrait être prorogé si, d'ici là, la nouvelle constitution germanique n'était pas encore mise en vigueur. L'alliance aurait à sa tête un conseil d'administration formé par les plénipotentiaires

du règne de la reine Victoria; — Klaczko (J.), *Études de diplomatie contemporaine: Deux chanceliers*; — La Gorce (P. de), *Histoire de la seconde République française*; — La Rive (de), *Souvenirs du comte de Cavour*; — Mac Carthy, *Histoire contemporaine de l'Angleterre*, t. II; — Malmesbury (lord), *Mémoires d'un ancien ministre*; — Martin (Th.), *le Prince Albert*, t. I; — Mazade (Ch. de), *le Comte de Cavour*; — Metternich (prince de), *Mémoires, documents et écrits divers*, t. VIII; — Rothan, *l'Europe et l'avènement du second Empire*; *la Prusse et son roi pendant la guerre de Crimée*; — Saint-René Taillandier, *le Roi Léopold et la Reine Victoria*; *le Général de Radowitz* (Revue des Deux Mondes, 15 avril 1851); *les Humiliations de la Prusse en 1850* (Revue des Deux Mondes, 15 nov. 1873); — Stricker (W.), *Russland und die Gegenwart*; — Simon (L.), *l'Empereur Guillaume*; *Histoire du prince de Bismarck*; — Thiers, *Discours parlementaires*; — Varnhagen d'Ense, *Journal*; — Viel-Castel (comte H. de), *Mémoires*, t. I; — Worms (E.), *l'Allemagne économique ou histoire du Zollverein*; — Zeller, *Pie IX et Victor-Emmanuel*, etc.

des gouvernements unis. Mais la haute direction des opérations militaires et de la diplomatie appartiendrait à la Prusse. Toutes les forces des États confédérés pourraient être mises en commun et former au besoin une armée collective. Les membres de l'union s'engageaient à *octroyer une nouvelle constitution et une loi électorale à l'Allemagne*, ainsi qu'à convoquer une diète qui devrait les reviser. Enfin un tribunal arbitral provisoire était constitué et devait siéger à Erfurt.

Deux jours après le traité, le cabinet de Berlin avait publié comme annexe son projet de constitution allemande. Aux termes de ce document, l'*Union restreinte* qu'il méditait de fonder devait avoir pour chef héréditaire le roi de Prusse. Les attributions du pouvoir central embrasseraient la diplomatie, la guerre, l'armée, la marine, les douanes, les chemins de fer, les postes, les télégraphes, les monnaies, les poids et mesures, etc. Le chef héréditaire serait assisté pour l'exercice du pouvoir exécutif par le *conseil des princes* confédérés (ou de leurs plénipotentiaires). Le pouvoir législatif serait exercé par deux assemblées : La *chambre des états* (*Staatenhaus*), nommée moitié par les divers gouvernements, moitié par les parlements locaux, et la *chambre du peuple* (*Volkshaus*), issue d'une élection nationale à deux degrés. Les *droits fondamentaux* proclamés par le grand Parlement de 1848 (c'était à peu près l'équivalent de notre *déclaration des droits de l'homme et du citoyen*) étaient garantis. On voit par ces détails que cette constitution reproduisait en grande partie celle de Francfort. Comment le roi de Prusse pouvait-il espérer que les souverains allemands, si jaloux de leurs prérogatives, l'acceptassent de bon gré?

Il lui fut, à la vérité, assez facile d'obtenir l'adhésion des principicules condamnés par la situation géographique de leurs États à subir passivement toutes les volontés de la Prusse. L'Union restreinte compta ainsi, au bout de quelques semaines, jusqu'à vingt-huit membres. Mais l'alliance de tous ces petits gouvernements qui, réunis, n'étaient que le dixième de l'Allemagne, n'était pas une force pour le cabinet de Berlin. Il eût fallu entraîner les États secondaires, c'est-à-dire les royaumes, les grands-duchés. Or, de ce côté, Frédéric-Guillaume ne trouvait que mauvais vouloir. Le grand-duc de Bade, dont les territoires étaient occupés par les troupes prussiennes, ne pouvait pour le moment faire d'opposition. Mais on sentait bien qu'à peine redevenu maître chez lui, il s'affranchirait du joug auquel son protecteur voulait le soumettre. Quant aux rois de Wurtemberg et de Bavière, qui dominaient l'Allemagne du Sud, après trois mois de négociations, ils répondirent par un refus catégorique de s'associer à l'Union restreinte (septembre 1849).

II

Les victoires de l'Autriche les enhardissaient alors singulièrement. Quant à la cour de Vienne, libre enfin de ses mouvements, fière de ses grands succès d'Italie et de Hongrie, appuyée par le cabinet de Saint-Pétersbourg, qui, pas plus qu'elle, ne voulait voir se former l'unité allemande sous la direction de la Prusse, elle était disposée à contrecarrer Frédéric-Guillaume de tout son pouvoir. Le rêve de Schwarzenberg était de reconstituer simplement la Confédération germanique, mais en l'organisant de façon que l'Autriche fût toujours assurée de la majorité dans la diète et surtout en y faisant admettre cette puissance avec la *totalité* de ses *territoires*. S'il parvenait à réaliser ce programme, la maison de Habsbourg pèserait de tout le poids de l'Allemagne sur l'Orient, sur l'Italie, disposerait de soixante-dix millions d'hommes au centre de l'Europe, tiendrait toutes les puissances en respect, ou, pour mieux dire, les dominerait sans peine.

En attendant l'exécution d'un tel plan, l'Autriche intimidait visiblement la Prusse, qui ne se sentait point alors de taille à la heurter de front et qui n'en avait nulle envie. Schwarzenberg se montra, du reste, à ce moment, fort habile. Il demanda que l'archiduc Jean, qui exerçait toujours ses fonctions de vicaire de l'empire, en fût déchargé et qu'en attendant la future constitution allemande l'autorité fédérale fût exercée par une commission de quatre membres, les cours de Vienne et de Berlin devant chacune en désigner deux. Le gouvernement prussien pouvait d'autant moins s'opposer à un pareil arrangement que l'Autriche, en proposant elle-même de mettre fin aux pouvoirs de l'archiduc, semblait faire preuve du plus grand désintéressement. Du reste, de quel droit eût-il soutenu plus longtemps une autorité créée par le parlement de Francfort, qu'il avait aidé à détruire et dont il n'avait jamais reconnu la souveraineté? En fait, Frédéric-Guillaume céda, sans trop de difficulté, et conclut avec François-Joseph le traité du 30 septembre 1849, qui instituait suivant les vues de ce souverain l'intérim du gouvernement germanique. Il fut arrêté que ce provisoire durerait jusqu'au 1er mai 1850, sauf à le prolonger s'il y avait lieu, et que la commission mixte conduirait les affaires *conformément à la constitution fédérale* (c'est-à-dire aux lois de 1815 et de 1820). Ce fut là, en somme, un grand succès pour l'Autriche. En faisant cesser l'autorité de l'archiduc, cette puissance effaçait la dernière trace des pouvoirs exercés naguère par le parlement de Francfort. En nommant deux membres de la commission, elle faisait sa rentrée officielle en Allemagne, d'où on avait voulu l'exclure, elle y prenait publiquement la direction du parti antiprussien et, appuyée en fait sur la législation fédérale d'autrefois, elle ne devait pas avoir beaucoup de peine à en amener en droit le rétablissement.

Le traité du 30 septembre fut soumis aux divers États allemands, qui, tous, l'approuvèrent (octobre-novembre), et le 20 décembre il reçut son application par la remise que l'archiduc Jean fit de ses pouvoirs aux quatre délégués des deux grandes cours germaniques. Le premier résultat de la victoire diplomatique que l'Autriche venait de remporter, ce fut d'encourager dans toute l'Allemagne la résistance à l'ambition prussienne. L'accord des *trois rois*, que Frédéric-Guillaume avait cru si solide, se défit le plus naturellement du monde. Les gouvernements de Hanovre et de Saxe, n'ayant plus besoin du concours militaire de la Prusse, et bien assurés qu'à l'occasion l'appui de l'Autriche ne leur ferait pas défaut, commencèrent à contester que l'*Union restreinte* pût exercer ses pouvoirs. Ils n'y étaient entrés, disaient-ils, qu'à la condition que tous les autres gouvernements allemands donneraient leur adhésion. La résistance de plusieurs d'entre eux les déliait donc de leurs engagements. Le Hanovre alla même en décembre jusqu'à déclarer formellement abrogé le traité du 26 mai, qui, suivant lui, n'avait plus sa raison d'être. Vainement la Prusse protesta, menaça les deux États défectionnaires de les traduire devant son tribunal (janvier, février 1850). Vainement elle convoqua (13 février) le Parlement chargé d'examiner et de reviser son projet de constitution. Le Hanovre et la Saxe déclarèrent qu'ils n'y enverraient pas de députés et bravèrent ouvertement la colère prussienne.

III

Le cabinet de Dresde alla même plus loin fort peu de jours après. Il était alors, comme il devait être longtemps encore, diplomatiquement mené par un homme d'État ingénieux, actif et du plus haut mérite, le baron de Beust[1]. Ce politique, peu révolutionnaire, avait bien fait appel à la Prusse en mai, pour l'aider à comprimer la démocratie en Saxe. Mais il ne voulait à aucun prix que son pays s'inféodât à cette puissance. Il ne souhaitait pas non plus que la Saxe et, généralement, les autres États secondaires ou inférieurs d'Allemagne devinssent des satellites dociles de la monarchie autrichienne. Il avait dès lors conçu l'idée, qu'il chercha si longtemps à réaliser, de créer, entre les deux grandes puissances germaniques, comme une troisième Allemagne, qui pût faire contrepoids à l'une et à l'autre et garantir ainsi aux petits gouvernements locaux leurs attributions, leurs droits, leur indépendance. Le premier ministre de Bavière, Von der Pfordten[2], diplomate également adroit et remuant, avait les mêmes vues. A Stuttgard régnait un

1. Beust (Frédéric-Ferdinand, baron, puis comte de), né à Dresde le 13 janvier 1809; attaché au ministère des affaires étrangères de Saxe en 1831; secrétaire de légation à Berlin (1836), puis à Paris (1838); chargé d'affaires de Saxe à Munich (1841), puis à Londres, à Berlin (1848); ministre des affaires étrangères (1849), de l'intérieur (1853); président du ministère saxon de 1853 à 1866; appelé, après Sadowa, par l'empereur François-Joseph, au poste de ministre des affaires étrangères d'Autriche, qu'il occupa de 1866 à 1871; ambassadeur d'Autriche-Hongrie à Londres (1871-1879), puis à Paris (1879-1882); mort à Altenbourg (Autriche) le 24 octobre 1886; auteur de très intéressants Mémoires publiés en 1887 (*Aus drei Viertel-Jahrunderten, Erinnerungen und Aufzeichnungen*).

2. Pfordten (Louis-Charles-Henri, von der), né à Ried (Bavière) le 11 septembre 1811; professeur de droit romain à l'université de Wurtzbourg (1836); conseiller à la cour d'appel d'Aschaffenbourg (1841); professeur de droit à l'université de Leipzig (1843); ministre des cultes en Saxe (1848-1849); rappelé en Bavière (1849), où il fut nommé ministre de la maison du roi et des affaires étrangères, et, peu après, chef du ministère; renversé en avril 1859, il fut envoyé à la diète de Francfort, où il représenta la Bavière jusqu'en décembre 1864. A cette dernière époque, il redevint premier ministre à Munich. Mais après Sadowa il dut quitter le pouvoir, par la volonté de M. de Bismarck (29 décembre 1866). Il est mort à Munich le 18 août 1880.

prince [1] qui, depuis longtemps, était dans des dispositions semblables et qui, grâce aux liens de famille qui l'unissaient à la dynastie impériale de Russie, exerçait en Allemagne une assez grande influence. Il n'eut pas de peine à se mettre d'accord avec les rois de Saxe et de Bavière; si bien que le 27 février 1850 fut conclu par ces trois souverains un traité qui était exactement la contre-partie de celui du 26 mai 1849.

Cette convention portait que les monarques contractants s'alliaient pour la défense de leur autonomie et se proposaient de soumettre pour leur compte à l'Allemagne un projet de constitution fédérale. Suivant leurs vues, il n'y aurait pas de pouvoir unitaire; les divers États germaniques conserveraient leurs armées et leur droit de se faire représenter au dehors. L'autorité fédérale serait exercée par une diète de 7 membres, nommés un par les deux Hesses et un par chacun des gouvernements suivants : Wurtemberg, Saxe, Hanovre, Bavière, Prusse et Autriche. On voit que les petits États, qui formaient la clientèle de la cour de Berlin, ne devaient pas être représentés dans ce comité, où les États secondaires étaient assurés d'une constante majorité. De plus, le pouvoir législatif devait être formé par une assemblée nationale de 300 membres, dont 100 seraient envoyés par la Prusse, 100 par l'Autriche et 100 par le reste de l'Allemagne; c'est donc ce dernier groupe qui, vu l'opposition constante des deux grandes cours, devait faire la loi, en se portant tantôt vers l'une, tantôt vers l'autre.

Ce projet de constitution ne pouvait pas plaire beaucoup plus à la cour de Vienne qu'à la cour de Berlin. Mais, au moment où il fut rédigé, c'était surtout une arme de guerre contre cette dernière. C'est ce que le roi de Wurtemberg fit entendre, le 15 mars, dans un discours public si provocant de ton à l'égard de la Prusse que Frédéric-Guillaume crut devoir rompre ses relations diplomatiques avec ce souverain. Le plan de Radowitz était donc fort menacé. L'impuissance de cet homme d'État et de son souverain apparut

1. Guillaume Ier, né à Luben (Silésie), en 1781, mort en 1864. Il avait épousé, un peu avant de succéder à son père Frédéric (qui lui laissa la couronne en 1816), la grande-duchesse Catherine Paulowna, sœur du czar Alexandre Ier (1815). Cette princesse était morte en 1819, sans lui laisser d'enfants. Mais il avait eu d'un mariage postérieur un fils, Charles, actuellement roi de Wurtemberg, qui avait été marié en 1846 à la grande-duchesse Olga, fille du czar Nicolas.

du reste à tous les yeux quand le Parlement de revision dont ils avaient provoqué la réunion s'assembla à Erfurt (20 mars 1850). La Prusse seule et les petits États inféodés à sa politique s'y firent représenter. La plus grande partie de l'Allemagne était absente. Les décisions d'un tel parlement étaient à l'avance frappées de nullité.

IV

Le gouvernement prussien se plaça d'ailleurs à Erfurt dans une situation très fausse. Frédéric-Guillaume voulait par-dessus tout plaire aux princes allemands qui, jusqu'à présent, lui faisaient si froide mine; il lui fallait pour cela donner des gages sérieux à la contre-révolution. Il y était fort porté par son caractère. Le parti de la Croix l'y poussait de toutes ses forces. Tout récemment, dans son royaume, il avait donné l'exemple de la réaction en modifiant dans un sens fort peu démocratique la constitution du 5 décembre 1848 [1]. Il souhaitait donc que son projet de constitution allemande fût amendé de même par l'assemblée d'Erfurt. Mais il n'osait le dire, car le parti national, dirigé par Gagern et toujours fidèle aux doctrines de Francfort, tenait une place considérable dans ce parlement, et il se fût exposé à perdre son appui s'il eût attaqué de front les idées libérales. Le roi de Prusse et son principal représentant, Radowitz, mettaient donc officiellement en avant le susdit projet; mais ils s'entendaient secrètement avec l'opposition et encourageaient, entre autres, M. de Bismarck, dont les sorties vigoureuses contre un programme attentatoire, suivant lui, aux principes monarchiques, furent alors fort remarquées. Le résultat de ces menées assez misérables, c'est que la cour de Berlin perdit

1. Il avait commencé par édicter (30 mai 1849) une loi électorale en vertu de laquelle les électeurs étaient, d'après le chiffre de leurs contributions, divisés en trois classes, chacune d'elles devant nommer un tiers des députés; de la sorte la masse populaire se trouvait annihilée au profit de la ploutocratie. En outre, le vote devait avoir lieu par écrit et être public. La nouvelle constitution (promulguée le 31 janvier 1850) établissait que les recettes de l'État seraient fixées une fois pour toutes et qu'elles continueraient à être perçues tant qu'une loi nouvelle ne s'y opposerait pas; or, aucune loi ne pouvant se passer de la sanction royale, le gouvernement était bien sûr que le budget ne lui serait jamais refusé. La responsabilité ministérielle n'était maintenue qu'en principe et, on peut le dire, platoniquement. La chambre haute ne devait plus être élective, etc.

encore une bonne partie de son crédit en Allemagne. La constitution fut votée sans changements par la réunion d'Erfurt, que le roi de Prusse, assez dépité, se hâta de dissoudre (29 avril). Dans le collège des princes, qui fut assemblé peu après à Berlin (10 mai) et où ne siégèrent avec Frédéric-Guillaume que de fort petits souverains, peu confiants dans sa fortune, soucieux du reste de ne pas se compromettre, il ne se trouva pas de majorité suffisante pour la modifier suivant ses désirs. Il fit bien mine de la mettre en vigueur. Mais, vu l'impossibilité où il était d'amener les chefs des principaux États allemands à la reconnaître, il eût été plus sage à lui d'y renoncer comme à une œuvre mort-née.

L'Autriche, se rendant fort bien compte de l'impuissance et du désarroi auxquels étaient réduits les chefs de l'Union restreinte, jugea le moment favorable pour frapper un grand coup. Elle avait su se concilier les gouvernements secondaires de l'Allemagne, car si elle n'avait pas approuvé le traité du 27 février, elle s'était abstenue de l'attaquer ouvertement. Puis on avait besoin d'elle pour se défendre contre la Prusse. Elle était donc sûre d'être écoutée quand elle prit sur elle (26 avril) d'inviter tous les souverains germaniques à se faire représenter à Francfort le 10 mai, sous sa présidence, dans une assemblée qui ne devait être en somme que l'ancien *plenum* de la Confédération. Le prétexte de cette convocation était la nécessité de s'entendre pour prolonger l'intérim du 30 septembre, les cours de Vienne et de Berlin n'ayant pu encore se mettre d'accord sur les bases de la future constitution allemande. Mais Schwarzenberg entendait bien que cette diète ne se bornât pas à une tâche aussi simple, et il la conviait d'avance expressément à délibérer sur l'organisation nouvelle que devait recevoir la Confédération.

Cette audacieuse entrée en campagne décontenança la cour de Prusse, qui commença par protester contre la réunion projetée (3 mai) et qui, la voyant ouverte et prête à délibérer sans elle, jugea bon de s'y faire représenter (16 mai), ne fût-ce que pour l'entraver. Elle envoya donc ses délégués à Francfort, déclarant du reste que la diète n'avait point à ses yeux le caractère d'une assemblée constituante et qu'après comme avant ses délibérations elle regarderait la question de la constitution allemande comme toujours ouverte. Elle eut beau faire ses réserves. L'Autriche, qui avait le vent en poupe, continua d'avancer. Bientôt (juin-juillet), elle émit l'idée de remplacer l'autorité fédérale provisoire par l'ancienne diète des 17, où elle espérait être toute-puissante, comme autrefois. Les représentants de Frédéric-Guillaume réclamèrent à grands cris. Mais tout, dès ce moment, semblait annoncer que leurs réclamations demeureraient infructueuses.

V

En effet le prestige de la Prusse était d'autant plus affaibli aux yeux de l'Allemagne que cette puissance subissait à la même heure dans sa politique extérieure un retentissant échec. Elle était en effet obligée de reculer devant le Danemark, après l'avoir attaqué deux fois et avoir ameuté contre lui toute l'Allemagne.

L'armistice du 10 juillet 1849 avait été plusieurs fois renouvelé. La guerre n'avait pas recommencé dans le Sleswig. Mais la cour de Berlin avait abusé de la suspension des hostilités pour favoriser les empiétements, les intrigues, les armements de la *lieutenance* dans les duchés avec si peu de retenue et de loyauté qu'elle s'était attiré la réprobation de toute l'Europe. Des réclamations aussi vives que légitimes lui avaient été adressées par plusieurs puissances, et notamment par le Danemark, principale partie intéressée, et par la Russie (janvier-février 1850). Elle n'y avait répondu que par des arguties, des dénégations ou des faux-fuyants. Elle avait pu même continuer quelque temps encore ses menées, les puissances qui les lui reprochaient n'étant pas pour le moment en mesure de la mettre à la raison.

L'Autriche, bien qu'opposée aux projets de la Prusse sur les duchés, n'osait ouvertement les contrecarrer, car elle eût par là blessé en Allemagne le sentiment national. La France et l'Angleterre, qui soutenaient le Danemark, avaient été détournées du Sleswig, vers la fin de 1849, par une querelle fort grave avec la Russie et l'Autriche. Ces deux dernières puissances ayant exigé avec hauteur de la Turquie l'extradition des proscrits hongrois et polonais qui s'étaient réfugiés sur le territoire ottoman, les deux grands gouvernements occidentaux avaient craint pour l'indépendance de la Porte et l'avaient énergiquement appuyée dans sa résistance. Le ministère britannique surtout, sous l'impulsion agressive de Palmerston, avait paru près d'en venir à une rupture. En décembre, une escadre anglaise avait pénétré dans les Dardanelles, malgré la convention des détroits. Finalement, les cours de Vienne et de Saint-Pétersbourg avaient renoncé à leurs prétentions et la paix de l'Europe n'avait pas été troublée. Mais, peu de temps après (janvier-février 1850), était survenu en Grèce, par suite des exigences abusives de Palmerston en faveur de quelques sujets anglais [1], un incident qui avait failli brouiller la Grande-Bretagne *non seulement* avec la Russie, mais avec la France. La flotte britannique avait établi un blocus ruineux devant le Pirée. Le ministère Russell, après avoir accepté la médiation de la France, avait essayé, assez peu loyalement, de s'y soustraire, pour affirmer, en imposant à lui seul ses conditions, son omnipotence en Grèce. Louis-Napoléon avait dû, en mai, rappeler de Londres son ambassadeur. Mais, Palmerston étant venu à résipiscence, une réconciliation s'était produite en juin. A ce moment donc, il n'existait plus entre les quatre puissances hostiles aux ambitions prussiennes de dissentiments qui les empêchassent de se vouer ensemble au règlement de la question danoise. Aussi leur intervention en faveur de Frédéric VII devint-elle alors si pressante et si significative que la cour de Berlin crut devoir plier et se soumettre, au moins en apparence, au verdict de l'Europe.

Le 2 juillet 1850, Frédéric-Guillaume, traitant en son nom et en celui de la Confédération germanique, conclut de la paix avec le roi de Danemark. « Sa Majesté le roi de Prusse, lit-on dans la convention, se déclare disposée à l'établissement d'un ordre de succession commun pour tous les États réunis sous le sceptre de Sa Majesté Danoise.... Sa Majesté Danoise soumettra à ce sujet une proposition aux puissances. » Le Sleswig devait être évacué par les Prussiens. La limite entre celles des possessions de Frédéric VII qui devaient faire partie de la Confédération germanique et le reste de ses États serait fixée par une commission que nommeraient les parties intéressées. Il était bien entendu que la *lieutenance des duchés* poserait les armes. Si elle continuait à résister dans le

1. Et notamment de D. Pacifico, juif portugais naturalisé anglais, dont la maison avait été pillée à Athènes au mois d'avril 1847.

Holstein, le roi de Danemark requerrait contre elle le secours de l'Allemagne; et, si son appel n'était pas entendu, il serait autorisé à agir seul contre ce gouvernement insurrectionnel.

Deux jours plus tard, la conférence de Londres qui, depuis longtemps, poursuivait le règlement de l'affaire des duchés et qui comprenait les plénipotentiaires de l'Angleterre, de l'Autriche, du Danemark, de la France, de la Prusse, de la Russie et de la Suède, signait un protocole établissant en principe que l'intégrité de la monarchie danoise était d'intérêt européen. Elle invitait Frédéric VII à prendre éventuellement des mesures pour que sa succession ne fût pas plus tard divisée et s'engageait à garantir un arrangement qui, à ses yeux, devait être un gage précieux de tranquillité pour toutes les puissances. La Prusse, il est vrai, n'adhéra pas à ce protocole; mais il lui était difficile d'en diminuer la portée, puisqu'elle-même pour sa part s'était engagée à respecter l'intégrité de la monarchie danoise.

VI

Après cette reculade, qui la couvrait de confusion vis-à-vis de la nation allemande, cette puissance devait forcément perdre du terrain à Francfort. L'Autriche, au contraire, en gagnait chaque jour et devenait plus audacieuse à mesure qu'elle se sentait plus forte. Bientôt elle se fit demander par ses affidés (19 juillet) de convoquer la diète des 17, qui serait investie, sous sa présidence, de l'autorité exécutive dans la confédération. Vainement la cour de Berlin protesta; vainement elle rappela du *plenum* ses plénipotentiaires (31 juillet); Schwarzenberg passa outre et lança la convocation (14 août). Dans le courant de septembre la diète des 17 se trouva restaurée, du moins à titre provisoire, et, plus que jamais, le cabinet de Vienne annonça son dessein de faire discuter et voter par le *plenum* de Francfort la constitution qu'il méditait de donner à l'Allemagne.

Qu'allait devenir l'Union restreinte, qui se dressait comme un *Sonderbund* au sein de la Confédération germanique? Persisterait-elle à vouloir former un État dans l'État? et, d'autre part, le lui permettrait-on? Frédéric-Guillaume, toujours prompt aux revirements, jugea qu'il avait assez reculé. Surchauffé par ses conseillers les plus chers, et surtout par Radowitz, il sembla vers la fin de septembre tout prêt à entrer en lutte ouverte contre l'Autriche et à s'en remettre au sort des armes.

L'Allemagne fut alors bien près de se déchirer de ses propres mains, comme elle l'a fait depuis, en 1866. Le gouvernement prussien, ne reconnaissant pas la diète des 17 comme une autorité légitime, prétendait l'empêcher, au besoin par la force, d'exécuter les décisions que des incidents graves, causés en partie par lui-même, l'amenaient à prendre en ce moment. Ainsi Frédéric-Guillaume avait bien évacué les duchés comme l'y obligeait le traité du 2 juillet. Mais, loin d'obliger la *lieutenance* à se dissoudre, il l'avait engagée à rouvrir les hostilités, lui avait déloyalement fourni des armes, de l'argent, même un général. Ce gouvernement irrégulier avait repris l'offensive contre les troupes danoises dès la fin de juillet. Battu à deux reprises, il avait été ramené rudement jusqu'aux frontières du Holstein (juillet-septembre). Là, fidèle à ses engagements, Frédéric VII s'était arrêté pour requérir l'assistance de l'Allemagne. La diète de Francfort, qui, comme le gouvernement prussien, avait ratifié le traité de paix, manifestait l'intention de lui venir en aide. C'était justement ce que la Prusse déclarait ne vouloir pas permettre. Elle armait donc à grand bruit et annonçait sa ferme résolution de combattre les troupes fédérales qui essayeraient d'exécuter les décrets de Francfort.

Dans le même temps, l'électeur de Hesse, dont le premier ministre, Hassenpflug [1], était détesté et combattu par la cour de Prusse, était obligé de fuir ses États, où son despotisme réactionnaire venait de soulever contre lui la plus grande partie de ses sujets. L'Autriche lui fit grand accueil, non seulement parce

1. Ce personnage, né en 1793 à Hanau, avait déjà été, à partir de 1832, ministre de la justice et de l'intérieur dans la Hesse-Électorale et s'y était rendu si impopulaire qu'il avait dû quitter le pays. Depuis, il avait exercé en Prusse, de 1840 à 1850, des fonctions judiciaires d'une certaine importance. Il venait de perdre sa place, par sa faute, et aussitôt après l'électeur l'avait repris à son service et nommé premier ministre. Il aidait maintenant de son mieux ce prince à violer les engagements que la peur l'avait obligé de prendre envers son peuple en 1848. La cour de Berlin était d'autant moins disposée à le ménager que, depuis longtemps, pour des motifs d'ordre privé, la maison électorale de Hesse était en fort mauvais termes avec la famille royale de Prusse.

qu'il venait de donner des gages éclatants de son esprit contre-révolutionnaire, mais aussi et surtout parce qu'elle allait en se l'attachant s'assurer la majorité dans la diète des 17, où jusqu'alors elle ne disposait avec certitude que de 8 voix. Il fut donc décidé à Francfort, sur la demande de ce prince, que des troupes fédérales le ramèneraient dans sa capitale et procéderaient à sa restauration. Ce à quoi la Prusse répondit en mobilisant plusieurs corps d'armée, qui prirent aussitôt le chemin de la Hesse.

VII

On fut alors bien près de la guerre et, durant plusieurs semaines, la crise allemande tint toute l'Europe en suspens. La Prusse ne cachait plus ses préparatifs militaires. Ce qui était plus significatif encore, c'était l'arrivée au pouvoir de Radowitz, l'inspirateur de l'*Union restreinte*, qui, le 26 septembre, fut appelé par Frédéric-Guillaume au ministère des affaires étrangères. L'Autriche et ses partisans ne demeuraient pas inactifs. Le 12 octobre, les rois de Wurtemberg et de Bavière se rencontraient à Bregenz avec François-Joseph, qu'ils saluaient comme *leur empereur* et assuraient sans réserve de leur concours. Peu de jours après, la diète de Francfort prescrivait officiellement la double exécution fédérale du Holstein et de la Hesse (21-31 octobre). Ses troupes portaient, dans ce dernier pays, occupé déjà par les forces prussiennes, leurs avant-postes jusqu'à quelques pas de ces dernières. Le conflit paraissait inévitable.

Mais il ne faut pas oublier combien l'esprit de Frédéric-Guillaume était vacillant et irrésolu, surtout dans les circonstances graves. Des nouvelles fort alarmantes lui arrivaient de Russie. A ce moment même (fin d'octobre) son premier ministre Brandebourg [1] revenait de Varsovie, où l'empereur de Russie, arbitre tout-puissant et redouté, l'avait fait venir avec le prince Guillaume, en même temps qu'il y mandait l'empereur François-Joseph et le prince de Schwarzenberg. Le langage que lui avait tenu l'autocrate

1. Né à Berlin en 1792, de l'union morganatique de Frédéric-Guillaume II avec la comtesse de Dœnhoff; président du conseil des ministres de Prusse (1848); mort en 1850.

était si clair, si menaçant, que le chef du cabinet prussien ne doutait pas qu'il ne fût résolu au besoin à unir ses forces à celles de l'Autriche pour écraser l'*Union restreinte*. Devant une telle éventualité, que faire? Risquerait-on la guerre quand même? Mais il eût fallu un allié puissant. Il s'en était bien présenté un naguère : c'était le président de la République française. Mais Frédéric-Guillaume n'avait pas osé se fier à lui, ou avait craint d'avoir à payer son concours trop cher. L'accord ne s'était pas fait et même, depuis quelques mois, les rapports de la France et de la Prusse étaient devenus très froids [1].

1. Vers la fin de 1849, le gouvernement prussien avait demandé lui-même à Louis-Napoléon d'accréditer à Berlin comme ministre plénipotentiaire Persigny, confident et ami intime du prince, dont il avait été, dont il devait être encore le complice. Frédéric-Guillaume et ses ministres comptaient, par une apparence d'intimité avec l'Elysée, intimider l'Autriche et la Russie, dont ils redoutaient avec raison l'opposition au programme de l'Union restreinte. Mais ils étaient fort loin de vouloir se livrer à Louis-Napoléon en encourageant ses vues césariennes et surtout en lui faisant espérer pour la France l'acquisition de la rive gauche du Rhin. Or ce personnage qui déjà, au commencement de 1849, avait fait sonder par Persigny les deux cours de Vienne et de Russie sur leurs dispositions à son égard, rêvait non seulement d'intéresser la Prusse à sa cause personnelle, mais de la pousser à un conflit avec l'Autriche et la Russie, si bien que, d'une part, il rendit impossible le renouvellement de la Sainte-Alliance et que, de l'autre, il pût profiter de la détresse de Frédéric-Guillaume et du bouleversement de l'Allemagne pour imposer son arbitrage et s'emparer des provinces rhénanes. Persigny, arrivé à Berlin en janvier 1850, avait vivement encouragé le gouvernement prussien dans ses vues sur la reconstitution de l'Allemagne. Mais l'exubérance de ses protestations lui avait fait du tort. On n'ignorait pas en Prusse que la politique *personnelle* du président, qu'il interprétait (non sans exagération du reste), n'était pas celle du ministère dont il était l'organe officiel; que le cabinet français et l'Assemblée législative n'étaient guère favorables à l'idée de l'unité allemande (même sous la forme de l'Union restreinte), et l'on se disait que si Louis-Napoléon faisait des promesses, il ne pourrait sans doute pas les tenir. Au bout de quelques semaines, le plénipotentiaire se crut berné, s'impatienta; son ton devint plus rogue et moins amical. D'autre part, Frédéric-Guillaume tomba fort naïvement dans un piège qui lui fut tendu par l'Autriche (d'accord avec la Russie). Exploitant les passions et les regrets personnels de ce souverain, cette puissance sut l'entraîner à chercher querelle à la Suisse, qui donnait asile à un certain nombre de révolutionnaires allemands, si bien qu'il proposa aux cabinets de Vienne et de Paris de procéder contre cette république à une exécution militaire dont il espérait profiter pour rétablir son autorité à Neuchâtel. Puis elle dénonça elle-même la Prusse à la France et la désavoua. Elle savait fort bien que Louis-Napoléon, pour beaucoup de raisons, ne voulait pas qu'on touchât à la Suisse. Persigny interpella violemment les ministres prussiens, déclara qu'on ne traiterait pas son prince comme on avait traité Louis-Philippe en 1840 et que, si l'Helvétie était menacée, les pays du Rhin ne tarderaient pas à l'être. Peu après, le chef du gouvernement français annonçait la formation d'un corps d'armée dans les départements de l'Est et en nommait le général Changarnier commandant

Il fallait donc reculer encore. Le roi de Prusse, avec cette promptitude qu'il avait à passer d'un extrême à l'autre, sembla tout à coup avoir pris ce parti. Le 3 novembre, Radowitz fut renvoyé; Frédéric-Guillaume renonçait en principe à l'*Union restreinte*. Le drame n'était pourtant pas fini. Trois jours après, une mort imprévue enlève Brandebourg. Aussitôt, un nouveau revirement se produit à Berlin. La présidence du conseil est donnée au docile Manteuffel et, derrière lui, reparaît l'influence brouillonne et belliqueuse de Radowitz (7 novembre). Les troupes prussiennes reçoivent l'ordre de ne pas quitter la Hesse. Quelques coups de fusil sont même tirés dans ce pays. Mais déjà la volonté du roi est épuisée de nouveau. Ses plus prudents amis lui représentent qu'il est isolé en Europe; qu'il n'aura pas un allié; qu'il lui faudra compter non seulement avec l'Autriche, mais avec la Russie; que son armée n'est pas en état d'entrer en campagne. Bref, il se résout encore à céder. Mais ce n'est pas sans disputer misérablement le terrain. Il ne veut pas, par exemple, évacuer la Hesse; il exige que les conférences relatives à la reconstitution de l'Allemagne n'aient pas lieu à Francfort. Il réunit les chambres prussiennes le 21 novembre et leur tient un langage de capitan. Le résultat de ces rodomontades, qui cachent si mal sa faiblesse, c'est que Schwarzenberg lui lance un ultimatum d'une raideur insultante et ne lui accorde que quarante-huit heures pour l'accepter. Et le souverain qui parlait naguère de disputer à l'Autriche l'Allemagne, les armes à la main, est si pressé de se soumettre qu'il envoie tout aussitôt Manteuffel jusque sur terre autrichienne, à Olmütz, faire amende honorable.

C'est, en effet, dans cette ville que fut signée [1], le 29 novembre, une convention que les patriotes prussiens se sont longtemps rappelée

en chef. L'affaire n'eut pas de suites. Mais le cabinet de Vienne était arrivé à son but : il avait fait avorter l'entente franco-prussienne. Persigny quitta Berlin provisoirement en mars, définitivement en juin 1850, et les avances — trop visiblement intéressées — par lesquelles Louis-Napoléon essaya quelque temps après de regagner Frédéric-Guillaume restèrent sans résultat. Les menées ténébreuses que je viens d'indiquer ont été magistralement exposées par Rothan dans son dernier livre : *l'Europe et l'avènement du second Empire*.

1. Au grand déplaisir des particularistes allemands, qui, comme Beust, voulaient profiter de l'occasion pour en finir avec la Prusse, la couler à fond (voir les *Mémoires* de cet homme d'État). L'Autriche se fût sans doute volontiers prêtée à leurs désirs. Mais la Russie, pour des motifs faciles à comprendre, ne le lui permit pas.

comme une honte nationale [1] et aux termes de laquelle la cour de Berlin ne se bornait pas à renoncer à l'*Union restreinte*, mais s'engageait à coopérer dans le Holstein et dans la Hesse aux exécutions prescrites par la diète de Francfort. Vainement Manteuffel essaya de donner le change à l'Europe en représentant l'admission des troupes prussiennes dans les contingents fédéraux comme un succès pour son gouvernement. Schwarzenberg établit durement, dans une note du 7 décembre, tout ce que la convention d'Olmütz avait d'humiliant pour la Prusse. Cette puissance n'était pas seulement vaincue, et, chose grave, sans avoir combattu : elle semblait avilie [2].

1. Le parti de *la Croix*, par esprit de contre-révolution, applaudit alors à la convention d'Olmütz. M. de Bismarck, qui devait plus tard en venger si terriblement son pays, ne l'approuvait pas moins à cette époque que les Stahl et les Gerlach. Si on lui parlait de l'honneur prussien, il s'écriait (à la Chambre des députés, le 3 décembre 1850) : « Il ne consiste pas en ce que la Prusse joue partout en Allemagne le rôle de don Quichotte pour soutenir la cause des célébrités parlementaires mortifiées, qui croient leur constitution locale en danger. J'attache, pour moi, l'honneur prussien à ce qu'avant toute chose la Prusse se garde de tout contact ignominieux avec la démocratie..., à ce qu'enfin tout ce que la Prusse et l'Autriche, après un libre examen fait en commun, auront jugé sage et politique, soit exécuté de concert par les deux puissances protectrices de l'Allemagne... » Mais la grande majorité du peuple et même du monde politique, en Prusse, était loin de se déclarer satisfaite des derniers événements. « Je n'ai point de termes (écrivait le comte de Pourtalès le 18 janvier 1851) pour exprimer mon indignation contre Manteuffel, car malgré Haugwitz, malgré Georges-Guillaume, malgré Tilsitt, notre histoire n'offre rien, à mon avis, qui puisse être comparé à la défaite d'Olmütz. Réunir les Chambres et l'armée au son du tambour pour recevoir un soufflet en cérémonie de gala!... Être obligés de publier nous-mêmes notre honte, notre ignominie au son des trompettes, au bruit des timbales, avec protocoles et documents! Tout cela est si douloureux, j'en ai le cœur si déchiré, si écrasé, que je ne trouve pas d'expression pour le dire. Mais *aide-toi, le ciel t'aidera*... Il y a un fait que ni la lâcheté ni la trahison ne peuvent détruire, c'est que l'Allemagne a un avenir et que la Prusse est appelée *to thake the lead*... Nous agirons sans relâche contre nos bons amis Nicolas et François-Joseph, nous encouragerons les Turcs, nous conseillerons aux Italiens de se grouper autour de la maison de Savoie, nous tâcherons de faire comprendre au parti révolutionnaire national de toute l'Europe que le Piémont et la Prusse sont les deux seuls États européens dont l'existence et l'avenir soient étroitement liés au succès de l'idée de nationalité dans ce qu'elle a de raisonnable... Nous attendrons le moment où l'Autriche, essayant de régler ses finances et d'organiser son système politique, fera un éclatant fiasco; alors, comme on dit, chacun son tour! Alors nous lui rendrons, à ce Schwarzenberg, nous lui rendrons avec usure tout ce qu'il nous a fait!... »

2. C'était bien ce qu'avaient voulu ses ennemis. « Il faut, avaient-ils dit, l'avilir avant de la démolir. » La convention d'Olmütz ne fut pas, du reste, le terme de son abaissement. Peu après (mai 1851), la Prusse fut encore obligée de se lier pour trois ans à l'Autriche par un traité de garantie territoriale réciproque.

Tout ce qu'elle avait pu obtenir de son arrogante adversaire, c'est que les conférences relatives à la constitution germanique auraient lieu non à Francfort, mais à Dresde. Allait-elle au moins trouver dans cette négociation quelques compensations à son profond abaissement?

VIII

Tandis que les troupes prussiennes, la rage dans le cœur, aidaient l'armée fédérale à restaurer l'Electeur de Hesse et à désarmer la lieutenance des duchés (décembre 1850, janvier 1851) les plénipotentiaires de tous les États allemands se réunissaient dans la capitale de la Saxe (23 décembre) et Schwarzenberg, comme président, les invitait à délibérer sur la future constitution germanique. Jusque-là l'Autriche avait marché de succès en succès, mais, à Dresde, la fortune commença à se détacher d'elle. D'abord les États secondaires de la confédération, qui venaient de faire cause commune avec elle contre la cour de Berlin, n'étaient pas disposés à sacrifier leur autonomie à son ambition. Le roi de Wurtemberg et ses alliés présentèrent et soutinrent avec vivacité le projet de constitution dont ils avaient tracé les grandes lignes dans leur traité du 27 février 1850 (janvier-février 1851). Les deux principales puissances allemandes s'entendirent, il est vrai, pour le repousser et n'eurent pas beaucoup de peine à le faire échouer. Mais quand Schwarzenberg proposa et défendit à son tour son propre plan, la Prusse, soutenue par la plus grande partie de l'Allemagne, lui fit, non sans succès, la plus opiniâtre opposition.

Ce gouvernement ne réclamait plus, pour le moment, la première place dans la Confédération, mais il voulait au moins en partager l'hégémonie avec l'Autriche. Or, cette dernière puissance prétendait dominer seule. Le premier ministre de François-Joseph demandait qu'à l'avenir huit États seulement concourussent à former la diète exécutive de Francfort, où ils seraient représentés par 9 voix (deux pour l'Autriche, deux pour la Prusse, une pour chacun des deux royaumes de Bavière, Wurtemberg, Saxe et Hanovre, une pour les deux Hesses). Ainsi les petits gouvernements, qui formaient la clientèle de la Prusse, n'auraient aucune part à la direction des affaires communes; l'Autriche, grâce aux quatre royaumes et aux deux grands-duchés de Hesse, qui se mettraient généralement de son côté, grâce à la présidence qu'elle exercerait comme autrefois, grâce enfin à de nouveaux modes de votation qu'elle voulait introduire dans le *plenum* [1], était assurée d'avoir toujours la majorité. Aussi demandait-elle que l'autorité fédérale fût renforcée, que, par exemple, on lui attribuât la direction des affaires militaires, celle de la diplomatie, pleins pouvoirs pour rétablir l'ordre, pour combattre la révolution dans toute l'Allemagne, etc. Il va sans dire que, suivant ses déclarations antérieures, elle prétendait être admise dans la Confédération avec la totalité de ses provinces.

La Prusse, qui se faisait fort petite et fort humble depuis Olmütz, n'attaqua pas de front le programme de Schwarzenberg. Elle eut même l'air de n'y vouloir introduire que certains amendements de détail. Mais en dessous elle fomenta, encouragea de toutes ses forces l'opposition, facile à prévoir, des petits États et prit pour tactique d'exiger que la future constitution de l'Allemagne fût acceptée par l'*unanimité* des gouvernements intéressés. Elle savait à merveille que ce résultat ne pouvait être obtenu. Aussi grâce à elle, les discussions de Dresde se prolongèrent-elles plus de quatre mois sans amener de solution. Schwarzenberg, peu patient, bouillait de colère et dénonçait avec hauteur la duplicité des Prussiens. Mais il était, en somme, réduit à l'impuissance. Finalement, quand tout le monde fut bien las, la cour de Berlin émit l'idée de rétablir simplement l'ancienne diète des 17, sans rien changer au mode de fonctionnement qui lui avait été prescrit et aux attributions qui lui avaient été fixées par les actes constitutifs de la Confédération germanique. Qui eût pu s'attendre deux ans plus tôt à voir Frédéric-Guillaume faire une pareille proposition? Entre l'Autriche et la Prusse, les rôles étaient maintenant renversés. C'était la première de ces puissances qui voulait renforcer en Allemagne le lien fédéral; c'était la seconde qui l'en empêchait. Ni l'une ni l'autre ne s'étaient jamais beaucoup souciées des principes. Chacune d'elles ne songeait alors, comme jadis, qu'à dominer l'Allemagne et, si elle ne le pouvait, à empêcher du moins l'autre d'y parvenir.

1. Qui devait être purement et simplement rétabli avec ses 70 suffrages.

En ce qui concernait la prétention si grave émise par l'Autriche d'introduire dans la confédération toutes ses provinces non germaniques, la Prusse se montrait assez réservée, ayant fait jadis reconnaître, par le Parlement de Francfort, comme territoires allemands ses provinces orientales, qui, en réalité, sont slaves. Mais elle savait bien que l'Europe ne laisserait pas s'accomplir une aussi dangereuse infraction aux traités de 1815, et elle l'encourageait secrètement dans son opposition. Effectivement la Russie, qui maintenant, par un jeu de bascule fort explicable, penchait vers cette puissance et ne voulait pas voir l'Allemagne inféodée à l'Autriche, l'Angleterre et surtout la France, qui se sentait particulièrement menacée, protestèrent avec la dernière énergie contre le programme de Schwarzenberg. Le gouvernement de Louis-Napoléon, après plusieurs réclamations assez vives à la cour de Vienne, crut devoir adresser, le 5 mars 1851, un véritable manifeste à toutes les puissances signataires des traités de 1815. Dans ce document fort remarquable, le ministre des affaires étrangères, Brénier[1], établissait tout d'abord que l'organisation fédérale de l'Allemagne ne pouvait être modifiée sans l'assentiment des huit gouvernements dont elle était l'œuvre, puisqu'elle faisait partie des arrangements reconnus et garantis par l'acte final du congrès de Vienne. Les puissances devaient donç être consultées. Devaient-elles consentir à l'innovation si grave que proposait Schwarzenberg? Non, à aucun prix, quand même l'Autriche menacerait de se retirer de la Confédération, ce que, du reste, ne lui permettaient pas les traités de 1815. Il ne fallait pas laisser détruire l'équilibre de l'Europe, et cet équilibre serait en danger si chaque fois qu'un État se trouverait en désaccord avec l'Autriche à propos de questions étrangères à l'Allemagne, il devait forcément avoir à lutter contre ce gouvernement grossi de toute la Confédération germanique. Cette Confédération n'existerait plus en réalité que de nom. Elle serait infailli-

1. Brénier (Anatole, baron), né à Paris en 1807; chargé d'une mission diplomatique en Grèce en 1828; attaché ensuite comme secrétaire aux légations françaises de Londres, de Lisbonne, de Bruxelles; consul à Varsovie (1837); consul général à Livourne (1840); directeur des fonds et de la comptabilité au ministère des affaires étrangères (1847); ministre des affaires étrangères (1851); conseiller d'État (1851); ministre plénipotentiaire à Naples (1855), d'où il fut rappelé une première fois en 1856 et une seconde en 1860, après le triomphe de la révolution sous Garibaldi: sénateur (mars 1861); mort à Vauvray le 27 mars 1885.

blement et toujours dominée par la cour de Vienne. Elle perdrait pour sa part son indépendance et l'Europe perdrait sa sécurité. Les cabinets de Londres et de Saint-Pétersbourg n'exprimèrent pas avec moins de sévérité que celui de Paris leur opinion sur le programme de Schwarzenberg (mars, avril 1851). Finalement le ministre autrichien, reconnaissant qu'à piétiner sur place il ne gagnerait rien, crut devoir clore les conférences de Dresde (15 mai), après avoir fait simplement décider, suivant le vœu de la Prusse, que l'ancienne diète des 17 serait rétablie. Ainsi, après trois ans de révolutions, l'Allemagne allait se retrouver, du moins en apparence, telle que l'avait faite le congrès de Vienne.

IX

Le vieux *Bundestag*, si somnolent, si peu actif, si impuissant, fut donc reconstitué à Francfort. Il y reprit séance le 30 mai 1851, sous la présidence d'un plénipotentiaire autrichien, Thun-Hohenstein [1]. La Prusse allait bientôt y être représentée (juillet) par l'homme d'État destiné à détruire la diète et à exclure d'Allemagne les Habsbourg, c'est-à-dire par M. de Bismarck. Ce personnage n'était pas encore près de donner la mesure de son hostilité à l'égard de l'Autriche [2]. Schwarzenberg, du reste, le connaissait à peine et était fort loin de le redouter. Le premier ministre de François-Joseph ne désespérait pas d'obtenir à Francfort ce qui lui avait échappé à Dresde. Il poursuivait, dans le comité des 17 et dans le *plenum*, la réalisation de ses grands projets politiques. Il n'avait pas renoncé, par exemple, à l'idée de faire admettre la monarchie autrichienne tout entière dans la Confédération. Mais il lui fallut bien reculer encore devant l'opposition, de plus en plus menaçante, des grandes puissances. L'Empereur de Russie qui, visité en mai par le roi de Prusse, à Varsovie, l'avait assuré de son appui, vint en juillet voir à Olmütz le jeune François-Joseph et

1. Thun-Hohenstein (Frédéric de), frère du comte Léo de Thun-Hohenstein, qui, après avoir été ministre de l'instruction publique et des cultes en Autriche, de 1849 à 1850, a été longtemps le chef du parti national féodal ou des *Vieux Tchèques*, à la diète de Bohême.

2. Il s'était même jusque-là par esprit de réaction, comme ses amis du parti de la Croix, montré assez favorable à la politique autrichienne.

lui parla si net que Schwarzenberg commença d'avoir peur. Le czar se prévalait des services rendus par lui à l'Autriche et traitait presque cette puissance en vassale [1]. D'autre part la France et l'Angleterre renouvelaient leurs protestations, qui devenaient presque menaçantes (juillet-août). La Prusse porta le dernier coup au projet autrichien en déclarant (le 20 septembre) qu'elle renonçait à l'incorporation de ses provinces orientales dans le territoire fédéral. Dès lors, il ne pouvait plus être question d'adjoindre à la Confédération des pays comme le royaume lombard-vénitien ou la Hongrie. Schwarzenberg à son tour était vaincu. Il dut changer de batteries.

S'il venait de subir de cruelles déceptions, il pouvait du moins se consoler en constatant que la Révolution était repoussée et en effaçant de son mieux les traces qu'elle pouvait avoir laissées, non seulement en Autriche, mais en Allemagne et en Italie. La restauration de l'autorité impériale à Vienne, à Pesth, à Venise, à Milan, et le rétablissement de la diète à Francfort lui permettaient d'entreprendre une campagne décisive contre cettre démocratie qu'il avait dû lui-même, à certains moments, saluer et flatter. Il n'avait plus maintenant à la ménager. Il pouvait agir et parler comme un homme de la Sainte-Alliance. Dès le 20 août, il fit signer par François-Joseph une patente qui supprimait la responsabilité ministérielle et suspendait la constitution de 1849 [2]. A la même époque, le vieux Metternich qui, du fond de l'exil, n'avait cessé de le conseiller, rentrait à Vienne, à sa grande joie [3]. Peu de jours après (23 août), il faisait abolir par la diète de Francfort les *droits fondamentaux* (Grundrechte), jadis votés par le Parlement allemand et acceptés par la plupart des gouvernements germaniques. Il en poursuivit dès lors avec une infatigable activité la suppression auprès des divers États de la Confédération. Il s'efforçait partout de détruire les constitutions que la révolution

1. L'amour-propre autrichien souffrait cruellement depuis 1849 des hauteurs noscovites. La cour de Vienne aspirait ardemment à s'affranchir de l'espèce de tutelle que Nicolas prétendait exercer sur elle et Schwarzenberg disait qu'un jour elle *étonnerait le monde par son ingratitude*.

2. Laquelle du reste n'avait, en fait, jamais été appliquée, du moins dans celles de ses dispositions relatives au régime parlementaire.

3. Il ne remonta pas au pouvoir; mais jusqu'à sa mort, arrivée en 1859, il fut fréquemment consulté par l'empereur ou par ses ministres et jouit encore d'une influence considérable.

de 1848 avait fait naître. Il avait quelque espoir d'y parvenir en Allemagne. De l'autre côté des Alpes, le succès était assuré. Le pape, malgré les conseils et les objurgations du gouvernement français, s'obstinait à ne donner à son peuple que des réformes d'administration presque illusoires. Le grand-duc de Toscane et le roi de Naples suspendaient — comme l'empereur d'Autriche — l'exercice des droits constitutionnels dans leurs États. Seul, le roi de Sardaigne résistait au courant de la réaction et restait fidèle au *statut fondamental* de Charles-Albert.

X

La politique contre-révolutionnaire de Schwarzenberg fut puissamment favorisée, à partir du 2 décembre 1851, par le coup d'État qui substitua en France la dictature césarienne de Louis-Napoléon au régime républicain. Nous n'avons pas à exposer ici les causes de cet événement, qui sont, du reste, bien connues. Il suffit de rappeler que, combattu maladroitement par les partis monarchiques, qui formaient la majorité à l'Assemblée législative, appuyé par l'Église, qu'il flattait, populaire grâce au nom qu'il portait, le neveu de Napoléon Ier, qui depuis longtemps n'usait de son pouvoir que pour le succès de sa conspiration, viola brutalement son serment à la constitution de 1848, dont il était le gardien, et se fit décerner une autorité discrétionnaire par la France terrorisée ou abusée (20-21 décembre). Peu de jours après, la constitution du 14 janvier 1852, son œuvre propre, lui assurait à titre légal, tout en maintenant le suffrage universel et de faux semblants d'assemblées délibérantes, un pouvoir à peu près pareil à celui qu'avait exercé son oncle, c'est-à-dire presque absolu. Il ne lui manquait plus que le titre d'empereur. Personne ne doutait en Europe qu'il n'eût l'intention de le prendre sous peu.

Le coup d'État, en lui-même, n'était point pour déplaire aux souverains. Mais le personnage qui venait de l'exécuter ne leur inspirait qu'une médiocre confiance. Outre que ce conspirateur endurci s'était signalé jadis comme carbonaro, puis comme socialiste, il s'appelait Bonaparte, et c'était un nom toujours redoutable pour les vieilles dynasties. On le savait fort aventureux, porté à la guerre, aux conquêtes. N'allait-il pas chercher querelle à ses voisins et tâcher de faire oublier à la France la façon dont il s'était emparé d'elle en l'appelant à reprendre la ligne du Rhin et des Alpes? Ce n'était pas, à vrai dire, tout à fait sans raison que certaines puissances se méfiaient de lui. Il paraît établi que, dès le lendemain du coup d'État, il se proposait de décréter l'annexion de la Belgique à la France et que ses ministres eurent quelque peine à l'en détourner. Il prit, du reste, dans les premiers mois de 1852, vis-à-vis de ce gouvernement, comme de la Suisse et du Piémont, une attitude et un ton si hautains que l'Europe put le croire animé d'intentions hostiles contre ces trois pays.

Le roi de Prusse qui, en 1850, avait repoussé ses avances intéressées, eût volontiers tiré parti des vagues inquiétudes que Louis-Napoléon inspirait à ses voisins. Une croisade contre la France, qu'il détestait, lui eût fait sans doute regagner en Allemagne autant de popularité que sa reculade d'Olmütz lui en avait fait perdre. Aussi insinua-t-il au cabinet de Saint-Pétersbourg et de Londres l'idée de former avec celui de Berlin une coalition dont le premier résultat pouvait être la guerre à brève échéance et dont il espérait que le profit serait surtout pour lui-même. Mais, d'un côté comme de l'autre, ses propositions furent écartées. L'empereur de Russie n'avait sans doute qu'une estime négative pour Louis-Napoléon; il était fort disposé à protéger contre lui la Belgique, s'il y avait lieu. Il lui gardait rancune d'avoir contrarié sa politique en Orient et le soupçonnait, non sans raison, de vouloir l'y contrecarrer encore. Mais, pour le moment, il ne voulait voir en lui qu'un auxiliaire utile de sa politique réactionnaire. L'homme qui venait d'étouffer la République en France lui paraissait mériter quelques égards, au moins apparents. La contre-révolution avait encore besoin du concours puissant qu'il venait de lui prêter. Aussi le czar croyait-il devoir lui faire bon visage. Quant au gouvernement britannique, il était, pour d'autres motifs, très porté sinon à sympathiser, du moins à s'entendre avec l'auteur du coup d'État. Le 2 décembre avait, il est vrai, provoqué en Angleterre une panique populaire qui, en quelques jours, était allée jusqu'à l'affolement. On avait paru craindre en ce pays une invasion française. Le patriotisme de nos voisins d'outre-Manche, naturellement fort ombrageux, s'était exalté au souvenir de Napoléon Ier; on avait un moment cru voir reparaître la flotte de Boulogne et l'on avait dénoncé bruyamment des projets de descente absolument imaginaires. Mais si la masse du public s'était abandonnée à ces folles appréhensions, les ministres ne les avaient pas éprouvées un seul instant. Palmerston, notamment, n'avait pas hésité un jour à applaudir au coup d'État comme à un événement heureux pour son pays. Ce politique avait craint, dans les derniers temps, que la famille d'Orléans, qu'il détestait et qui le lui rendait bien [1], ne fût sur le point de remonter au trône. Il était, d'autre part, personnellement lié avec Louis-Napoléon et se flattait d'exercer sur lui une certaine influence, dont il espérait profiter pour former une alliance anglo-française contre l'Autriche et la Russie, mais surtout contre cette dernière puissance. Sans doute, Louis-Napoléon venait de détruire dans son pays par le parjure et par la violence le régime parlementaire. Or depuis plusieurs années, tout récemment encore, Palmerston s'était posé en Europe comme le champion de la liberté. Il venait de protester bruyamment contre les excès de la réaction en Italie et notamment dans les Deux-Siciles. Il venait d'encourager à Londres des manifestations enthousiastes en l'honneur de Kossuth [2]. Mais, en matière de politique extérieure, il ne se piquait pas plus que son ancien maître Canning d'une rigoureuse fidélité à ses principes. Aussi ne fit-il nulle difficulté de se donner à lui-même un démenti en approuvant de son chef, avant même que le cabinet dont il faisait partie l'y eût autorisé, les mesures que venait d'exécuter le prince-président. Ce n'était pas la première fois qu'il manquait d'égards à ses collègues et à la reine qui, inspirée par son époux [3], lui avait, à plusieurs reprises, adressé de sévères avertissements. Sa dernière incartade lui valut d'être renvoyé du ministère

1. Voir le tome Ier de cet ouvrage, chap. VII-XIII.

2. Ce qui était d'autant plus sensible à la cour de Vienne que, l'année précédente (septembre 1850), le général Haynau (lieutenant de Radetzki pendant ses dernières campagnes d'Italie) avait été dans cette même capitale violemment insulté et menacé par la foule de voies de fait.

3. Le prince Albert exerçait une grande influence sur la reine et ses vues politiques, depuis longtemps, n'étaient pas d'accord avec celles de Palmerston. Il était essentiellement conservateur, au dehors comme au dedans; il était de plus fort dévoué à la cour de Prusse, que le chef du Foreign-Office avait médiocrement secondée en Allemagne et ouvertement contrecarrée en Danemark.

(16 décembre). Mais Russell, qui dut l'exécuter, ne se montra pas plus défavorable que lui au gouvernement de l'Élysée, sur les intentions duquel il crut devoir rassurer la Chambre des communes (janvier 1852). Bientôt, Palmerston se donna le malin plaisir de le renverser à son tour (16 février). Les tories furent alors appelés au pouvoir sous lord Derby [1]. Mais ni cet homme d'État ni lord Malmesbury [2], qui prit dans le nouveau cabinet la direction des affaires étrangères et qui était un ami personnel de Louis-Napoléon, ne manifestèrent plus de malveillance que leurs prédécesseurs à l'égard de la France.

Quant à l'Autriche, ce fut, de toutes les grandes puissances, celle qui applaudit le plus bruyamment au coup d'État. Elle ne se doutait guère que la révolution, comprimée par elle avec tant de peine, serait plus tard déchaînée justement par Napoléon III et triompherait, grâce à lui, en Italie et en Allemagne. Schwarzenberg admirait ce personnage comme un puissant agent de réaction et témoignait hautement le désir de marcher d'accord avec lui. Il était du reste d'autant plus porté à rechercher son amitié qu'il le savait en rapports très froids avec le roi de Prusse, et l'on doit admettre aussi que, s'il lui fit tant d'avances, c'était un peu dans l'espoir secret de le soustraire à l'influence britannique.

Pleinement rassuré du côté de la France, le cabinet de Vienne poursuivit aussitôt avec un redoublement de zèle et d'audace son travail de contre-révolution. C'est ainsi que, dès le 31 décembre 1851, il déclara solennellement abolie la constitution du 4 mars

1. Derby (Edward-Geoffroy-Smith Stanley, comte de), né le 29 mars 1799; membre de la chambre des communes, où il se fit remarquer comme orateur dès 1824; secrétaire d'État pour l'Irlande et membre du conseil privé dans le ministère Grey (1830); ministre des colonies (mars 1831); démissionnaire en 1834; rallié aux tories en 1835; secrétaire d'État pour les colonies dans le ministère Peel (1841-1845); membre de la Chambre des lords; premier lord de la trésorerie (février 1852); renversé au mois de décembre suivant; rappelé en février 1858 à la direction des affaires qu'il garda jusqu'au mois de juin 1859; premier ministre pour la troisième fois de 1866 à 1868; mort le 23 octobre 1869.

2. Malmesbury (James-Howard-Harris, comte de), né à Londres le 26 mars 1807; membre de la Chambre des communes (1841) et, peu après, de la Chambre des lords; ministre des affaires étrangères de février à décembre 1852 et de février 1858 à juin 1859; conseiller privé depuis 1852; lord du sceau privé de 1866 à 1868 et de 1874 à 1876; mort à Londres le 17 mai 1889; auteur des *Mémoires d'un ancien ministre*, si intéressants sur la période qui s'étend de 1840 à 1870.

1849. La monarchie autrichienne fut, dès lors, soumise tout entière à un régime bureaucratique dont la rigueur n'était même plus tempérée, comme autrefois, par les privilèges locaux et les droits nobiliaires. Schwarzenberg n'avait emprunté à la Révolution qu'un principe, celui de l'égalité, et c'était l'égalité dans la servitude. Dans toute l'Allemagne, sous son influence, les gouvernements ou bien redevinrent absolus, ou bien réduisirent le régime constitutionnel à ce qu'il était avant 1848, c'est-à-dire à peu de chose [1]. Dans les États italiens (à l'exception du Piémont), la réaction, grâce à lui, ne garda plus aucune mesure et les souverains, comme autrefois, affirmèrent hautement la légitimité de leur bon plaisir. Enfin l'Autriche, d'accord du reste avec la Russie, travailla, non sans succès, à entraîner jusqu'au Danemark dans sa politique de contre-révolution. Schwarzenberg, maintenant qu'il ne redoutait plus la confiscation des duchés par la Prusse, faisait à son tour le bon Allemand et flattait le patriotisme germanique en exigeant que le Sleswig fût rattaché par des liens très étroits au Holstein, partie intégrante de la Confédération germanique; et, comme le Danemark ne pouvait consentir à se séparer politiquement de cette province, il voulait obliger Frédéric VII à donner une constitution commune à tous ses États. Son intention est facile à démêler : le Holstein et le Sleswig ne pouvaient avoir qu'une organisation conforme aux principes ultra-conservateurs de la diète; par suite, les mêmes principes devraient être appliqués à l'ensemble de la monarchie danoise. Sur tous ces points, Frédéric VII dut céder. A la suite de conférences qui eurent lieu à Vienne durant plusieurs mois, il publia, le 28 janvier 1852, une déclaration conforme aux exigences de Schwarzenberg. Il n'eût pu, sans cette concession, que ses sujets scandinaves lui reprochèrent amèrement, faire accepter par l'Autriche et par la Russie ses arrangements définitifs au sujet de sa succession.

XI

Dans le même temps, Schwarzenberg, qui n'était pas facile à décourager et qui n'avait pu introduire la monarchie autrichienne

1. En Prusse, il est vrai, la constitution de 1848, fortement modifiée en janvier 1850, continua de subsister. Mais elle ne donnait et ne donne encore aujourd'hui à ce pays que l'ombre du gouvernement parlementaire.

tout entière dans la Confédération germanique par la grande porte, cherchait à l'y faire admettre par une porte de derrière. Activement secondé par le ministre du commerce de Bruck[1], il avait depuis quelque temps émis la prétention de contraindre le Zollverein à s'incorporer l'empire des Habsbourg, grossi de plusieurs États italiens qu'il eût, de gré ou de force, enchaînés à sa politique commerciale. Ses premières démarches à cet égard remontaient au mois de janvier 1850. La Prusse avait, à cette époque, éludé sa requête. Mais il ne s'était pas tenu pour battu. Par politique, on l'a vu plus haut, les États secondaires de l'Allemagne avaient été amenés à se rapprocher de l'Autriche. Ils étaient fort disposés, vers la fin de 1851, à la seconder dans ses tentatives pour imposer son alliance commerciale à la Prusse. Cette puissance, il est vrai, se tenait sur ses gardes et prenait habilement ses précautions. Le traité du Zollverein, renouvelé pour douze années en 1841, pouvait être dénoncé par les parties intéressées à la fin de 1851. Il était à craindre que les États auxquels nous venons de faire allusion ne missent alors pour condition *sine qua non* à son renouvellement l'admission de l'Autriche dans l'association. Si les deux Hesse, qui appartenaient à ce groupe, se retiraient du Zollverein, les deux tronçons dont se composait le royaume de Prusse se retrouvaient séparés commercialement l'un de l'autre, comme ils l'étaient géographiquement. Ils ne pourraient plus communiquer entre eux que par le Hanovre. Or cet État, comme quelques autres qui l'avoisinent (l'Oldenbourg, les Mecklembourg, etc.), n'avait jamais voulu adhérer au Zollverein et formait encore avec eux une ligue commerciale indépendante, que l'on appelait le *Steuerverein*. La cour de Berlin crut donc devoir faire de grands sacrifices pour gagner le Hanovre à sa cause. Elle y parvint en lui concédant des avantages exorbitants[2]. Par un traité conclu le 7 septembre 1851 le Steuerverein se déclara prêt à se fondre dans le Zollverein lors

1. Bruck (Charles-Louis de), né à Elberfeld le 18 octobre 1798; fondateur et directeur du *Lloyd autrichien* à Trieste ; membre du Parlement de Francfort en 1848 et appelé au ministère par le vicaire de l'Empire; ministre du commerce et des travaux publics en Autriche de 1848 à 1851; internonce et ministre plénipotentiaire à Constantinople (1853) ; ministre des finances (1855); impliqué dans une accusation de malversation, ce qui l'amena à donner sa démission et à se suicider, en 1860.

2. Et aussi en menaçant ce pays de faire passer en dehors de lui les grandes lignes de chemins de fer qui devaient relier la Prusse à la région rhénane et par là aux Pays-Bas, à la Belgique, à la France.

de sa réorganisation prochaine. C'était un coup de partie et, de quelque façon que se comportassent maintenant les gouvernements dévoués à l'Autriche, les intérêts de la Prusse étaient garantis.

La cour de Vienne n'en renouvela qu'avec plus d'insistance et de hauteur ses prétentions. Elle demandait (aux applaudissements de ses alliés) pourquoi on lui refuserait l'entrée du Zollverein, alors qu'on y admettait si libéralement le Hanovre. Elle convoquait tous les gouvernements allemands à des conférences qui se tinrent dans la capitale de l'Autriche (de janvier à avril 1852) et où furent rédigés trois projets de traités, dont les deux premiers stipulaient l'introduction progressive de cette puissance dans l'union douanière; — le troisième, qui ne devait être conclu que si les autres étaient repoussés par la Prusse, organisait un Zollverein particulier entre l'Autriche et ses nouveaux alliés. Il va sans dire que la cour de Berlin refusa de prendre part aux conférences de Vienne. Dès la fin de 1851, elle dénonça hardiment le Zollverein et invita tous les gouvernements qui le composaient à envoyer leurs délégués dans la capitale de la Prusse au mois d'avril 1852, pour délibérer sur son renouvellement. Les États secondaires qui faisaient cause commune avec l'Autriche déclarèrent que toute discussion à cet égard devait être précédée d'une entente entre les deux grandes puissances germaniques sur les bases posées par Schwarzenberg. La Prusse persistait, au contraire, à exiger qu'avant tout on procédât au renouvellement de l'union. Ce que voyant, les ministres des États dissidents (Saxe, Bavière, etc.), tinrent à Bamberg et à Darmstadt des conciliabules dans lesquels ils s'engagèrent secrètement[1] à soutenir jusqu'au bout le programme autrichien.

L'affaire en était là et, si la cour de Vienne n'était pas encore sûre du succès, elle était du moins fondée à l'espérer, lorsque se produisit un événement fort grave et gros de conséquences politiques pour l'Autriche. Le prince de Schwarzenberg, dans la force de l'âge, mourut subitement le 5 avril 1852. La monarchie des Habsbourg, qu'il avait si merveilleusement relevée, ne devait plus avoir de ministres aussi énergiques, ni aussi heureux. Elle allait, après lui, assez rapidement décliner. Mais telle était l'impulsion qu'il

1. Mais pas si secrètement que M. de Bismarck, qui représentait alors la Prusse à la diète, n'en fût presque aussitôt informé.

lui avait donnée qu'elle conserva quelque temps encore la force acquise. C'est ainsi que, peu après sa mort, la question de la succession danoise, depuis si longtemps en suspens, fut enfin réglée conformément à ses vœux et à l'intérêt de l'Autriche.

XII

Depuis le protocole du 4 juillet 1850, posant en principe l'intégrité de la monarchie danoise, la question avait été de savoir à qui attribuer par avance dans son ensemble l'héritage de Frédéric VII. Secondé par les puissances intéressées au maintien de l'équilibre dans le Nord, ce souverain avait dû négocier avec ses parents. Les princes de Hesse, qui étaient ses proches, mais qui, ne représentant que des branches féminines de sa dynastie, n'auraient pu posséder le Holstein, avaient été amenés à résigner leurs droits. Le czar avait renoncé aux siens [1] par un traité en bonne forme (juin 1851). Les princes d'Oldenbourg avaient été amenés par lui à se retirer. Le duc d'Augustenbourg, ancien rebelle, avait été formellement exclu par Frédéric VII et, après beaucoup de difficultés, avait fini par se désister, moyennant finances, de toutes ses prétentions [2]. Finalement, un autre cousin du roi, le duc Christian de Glücksbourg, adopté par lui pour unique héritier, fut reconnu comme tel par les puissances. Ses droits furent solennellement garantis, le 8 mai 1852, par le traité de Londres, que signèrent, avec les plénipotentiaires du Danemark, ceux de l'Autriche, de la France, de la Grande-Bretagne, de la Prusse, de la Russie et de la Suède [3].

1. Il les tenait de son grand-père le czar Pierre III (mort en 1762), qui appartenait, comme les princes d'Oldenbourg, à la maison de Holstein-Gottorp.

2. Il signa une renonciation expresse, pour lui et pour ses descendants, au Holstein, au Sleswig et au Lauenbourg, abandonna même les biens qu'il possédait dans ces duchés, et reçut, en retour, une somme de 2 225 000 thalers. Chose étrange, c'est M. de Bismarck qui eut à cette occasion à négocier avec lui au nom du Danemark et qui obtint de lui son désistement. Plus tard, quand son fils viola ses engagements et revendiqua de nouveau les duchés, qui le soutint? Justement M. de Bismarck.

3. Vu les engagements fort graves que Frédéric VII avait dû prendre par la déclaration du 28 janvier 1852, le traité de Londres fut fort mal accueilli par la nation danoise. Le *Volksthing* (chambre des députés) y fit une opposition acharnée. Ce ne fut qu'après avoir prononcé deux fois la dissolution de cette assemblée (janvier, avril 1853) et changé de ministère, que ce souve-

L'Europe fut ainsi débarrassée d'un gros souci. Malheureusement, ce ne devait être que pour bien peu d'années.

Le traité de Londres clôt dans l'histoire la crise révolutionnaire et diplomatique qui s'était ouverte au commencement de 1848. Après quatre années de luttes violentes, de complications et de conflits menaçants, l'horizon semblait partout rasséréné, la paix partout rétablie et pour longtemps. Mais ces apparences étaient bien perfides. Cet équilibre, si péniblement restauré, n'était qu'un trompe-l'œil. L'Europe paraissait, au premier abord, reconstituée politiquement à peu près comme avant le 24 Février. Mais elle gardait dans son sein un triple germe de révolution qui, tôt ou tard et quoi qu'on pût faire, devait prendre un formidable développement. D'abord, la nationalité allemande avait fait l'essai de sa force et la Prusse, qui n'ignorait point la sienne, n'attendait, pour se mettre résolûment à sa tète, que de n'être plus gouvernée par des Frédéric-Guillaume IV ou des Radowitz. L'Italie, d'autre part, aspirait passionnément à sa revanche; le Piémont devait être sa Prusse, à elle. Il lui fallait, comme à la Prusse, un homme; elle allait le trouver dans le comte de Cavour. Enfin la France, sous l'absolutisme d'un césar utopiste et brouillon, épris au fond du principe des nationalités et capable de déchaîner aveuglément la révolution qu'il tenait garrottée, était bien plus dangereuse pour l'équilibre existant que sous la République ou sous la monarchie parlementaire de Louis-Philippe. Louis Bonaparte allait devenir Napoléon III. Il avait besoin de la guerre. Il ne déplaisait pas, d'ailleurs, au neveu du grand empereur de bouleverser l'Europe, sans trop savoir en somme ce que son pays avait à y gagner.

rain le fit enfin accepter (21 juin 1853) par une chambre plus docile. Il n'était pas, du reste, au terme de ses peines et la question des duchés n'allait pas tarder à lui causer de nouveaux embarras.

CHAPITRE III

L'HOMME FORT ET L'HOMME MALADE [1]

I. L'Allemagne et la crise du Zollverein en 1852. — II. Nicolas Ier, Abd-ul-Medjid et le Tanzimat. — III. La question monténégrine. — IV. L'affaire des Lieux-Saints; origine du conflit franco-russe. — V. Avènement de Napoléon III; reconnaissance de l'empire français par l'Europe. — VI. Accalmie trompeuse en Allemagne et en Orient. — VII. Les conversations de Saint-Pétersbourg. — VIII. Mission de Menchikoff. — IX. Les Russes sur le Danube. — X. Le parti de la paix à Vienne et le parti de la guerre à Constantinople. — XI. Le protocole du 5 décembre 1853. — XII. L'incident de Sinope et ses suites. — XIII. Tentatives du czar pour former une coalition. — XIV. La Prusse et le projet de quadruple alliance contre la Russie. — XV. L'alliance anglo-française (avril 1854).

(1852-1854)

I

Vers le milieu de 1852, l'Europe ne croyait pas avoir de plus grave sujet d'inquiétude que la question du Zollverein, qui prit effectivement à cette époque un caractère assez alarmant. La mort

1. Sources : *Annuaire des Deux Mondes*, années 1852-1853, 1853-1854, 1854-1855; — Beust (comte de), *Mémoires*, t. I; — Bismarck (prince de), *Correspondance diplomatique* (1851-1859), t. I; — Bordier (H.), *l'Allemagne aux Tuileries*; — Charleval et de Montglave, *Histoire politique, maritime et militaire de la guerre d'Orient*; — Delord (T.), *Histoire du second Empire*, t. I; — Ficquelmont (de), *le Côté religieux de la question d'Orient*; — Forcade (E.), *Histoire des causes de la guerre d'Orient*; — Fouquier, *Annuaire historique*, années 1852-1854; — Geffken (Dr), *Zur Geschichte des Orientalischer Kriegs*; — Geffroy (A.), *le Nord scandinave depuis cinquante ans* (Revue des Deux Mondes, 1852-1854); — Grimm (Th. de), *Alexandra Feodorowna, Kaiserin von Russland*, t. II; — Harcourt (B. d'), *les Quatre Ministères de M. Drouyn de Lhuys*; — Mac Carthy, *Histoire contemporaine de l'Angleterre*, t. II; — Malmesbury (lord), *Mémoires*

de Schwarzenberg enhardit la Prusse dans sa résistance à la politique autrichienne. Le successeur de ce ministre n'était pas, à beaucoup près, un adversaire aussi redoutable que lui. François-Joseph, prince laborieux, instruit, mais de sagacité médiocre et dont on pouvait dire, sans être taxé de malignité, qu'il n'était ni un grand esprit ni un grand cœur, accordait maintenant toute sa confiance au comte de Buol-Schauenstein, qui, jusqu'en 1860, devait être son principal conseiller [1]. Ce personnage, mauvais élève de Metternich, dont il avait tous les préjugés, ne brillait ni par la clairvoyance ni par l'esprit d'à-propos. Mais, plein de lui-même, se croyant un génie parce que, comme son maître, il ne voyait dans la politique que l'art de la ruse et de l'équivoque, il cherchait à en imposer par des airs gourmés et rogues dont on ne pouvait longtemps être dupe. Il faisait un peu songer à ce diplomate de son temps dont une langue peu charitable disait : On ne sait s'il est dinde ou s'il est paon. Blessé au vif par son arrogance [2], M. de Bismarck, qui représentait la Prusse à Francfort, ne tarda pas à se prononcer ouvertement contre l'Autriche, qu'il admirait naguère et dont il fut dès lors le plus opiniâtre antagoniste. Percer à jour l'insuffisance du ministre autrichien fut pour lui l'affaire de peu de temps; aussi, escomptant ses futures maladresses, fit-il prendre à la cour de Berlin, sur le terrain du Zollverein, une attitude audacieuse, qui put surprendre l'Europe. Bien que jeune et nouveau venu dans la diplomatie, il exerçait déjà par la netteté de ses informations, par la verdeur sarcastique de ses appréciations sur les hommes et les choses, par la profondeur de ses vues d'avenir

d'un ancien ministre; — Mazade (Ch. de), *le Comte de Cavour*; — Menzel (W.), *Die Aufgabe Preussens*; — Metternich (prince de), *Mémoires, documents et écrits divers*, t. VIII; — Rothan, *l'Europe et l'avènement du second Empire*; *la Prusse et son roi pendant la guerre de Crimée*; — Rousset (C.), *Histoire de la guerre de Crimée*; — Saint-René-Taillandier, *le Roi Léopold et la Reine Victoria*; *Dix Ans de l'histoire d'Allemagne*; — Viel-Castel (comte H. de), *Mémoires*; — Worms (E.), *l'Allemagne économique ou histoire du Zollverein*, etc.

1. Buol-Schauenstein (Charles-Ferdinand, comte de), né le 17 mai 1797; attaché à la légation d'Autriche à Florence (1816); secrétaire d'ambassade à Paris (1822), puis à Londres (1824); ministre plénipotentiaire à Carslruhe (1828), puis à Darmstadt (1831), à Stuttgard (1838), à Florence (1847); ambassadeur à Saint-Pétersbourg (novembre 1848), à Londres (1851); appelé par François-Joseph au ministère des affaires étrangères (1852), qu'il occupa jusqu'en 1859; mort à Vienne le 28 octobre 1865.

2. Voir la *Correspondance diplomatique* de M. de Bismarck, t. I.

et par sa hautaine indifférence sur le choix des moyens, un véritable ascendant sur le roi Frédéric-Guillaume IV. Il ne faisait que rire des menées particularistes auxquelles se livraient, sous la direction de Beust et de Pfordten, les gouvernements secondaires de l'Allemagne. Aussi recommandait-il sans relâche à son souverain de n'en tenir nul compte, convaincu que la nation allemande était trop attachée au Zollverein pour permettre à quelques-uns de ses princes de le dissoudre. Ses conseils furent suivis. Quand furent ouvertes (20 avril 1852) les conférences de Berlin, où la Prusse avait appelé tous les membres de l'union douanière dont elle sollicitait le renouvellement, la coalition de Darmstadt demanda hautement que l'Autriche fût aussi appelée et refusa de négocier sur la reconstitution du Zollverein tant qu'il n'aurait pas été fait droit à sa requête. Plusieurs mois se passèrent en débats irritants, mais qui ne firent perdre au ministère Manteuffel ni son sang-froid ni sa résolution. Tout à coup, le gouvernement prussien, bien renseigné par M. de Bismarck sur l'état de l'opinion, qui lui était favorable, déclara les conférences rompues (27 septembre) et annonça l'intention de négocier séparément avec chacune des cours intéressées. L'Allemagne fut aussitôt en grand émoi. Le Zollverein paraissait perdu. Beust et ses alliés, croyant avoir partie gagnée, poursuivaient activement la conclusion de leur arrangement particulier avec l'Autriche (octobre-novembre). Un conflit aigu semblait de nouveau sur le point de se produire entre les cours de Vienne et de Berlin.

Pourtant, même à cette heure, les esprits rassis ne pensaient pas que la querelle pût aller jusqu'à la guerre. François-Joseph se rappelait trop bien le mouvement révolutionnaire de 1848 pour hasarder si tôt de le faire renaître. Quant à Frédéric-Guillaume, depuis la partie qu'il avait si piteusement perdue à Olmütz il n'avait point encore assez repris courage pour demander ouvertement sa revanche.

II

La crise allemande n'en était pas moins chose fort grave. Elle l'était d'autant plus qu'à ce moment même commençait à se former en Turquie un orage dont la répercussion ne pouvait manquer de se faire sentir dans l'Europe centrale. La question d'Orient, si souvent posée et toujours à résoudre. allait de nouveau être mise en avant par l'empereur de Russie.

Nicolas Ier, fidèle aux traditions de ses ancêtres et poussé par le zèle religieux de son peuple, qui lui faisait un devoir de parler et d'agir en défenseur attitré de la foi grecque dans l'empire ottoman, n'avait jamais renoncé à ses vues de jeunesse sur cette puissance. Dès le début de son règne, il avait rêvé ou de la détruire ou de l'enchaîner à sa politique. Il parut, on se le rappelle, avoir atteint ce dernier but en dictant à la Porte les traités d'Andrinople et d'Unkiar-Skelessi. On sait aussi que l'Europe prit ombrage de ses progrès et que les grandes puissances proclamèrent en 1841 la nécessité de protéger collectivement l'indépendance de la Turquie. Mais une pareille déclaration pouvait fort bien rester platonique. Le plus sûr, pour cet État si menacé, c'était de se consolider lui-même par une réforme intérieure qui mît ses institutions en harmonie avec ses besoins. Or il y travaillait avec quelque apparence de succès depuis 1839, époque où, sous l'influence de Réchid-pacha, inspirateur de la *Jeune Turquie*[1], le nouveau sultan Abd-ul-Medjid, avait publié le Hatti-chérif de Gulhané. Par cette sorte de charte, qui créait dans l'empire des conseils de communes et d'arrondissements, améliorait l'organisation de la justice, promettait l'égalité devant la loi, régularisait l'impôt et le service militaire, la Turquie pouvait, en peu d'années, se régénérer et redevenir capable de résister aux entreprises d'une grande puissance européenne. On n'a pas de peine à comprendre que le czar, fort inquiet, ne voulait lui laisser ni le temps ni la possibilité de se transformer ainsi. Tandis que d'une part il usait de toute son influence sur les sujets chrétiens du sultan pour retarder les progrès du *tanzimat*[2], il représentait, de l'autre, avec affectation, le gouvernement ottoman

1. Réchid-pacha (Mustapha-Mehemed), né à Constantinople en 1802; distingué de bonne heure pour ses talents diplomatiques et poétiques par Pertew-pacha, ministre des affaires étrangères; nommé pacha (1834) après avoir pris une part importante aux négociations d'Andrinople et de Kutaya; ambassadeur à Paris (1834), où il se pénétra des idées et de la civilisation européennes, puis à Londres, où, après un court passage au ministère, il retourna et prépara, dès 1838 et 1839, la quadruple alliance de 1840; ministre des affaires étrangères (1839) et encore trois fois ambassadeur à Paris pendant le règne d'Abd-ul-Medjid; appelé au grand-vizirat, poste qu'il perdit et recouvra six fois depuis 1846 jusqu'à sa mort, arrivée le 7 janvier 1862.

2. C'est le nom qu'on donnait en Turquie au régime nouveau.

comme incurable. Aussi, dès 1844, on s'en souvient[1], proposait-il charitablement à l'Angleterre de s'entendre avec lui sur le partage d'une succession dont il se promettait bien, *in petto*, de hâter l'ouverture. Le cabinet britannique fit, il est vrai, la sourde oreille; le czar sentit croître son inquiétude en voyant Réchid-pacha, que le parti de la routine, la *Vieille Turquie*, avait quelque temps tenu éloigné des affaires, remonter au pouvoir (1845) et donner tous ses soins à l'application de la réforme. Puis survinrent les événements de 1848. La Porte, dont l'influence était redevenue puissante en Serbie dès 1842[2], vit sans déplaisir les mouvements révolutionnaires dont la Moldavie et la Valachie furent le théâtre. Elle envoya des troupes dans ces principautés, sous couleur d'y aider les troupes russes, mais en réalité pour les contrarier ou les tenir en respect. Puis, grâce à l'appui de la France et de l'Angleterre, elle résista victorieusement aux injonctions de l'Autriche et de la Russie, qui voulaient la contraindre à livrer les réfugiés hongrois ou polonais, et obligea Nicolas à ramener son armée en deçà du Pruth (1849-1851). Dans le même temps, elle soumettait de force au tanzimat la Bosnie insurgée. Elle amena aussi l'Égypte à l'accepter, malgré l'opiniâtre résistance d'Abbas-pacha (mai 1852)[3]. Sans doute la réforme était bien loin d'être accomplie dans l'empire. Elle n'existait guère encore que sur le papier. Les sujets chrétiens, qui désiraient mieux, s'y montraient rebelles; les fonctionnaires s'y prêtaient mal; le fanatisme musulman y répugnait. Les nouvelles institutions luttaient péniblement contre les anciennes et, s'enchevêtrant avec elles, ne produisaient pour le moment qu'un redoublement d'anarchie. Sans doute aussi le gouvernement turc était dans une détresse financière qui semblait le mettre à la merci de toutes les agressions. Mais la politique de Réchid-pacha pouvait, à la longue, porter ses fruits. C'était, aux yeux du czar, une raison de plus pour se hâter. L'arbre était encore frêle, il paraissait facile de l'abattre. Nicolas Ier, détourné de la Turquie, jusqu'au commence-

1. Voir le tome Ier de cet ouvrage, p. 415-416.
2. Par suite du renversement des Obrenowitch et de l'avènement d'Alexandre Karageorgewitch, qui étaient en grande partie son œuvre.
3. C'était le petit-fils de Méhémet-Ali. Il était devenu pacha d'Égypte en novembre 1848 par la mort de son oncle Ibrahim, qui lui-même avait succédé en août de la même année à Méhémet-Ali, tombé en démence. Il gouverna l'Égypte et vécut jusqu'en 1854.

ment de 1852, par la révolution et les conflits diplomatiques de l'Europe centrale, crut dès lors pouvoir sans imprudence reporter son attention vers la péninsule des Balkans. L'heure lui parut propice pour y planter en maître son drapeau. Il résolut donc de ne plus attendre.

III

Ce n'est point, il est vrai, par une attaque directe qu'il débuta. C'est en fomentant parmi les populations chrétiennes de l'empire ottoman, dans un coin perdu de l'Illyrie, une prise d'armes qu'il espérait bien voir s'étendre rapidement dans toute la Turquie d'Europe. Le Monténégro, petit canton montagneux et sauvage, habité par une race belliqueuse, presque barbare, dépendait nominalement de la Porte, mais ne lui avait, en fait, jamais obéi. Il était gouverné ou plutôt commandé par des évêques ou *Vladikas*, toujours pris dans la même famille (les Niegosch) et qui, depuis quelque temps, allaient demander l'investiture de leur dignité au patriarche de Saint-Pétersbourg. Ces prélats guerriers étaient donc en réalité des vassaux de la Russie. Le dernier d'entre eux, Danilo [1], à l'instigation du czar ou de ses ministres, résolut, au mois de février 1852, de fonder une véritable dynastie. Ses compatriotes ayant, sur sa demande, laïcisé leur gouvernement, il se rendit à Saint-Pétersbourg, où l'empereur ne fit nulle difficulté de le reconnaître comme prince de Monténégro et d'assurer son appui à sa descendance comme à lui-même. Il reçut de l'argent, des décorations, des encouragements de toutes sortes et bientôt, de retour dans son pays (juillet), n'hésita pas à ouvrir les hostilités contre les Turcs, auxquels il enleva une ville de quelque importance. A cette nouvelle, la Porte s'émut. Omer-pacha [2] (le vainqueur de la

1. Né le 25 mai 1826, mort le 12 août 1860.

2. Omer-pacha (Michel Lattas, depuis), né en 1806 à Plaski (Croatie), quitta de bonne heure le service de l'Autriche pour passer en Turquie, où il embrassa l'islamisme, gagna la faveur de Mahmoud, fut nommé colonel (1839) et peu après général de brigade par Abd-ul-Medjid, dont il avait été professeur, devint gouverneur du Liban (1842), fut chargé de pacifier l'Albanie (1843), puis le Kurdistan (1845), commanda dans les principautés danubiennes (1848), puis en Bosnie (1850-51), combattit les Monténégrins, fut mis à la tête de l'armée turque sur le Danube (1853-1854), puis en Crimée, en

Bosnie) fut chargé de réduire Danilo et marcha contre lui avec 34 000 hommes. Une guerre impitoyable s'engagea dans les montagnes de l'Illyrie. L'Europe aussitôt s'en émut. L'Angleterre ne pouvait voir sans alarme un tel feu s'allumer dans le voisinage des îles Ioniennes et de la Grèce. Mais, de toutes les puissances, la plus inquiète fut l'Autriche. Pas plus sous Buol que sous Metternich, il ne convenait à la cour de Vienne que la Russie soulevât et entraînât sous sa loi les populations slaves de la Turquie. Il lui appartenait d'intervenir, en apparence pour soutenir les réclamations de ces tribus contre la Porte (parce que, depuis 1848, elle avait trop besoin des Slaves d'Autriche pour risquer de se les aliéner en se montrant indifférente au sort de leurs congénères et voisins de Turquie), en réalité pour étouffer au plus tôt, dans la péninsule des Balkans, la révolution naissante que le czar avait tant d'intérêt à favoriser et à propager. Aussi faisait-elle, vers la fin de 1852, d'énergiques efforts pour amener le gouvernement ottoman, vainqueur des Monténégrins, à modérer ses vengeances, et pour l'empêcher de fournir par ses représailles de nouveaux griefs à ses sujets chrétiens.

IV

La sourde opposition de l'Autriche contrariait Nicolas, mais ne l'inquiétait guère. Il ne croyait pas que cette puissance pût, de longtemps, se séparer ouvertement de lui. Mais, sur un autre point de l'Orient, il se trouvait en face d'un adversaire plus résolu et moins disposé à le ménager. Un conflit d'influence, fort insignifiant au début, mais qui prenait chaque jour plus de gravité, venait de se produire entre la France et la Russie, à propos des sanctuaires chrétiens de Palestine, dont l'une et l'autre puissance revendiquaient le protectorat. La première, dont les droits sur les plus importants de ces *lieux saints* et sur les religieux latins qui les desservaient étaient attestés par de nombreux traités, avait quelque

Arménie (1855), subit ensuite une courte disgrâce, devint général en chef de l'armée de Roumélie, ministre sans portefeuille (mars 1861); se signala encore par ses expéditions contre les insurgés d'Herzégovine et les Monténégrins (1861-1862) et contre les Crétois (1867), et mourut à Constantinople le 18 avril 1871.

peu négligé de les exercer depuis la Révolution. Les religieux grecs établis en Palestine et protégés de fait par la Russie en avaient profité pour se permettre certains empiétements contre lesquels le gouvernement français crut devoir protester en 1850. Louis-Napoléon n'était pas fâché de faire ainsi montre de son zèle pour l'Église romaine, qui le servait si bien, et de saisir cette occasion pour relever en Orient le prestige un peu amoindri de la France. Ses réclamations embarrassèrent la Porte, qui ne voulait point, pour une si petite affaire, se brouiller avec l'empereur de Russie. Les ministres turcs promirent une enquête. Au bout d'un an, quand elle fut finie, ils la recommencèrent (1851). C'est que le cabinet de Saint-Pétersbourg commençait à récriminer et à menacer. Bientôt le succès du coup d'État enhardit Louis-Napoléon. Son ambassadeur à Constantinople, La Valette [1], parla si haut et si net que la Porte, intimidée, crut devoir reconnaître encore une fois de plus les droits de la France par le firman du 9 février 1852. Mais, bientôt après, la cour de Russie, piquée au jeu, profita de l'absence de ce diplomate pour arracher à la faiblesse ottomane des concessions inconciliables avec cette déclaration. La Valette, une fois de retour, protesta, naturellement, avec beaucoup d'énergie contre le manque de foi du sultan, fit révoquer en partie les privilèges accordés aux religieux grecs, obtint la révocation de plusieurs ministres trop complaisants pour la Russie et leur remplacement par des amis de la France, enfin offrit, comme s'il eût voulu l'imposer, à la Porte, l'alliance ou plutôt la protection de son gouvernement. Dans le même temps, l'ambassadeur russe commençait à soutenir que les traités de Kaïnardji et d'Andrinople assuraient à son maître le protectorat légal non pas de quelques religieux, mais de tous les sujets de la Porte appartenant à l'Église grecque et qu'il pourrait bien ne pas tarder à le revendiquer. On voit que, dès cette époque, il ne s'agissait plus seulement de savoir

1. La Valette (Charles-Jean-Marie-Félix, marquis de), né à Senlis le 25 novembre 1806; secrétaire d'ambassade à Stockholm (1837); consul général à Alexandrie (1841); ministre plénipotentiaire à Cassel (1846); ambassadeur à Constantinople (1851), d'où il fut rappelé en 1853; sénateur (23 juin 1853); accrédité pour la seconde fois auprès de la Porte (21 mai 1860); chargé en août 1861 de représenter la France à Rome, où il resta jusqu'au mois d'octobre 1862; ministre de l'intérieur (20 mars 1865 — 13 nov. 1867); membre du conseil privé; ministre des affaires étrangères de la fin de 1868 au commencement de 1870; mort à Paris le 2 mai 1881.

si les moines latins auraient ou n'auraient pas une clef de l'église du Saint-Sépulcre, si les moines grecs pourraient allumer une lampe ou célébrer les offices sur un autel réclamé par leurs adversaires. La Russie voulait dominer l'Orient par la religion, et la France, sans rechercher pour elle-même cet avantage [1], paraissait bien résolue à l'en empêcher.

V

L'empereur Nicolas avait applaudi au coup d'État du 2 décembre. Mais il n'avait nulle tendresse pour son auteur. S'il avait vu un moment en Louis-Napoléon un agent utile de réaction, il ne se dissimulait pas que ce personnage, par son nom, son passé révolutionnaire, sa secrète faiblesse pour la doctrine des nationalités, n'était pas pour assurer à l'Europe monarchique un long repos. Son aversion pour lui devint une haine violente, quand il le trouva sur son chemin en Orient. Aussi n'était-il pas surprenant qu'il cherchât de son côté à lui créer de graves embarras et qu'il s'efforçât d'arrêter l'essor de sa fortune naissante. Depuis le succès de son coup d'État, Louis-Napoléon visait ouvertement à l'empire. Il ne tint point sans doute au czar qu'il ne parvînt pas à son but. Dès le mois de mai 1852, ce souverain alla conférer à Vienne et à Berlin avec l'empereur d'Autriche et le roi de Prusse sur les mesures à prendre contre ce Bonaparte qui, au mépris des traités de 1815, s'apprêtait à monter sur le trône de France. Mais le dissentiment qui séparait alors les deux grandes cours allemandes ne lui permit pas de mener à bien son projet de coalition. Bientôt le prince-président, enhardi, ne prit plus la peine de dissimuler la restauration impériale qu'il préparait. Ses voyages dans l'Est et dans le Midi, en septembre et octobre 1852, ne furent que la répétition générale de la pièce qu'il allait jouer à Saint-Cloud. Il s'efforçait, il est vrai, dans ses discours, de dissiper l'inquiétude que son avènement, annoncé partout, répandait en diverses parties de l'Europe. « L'Empire, c'est la paix », s'écriait-il pompeusement à Bor-

1. Auquel du reste, elle ne pourrait aspirer, les catholiques romains ne formant, dans la population de l'empire ottoman, qu'une infime minorité.

deaux. Le jour où le sénat, après le plébiscite qu'il avait provoqué, vint le proclamer solennellement empereur (1er décembre), il paraphrasa de son mieux la même pensée, se déclara solidaire de tous les gouvernements qui l'avaient précédé, résolu à tenir leurs engagements et à respecter les traités. Le lendemain, son ministre des affaires étrangères, Drouyn de Lhuys[1], développa dans une circulaire à l'adresse de l'Europe cette idée rassurante, que la politique de Napoléon III ne différerait pas de celle de Louis-Napoléon et que son avènement était une garantie nouvelle pour la paix générale.

Malgré tout, les souverains attachés, comme Nicolas Ier, aux souvenirs et aux doctrines de la Sainte-Alliance restaient méfiants. Ils trouvaient que le nouvel empereur, tout en promettant de ne pas troubler la tranquillité de l'Europe, rappelait trop souvent et trop haut les humiliations subies par la France en 1815[2]. Ils lui en

1. Drouyn de Lhuys (Edouard), né à Paris le 19 novembre 1805; attaché d'ambassade (1830) à Madrid, où il retourna comme premier secrétaire en 1836, après avoir été trois ans chargé d'affaires à La Haye; appelé en 1840 à la direction commerciale du ministère des affaires étrangères; envoyé par les électeurs de Melun (1842) à la Chambre des députés où, jusqu'en 1848, il siégea dans l'opposition dynastique; membre de l'Assemblée constituante (1848) et de l'Assemblée législative (1849) où il vota avec la droite; ministre des affaires étrangères du 20 décembre 1848 au 2 juin 1849; ambassadeur à Londres (juillet 1849); rappelé au poste de ministre des affaires étrangères qu'il n'occupa cette fois que très peu de temps (10 janvier 1851); membre de la commission consultative après le coup d'État du 2 décembre 1851; membre et vice-président du Sénat (1852); ministre des affaires étrangères pour la troisième fois de juillet 1852 à avril 1855 et d'août 1862 à avril 1866; rappelé au Sénat (1863), d'où il était sorti comme démissionnaire en 1856; membre du Conseil privé (septembre 1866); redevenu simple particulier après le 4 septembre 1870; mort à Paris le 1er mars 1881.

2. « Soldats, avait dit le prince-président le 10 mai 1852 à la fête de la distribution des aigles, l'aigle romaine adoptée par l'empereur Napoléon au commencement de ce siècle fut la signification la plus complète de la régénération de la grandeur de la France. Elle disparut dans nos malheurs; elle devait revenir lorsque la France, relevée de ses défaites, maîtresse d'elle-même, ne semblerait plus répudier sa propre gloire... » Plus récemment, dans son message du 4 novembre au Sénat, il s'était exprimé en ces termes : « ... Reprendre le symbole impérial est pour la France d'une immense signification. Dans le rétablissement de l'Empire, le peuple trouve en effet une garantie à ses intérêts et une satisfaction à son juste orgueil; ce rétablissement garantit ses intérêts en assurant l'avenir, en fermant l'ère des révolutions, en consacrant les conquêtes de 1789. Il satisfait son juste orgueil parce que, relevant avec liberté et avec réflexion ce qu'il y a trente-sept ans l'Europe entière avait renversé par la force des armes au milieu des désastres de la patrie, le peuple venge noblement ses revers, sans faire de victimes, sans menacer aucune indépendance, sans troubler la paix du monde... »

voulaient de se réclamer sans cesse de la souveraineté nationale et des plébiscites auxquels il devait sa couronne. Le czar, n'ayant pu empêcher de naître le second empire français, eût voulu que du moins les vieilles monarchies le tinssent en quarantaine, refusassent de le reconnaître [1], ou prissent à son égard les plus menaçantes précautions.

C'est surtout en Prusse que ses cris d'alarme avaient de l'écho. Frédéric-Guillaume IV, dont la gallophobie était plus que jamais en éveil, croyait déjà voir les Français en marche sur Cologne. Son esprit fumeux enfantait projets sur projets pour déjouer les trames qu'il attribuait au nouvel empereur. Vers la fin de novembre, il proposait de renouveler la quadruple alliance de 1814 et de 1815, pour contenir la France dans les limites que l'Europe lui avait fixées après la chute de Napoléon Ier [2]. Quelques jours après (déc.), il essayait de former une coalition avec l'Angleterre, les Pays-Bas et la Belgique, pour la défense de ce dernier État, qu'il jugeait sérieusement menacé. Mais tous ses desseins, comme ceux du czar, furent bientôt déjoués par la cour de Londres, sans le concours de laquelle toute ligue antifrançaise — il le savait bien — était vouée à

1. Du moins sous le nom de Napoléon III, qui impliquait à ses yeux une prétention à la *légitimité*. L'opposition du czar à une pareille dénomination était puérile et absurde. Le nouvel empereur venait de déclarer bien haut qu'il n'entendait tenir son pouvoir que du suffrage universel, que son règne ne datait que de sa dernière élection. Il remontrait fort justement que, s'il avait prétendu monter sur le trône en vertu d'un droit dynastique, il aurait *pris* la couronne au lieu de se la faire conférer par un plébisciste et qu'il se serait donné le nom de Napoléon V et non celui de Napoléon III, parce qu'il lui aurait fallu considérer comme empereurs, non seulement son cousin le duc de Reichstadt, mais son oncle Joseph Bonaparte et son père Louis. S'il s'appelait Napoléon III, disait-il, c'était simplement par piété familiale, le fils de Napoléon Ier ayant été, de fait, proclamé sous le nom de Napoléon II et des actes publics ayant été rédigés en son nom.

2. « S'il y a, écrivait-il à Bunsen le 17 novembre, un moyen de maintenir à l'égard de la France révolutionnaire une paix honorable et glorieuse, ce ne peut être que par l'union des quatre puissances... Nous savons, nous, que Louis-Napoléon a des engagements envers les chefs des partis révolutionnaires athées dans toute l'Europe... Un signe de l'homme qui est la révolution incarnée mettra le feu à la Pologne, à la Hongrie, à l'Italie, à l'Allemagne du Sud, à la Belgique. Alors Buonaparte interviendra dans les pays voisins de ses frontières comme l'*empereur de la paix*!!! et *garant du droit de tous les peuples*. Les adresses pour demandes d'incorporation à la France sont déjà rédigées dans le Palatinat, dans nos contrées du Rhin, en Belgique; déjà même elles sont expédiées en partie. Or il sait compter; il n'ignore pas qu'il peut mettre plus de vaisseaux sur mer que la vieille Angleterre. Si aujourd'hui par notre union, par notre langage unanime, nous l'obligeons à demeurer en repos, sa machine *rate*, si bien montée qu'elle soit... »

l'impuissance. Le gouvernement anglais, voyant l'horizon s'assombrir vers l'Orient, ne songeait qu'à se procurer contre la Russie le concours de Napoléon III, qui de son côté était bien aise de l'avoir pour allié. Rassuré sur la Belgique, à laquelle ce souverain promettait de ne pas toucher, il le reconnut officiellement comme empereur dès le 6 décembre [1]. Presque tous les États secondaires de l'Europe suivirent aussitôt son exemple. Dès lors, que pouvaient faire la Russie et la Prusse? L'Autriche, malgré son aversion pour les Bonaparte et son horreur pour le principe de la souveraineté nationale, qu'ils invoquaient si hautement, n'osait se prononcer contre un prince dont elle voyait bien qu'elle allait avoir besoin pour tenir tête au czar sur le Danube. Frédéric-Guillaume, certain que François-Joseph ne le suivrait pas, ne voulut pas se compromettre seul. En fin de compte, tout ce que Nicolas Ier put obtenir à Vienne et à Berlin, c'est que les cours d'Autriche et de Prusse, pour prouver leur fidélité relative à l'esprit de la Sainte-Alliance, ne reconnaîtraient Napoléon III qu'après lui-même. Il eût voulu du moins retarder l'accomplissement de cette formalité. Mais les deux grandes puissances allemandes lui firent bientôt comprendre qu'elles ne pourraient pas l'attendre. En effet, les États secondaires de la confédération germanique, intimidés par Napoléon III et peut-être désireux de s'assurer son appui éventuel contre l'Autriche et contre la Prusse, menaçaient de se séparer d'elles en reconnaissant pour leur compte et sans plus atermoyer le nouvel empire. Le czar dut donc s'exécuter. Il le fit au commencement de janvier 1853, de fort mauvaise grâce, rappela très aigrement au chef de la France les obligations que lui imposaient les traités de 1815 et, dans la lettre qu'il voulut bien lui écrire, affecta dédaigneusement de l'appeler *bon ami*, au lieu de lui donner la qualification de *frère* usitée entre les souverains. Le ministre Drouyn de Lhuys ayant poliment demandé une explication à ce propos, l'ambassadeur russe, Kisseleff [2], aggrava le mauvais procédé de son maître en déclarant que

1. Le gouvernement napolitain, au grand scandale des cours du Nord, avait accompli cette formalité trois jours plus tôt.

2. Kisseleff (Nicolas, comte de), né en 1800; secrétaire de légation à Berlin, puis à Paris (1829); conseiller d'ambassade à Londres (1838); chargé d'affaires (1841) et plus tard (1849) ministre plénipotentiaire en France; rappelé en Russie au mois de février 1854; nommé peu après ministre plénipotentiaire auprès du Saint-Siège; mort en 1869.

le principe au nom duquel régnait ce dernier *l'empêchait de considérer comme frères les souverains qui tenaient leurs droits d'un autre principe, c'est-à-dire de la souveraineté nationale.* Napoléon III ne devait pas oublier cet affront. En attendant qu'il pût s'en venger, il fut reconnu par l'empereur d'Autriche et le roi de Prusse, qui s'exprimèrent à son égard plus courtoisement que le czar, mais qui le blessèrent aussi par leurs froides réserves sur l'origine de son pouvoir et par leur insistance sur la nécessité de maintenir les circonscriptions territoriales établies par le congrès de Vienne. En somme, les vieilles monarchies, à l'exception de l'Angleterre, le traitaient en intrus et ne lui dissimulaient guère ni leur méfiance ni leur dédain. Elles refusaient de s'allier avec lui par mariage. Ce que voyant, l'aventurier couronné se hâta d'épouser par amour une Espagnole belle et noble, mais qui n'appartenait à aucune famille régnante (29 janvier). Il crut devoir à cette occasion se vanter publiquement de n'être qu'un parvenu de la démocratie [1]. Ce langage n'était pas assurément pour plaire aux dynasties qui lui faisaient si froide mine. Napoléon III sentait bien qu'il serait longtemps encore suspecté, surveillé, tenu à l'écart par elles, s'il ne leur imposait le respect par quelque coup d'éclat. Comme un de ses représentants le disait un peu plus tard à M. de Bismarck, il *avait besoin d'une guerre.* Il la lui fallait pour distraire la France et pour intimider l'Europe. Ce joueur sans scrupules n'était pas homme à reculer devant une pareille aventure.

1. Dans le courant de 1852 Louis-Napoléon avait songé à épouser une petite-fille de sa cousine la grande-duchesse Stéphanie de Bade, puis une princesse de Hohenzollern; mais il n'avait pu réaliser ni l'un ni l'autre de ces deux projets. La comtesse de Teba (Eugénie de Montijo), qu'il fit monter sur le trône, était née à Grenade le 5 mai 1826. En annonçant son mariage aux grands corps de l'Etat (22 janvier 1853) il ne put se tenir de rappeler, avec plus de fierté que de bon goût, Marie-Louise et l'Autriche *briguant l'alliance du chef élu d'un nouvel empire.* Il crut devoir d'autre part remettre en mémoire les avanies subies par Louis-Philippe dans sa politique matrimoniale. « Sous le dernier règne, disait-il, l'amour-propre du pays n'a-t-il pas eu à souffrir lorsque l'héritier de la couronne sollicitait infructueusement pendant plusieurs années l'alliance d'une maison souveraine et obtenait enfin une princesse accomplie sans doute, mais seulement dans des rangs secondaires et dans une autre religion? » Il ajoutait qu'élu de la France, ce n'était pas en cherchant à vieillir son blason qu'il fallait se faire accepter par l'Europe. « C'est bien plutôt, ajoutait-il, en se souvenant toujours de son origine, en conservant son caractère propre et en prenant franchement vis-à-vis de l'Europe la position de parvenu, titre glorieux lorsqu'on parvient par le libre suffrage d'un grand peuple. »

VI

Cependant il se produisit et il régna pendant quelques semaines dans le monde diplomatique, après la reconnaissance du second empire, une accalmie qui put faire croire que la paix générale ne serait pas de longtemps troublée.

D'une part, en effet, l'Autriche et la Prusse, rapprochées pour un temps par les exhortations du czar, un peu effrayées par la résurrection du césarisme français, craignant l'une de voir renaître la révolution en Allemagne, l'autre de voir triompher la politique particulariste de Beust et de Pfordten, se firent, sur le terrain des intérêts économiques, de mutuelles concessions. Leurs deux souverains s'étaient vus à Berlin en décembre 1852. Peu de temps après, les deux puissances conclurent (19 février 1853) un traité de commerce qui rendit possible le renouvellement du Zollverein [1]. La Prusse faisait à sa rivale quelques concessions économiques de peu de portée. L'Autriche remettait à plus tard [2] son admission dans le Zollverein. Pour le moment la paix semblait assurée dans le monde germanique.

De même en Orient. La cour de Vienne, par une initiative hardie et heureuse, venait de résoudre l'inquiétante question du Monténégro. Tremblant de voir la politique russe intervenir dans la péninsule des Balkans, non pour éteindre le feu, mais pour l'animer, François-Joseph avait envoyé à Constantinople, dans le courant de janvier, un agent spécial, le comte de Leiningen, avec mission de faire comprendre au sultan, même par l'intimidation, l'urgence de pacifier l'Illyrie. Ce diplomate avait exigé la cessation des représailles contre les Bosniaques et les Monténégrins, le maintien du *statu quo*, des garanties et des indemnités pour les populations chrétiennes qui avaient pu souffrir des derniers trou-

1. A la suite de conférences qui s'ouvraient à Berlin le 10 mars 1853, et par un accord du 4 avril suivant, le Zollverein fut reconstitué pour une période de douze années commençant le 1er janvier 1854. Grâce à l'accession du Hanovre et des autres États de Steuerverein, il comprit dès lors toute l'Allemagne, à l'exception des provinces autrichiennes.

2. Le traité portait que des conférences auraient lieu sur ce sujet en 1860. Mais elles ne furent jamais ouvertes, les négociations préliminaires tentées par l'Autriche en 1857 et 1858 ayant complètement échoué.

bles. Il avait affecté de parler haut, de menacer. Bref, quinze jours lui avaient suffi pour obtenir gain de cause et, le 14 février, lorsqu'il repartit pour Vienne, l'arrangement qu'il était venu dicter à la Porte était conclu.

Enfin il n'était pas jusqu'à l'irritante question des Lieux-Saints qui ne parût alors pacifiquement résolue ou sur le point de l'être. Le gouvernement français, qui, sans redouter une lutte avec la Russie, ne voulait pas du moins avoir l'air de la provoquer, avait, après la reconnaissance officielle de ses droits en Palestine, permis à la Porte d'accorder aux religieux grecs protégés par le czar quelques satisfactions. Il venait aussi (en janvier 1853) de rappeler de Constantinople La Valette, dont les hauteurs et les exigences avaient blessé le cabinet russe, et, dans le même temps, il proposait à Nicolas *d'ouvrir directement* avec lui à Saint-Pétersbourg une négociation sur les sanctuaires de Palestine. Ce souverain, loin de s'y refuser, déclarait que cette offre comblait tous ses vœux (janvier-février). Comment croire que le litige ne fût pas près de son terme?

VII

Et cependant, c'est juste à ce moment que le czar allait réveiller par l'éclatante manifestation de ses secrets desseins, l'inquiétude de l'Europe, alors presque assoupie. En effet, le 10 février 1853, le prince Menchikoff, un de ses amiraux, quittait Saint-Pétersbourg par son ordre et prenait la route de Constantinople, où il allait en grand appareil remplir une mission extraordinaire. Si on interrogeait l'empereur et son ministre Nesselrode sur l'objet de cette ambassade, ils répondaient imperturbablement que les instructions de Menchikoff [1] se bornaient à obtenir le règlement des deux questions récemment soulevées en Orient, celle du Monténégro et celle

1. Menchikoff (Alexandre-Sergewitch), né en 1789; d'abord attaché à l'ambassade russe à Vienne (1806), puis officier d'ordonnance d'Alexandre Ier jusqu'en 1823; ambassadeur extraordinaire en Perse (1826); chargé de divers commandements contre les Persans et les Turcs de 1826 à 1829; gouverneur de Finlande (1831); amiral (1836) et ministre de la marine; chargé de la défense de Sébastopol (1854); rappelé en mars 1855; gouverneur de Cronstadt.

des Lieux-Saints. Mais on se demandait avec méfiance pourquoi cent cinquante mille soldats russes se massaient en ce moment même le long du Pruth et pourquoi le czar armait si manifestement sa flotte de la mer Noire. En réalité l'envoyé de Nicolas Ier était chargé d'aller provoquer le sultan au nom de son maître en lui proposant, par voie d'ultimatum, de se soumettre sans réserve, ou à peu près, au protectorat moscovite.

Si l'on veut savoir ce qui pour le moment rendait l'autocrate si hardi, il faut se représenter qu'il comptait depuis longtemps sur la neutralité bienveillante, peut-être même sur l'alliance de la Prusse et de l'Autriche, et que l'hostilité possible de l'Angleterre était la seule considération qui, depuis quelque temps, le fît hésiter dans son entreprise. Lutter contre la France ne l'effrayait pas. La France aidée de la Grande-Bretagne lui donnait à réfléchir. Or, au commencement de 1853, le czar en était venu à croire que cette dernière puissance ne l'entraverait pas dans l'exécution de ses desseins, et peut-être même l'y aiderait. Le cabinet Derby venait d'être renversé en décembre. Un ministère fort mêlé lui avait succédé. On y voyait sans doute des hommes d'État comme Palmerston et John Russell, peu complaisants à cette heure pour l'ambition moscovite. Mais ils n'y tenaient pas les places principales. Le chef du Foreign-Office, lord Clarendon [1], et plusieurs de ses collègues, parmi lesquels nous citerons M. Gladstone, étaient des partisans résolus de la paix. Il en était de même du chef de la nouvelle administration, lord Aberdeen, ami personnel du czar, qui se flattait d'exercer sur lui un irrésistible ascendant. En Angleterre, du reste, l'opinion publique était depuis quelque temps opposée à toute idée de guerre. Le czar savait enfin qu'à cette époque la reine Victoria et son époux n'avaient pour Napoléon III qu'une sympathie et une estime fort médiocres. Il était donc et devait, longtemps encore, rester convaincu, sur la foi de correspondances erronées, qu'une alliance anglo-française était impossible.

1. Clarendon (George-William-Frédéric Villiers, comte de), né le 26 janvier 1800; ambassadeur à Madrid (1833); membre de la Chambre des lords (1838); garde du sceau privé (1839); chancelier du duché de Lancastre (1840); président du bureau du commerce (1846), puis lord-lieutenant d'Irlande (1847) dans le cabinet Russell; ministre des affaires étrangères (1853-1858); chancelier du duché de Lancastre (1864-1866); mort en juin 1870.

D'ailleurs il ne négligea rien pour gagner ou pour endormir l'Angleterre. C'est en janvier 1853, au moment où Menchikoff allait se mettre en route, et peu après, en février, quand il approchait déjà de Constantinople, qu'il fit à cette puissance les singulières ouvertures dont l'insuccès, comme le succès, devait, à ce qu'il pensait, faciliter l'exécution de ses plans. Dans une série d'entretiens familiers et tout à fait confidentiels avec l'ambassadeur de la Grande-Bretagne à Saint-Pétersbourg, Hamilton Seymour [1], il représentait l'empire ottoman comme un moribond et proposait hardiment à son interlocuteur de s'entendre avec lui sur sa succession. « Tenez, lui disait-il, nous avons sur les bras un homme malade, gravement malade; ce serait un grand malheur si un de ces jours il devait nous échapper, surtout avant que les dispositions nécessaires fussent prises. — C'est à l'homme généreux et fort, lui répliquait Seymour, de ménager l'homme malade. » Mais le czar revenait fréquemment à la charge et chaque fois découvrait un peu plus sa pensée. Il dit d'abord ce qu'il ne voulait pas, puis ce qu'il voulait. Il en vint à faire entendre qu'un arrangement en vertu duquel la Moldavie, la Valachie, la Serbie et la Bulgarie seraient placées sous sa main, l'Égypte et Candie attribuées à l'Angleterre, lui paraîtrait assez convenable. Quant à Constantinople, il déniait à toute grande puissance le droit de s'en emparer, mais faisait pressentir qu'il serait peut-être obligé de *prendre cette capitale en dépôt.*

VIII

Pendant ce temps, Menchikoff arrivait en Turquie. Mais le czar ne voulait pas qu'il fît connaître au public la partie principale de ses instructions avant que lui-même sût à quoi s'en tenir sur les intentions de l'Angleterre. Il se disait que, si cette puissance entrait dans ses vues, il pourrait aussitôt provoquer par un grand éclat la mort de l'homme malade. Si au contraire elle refusait de le

1. Seymour (sir George Hamilton), né en 1797; ministre plénipotentiaire à Florence (1831), puis à Bruxelles (1836), à Lisbonne (1846); ambassadeur à Saint-Pétersbourg (1851-1854), puis à Vienne (1855-1858); membre du Conseil privé; mort à Londres le 4 février 1880.

seconder, pourrait-elle trouver mauvais qu'il fit seul ses propres affaires et s'assurât par une négociation directe avec le sultan les *clefs de position* dont il prétendait avoir besoin en Orient? La cour de Londres, endormie jusqu'à la dernière heure par de faux semblants de confidences, se trouverait en présence d'un fait accompli, c'est-à-dire de l'inféodation de la Porte à la Russie. Elle protesterait peut-être, mais, le tour une fois joué, ne se battrait certainement pas. Telle était la conviction du czar. Mais les choses ne tournèrent pas tout à fait au gré de ses espérances.

Il va sans dire que l'Angleterre repoussa ses propositions secrètes. Russell et Clarendon (qui succéda au précédent en février comme chef du Foreign-Office) lui répondirent que si l'homme était malade il fallait travailler loyalement à le guérir et finirent par arrêter la négociation (mars-avril 1853). Les entretiens de Nicolas et de Seymour ne furent pas, on le pense bien, sans les alarmer sur les intentions du czar. Le gouvernement français, qui n'était pas dans le secret, les avait devinées et les lui dénonçait hautement dès le mois de février. Bientôt elles devinrent manifestes, sinon par les aveux du cabinet russe, qui continuait à nier les instructions secrètes attribuées à Menchikoff, du moins par les allures de ce singulier diplomate et surtout par les indiscrétions des ministres turcs. L'envoyé du czar était entré à Constantinople le 28 février avec l'appareil militaire d'un conquérant. Peu de jours après, il avait exigé avec arrogance que le ministre des affaires étrangères du sultan, Fuad-effendi [1], qu'il dénonçait comme un ennemi de la Russie, fût renvoyé. En l'absence des ambassadeurs de France et d'Angleterre, Abd-ul-Medjid avait cru devoir céder. Enfin, vers les derniers jours de mars, les ministres turcs révélèrent en tremblant et sous le sceau du secret aux chargés d'affaires des puissances occidentales les propositions que Menchikoff venait de leur faire en leur défendant d'en rien dire. Elles étaient exor-

1. Fuad-Méhémed-pacha, né à Constantinople en 1814, d'abord chirurgien de la marine, entra dans la diplomatie en 1834, devint interprète en chef, puis ministre de l'intérieur et fut appelé au ministère des affaires étrangères, qu'il occupa quatre fois (1852-1853, 1855-1857, 1858-1861, 1865-1868); nommé pacha en 1855, président du Tanzimat en 1857, chargé d'une mission spéciale en Syrie en 1860, il fut grand-vizir de 1862 à 1865. Fils de poète, il fut poète lui-même et dut à ses écrits une partie de sa réputation. Il mourut à Nice en 1869.

bitantes. En retour d'une alliance permanente qu'il offrait au sultan, le czar exigeait que ce souverain le reconnût comme protecteur légal de l'Église grecque dans son empire. Comme les chefs de cette Église exerçaient les pouvoirs temporels les plus étendus et qu'ils commandaient en Turquie à douze ou quinze millions de sujets du sultan, on voit que la soumission d'Abd-ul-Medjid à l'exigence du czar eût équivalu à une véritable abdication.

Fort peu de temps après, les deux ambassadeurs de France et d'Angleterre, de La Cour [1] et Stratford de Redcliffe [2], que l'on attendait depuis longtemps, arrivèrent à Constantinople. Bien instruits de la situation et invités par leurs gouvernements à agir de concert, ils adoptèrent aussitôt une tactique fort habile. Ils savaient ce que Menchikoff était venu demander, mais ils étaient censés l'ignorer. Ils feignirent pendant plusieurs semaines de croire que l'envoyé du czar avait simplement pour mission, comme il ne cessait de le leur répéter, de négocier sur le Monténégro et sur les Lieux-Saints. Ils voulaient, en mettant fin à tout litige sur ces deux points, lui enlever tout prétexte plausible de rupture avec la Turquie. C'était chose facile. L'affaire du Monténégro était réglée, grâce à l'Autriche, depuis le mois de février; le représentant du czar dut reconnaître qu'il n'y avait pas à y revenir. Quant à la question des Lieux-Saints, Stratford n'eut pas de peine à obtenir de la France qu'elle fût résolue par un arrangement très acceptable pour la Russie. Le 4 mai, tout à cet égard paraissait fini. Il fallait donc maintenant que Menchikoff partît ou qu'il se démasquât et que la cour de Saint-Pétersbourg se mît ouvertement dans son tort. Nicolas Ier ne manqua pas de tomber dans le piège. Chaque jour grandissaient son orgueil et ses illusions sur le succès final de sa téméraire entreprise. N'ayant plus rien à attendre de sa négociation secrète avec l'Angleterre, qui venait d'être close, il avait donné l'ordre à son envoyé de ne plus tarder à faire de l'éclat et d'arracher au sultan par une sommation publique l'espèce d'abdication qu'il rêvait de lui imposer. Il fallait

1. La Cour (Edmond de), né à Paris en 1805; secrétaire d'ambassade à Vienne (1833), puis à Stockholm (1839), chargé d'affaires (1848), puis ministre plénipotentiaire à Vienne; ambassadeur à Constantinople (1853), à Naples (1854); plus tard conseiller d'État.

2. Précédemment connu sous le nom de Stratford-Canning.

terrifier Abd-ul-Medjid, qui sans doute se soumettrait avant que la France et l'Angleterre surprises eussent eu le temps de se concerter. Le czar ignorait que ces deux puissances étaient depuis plusieurs semaines sur leurs gardes et qu'elles avaient déjà fait la leçon aux ministres turcs. Le 5 *mai*, Menchikoff adressa tout à coup à la Porte un ultimatum rédigé dans les termes les plus hautains et par lequel ce gouvernement était invité à faire savoir dans un délai de cinq jours si oui ou non il voulait conclure avec la Russie une convention garantissant à l'Église grecque, non seulement sa liberté religieuse, mais ses privilèges temporels. Si la réponse était négative, le représentant du czar avait ordre de quitter Constantinople et son maître se ferait justice lui-même.

Vivement encouragé à la *résistance* par les puissances occidentales, qui promettaient de ne pas l'abandonner, le gouvernement turc répondit, le 10 mai, qu'il ne pouvait, sous peine de renoncer à son indépendance, soumettre par un traité son administration intérieure à la surveillance et au contrôle d'un gouvernement étranger. Il se proposait, sur le conseil de la France et de l'Angleterre, de garantir par un acte public à tous ses sujets une pleine liberté *religieuse*. Mais ce serait de sa part un acte de souveraineté. Il entendait ne s'engager à cet égard vis-à-vis d'aucune puissance. A plus forte raison, repoussait-il l'idée de s'obliger par contrat en ce qui concernait les privilèges *temporels* de l'Église grecque.

Menchikoff riposta par de nouvelles insolences, qui amenèrent la retraite du grand-visir et du reis-effendi. Mais il n'y gagna rien. Réchid-pacha, le plus redoutable adversaire turc de la politique russe, prit la direction des affaires étrangères. L'envoyé du czar feignit de se radoucir un peu et proposa de substituer à une convention formelle une simple note que la Porte adresserait à la cour de Russie et par laquelle elle prendrait les engagements qui étaient exigés d'elle (18 mai). Mais, vu les termes dans lesquels il avait rédigé cette pièce, la Turquie n'y eût eu aucun avantage. Le nouveau reis-effendi offrit une note conçue dans un sens diamétralement opposé, c'est-à-dire réservant soigneusement l'indépendance et la souveraineté du sultan (20 mai). Cette fois Menchikoff rompit net la négociation. Il partit bruyamment dès le lendemain, disant qu'il était venu en paletot, mais qu'il reviendrait bientôt en tunique. Peu de jours après, Nesselrode, informé de son départ, lançait à son tour, au nom de son maître, un nouvel ultimatum à la Porte (31 mai). Il exigeait naturellement l'adoption de la note proposée par Menchikoff et n'accordait au sultan pour se soumettre qu'un délai de huit jours, passé lequel l'empereur de Russie croirait devoir *prendre ses garanties* et tout d'abord ferait occuper les deux principautés de Moldavie et de Valachie. Enfin, le 11 juin, le même ministre expliquait, dans une circulaire adressée à tous les agents diplomatiques de la Russie, les motifs, irrésistibles suivant lui, qui poussaient Nicolas Ier à cette grave détermination.

IX

L'émotion fut profonde dans toute l'Europe. En Angleterre l'irritation fut d'autant plus vive que le czar avait feint plus longtemps de ne songer qu'à un accord avec la cour de Londres, qu'il avait dissimulé le vrai caractère de la mission confiée à Menchikoff et que récemment encore il avait en *gentleman* promis de ne prendre aucune détermination sur les affaires d'Orient qu'après entente avec le cabinet de Saint-James. Mais il ne suffisait pas de se plaindre. Il fallait agir, et aller au plus pressé. Les deux gouvernements de France et d'Angleterre, dont l'union devenait chaque jour plus étroite, se hâtèrent d'envoyer deux escadres à Bésika, c'est-à-dire à l'entrée des Dardanelles, où elles pourraient pénétrer au premier appel de la Porte (1er-3 juin). Fort peu après, le sultan donnait une preuve de ses bonnes dispositions en faveur de ses sujets chrétiens par la publication d'un hatti-chérif que ses ministres préparaient depuis plusieurs semaines et qui assurait pleinement la liberté religieuse dans l'empire ottoman (6 juin). Enfin, d'autre part, le ministre des affaires étrangères de France proposait que, fidèles à l'esprit du traité de 1841, les cinq grandes puissances européennes se réunissent en conférence pour mettre un terme à la crise orientale (10 juin).

En apprenant l'envoi des deux flottes à Bésika, le czar entra dans la plus violente colère. Aussi, à peine eut-il reçu la réponse — négative, comme il pouvait s'y attendre — de la Porte à son nouvel ultimatum, que, sans plus hésiter, il adressa au peuple russe un manifeste où son entreprise lui était présentée comme une sorte de croisade et de devoir sacré (25 juin). De son côté, Nesselrode essaya de démontrer à l'Europe que son maître venait d'être provoqué, non seulement par la Turquie, mais par la France et par l'Angleterre, et que l'honneur, non moins que le droit et l'intérêt, lui commandait de marcher. C'était avoir la mémoire courte. Car la menace russe d'occuper les Principautés avait précédé l'expédition des escadres et, du reste, en portant leurs forces navales à proximité, mais en dehors des Dardanelles, les puissances occidentales ne violaient aucun traité, tandis que la Russie, en occupant les Principautés, allait commettre un acte d'agression injustifiable. Il est vrai que, suivant Nesselrode, le czar ne se considérait pas comme en état de guerre avec la Turquie. Il voulait seulement prendre ses sûretés. La Moldavie et la Valachie seraient entre ses mains de simples gages qu'il rendrait dès que la Porte aurait fait droit à ses exigences. Le procédé n'en était pas moins violent. Qui pouvait, du reste, répondre de l'avenir? Les deux provinces, assaillies par les troupes russes dès le 4 juillet, furent occupées en quelques jours et sans résistance. Seraient-elles jamais rendues?

X

L'Europe était de plus en plus alarmée. Qu'allait-elle faire? Malgré l'éclat qui venait d'avoir lieu, tout espoir de maintenir la paix n'était pas perdu. L'Autriche y travaillait de toutes ses forces. C'était, de toutes les grandes puissances, la plus intéressée au rétablissement de l'équilibre oriental. Entre les deux parties qui étaient sur le point d'en venir aux mains, son embarras était extrême. Le souvenir du concours décisif que lui avait prêté la Russie en 1849 et 1850, la nécessité de s'appuyer sur le gouvernement qui pouvait le mieux le défendre contre la Révolution, et la crainte d'une agitation panslaviste qu'il était si facile au czar d'exciter en Bohême ou sur la Save, ne permettaient pas à François-Joseph de se prononcer contre Nicolas. Mais, d'autre part, assisterait-il immobile à l'effondrement de l'empire ottoman? Que deviendrait après cette catastrophe sa propre monarchie? S'il refusait de seconder la France et l'Angleterre, n'était-il pas à redouter que ces deux puissances déchaînassent de nouveau contre lui la Révolution, dont il avait si péniblement triomphé? ne feraient-elles pas appel à l'Italie, à la Hongrie, à la Pologne? Plein de perplexité, le gouvernement autrichien voulait, en somme, préserver la Turquie des atteintes russes. Mais il voulait aussi à tout prix éviter de tirer l'épée. Aussi commençait-il à louvoyer et à jouer entre les deux parties, sous couleur de les concilier, un jeu équivoque et, en somme, maladroit, qu'il prolongea beaucoup trop, pour son malheur, comme on le verra plus loin.

Pour ne pas irriter le czar, qui ne reconnaissait pas à l'Europe (malgré le traité de 1841) le droit de l'arrêter dans son entreprise, l'Autriche, feignant d'écarter la conférence proposée par Drouyn de Lhuys, lui offrit simplement sa médiation officieuse, que Nicolas, toujours convaincu qu'il finirait par entraîner la cour de Vienne, s'empressa d'accepter. Elle détermina aussi la Porte à répondre à l'occupation des Principautés, non par une déclaration de guerre, mais par une simple protestation (14 juillet), qui n'excluait pas l'espoir d'un arrangement. Cela fait, pour plaire à la France et à l'Angleterre, Buol réunit à Vienne (24 juillet) les ambassadeurs des grandes puissances et constitua ainsi de fait, sans lui donner de caractère officiel, une véritable conférence. La Russie refusa d'y paraître. Mais elle ne s'opposa pas à ce qu'il y fût négocié sur un projet de note conciliatoire qui, une fois arrêté, serait transmis par le cabinet de Vienne à Saint-Pétersbourg et à Constantinople. Dès le 1er août cette pièce se trouva prête. C'était, on le pense bien, une déclaration assez vague, assez équivoque, assez susceptible de sous-entendus et d'interprétations contradictoires pour que le czar et le sultan pussent s'en déclarer également satisfaits. Le premier de ces souverains l'accepta donc sans retard (3 août), se réservant de la commenter ultérieurement, à sa façon et exigeant que la Porte l'adoptât sans explications et sans réserves. Mais à Constantinople on jugea qu'en face d'un adversaire tel que l'empereur de Russie il était nécessaire de ne pas paraître ignorer son droit et qu'il fallait *mettre les points sur les i*. C'était l'avis non seulement de Réchid-pacha, mais de Stratford et de La Cour. Le Divan fit donc suivre son adhésion à la note d'observations d'où il résultait que le sultan n'entendait nullement admettre l'ingérence du czar dans ses rapports avec ses sujets, et que ni le traité de Kaïnardji ni aucun autre n'autorisaient les exigences et les prétentions actuelles de la Russie (20 août).

Cette loyale explication devait faire manquer l'arrangement. Nicolas en effet déclara aussitôt qu'il révoquait sa propre adhésion à la note. C'était son droit. Mais il se fit tort en publiant de son côté (le 7 septembre) un commentaire de cette pièce en opposition radicale avec l'interprétation fournie par les ministres turcs. La conférence de Vienne ne put dissimuler que cette dernière seule était conforme à ses vues et à ses intentions. La France et l'Angleterre déclarèrent que les explications russes rendaient tout accord impossible et, ne doutant pas de l'imminence de la guerre, donnèrent l'ordre à leurs flottes de franchir les Dardanelles, pour aller couvrir Constantinople (fin de septembre).

Le comte de Buol ne renonça pourtant pas à sa malencontreuse note. Il voulait à tout prix prévenir un conflit armé en Orient. L'empereur de Russie étant, sur ces entrefaites, venu à Olmütz voir l'empereur d'Autriche, pour essayer de l'entraîner dans son parti[1], François-Joseph n'osa lui promettre de le suivre, mais lui insinua une combinaison diplomatique qui venait d'éclore dans le cerveau de son premier ministre : le cabinet de Vienne offrirait de nouveau la note du 1er août aux deux parties contendantes, qui l'accepteraient sans réserve, et il se porterait garant devant le sultan des bonnes intentions du czar à son égard, c'est-à-dire affirmerait que la note était interprétée par ce souverain comme par la conférence. C'était là un expédient misérable et digne d'un vrai casuiste. L'Angleterre et la France le repoussèrent hautement (4 octobre). Supposer que la Russie était d'accord avec la conférence, après ses explications du 7 septembre, faire parler en son nom l'Autriche, alors qu'elle-même n'eût rien dit, rien désavoué, c'était une fiction aussi dangereuse que peu loyale. Du reste, à l'heure même où les puissances occidentales refusaient de l'accepter, la guerre, si longtemps contenue, éclatait enfin en Orient.

La Turquie, bien secondée par la France et l'Angleterre, avait, depuis le mois de juillet, pressé vigoureusement ses préparatifs militaires. A la fin de septembre, elle était prête ou à peu près. Il régnait à Constantinople et dans tout l'empire, au sein de la population musulmane, une violente irritation contre la Russie. Le

1. Il s'arrêta au retour à Varsovie, où il sollicita la visite du roi de Prusse qui, après avoir fait un peu la sourde oreille, vint lui rendre ses hommages, mais recula lui aussi devant une alliance compromettante.

caractère religieux donné par le czar à son entreprise frappait les fidèles sectateurs de l'Islam. Leur exaltation, leur fanatisme se réveillaient, éclataient de toutes parts, comme en 1821. Le commentaire russe du 7 septembre combla la mesure. Des manifestations tumultueuses eurent lieu devant le palais du sultan. Enfin la pression devint si forte qu'Abd-ul-Medjid crut devoir y céder. A ce moment d'ailleurs, la flotte anglo-française approchait de Constantinople pour le protéger. Un grand conseil fut tenu par le souverain turc le 25 septembre. Le lendemain, la guerre était décidée. Elle fut déclarée le 4 octobre par un manifeste solennel, et le 8 Omer-Pacha, général en chef de l'armée turque, somma le prince Gortchakoff[1] d'évacuer les Principautés, faute de quoi les hostilités s'ouvriraient sous quinze jours.

XI

La vigoureuse attitude de la Turquie n'intimida nullement le czar. Outre qu'il comptait toujours sur la neutralité bienveillante de l'Autriche et de la Prusse, il s'obstinait à croire impossible une alliance de guerre entre la France et la Grande-Bretagne. Il fondait, du reste, de grandes espérances sur le soulèvement des populations chrétiennes dans la péninsule des Balkans. Une grande fermentation régnait en Thessalie et en Épire. Les agents russes, fort nombreux et fort influents à Athènes, poussaient la Grèce, toujours à l'étroit dans ses limites de 1832, à se jeter sur ces deux provinces. Le roi Othon et surtout son épouse, la reine Amélie[2], femme ambitieuse et hardie, se prêtaient visiblement à la politique moscovite, favorisaient le parti *Napiste*[3] et permettaient à des officiers

1. Gortchakoff (Michel), né en 1795, se distingua dans le commandement de l'artillerie pendant les campagnes de Turquie (1828-1829) et de Pologne (1831), fut nommé commandant militaire de Varsovie en 1843, prit une part importante à la guerre de Hongrie en 1849, fut mis à la tête de l'armée russe sur le Danube (1853), puis en Crimée (février 1855), où il défendit avec honneur Sébastopol, devint lieutenant général du royaume de Pologne (1856), membre du conseil de l'Empire (1861) et mourut le 30 mai 1861.

2. Amélie (Marie-Frédérique), fille du grand-duc d'Oldenbourg Paul-Frédéric-Auguste, née le 11 décembre 1818; mariée le 21 novembre 1836 au roi Othon, dont elle n'a jamais eu d'enfants; chargée de la régence de mars à décembre 1856; morte à Bamberg le 20 mai 1875.

3. On désignait sous ce nom la faction qui, d'ordinaire, s'appuyait sur le gouvernement russe.

et à des soldats de l'armée hellénique d'aller fomenter l'insurrection sur le territoire turc (oct.-nov. 1853). Dans le même temps, le czar excitait le schah de Perse à prendre les armes contre le sultan; et il ne désespérait pas d'attirer à lui le roi de Danemark, dont l'alliance eût préservé la Russie de toute attaque du côté de la mer Baltique. Enfin il était convaincu que la Turquie, dont il connaissait la détresse financière, ne pourrait pas tenir six mois ses forces sur le pied de guerre et qu'au printemps elle solliciterait humblement la paix. Aussi ne prit-il point tout d'abord contre elle une offensive dont il ne croyait pas avoir besoin pour la vaincre et fit-il annoncer à l'Europe par Nesselrode (30 octobre) qu'il acceptait la guerre puisqu'on la lui déclarait, mais que, pour prouver la pureté de ses intentions et la modération de sa politique, il se bornerait jusqu'à nouvel ordre à se défendre.

Ce langage fit renaître dans l'âme de Buol l'espoir d'un arrangement pacifique. Le ministre autrichien s'empressa de demander à la cour de Russie si elle se prêterait d'ores et déjà aux nouveaux efforts qu'il se proposait de faire pour amener une réconciliation entre la Porte et elle. Sur une réponse affirmative de Nesselrode, il rouvrit bientôt la conférence de Vienne et, dès le 5 décembre, les quatre puissances représentées dans cette réunion adoptèrent solennellement un protocole qui sembla le point de départ d'une négociation sérieuse pour la paix. Cette déclaration établissait leur parfait accord sur les deux principes suivants, reconnus par elles comme conditions essentielles de l'équilibre européen : 1° intégrité de l'empire ottoman; 2° indépendance gouvernementale du sultan (ce souverain devant d'ailleurs être invité à améliorer et garantir librement le sort de ses sujets chrétiens). Au protocole était jointe une note par laquelle la Porte était priée de faire connaître au plus tôt les conditions auxquelles elle serait disposée à traiter avec la Russie.

XII

Mais, juste au moment où l'Europe se reprenait à espérer le prochain rétablissement de la paix, la crise orientale fut singulièrement aggravée par un nouveau coup de théâtre. Contrairement à ses calculs, le czar venait de constater que les Turcs étaient capables de la plus vigoureuse et de la plus heureuse offensive. En Europe, quelques semaines leur avaient suffi pour reprendre la Petite-Valachie et séparer l'armée moscovite de la Serbie, qu'elle cherchait à agiter. En Asie, ils avaient fait mieux encore; car, pénétrant sur le territoire russe, ils avaient enlevé, sur la mer Noire, le fort de Saint-Nicolas. A la nouvelle de ce dernier fait d'armes, le czar, transporté de fureur, avait oublié sa déclaration du 30 octobre. Sa flotte avait reçu l'ordre de se porter sur le littoral ottoman d'Asie Mineure et, le 30 novembre, dans le port de Sinope, la flotte turque, à la suite d'un violent engagement, avait été anéantie. Dès lors le sultan ne pouvait plus disputer à son adversaire l'empire de la mer Noire. Il n'avait même plus de quoi couvrir Constantinople. Heureusement les deux escadres anglaise et française étaient mouillées devant cette capitale. Abd-ul-Medjid, éperdu, invoqua de nouveau le secours des puissances occidentales et demanda formellement qu'elles donnassent l'ordre à leurs amiraux de franchir le Bosphore.

C'était là une démarche grave, et si le cabinet de Paris, depuis longtemps résolu à la guerre, était prêt à faire ce pas décisif, il n'en était pas tout à fait ainsi du cabinet de Londres. Aberdeen, qui n'avait pas encore perdu l'espoir d'éviter la guerre, essaya de résister encore au courant qui l'entraînait. Mais l'opinion publique fut plus forte que lui. Palmerston, qui voulait la lutte, donna sa démission (15 déc.). L'agitation fut telle dans toute l'Angleterre que le chef du ministère dut, quelques jours après, l'inviter à reprendre son poste et accepter son programme. Le 27 décembre, sur la proposition de Drouyn de Lhuys, les deux cours occidentales signifièrent à la Russie que la flotte anglo-française allait prendre possession de la mer Noire et que, sans défendre aux navires turcs de s'y montrer (à condition toutefois qu'ils s'abstinssent d'opérations offensives), elle ne permettrait pas au pavillon russe de s'y faire voir. De fait, c'était annoncer qu'on voulait la guerre. Si la France et l'Angleterre ne la déclarèrent pas tout de suite, c'est qu'il leur fallait encore quelques mois pour compléter leurs prépatifs d'attaque et se procurer des alliances. Mais nul ne pouvait plus se faire illusion sur leurs desseins.

Pour conjurer l'orage, l'Autriche s'empressa d'offrir aux deux cours occidentales une satisfaction diplomatique. La Turquie venait de faire connaître (30 déc.) les conditions qu'elle mettait au rétablissement de la paix. C'était : 1° le maintien et la garantie de son intégrité territoriale; 2° l'évacuation des Principautés; 3° le renouvellement des garanties assurées à la Porte par l'Europe en 1841; 4° le respect de l'indépendance gouvernementale du sultan, qui ne refuserait pas de nouvelles concessions à ses sujets chrétiens, mais qui les ferait librement. Si cette base était acceptée, la Turquie consentait à ouvrir des négociations, mais sous la médiation (ce qui voulait dire sous la protection) des quatre puissances constituant la conférence de Vienne. La situation était si grave, que Buol n'hésita pas à adopter ce programme. Aussi la conférence l'approuva-t-elle sur sa proposition et le chargea-t-elle de le transmettre à l'empereur de Russie (13 janvier 1854).

XIII

Tout le monde en Europe attendait avec anxiété la décision qu'allait prendre ce souverain. Mais ceux-là le connaissaient bien mal qui le croyaient sur le point de reculer. S'il demandait à ce moment (16 janvier) à la France et à l'Angleterre des explications sur leur déclaration (fort nette du reste) du 27 décembre, ce n'est pas qu'il fût porté à céder. Il voulait seulement gagner un peu de temps. N'ayant plus maintenant d'illusions sur les dispositions de la Grande-Bretagne à son égard, il s'en faisait encore de singulières sur celles de l'Autriche et de la Prusse. Il avait, durant les dernières années, exercé un tel ascendant sur ces deux puissances, qu'il espérait fermement les entraîner dans son parti par quelque démarche vigoureuse.

C'est dans cette conviction qu'il fit partir pour Vienne et pour Berlin deux diplomates, le comte Orloff et le baron de Budberg [1], chargés de demander aux deux grandes cours allemandes la promesse d'une neutralité bienveillante pour la Russie et de leur

1. Budberg (André, baron de), né en 1820; chargé d'affaires de Russie à Francfort (1849); ministre plénipotentiaire à Berlin (1851), puis à Vienne (1856) et à Berlin pour la seconde fois (1858); ambassadeur en France de 1862 à 1868; depuis conseiller secret du gouvernement russe et membre du conseil de l'empire; mort à Saint-Pétersbourg le 9 février 1881.

donner en retour l'assurance que le czar s'entendrait avec elles, et avec elles seules, sur le rétablissement de l'équilibre politique en Orient. C'était leur proposer en somme de l'aider à renverser l'empire ottoman. Le cabinet de Vienne frémit devant une pareille ouverture. Buol ayant demandé si le czar s'engagerait à ne pas franchir le Danube, Orloff répondit négativement. Ce à quoi le ministre de François-Joseph dut riposter en déclarant que l'Autriche ne pouvait promettre sa neutralité et se réservait une entière liberté d'action (28 janvier). « Vous nous rendez la guerre impossible, s'écria l'agent russe; autant vaut nous la déclarer. » Et il partit bientôt exaspéré. Budberg, dans le même temps, n'était pas plus heureux à Berlin. L'opinion publique en Prusse était absolument hostile à la Russie. C'était à son influence qu'on attribuait, non sans raison, l'humiliation d'Olmütz. Le parti libéral haïssait en Nicolas le plus redoutable champion de la contre-révolution qu'il y eût en Europe. Les ministres du roi, et à leur tête Manteuffel [1], plusieurs de ses conseillers et de ses amis les plus chers, les Bunsen, les Pourtalès [2], les Usedom [3] et jusqu'à son héritier présomptif, le prince Guillaume, inclinaient ouvertement vers l'alliance anglaise. Bref, Frédéric-Guillaume IV, malgré sa respectueuse déférence pour le czar, son beau-frère, ne crut pas devoir se compromettre au point d'entrer dans l'espèce de coalition qu'il lui proposait et lui répondit, comme François-Joseph, par un refus.

1. Manteuffel (Othon-Théodore, baron de), né à Lubben le 3 février 1805, remplit à partir de 1829 des emplois secondaires dans l'administration prussienne, devint en 1841 conseiller supérieur de régence à Kœnigsberg, en 1843 vice-président de la régence de Stettin, fut nommé conseiller intime du prince de Prusse (1844), chef des deux premières divisions du ministère de l'intérieur, combattit le parti libéral dans les assemblées de 1847 et 1848, obtint le portefeuille de l'intérieur dans le cabinet formé par le comte de Brandebourg (nov. 1848) et, après la mort de cet homme d'État (nov. 1850), fut mis à la tête du ministère, où il prit la direction des affaires étrangères; il représenta la Prusse au congrès de Paris (1856), fut éloigné des affaires par le régent Guillaume (1858) et mourut à Grossen le 26 novembre 1882.

2. Pourtalès (Albert-Alexandre, comte de), né à Neuchâtel en 1812, conseiller intime, chambellan du roi de Prusse, ministre plénipotentiaire en France, mort à Paris en 1861.

3. Usedom (Charles-Georges-Louis-Guido, comte d'), né à Hechingen le 17 juillet 1805; secrétaire de légation à Rome (1835-1837), où il fut plus tard envoyé à deux reprises comme représentant du gouvernement prussien (1845, 1849); ministre plénipotentiaire à Francfort (1848); chargé d'une mission extraordinaire à Londres (1855); envoyé à Francfort pour la seconde fois (1858); ambassadeur à Turin, puis à Florence, de 1863 à 1869; mort à San-Remo le 22 janvier 1884.

Quant à la conférence de Vienne, comme Nicolas, loin d'accepter les dernières propositions de la Turquie, persistait dans ses dernières exigences et repoussait toujours la médiation des grandes puissances, elle déclara ses conditions inacceptables (2 février). A ce moment, Napoléon III venait d'écrire au czar (29 janvier) une lettre autographe pour l'inviter, en termes fort nets, à évacuer les Principautés et à soumettre le futur traité de paix à la garantie de l'Europe. L'autocrate répondit avec hauteur (8 février) à son *bon ami* que c'était lui demander de se déshonorer et que la Russie *saurait se montrer en 1854 ce qu'elle avait été en 1812.*

XIV

On semblait à cette heure d'autant plus près d'une guerre générale, que les deux cours occidentales s'efforçaient pour leur part de former contre le czar une formidable coalition. Il ne tint pas à elles qu'une alliance ne fût conclue à cette époque entre les cabinets de Paris, de Londres, de Vienne et de Berlin. On comprend l'intérêt qu'elles avaient à entraîner l'Autriche ; car, sans l'aide de cette puissance, il ne leur était guère possible d'attaquer la Russie que par mer. Mais, tout d'abord, Buol ne voulait rien signer avant que la France et l'Angleterre, dont, au fond, il redoutait la trahison, se fussent compromises au point de ne plus pouvoir reculer. Aussi exigea-t-il avant tout qu'elles adressassent au czar (ce qu'elles firent le 27 février) un *ultimatum* portant sommation d'évacuer immédiatement les Principautés et menace de guerre en cas de refus. Il appuierait, disait-il, cette sommation. Mais l'armée autrichienne ne pouvait se hasarder toute seule et entrer en ligne avant que les armées française et anglaise eussent elles-mêmes commencé leurs opérations. En outre, l'Autriche, en vue d'une diversion probable des troupes russes sur ses frontières de l'Est et du Nord, devait s'assurer l'alliance étroite de la Prusse. Aussi des efforts énergiques furent-ils faits à cette époque par Buol, comme par Drouyn de Lhuys et par Clarendon [1], pour s'assurer le précieux concours

1. Clarendon (Georges-William-Frédéric Villiers, comte de), né le 12 janvier 1800; ministre plénipotentiaire en Espagne (1833-1839); membre de la chambre des lords (1838); lord du sceau privé (1839), puis chancelier du duché

de cette puissance. En réalité, le ministre de François-Joseph ne jouait pas franc jeu. Son véritable dessein était de pousser en avant la France et l'Angleterre et de constituer en seconde ligne, grâce à l'appui de la Prusse, une réserve imposante qui, grossie, comme il l'espérait, des contingents de la confédération germanique, lui permettrait d'imposer aux parties belligérantes sa médiation armée et de faire la loi à l'Europe. C'était un fort beau calcul. Mais il eût fallu que la cour de Berlin, qui n'avait pas grand'chose à y gagner, voulût s'y prêter, et c'est ce qui n'eut pas lieu.

Le parti qui avait empêché Frédéric-Guillaume d'accepter les offres du czar voulait maintenant l'entraîner dans la quadruple alliance. Il se croyait sur le point d'y parvenir. Mais autour de ce prince s'agitait une faction puissante qui, tant par sympathie pour la Russie que par aversion pour l'Autriche, l'en détournait de toutes ses forces. C'était la coterie de la *Croix* (les Gerlach, les Dohna, les Stahl, etc.), secondée par la reine [1], par le second frère du roi (le prince Charles), et puissamment aidée de loin par M. de Bismarck. La correspondance de ce dernier donne une idée fort nette des arguments que ce parti faisait valoir pour retenir Frédéric-Guillanme dans sa politique. On lui représentait qu'il n'avait que faire de travailler à la grandeur de l'Autriche; que cette puissance désirait s'approprier les Principautés; que d'autre part elle se prêterait à la reconstitution de la Pologne, opération qui coûterait à la Prusse plusieurs provinces et qui, rétablissant un grand État entre l'Autriche et la Russie, rendrait les froissements et les conflits plus difficiles entre ces deux monarchies; que la cour de Berlin ne devait chercher qu'à se concilier l'Allemagne en affectant de défendre exclusivement les intérêts germaniques, tandis que la cour de Vienne ne servait en Orient que les siens propres; que si elle se rapprochait de l'Autriche, ce devait être, non pour la seconder effectivement contre la Russie, mais en réalité pour la retenir, la neutraliser, l'immobiliser; un jour

de Lancastre (1840) dans le ministère Melbourne; président du bureau du commerce (1846), puis lord-lieutenant d'Irlande (1847) dans le cabinet Russell; ministre des affaires étrangères de 1853 à 1858; chancelier du duché de Lancastre pour la seconde fois de 1864 à 1866; mort en juin 1870.

1. Élisabeth de Bavière, née le 13 novembre 1801, mariée à Frédéric-Guillaume le 29 novembre 1823. Elle n'avait pas d'enfants et vivait en assez mauvaise intelligence avec le prince Guillaume, son beau-frère, héritier présomptif de la couronne, et avec la princesse Augusta, femme de ce dernier.

viendrait où cette puissance, pour avoir payé le czar d'ingratitude sans avoir en somme secondé ses ennemis, deviendrait odieuse à tout le monde; c'est à ce moment que la Prusse pourrait lui enlever l'Allemagne, comme le Piémont l'Italie, sans crainte d'en être empêchée ni par la Russie ni par les puissances occidentales. Que Frédéric-Guillaume comprît à cette époque tous les profonds calculs de M. de Bismarck, nous n'en répondrions pas. Mais le parti de la Croix se faisait d'autant mieux écouter de lui que toutes les sympathies du roi étaient pour le czar. Dans ses élans mystiques, il admirait son beau-frère comme le futur émancipateur des chrétiens d'Orient. Il jugeait et déclarait, comme lui, la Turquie incurable. Il répugnait absolument à mettre sa main dans celle de Napoléon III. Il demandait à l'Angleterre si elle l'aiderait à se relever d'Olmütz, si elle lui ferait rendre sa principauté de Neuchâtel, qu'il ne se consolait pas d'avoir perdue. L'Angleterre ne savait trop que répondre. Mais, grâce à Bunsen, elle ne désespérait pas d'attirer à elle le roi de Prusse. Elle se trompait. Cet ambassadeur avait trop présumé de son influence sur son maître. Apprenant que Bunsen, sans doute pour lui forcer la main, avait représenté à Londres comme à peu près certaine son adhésion à la quadruple alliance, Frédéric-Guillaume entra dans une violente colère, désavoua le téméraire diplomate, renvoya brutalement loin de lui Pourtalès et déclara nettement, au commencement de mars 1854, qu'il ne *ferait jamais* la guerre à la Russie. Il est vrai que, ne voulant, en somme, se brouiller avec personne, il se hâta d'envoyer des agents spéciaux à Paris et à Londres pour expliquer son attitude et ne s'opposa pas à ce que les principes dont le traité à quatre avait prescrit l'application fussent proclamés dans un protocole que la Prusse, l'Autriche, la France et l'Angleterre prendraient pour base de la paix à rétablir entre la Russie et l'empire ottoman.

Ce protocole fut adopté le 9 avril 1854 par la conférence de Vienne qui, récemment (en mars), venait encore de repousser de nouvelles propositions du czar, aussi peu acceptables que les précédentes. Il semblait établir entre les quatre grandes cours du Centre et de l'Ouest une étroite solidarité en ce qui concernait la question d'Orient. Chacune d'elles s'engageait en effet à ne pas se séparer des trois autres pour le règlement des difficultés pendantes et admettait comme bases invariables de l'arrangement à intervenir les quatre conditions suivantes : 1° intégrité de l'empire turc; 2° évacuation des Principautés par les Russes; 3° indépendance du sultan et libre octroi par ce souverain de libertés et de privilèges à ses sujets chrétiens; 4° enfin, recherche des garanties nécessaires pour régler les rapports politiques de la Turquie, de manière à sauvegarder l'équilibre européen.

XV

Au moment où les quatre puissances prenaient entre elles cet engagement, la crise d'Orient était plus aiguë et plus menaçante que jamais. La France et l'Angleterre, dont les préparatifs de guerre étaient terminés, ne pouvaient tarder davantage, vu l'approche de la belle saison, à entrer en campagne. Sans doute, elles n'avaient pu entraîner l'Autriche, qui arguait du refus de la Prusse pour justifier le sien. Mais le meilleur moyen de la faire marcher n'était-il pas de marcher soi-même? Quant au czar, il était toujours plein d'assurance. Sans doute, il n'avait pu obtenir ni la neutralité du Danemarck (qui n'avait pas osé se compromettre pour lui) ni, à plus forte raison, celle de la Suède (qui lui était hostile). Il pouvait donc s'attendre à une attaque sur la mer Baltique. Il n'avait pas réussi non plus à faire prendre les armes à la Perse. Mais il avait été plus heureux du côté de la Grèce. Cet État, sans rompre ouvertement avec la Porte, soutenait de toutes ses forces l'insurrection chrétienne, qui se répandait à ce moment (février-mars) dans toute l'Épire et dans toute la Thessalie. Le Monténégro faisait mine de remuer aussi. L'Autriche ne bougeait pas. Bref, Nicolas était encore plein d'illusions. Aussi refusa-t-il avec hauteur de répondre à la sommation anglo-française du 27 février, qui lui fut notifiée le 19 mars. C'était accepter la guerre avec les puissances occidentales. Elles la lui déclarèrent tout aussitôt (fin de mars). Déjà la France et l'Angleterre venaient de contracter alliance avec la Turquie (12 mars). Elles assurèrent peu après la liberté de leurs mouvements en concluant, au sujet du droit des neutres et des corsaires, une convention avec les États-Unis, qui, à ce prix, leur promirent une absolue neutralité. Enfin elles s'unirent formellement, le 10 avril, par un acte aux termes duquel chacune d'elles s'engageait à ne pas traiter séparément avec la Russie et à ne rechercher dans la guerre aucun avantage particulier. Elles convinrent de mettre à la raison la Grèce, qu'elles avaient le droit de surveiller en qualité de puissances protectrices. Pour contraindre cet État à respecter les frontières ottomanes, elles envoyèrent au Pirée, en avril et en mai, une flotte et un corps de troupes qui n'eurent pas de peine à neutraliser l'ambition hellénique. Mais elles portèrent le gros de leurs forces vers la mer Noire, qu'elles occupaient déjà [1], vers le Danube, où l'Europe attentive crut à ce moment que les coups décisifs allaient être frappés.

1. La flotte russe était depuis longtemps rentrée dans ses ports et n'en sortait plus.

CHAPITRE IV

SIC VOS NON VOBIS... [1]

I. L'Autriche, la Prusse et le traité du 20 avril 1854. — II. Les *Bambergeois*. — III. M. de Buol et les notes de Vienne. — IV. La politique du *sabot*. — V. Vienne et Turin : traité du 2 décembre. — VI. Tactique dilatoire de la Russie. — VII. Les cours occidentales et l'alliance sarde. — VIII. La Russie sauvée par la Prusse. — IX. La conférence de Vienne. — X. L'Autriche se dérobe. — XI. Rapprochement des cours allemandes. — XII. Chute de Sébastopol. — XIII. La question de paix ou de guerre à la fin de 1855. — XIV. L'ultimatum du 16 décembre. — XV. La Prusse en quarantaine. — XVI. Le Congrès de Paris. — XVII. La paix. — XVIII. Cavour et la question italienne. — XIX. Résultats généraux de la crise orientale.

(1854-1856)

I

Au moment d'ouvrir les hostilités, la France et l'Angleterre sentaient bien que pour atteindre sérieusement la Russie, il fallait

1. Sources : *Annuaire des Deux Mondes*, années 1854-1855, 1855-1856, 1856-1857; — Beust, *Mémoires*, t. I; — Bianchi, *Storia documentata della diplomazia europea in Italia (1815-1861)*; — Bismarck, *Correspondance diplomatique (1851-1859)*, t. I et II; — Bordier (H.), *l'Allemagne aux Tuileries*; — Cantu, *Della Indipendenza italiana*, t. III; — Charleval et de Monglave, *Histoire politique, maritime et militaire de la guerre d'Orient*; — Fouquier, *Annuaire historique*, années 1854-1855; — Geffroy (A.), *Des Intérêts du Nord scandinave* (Revue des Deux Mondes, 1855-1856); — Harcourt (B. d'), *les Quatre ministères de M. Drouyn de Lhuys*; — Klaczko (J.), *Deux chanceliers*; — Lemoinne (J.), *l'Angleterre et la guerre* (Revue des Deux Mondes, 15 mars 1855); *l'Enquête parlementaire en Angleterre à propos de la guerre d'Orient* (Revue des Deux Mondes, 1er avril 1855); — Mac Carthy, *Histoire contemporaine de l'Angleterre*, t. II; — Mazade (Ch. de), *le Comte de Cavour*; — Metternich (prince de), *Mémoires, documents et écrits divers*, t. VIII; — Martin (Th.), *le Prince Albert*, t. I et II; — Raymond (X.), *la Guerre et la conférence de Paris* (Revue des Deux Mondes, 15 mars 1856); — Rothan, *la Prusse et son roi pendant la guerre de Crimée*; — Rousset (C.), *Histoire de la guerre de Crimée*; — Saint-René-Taillandier, *le Roi Léopold et la Reine Victoria*; *Dix ans de l'histoire d'Allemagne*; — Viel-Castel (comte H. de), *Mémoires*; — Zeller, *Pie IX et Victor-Emmanuel*; etc.

qu'elles fussent secondées par l'action militaire de l'Autriche. La seule base d'opérations d'où elles pussent porter rapidement des coups décisifs à la puissance du czar, c'était le Danube. La mer Baltique et la mer Noire ne pouvaient servir que pour des diversions. Si les alliés étaient réduits à ne faire la guerre que sur ces deux théâtres, outre que la lutte serait fort longue, il n'en résulterait jamais qu'un médiocre affaiblissement pour l'empire moscovite. Ce n'est pas aux extrémités, c'est au cœur qu'il importait de frapper ce grand corps. Si l'Autriche voulait concourir à cette attaque, le succès serait prompt et foudroyant. Si elle s'y refusait, l'entreprise devenait à peu près impossible. C'est d'elle que dépendait le sort final de la guerre; mais ce n'était pas d'elle seule. La cour de Vienne, sous Buol, comme sous Metternich, était parfaitement résolue à ne pas permettre que la Russie gagnât du terrain en Orient. Elle comptait bien l'en empêcher et n'était pas sans quelque secret espoir de tirer profit des circonstances, par exemple, en s'appropriant les Principautés danubiennes. Mais, malgré ses protestations de dévouement, elle ne voulait pas tirer l'épée en faveur des puissances occidentales, et si, parfois, elle parut sur le point de se laisser entraîner par elles, elle fut constamment retenue et réduite à l'immobilité par la politique négative de la Prusse. Ainsi, en dernière analyse, c'est la cour de Berlin, alors si impuissante et si dédaignée, qui, de 1854 à 1856, a décidé des destinées de l'Europe.

La France et l'Angleterre, ayant vu échouer, en mars, leur projet de quadruple alliance, avaient tout aussitôt entamé des négociations particulières avec l'Autriche, en vue de former une coalition à trois. A leurs propositions cette puissance ne répondait pas non. Les mouvements des Russes qui, à ce moment même (fin de mars), franchissaient le Danube et pénétraient en Bulgarie, l'alarmaient très vivement. Il lui paraissait urgent de les obliger à repasser le fleuve et même à évacuer les Principautés. Mais elle déclarait ne pouvoir s'engager envers les puissances occidentales, si préalablement elle n'obtenait de la Prusse un traité de garantie, sans lequel il serait trop imprudent à elle de se risquer dans une guerre contre la Russie. D'autre part, pour amener le cabinet de Berlin à conclure ce traité, elle lui représentait que, s'il tardait trop, elle serait bien obligée de se jeter sans réserve dans l'alliance franco-anglaise.

Au fond, elle rêvait toujours d'avoir à sa disposition les forces de la Prusse et de l'Allemagne et de prendre entre les parties belligérantes la position de médiatrice armée. Frédéric-Guillaume IV et le parti de la Croix, qui, sans se compromettre, voulaient sauver la Russie, dont ils escomptaient d'avance la gratitude, virent fort bien qu'ils n'avaient pour cela qu'à se rendre aux propositions de François-Joseph. Dans leur pensée, la Prusse devait s'unir à l'Autriche, non pour l'aider à marcher, mais au contraire pour la retenir. Cette dernière puissance espérait, il est vrai, entraîner son alliée plus loin qu'elle ne voulait aller. En attendant, la cour de Berlin prenait minutieusement ses sûretés. Elle promettait bien de garantir de toute attaque la monarchie autrichienne dans son ensemble [1]; mais elle ne lui assurait son concours pour l'offensive que si des intérêts *allemands* étaient en jeu; dans ce cas l'action ne pourrait avoir lieu qu'à la suite d'un accord entre les deux alliés; cet accord, il dépendait d'elle qu'il ne s'établît jamais. Elle voulait aussi qu'il y eût toujours entente préalable sur la nécessité de procéder à la mobilisation des troupes. Enfin elle demandait que les États de la confédération germanique accédassent au traité. C'était une finesse de M. de Bismarck, qui connaissait à fond lesdits États et voyait dans une pareille clause *un sabot pour enrayer les idées belliqueuses de l'Autriche*. La plupart des petites dynasties allemandes se rattachaient étroitement à la cour impériale de Russie par la parenté [2] ou par d'autres liens. Dans la lutte qui venait de s'engager entre le czar et ses adversaires occidentaux, elles ne faisaient de vœux que pour ce souverain, dont la politique contre-révolutionnaire était si fort de leur goût. Ce n'est pas qu'elles fussent disposées à se compromettre en sa faveur. Elles avaient peur de la France, qui eût pu les faire repentir de cet excès de zèle. Leur calcul consistait, comme celui de la Prusse, à servir indirectement la Russie en empêchant l'Autriche de s'unir contre elle avec les puissances occidentales. Les hommes d'État,

1. Par le traité qu'elle avait dû signer en 1851 et qui expirait en 1854, elle n'avait pas garanti la Hongrie.

2. Sans parler des alliances antérieures, depuis le commencement du XIXe siècle la maison impériale de Russie s'était unie par des mariages aux maisons de Prusse, de Wurtemberg, de Hesse électorale, de Hesse-Darmstadt, de Nassau, d'Oldenbourg, de Mecklembourg-Schwerin, de Mecklembourg-Strelitz, de Saxe-Weimar, de Saxe-Altenbourg, de Saxe-Gotha, de Bavière.

qui, comme Beust et de Pfordten, cherchaient à constituer en Allemagne un groupe d'États secondaires indépendants à la fois de Vienne et de Berlin, fondaient sur cette tactique les plus belles espérances. Ils ne doutaient pas que la France, qui faisait la guerre sans haine à la Russie [1], ne se réconciliât bientôt cordialement avec cette puissance. Ils pensaient que l'accord de ces deux États serait, pour leur politique, la plus sûre garantie contre les deux grandes cours allemandes. Toutes leurs combinaisons étaient percées à jour par M. de Bismarck, qui, en attendant de pouvoir les déjouer dans ce qu'elles avaient de contraire à l'intérêt de son gouvernement, recommandait à Frédéric-Guillaume d'en tirer profit, puisqu'elles étaient pour le moment conformes à ses propres vues. Ce diplomate venait de se convaincre, par une enquête pénétrante dans divers États de la confédération, que la diète accéderait difficilement au traité austro-prussien, ce qui permettrait de gagner du temps, et qu'ensuite son accession aurait pour principal effet de paralyser la cour de Vienne. Aussi son souverain, bien renseigné par lui, tenait-il absolument à ce que l'Allemagne fût englobée dans l'alliance de garantie. Par là il pourrait, sans se compromettre, immobiliser l'Autriche; car, si cette puissance, lorsque la France et l'Angleterre voulaient l'entraîner, répondait qu'elle ne pouvait marcher sans la Prusse, la Prusse répondrait qu'elle ne pouvait marcher sans la confédération; or rien ne lui était facile comme d'empêcher, par ses secrètes manœuvres, la confédération de faire un mouvement, et même de l'amener à contrecarrer ouvertement, au nom des intérêts germaniques, la politique autrichienne.

Le traité de garantie fut donc conclu par Frédéric-Guillaume le 20 avril [2]. A cet acte était joint un article additionnel stipulant : 1° que l'Autriche adresserait au czar la sommation d'arrêter la marche de ses troupes et de fixer un terme à l'occupation des Principautés; 2° que les deux parties contractantes prendraient l'offensive seulement si les Russes franchissaient les Balkans ou décla-

1. Napoléon III avait besoin de la guerre; il l'eût faite à n'importe qui. Il comprenait fort bien que la France, d'accord avec la Russie, pouvait faire la loi à l'Europe ou tout au moins lui tenir tête.

2. Il va sans dire qu'entre les deux parties contractantes l'engagement de garantie territoriale et d'alliance éventuelle était réciproque.

raient s'approprier les Principautés. La Prusse promettait d'appuyer la sommation, ce qui impliquait qu'elle serait consultée sur la rédaction de cet acte et qu'elle aurait à donner son avis sur la réponse du czar. Il lui serait ainsi bien facile de faire perdre à l'Autriche un temps précieux. Quant à l'éventualité de l'offensive, elle était bien improbable, car les troupes anglo-françaises commençaient à arriver en Turquie, et Nicolas, au lieu d'attaquer, allait avoir à se défendre.

II

Frédéric-Guillaume, qui était, à cette heure, entièrement dominé par le parti de la Croix, ne tarda pas à manifester par son attitude ses secrètes pensées. Ceux de ses conseillers qui avaient voulu l'entraîner dans l'alliance anglaise furent disgraciés. Bunsen fut rappelé, Usedom renvoyé. Le prince Guillaume, dépité, quitta la cour et alla bouder à Bade. L'opinion publique qui, en Prusse [1], comme dans toute l'Allemagne, s'était vivement prononcée contre la Russie, ne put se méprendre sur le vrai caractère et la portée de la convention conclue le 20 avril. Le gouvernement prussien commença par faire perdre six semaines à l'Autriche qui avait hâte, on le conçoit, d'adresser au czar la sommation projetée. Il voulait laisser aux Russes le temps de remporter au sud du Danube un avantage signalé et notamment de prendre Silistrie, qu'ils assiégeaient avec fureur (mai 1854) et qu'ils avaient à cœur d'emporter avant l'arrivée des armées alliées. Il manœuvra si bien que la sommation ne partit pas de Vienne avant le 3 juin.

Gortchakoff, il est vrai, ne put s'emparer de Silistrie. Le siège de cette place fut levé. Les troupes russes se hâtèrent de passer le Danube et, dès la seconde quinzaine de juin, commencèrent leur mouvement de retraite à travers les Principautés. L'armée autrichienne s'apprêtait à les remplacer dans ces provinces, dont elle venait de se faire attribuer la garde par un traité en bonne forme

1. A Berlin, la Chambre des députés avait tout récemment témoigné avec éclat son aversion pour la cause du czar.

avec la Porte [1]. Mais la cour de Vienne dut la retenir encore plus d'un mois, pour ne pas s'aliéner la Prusse, son alliée d'hier, et la confédération germanique, son alliée de demain. Le cabinet de Berlin donnait à entendre qu'il ne pouvait rester associé à la politique autrichienne, si François-Joseph, en prenant possession des Principautés, n'en excluait pas les armées de la Turquie, de la France et de l'Angleterre. Les autres États allemands menaçaient hautement de ne pas accéder au traité du 20 avril, et, à la suite de conférences tenues à Bamberg [2] par leurs principaux ministres, comblaient par leurs exorbitantes prétentions les vœux secrets du gouvernement prussien. D'abord, ils voulaient que les deux grandes cours négociassent, non pas avec chacun d'eux en particulier, mais avec la confédération germanique réunie en corps et représentée par la diète de Francfort. Ils exigeaient ensuite que le traité auquel on leur demandait d'adhérer fût non seulement communiqué, mais soumis à la diète, qui le discuterait librement; que l'Autriche et la Prusse s'engageassent à défendre la confédération, après son accession, avec toutes leurs forces, et non pas seulement avec leurs contingents fédéraux; que la confédération fût admise comme *puissance européenne* dans les négociations ultérieures auxquelles donnerait lieu la question d'Orient; qu'elle fût en particulier appelée à concourir au règlement de l'affaire du Danube [3] et des droits des populations chrétiennes en Turquie; que l'inviolabilité du royaume de Grèce fût garantie [4]; que si l'on imposait aux Russes l'évacuation des Principautés, on arrêtât aussi les alliés du côté du Danube et qu'on les contraignît à signer un armistice, etc., etc.... Le cabinet de Berlin les encourageait discrètement. Aussi l'Autriche dut-elle promettre qu'elle tiendrait compte de tous ces vœux. Il en était un, à la vérité, qui ne dépendait pas d'elle d'exaucer. Elle ne pouvait, en effet, *exiger* que l'armée anglo-française arrêtât sa marche du côté des Principautés, mais elle pouvait, à petit bruit, obtenir ce

1. Ce traité, en date du 14 juin, stipulait que, jusqu'à la fin de la guerre, les Autrichiens occuperaient et défendraient au besoin contre toute attaque la Moldavie et la Valachie, où ils ne devaient pas, du reste, entraver les mouvements et les opérations des armées alliées contre la Russie.

2. En mai et juin 1854.

3. L'Allemagne était particulièrement intéressée, on le comprend, à ce que la liberté de la navigation sur ce fleuve, jusqu'à son embouchure, fût proclamée et garantie par les grandes puissances.

4. Le roi des Hellènes, Othon, était frère du roi de Bavière, Maximilien II.

résultat par des prières, et elle l'obtint. C'est, en effet, à cette époque, c'est-à-dire vers la fin de juillet, que les alliés, dont le quartier général était à Varna et qui semblaient sur le point de se porter sur la Valachie et la Moldavie, changèrent brusquement leur plan de campagne. L'Autriche leur fit comprendre qu'elle ne pouvait pour le moment se joindre à eux. S'aventurer seuls à travers les Principautés, ils ne l'osèrent pas. L'été déjà était fort avancé. Il était trop tard pour entreprendre une campagne au cœur de la Russie. C'est alors que fut résolue l'expédition de Crimée. On croyait pouvoir emporter Sébastopol d'un coup de main. L'Angleterre, qui tenait particulièrement à miner la puissance du czar sur la mer Noire, désigna cette place comme objectif à la coalition. La Russie était sauvée.

III

Le czar, sachant bien ce qu'il pouvait attendre de la Prusse et des petits États allemands, venait de répondre (le 29 juin) à la sommation autrichienne et en même temps au protocole du 9 avril, dont nous avons indiqué plus haut la teneur. Sa fierté ne paraissait pas abaissée. Bien qu'en fait ses troupes fussent en train de quitter les Principautés, il déclarait qu'il ne pouvait consentir formellement à l'évacuation, si l'Autriche ne lui donnait pas des *garanties de sécurité*, en d'autres termes, si elle ne s'engageait pas à ne point s'unir à ses ennemis et si elle ne leur interdisait toute opération militaire du côté de la Valachie et de la Moldavie. Quant au protocole, il n'en acceptait que les trois premières clauses. Encore les interprétait-il à sa façon, c'est-à-dire qu'il entendait les faire tourner exclusivement à son avantage. Il omettait purement et simplement le quatrième point, c'est-à-dire le plus important. Il savait bien que, sauf peut-être en ce qui concernait le Danube, les Allemands n'y tenaient pas. Il avait grand soin, du reste, de déclarer que, s'il faisait des concessions, c'était surtout par égard pour les intérêts germaniques. Flatter la confédération était de sa part un fort bon calcul et qui lui réussit à souhait.

Les *Bambergeois* ne manquèrent pas de demander que l'Autriche leur *soumît* la réponse russe, dont ils se promettaient bien de se déclarer hautement satisfaits. Buol leur remontra qu'ils n'avaient pas qualité pour l'examiner, tant qu'ils n'avaient pas accédé au traité du 20 avril. Aussi consentirent-ils enfin, le 24 juillet, à entrer dans l'alliance austro-prussienne. Mais le cabinet de Vienne ne se hâta pas pour cela de leur donner satisfaction. Buol était fort loin de jouer franc jeu avec eux. Enhardi par leur récente adhésion au traité, il se proposait à ce moment même de les entraîner beaucoup plus loin qu'ils ne voulaient aller. La réponse russe ne l'avait nullement satisfait. Il voulait intimider le czar par une manifestation diplomatique importante. Il était, du reste, pressé par la France et l'Angleterre, fort mécontentes de sa politique, de prendre à l'égard de ce souverain une attitude vraiment comminatoire. On lui donnait à entendre qu'il était bien facile de lui créer des embarras en Italie et de lui faire ainsi regretter son peu de complaisance pour les puissances occidentales. Bref, il venait de provoquer la réouverture des conférences à Vienne, pour préciser, dans une déclaration solennelle, qui pourrait devenir un *ultimatum*, les garanties à exiger de la Russie sur ce quatrième point du protocole, auquel elle avait négligé de répondre. Préciser, c'était forcément se compromettre. La Prusse refusa donc de prendre part aux nouvelles conférences. Même, pour prévenir la résolution grave qui pouvait en résulter, elle amena le czar à déclarer officiellement (7 août) que l'évacuation des Principautés était maintenant un fait accompli. Mais cette nouvelle n'empêcha pas l'Autriche, la France et l'Angleterre d'adopter, dès le lendemain (8 août), les fameuses notes de Vienne, qui semblèrent à toute l'Europe devoir entraîner à bref délai la première de ces puissances dans l'alliance des deux autres.

Ces notes, échangées par les trois cours comme un gage de leur parfaite entente, stipulent « que les rapports entre la Sublime Porte et la Russie ne peuvent être rétablis sur des bases solides et durables : 1° si le protectorat exercé jusqu'à présent par la cour impériale de Russie sur les Principautés de Valachie, de Moldavie et de Serbie, ne cesse pas à l'avenir, et si les privilèges accordés par les sultans à ces provinces, dépendances de leur empire, ne sont pas mis sous la garantie collective des puissances en vertu d'un traité à conclure avec la Sublime Porte et dont les dispositions régleraient toutes les questions de détail; 2° si la navigation du

Danube à son embouchure n'est pas affranchie de tout obstacle et soumise à l'application des principes établis par les actes du congrès de Vienne; 3° si le traité du 13 juillet 1841 n'est pas revisé par les hautes parties contractantes dans l'intérêt de l'équilibre des pouvoirs en Europe; 4° si la Russie n'abandonne pas la prétention d'exercer un protectorat officiel sur les sujets de la Sublime Porte, à quelque religion qu'ils appartiennent, et si la France, l'Autriche, la Grande-Bretagne, la Prusse et la Russie ne s'accordent pas à obtenir de l'initiative du gouvernement ottoman la confirmation et l'observation des privilèges religieux des diverses communions chrétiennes et à profiter, à l'avantage de leurs coreligionnaires, des intentions généreuses de Sa Majesté le Sultan et à éviter en même temps de porter atteinte à la dignité et à l'indépendance de sa couronne. » En outre les trois cours annoncent qu'elles se réservent de faire connaître ultérieurement les conditions particulières auxquelles la paix pourra être accordée à la Russie et de modifier les garanties ci-dessus énoncées suivant les événements de la guerre. Elles déclarent enfin qu'elles ne prendront en considération aucune proposition du cabinet de Saint-Pétersbourg qui n'implique une adhésion pleine et entière auxdites garanties.

IV

Les notes du 8 août furent attaquées avec violence par la Prusse et par la coalition de Bamberg. A Francfort, où l'Autriche les présenta bientôt en même temps que la réponse russe du 29 juin, en demandant à la confédération d'y adhérer sans réserve, on remontra, non sans raison, que les dernières manœuvres de Buol étaient fort loin d'être d'une absolue correction; qu'il avait promis de s'entendre avec la Prusse et avec l'Allemagne sur la réplique à faire à la réponse russe; qu'il mettait maintenant la diète en présence d'un fait accompli; qu'il voulait lui forcer la main, mais qu'elle n'était pas d'humeur à subir cette violence; qu'au point de vue allemand, elle trouvait une satisfaction suffisante dans les concessions faites par l'empereur Nicolas; bref, qu'elle ne tirerait point l'épée pour le triomphe des quatre garanties, dont les deux premières seules intéressaient véritablement le monde germanique.

Et comme l'Autriche demandait, à ce moment même, à la Prusse et à la confédération de mobiliser leurs troupes pour lui venir en aide, conformément au traité du 20 avril; comme elle venait d'occuper les Principautés et prétendait que ses alliés se portassent à son secours, même si elle n'était attaquée par la Russie que dans ces provinces, on lui répondit qu'elle n'avait pas, pour le moment, le droit d'invoquer le traité du 20 avril, qu'on la défendrait bien si elle était attaquée sur son territoire[1], mais que, s'il lui plaisait de se faire assaillir en Valachie ou en Moldavie et de provoquer une complication que l'Allemagne redoutait, dans l'espoir de l'y entraîner malgré elle, elle serait déçue dans ses espérances. On voulait, comme le czar, qu'elle s'engageât au moins à maintenir les Principautés dans un état de stricte neutralité. Mais c'est ce qu'elle ne pouvait faire sans se brouiller avec la France et avec l'Angleterre.

Des communications fort aigres furent ainsi échangées, durant près de trois mois, entre Vienne, Berlin et Francfort. Mais, en novembre, la Prusse et la diète crurent devoir se relâcher quelque peu dans leur opposition aux demandes de l'Autriche. Les succès obtenus par les alliés en Crimée intimidèrent les souverains allemands. Sans doute la victoire de l'Alma (20 septembre) n'avait pas eu pour conséquence immédiate, comme le bruit en avait couru, la prise de Sébastopol; sans doute le siège de cette place paraissait devoir être fort long et fort pénible. Mais, à deux reprises, les Russes venaient d'échouer dans leurs vigoureux efforts pour obliger les coalisés à le lever. Ils avaient été battus à Balaklava le 25 octobre et à Inkermann le 5 novembre. La France et l'Angleterre, enhardies et plus que jamais désireuses d'une alliance qui devait abréger cette guerre longue et coûteuse, prenaient à l'égard de l'Autriche une attitude presque menaçante. Pour la troisième fois elles lui demandaient de s'unir à elles. C'est pour empêcher cette puissance de céder à leurs instances que la Prusse consentit (le 26 novembre) à prendre envers elle un engagement auquel la diète adhéra le 9 décembre suivant, et aux termes duquel la cour de Berlin et la confédération étendaient aux Principautés leur garantie défensive. Il était du reste spécifié que cette convention

1. Ce qui, du reste, n'était pas probable, la Prusse détournant de toutes ses forces l'empereur Nicolas d'une pareille agression, et ce prince comprenant fort bien qu'il n'était pas de son intérêt de se la permettre.

n'était point, comme l'eût voulu l'Autriche, une application du traité conclu le 20 avril; qu'elle était motivée par des *circonstances menaçantes* (termes équivoques qui voulaient dire en réalité que l'Allemagne était beaucoup plus alarmée par l'attitude des puissances occidentales que par celle de la Russie). Enfin la diète, comme la Prusse, ne s'appropriait que deux des quatre garanties (les premières) et ne s'engageait pas à soutenir les deux autres.

V

En somme, la concession que venait d'obtenir l'Autriche ne pouvait pas lui être fort profitable. D'ailleurs, on ne la lui faisait que pour l'empêcher de se jeter dans l'alliance anglo-française. Or, très peu de jours après, on apprit qu'elle venait de conclure avec les puissances occidentales un traité qui pouvait l'amener très prochainement à se déclarer leur auxiliaire contre la Russie.

Les cours de Londres et de Paris avaient imaginé un moyen sûr d'obliger celle de Vienne à se compromettre pour leur cause. C'était de rechercher ouvertement le concours du gouvernement qu'elle haïssait et qu'elle suspectait le plus. Nous voulons parler du Piémont.

Ce petit État qui, seul, en Italie, malgré sa défaite de Novare, avait résisté à la réaction autrichienne, donnait depuis quelques années des preuves singulières d'énergie et de vitalité. Il conservait sous un roi jeune, brave, populaire, la constitution parlementaire et les libertés que lui avait values la révolution de 1848. Il servait d'asile à un grand nombre de proscrits venus de tous les points de la péninsule et dont le dévouement et les promesses entretenaient sa foi dans l'avenir. La patrie italienne semblait s'être, pour un temps, resserrée dans ses étroites limites. On sentait bien qu'elle les briserait quelque jour pour porter de nouveau son drapeau jusqu'à l'Adriatique et à la Sicile. En attendant, le Piémont grandissait par le développement rapide du commerce, de l'industrie, fortifiait ses places, améliorait son organisation militaire, soutenait ses droits avec fermeté [1], et ne se laissait pas inti-

1. Notamment contre la cour de Rome qui, depuis 1850, s'opposait vainement à l'abolition progressive des privilèges ecclésiastiques dans le royaume de Sardaigne.

mider, même par l'Autriche, qui, depuis plus d'une année, avait rompu toute relation diplomatique avec la cour de Turin. Victor-Emmanuel avait pris pour premier ministre, à la fin de 1852, un homme d'État de premier ordre, le comte de Cavour [1], qui, comme M. de Bismarck, était alors presque à ses débuts et dont la fortune politique, comme celle du ministre prussien, devait être un des faits capitaux du XIXe siècle. Sagace, rusé autant que ferme et tenace, il mettait depuis plusieurs années tous ses soins à augmenter, par une excellente administration, le crédit du Piémont en Europe. Il n'était pas homme à dire, comme Charles Albert : *L'Italia fara da se*. Il savait bien qu'après Custozza et Novare, la revanche n'était possible pour son pays que grâce au concours de l'étranger. Ce concours, il fallait l'acheter et Cavour était bien résolu à ne pas lésiner sur le prix. Grâce à lui, le royaume de Sardaigne était en si bon point que son alliance n'était pas à dédaigner, même pour de grandes puissances. La preuve, c'est que la France et l'Angleterre lui faisaient des avances et lui demandaient d'accéder à leur union du 10 avril 1854. En novembre, un confident de Napoléon III, Persigny [2], partait pour Turin, comme naguère

1. Cavour (Camille Benso, comte de), né à Turin en 1809, servit quelque temps dans l'armée sarde comme officier du génie, passa plusieurs années à voyager pour son instruction, se fit, jeune encore, connaître comme un économiste distingué, fonda en 1847, avec Balbo, le *Risorgimento*, feuille constitutionnelle, entra à la Chambre des députés (1849), devint ministre du commerce et de l'agriculture (juillet 1850), ainsi que des finances (1851) et, après une courte retraite, fut appelé par Victor-Emmanuel à la présidence du conseil (1852), qu'il occupa sans interruption jusqu'en 1859. Démissionnaire au lendemain de Villafranca, il reprit la direction des affaires six mois plus tard (janvier 1860) et mourut à Turin le 6 juin 1861, après avoir presque achevé la grande œuvre de la révolution italienne.

2. Persigny (Jean-Gilbert-Victor Fialin, comte, puis duc de), né à Saint-Germain-Lespinasse (Loire) le 11 janvier 1808, s'engagea à dix-sept ans dans la cavalerie, quitta le service en 1832, s'adonna au journalisme, s'attacha passionnément, dès 1834, à la cause bonapartiste, devint le principal confident du prince Louis, prit une part importante aux échauffourées de Strasbourg (1839) et de Boulogne (1840), fut condamné après cette dernière à vingt ans de détention, mais ne resta que peu de temps en prison, accourut en 1848 à Paris, contribua puissamment à l'élection du 10 décembre, devint aide de camp du prince-président, fut élu en 1849 à l'Assemblée législative et représenta quelque temps la France à Berlin (1850). Il fut au 2 décembre 1851 un des principaux complices du coup d'État. Ministre de l'intérieur de janvier 1852 à juin 1854, il fut ambassadeur de France à Londres de mai 1855 à mars 1858. Nommé membre du conseil privé (1er février 1858), il représenta de nouveau l'empire en Angleterre du 9 mai 1859 au 24 novembre 1860, reprit à cette date le portefeuille de l'intérieur, qu'il résigna le 25 juin 1863 à la suite d'élections malheureuses, resta, malgré tout, le familier et l'ami de Napoléon III, qu'il

pour Berlin. Il fut naturellement mieux reçu par Victor-Emmanuel que par Frédéric-Guillaume. Ce souverain comprenait, aussi bien que son ministre, l'avantage qu'il retirerait bientôt d'un sacrifice fait à propos pour la cause des puissances occidentales. Sans doute il n'avait contre la Russie que des griefs imaginaires et, à proprement parler, la question d'Orient ne le regardait pas. Mais ni lui ni Cavour n'avaient l'âme fort scrupuleuse, et à leurs yeux la fin justifiait les moyens. Ils se disaient qu'en se faisant l'auxiliaire des puissances occidentales en Crimée, la Sardaigne acquerrait le droit de siéger au congrès qui serait forcément convoqué après la fin de la guerre; qu'elle y pourrait poser solennellement devant l'Europe la question italienne; qu'elle y serait appuyée par la France et par l'Angleterre; qu'elle n'y serait certainement pas contrariée par la Russie, trop heureuse de punir l'Autriche de son ingratitude; quant à la Prusse, il était bien évident qu'elle ne viendrait pas en aide à la cour de Vienne. Ils étaient donc résolus, non seulement à ne pas refuser ce qu'on leur demandait, mais à donner même davantage. Ce serait, pensaient-ils, un prêt à gros intérêts, et ils ne se trompaient pas.

L'Autriche, que les négociations de Turin alarmaient profondément, vit bien à cette heure qu'il lui fallait se compromettre en faveur des puissances occidentales, ou du moins en avoir l'air. C'est alors en effet (le 2 décembre), qu'elle se hâta de conclure avec la France et l'Angleterre un traité par lequel elle s'engageait à ne pas se départir des principes posés par les protocoles de la conférence et par les notes du 8 août, à ne pas négocier séparément avec la Russie et à défendre les Principautés. Ses alliés, de leur côté, s'engageaient, au cas où elle serait en guerre avec le czar, à la soutenir de toutes leurs forces. Enfin, si la paix n'était pas assurée, sur les bases des quatre garanties, avant le 1er janvier 1855, les hautes parties contractantes *délibéreraient sans retard sur les moyens efficaces pour obtenir l'objet de leur alliance.*

Il semblait résulter de cette dernière clause, que l'Autriche s'apprêtait enfin à tirer l'épée : c'est ce que l'on crut à Paris et à Londres, où les espérances s'exaltèrent aussitôt. Au fond, la cour de Vienne,

compromit parfois par des excès de zèle, se rendit à Londres après la révolution du 4 septembre, puis rentra malade en France et mourut à Nice le 11 janvier 1872.

par les termes élastiques et vagues que nous venons de rapporter, avait simplement voulu se réserver la possibilité de louvoyer et d'atermoyer encore. Elle ne comprenait pas que l'heure était venue pour elle de prendre résolument un parti et qu'en rusant plus longtemps elle lasserait la patience des puissances occidentales et perdrait la confiance de l'Europe. Elle était toujours, comme on l'a dit, en *retard d'une année, d'une armée et d'une idée*. En signant le traité du 2 décembre, elle avait pour but d'amadouer la France et l'Angleterre d'une part, de l'autre d'intimider la Russie, ce à quoi elle espérait d'autant mieux réussir, que, grâce aux conventions du 26 novembre et du 9 décembre, elle croyait tenir dans sa main la Prusse et l'Allemagne et pouvoir au besoin disposer de leurs forces pour réaliser son rêve éternel de médiation armée. Mais, en somme, son intention n'était pas de prendre part à la guerre.

VI

On pouvait cependant penser qu'elle ne tarderait pas à s'y laisser entraîner. La cour de Berlin, notamment, n'était pas sans inquiétude à cet égard. Aussi s'efforçait-elle depuis quelque temps, par d'amicales instances, d'obtenir que la Russie adhérât, au moins en apparence, aux quatre garanties, et consentît à prendre sa place dans la conférence de Vienne. C'était un moyen de gagner du temps par des négociations dilatoires qui pouvaient avoir pour résultat, ou d'amener un refroidissement entre les puissances occidentales et l'Autriche ou de donner à la Russie le temps de remporter quelque grand avantage militaire. Ces nouveaux retards devaient aussi permettre à la Prusse et à l'Allemagne de s'armer et d'intimider la France, s'il le fallait, par une attitude menaçante.

Le cabinet de Saint-Pétersbourg se prêtait admirablement à la tactique recommandée par le gouvernement prussien. Le prince Gortchakoff[1], qui le représentait à Vienne, avait notifié à Buol, dès

1. Gortchakoff (Alexandre-Michaelowitch), né en 1798; attaché de bonne heure au ministre Nesselrode, qui l'emmena à Troppau, à Laybach et à Vérone (1820, 1821, 1822); secrétaire d'ambassade à Londres (1824); chargé d'affaires à Florence (1830); attaché à la légation de Vienne (1832); ministre plénipotentiaire à Stuttgart de 1841 à 1854; ambassadeur à Vienne (1854-1856);

le 28 novembre, l'acceptation des quatre garanties par le czar. Seulement, comme on pouvait s'y attendre, il les interprétait dans un sens fort peu conforme aux vues des alliés. En outre, il n'admettait pas que la Russie pût avoir à subir d'autres conditions. Bref, il y avait lieu de discuter. L'Autriche ne demandait pas mieux. La Russie proposait maintenant l'ouverture de conférences où elle serait représentée, de même que la Turquie, et où elle se mettrait d'accord, avec les autres grandes puissances, sur le rétablissement de la paix. La France et l'Angleterre ne pouvaient point ne pas y consentir, mais elles voulaient naturellement qu'il ne pût y avoir de malentendu sur le sens de ces notes du 8 août, qui allaient être le programme de la prochaine négociation. Elles demandèrent donc que, préalablement aux conférences, l'Autriche se joignît à elles pour en donner une explication collective, dont le texte devrait être accepté sans modification par Gortchakoff. La cour de Vienne y consentit et les trois puissances firent connaître, le 28 décembre, à l'ambassadeur russe leur interprétation des quatres garanties. Mais l'envoyé du czar se déclara sans pouvoirs pour y adhérer. Puis, quand il eut fait perdre dix jours aux alliés, il présenta pour son compte (7 janvier 1855) un *memento*, où les garanties étaient commentées suivant les vues de son maître. Il résulta de ce conflit de fastidieuses et confuses discussions, qui durèrent plusieurs semaines et qui embrouillèrent notablement la question. On subtilisait, on équivoquait, on torturait le sens des mots. Bref, à la fin de janvier, nul, pas même les parties intéressées, ne savait au juste si c'était le mémento de Gortchakoff ou celui des alliés qui avait été adopté; et la conférence, dont on parlait toujours, ne paraissait pas sur le point de s'ouvrir.

VII

Les cabinets de Paris et de Londres n'étaient point assez naïfs pour ne pas commencer à s'apercevoir qu'en signant le traité du 2 décembre l'Autriche les avait joués. Leur irritation contre la cour

appelé en 1856 au ministère des affaires étrangères, où il remplaça Nesselrode et où il demeura jusqu'après la mort d'Alexandre II (1881); mort le 14 mars 1883.

de Vienne était d'autant plus vive que les nouvelles d'Orient étaient fort mauvaises. Grâce au génie de Tottleben, Sébastopol continuait à défier toutes les attaques. Les Alliés ne pouvaient même bloquer la place ni par terre ni par mer. Leurs flottes venaient de subir, par l'effet d'une tempête, un véritable désastre. Le choléra, non moins que le feu de l'ennemi, décimait cruellement leurs troupes [1]. La rigueur de l'hiver réduisait les assiégeants à une inertie presque absolue. La guerre avait déjà coûté si cher et menaçait de tourner si mal, qu'en France certains hommes politiques, comme Drouyn de Lhuys, se demandaient si le moment n'était pas venu d'y mettre un terme en se rapprochant de la Russie. Ce ministre, qui redoutait pour la France les suites d'une alliance avec le Piémont, était d'avis que, puisque l'Autriche ne voulait pas tirer l'épée, le meilleur parti à prendre était de s'unir à elle pour traiter avec le czar, dût-on faire à ce dernier d'importantes concessions. Tel n'était pas le sentiment de Napoléon III et de ses conseillers les plus écoutés. Ce souverain voulait continuer la guerre, parce que, si elle ne se terminait pas par une victoire éclatante des Alliés, c'en était fait, pensait-il, de sa couronne. Or, dans la situation critique où il se trouvait, le concours militaire de Victor-Emmanuel ne lui paraissait pas à dédaigner. Du reste, il n'avait jamais aimé l'Autriche. A présent, il la haïssait et trouvait un certain plaisir à lui faire redouter la revanche de Novare. Ses sympathies de jeunesse pour les Italiens, ses vieilles habitudes révolutionnaires, son culte pour le principe des nationalités, tout le poussait à l'alliance sarde. Aussi la négociation de Turin, ralentie en décembre, s'accélérait-elle au contraire visiblement en janvier. L'Angleterre surtout la poussait avec vigueur vers le dénouement. En effet, cette puissance, outre qu'elle avait beaucoup plus d'intérêt que la France à la prise de Sébastopol, n'était pas fâchée d'amener, entre les cours de Paris et de Vienne, par la conclusion du traité projeté avec le Piémont, un refroidissement assez sensible pour que la première ne pût invoquer les bons offices de la seconde en vue d'une réconciliation avec la Russie. Comme d'autre part le roi de Sardaigne était depuis longtemps prêt à signer, l'affaire fut bientôt conclue. Pour pouvoir réclamer par la suite un plus haut

1. L'armée anglaise avait, pour sa part, perdu en quelques mois les deux tiers de son effectif.

prix de ses services, la Sardaigne voulut entrer dans la coalition, non point comme simple auxiliaire aux gages des Alliés, mais comme l'égale des autres parties contractantes, à ses risques et périls. Elle offrit donc un beau corps de quinze mille hommes, qui dut rester sous les ordres d'un général piémontais, et elle n'accepta qu'à titre de prêt les avances qui lui furent assurées par l'Angleterre pour l'entretien de cette petite armée. C'est à ces conditions que Cavour signa, le 26 janvier 1855, l'acte par lequel Victor-Emmanuel accédait à l'alliance anglo-française du 10 avril. L'unité italienne est née de ce traité.

Les troupes piémontaises, commandées par La Marmora[1], ne tardèrent pas à s'embarquer pour l'Orient, où elles devaient se couvrir de gloire. Dans le même temps, les puissances occidentales et la Porte donnèrent à la guerre une vigoureuse impulsion par l'envoi de puissants renforts en Crimée. Omer-Pacha fut dirigé sur cette presqu'île avec les forces qu'il commandait sur le Danube, culbuta les Russes à Eupatoria (17 février) et alla prendre part aux opérations des Alliés devant Sébastopol. A Londres, Aberdeen, qui n'avait entrepris la guerre qu'avec répugnance, et qui l'avait conduite trop mollement au gré de l'opinion publique, était à cette époque remplacé comme chef du cabinet par Palmerston. Sous la direction d'un ministre aussi passionnément dévoué à la gloire et à la grandeur de son pays, il devint bientôt manifeste que l'Angleterre ne céderait pas. La coalition n'avait point encore partie gagnée. Mais il était certain, du moins, qu'elle n'abandonnerait pas la partie.

VIII

L'Autriche, qui avait si mal répondu à l'attente des puissances occidentales, essayait encore à cette époque de leur donner le change

1. La Marmora (Alphonse Ferrero, marquis de), né en 1804; lieutenant d'artillerie dans l'armée sarde en 1828, major (chef d'escadron) en 1845; ministre de la guerre du 27 octobre au 15 novembre 1848 et du 2 au 9 février 1849; chargé de réprimer, après la journée de Novare, l'insurrection de Gênes; nommé lieutenant général et rappelé bientôt après (3 novembre 1849) au ministère de la guerre, où il se maintint dix ans; général en chef de l'armée sarde en Crimée (1855-1856); commandant du 1er corps d'armée à Milan (janvier 1860); envoyé à Naples comme lieutenant du roi (1861); président du conseil et ministre des affaires étrangères (septembre 1864-août 1866); mort à Florence le 5 janvier 1878.

sur ses intentions, par une affectation de zèle qui ne devait pas lui être très profitable. C'est ainsi que, dès la fin de décembre, elle avait demandé à la Prusse et à la diète d'ordonner la mobilisation de leurs troupes, se fondant sur les engagements pris récemment envers elle par la cour de Berlin et par la confédération. Mais à Berlin, comme à Francfort, on ne lui avait répondu que par de fort aigres observations sur ses dernières manœuvres diplomatiques. On lui reprochait amèrement d'avoir une fois de plus trompé l'Allemagne, en cherchant à la compromettre par le traité du 2 décembre, conclu sans elle et à son insu. On soutenait que les intérêts germaniques n'étaient nullement menacés du côté de l'Orient. Par contre, on représentait qu'ils l'étaient du côté de l'Ouest. Suivant M. de Bismarck, s'il y avait des précautions militaires à prendre, ce n'était pas contre la Russie, c'était contre la France. Finalement, grâce aux menées de ce diplomate, la diète, comme le gouvernement prussien, opposa un refus catégorique à la demande de mobilisation formulée par le cabinet de Vienne (30 janvier). Mais elle ne borna pas là ses bons offices en faveur de la Russie. Car M. de Bismarck lui fit adopter, le 8 février, une résolution aux termes de laquelle les contingents fédéraux étaient mis sur le pied de guerre dans leurs cantonnements respectifs. Cela signifiait qu'ils n'auraient pas à quitter le sol de la confédération, que c'était l'Allemagne seule qu'ils avaient à servir et à défendre, et contre qui? évidemment contre la France, qui vit bientôt les troupes prussiennes se masser dans la province rhénane et les troupes allemandes affluer dans les places fédérales de Mayence, d'Ulm, de Rastadt. Prendre cette attitude, c'était en somme sauver une seconde fois la Russie, qui était, à ce moment, plus menacée que jamais. La Prusse, sous l'inspiration de M. de Bismarck, venait de rendre à peu de frais à la cour de Saint-Pétersbourg un service qui devait plus tard lui être bien payé. Elle aussi savait prêter à gros intérêts[1].

La résolution du 8 février brisait tout net le projet que Napoléon III avait depuis quelque temps conçu de faire passer des

1. Le gouvernement français se plaignit des menées hostiles que se permettait contre lui le représentant de la Prusse à Francfort. La cour de Berlin eut l'air de désapprouver les excès de zèle de son agent. Mais en définitive il ne le désavoua point officiellement et surtout il ne le rappela pas de la diète.

troupes françaises à travers l'Allemagne pour attaquer enfin la Russie corps à corps en prenant comme base d'opérations l'Autriche et les Principautés. Il eût par là sans doute entraîné François-Joseph et frappé au cœur le grand empire du Nord. Il ne fallait plus songer à atteindre Vienne directement, puisque, pour y parvenir, on eût dû écraser les armées de la Prusse et de la confédération, ce qui paraissait difficile [1]. La cour de Berlin ne s'opposait pas, il est vrai, à ce que les Français gagnassent l'Autriche sans traverser l'Allemagne. Elle eût même été fort aise de les voir prendre le chemin de l'Italie, où ils ne pouvaient manquer d'encourager, en passant, le parti national, c'est-à-dire de faire du tort à l'Autriche. Ajoutons qu'elle eût vu avec plaisir nos frontières dégarnies par cette lointaine expédition, au moment où elle-même mettait ses troupes sur le pied de guerre en face de la Lorraine. Mais il ne pouvait convenir au cabinet de Vienne que les Français, alliés du Piémont, traversassent le royaume Lombard-Vénitien. Napoléon III dut donc renoncer au plan d'attaque qu'il avait médité contre la Russie pour le printemps de 1855. Il lui fallait donc en revenir à l'éternelle et désespérante guerre de Crimée. Le siège de Sébastopol n'avançait pas. Canrobert, Raglan paraissaient au-dessous de leur tâche. Napoléon III, fort romanesque à ses heures, encouragé par l'impératrice Eugénie, qui l'était plus que lui [2], annonça vers la fin de février et le com-

1. L'armée française, par suite d'énormes envois de troupes en Crimée, était alors réduite à fort peu de chose.

2. M. de Bismarck jugeait l'empereur et l'impératrice des Français capables de tenter les aventures les plus singulières et croyait, par exemple, que, ne réussissant pas à prendre Sébastopol, ils pourraient bien se rabattre sur Constantinople. « Quand même, écrivait-il à Manteuffel le 13 avril 1855, il n'en résulterait pas immédiatement la résurrection d'un empire latin, la position prise par la France pourrait offrir à cette puissance bien des compensations qui lui feraient oublier son échec en Crimée et qui répondraient à son goût des aventures, à ces tendances romanesques qui caractérisent peut-être l'impératrice Eugénie plus encore que son époux. Ce serait une entreprise baroque, une politique de casse-cou; mais c'est précisément ce qui la rend vraisemblable aux yeux de certaines personnes de l'entourage du cercle impérial... D'après tout ce que j'ai entendu dire dans le cours de ces dernières années sur le caractère de Louis-Napoléon par des gens qui le connaissent depuis longtemps, il a précisément envie de faire des choses inattendues; c'est une sorte de maladie, que l'Impératrice entretient journellement. Un vieux diplomate français, qui ne s'émeut pas facilement, me disait dernièrement : « *Cet homme va nous perdre; il finira par faire sauter la France pour un de ces caprices que l'Impératrice débite à son déjeuner; il faudrait leur faire un enfant pour les rendre raisonnables...* »

mencement de mars, l'intention de partir pour l'Orient, d'aller prendre en Crimée le commandement supérieur des forces alliées, et de livrer à l'armée russe, qui tenait campagne dans la presqu'île, une bataille décisive. Victorieux, il ferait la paix et reviendrait, couvert de lauriers, présider à l'exposition universelle qui allait sous peu s'ouvrir à Paris. Mais ce dessein ne trouva pas beaucoup d'approbateurs. L'Autriche se méfiait de Napoléon III et l'aimait mieux à Paris qu'en Orient, où il pouvait lui prendre des fantaisies dangereuses pour elle. L'Angleterre n'avait qu'une foi médiocre dans le génie militaire de l'empereur. Il lui répugnait de lui remettre le commandement de ses troupes. Par-dessus tout, elle craignait qu'aussitôt après le départ de ce souverain, la révolution n'éclatât en France, et que l'Empire, encore si mal assis, ne fût renversé. C'était aussi l'avis des Morny [1], des Persigny, bref de presque tous les conseillers de Napoléon III. Aussi lui fit-on, non sans peine, il est vrai, entendre raison. Finalement, il ne partit pas.

IX

Du reste, un événement grave, qui se produisit le 2 mars, ne contribua pas peu à modifier ses intentions. Le czar Nicolas, promoteur de la guerre qui, depuis si longtemps, tenait l'Europe en alarmes, venait de mourir. Son fils aîné, le grand-duc Alexandre, qui lui succèda, était un homme mûr [2], moins orgueilleux, moins passionné que lui et qui passait pour n'avoir pas approuvé dans les derniers temps sa téméraire politique. Il affirma, il est vrai, dans un manifeste publié le jour même de son avènement, qu'il maintiendrait l'intégrité, l'indivisibilité de l'Empire, qu'il suivrait pieu-

1. Morny (Charles-Auguste-Louis-Joseph, comte, puis duc de), né à Paris le 23 octobre 1811, fils naturel du général de Flahaut et de la reine Hortense, par conséquent frère utérin de Napoléon III; officier de cavalerie (1832), puis député (1842) sous Louis-Philippe; membre de l'Assemblée législative de 1849 à 1851; organisateur principal du coup d'État; ministre de l'intérieur du 2 décembre 1851 au 22 janvier 1852; député au Corps législatif (1852), dont il fut président depuis 1854 jusqu'à sa mort; chargé d'une mission extraordinaire à Saint-Pétersbourg (1856); mort à Paris le 10 mars 1865.

2. Alexandre II (Nicolaïéwitch), né le 29 avril 1818, assassiné à Saint-Pétersbourg le 13 mars 1881.

sement les traditions de Pierre le Grand, de Catherine II, d'Alexandre Ier, comme celles de Nicolas. Au corps diplomatique il déclara bien haut qu'il ne ferait pas de paix déshonorante et qu'il resterait fidèle aux principes de la Sainte-Alliance. Mais on pensa que si la piété filiale et la solidarité de principes établie depuis 1815 entre les trois cours de Russie, de Prusse et d'Autriche lui faisaient un devoir de parler ainsi, il n'en désirait pas moins mettre un terme à la guerre. La circulaire par laquelle Nesselrode exposa (le 10 mars) les intentions du nouveau czar à l'Europe dénotait de sa part le désir sincère de rétablir la paix. Le chancelier russe, il est vrai, n'interprétait pas les quatre garanties autrement que ne l'avait fait Gortchakoff en janvier. Mais les puissances occidentales, et surtout la France, qui avait hâte d'en finir avec l'aventure ruineuse de Crimée, comptaient bien amener Alexandre II à de sérieuses concessions, en se hâtant d'ouvrir la conférence de Vienne. Elles décidèrent donc de convoquer au plus tôt cette sorte de congrès préparatoire, qui s'assembla en effet le 16 mars dans la capitale de l'Autriche.

La politique astucieuse de la Prusse n'avait pas peu contribué à en retarder la réunion. Cette puissance, qui semblait s'être donné pour tâche de se mêler de tout pour tout empêcher, avait exprimé à maintes reprises, depuis le mois de décembre, le désir d'être admise à la conférence. On lui avait répondu en lui demandant son accession préalable au traité du 2 décembre, n'étant pas juste qu'elle partageât avec l'Autriche, la France et l'Angleterre l'avantage de faire des conditions à l'Europe, sans prendre les mêmes engagements qu'elles et courir les mêmes risques. Pour gagner du temps, et pour en faire perdre aux deux cours occidentales, elle avait alors déclaré qu'une simple accession ne pouvait lui convenir et prétendu que les cabinets de Paris et de Londres conclussent avec elle un traité spécial. Or depuis deux mois elle négociait ce traité, sans vouloir jamais en finir. Quand on la mit au pied du mur, elle déclara qu'elle signerait si on la recevait d'abord dans la conférence. On lui répéta naturellement que la condition *sine qua non* de son admission était qu'elle commençât par signer. Naturellement on ne put s'entendre et les négociations de Vienne s'ouvrirent sans elle.

Les travaux de la conférence sur lesquels l'Europe fondait tant d'espoir, semblèrent tout d'abord devoir rapidement aboutir à une solution pacifique. Les plénipotentiaires de l'Angleterre, de l'Autriche et de la France, ceux de la Turquie et ceux de la Russie se mirent en quelques jours d'accord sur la première et la seconde garantie, c'est-à-dire sur la condition future des Principautés et sur la libre navigation du Danube. Mais ils furent arrêtés net par la troisième, qui était maintenant pour eux la question capitale. La Russie promettait bien de respecter, mais non de garantir avec les autres grandes puissances, l'intégrité de l'empire ottoman, et elle n'admettait pas qu'on restreignît sa puissance navale sur la mer Noire. Or ce dernier point était celui auquel les cours occidentales, et surtout l'Angleterre, étaient le moins disposées à renoncer.

La conférence fut suspendue le 27 mars, pour donner le temps au cabinet de Saint-Pétersbourg d'envoyer des instructions à Gortchakoff, et à ceux de Paris et de Londres de se concerter. Le gouvernement français décida d'envoyer à Vienne Drouyn de Lhuys. Le gouvernement anglais donna la même mission à John Russell [1]. Ces deux ministres conférèrent pendant plusieurs jours et se mirent à peu près d'accord sur la ligne à suivre. Le secrétaire d'État de Napoléon III voyait fort bien que l'Autriche, inquiétée d'un côté par l'attitude hostile de la Prusse et de l'Allemagne, mécontentée de l'autre par la politique des cours occidentales en Italie, rassurée enfin sur ses intérêts propres en Orient par la solution donnée aux deux questions des Principautés et du Danube, n'était pas disposée à suivre bien loin la France et l'Angleterre dans leurs exigences au sujet de la mer Noire. Il était d'ailleurs persuadé que l'alliance de la cour de Vienne était pour l'empire

1. Russell (lord John), troisième fils du duc de Bedford, né à Londres le 18 août 1792; membre de la Chambre des communes (juillet 1813), où il prit de bonne heure une place importante dans le parti whig; payeur général de la marine (novembre 1830); principal auteur du projet de réforme électorale qui fut présenté au Parlement le 1er mars 1831 et qui fut adopté l'année suivante; *leader* du parti libéral à la Chambre des communes (1831); ministre de l'intérieur (avril 1835), puis des colonies (août 1839), dans le cabinet Melbourne; premier lord de la trésorerie de juillet 1846 à février 1852; ministre des affaires étrangères (décembre 1852), puis ministre sans portefeuille (février 1853), et président du conseil (juin 1854) dans le cabinet Aberdeen: démissionnaire en 1855; appelé peu après au ministère des colonies, qu'il ne tarda pas à résigner (1855); chargé pour la seconde fois du portefeuille des affaires étrangères dans le ministère Palmerston (1859-1865); membre de la Chambre des lords (1861); élevé de nouveau à l'office de premier ministre qu'il occupa d'octobre 1865 à juin 1866; mort au mois de mai 1878.

français la chose la plus désirable du monde : 1° parce qu'elle permettrait à Napoléon III de terminer promptement une guerre qui menaçait d'être désastreuse; 2° parce qu'elle serait pour lui la meilleure garantie contre la révolution. Il souhaitait donc que l'ultimatum à poser au czar sur la principale question en litige fût adouci au point que l'Autriche ne pût refuser de se l'approprier et consentît à en faire un *casus belli*. Il ne désespérait pas d'obtenir ainsi que François-Joseph prît enfin une attitude ferme et conforme à ses engagements du 2 décembre. Lord Russell, en bon Anglais, n'était point porté à tant de complaisance pour la Russie. Mais la crainte de voir son pays abandonné par la France, qui aurait fort bien pu faire sa paix à part, le contraignit à approuver le programme de Drouyn de Lhuys. Il fut donc arrêté par les deux ministres qu'ils proposeraient tout d'abord à la conférence la neutralisation absolue de la mer Noire, puis, s'ils ne pouvaient l'obtenir, la limitation à un nombre fixe de navires des forces navales que la Russie serait désormais autorisée à y entretenir. L'Autriche serait invitée à présenter la non-acceptation de cet arrangement comme devant entraîner de sa part une déclaration de guerre à la cour de Saint-Pétersbourg.

X

Mais c'était trop compter sur François-Joseph et sur Buol, qui ne voulaient la guerre à aucun prix. Arrivés à Vienne, Russell et Drouyn ne purent faire accepter par la cour d'Autriche le principe de la *neutralisation*. Quant à celui de la *limitation*, elle consentait à le soutenir, mais elle ne voulait pas en faire un *casus belli*. Aussi Gortchakoff, qui le savait bien, refusa-t-il hautement, quand la conférence reprit ses travaux, d'adopter la limitation. Il déclarait hautement que la Russie ne se laisserait pas déshonorer; il proposait que les détroits de Constantinople et des Dardanelles fussent ouverts à toutes les puissances. Il consentait bien, il est vrai, à ce qu'ils fussent fermés en principe, comme on l'avait voulu en 1841, sauf au sultan à les ouvrir en cas de besoin aux flottes de ses alliés. Mais, touchant le droit du czar d'entretenir sur la mer Noire un nombre illimité de navires, il se refusait à toute concession. Il persistait d'autre part à repousser l'idée que la Russie dût *garantir* (au besoin par les armes) l'intégrité de l'empire ottoman. Différentes combinaisons, assez subtiles, furent vainement proposées pour établir un accord tel quel entre les parties contendantes. La conférence fut de nouveau suspendue (27 avril).

L'Autriche, à ce moment, donnait à entendre qu'elle signerait avec la France et l'Angleterre un ultimatum basé sur le principe de la *pondération* ou du *contrepoids*. En vertu de son projet d'arrangement, les trois puissances alliées pourraient avoir sur la mer Noire chacune un nombre déterminé de bâtiments, qu'elles augmenteraient proportionnellement à mesure que la Russie augmenterait elle-même celui de ses navires à flot dans ladite mer. Le czar pourrait donc conserver ses forces navales *actuelles* et les grossir, pourvu qu'il ne les portât pas au delà de l'effectif qu'elles atteignaient au commencement de la guerre. Cette combinaison n'était point celle qu'avait méditée Drouyn de Lhuys. Elle plaisait moins encore à Russell qu'au ministre français. Pourtant l'un et l'autre se montrèrent disposés à l'adopter, parce que Buol semblait devoir faire de sa non-acceptation un *casus belli*. Mais au bout de quelques jours on apprit qu'ils étaient désavoués tous les deux par leurs gouvernements. Les cours de Paris et de Londres jugèrent en effet inacceptable la proposition de Buol. Ce ministre s'engageait à la guerre avec la certitude de n'avoir pas à la faire. Il était presque évident que la Russie trouverait non seulement avantageux, mais glorieux pour elle l'arrangement en question. Sa puissance navale, en effet, resterait intacte sur la mer Noire; le siège de Sébastopol serait levé; la menace incessante d'un conflit turco-russe continuerait à peser sur l'Europe. Les cours occidentales ne retireraient pas même de la longue et ruineuse guerre qu'elles avaient entreprise une satisfaction d'amour-propre. Napoléon III, qui ne pouvait se maintenir sur le trône que grâce au prestige des armes, se refusa formellement à cette reculade. Drouyn de Lhuys, dépité, mécontent en outre des tendances personnelles de son souverain, abandonna le pouvoir (3 mai). Notre ambassadeur à Londres, le comte de Walewski, ministre plus docile, fut appelé pour lui succéder. Quant au gouvernement anglais, il ne montra pas moins d'éloignement pour le système de la *pondé-*

ration. Palmerston n'en voulut pas entendre parler, et Russell, pour s'être montré résigné à le subir, fut contraint, quelque temps après (juillet), de donner sa démission. Quant à Buol, il réunit de nouveau la conférence et lui fit, pour l'acquit de sa conscience, la malencontreuse proposition dont nous venons de parler. Elle fut naturellement rejetée. La conférence fut enfin déclarée close (dans les premiers jours de juin) et ainsi s'évanouit de nouveau l'espoir d'une paix dont l'Europe avait tant besoin.

XI

Ce qui à ce moment (avril, mai) enhardissait les puissances occidentales, c'étaient certaines informations venues de Berlin et desquelles il résultait, à n'en pouvoir douter, que la Russie touchait au dernier degré de l'épuisement [1]. Les deux grandes cours alliées jugèrent donc qu'un effort vigoureux de leur part l'achèverait. Elles resserrèrent étroitement leur union. Le neveu de Napoléon Ier s'était rendu *récemment* à *Londres*, où il avait *été* reçu avec enthousiasme [2]. Peu après les deux gouvernements donnèrent à la guerre une impulsion presque fébrile. Canrobert [3], trop hésitant, fut remplacé à la tête de l'armée française devant Sébastopol, par Pélissier [4], le plus audacieux et le moins sensible des

1. Ces renseignements étaient extraits de lettres que les chefs du parti de la Croix avaient reçues de Saint-Pétersbourg et dont la police de Manteuffel avait réussi à prendre connaissance. Ce ministre ne partageait pas l'engouement des *hobereaux* pour le gouvernement russe et cherchait à réagir, dans une certaine mesure, contre les entraînements de cette faction.

2. La reine Victoria lui rendit sa visite à Paris le 16 août suivant.

3. Canrobert (François-Certain), né à Saint-Céré (Lot) le 27 juin 1809; nommé général de brigade et aide de camp du président de la République en 1850, après de brillantes campagnes en Afrique; général de division après sa coopération au coup d'État du 2 décembre 1851; général en chef de l'armée française en Crimée (1854-1855); maréchal de France (1856); commandant d'un corps d'armée pendant la campagne d'Italie (1859); commandant à Châlons (1862), puis à Paris (1865); chef du 6e corps de l'armée du Rhin (1870); sénateur du Lot (1876), puis de la Charente (1879, 1885).

4. Pélissier (Aimable-Jean-Jacques), né à Maromme (Seine-Inférieure) le 6 novembre 1794; sous-lieutenant d'artillerie en 1815; remarqué en Afrique par le maréchal Bugeaud, qui le fit nommer général de brigade; général de division en 1850; chef du premier corps de l'armée d'Orient (janvier 1855), à la tête de laquelle il fut placé après Canrobert (16 mai 1855); maréchal de France (12 septembre 1855); duc de Malakoff (12 juillet 1856); vice-président

hommes de guerre (18 mai). On comprit que les alliés voulaient emporter la place à tout prix.

Et cependant Sébastopol, assiégée par deux cent mille hommes, continua de résister. A peine avait-on eu en France et en Angleterre le temps de célébrer la prise du Mamelon-Vert (7 juin), premier exploit du nouveau général en chef, qu'on apprit son sanglant échec devant Malakoff (18 juin). Cette position capitale n'avait pu être forcée. Douze mille Français étaient tombés sous le feu de l'ennemi. Sans doute Pélissier n'était pas découragé, mais la foi qu'on avait eue dans ce robuste soldat était ébranlée. Les amis de la Russie relevaient la tête et on commençait à croire en Europe que décidément les alliés seraient obligés de lever le siège.

Le gouvernement autrichien en particulier n'était pas éloigné de le penser. Aussi était-il moins disposé que jamais à se compromettre pour la France et pour l'Angleterre. François-Joseph et Buol ne pouvaient pardonner à ces deux puissances leur intime union avec la Sardaigne. Aussi jugèrent-ils à propos de manifester par des démarches significatives combien ils étaient éloignés d'embrasser leur parti. On vit en effet l'Autriche se rapprocher très ostensiblement de la Prusse et de la diète qui, du reste, tout en accueillant et encourageant ses avances, se montraient encore méfiantes et réservées, comme il ressort de l'arrêté adopté par le Bundestag le 24 juillet. Par cet acte, la diète, tout en témoignant à la cour de Vienne sa reconnaissance pour l'évolution nouvelle qu'elle était en train d'accomplir, déclarait maintenir en principe les mesures prescrites par elle le 8 février. Buol vit bien qu'il fallait donner des gages. Il commença donc à rappeler dans l'intérieur de l'empire les troupes considérables qu'il avait tenues jusque-là massées en Gallicie pour observer la Russie, ce qui rassura les Allemands et ce qui permit au czar de dégarnir la Pologne et d'envoyer de nouveaux renforts en Crimée. C'est alors seulement que la Prusse et la Confédération se mirent de leur côté à désarmer (juillet-août).

du Sénat, membre du Conseil privé (1er février 1858); ambassadeur en Angleterre (23 mars 1858); commandant en chef de l'armée d'observation à Nancy (23 avril 1859); grand chancelier de la Légion d'honneur (23 juillet 1859); gouverneur général de l'Algérie (24 novembre 1860); mort le 22 mai 1864.

XII

Les cours occidentales, profondément irritées, mais impuissantes pour le moment à se venger, parurent renoncer à toute négociation pour consacrer tous leurs soins et toute leur énergie à la guerre. Leur honneur était engagé dans la lutte. Il semblait que la prise de Sébastopol fût, pour les alliés, une question de vie ou de mort. Les Russes mettaient de leur côté tout leur orgueil à prolonger une résistance qui était déjà pour eux un titre suffisant à l'admiration de l'histoire. Il fallut bien cependant qu'ils succombassent. Un dernier effort de leur armée d'opérations pour faire lever le siège ayant échoué sur la Tchernaïa (16 août), Pélissier et ses collègues Simpson, Omer-pacha et La Marmora organisèrent, pour le 8 septembre, un assaut général qui fut à peu près aussi meurtrier que le précédent, mais qui, du moins, réussit. Ce fait d'armes mémorable, depuis si longtemps attendu ou redouté, eut aussitôt un immense retentissement. L'effet moral fut profond dans toute l'Europe. L'on considéra généralement la journée de Malakoff comme le commencement de la paix.

Nous voulons parler des peuples. Car, pour les hommes de guerre et pour les politiques, il ne paraissait pas encore certain que la crise orientale fût près de finir.

Au point de vue militaire, en effet, la victoire des alliés n'avait rien de décisif. C'était surtout une héroïque satisfaction d'amour-propre. Les Russes n'avaient évacué que la partie méridionale de la ville. Ils l'avaient laissée en flammes. Ils s'étaient retirés dans la partie septentrionale, de l'autre côté de la rade, où les flottes alliées ne pouvaient même pas pénétrer. Il semblait bien difficile de les en déloger. La coalition était épuisée par son dernier effort. Les vainqueurs du 8 septembre durent borner leurs progrès, en septembre et octobre, à la prise de quelques places peu importantes, comme Kinburn. Dans la région du Caucase, où la guerre durait depuis deux ans, ils ne purent empêcher les Russes d'enlever aux Turcs la forte citadelle de Kars (24 novembre). Puis l'hiver vint et les opérations furent à peu près partout interrompues. D'autre part, les alliés s'étaient bien signalés par quelques vigoureuses démonstrations dans la mer Blanche, ou dans l'extrême Orient, à Pétropaulowsk; mais ils en avaient tiré plus de gloire que de profit. Dans la mer Baltique, où ils avaient surtout visé la grande forteresse de Kronstadt, ils n'avaient guère pu que prendre Bomarsund en 1854 et bombarder Swéaborg en 1855. En somme, l'empire russe, malgré le gigantesque et multiple assaut qu'il venait de subir, restait encore à peu près intact.

La guerre allait-elle donc continuer? c'est ce qui ne paraissait pas tout à fait improbable aux diplomates, vu l'attitude que gardaient certains des gouvernements intéressés.

XIII

La Russie paraissait disposée à résister encore. Mais ses démonstrations belliqueuses dissimulaient mal sa lassitude réelle, sa détresse financière et sa crainte d'avoir à subir en 1856 une attaque autrement sérieuse que celle dont la Crimée venait d'être le théâtre. Au fond elle voulait la paix et comptait l'obtenir à des conditions fort honorables, grâce à la France qu'elle espérait détacher de la coalition. Elle avait à Paris des agents nombreux et dévoués. Mme de Liéven [1], dont l'influence était toujours fort grande dans le monde diplomatique, ne contribuait pas peu à l'évolution dans le monde du second Empire en faveur de cette puissance. Les représentants des États secondaires allemands travaillaient aussi de toutes leurs forces à la réconciliation de la France et de la Russie, qu'ils jugeaient devoir leur être profitable. Le baron de Seebach, ministre plénipotentiaire de Saxe et gendre de Nesselrode, était chargé, depuis le commencement de la guerre, de protéger en France les sujets du czar. Il montrait un grand zèle pour le rétablissement de la paix et, par son entremise, la cause du czar était déjà presque gagnée aux Tuileries. En octobre et novembre, Beust et Pfordten, sous prétexte de visiter l'Exposition universelle, venaient à Paris et en profitaient pour conseiller vivement à Napoléon III de tendre la main au czar. En somme, la Russie faisait

1. Après avoir passé la plus grande partie du règne de Louis-Philippe à Paris, où elle était comme l'Égérie du ministre Guizot, elle avait quitté cette capitale en 1848. Mais elle y était revenue plusieurs fois. Elle y rentra en 1855 pour n'en plus sortir; elle y mourut en 1857.

bonne contenance devant l'ennemi, mais elle ne demandait qu'à traiter.

Tout autres étaient les dispositions de la Porte, qui, sauvée depuis longtemps par l'alliance anglo-française, n'avait qu'à gagner à la continuation de la guerre. La Sardaigne ne désirait pas non plus le rétablissement immédiat de la paix; elle souhaitait d'acquérir, par la prolongation des hostilités, de nouveaux titres à l'amitié des cours occidentales. Il est vrai que ni Abd-ul-Medjid ni Victor-Emmanuel n'étaient assez forts pour imposer leur volonté à leurs alliés.

L'Angleterre paraissait absolument résolue à ne pas traiter. Elle avait fait pour la guerre d'énormes sacrifices et ne voulait pas les avoir faits en pure perte ou à peu près. Elle avait à cœur de réparer les défaillances par lesquelles s'était, au début, signalée son administration militaire. Elle tenait à faire oublier par d'éclatantes victoires quelques journées malheureuses pour ses troupes et au souvenir desquelles saignait encore son amour-propre. Elle était prête pour une nouvelle campagne qui, dans sa pensée, devait être décisive. Il lui fallait des résultats sérieux, un bénéfice notable. Par là elle entendait surtout les trois points suivants : 1° que la puissance navale de la Russie fût réduite à néant sur la mer Noire; 2° qu'au sud du Caucase, la Circassie qui, sous Schamyl[1] (depuis longtemps soutenu par les Anglais), luttait héroïquement pour reconquérir l'indépendance, fût soustraite à la domination moscovite; 3° que le czar cessât d'exercer sa prépondérance sur la mer Baltique. Le cabinet de Londres tenait particulièrement à ce dernier point. Aussi, tout en se disposant à reprendre avec vigueur ses opérations en Orient, cherchait-il à s'assurer dans le Nord une alliance qui lui permît d'abattre Kronstadt, comme il venait d'abattre Sébastopol. Cette alliance, du reste, lui était depuis longtemps offerte : c'était celle de la Suède. Cette puissance qui, sous

1. Schamyl (Ben-Mohammed-Schamyl-Effendi), célèbre iman, chef des montaguards musulmans du Caucase, né à l'Aoul d'Himry (Daghestan) en 1797, soutint, à partir de 1824, la *guerre sainte* contre les Russes, forma, en 1834, un État théocratique dont l'existence s'affirma surtout en 1839 et, à partir de cette époque, lutta, sans trêve ni relâche, contre la domination moscovite. Après la guerre de Crimée, les troupes d'Alexandre II lui infligèrent d'irréparables défaites (1858-1859), à la suite desquelles il fut fait prisonnier et interné en Russie. Il mourut près de Moscou en avril 1871.

Charles XIV (Bernadotte)[1], s'était montrée si docile envers la Russie et avait si peu fait parler d'elle, se montrait, sous Oscar Ier[2], plus indépendante et plus ambitieuse. Elle rêvait de recouvrer la Finlande et plusieurs fois, en 1854 et 1855, elle avait proposé à la France et à l'Angleterre son concours contre le grand empire du Nord. Les négociations entamées par elle furent reprises après la chute de Sébastopol, et cette fois si sérieusement qu'elles aboutirent en quelques semaines à un traité d'alliance. Le ministre suédois de Bonde vint à Paris; le général Canrobert fut envoyé par Napoléon III à Stockholm; c'était, disait-on, en simple mission d'apparat; mais, peu de jours après (21 novembre), était signée une convention par laquelle la France et l'Angleterre s'unissaient étroitement à la Suède. Ce n'était en apparence qu'une alliance défensive. Mais il était entendu qu'on en ferait sortir au printemps un *casus belli*; et le langage menaçant que tenait peu après (en décembre) le ministre des affaires étrangères du roi Oscar, Stierneld, à l'égard de la Russie[3], ne permettait guère d'en douter.

Le gouvernement français s'était prêté à cette nouvelle alliance, parce qu'il y voyait un moyen d'intimider le cabinet de Saint-Pétersbourg. Mais il voulait la paix et ne prenait plus guère la peine de le cacher. Cette guerre, qu'il avait entreprise à la légère, dans la conviction qu'elle durerait à peine quelques mois, se prolongeait depuis une année et demie et n'avait encore produit aucun événement décisif. La France avait envoyé en Crimée plus de trois cent mille soldats, dont un tiers à peine devait revenir. Elle avait pour cette aventure emprunté déjà quinze cents millions. A Paris et dans les départements, l'opinion publique, bien qu'elle ne pût s'exprimer avec liberté, laissait percer son mécontentement. On reprochait à Napoléon III de ne travailler que pour l'Angleterre. On

1. Bernadotte (Jean-Baptiste-Jules), né à Pau le 26 janvier 1764; maréchal de France en 1804, puis prince de Ponte-Corvo; proclamé par les États de Suède prince royal et héritier présomptif de la couronne (1810); roi de Suède et de Norvège (1818) sous le nom de *Charles XIV* ou *Charles-Jean*; mort à Stockholm en 1844.

2. Oscar Ier (Joseph-François), fils de Bernadotte, né à Paris en 1799; marié en 1823 à Joséphine de Leuchtenberg, fille du prince Eugène; roi de Suède et de Norvège le 8 mars 1844; mort en 1859.

3. « Que la Russie respecte nos droits, écrivait-il dans une dépêche du 16 décembre, qui eut un certain retentissement; qu'elle cesse d'inspirer de justes inquiétudes pour le maintien de l'équilibre politique de l'Europe, et ce traité ne lui portera aucun préjudice. »

n'avait jamais haï la Russie; on la regardait comme devant être l'alliée naturelle de la France. Ajoutons que la disette et la misère aigrissaient les classes pauvres. Quelques troubles (comme l'échauffourée de *la Marianne* à Angers, en août) avaient commencé à se produire. La vie de l'empereur était menacée. Un Italien, Pianori, avait tiré sur lui presque à bout portant le 28 avril, et cet exemple avait été suivi en septembre par le Français Bellemare. Pour toutes ces raisons, Napoléon III avait hâte de mettre un terme à la guerre d'Orient; Alexandre II, comme lui, désirait la paix et n'éprouvait aucune répugnance à lui tendre la main; la puissance qu'il poursuivait maintenant de sa haine et qu'il rêvait d'abaisser, c'était l'Autriche. Mais il remettait à un peu plus tard sa vengeance. Pour le moment, il remontrait à l'Angleterre qu'il fallait remettre l'épée au fourreau[1]. Si la guerre devait reprendre au printemps, il fallait, disait-il, qu'elle changeât de caractère et qu'elle se fît au nom des nationalités, qu'on appelât par exemple la Pologne et la Circassie à l'indépendance et que, si l'Autriche persistait à ne pas seconder la coalition, l'on y appelât aussi l'Italie et la Hongrie. C'était proposer tout simplement le bouleversement de l'Europe. L'Angleterre ne pouvait approuver de pareilles fantaisies. Car il était fort clair que, si ce plan était adopté, la Prusse se déclarerait pour la Russie, que Napoléon III en prendrait prétexte pour s'approprier la rive gauche du Rhin et qu'il ne respecterait pas la Belgique. Le cabinet de Londres ne voulait à aucun prix que ce dernier pays fût annexé à la France. La reine Victoria répondit à Napoléon III que, par ses nouvelles propositions, il rendait en réalité la continuation de la guerre impossible. Elle lui reprocha, non sans aigreur, sa versatilité. Aussi, avant même que la crise orientale, cause de l'alliance anglo-française, eût pris fin, put-on prévoir que cette union si étroite ne durerait pas. L'Angleterre se disait maintenant trahie par la France et ne pouvait lui pardonner de ne pas vouloir se sacrifier pour elle.

De toutes les puissances européennes, la plus alarmée, à cette époque (c'est-à-dire vers la fin de novembre), c'était l'Autriche. Elle se disait que, si la guerre reprenait au printemps, c'était assurément

1. Voir le discours qu'il prononça le 9 novembre à la clôture de l'Exposition universelle, et surtout la lettre qu'il adressa quelques jours après (22 novembre) à la reine Victoria.

elle qui y perdrait le plus. Elle connaissait Napoléon III, homme à coups de tête, et le savait fort capable de déchaîner la révolution au delà des Alpes pour lui faire pièce. Au commencement de décembre, ce souverain recevait à Paris, avec de grandes démonstrations d'amitié, Victor-Emmanuel et Cavour, qui n'avaient pas été moins bien accueillis en Angleterre. « Voyons, que pouvons-nous faire pour l'Italie? » demandait-il affectueusement au ministre piémontais. Ce dernier n'était pas embarrassé pour lui répondre. La cour de Vienne avait donc grand'peur. Aussi, depuis plusieurs semaines, se rapprochait-elle visiblement de la France et lui offrait-elle, avec un empressement qui n'était pas joué, de l'aider à obtenir la paix par une démonstration vraiment comminatoire à l'égard du czar. Elle proposait d'adresser à ce souverain un *ultimatum* dont la non-acceptation serait regardée par elle comme un *casus belli*. Elle ne mettait à cette démarche qu'une condition, c'est que la France et l'Angleterre promettraient de conclure avec elle un traité particulier garantissant l'intégrité et l'indépendance de l'empire ottoman. Elle espérait ainsi rendre plus difficile l'union qu'elle redoutait de voir contracter par la Russie avec l'Angleterre et surtout avec la France.

XIV

Napoléon III n'avait garde de repousser les avances de François-Joseph. Aussi avait-il accepté, dès le milieu de novembre, le projet d'*ultimatum* autrichien. Mais le cabinet de Londres commença par le repousser avec colère. Il reprochait à Buol et à Walewski de n'avoir pris, en rédigeant cette sommation, nul souci des intérêts britanniques. Effectivement la cour de Vienne semblait en faire assez bon marché; mais, en revanche, elle prenait les siens fort à cœur. Elle insistait surtout pour l'adoption des deux premières garanties, qui la touchaient plus que les autres, et les rendait plus douloureuses pour la Russie par de nouvelles exigences. C'est ainsi, par exemple, qu'elle demandait au czar d'abandonner les bouches du Danube et même de les dégager par la cession d'une partie de la Bessarabie. Mais, en ce qui concernait la mer Noire, elle se bornait à proposer une convention directe entre la Russie et la Turquie. Elle réduisait aussi presque à rien les conditions que les alliés s'étaient proposé de faire en dehors des quatre points et auxquelles l'Angleterre attachait la plus grande importance. (Il s'agissait surtout de la mer Baltique et de la Circassie.) Le gouvernement anglais reprocha fort vivement à la France de se prêter à un pareil arrangement. Il y eut de part et d'autre de longues et fastidieuses négociations. Ce ne fut en somme qu'au bout d'un mois que l'ultimatum, amendé par le cabinet de Londres, put être expédié à Saint-Pétersbourg.

C'est le 16 décembre 1855 que cet acte fut adressé à l'empereur de Russie. Ce souverain était invité à y adhérer avant le 17 janvier suivant. Passé ce terme, l'Autriche ferait cause commune avec les puissances occidentales. Cet ultimatum comprenait, non plus quatre, mais cinq séries de conditions, qui peuvent être résumées ainsi qu'il suit :

1° Les Principautés danubiennes seraient placées sous le protectorat collectif des grandes puissances, qui garantiraient leur organisation intérieure; aucune intervention armée de la puissance turque ne pourrait avoir lieu sur leur territoire sans un accord préalable des cours protectrices; une rectification de frontière aurait lieu du côté de la Bessarabie.

2° La liberté de navigation du Danube serait établie, sous le contrôle des puissances contractantes.

3° La mer Noire serait neutralisée. Un accord aurait lieu à cet égard entre la Russie et la Porte; il serait annexé au traité principal et garanti par les grandes cours. La Turquie serait admise dans le concert européen. Tout conflit entre elle et une des cinq puissances européennes serait d'abord soumis aux quatre autres. Enfin le principe de la fermeture des détroits serait de nouveau proclamé.

4° Les droits des chrétiens de Turquie seraient confirmés *sans aucun préjudice de l'indépendance et de la souveraineté du sultan*. Ce souverain prendrait à cet égard un arrangement auquel la Russie serait seulement invitée à accéder.

5° Les parties belligérantes, outre les conditions ci-dessus, pourraient en poser d'autres *dans un intérêt européen*.

La Russie, soit parce qu'elle ne croyait pas l'Autriche bien résolue à lui faire la guerre, soit pour d'autres raisons, ne parut pas tout d'abord décidée à céder. Elle répondit, le 5 janvier 1856, par une acceptation assez équivoque des quatre premiers points et par le rejet du cinquième. Elle ne pouvait, alléguait-elle, prendre pour base de négociations des conditions qu'on ne lui faisait pas connaître. On lui donna à entendre qu'elles se borneraient à fort peu de chose, à la restitution de Kars et à la neutralisation des îles d'Aland. Malgré ces explications, elle faisait encore mine de résister et cherchait à gagner du temps. Il fallut que la Prusse, dont la partialité en sa faveur lui était connue, l'invitât instamment à ne pas s'opiniâtrer pour qu'elle s'avouât enfin vaincue. La cour de Berlin, comme celle de Vienne, avait à ce moment grand'peur d'une guerre européenne, des nationalités déchaînées; elle tremblait pour la province du Rhin. Puis elle commençait à comprendre (et M. de Bismarck surtout voyait fort bien [1]) quel parti la Prusse pourrait prochainement tirer de la réconciliation inévitable de la France et de la Russie. Il fallait aider Napoléon III, pour être ensuite aidé par lui. Voilà pourquoi Frédéric-Guillaume écrivit à son neveu une lettre très pressante en faveur de l'ultimatum. Cette démarche amicale fut décisive. Le czar crut dès lors pouvoir céder sans honte et, le 16 janvier, fit enfin connaître officiellement son acceptation.

XV

La paix était par là quasi faite. Mais l'Angleterre, en prévision d'une rentrée en campagne qu'elle ne jugeait pas impossible et qu'en tout cas elle désirait, demanda que le congrès où devait être discuté le traité de paix fût ouvert sans retard. Elle voulait pouvoir recommencer les hostilités, s'il y avait lieu, dès le printemps. Il fallut donc, pour lui complaire, décider, dès le 1er février, que le congrès se réunirait le 25 du même mois, et qu'après avoir publié un armistice et les préliminaires de la paix, il pourvoirait sans relâche aux arrangements définitifs qui devaient assurer le repos de l'Europe.

Une question assez grave se posa tout aussitôt. Quelles puissances seraient admises dans ces assises diplomatiques? Il va sans dire

1. Les dépêches qu'il écrivait à cette époque sont, sur ce point comme sur beaucoup d'autres, fort instructives.

que nul ne songeait à y appeler celles qui n'avaient pris aucune part à la crise orientale. La Suède, qui n'avait pas eu le temps d'entrer en ligne, consentait à rester à l'écart. La Sardaigne, qui avait été à la peine, voulait être à l'honneur. L'Autriche souhaitait de tout son cœur qu'elle fût exclue. Mais elle n'osait le demander. L'admission de cet État ne fit donc nulle difficulté. Restaient la Prusse, qui mourait d'envie d'entrer au congrès, et la Confédération germanique, qui prétendait aussi y être représentée. Frédéric-Guillaume, bien qu'il n'eût point participé à la guerre et qu'il eût jusqu'au bout évité de se compromettre, s'étonnait que les parties belligérantes ne l'invitassent pas à délibérer avec elles sur leurs intérêts. Il ne voulait pas paraître isolé, dédaigné en Europe. On lui faisait entendre, non sans raison, que, s'il voulait entrer de droit dans le congrès, il fallait d'abord qu'il s'appropriât l'ultimatum et s'engageât, comme l'Autriche, à faire cause commune avec les puissances occidentales dans le cas où la guerre recommencerait. Mais il subordonnait justement cet engagement à son admission au congrès. Le gouvernement anglais, qui ne pouvait lui pardonner d'avoir, par ses menées, fait avorter sa politique en Orient, se montrait, plus que tout autre, déterminé à tenir la porte fermée devant lui : « Ce serait, écrivait le prince Albert, un précédent dangereux pour l'avenir, que celui d'admettre le principe que de grandes puissances puissent prendre part au grand jeu de la politique sans avoir mis leur enjeu sur le tapis. De cette façon elles ne peuvent que gagner, tandis qu'elles laissent les pertes aux autres. » Le cabinet de Vienne, tout en protestant de ses bonnes dispositions en faveur de la Prusse, intriguait secrètement pour faire prononcer son exclusion. La Russie, pour son compte, n'était pas fâchée qu'elle fût tenue à l'écart. Il lui semblait, en effet, que plus Frédéric-Guillaume serait isolé, plus il se croirait faible, et plus, par conséquent, il se rattacherait à la clientèle politique du czar. Parmi les grandes puissances, la France était seule à soutenir franchement les prétentions de ce souverain. Depuis quelque temps, Napoléon III, en haine de l'Autriche, inclinait à favoriser cette cour de Berlin qui le haïssait et dont la triomphante fortune ne devait prendre son essor que grâce à ces imprudentes complaisances. Il obtint, non sans peine, que la Prusse fût appelée au congrès, non point dès le début, mais lorsque les conditions du rétablissement de la paix seraient arrêtées, et que la question des détroits resterait seule à régler. (On ne pouvait, en effet, régler ce dernier point sans elle, puisqu'elle avait participé au traité de 1841, qu'il s'agissait de confirmer.) On voit que cette puissance ne devait entrer que par la petite porte et qu'elle était traitée fort dédaigneusement par l'Europe. Mais des hommes comme M. de Bismarck s'en consolaient en pensant qu'au moins Alexandre II ne pourrait reprocher à Frédéric-Guillaume d'avoir pris une part effective à des arrangements pénibles pour lui et que les bons offices de la Russie seraient plus que jamais assurés à la Prusse.

Quant à la Confédération germanique, nul ne la craignait; les cours occidentales lui en voulaient d'avoir contrarié leur politique; l'Autriche et la Prusse étaient également opposées à ce qu'elle fût admise au rang des grandes puissances. Beust demandait hautement qu'elle fût appelée au congrès et aspirait naturellement à l'honneur de l'y représenter. Mais Pfordten et d'autres encore le lui disputaient. La Bavière, le Wurtemberg ne voulaient pas le céder à la Saxe. Il fut facile aux deux grandes cours allemandes de faire repousser une prétention que ni la Russie, ni la France, ni surtout l'Angleterre, n'étaient disposées à admettre. Au désespoir des Bambergeois, la Confédération fut traitée en quantité négligeable.

XVI

Le congrès s'ouvrit enfin le 25 février, comme il avait été convenu. Toutes les puissances intéressées s'étaient accordées à demander qu'il eût lieu à Paris. C'était un hommage rendu au gouvernement français, qui avait joué dans la dernière guerre un rôle prépondérant et dont tous les autres recherchaient alors à l'envi les bonnes grâces. Par suite, il était naturel qu'il fût présidé par le comte Walewski, ministre des affaires étrangères de Napoléon III, et qui dut, avec le baron de Bourqueney, y représenter ce souverain. Les plénipotentiaires des autres États étaient : pour l'Autriche, le comte de Buol et le baron de Hübner [1]; pour la Grande-Bretagne,

1. Hübner (Joseph-Alexandre, baron de), né à Vienne en 1811; chargé, à partir de 1833, de divers emplois diplomatiques à Vienne, à Paris, à Lisbonne; consul général d'Autriche à Leipzig (1844); chargé d'affaires en France (1849),

lord Clarendon et lord Cowley[1]; pour la Russie, le prince Orloff et le baron de Brünnow; pour la Sardaigne, le comte de Cavour et le marquis de Villamarina; pour la Turquie, Aali-pacha[2] et Djémil-effendi.

Vu les engagements déjà pris par les puissances, qui étaient d'accord sur les conditions essentielles du traité à conclure pour le rétablissement de la paix en Orient, cette assemblée solennelle ne pouvait guère être qu'une chambre d'enregistrement. Aussi, après l'adoption de l'armistice et des préliminaires de la paix, mena-t-elle la discussion rapidement et sans incident grave. Il n'y eut de débats un peu vifs que sur la rectification de frontière de la Moldavie et sur l'union de cette principauté avec la Valachie, demandée par Napoléon III[3]. Touchant le premier point, la Russie finit par céder. Quant au second, la décision fut remise à plus tard. Dès le 14 mars l'entente était suffisante entre les parties

où il eut plus tard le rang d'ambassadeur et demeura jusqu'en 1859; ministre de la police (août-octobre 1859); envoyé à Naples, puis à Rome (1860), où il retourna comme ambassadeur et resta jusqu'en 1867; auteur d'ouvrages historiques et surtout de récits de voyages qui ont eu un grand succès dans ces dernières années.

1. Cowley (Henry-Richard-Charles Wellesley, comte), né à Londres le 17 juin 1804; attaché d'ambassade à Vienne (1824), puis à La Haye, secrétaire à Stuttgart, puis à Constantinople (1838); membre de la Chambre des lords (1847); ministre plénipotentiaire en Suisse (1848), à Francfort (1851); ambassadeur en France de 1852 à 1867; mort le 16 juillet 1884.

2. Aali-pacha (Méhémet-Emin), né à Constantinople en 1815; secrétaire d'ambassade à Vienne (1834); premier drogman de la Porte (1837); chargé d'affaires à Londres (1839); sous-secrétaire d'État des affaires étrangères (1840); ambassadeur à Londres (1841-1844); ministre des affaires étrangères (1846); grand-vizir d'août à novembre 1852; gouverneur de Smyrne, puis gouverneur général de Brousse (1854) et rappelé peu après à Constantinople, où il fut nommé président du Tanzimat et pourvu de nouveau du ministère des affaires étrangères; grand-vizir de 1855 à 1856, de 1858 à 1860, en 1861, de 1867 à 1868; il l'était pour la sixième fois lorsqu'il mourut à Erenkeui (Asie Mineure) le 6 septembre 1871.

3. Il l'avait déjà proposée aux conférences de Vienne. La nationalité roumaine l'intéressait particulièrement. En outre, il souhaitait fort de voir se former sur le Danube un État de quelque importance, qui pût, à l'occasion, être un embarras sérieux et pour l'Autriche et pour la Russie. L'Angleterre appuyait naturellement Napoléon III. Il en était de même de la Sardaigne, désireuse de créer un précédent favorable au principe des nationalités. La Russie elle-même soutenait la proposition; car, outre qu'elle comptait bien dominer toujours en Roumanie, elle n'était pas fâchée d'inquiéter l'Autriche au sujet de la Bukowine et de la Transylvanie. (Il ne faut pas oublier que la population de ces provinces est en majorité roumaine.) Mais la cour de Vienne et la Porte étaient absolument opposées à la réunion des deux Principautés.

contractantes pour que le congrès pût charger une commission de mettre en ordre les éléments du traité, dont le texte définitif fut adopté, article par article, dans les derniers jours du mois. Le 18, furent admis les représentants de la Prusse, Manteuffel et Hatzfeld[1]. Ils n'eurent qu'à ratifier les résolutions prises sans eux. En somme, l'intérêt des assises diplomatiques dont Paris était alors le théâtre fut moins dans les protocoles que dans l'attitude et les rapports réciproques des plénipotentiaires. L'estime, la sympathie, on pourrait presque dire la cordialité que se témoignaient ceux de la France et de la Russie frappaient tous les esprits. L'Angleterre se serrait contre la France avec une pointe de mauvaise humeur, comme pour l'empêcher de se détacher d'elle. L'Autriche faisait de vains efforts pour plaire; tout le monde lui tournait le dos. Tout le monde en revanche, sauf cette puissance, faisait des avances à la Sardaigne, dont le principal représentant, modeste, souriant et discret, voyait grandir chaque jour son crédit et, par suite, celui de son pays. Chacun savait que les espérances de Cavour étaient secrètement encouragées par Napoléon III; et déjà, par ses égards pour ce ministre, Manteuffel préparait, sans trop en avoir conscience, l'évolution qui devait un jour rapprocher la cour de Berlin de celle de Turin.

XVII

Le traité que le congrès avait pour but de conclure fut enfin signé le 30 mars 1856. Nous nous contenterons d'analyser sommairement cet acte considérable, dont nous avons déjà fait connaître les bases.

Après un préambule déterminant avec précision la participation inégale des diverses parties contractantes au rétablissement de la paix, le traité stipule que les puissances belligérantes se rendront mutuellement leurs conquêtes[2]. Passant à la question capitale qui avait motivé la guerre, le congrès déclare que la Porte « est admise à participer aux avantages du droit public et du concert

1. Hatzfeld (Maximilien, comte de), né à Berlin le 7 juin 1813, ministre plénipotentiaire en France depuis 1849, mort en 1859.
2. Art. 2-4.

européen. « Leurs Majestés, ajoute-t-il, s'engagent chacune de leur côté à respecter l'indépendance et l'intégrité territoriale de l'empire ottoman, garantissent en commun la stricte observation de cet engagement et considéreront en conséquence tout acte de nature à y porter atteinte comme une question d'intérêt européen [1]. » En cas de dissentiment grave entre la Turquie et une ou plusieurs des puissances signataires du traité, celles-ci, « avant de recourir à l'emploi de la force, mettront les autres parties contractantes en mesure de prévenir cette extrémité par leur action médiatrice [2] ». Le sultan *communique* le firman qu'il vient, par « sa volonté souveraine », d'accorder à ses sujets pour leur garantir à tous leurs droits respectifs [3]. Les puissances constatent *la valeur de cette communication.* Mais « il est bien entendu qu'elle ne saurait en aucun cas leur donner le droit de s'immiscer, soit collectivement, soit séparément, dans les rapports de Sa Majesté le Sultan avec ses sujets ni dans l'administration de l'empire [4]. »

La convention de 1841, relative à la clôture des détroits, est renouvelée. La mer Noire est neutralisée. Aucun arsenal ne pourra exister sur le littoral de cette mer, où la Porte et la Russie, en vertu d'une convention garantie par toutes les puissances, pourront seulement entretenir un nombre égal et déterminé de bâtiments légers pour le service des côtes [5].

En ce qui touche au Danube, les principes du congrès de Vienne sont appliqués à la navigation de ce fleuve, qui devient libre. Les travaux nécessaires pour en dégager les embouchures seront exécutés sous la direction d'une commission où chacune des parties contractantes comptera un délégué. Ensuite les États riverains du fleuve nommeront une commission permanente qui sera chargée : 1° d'élaborer les règlements applicables à la navigation du Danube ; 2° de faire disparaître toutes entraves à l'application du principe de 1815 à ce cours d'eau ; 3° d'ordonner et faire exécuter tous tra-

1. Art. 7.
2. Art. 8.
3. D'après le *hatti-humayoun* du 18 février 1856, on eût cru que l'empire ottoman allait être réformé de fond en comble, suivant les principes des gouvernements européens. Mais toutes les belles promesses qu'il contenait, comme beaucoup d'autres qui les avaient précédées, devaient rester à peu près lettre morte.
4. Art. 9.
5. Art. 10-14.

vaux nécessaires le long du fleuve; 4° de veiller à sa navigabilité aux embouchures et dans leur voisinage. Cette commission héritera des pouvoirs de la précédente au bout de deux ans. Enfin chacune des parties contractantes pourra faire stationner un ou deux bâtiments légers aux bouches du Danube [1].

Pour les Principautés, le traité porte d'abord que la Moldavie sera agrandie d'une petite portion de la Bessarabie russe. Ensuite il stipule que cette province, comme la Valachie, continuera à jouir, « sous la suzeraineté de la Porte et sous la garantie des puissances contractantes », de tous ses anciens droits. Aucune puissance n'exercera sur l'une ni sur l'autre de protection exclusive et ne pourra s'ingérer particulièrement dans leurs affaires. Les Principautés auront une administration indépendante et nationale. Toute liberté leur est assurée pour le culte, la législation, le commerce et la navigation. Leurs statuts fondamentaux seront revisés conformément aux délibérations de deux divans *ad hoc*, qui devront représenter, « de la manière la plus exacte, toutes les classes de la société » et dont les vœux seront recueillis par une commission européenne, qui recevra ses intructions du congrès. Elle fera plus tard son rapport à une conférence formée des plénipotentiaires des puissances contractantes à Paris et, à la suite d'une convention entre cette conférence et la Porte, le sultan publiera les nouveaux statuts sous la forme d'un hatti-chérif que les puissances garantiront collectivement. Il est en outre convenu que les Principautés auront une armée nationale, qu'elles pourront prendre, d'accord avec la Porte, des mesures pour leur défense, et que nulle intervention militaire de cette puissance sur leur territoire n'aura lieu sans l'assentiment des hautes parties contractantes [2]. Les clauses qui précèdent ne s'appliquent qu'à la Moldavie et à la Valachie. Quant à la Serbie, les suivantes confirment spécialement tous ses droits, maintiennent la garnison turque de Belgrade, mais subordonnent, comme pour les deux autres principautés, toute intervention armée du Sultan à un accord européen [3].

Le traité se termine par cinq articles stipulant le rétablissement des frontières russo-turques en Asie, l'évacuation des territoires

1. Art. 15-19.
2. Art. 20-27.
3. Art. 28-29.

occupés par les Alliés de la Turquie, le maintien provisoire des anciennes conventions de commerce entre les puissances qui ont pris part à la guerre, la neutralisation des îles d'Aland et l'obligation pour les parties contractantes de ratifier le présent arrangement dans un délai de quatre semaines.

XVIII

Après la signature de cet acte imposant et de ses annexes [1], le congrès passa quelques jours à arrêter les mesures qui devaient en assurer l'exécution. Il semblait qu'il n'eût plus dès lors qu'à se dissoudre. Mais il ne se sépara pas sans poser plusieurs questions graves, dont une du moins était de nature à agiter profondément l'Europe.

Napoléon III marquait chaque jour plus de complaisance pour la politique des nationalités, au nom de laquelle il parlait déjà de réunir un nouveau congrès, qui eût remanié profondément les circonscriptions territoriales créées par les traités de 1815 [2]. Il encourageait dans une certaine mesure les espérances des Italiens et ne cachait pas qu'il souhaitait de pouvoir mettre un terme à l'occupation des États romains qui, vu la direction actuelle de ses idées, était devenue pour lui un grave embarras. Aussi Cavour était-il sûr de ne pas lui déplaire en adressant (le 27 mars) au comte Walewski une note où, après avoir vivement remontré combien était fâcheuse pour toute la péninsule la présence des troupes françaises et surtout des troupes autrichiennes sur le territoire pontifical, il demandait leur éloignement, ajoutant que, pour prévenir de nouvelles révolutions, le pape devait donner satisfaction à l'esprit moderne, séculariser dans ses États l'administration, adopter le code Napoléon, etc.... Si cette réforme n'était pas encore possible à Rome, il fallait du moins se hâter, d'après lui, de l'effectuer dans les Légations, qu'il y aurait lieu de constituer

1. Ces annexes étaient : 1° le renouvellement de la convention des détroits; 2° une convention russo-turque sur la mer Noire; 3° une convention entre la France, l'Angleterre et la Russie relativement aux îles d'Aland.

2. Il eut, pendant la durée du congrès de Paris, de fréquents entretiens avec lord Clarendon, à qui, sans succès, il s'efforça de faire partager cette idée.

en gouvernement laïque et autonome sous la simple suzeraineté du Saint-Siège.

Le cabinet de Paris ne se borna pas à bien accueillir cette proposition confidendielle. Il se l'appropria et résolut de la porter devant le congrès. Il y en ajouta d'autres, qui, à divers degrés, devaient intéresser l'Europe. C'est ainsi que, le 8 avril, Walewski vint tout à coup entretenir la haute assemblée des moyens de faire cesser l'occupation de la Grèce par les forces anglo-françaises et d'améliorer l'état politique de ce pays. Cette question l'amena tout naturellement à signaler ce qu'il y avait d'irrégulier et de fâcheux dans la condition présente des États romains. Il était urgent, disait-il, que le pape pût, au plus tôt, se passer de ses auxiliaires autrichiens et français et, pour cela, qu'il consolidât son gouvernement par de bonnes institutions. Examinant ensuite les autres États de la péninsule, il déclarait qu'en certains d'entre eux, et particulièrement dans les Deux-Siciles, les excès de la réaction absolutiste et de l'arbitraire paraissaient rendre inévitables de nouvelles révolutions. Il fallait donc que des « avertissements » fussent donnés par les puissances du congrès aux souverains qui, comme le roi de Naples, abusaient de la compression à l'égard d'esprits « égarés et non pervertis ». Le ministre français protestait que son gouvernement avait surtout à cœur de prévenir toute explosion de la *démagogie*. Il demandait un vote de réprobation contre la licence de la presse, qui, en certains pays et surtout en Belgique, attaquait Napoléon III avec une extrême violence, et souhaitait qu'elle pût être réprimée. Enfin, dans un ordre d'idées tout différent, il proposait que les principes appliqués par les puissances occidentales pendant la dernière guerre relativement au droit des neutres, à la course et au blocus maritime fussent érigés en lois internationales.

Sur tous les points qu'il venait d'indiquer, il était assuré d'obtenir l'adhésion de la majorité. Mais sur la question italienne la discussion fut fort animée et presque orageuse. La Sardaigne et l'Angleterre [1] soutenaient à cet égard vigoureusement la France.

1. L'Angleterre essaya même, au congrès, — timidement du reste, — de poser la question polonaise. C'était un piège tendu à la France qui, moralement, était obligée de la soutenir et dont elle espérait ainsi étouffer l'entente naissante avec la Russie. Mais les représentants du czar coupèrent court à tout débat en déclarant que leur souverain avait l'intention « de rendre aux Polonais tout ce dont on venait de parler ».

La Prusse et la Russie, sans trop se prononcer, s'efforçaient de ne pas lui déplaire. Mais l'Autriche protesta fort aigrement contre l'entrée en scène d'une politique absolument contraire à ses traditions et à ses intérêts. Buol et Hübner refusèrent en somme de se prononcer sur une question que le congrès n'avait pas, disaient-ils, qualité pour résoudre. Cependant ils ne purent s'empêcher de reconnaître que l'évacuation des États romains était, en principe, désirable. Bref, le congrès ne décida rien. Mais Walewski put résumer le débat par un discours où nous trouvons les constatations suivantes :

« 1° Que personne n'a contesté la nécessité de se préoccuper sérieusement de la situation de la Grèce et que les trois cours protectrices ont reconnu la nécessité de s'entendre entre elles à cet égard;

« 2° Que les plénipotentiaires de l'Autriche se sont associés au vœu exprimé par les plénipotentiaires de France de voir les États pontificaux évacués par les troupes françaises et autrichiennes, aussitôt que faire se pourra sans inconvénient pour la tranquillité du pays et pour la consolidation de l'autorité du Saint-Siège;

« 3° Que la plupart des plénipotentiaires n'ont pas contesté l'efficacité qu'auraient des mesures de clémence, prises d'une manière opportune dans les gouvernements de la péninsule italienne et surtout par celui des Deux-Siciles;

« 4° Que tous les plénipotentiaires, et même ceux qui ont cru devoir réserver le principe de la liberté de la presse, n'ont point hésité à flétrir hautement les excès auxquels les journaux belges se livrent impunément, en reconnaissant la nécessité de remédier aux inconvénients réels qui résultent de la licence effrénée dont il est fait un si grand abus en Belgique;

« 5° Qu'enfin l'accueil fait par tous les plénipotentiaires à l'idée de clore leurs travaux par une déclaration de principes en matière de droit maritime doit faire espérer qu'à la prochaine séance ils auront reçu de leurs gouvernements respectifs l'autorisation d'adhérer à un acte qui, en couronnant l'œuvre du congrès de Paris, réaliserait un progrès digne de notre époque. »

Comme ces dernières lignes le faisaient prévoir, les puissances se mirent facilement d'accord et, dans sa séance de clôture (16 avril), le congrès déclara solennellement : 1° que le droit de course maritime ne serait plus reconnu; 2° qu'en temps de guerre la marchandise ennemie serait insaisissable sous pavillon neutre [1]; 3° que la marchandise neutre serait insaisissable sous pavillon ennemi; 4° enfin que tout blocus, pour être respecté, devrait être effectif. C'étaient là des principes fort sages, fort libéraux et dont l'adoption, vainement réclamée depuis un siècle [2], constituait un véritable progrès.

C'en eût été un bien plus notable que l'application régulière du système de médiation et d'arbitrage proposé par Clarendon (dans la séance du 14 avril) pour prévenir les conflits armés entre les divers États européens. Le ministre anglais n'avait sans doute voulu par là que caresser, sans se compromettre, une des chimères favorites de Napoléon III. Un pareil vœu ne pouvait être que platonique. Toutes les puissances déclarèrent s'y associer, mais en réservant pleinement leurs droits et leur liberté d'action. Il ne résulta guère de cette proposition qu'une discussion fort aigre entre Cavour et Buol, le premier demandant si le principe de Clarendon ne s'appliquerait pas aux interventions armées contre des gouvernements de fait, et rappelant pour exemple l'intervention autrichienne de 1821 en Italie, le second s'efforçant de remettre en honneur la pure doctrine de la Sainte-Alliance.

Le jour même où le congrès prenait fin, le premier ministre de Sardaigne adressait au cabinet de Paris une note très vive, où il posait nettement la question italienne et remontrait que l'Europe ne pouvait, sans compromettre son repos, la négliger plus longtemps. La situation de la péninsule était, disait-il, plus grave que jamais, grâce à la réaction politique et à l'occupation étrangère. Le mal était surtout imputable à l'Autriche. Cette puissance ne voulant pas permettre qu'on le guérît, une recrudescence d'agitation révolutionnaire allait certainement se produire au delà des Alpes. La cour de Vienne, par la position politique et militaire qu'elle avait prise en Italie, y avait détruit l'équilibre créé par les traités de 1815. Elle menaçait le Piémont. Elle l'obligeait depuis bien des années à des armements ruineux et pouvait d'un instant à l'autre le mettre dans la nécessité de prendre des « mesures

1. Exception faite naturellement pour la contrebande de guerre.
2. L'Angleterre les avait longtemps combattus.

extrêmes ». Le royaume de Sardaigne était le seul État italien qui eût pu à la fois contenir la Révolution et demeurer indépendant. S'il venait à tomber, rien ne s'opposerait plus dans la péninsule à l'omnipotence de l'Autriche, qui venait déjà d'obtenir en Orient de si grands avantages. Les puissances occidentales, si intéressées à prévenir une pareille éventualité, étaient donc invitées à aviser. Et Cavour savait bien qu'elles aviseraient. Le traité qu'elles venaient de conclure la veille (15 avril) avec la cour de Vienne pour la garantie de l'empire ottoman ne l'alarmait nullement. Elles avaient dû le signer pour se conformer aux engagements pris par elles envers l'Autriche au mois de décembre précédent. Mais elles n'y attachaient qu'une médiocre importance. La Sardaigne le savait, aussi bien que la Prusse [1] et la Russie. Aussi Cavour fut-il compris à demi-mot au parlement de Turin quand il vint (6 mai) rendre compte de sa politique et affirma que si Victor-Emmanuel n'avait, pour le moment, retiré de sa participation à la guerre aucun avantage palpable, le Piémont n'avait pourtant versé en pure perte ni son or ni son sang. La question italienne était posée devant l'opinion. L'Europe ne pouvait plus la perdre de vue. L'heure approchait où elle allait être enfin résolue.

XIX

On peut maintenant résumer en quelques lignes les résultats effectifs de la grande crise que nous venons d'exposer. Ce n'étaient pas ceux auxquels l'Europe s'était attendue au début de la lutte. Ce n'étaient pas non plus ceux qu'aux yeux de la plupart des contemporains le congrès de Paris semblait avoir consacrés. La Russie paraissait vaincue. Mais en somme elle avait glorieusement résisté à ses ennemis. Elle ne sortait pas humiliée de la guerre. Elle demeurait à peu près intacte dans ses frontières. Une courte période de recueillement et de réformes intérieures devait lui permettre de reprendre bientôt sa marche en avant. Son exclusion de la mer Noire n'était qu'une gêne temporaire. L'amitié de la Prusse lui

1. M. de Bismarck ne croyait pas plus que Cavour, à cette époque, à une entente durable de l'Angleterre et surtout de la France avec l'Autriche.

fournirait un jour une revanche facile. En attendant, elle se rapprochait visiblement de la France et elle prenait vis-à-vis de l'Autriche une attitude sinon menaçante, du moins manifestement hostile. La Turquie était, pour le moment, préservée du péril moscovite. Mais elle n'était pas réformée, et malgré le hatti-humayoun du 18 février, elle ne devait jamais l'être. L'Angleterre, qui avait fondé sur la guerre d'Orient de grandes espérances, avait été arrêtée en plein succès. Elle gardait rancune à la France de n'avoir pas consenti à la suivre jusqu'au bout et, plus encore, à l'Autriche de n'avoir pas voulu la suivre du tout. La France avait aussi contre cette dernière puissance un ressentiment fort explicable. Napoléon III s'apprêtait à se venger d'elle en fomentant contre elle l'esprit de nationalité en Italie et en Allemagne. Il paraissait alors au comble de la gloire et de la puissance [1]. Mais il ne comprenait pas qu'en facilitant la création de deux États de premier ordre au delà des Alpes et au delà du Rhin, il préparait sa ruine et l'abaissement de la France. En somme, les vrais vainqueurs de la lutte qui venait de finir, c'étaient, sans qu'on s'en doutât, le Piémont et la Prusse, qui allaient l'un et l'autre pouvoir édifier leur fortune aux dépens de l'Autriche, abandonnée ou desservie par toute l'Europe. Le vrai vaincu, ce n'était pas le cabinet de Saint-Pétersbourg, qui sortait de la lutte avec des alliés nouveaux, c'était celui de Vienne, qui s'était cru très habile en essayant de leurrer tout le monde et qui, en définitive, s'était aliéné l'Europe entière.

1. Juste à ce moment (16 mars 1856) venait de lui naître un fils. L'avenir de sa dynastie semblait assuré. Ce prince, qui, après la mort de son père (janvier 1873), était devenu l'espoir du parti impérialiste en France, a péri sans postérité le 1er juin 1879, dans le Zoulouland, où il avait suivi comme volontaire l'armée anglaise.

CHAPITRE V

LA CONSPIRATION DE PLOMBIÈRES [1]

I. Napoléon III et la question italienne. — II. Naples, Rome et Turin en 1856 et 1857. — III. L'incident de Neuchâtel. — IV. L'entente franco-russe et la nationalité roumaine. — V. Embarras de l'Angleterre. — VI. Le parti de la Révolution en Italie et l'attentat du 14 janvier. — VII. Napoléon III et Cavour; accord secret de juillet 1858. — VIII. Nouvelle phase de la question danoise. — IX. L'Illyrie et le Danube. — X. De Paris à Berlin et à Varsovie. — XI. L'explosion.

(1856-1859)

I

A partir de 1856, le désir de faire triompher le principe des nationalités devint chez Napoléon III une véritable monomanie. Si

1. Sources : *Annuaire historique*, années 1856-1858; — *Annuaire des Deux Mondes*, années 1856-1857, 1857-1858, 1858-1859; — Artom et Blanc, *Œuvre parlementaire du comte de Cavour*; — Azeglio (M. d'), *Correspondance*; — Beust, *Mémoires*, t. I; — Bianchi, *Storia documentata della diplomazia europea in Italia* (1815-1861); — Bismarck, *Correspondance diplomatique* (*1851-1859*), t. II; — Boggio, *la Chiesa et lo Stato*; — Bordier, *l'Allemagne aux Tuileries*; — Cantù, *Della Indipendenza italiana*, t. III; — Delord (T.), *Histoire du second Empire*, t. II; — Dulaurier (E.), *la Russie dans le Caucase* (Revue des Deux Mondes, 1860-1866); — Forgues (E.), *la Révolte et la guerre dans l'Inde en 1857* (Revue des Deux Mondes, 1858-1860); — Geffroy, *Politique contemporaine des États scandinaves* (Revue des Deux Mondes, 1856-1860); — Kossuth, *Souvenirs et écrits de mon exil*; — La Rive (de), *Souvenirs du comte de Cavour*; — Laugel (A.), *Lord Palmerston et lord John Russel*; *les Russes sur le fleuve Amour* (Revue des Deux Mondes, 15 juin 1858); — Lavallée (C.), *De la Politique de la France en Asie, à propos de la guerre de Chine* (Revue des Deux Mondes, 1er mars 1858); — Mac Carthy, *Histoire contemporaine de l'Angleterre*, t. III; — Massieu de Clerval, *les Turcs et le Montenegro* (Revue des Deux Mondes, 1er juin 1858); — Mazade (Ch. de), *le Comte de Cavour*; *l'Italie moderne*; — Rattazzi (Mme), *Rattazzi et son temps*, t. I; — Rosenwald, *Annuaire historique*, année 1859; — Simon (E.), *l'Empereur Guillaume*; — *Histoire du prince de Bismarck*; — Viel-Castel (comte H. de), *Mémoires*; — Zeller, *Pie IX et Victor-Emmanuel*; etc.

jadis le czar Alexandre Ier avait voulu fonder l'équilibre politique de l'Europe sur l'union fraternelle des rois, il rêvait, lui, de l'établir par l'accord et le groupement des races émancipées, chacune d'elles devant exactement former un État indépendant. Mais, comme le souverain russe, il partait d'une idée abstraite et ne se préoccupait pas suffisamment, à l'avance, des moyens d'application. Il ne savait pas nettement en quoi consistaient les nationalités qu'il voulait servir, jusqu'où s'étendaient leurs droits et leurs ambitions, dans quelle mesure la réalisation de leurs vœux était possible. Comme Alexandre, il avait l'esprit trouble et le caractère vacillant; il aimait à ruser, emmêlait comme à plaisir des projets contradictoires, subissait tour à tour les influences les plus opposées, prenait peur au cours de ses entreprises, s'arrêtait ou voulait s'arrêter en général à mi-chemin et mêlait étrangement dans sa politique les préoccupations d'intérêt dynastique aux rêves humanitaires.

S'il maudissait les traités de 1815, ce n'était pas, comme Thiers, avec l'intention de les respecter. Il souhaitait au contraire passionnément de refaire la carte de l'Europe. Il voulait tout d'abord venger la France de son abaissement et lui rendre *ses frontières naturelles* du Rhin et des Alpes, œuvre politique excellente, mais qui n'eût peut-être pas été une application fort correcte de son principe favori. Il songeait aussi à réunir sous son hégémonie les races dites latines [1], qui eussent formé, grâce à lui, comme une famille d'États, ayant mêmes aspirations, même politique, tandis que, dans le centre et dans l'est de l'Europe, les races germaniques et les races slaves se fussent rapprochées par des groupements analogues.

Ce qui, dans son nébuleux programme, lui paraissait le plus urgent, c'était de constituer en corps de nation cette Italie qui semblait n'être encore, suivant le mot célèbre de Metternich, qu'une expression géographique. Il avait pour ce pays une irrésistible prédilection. Outre que l'origine de sa famille l'y rattachait, il se rappelait y avoir passé une bonne partie de sa jeunesse. Il y avait jadis conspiré pour la liberté. Il avait partagé, il partageait encore,

1. C'est-à-dire à constituer un groupe qui eût compris principalement la France (avec la Belgique), le Portugal, l'Espagne et l'Italie.

au fond du cœur, les sentiments des vieux carbonari de 1831. Ses parents étaient presque tous Italiens. Le prince de Canino [1] et ses frères, qui s'étaient tous fort compromis en 1848 et 1849 dans les révolutions de la péninsule, vivaient près de lui de ses bienfaits. Les Pepoli [2], les Cipriani [3], d'autres encore, l'assiégeaient sans relâche et le sollicitaient à l'envi en faveur de leur malheureuse patrie. Des influences d'alcôve, auxquelles Napoléon III n'était que trop sensible, agissaient, sans qu'il s'en doutât, dans le même sens. L'Italie avait, du reste, près de lui un avocat ardent, habile et heureux en son cousin germain le prince Napoléon [4] qui, autant par

1. Canino (Charles-Lucien-Jules-Laurent Bonaparte, prince de), cousin germain de Napoléon III, né à Paris le 24 mai 1803, connu d'abord comme naturaliste, devint en 1848 un des chefs du parti radical à Rome, se fit imposer comme ministre à Pie IX après l'assassinat de Rossi, fut vice-président de l'Assemblée constituante de la république romaine (1849), se retira ensuite en Angleterre, puis vint s'établir en France (1850) et mourut à Paris le 29 juillet 1857.

2. Pepoli (Joachim-Napoléon, marquis), petit-fils de Joachim Murat et de Caroline Bonaparte, né à Bologne le 6 novembre 1825, prit part aux mouvements révolutionnaires de la Romagne en 1848, publia en 1856 un ouvrage retentissant sur les *Finances pontificales*, devint ministre des finances de l'Émilie (1859), commissaire du roi Victor-Emmanuel dans l'Ombrie (1860), membre du parlement italien (1861), ministre de l'agriculture et du commerce (mars 1862), puis de l'intérieur (septembre 1862), fut chargé en janvier 1863 d'une mission en Russie, puis (de 1863 à 1864) de diverses négociations avec Napoléon III au sujet de la question romaine, fut ambassadeur d'Italie à Vienne de 1868 à 1870 et mourut à Rome le 26 mars 1881.

3. Cipriani (Leonetto), né en Toscane vers 1814, fit dans sa jeunesse de fréquents et lointains voyages, fut chargé au commencement de 1849 d'une mission à Paris par le gouvernement grand-ducal de Florence, servit sous Charles-Albert pendant la campagne de Novare, passa, depuis, plusieurs années à explorer l'Amérique du Nord, d'où il revint en 1855 pour servir la cause italienne, contribua pour une bonne part à l'alliance de Napoléon III avec Victor-Emmanuel, retourna vivre en Californie (1858), mais accourut en Italie dès le début de la campagne de 1859, fut appelé après Villafranca au gouvernement général des Romagnes, et en 1860 reprit le chemin de l'Amérique.

4. Napoléon (Napoléon-Joseph-Charles-Paul Bonaparte, connu sous le nom de prince), fils de l'ex-roi Jérôme, né à Trieste le 9 septembre 1822; élevé en Italie, puis en Suisse et en Allemagne; autorisé en 1845 à visiter la France où il put se fixer en 1847; membre de l'Assemblée constituante (1848) et de l'Assemblée législative (1849), où il se fit remarquer par l'exaltation de son républicanisme, ce qui ne l'empêcha pas d'accepter en 1852 le titre de prince de la famille impériale et d'entrer au Sénat; général de division et chargé d'un commandement en Crimée, où il ne resta que peu de temps (1854); président de la commission de l'Exposition universelle de 1855; chargé d'une mission diplomatique relative à l'affaire de Neuchâtel (1857); ministre de l'Algérie et des colonies (juin 1858-mars 1859); marié le 30 janvier 1859 avec la princesse Marie-Clotilde de Savoie, fille de Victor-Emmanuel, dont il a eu deux fils (Victor et Louis); mis à la tête du 5ᵉ corps pendant la campagne d'Italie; remarqué, à partir de 1861, pour sa participation aux débats du Sénat, où il

ambition personnelle [1] que par instinct révolutionnaire, le poussait de toutes ses forces à l'émanciper. L'empereur était d'autant plus porté à écouter de pareils conseils qu'il avait conscience de ses torts envers la nation italienne. Il sentait bien qu'au delà des Alpes, depuis l'expédition de Rome, la plupart de ses anciens amis le regardaient comme un traître. Quelques-uns le jugeaient digne de mort. S'il ne réparait pas dans une certaine mesure le mal qu'il leur avait fait, échapperait-il longtemps au fer de leurs sicaires? Ajoutons que ses aspirations, ses souvenirs, ses affections, ses terreurs, tout était admirablement mis à profit par le comte de Cavour, tentateur de génie, dont l'audace et les grandes vues, à moitié dévoilées, le séduisaient en l'éblouissant. Aussi peut-on affirmer que, dès le commencement de 1856, l'émancipation de l'Italie était un dessein bien arrêté dans l'esprit de Napoléon III.

Ce souverain n'était pourtant ni assez ignorant ni assez léger pour ne pas se faire à lui-même sur ce sujet quelques objections graves. Il ne manquait pas, du reste, dans son entourage, de conseillers influents pour essayer de le retenir sur la pente où il était près de glisser. L'impératrice, rivale naturelle du prince Napoléon, luttait avec d'autant plus de passion contre la politique préconisée par ce personnage qu'elle voyait dans la révolution italienne une menace contre le Saint-Siège. Frivole et ignorante, mais dévote et violente, elle se faisait un devoir de conscience, en même temps

soutint hautement la cause de l'unité italienne. Partisan de l'empire *libéral*, il fut, à plusieurs reprises, sous l'influence de l'impératrice et de Rouher, à demi disgracié. Mais il n'en fut pas moins mêlé jusqu'au bout à la diplomatie occulte de Napoléon III. Après la révolution du 4 septembre, il fut élu deux fois (1871-1872) membre du conseil général de la Corse. Expulsé du territoire français par ordre de Thiers (octobre 1872), il prit, après la mort de Napoléon III (1873), l'attitude d'un chef de parti, rompit ouvertement avec l'ex-prince impérial (1874), se fit élire député, comme républicain (14 mai 1876), par le collège d'Ajaccio, fit partie des 363 après le 16 mai 1877, fut battu aux élections d'octobre de la même année, puis, le fils de Napoléon III étant mort à son tour, se posa sans embarras comme prétendant (1879). Son manifeste de janvier 1883 lui valut d'être quelque temps détenu à la Conciergerie. Une ordonnance de non-lieu lui rendit bientôt la liberté. Ce prince, qui n'a jamais été populaire, même parmi les bonapartistes, a vu la majorité du parti impérialiste lui opposer comme prétendant son propre fils, Victor (né en 1862). Tous deux ont du reste été expulsés par une loi spéciale en 1886.

1. Depuis la naissance du prince impérial (16 mars 1856), ce personnage n'était plus l'héritier présomptif de Napoléon III. Aussi rêvait-il un établissement au dehors et ne dissimulait-il guère que la Toscane, par exemple, lui eût fort convenu.

qu'un plaisir de contrecarrer les plans des patriotes italiens. Derrière elle marchait tout le clergé. Dans le gouvernement, beaucoup d'hommes considérables, et notamment le ministre des affaires étrangères, Walewski [1], envisageaient avec inquiétude l'aventure où l'empereur semblait prêt à se jeter. Une bonne partie du Corps législatif et la grande majorité du Sénat partageaient à cet égard leurs sentiments. Tous ces opposants, fort peu hardis d'ailleurs et toujours prêts à s'incliner devant la volonté du maître, représentaient à Napoléon III que constituer sur notre frontière un grand État là où il n'y en avait pas serait de notre part la plus impardonnable des imprudences. Ils lui remontraient aussi qu'abandonner le pape, dont le pouvoir temporel sombrerait forcément dans la révolution projetée, c'était s'aliéner à jamais l'Église et toute la partie de la population qui votait sous son influence, c'est-à-dire la majorité des électeurs français. Le rêveur couronné écoutait, presque toujours sans répondre, et prenait en pitié les donneurs d'avis. Il croyait avoir trouvé un infaillible moyen de concilier ses préférences avec son intérêt. Dans sa pensée, l'Italie devait former non pas un État unitaire, mais une confédération, dirigée par le Piémont, indépendante de l'Autriche, rattachée à la France par la reconnaissance et la politique. De cette façon, le pape resterait sur le trône et la France n'aurait plus la tâche embarrassante de le garder. Mais croire que les souverains de la péninsule d'une part et le peuple italien de l'autre se prêteraient à une pareille combinaison, que les princes inféodés à la cour de Vienne se laisseraient médiatiser au profit du Piémont, ou plutôt de la France, que la nation, appelée à se constituer, s'arrêterait au milieu de son œuvre; croire qu'on pourrait déchaîner la révolution dans un grand pays et lui dire ensuite : Tu n'iras pas plus loin; qu'on empêcherait à volonté la question de se compliquer par l'intervention de puissances jalouses; faire la tempête et imaginer qu'on saurait ensuite lui fixer des bornes, c'était une naïveté que Napoléon III — et son pays avec lui devaient plus tard cruellement expier.

1. Ses intérêts de famille le rattachaient au grand-duc de Toscane, que la révolution devait renverser avec les autres souverains italiens protégés par l'Autriche. Dans le congrès de Paris, il ne s'était prêté qu'à contre-cœur aux vœux de Cavour qui, du reste, grâce à la mollesse de son appui, comme à l'opposition violente de Buol, n'avaient abouti à aucune convention positive.

II

En attendant les catastrophes qu'il était loin de prévoir, l'empereur des Français, dès 1856, semblait chercher des prétextes pour pouvoir commencer, dès que les circonstances lui paraîtraient favorables, la campagne qu'il méditait. Fort peu de temps après le congrès de Paris, les nuages s'amoncelèrent au-dessus de l'Italie et nul ne douta qu'un terrible orage ne fût sur le point d'y éclater.

Ferdinand II, roi de Naples (le roi *Bomba,* comme l'appelaient ses sujets), s'était fait remarquer, pendant toute la guerre de Crimée, par sa partialité en faveur de la Russie et sa méfiance haineuse à l'égard des puissances occidentales. Aussi, de tous les despotes cruels et aveugles qui opprimaient alors l'Italie, était-ce celui que les cours de Paris et de Londres avaient dénoncé avec le plus de complaisance au congrès. Conformément au vœu exprimé par le protocole du 8 avril, l'Angleterre et la France crurent devoir, dès le mois de mai, adresser à ce souverain des remontrances courtoises, mais fermes, touchant le régime de délation, d'espionnage et de répression à outrance qu'il faisait peser sur les Deux-Siciles, lui représentant qu'il rendait par là une révolution inévitable et l'engageant à traiter ses sujets avec un peu plus de douceur. Sûr du patronage autrichien, Ferdinand répondit avec hauteur que cette ingérence dans son gouvernement était injustifiable, qu'elle n'était propre qu'à encourager le parti révolutionnaire, qu'il n'en tiendrait nul compte et qu'il redoublerait même de rigueur avec les mécontents. Des dépêches fort aigres furent ensuite échangées entre Naples d'une part, Paris et Londres de l'autre. Bientôt Napoléon III perdit patience et rappela des Deux-Siciles son ambassadeur (10 octobre 1856). Il eût même voulu envoyer une escadre devant Naples. L'Angleterre l'en empêcha. Cette puissance suspectait, non sans raison, les vues de l'empereur sur l'Italie. Elle s'était associée à lui, dans cette affaire, moins pour le seconder que pour le retenir. Mais elle l'imita dans sa rupture diplomatique avec Ferdinand II, qui, à partir de ce moment, n'eut plus aucun rapport avec les deux grandes cours occidentales.

La France, d'autre part, ne pouvait obtenir du pape aucune des réformes administratives qui, en affermissant l'autorité du Saint-

Siège, lui eussent permis, aussi bien qu'à l'Autriche, d'évacuer les États romains. Pie IX était revenu depuis longtemps, et pour toujours, des velléités libérales qu'il avait manifestées au début de son règne. L'influence réactionnaire et absolutiste du cardinal Antonelli, son secrétaire d'État, avait fait de lui un adversaire aveugle et irréconciliable de l'esprit moderne, confondant le gouvernement et la religion, l'autorité spirituelle et le pouvoir temporel, toujours prêt à user des armes canoniques en faveur d'une cause purement politique, ou à réclamer au nom de la foi le concours du bras séculier; enhardi par les progrès incontestables qu'avait faits sous lui dans le monde chrétien l'autorité pontificale [1], il s'étonnait, bien plus encore que le roi de Naples, des conseils qu'osait lui donner le cabinet des Tuileries. Aussi ne s'empressait-il pas de les suivre. L'Autriche, du reste, ne les appuyait guère. Cette puissance ne tenait pas, on le comprend, à évacuer les Légations. Mais on conçoit aussi que son mauvais vouloir augmentât chaque jour l'hostilité sourde que nourrissait à son égard l'empereur des Français.

La cour de Vienne avait reconquis en 1849 sa situation prépondérante en Italie. Elle ne voulait à aucun prix la perdre. Maîtresse du royaume lombard-vénitien, elle occupait, en vertu de traités qui dataient de 1847, les duchés de Modène et de Parme. Ses troupes tenaient garnison dans la moitié orientale des États romains. La Toscane et les Deux-Siciles lui étaient, par diverses conventions, à peu près inféodées. Partout, grâce à elle, régnaient sans partage la bureaucratie et la police. Seul dans la péninsule, le royaume de Sardaigne, fortement appuyé sur la France, résistait à son influence et servait d'asile à la liberté. C'est de Turin que l'Italie entière attendait le signal de son affranchissement. Peu après son retour de Paris, Cavour avait fait entendre en plein parlement que le jour de la guerre sacrée ne tarderait pas à venir pour la nation italienne (mai 1856). Aussi la cour de Vienne ne manqua-t-elle pas de protester contre son discours et de dénoncer

1. Il avait rétabli la hiérarchie catholique en Angleterre (1850) et en Hollande (1851); il avait fait reconnaître le dogme de l'Immaculée Conception dans le monde catholique (8 septembre 1854); enfin, plus récemment, il avait obtenu en Autriche (18 août 1855) un concordat qui était comme une abdication de la société civile devant l'Église romaine.

le hardi ministre comme un fauteur de révolution. Cavour, sans s'émouvoir, continua son œuvre de propagande. C'est en 1856 que Manin, Pallavicini et La Farina[1] fondaient sous ses auspices la *Société nationale*, qui allait rallier toutes les forces vives de la nation en vue de la lutte prochaine. C'est alors qu'il fortifiait Alexandrie et faisait organiser pour l'armer de canons une souscription publique dont le succès, à Milan et à Venise, était d'un sinistre augure pour le gouvernement autrichien. Aussi le cabinet de Vienne était-il exaspéré contre celui de Turin. Au cours d'un voyage que l'empereur François-Joseph fit en Italie au mois de décembre 1856, il reprocha fort aigrement à Cavour de n'avoir pas interdit aux journaux piémontais toute attaque contre ce souverain et ses ministres. Le conseiller de Victor-Emmanuel lui répondit froidement qu'à Vienne la censure avait beau jeu, mais qu'à Turin la presse était libre et que, quelque regrettables que fussent ses écarts, il ne pouvait l'enchaîner. Ce à quoi Buol, qui depuis longtemps n'entretenait en Piémont qu'un chargé d'affaires, riposta par une rupture diplomatique complète. La cour de Sardaigne, de son côté, rappela son représentant de Vienne et, après un pareil éclat, on put croire que les hostilités ne tarderaient pas à s'ouvrir entre François-Joseph et Victor-Emmanuel (février-mars 1857).

III

Si la guerre d'Italie n'éclata pas en 1857, ce ne fut certainement pas la faute du gouvernement piémontais. Il était d'ores et déjà bien résolu à la provoquer. Mais il ne pouvait s'aventurer sans être assuré du concours de la France et cette puissance n'était pas encore prête à le suivre. Ses finances et son état militaire, ébranlés

1. La Farina (Giuseppe), né à Messine en 1815, fut un des chefs de la révolte sicilienne de 1837, se fit ensuite connaître comme publiciste et historien, fut élu au parlement de Sicile (1848), remplit, au nom du gouvernement provisoire de l'île, une mission à Rome, Florence et Turin, fut ministre de l'instruction publique, des travaux publics, de l'intérieur, de la guerre, d'août 1848 à février 1849, se retira, après la réaction, à Turin, où il écrivit son *Histoire d'Italie de 1815 à 1850*, fut nommé par Victor-Emmanuel conseiller de la lieutenance de Sicile (1860), entra au Parlement italien (1861), devint président de la *Société nationale* (1862) et mourut en 1863.

par la guerre de Crimée, exigeaient une réorganisation pour laquelle deux années de repos n'étaient pas de trop. En outre, des différends diplomatiques d'une certaine gravité venaient de se produire en Europe. Napoléon III, qu'ils auraient pu détourner du but où il tendait, dut tout d'abord s'efforcer d'y mettre fin, et il y travailla surtout de manière à gagner les bonnes grâces des gouvernements dont l'opposition l'eût empêché tout net de réaliser son dessein.

Dans une lutte contre l'Autriche, il avait principalement à craindre que cette puissance n'entraînât avec elle l'Allemagne, toujours prête à prendre l'alarme quand la France, sa voisine, met la main à l'épée. Mais il savait que la confédération ne pouvait marcher sans la Prusse. Aussi s'efforçait-il, depuis le congrès de Paris, d'attirer à lui et de séduire par de manifestes avances la cour de Berlin, dont il flattait les rancunes et les ambitions en lui représentant le grand rôle qu'elle pourrait jouer dans le monde germanique si elle voulait franchement s'unir à lui. Déjà, sur le bord de la Sprée, quelques politiques avisés commençaient à comprendre quel parti leur souverain pourrait tirer de ses bienveillantes dispositions. De ce nombre était M. de Bismarck, qui, dès les mois d'avril et de mai 1856, dans des rapports justement célèbres, représentait comme inévitable la dissolution de la diète et le duel de la Prusse et de l'Autriche pour l'hégémonie de l'Allemagne, annonçait la révolution italienne, enfin préconisait l'alliance française comme celle dont son maître devait pour le moment tirer le plus de profit. Frédéric-Guillaume IV, il est vrai, restait, au fond du cœur, gallophobe. Mais il n'était point homme à méconnaître entièrement ses intérêts. Napoléon III ne désespérait donc pas de le gagner à sa cause par des promesses et de bons procédés. Justement vers la fin de 1856 l'occasion s'offrit à lui de lui rendre un bon office, et il s'empressa de la saisir.

L principauté de Neuchâtel et de Valengin, propriété patrimoniale du roi de Prusse, avait été rattachée à la Suisse en 1815, et, sans cesser d'appartenir à ce souverain, formait depuis cette époque un des cantons de la Confédération helvétique. Il est vrai que, depuis 1848, les droits de la dynastie des Hohenzellern étaient totalement méconnus en ce pays. Les Neuchâtelois, profitant des désordres dont l'Europe entière était alors le théâtre, s'étaient, de fait, donné une constitution républicaine et démocratique, que la diète de Berne avait, naturellement, reconnue. Le roi de Prusse, trop occupé en Allemagne pour les ramener à l'obéissance, avait dû se borner à des protestations. Les grandes puissances avaient bien voulu, par un protocole signé à Londres le 24 mai 1852, confirmer ses droits à la principauté, mais à condition que, jusqu'à nouvel ordre, il s'abstînt de les faire valoir par la force. Ses réclamations, renouvelées au congrès de Paris, n'avaient point eu pour effet de lui en rendre l'exercice. Fort dépité, mais ne voulant point s'exposer ouvertement, pour une souveraineté qui avait toujours été presque illusoire, à un conflit européen, il se contenta d'encourager en secret quelques-uns des partisans qu'il avait encore à Neuchâtel et qui, le 3 septembre 1856, tentèrent dans cette ville un coup de main pour rétablir son autorité. Cette échauffourée n'eut pour résultat que l'arrestation presque immédiate des insurgés royalistes qui, au nombre de quelques centaines, furent traduits en justice par la diète de Berne. Frédéric-Guillaume réclama aussitôt hautement leur mise en liberté et l'annulation de la procédure commencée contre eux. Mais le gouvernement helvétique voulut mettre comme condition à cette double mesure que le roi de Prusse renoncerait formellement à tous ses droits sur Neuchâtel et Valengin. Frédéric-Guillaume, sachant bien qu'il ne recouvrerait jamais sa principauté, était fort disposé à l'abandonner, mais, par orgueil, ne voulait s'engager à rien avant la satisfaction préalable qu'il réclamait. Le gouvernement français, plus intéressé qu'aucun autre à ce que la Suisse ne fût ni troublée ni menacée, intervint bientôt dans la querelle et offrit ses bons offices aux deux parties. Il montrait, il est vrai, plus de désir de plaire au cabinet de Berlin que d'être agréable à une république dont, à maintes reprises, il disait avoir eu à se plaindre [1]. Bref, après plusieurs semaines de négociations, le conseil fédéral persistait à déclarer qu'il ne céderait pas le premier. Le roi de Prusse rappela de Berne son représentant (12 décembre 1856), sollicita avec succès de plusieurs gouvernements allemands le droit de passage pour les troupes qu'il se proposait d'envoyer en Suisse et annonça

1. Nombre de proscrits français et italiens étaient réfugiés en Suisse, d'où ils dirigeaient impunément contre lui les plus vives attaques par leurs écrits ou par leurs complots.

que si, le 15 janvier, il n'avait pas obtenu satisfaction, il se ferait justice par les armes. La diète helvétique, de son côté, donna pleins pouvoirs à son gouvernement pour sa défense (27 décembre). Qu'allait-il advenir? L'état de la Suisse, telle que l'avaient faite les traités de 1815 et la révolution de 1848, n'allait-il pas être remis en question? La France prévint un conflit auquel toutes les grandes puissances eussent sans doute été mêlées. Napoléon III parla très ferme aux envoyés de la diète, qui vinrent le trouver en janvier, et, leur ayant promis de faire tous ses efforts pour qu'une complète indépendance fût accordée à Neuchâtel, obtint enfin que les prisonniers de septembre fussent remis en liberté (16 janvier). Le roi de Prusse interrompit aussitôt ses préparatifs de guerre. Peu après, l'empereur des Français réunit à Paris une conférence à laquelle prirent part, avec les représentants de la Suisse, ceux des huit puissances signataires du traité de Vienne (5 mars 1857). Là, sous son influence prépondérante, le différend ne tarda pas à prendre fin. En vertu d'une convention conclue le 26 mai, la principauté de Neuchâtel ne dut plus être qu'un canton suisse. Frédéric-Guillaume se contenta d'un titre honorifique et renonça même à l'indemnité d'un million que la France lui avait fait allouer. Il se montra, du reste, fort touché des égards qu'avait eus pour lui en cette affaire Napoléon III. M. de Bismarck, qui l'avait représenté à la conférence, lui recommandait plus que jamais l'alliance française. Ce diplomate, avec sa rondeur un peu brusque, l'audace de ses aperçus et la franchise apparente de ses professions de foi, avait séduit le souverain des Tuileries, dont il s'était bien gardé de contrarier le penchant pour la politique des nationalités. Quand Napoléon III lui disait que l'Europe était mal constituée, M. de Bismarck n'avait nulle envie de le contredire. Il lui représentait combien la configuration de la Prusse était défectueuse, combien il était urgent qu'elle s'arrondît et se fortifiât. L'empereur des Français trouvait que ce hâbleur, dont les vieux diplomates de la *carrière* raillaient les intempérances de langue, n'était pas loin d'avoir raison. Il demandait à voir Frédéric-Guillaume, parlait d'aller à Berlin. Le futur chancelier suppliait son maître de le bien recevoir. En attendant, le prince Napoléon faisait officiellement visite à la cour de Prusse. En somme, Napoléon et Frédéric-Guillaume n'étaient point encore amis. Mais ils échangeaient déjà des coquetteries de bon augure et tout faisait espérer aux Tuileries qu'en cas de conflit avec l'Autriche on n'avait pas à craindre l'union de la Prusse avec cette puissance, surtout si la Russie, dont elle ne se séparait jamais, n'était pas elle-même disposée à servir la cour de Vienne.

IV

On sait qu'après la guerre de Crimée le cabinet de Saint-Pétersbourg n'était pas précisément animé d'une vive bienveillance envers celui de Vienne. Il n'était donc pas difficile au gouvernement français de le gagner et de s'assurer, pour le moment où éclaterait la guerre d'Italie, sinon sa connivence active, du moins sa complicité morale. L'entente des deux cours était d'autant plus facile à réaliser que le czar Nicolas n'était plus et que le vieux Nesselrode, dernier survivant des auteurs de la Sainte-Alliance, venait de quitter le ministère.

Alexandre II n'avait nulle prévention contre Napoléon III, dont les bons procédés dans les négociations de Paris lui avaient été fort sensibles. Son nouveau chancelier, Gortchakoff, haïssait l'Autriche encore plus que lui et, s'il ne prenait pas comme règle absolue de sa politique l'idée chère à l'empereur des Français, trouvait que la théorie des nationalités n'était pas sans offrir de notables avantages au gouvernement russe.

Parmi les races que ce ministre, comme son maître et comme Napoléon III, souhaitait de pouvoir réunir en corps de nation, était surtout la race roumaine. Les deux principautés de Valachie et de Moldavie demandaient depuis longtemps, pour des raisons faciles à comprendre, à ne former qu'un seul gouvernement. Leur réunion avait été formellement proposée par la France aux conférences de Vienne en 1855, et depuis, au congrès de Paris. Elle était encore désirée par cette puissance. La Russie ne cessait aussi de la demander, trouvant dans cette innovation un moyen d'affaiblir la Turquie (parce que, à son sens, le futur État, loin de lui servir de barrière, serait au contraire pour elle comme un avant-poste), et d'inquiéter l'Autriche au sujet de la Transylvanie et de la Bukowine [1]. La Prusse et la Sardaigne, toujours heureuses de voir la

1. Dont la population est en très grande majorité de race roumaine.

cour de Vienne contrariée et dans l'embarras, n'avaient garde de s'opposer à une opération qui devait, d'ailleurs, constituer pour elles un précédent on ne peut plus précieux. Par contre, la Turquie, prévoyant que l'union des deux principautés ne serait que le prélude de leur complète émancipation, et l'Autriche, mue par les raisons que l'on sait, tenaient absolument à ce que la Moldavie et la Valachie ne fussent pas confondues. L'Angleterre, qui jadis s'était montrée favorable aux vues de la France, avait pris l'alarme en voyant la Russie s'y rallier avec tant d'ardeur et s'était rangée à l'avis de la Porte, qui lui représentait comme d'un haut intérêt pour elle le maintien du *statu quo*. Aussi ces trois dernières puissances s'efforçaient-elles d'empêcher ou de retarder indéfiniment une transformation politique qu'elles regardaient comme devant leur être fort préjudiciable. Le congrès de Paris avait, on se le rappelle, décidé que les vœux des Principautés, régulièrement exprimés par des divans *ad hoc*, seraient recueillis par une commission internationale qui se transporterait en Orient et qui ferait son rapport à la conférence de Paris. Mais cette commission ne devait s'établir à Bucharest et les divans ne devaient être réunis que lorsque la Moldavie et la Valachie, occupées depuis 1854 par les troupes autrichiennes, auraient recouvré la liberté de leur territoire. Or, l'occupation des Principautés fut prolongée d'une année entière après le traité de Paris, grâce aux différends que souleva l'exécution de quelques points de cette convention, relatifs à un îlot situé en face du Danube, à la rétrocession des bouches de ce fleuve et à l'établissement des limites nouvelles entre la Bessarabie et la Moldavie. S'il n'eût tenu qu'aux cours de Vienne, de Londres et de Constantinople, ces obscurs débats se seraient peut-être éternisés. Grâce à la fermeté conciliante de la France, ils prirent fin, mais seulement en janvier 1857. Les Principautés ne furent évacuées que le 30 mars suivant.

C'est alors que la commission put se rendre à Bucharest et que le sultan publia son firman pour l'élection des deux divans. Il n'était pas douteux que, dans l'une et l'autre principauté, la population ne souhaitât l'union, à une très grande majorité. Mais les menées de la Turquie et de ses alliés furent telles et les élections furent faussées à tel point en Moldavie par le caïmacan Vogoridès[1] que le divan nommé par cette province fut en grande partie composé d'adversaires de la cause nationale. La France et la Russie, secondées par la Prusse, demandèrent énergiquement l'annulation d'opérations dont l'irrégularité n'était un mystère pour personne. La Porte, soutenue par l'Autriche et l'Angleterre, s'obstinait à leur refuser cette satisfaction. Mais ni Napoléon III ni Alexandre II n'étaient disposés à céder. Juste à cette époque (juillet 1857), ils se donnaient rendez-vous à Stuttgard et donnaient à l'Europe le spectacle significatif de leur cordiale entente. Le czar promettait à l'empereur des Français de ne pas contrarier sa politique en Italie; ce dernier s'engageait à ne pas abandonner la nation roumaine. Aussi ne fut-on pas surpris de voir peu après la Russie et la France, imitées en cela par la Prusse et la Sardaigne, rappeler leurs ambassadeurs de Constantinople (6 août). Mais si l'on ne s'en étonna pas, on s'en alarma, non sans raison, et l'on put craindre de voir l'Orient devenir sous peu le théâtre d'une nouvelle guerre européenne.

V

Mais Napoléon III était fort loin de désirer un pareil bouleversement. Le gouvernement anglais, qu'il aurait eu pour principal adversaire, le souhaitait moins encore. L'empereur des Français ne voulait pas être à la merci de l'alliance russe. Aussi, bien que ses rapports avec la Grande-Bretagne se fussent quelque peu refroidis depuis un an, tenait-il à prouver qu'il n'avait point rompu, qu'il ne voulait pas rompre avec cette puissance. Tout récemment encore, il avait déclaré vouloir faire cause commune avec elle contre la Chine et il avait envoyé dans l'Extrême-Orient une escadre française qui devait arracher à cet empire de nouvelles concessions religieuses et commerciales en faveur des deux grandes puissances occidentales. Le 6 août 1857, au moment même où son représentant quittait Constantinople, il alla voir à Osborne la reine Victoria et le prince Albert. Il leur représenta

1. Vogoridès-Konaki (Nicolas), né à Jassy en 1821; ministre des finances de Théodore Balche, caïmacan de Moldavie (1856), dont il fut le successeur en 1857; mort à Bucharest en 1863.

de son mieux tout ce qu'ils avaient à gagner en s'associant à sa politique. Il les effraya quelque peu, il est vrai, par l'immensité et la témérité de ses plans. Il ne parlait en effet de rien moins que de reviser en bloc les traités de 1815. Quant à l'empire ottoman, il le déclarait incurable. C'était à ses yeux, comme naguère à ceux de Nicolas, un malade, ou plutôt un mort à dépecer. Les puissances riveraines de la Méditerranée devaient se partager le littoral de l'Afrique septentrionale. L'Espagne aurait le Maroc, la France Tunis, la Sardaigne Tripoli, l'Angleterre l'Égypte. On pense bien que les hôtes de Napoléon III ne le suivirent pas sur le terrain scabreux où il les voulait entraîner. Mais en ce qui concernait les Principautés, ils se montrèrent assez accommodants. L'empereur promit de ne pas insister sur la fusion complète [1] des deux provinces, et, pour leur part, ils cessèrent de s'opposer à ce que les élections de Moldavie fussent annulées.

On n'a pas de peine à s'expliquer la complaisance que montrait à cette heure envers la France le gouvernement anglais, jusque-là si peu disposé aux concessions, quand on se représente l'embarras très grave où le mettait à ce moment la grande révolte des Cipayes dans l'Inde. Du mois de mai au mois de juillet 1857, tout le Bengale et plusieurs provinces voisines s'étaient soulevés. Delhi était péniblement assiégée par les troupes britanniques. Si quelque grande puissance européenne venait seconder l'insurrection, c'en était évidemment fait de la grandeur coloniale de l'Angleterre. Ce n'était pas le moment de pousser à bout, par des procédés hostiles, la Russie, qui, maîtresse de Khiva depuis 1854, avait déjà poussé ses conquêtes jusqu'au milieu du Turkestan et dont les encouragements avaient porté en 1856 la Perse à s'emparer de Hérat [2]. Il eût été également inopportun d'exaspérer la France, qui avait encore dans l'Indoustan des bases d'opérations et aurait bien pu être tentée d'y rétablir sa domination passée.

Bref, tout en réservant l'avenir, l'Angleterre faisait pour le moment un pas en arrière. Privées de son concours, la Turquie

1. On verra plus loin par quel détour il se proposait d'arriver tout de même à son but.

2. Cette ville avait été, il est vrai, évacuée, par suite d'une expédition anglaise dans le golfe persique et d'un traité conclu le 4 mars 1857. Mais c'était une raison de plus pour que la Russie applaudît au soulèvement de l'Inde.

et l'Autriche ne pouvaient s'opiniâtrer dans leur résistance. Bientôt la Porte consentit à casser les élections de la Moldavie et les ambassadeurs qui avaient quitté Constantinople y rentrèrent. Les travaux des divans purent commencer et, vers la fin de décembre, ces deux assemblées formulèrent les vœux politiques des Principautés en demandant expressément qu'elles fussent réunies en un seul État, sous un prince appartenant à une des dynasties régnantes en Europe.

VI

Pendant que l'attention des grandes puissances restait ainsi fixée vers l'Orient, l'état de l'Italie s'aggravait singulièrement. L'Autriche et ceux des souverains de la péninsule qui lui servaient de satellites continuaient à refuser aux peuples toute concession. L'irritation contre cette puissance était générale. Le parti révolutionnaire, vaincu et proscrit en 1849, reparaissait de toutes parts. Cavour fermait même les yeux sur ses agissements en Piémont. Il entrait en effet dans la tactique de ce ministre, nous aurons occasion de le redire, d'effrayer et d'entraîner Napoléon III en lui représentant que, s'il ne se hâtait de donner le signal de la guerre, il serait devancé par les agitateurs populaires de la péninsule ; que lui, Cavour, et son roi seraient débordés, que la révolution se ferait au profit de la république et que la démagogie, une fois déchaînée au delà des Alpes, ne tarderait sans doute pas à franchir ces montagnes. Que deviendrait alors le régime du 2 décembre? Le fait est que, fort ostensiblement, Garibaldi, rentré d'Amérique depuis quelques années, devenait un des chefs de la *Société nationale* et lui donnait la plus belliqueuse impulsion. Mazzini, l'éternel organisateur des conspirations italiennes, était à Gênes, où il se dissimulait à peine. En juin 1857, un soulèvement était tenté dans cette ville à son instigation. Plusieurs expéditions quittaient ce port par ses ordres et des descentes révolutionnaires avaient lieu à Livourne, à Terracine et sur le littoral napolitain. Toutes échouèrent, il est vrai. Il en devait être ainsi, Cavour n'en avait jamais douté. Mais de pareilles tentatives renouvelaient l'agitation dans toute l'Italie. Lui-même en profitait pour l'entretenir. Le navire sarde qui avait porté les amis de Mazzini dans le royaume des Deux-Siciles ayant été capturé par les autorités napolitaines, il eut l'audace de le réclamer. A ses exigences le gouvernement de François II opposa les plus hautains refus. Mais il revint à la charge et si, vers la fin de 1857, il n'avait pas encore obtenu gain de cause, il n'en était ni affecté ni découragé. N'était-il pas sage d'avoir toujours sous la main un *casus belli*? Mais que faisait l'empereur des Français? Et quand donc, au lieu de rêver, se déciderait-il à l'action?

Une catastrophe imprévue le détermina bientôt à ne plus attendre. Depuis plusieurs années, divers attentats avaient eu lieu contre la vie de Napoléon III. Presque tous avaient été l'œuvre des sectes révolutionnaires italiennes, qui ne pouvaient lui pardonner d'avoir étouffé la république romaine et qui, désespérant de le voir jamais se rapprocher d'elles, comptaient du moins, en le faisant périr, non seulement se venger de lui, mais faciliter des deux côtés des Alpes l'explosion de la liberté. Le 14 janvier 1858, un ancien membre de l'assemblée constituante de Rome, Félix Orsini, bien connu en Angleterre où, depuis plusieurs années, il plaidait la cause de son pays, vint attendre à Paris l'empereur, qui, ce jour-là, se rendait à l'Opéra, en compagnie de l'impératrice. Aidé d'obscurs complices [1], il lança sur le passage du souverain plusieurs bombes dont l'explosion tua ou blessa un grand nombre de personnes. Mais Napoléon III échappa par miracle, et, fort peu d'heures après, les coupables furent arrêtés.

La première préoccupation du gouvernement impérial, à la suite de cet affreux attentat, ce fut d'en empêcher, autant que possible, le renouvellement par des mesures préventives. La loi de sûreté générale, qui fut votée, sur sa demande, dès le mois de février, par le Corps législatif, fit renaître en France la terreur de 1852. Les États voisins de l'empire et qui donnaient asile à ses ennemis furent invités à surveiller les menées des réfugiés et à prendre des dispositions pour réprimer les complots tendant à l'assassinat des souverains étrangers. La Suisse et la Belgique donnèrent à cet égard quelque satisfaction à Napoléon III. Il n'en fut pas ainsi de l'Angleterre. Les observations un peu acerbes que

1. Pieri, Rudio et Gomez.

l'ambassadeur de France, Persigny, adressa à cette puissance sur l'impunité qu'elle semblait assurer aux conspirateurs froissèrent l'amour-propre britannique. Néanmoins, Palmerston, qui tenait, on le sait, à l'alliance de Napoléon III, crut devoir présenter au parlement un bill de nature à le contenter. Mais, sur ces entrefaites, le *Moniteur*, qui, depuis quelques semaines, était rempli d'adresses de félicitations à l'empereur, en publia quelques-unes d'un ton si provocant et même si injurieux pour la Grande-Bretagne, que la susceptibilité anglaise éclata de son côté en récriminations et en menaces. Palmerston, accusé d'avoir fait trop bon marché de l'honneur national, fut renversé tout net (février 1858); le bill fut abandonné, et les tories formèrent, sous lord Derby [1], un ministère beaucoup moins porté que le précédent à s'entendre avec le gouvernement français.

Napoléon III ne manqua pas de demander au Piémont, comme à la Suisse et à la Belgique, des mesures contre les excès de la presse et contre les complots. Cavour s'empressa de les faire voter (février 1858), non sans garder vis-à-vis-de l'empereur l'attitude digne et ferme d'un ministre qui ne voulait pas être traité en préfet français. Victor-Emmanuel, qui savait comme lui être fier à ses heures, écrivit même à son futur protecteur que, s'il le fallait, il défendrait du haut des Alpes, à l'exemple de ses ancêtres, l'indépendance de son pays. Ce souverain et son conseiller ne voulaient pas, on le conçoit, s'aliéner en Italie le parti avancé par des apparences de platitude envers Napoléon III. Ils connaissaient du reste à merveille l'empereur des Français et savaient bien que, dans l'état d'esprit où il était depuis le 14 janvier, il était encore plus pressé de leur offrir son concours qu'ils ne pouvaient l'être eux-mêmes de l'obtenir.

VII

Effectivement, ce souverain ne voyait plus qu'un moyen d'échapper aux poignards et aux bombes des conspirateurs italiens, c'était d'entreprendre au plus tôt et ouvertement l'affranchissement de la péninsule. Orsini, condamné à mort, refusa de

1. Lord Malmersbury reprit dans ce cabinet la direction du Foreign-Office.

demander sa grâce (que Napoléon III lui eût sans doute accordée tout de même si son entourage ne l'en eût empêché). Mais il avait adressé à l'empereur une lettre où, après lui avoir donné clairement à entendre que les attentats contre sa personne se renouvelleraient tant qu'il n'aurait pas aidé l'Italie à reconquérir sa liberté, il l'adjurait d'accomplir enfin cette grande œuvre. « Que Votre Majesté, lui écrivait-il, ne repousse pas le vœu suprême d'un patriote sur les marches de l'échafaud, qu'elle délivre ma patrie, et les bénédictions de 25 millions de citoyens la suivront dans la postérité. » Pour bien montrer qu'il n'était pas insensible à cette prière, l'empereur fit publier la lettre dans le *Moniteur*. On put ainsi déterminer Orsini à lui en adresser une seconde où, prenant pour ainsi dire acte de ses bonnes dispositions pour l'Italie, il suppliait le parti révolutionnaire de s'abstenir désormais à son égard de tout attentat. « Les sentiments de sympathie de Votre Majesté pour l'Italie, lit-on dans cette dernière pièce, ne sont pas pour moi un mince réconfort au moment de mourir;... que mes compatriotes, au lieu de compter sur ce moyen de l'assassinat, apprennent de la bouche d'un patriote prêt à mourir que leur abnégation, leur dévouement, leur union, leur vertu peuvent seuls assurer la délivrance de l'Italie, la rendre libre, indépendante et digne de la gloire de nos aïeux. »

Orsini fut exécuté le 13 mars. Mais déjà le *Moniteur* avait publié sa dernière lettre, comme la première, et cette manifestation des sentiments de l'empereur était fort significative. Bientôt Cavour fut invité en secret à faire imprimer l'une et l'autre dans son journal officiel. Il feignit d'avoir peur de se compromettre, vu la suspicion dont la Sardaigne était depuis longtemps l'objet. *Imprimez*, lui répéta-t-on formellement. N'était-ce pas lui donner à entendre qu'on était résolu à le soutenir? Il publia donc, lui aussi, les lettres d'Orsini (1er avril) et, dans le même temps, fit comprendre à mots couverts au peuple italien, par une sorte de manifeste qui eut un grand retentissement, que l'heure de la délivrance était près de sonner. Bientôt les avances de Napoléon III devinrent plus significatives encore. Ce souverain, qui n'avait jamais pu se défaire de ses vieilles habitudes de conspirateur, entretenait, en dehors et à l'insu de ses ministres, une diplomatie occulte, par laquelle il aimait à préparer, sans empêchements, sans contrôle, les grands coups que devait frapper sa diplomatie officielle. Le prince Napoléon était à cette époque un des agents les plus actifs de ses mystérieuses trames. Un familier de ce personnage informa, dès le mois de mai, le comte de Cavour du projet que l'empereur débattait dès lors fort sérieusement, d'une alliance franco-sarde, en vue d'une guerre prochaine contre l'Autriche. Peu après, un confident de Napoléon III, le Dr Conneau, alla l'inviter dans le plus grand secret à venir trouver ce souverain pour s'entendre avec lui sur les conditions de cet accord. Mais Cavour ne se pressa pas et ne se mit en route qu'au bout de plusieurs semaines. Feignant d'aller en Suisse *respirer l'air pur des Alpes*, il partit tout à coup pour la petite ville de Plombières (dans les Vosges), où se trouvait alors l'empereur des Français et put enfin s'aboucher avec ce dernier (20 juillet). Quarante-huit heures lui suffirent pour fixer les bases du traité. Il fut convenu que la France aiderait la Sardaigne à expulser les Autrichiens de toute l'Italie. Elle lui laisserait naturellement prendre la Lombardie et la Vénétie, peut-être même quelque chose de plus, enfin ce qu'il faudrait pour que Victor-Emmanuel fût à la tête d'un État de 11 à 12 millions d'habitants. En retour, elle acquerrait la Savoie, et peut-être aussi le comté de Nice, sa frontière du sud-est ayant besoin d'être renforcée. Napoléon III ne manqua pas sans doute de remettre en avant son idée d'une confédération italienne, et Cavour n'eut garde de le contrarier. Il fut enfin bien entendu que la France seule aurait à donner le signal de la guerre et que le Piémont devrait attendre qu'elle jugeât à propos de la commencer.

Le ministre sarde se hâta de quitter Plombières, mais ne rentra pas tout de suite en Italie. Napoléon III n'était pas fâché qu'il allât s'assurer des dispositions du gouvernement prussien, qui, peu auparavant, venait de passer en de nouvelles mains. Depuis le mois d'octobre 1857, Frédéric-Guillaume IV était, vu l'altération subite de ses facultés mentales, hors d'état d'exercer ses fonctions de roi. Le prince Guillaume, son frère et son héritier présomptif, avait dû s'emparer de l'administration. On le savait animé de sentiments fort peu amicaux pour l'Autriche; il avait été très sensible à l'humiliation d'Olmütz et il souhaitait passionnément de pouvoir la venger. Cavour, qui alla le trouver à Bade, n'obtint pas de lui d'engagements fermes que, du reste, ce prince ne pouvait pas lui donner. Mais il le quitta convaincu qu'il ne se compromettrait jamais pour la cour de Vienne. Aussi rentra-t-il plein d'espoir et de joie à Turin, où il fit marcher de front, pendant les derniers mois de 1858, les préparatifs de guerre et les négociations secrètes avec la France.

VIII

Avant de révéler les arrangements de Plombières (dont il n'informa pas même ses ministres) et de provoquer enfin la guerre d'Italie, Napoléon III voulut s'assurer qu'il ne laisserait derrière lui aucun conflit diplomatique de quelque gravité. Aussi attendit-il, pour faire connaître à l'Europe ses intentions, que certaines difficultés, dont se préoccupait le monde politique et qui auraient pu l'arrêter au milieu de sa grande entreprise, fussent, momentanément au moins, aplanies.

Une des plus graves était la question danoise, qu'on avait cru trancher en 1852 et qui, depuis quelque temps, passionnait de nouveau l'Allemagne entière. La Prusse et l'Autriche pouvaient être amenées à s'allier pour la résoudre, et c'est ce que redoutait Napoléon III. On se rappelle que l'intégrité de la monarchie danoise avait été reconnue et garantie par le traité de Londres. Mais, pour obtenir cet avantage, Frédéric III avait dû prendre préalablement envers les deux grandes cours germaniques, comme envers la diète de Francfort, l'engagement : 1° d'assurer leur autonomie à chacun des duchés de Sleswig, de Holstein et de Lauenbourg ; 2° de donner à ces trois États, ainsi qu'au Danemark proprement dit, une constitution commune en rapport avec les intérêts généraux de la monarchie. Ce souverain avait tenu parole. Seulement, au lieu d'appeler les duchés à la discussion de leurs droits, il leur avait purement et simplement *octroyé* des chartes. Quant à la constitution commune, il avait cru devoir, à plus forte raison, procéder de même, pour prévenir d'interminables débats entre les Danois et les Holsteinois (que la diète de Francfort n'eût pas manqué de soutenir). Cet acte avait donc été publié par lui le 2 octobre 1855. Mais quand il avait voulu en appliquer les prescriptions, les difficultés les plus graves s'étaient élevées. Le Holstein et le Lauenbourg soutenaient qu'on eût dû leur soumettre non seulement leurs constitutions propres, mais la constitution commune; cette dernière était, du reste, à leur sens, attentatoire à leurs droits particuliers. L'Allemagne, dont ces deux duchés faisaient partie, comme membres de la confédération, ne manqua pas de prendre pour eux fait et cause. Elle parlait bien haut d'honneur et de nationalité. Ce qu'elle ne disait pas, c'est qu'au moyen d'une constitution commune elle prétendait simplement faire la loi à la monarchie danoise tout entière. Les cours de Vienne et de Berlin rivalisaient de zèle en cette affaire, ne voulant ni l'une ni l'autre paraître faire bon marché des intérêts germaniques. Vainement Frédéric VII essaya de les gagner par des négociations. Après deux années de récriminations réciproques, la question semblait plus irritante et plus embrouillée que jamais. Enfin l'acte du 2 octobre 1855 fut solennellement dénoncé à la diète (nov. 1857) qui, par deux arrêtés datés de février 1858, déclara le Holstein et le Lauenbourg dispensés de s'y soumettre et enjoignit au roi d'en suspendre l'application pour ce qui concernait ces deux duchés. Bientôt même, la cour de Copenhague n'ayant pas pris les engagements qu'on exigeait d'elle, on la menaça d'une exécution fédérale (mai). Que pouvait faire Frédéric VII? Le gouvernement français l'engageait à céder; le gouvernement russe, qui marchait alors de conserve avec ce dernier, en faisait autant. L'Angleterre était en étroit accord avec la Prusse, surtout depuis le mariage récent du prince Frédéric, fils du régent, avec la fille aînée de la reine Victoria [1]. Le pauvre souverain dut donc céder au droit du plus fort. Il annonça, le 15 juillet, que la constitution commune de 1855 était suspendue. Mais la diète ne se tint pas pour satisfaite et exigea qu'elle fût abolie à l'égard du Holstein et du Lauenbourg, ainsi que les points essentiels des chartes locales octroyées à ces duchés. C'est ce qui eut lieu le 6 novembre. Qu'allait-on substituer aux lois ainsi supprimées? Et de quelle façon procéderait-on pour les remplacer? C'étaient là des

1. Ce mariage venait d'avoir lieu le 25 janvier 1858. Le prince Frédéric, né le 18 octobre 1831, a succédé à son père comme roi de Prusse et empereur d'Allemagne le 9 mars 1888. Il était à ce moment atteint d'une maladie mortelle. Aussi n'a-t-il régné que trois mois.

questions grosses d'orages. Mais pour le moment l'Allemagne était à l'état d'accalmie. La diète suspendait ses mesures d'exécution à l'égard du Danemark (23 décembre). Napoléon III n'avait donc à craindre de ce côté, jusqu'à nouvel ordre, aucune complication qui pût l'empêcher d'accomplir en Italie ses secrets desseins.

IX

Les affaires d'Orient ne l'avaient pas moins préoccupé, pendant cette année 1858, que le conflit germano-danois. Mais en définitive elles tournaient également à son avantage. La Turquie était depuis quelques mois fort troublée. Grâce à la résistance et à l'aveuglement du vieux parti musulman, le *hatti-humayoun* de février 1856, qui promettait aux chrétiens une administration régulière, ainsi que l'exercice de tous leurs droits civils et religieux, était resté à peu près lettre morte. Les populations de la Bulgarie, de la Bosnie, de l'Herzégovine, encouragées, comme autrefois, par des agents russes, commençaient à s'agiter. Le Monténégro avait repris les armes et revendiquait quelques parcelles de territoire que la Porte lui contestait. Une armée turque marcha, en avril 1858, contre cette principauté. Mais la France, fort désireuse de complaire à la Russie et de déplaire à l'Autriche en soutenant le principe des nationalités dans la péninsule des Balkans, envoya plusieurs bâtiments de guerre dans l'Adriatique et encouragea ouvertement les Monténégrins. Les Turcs furent battus à Grahovo (13 mai), et bientôt la Porte dut régler à la satisfaction des cabinets de Paris et de Saint-Pétersbourg la question de frontières en litige.

Napoléon III et Alexandre II ne furent pas moins heureux sur le Danube qu'en Illyrie. Les divans de Valachie et de Moldavie ayant terminé leurs travaux et la Commission internationale en ayant consigné les résultats dans son rapport (7 avril 1858), la conférence qui devait fixer le sort des Principautés se réunit à Paris le 22 mai. Ses débats durèrent trois mois [1], car les puis-

1. Il fut aussi question dans cette réunion du règlement publié le 7 novembre 1857 par la Commission internationale du Danube pour la navigation de ce fleuve, et dont certains articles furent indiqués comme devant être amendés.

sances étaient moins que jamais d'accord sur la question capitale de l'*union*. Finalement on se fit de part et d'autre des concessions; mais elles ne furent qu'apparentes de la part de la France et de l'Angleterre. La convention du 19 août stipula que la Valachie et la Moldavie ne seraient pas fondues en un seul État, mais qu'elles auraient les mêmes lois et la même armée, qu'elles formeraient une alliance permanente et que leurs intérêts communs seraient discutés par une *commission centrale* composée de délégués du parlement de Bucharest et du parlement de Jassy. Les deux provinces éliraient librement leurs hospodars, qui devraient être indigènes. On voit qu'en somme l'union était faite plus qu'aux trois quarts. Pour la compléter, que fallait-il? Simplement que les Principautés tournassent la loi nouvelle en élisant chacune le même prince. C'est ce à quoi les agents français et russes les engageaient de toutes leurs forces. Aussi, dès que les Principautés eurent été mises officiellement en possession de leurs droits par un firman du sultan, manifestèrent-elles l'intention de porter tous leurs suffrages sur un seul candidat. Nul ne pouvait douter, vers la fin de 1858, que le colonel Couza[1] (grand ami de la France) ne dût être appelé prochainement à régner à Jassy comme à Bucharest.

La nationalité roumaine n'était pas la seule qui fût, à cette époque, en train de se constituer sur les bords du Danube. Juste dans le même temps, la Serbie, à demi émancipée par les traités d'Andrinople et de Paris, réclamait, en attendant l'indépendance absolue, une autonomie plus large et plus assurée que celle dont l'avait gratifiée la diplomatie. La politique austro-turque, représentée à Belgrade depuis 1842 par le prince Alexandre Karageorgewitch[2], était fort impopulaire en ce pays, où le retour du vieux Miloch Obrenowitch, client de la Russie, était souhaité par la grande majorité de la population. L'agitation y devint si forte,

1. Couza (Alexandre-Jean), né à Galatz en 1820; élevé à Paris de 1834 à 1839; vice-président du tribunal de Galatz, puis préfet de cette ville (1850), dont il fut élu député en 1858; nommé peu après ministre de la guerre; élu prince de Moldavie et de Valachie (1859); renversé par une conjuration militaire (23 février 1866); mort à Wiesbaden au mois de mai 1873.

2. Alexandre Karageorgewitch, fils de Kara-Georges, né en 1806, proclamé *kniaze* ou prince de Serbie par la diète de 1842, confirmé par celle de 1843; renversé en 1858; mort à Temesvar (Hongrie) le 2 mai 1885.

vers la fin de 1858, que Karageorgewitch fut contraint de convoquer, suivant les anciens usages, la *Skouptchina*, c'est-à-dire l'assemblée nationale, qui, depuis longtemps, n'avait pas été réunie. Mais il ne gagna rien à cette concession, car le premier usage que les représentants du peuple serbe firent de leur mandat, fut d'exiger l'abdication du prince, qui, après deux jours de résistance, dut résigner ses pouvoirs (24 décembre), mais se réfugia dans la forteresse de Belgrade, occupée par les troupes turques, et invoqua le secours de l'armée autrichienne. Le cabinet de Vienne annonça aussitôt l'intention d'envoyer à son aide plusieurs milliers de soldats. Mais une pareille intervention, sans accord préalable entre les grandes puissances, eût été une violation du traité de Paris. La France et la Russie déclarèrent hautement qu'elles ne la permettraient pas. Aussi n'eut-elle pas lieu. L'élection de Miloch[1], rappelé au gouvernement par la Skouptchina, fut ratifiée par la Porte dès le 12 janvier 1859. Le sultan n'accorda pas, il est vrai, aux Obrenowitch la principauté à titre héréditaire, comme le voulait l'assemblée serbe. Mais il fit entendre qu'à cet égard son refus était de pure forme.

Très peu de jours après, comme on pouvait s'y attendre, le colonel Couza, protégé de la France et de la Russie, était élu prince à l'unanimité, d'abord en Moldavie (17 janvier), puis en Valachie (5 février). L'union des deux grandes provinces roumaines était, de fait, accomplie. La politique autrichienne était ainsi doublement tenue en échec sur le Danube, et l'Orient redevenait gros de menaces pour la cour de Vienne juste à l'heure où la crise italienne allait l'obliger à tourner vers l'ouest toute son attention comme toutes ses forces.

1. Miloch Obrenowitch, né en 1780, fut, à partir de 1804, un des principaux chefs de la nation serbe révoltée contre les Turcs, fut confirmé dans ses pouvoirs par la Porte en 1813, se souleva de nouveau en 1816, fut, en 1817, après le meurtre de Kara-Georges (auquel il n'avait pas été étranger), proclamé kniaze ou prince héréditaire par ses compatriotes, fit reconnaître l'autonomie administrative de son pays par la Turquie (nov. 1830), dut, après des troubles très prolongés, abdiquer en faveur de son fils aîné Milan, tenta vainement, après la mort de ce dernier, de reprendre le pouvoir, auquel il ne fut rappelé qu'en 1858, et mourut en 1860.

X

A ce moment, en effet, Cavour avait terminé ses préparatifs de guerre. Il représentait à Napoléon III qu'il ne pouvait ni maintenir plus longtemps sur pied, sans l'utiliser, un effectif militaire qui ruinait le Piémont, ni contenir davantage en Italie le parti de la révolution. Il semblait prêt à brusquer l'attaque, bien sûr que l'empereur des Français serait obligé de le suivre. Ce souverain jugea que, sous peine de ne plus pouvoir maîtriser les événements, il lui fallait sans retard aller de l'avant. Il était, du reste, dans les conditions les plus favorables à l'entreprise qu'il méditait. Les conventions verbales de Plombières venaient de prendre la forme d'un traité — secret, il est vrai, mais qui engageait irrévocablement les deux parties. La Prusse et la Russie, sans se compromettre par d'imprudentes déclarations, montraient des dispositions encourageantes pour l'alliance franco-piémontaise. A Berlin le prince Guillaume, qui n'avait tout d'abord exercé le pouvoir qu'à titre provisoire, était investi de la régence, à titre définitif et sans réserve, depuis le mois d'octobre 1858. Il venait de renvoyer Manteuffel (novembre), d'appeler au ministère un de ses parents, le prince de Hohenzollern [1], et d'inaugurer sa nouvelle administration par un discours vigoureux dans lequel il conviait la Prusse à des *conquêtes morales* (en attendant sans doute qu'elle en pût faire d'autres). Napoléon III lui envoya Pepoli, qui, sans lui révéler tout ce qu'il méditait à l'égard de l'Italie, ne lui laissa pas ignorer qu'une guerre au delà des Alpes était maintenant fort probable. Le prince sembla l'admettre comme une nécessité historique et parut porté à demeurer neutre, à condition que la France ne prît pas l'offensive (on comprend en effet que l'Autriche, si elle était attaquée, pouvait réclamer le concours de la Confé-

1. Hohenzollern-Sigmaringen (Charles-Antoine-Joachim-Zéphirin, prince de), né le 7 septembre 1811, céda sa principauté à Frédéric-Guillaume IV en 1849, fut président du conseil des ministres de Prusse de 1858 à 1862 et devint ensuite gouverneur militaire des provinces de Prusse rhénane et de Westphalie. Il mourut le 2 juin 1885. Son second fils, Charles, est devenu prince de Roumanie en 1866 et depuis a pris le titre de roi. Quant à son fils aîné, Léopold, la candidature de ce prince au trône d'Espagne fut la cause occasionnelle de la guerre franco-allemande en 1870.

dération germanique, qui, en ce cas, ne pouvait guère le lui refuser; si, au contraire, elle ouvrait elle-même les hostilités, elle fournissait à la Prusse une excellente raison pour lui refuser son appui et, par suite, retenir l'Allemagne). Dans le même temps, ou à peu près, le prince Napoléon allait à Varsovie trouver le czar qui lui tenait le même langage, donnant même à entendre que, par son attitude militaire, il saurait contenir la Confédération germanique [1].

La question se réduisait donc maintenant pour la France et pour la Sardaigne à rendre la guerre inévitable, mais à se la faire déclarer par l'Autriche. Napoléon III et Cavour jouèrent à l'égard de cette puissance un jeu analogue à celui dont la Prusse devait user envers la France en 1870.

XI

Tout d'abord l'empereur, sans provoquer son adversaire, profita d'une circonstance solennelle pour signaler publiquement à l'Europe la mésintelligence qui existait entre les cabinets de Paris et de Vienne. — Le 1er janvier 1859, comme il recevait le corps diplomatique aux Tuileries : « Je regrette, dit-il, à l'ambassadeur d'Autriche, que nos relations avec votre gouvernement ne soient pas aussi bonnes que par le passé. Je vous prie de dire à l'empereur que mes sentiments personnels pour lui ne sont pas changés. » Ces paroles, transmises aussitôt à Vienne, y causèrent le plus grand émoi. Depuis quelque temps le secret de Plombières avait transpiré. François-Joseph et Buol virent bien que le moment de la crise approchait. Aussitôt plusieurs corps d'armée furent dirigés par eux vers le royaume lombard-vénitien. Leurs pressentiments ne les trompaient pas. Fort peu de jours après, Victor-Emmanuel, d'accord avec Napoléon III, prononçait, à l'ouverture des Chambres piémontaises, un discours plus significatif encore que celui de ce souverain. Il y parlait du ciel qui s'assombrissait, des

1. Il demandait, il est vrai, que les souverains italiens ne fussent pas détrônés et que Napoléon III ne profitât pas de la guerre pour substituer un de ses parents à quelqu'un d'entre eux. On le paya, sous ce rapport, d'assurances qui n'étaient peut-être pas fort sincères, mais dont il se tint pour satisfait.

obligations patriotiques qui incombaient à la Sardaigne et déclarait ne pouvoir rester insensible au *cri de douleur* qui s'élevait dans toutes les parties de l'Italie opprimée (10 janvier). L'écho de cette harangue vibrait encore quand on apprit l'arrivée à Turin du prince Napoléon, qui venait sceller aux yeux de l'Europe par son mariage l'alliance franco-piémontaise. Il épousa le 30 janvier la princesse Clotilde, fille de Victor-Emmanuel. Dans le même temps paraissait sous ce titre : *Napoléon III et l'Italie*, une brochure manifestement inspirée par l'empereur des Français et qui eut un immense retentissement. Transformer la péninsule en une confédération, dont le pape pourrait avoir la présidence honoraire, mais dont la direction effective appartiendrait au roi de Sardaigne : telle était la solution préconisée par l'auteur de cette brochure. Enfin, malgré les assurances pacifiques que répétait avec affectation le cabinet des Tuileries, on ne put douter que la guerre ne fût imminente quand on vit Cavour faire voter en cinq jours (4-9 février) par le Parlement sarde un emprunt de 50 millions destiné à la défense du Piémont. Les troupes s'accumulèrent rapidement en Italie. Il y eut bientôt près de deux cent mille Autrichiens sur les bords du Tessin. Mais qui serait assez hardi pour commencer les hostilités?

Il ne tint pas à l'Angleterre qu'elles ne s'ouvrissent pas. Le ministère Derby voyait avec angoisse la crise austro-piémontaise s'aggraver. Il n'osait se prononcer ouvertement contre la France, d'abord parce que la cause italienne était alors fort populaire dans toute la Grande-Bretagne, ensuite parce que Napoléon III venait de coopérer par sa flotte aux récentes victoires de l'Angleterre en Chine et aux heureuses négociations d'où venaient de sortir les traités de Tien-tsin (juin 1858)[1]; enfin parce que l'Inde était à peine pacifiée et qu'il n'eût pas été difficile à la France d'y ranimer le feu mal éteint de l'insurrection. D'autre part, il redoutait la création d'une confédération italienne qui, manquant de cohésion et de force, devrait forcément s'inféoder à la France; il n'était pas non plus sans soupçonner chez Napoléon III des arrière-pensées d'annexion et voyait déjà non seulement la Savoie, mais,

1. Ces conventions obligeaient la Chine à ouvrir ses principaux ports aux Européens, à admettre la liberté du commerce et la liberté religieuse et à payer une indemnité de trente millions.

chose plus grave, la Belgique réunies à la France au nom du principe des nationalités et grâce à la théorie des *frontières naturelles*.

Ces considérations amenèrent le cabinet britannique à offrir, vers le milieu de février, à l'Autriche et à la France une médiation officieuse que cette dernière puissance ne pouvait décemment décliner et que la première accepta avec reconnaissance, moins parce qu'elle était disposée à céder que parce qu'elle espérait entraîner par là l'Angleterre dans son alliance. Lord Cowley fut envoyé à Vienne par Derby, avec l'assentiment de Napoléon III. Il y arriva le 25 février. Le 9 mars, il était de retour à Londres et rapportait non pas la certitude, mais au moins l'espérance que la paix ne serait pas troublée. Mais juste à ce moment l'empereur des Français, par une manœuvre imprévue, déjouait tous les plans du cabinet britannique. On apprit, en effet, vers le milieu de mars, que le czar Alexandre, sous couleur de répondre à l'appel que venait de lui adresser la cour de Vienne, proposait de réunir en congrès les grandes puissances pour résoudre la question italienne. Cette idée venait de lui être inspirée secrètement par la cour des Tuileries, et il n'avait eu garde de la repousser, car, de toutes façons, elle devait être funeste à l'Autriche. En effet, ou cette puissance n'accepterait pas le congrès et mettrait de son côté tous les torts en déclarant la guerre; ou elle l'accepterait et, dans ce cas, n'y serait pas la plus forte, puisqu'elle était assurée d'avoir contre elle la France, la Prusse et la Russie.

Le gouvernement britannique ne put dissimuler sa mauvaise humeur. Mais la France s'étant empressée d'adhérer à la proposition du czar, il lui était difficile de la repousser. Il déclara donc (21 mars) qu'il prendrait part au congrès, mais il exigea que le programme en fût à l'avance bien délimité. La Russie, la Prusse et la France l'approuvèrent, et il fut entendu que l'Autriche serait invitée à rechercher avec les autres puissances, dans cette réunion : 1° par quels moyens la paix pourrait être maintenue entre elle et la Sardaigne; 2° comment l'évacuation des États romains par les troupes françaises et autrichiennes pourrait le mieux s'accomplir; 3° si des réformes et, dans l'affirmative, quelles réformes pourraient être introduites dans l'administration des États romains et des autres États de l'Italie dont la situation intérieure serait un sujet de mécontentement et une cause de désordres; 4° enfin comment on pourrait substituer aux traités conclus entre l'Autriche et les duchés une confédération des États de l'Italie pour leur sécurité intérieure et extérieure. Il était bien entendu que l'état de possession territoriale en Italie, tel qu'il avait été réglé par les traités de 1815, resterait en dehors de la discussion.

La France n'avait accepté un tel programme que dans la conviction qu'il serait repoussé par l'Autriche. Cette puissance montra effectivement par ses réserves hautaines que son intention était d'en empêcher la réalisation. Il est vrai qu'elle ne se refusait pas à le mettre en discussion. Mais au fond elle voulait la guerre et elle la rendit inévitable par sa double prétention d'exclure la Sardaigne du congrès et d'obliger cette puissance à un désarmement immédiat.

Cette dernière condition était si humiliante pour la cour de Turin que l'Angleterre crut devoir l'atténuer en proposant qu'avant d'ouvrir le congrès toutes les puissances consentissent à remettre simultanément leurs armées sur le pied de paix. Mais encore fallait-il que le Piémont, si intéressé dans la question italienne, fût admis à la discuter. Tout le monde, même en France, n'était pas disposé à lui faire cet honneur. Walewski et tout le parti de l'impératrice voulaient qu'il demeurât à la porte du congrès. Ce n'était pas l'avis de Napoléon III, qui fit venir Cavour à Paris, aux derniers jours de mars, le rassura et ourdit avec lui une combinaison de nature à le satisfaire. Il fut convenu entre eux que l'admission du Piémont serait exigée comme étant de droit : 1° parce qu'on ne pouvait le contraindre à désarmer sans lui assurer la liberté de défendre au moins diplomatiquement ses intérêts; 2° parce que l'Autriche exigeait pour son compte l'admission au congrès des autres États italiens. A ces conditions, Cavour promit d'adhérer au principe du désarmement. Mais il était bien entendu qu'il ferait attendre son adhésion et qu'il la donnerait seulement lorsqu'il aurait la certitude que la cour de Vienne ne voulait aucun arrangement.

Il n'épargna rien, du reste, pour porter la mauvaise humeur de l'Autriche à cet état d'exaspération où l'on ne raisonne plus et où l'on se jette tête baissée dans tous les pièges. Il adressa un appel retentissant aux patriotes italiens, encouragea l'audace provoquante de la presse piémontaise, confia officiellement à Garibaldi le soin de former un corps de volontaires. Bref, dès les premiers jours d'avril, la cour de Vienne prit l'irrévocable résolution d'en finir par une déclaration de guerre.

Ce qui l'enhardissait, c'est qu'elle espérait entraîner avec elle l'Allemagne entière, dont elle s'efforçait à ce moment, et non sans succès, de réveiller la traditionnelle méfiance à l'égard de la France. Il est vrai qu'elle ne parvenait pas à s'assurer la coopération de la Prusse. L'archiduc Albert[1], envoyé à Berlin, proposa vainement au prince régent (14 avril) de s'unir à François-Joseph et de faire marcher vers le Rhin une armée que renforceraient deux cent mille Autrichiens. Guillaume ne voulait pas servir la cour de Vienne. Il réservait ses forces pour une médiation armée dont le moment ne lui paraissait pas venu. Mais Buol et François-Joseph n'en décidèrent pas moins d'ouvrir sans retard les hostilités en Italie. Les États secondaires de la confédération se prononçaient hautement en leur faveur. Il leur paraissait impossible qu'ils ne réussissent pas prochainement à entraîner la Prusse, qui ne pourrait rester immobile sans encourir le reproche de trahir la patrie allemande. Ils croyaient aussi pouvoir compter de la part de l'Angleterre sur une neutralité bienveillante, qui ne tarderait peut-être pas à se transformer en une alliance. Enfin ils se croyaient prêts pour l'offensive et, persuadés, à tort (grâce aux bruits habilement répandus par Cavour et Napoléon III), que la France était bien loin d'avoir terminé ses préparatifs de guerre, ils ne doutaient pas que le Piémont ne fût occupé en quelques jours. Peut-être même espéraient-ils pouvoir très prochainement porter l'offensive au delà des Alpes.

Voilà pourquoi ils se résolurent, au milieu d'avril, alors que l'Angleterre attendait encore leur réponse à ses dernières propositions, d'adresser au gouvernement sarde un ultimatum l'invitant à désarmer sous menace de guerre immédiate. Bien assuré qu'ils allaient commettre cette irréparable faute, Cavour crut pou-

1. Albert (Frédéric-Rodolphe), fils de l'archiduc Charles et neveu de l'empereur François Ier, né en 1817; marié en 1844 à la princesse Hildegarde de Bavière; chargé en 1848 et 1849 du commandement d'une division dans l'armée de Radetzki; appelé ensuite au gouvernement général de la Hongrie, poste qu'il occupa jusqu'en 1860; général en chef de l'armée autrichienne en Italie pendant la campagne de 1866; nommé inspecteur général de l'armée en 1869.

voir sans péril prendre une attitude conciliante. Le 21 avril, il déclarait adhérer au principe du désarmement général. Mais déjà l'ultimatum était parti de Vienne et il le savait bien. Le 23, l'officier chargé de le lui signifier arrivait à Turin. Le rusé ministre tressaillit d'aise en lisant cette brutale sommation. Trois jours seulement étaient accordés pour la réponse. A l'expiration du délai, Cavour répondit fermement : non. C'était la guerre. Le gouvernement français informa aussitôt l'Europe (26 avril) qu'il n'abandonnerait pas son allié injustement attaqué. Vainement l'Angleterre fit encore un effort désespéré pour maintenir la paix et offrit de nouveau sa médiation. Au point où en étaient les choses, cette proposition ne pouvait avoir et n'eut aucun succès. Dès le 29 avril, les troupes autrichiennes de Giulay, précédées d'une proclamation menaçante, franchissaient le Tessin. Mais, juste dans le même temps et contrairement aux calculs de Buol, les premières colonnes de l'armée française franchissaient les Alpes. De toutes façons l'Autriche avait mal engagé la partie. Elle était fatalement destinée à la perdre.

CHAPITRE VI

L'UNITÉ ITALIENNE [1]

I. Le vent en poupe. — II. Un coup de théâtre : Villafranca. — III. Le cabinet britannique et la révolution en Italie. — IV. La politique du pourboire. — V. Cavour et *son complice*. — VI. Pie IX, François II et Garibaldi. — VII. Entrevues de Bade et de Teplitz. — VIII. Comment Garibaldi put entrer à Naples. — IX. *Fate presto* : Castelfidardo. — X. Conférences de Varsovie. — XI. Le royaume d'Italie.

(1859-1861)

I

Dès le début de la guerre, l'Europe put mesurer la portée et calculer les conséquences probables de la politique napoléonienne.

1. Sources : *Annuaire des Deux Mondes*, années 1859-1860, 1860-1861 ; — About (Ed.), *la Question romaine*; *Archives diplomatiques*, années 1861-1862 ; — Berton (I. de), *les Massacres de Syrie*; — Beust, *Mémoires*, t. I ; — Bianchi, *Storia documentata della diplomazia europea in Italia* (1815-1861) ; — Bordier, *l'Allemagne aux Tuileries*; — Cantù, *Della Indipendenza italiana*, t. III ; — Delord (T.), *Histoire du second Empire*, t. II et III ; — Edwards (R.), *la Syrie, 1840-1862*; — Favre (J.), *Discours parlementaires*; — Ideville (H. d'), *Journal d'un diplomate en Italie* (1859-1862); — Klaczko (J.), *Études de diplomatie contemporaine*; *Deux chanceliers*; — Kossuth, *Souvenirs et écrits de mon exil*; — Lavollée (C.), *l'Expédition anglo-française en Chine* (Revue des Deux Mondes, 15 juillet, 1er août 1860) ; — Lenormant (P.), *les Événements de la Syrie* ; — Mac Carthy, *Histoire contemporaine de l'Angleterre*, t. III ; — Matteucci, *De l'Organisation du nouveau royaume d'Italie* (Revue des Deux Mondes, 1er juillet, 1er oct. 1860) ; — Martin (Th.), *le Prince Albert*, t. II ; — Mazade, *le Comte de Cavour*; *l'Italie et les Italiens*; *la Russie sous le règne de l'empereur Alexandre II* (Revue des Deux Mondes, 1862-1868); *la Guerre du Maroc et de l'Espagne* (Revue des Deux Mondes, 15 sept. 1860) ; — Mérimée (P.), *Lettres à Panizzi*, t. I; *Napoléon III et les Italiens* ; *le Pape et le Congrès* ; — Poujoulat (B), *la Vérité sur la Syrie et l'expédition française* ; — Rattazzi (Mme), *Rattazzi et son temps*, t. I ; — Raymond (X.), *la Syrie et la question d'Orient*

Peut-être s'en rendit-elle mieux compte que l'empereur des Français lui-même, qui déchaînait la révolution sans trop savoir où elle l'entraînerait. Ce souverain commença par adresser au peuple français (le 3 mai) une proclamation dans laquelle il annonçait fièrement son intention d'affranchir l'Italie *jusqu'à l'Adriatique.* Puis, au milieu d'un grand enthousiasme populaire, il partit (le 10 mai) pour aller se mettre à la tête de son armée. Bientôt des nouvelles de victoires mirent la France en fête. Quelques jours avaient suffi aux troupes franco-sardes pour délivrer le Piémont. Tournés au nord par Garibaldi et ses *chasseurs des Alpes*, attaqués de front par le gros des forces alliées, battus à Montebello et à Palestro (20-31 mai), les Autrichiens avaient dû repasser le Tessin. Napoléon III et Victor-Emmanel l'avaient franchi à leur tour et, dès le 4 juin, Giulay avait subi la retentissante défaite de Magenta, qui le contraignit à se retirer bien en arrière de Milan. Le 8, l'empereur des Français et le roi de Sardaigne entraient dans cette capitale aux acclamations d'une foule ivre de joie patriotique et le premier de ces souverains, grisé lui-même par le succès, lançait imprudemment à la nation italienne un appel auquel elle n'était que trop disposée à répondre. « Unissez-vous, disait-il aux habitants de la Péninsule, dans un seul but, l'affranchissement de votre pays. Organisez-vous militairement, volez sous les drapeaux du roi Victor-Emmanuel.... et, animés du feu sacré de la patrie, ne soyez aujourd'hui que soldats : demain vous serez citoyens libres d'un grand pays. »

L'Italie, du reste, ne semblait pas devoir être le seul théâtre de l'agitation révolutionnaire provoquée par Napoléon III. Ce conspirateur couronné s'était mis depuis quelques semaines en relations avec Kossuth, ancien dictateur de la Hongrie. Le prince Napoléon avait mystérieusement introduit ce dernier auprès de lui dans la

(Revue des Deux Mondes, 15 sept., 1er août 1860); — Rémusat (Ch. de), *Des rapports politiques de la France et de l'Angleterre* (Revue des Deux Mondes, 1er déc. 1859); *l'Opinion publique et la politique extérieure de la France* (Revue des Deux Mondes, 1er juillet 1860); — Rosenwald, *Annuaire historique,* années 1859-1861; — Saint-Marc-Girardin, *la Syrie en 1861; De la situation de la France et de la papauté en Italie* (Revue des Deux Mondes, 15 mai 1860); — Simon (E.), *l'Empereur Guillaume*; *Histoire du prince de Bismarck*; — Viel-Castel (comte H. de), *Mémoires*; — Vogüé (de), *les Événements de Syrie* (le Correspondant, août 1860); — Zeller, *Pie IX et Victor-Emmanuel*, etc.

nuit du 4 au 5 mai et l'empereur avait demandé au vieux patriote magyar d'appeler de nouveau son peuple à l'insurrection. Kossuth avait, il est vrai, fait ses conditions. Il voulait qu'avant tout soulèvement sur le Danube, une armée française débarquât sur les côtes de l'Illyrie et que Napoléon III proclamât publiquement l'indépendance de la Hongrie. De son côté ce souverain avait exigé la promesse qu'une fois affranchie la Hongrie ne serait pas constituée en république. Était-il bien sincère et songeait-il sérieusement à émanciper ce pays? Cela n'est pas certain, car il se doutait bien que le soulèvement des Magyars et la crainte de voir les Polonais, leurs voisins, suivre leur exemple, causeraient au czar quelque alarme. Mais il jugeait bon d'effrayer l'Autriche par la menace de cette diversion. En outre (et c'est ce à quoi, sans doute, il tenait le plus), son entente avec Kossuth devait lui permettre d'opérer en Angleterre un revirement ministériel auquel il attachait une haute importance.

Le ministère Derby venait de faire connaître son intention d'observer la neutralité entre la France et l'Autriche, mais en termes tels que sa partialité en faveur de cette dernière puissance était visible. Il se réservait en effet toute liberté d'action pour le cas où la guerre cesserait d'être *localisée*. Napoléon III voulait une neutralité absolue, et il jugeait que son ami Palmerston, que les progrès de la révolution en Europe n'effrayaient pas, pouvait seul la lui promettre. Il s'agissait donc de ramener au pouvoir cet homme d'État. Mais comment faire? Les tories étaient un peu plus nombreux que les whigs à la Chambre des communes. Les élections qui avaient lieu à ce moment même leur valurent même quelques recrues. Mais ils ne suffisaient pas pour former la majorité, laquelle dépendait d'un groupe indépendant de 80 ou 90 membres qui, se portant soit d'un côté, soit de l'autre, faisait la loi dans le parlement. Ces *indépendants*, dont les chefs les plus illustres étaient John Bright [1]

1. Bright (John), né à Greenbank dans le Lancashire, le 16 novembre 1811, dirigea d'abord avec ses frères une grande filature à Rochdale, fut avec Cobden, en 1838, le principal organisateur de la ligue de Manchester contre la loi sur les céréales, entra en 1843 à la Chambre des communes, où il soutint constamment et avec éclat la cause de la paix et du libre-échange, se déclara aussi, surtout à partir de 1865, pour la réforme parlementaire, fit partie du premier cabinet Gladstone comme ministre du commerce (1868), en sortit en 1870, y rentra au mois d'août 1873, comme chancelier du duché de Lancastre, combattit vigoureusement le ministère Disraéli, de 1874 à 1880, redevint à cette

et Richard Cobden[1], partisans déterminés de la paix et apôtres du libre-échange, voulaient un ministère disposé à favoriser leurs doctrines économiques et résolu à ne pas participer à la guerre austro-française, quelque extension qu'elle pût prendre. Comme Kossuth, établi depuis plusieurs années en Grande-Bretagne, où il était fort populaire, avait sur eux une notable influence, Napoléon III lui déclara qu'il ne pourrait rien faire pour la Hongrie tant qu'il ne les aurait pas amenés à favoriser l'avènement d'un cabinet dont la neutralité fût assurée à la France dans tous les cas. Il fut donc entendu que l'ex-dictateur magyar travaillerait d'abord de son mieux à renverser le ministère Derby. De fait, il y contribua puissamment. Les harangues éloquentes qu'il prononça, vers la fin de mai, dans plusieurs grandes villes d'Angleterre et d'Écosse, créèrent en faveur de la Hongrie un courant d'opinion dont le cabinet tory ne put mesurer qu'avec effroi l'intensité. Kossuth, comme l'ambassadeur de France à Londres, fit entendre aux indépendants que Napoléon III était tout prêt à négocier avec l'Angleterre un traité de commerce conforme à leurs principes. Eux-mêmes obtinrent sans peine de Palmerston la promesse de ne point contrarier la révolution dont l'Autriche semblait devoir être la victime. Un tel engagement ne coûtait rien au vieux chef des whigs. Ils se doutait bien que l'insurrection hongroise n'aurait pas lieu, et il se disait que, si par hasard elle éclatait, le czar serait là pour y mettre ordre. Quant aux Italiens, il ne lui déplaisait pas qu'ils formassent non point une confédération, mais un État unitaire et qu'ils fussent ainsi indépendants de Napoléon III. Il était donc disposé à se montrer, du moins en paroles, plus favorable encore à leur cause que ce souverain.

dernière date chancelier du duché de Lancastre, donna sa démission à la suite des événements d'Egypte (1882) et se prononça en 1886 contre la création d'un parlement irlandais.

1. Cobden (Richard), né à Dunford (comté de Sussex), le 3 juin 1804, fit, après une jeunesse pénible, une grosse fortune dans l'industrie, acquit dès 1836 une grande réputation comme propagateur des principes de paix, de liberté politique et de libre-échange au nom desquels il devait lutter toute sa vie, devint président de la Chambre de commerce de Manchester, compléta son instruction par des voyages, fonda en 1838 la *Ligue* contre les lois sur les céréales, entra en 1841 à la Chambre des communes, où, pendant près d'un quart de siècle, il soutint avec éclat le programme qui déjà l'avait rendu célèbre, fournit, à partir de 1848, un concours puissant à la cause de la réforme parlementaire, négocia, de 1859 à 1860, le traité de commerce avec la France, et mourut à Dunford, e 2 avril 1865.

La coalition parlementaire fomentée par l'empereur des Français et par son agent hongrois était formée dès les premiers jours de juin. Le 11, elle renversait le ministère Derby. Quelques jours après, Palmerston redevenait premier lord de la trésorerie et John Russell rentrait au Foreign-Office. Dans le même temps, Kossuth partait pour l'Italie et allait organiser à Gênes une légion magyare. Un de ses émissaires venait de conclure avec le prince Couza, auquel il promettait la Bukowine, une convention grâce à laquelle les Principautés-Unies seraient devenues une excellente base d'opérations pour attaquer la Hongrie à revers; et il avait lui-même entamé avec Michel Obrenowitch [1], fils de Miloch, des pourparlers ayant pour but une entente analogue avec la Serbie.

On voit par ce qui précède que, vers le milieu de juin, la France semblait vraiment avoir le vent en poupe. Il est vrai que les gouvernements secondaires d'Allemagne surexcités par l'Autriche, dont ils redoutaient l'affaiblissement [2], commençaient à prendre vis-à-vis d'elle une attitude menaçante. Beust venait de faire un grand voyage diplomatique pour ameuter une bonne partie de l'Europe contre Napoléon III. A la diète on disait que la confédération germanique était intéressée à défendre les possessions de l'Autriche en Italie; on accusait la France de vouloir s'étendre du côté du Rhin. On avait décrété dès le 23 avril que les contingents fédéraux seraient mis en état de *préparation de marche*. Au commencement de mai, plusieurs États, comme la Bavière [3], demandaient qu'ils fussent mobilisés. Mais la Prusse, sachant bien que la confédération ne pouvait agir sans elle, soutenait qu'à elle seule devait appartenir l'initiative d'une telle mesure et forçait la diète d'attendre l'heure de son bon plaisir. Du reste, la Russie prenait à ce moment vis-à-vis de l'Allemagne une attitude qui devait forcément la tenir en respect. Dans une longue circulaire du 27 mai, Gort-

1. Michel Obrenowitch, né en 1823, succéda comme prince de Serbie à son frère Milan (1839), fut renversé en septembre 1842, rentra dans son pays avec son père à la fin de 1858, remonta sur le trône après la mort de ce dernier (1860) et périt assassiné près de Belgrade en 1868.

2. Parce qu'ils sentaient bien que cette puissance pouvait seule les protéger contre la Prusse et sa politique unitaire.

3. Il faut remarquer que l'archiduchesse Sophie, mère de l'empereur François-Joseph, et l'impératrice Élisabeth, femme de ce souverain, appartenaient à la maison royale de Bavière, ainsi que la duchesse de Modène et la reine de Naples, femme de François II.

chakoff émettait formellement l'avis que la confédération germanique n'était nullement menacée par la guerre d'Italie, que la violation du territoire allemand pourrait seule motiver son intervention en faveur de l'Autriche et que sa constitution lui interdisait de donner à sa politique un caractère offensif. Comme le czar réunissait à cette heure une puissante armée en Pologne, la circulaire signifiait manifestement que, si l'Autriche était secourue par l'Allemagne, elle pourrait bien aussitôt être attaquée par la Russie.

II

Ainsi la fortune semblait de toutes parts sourire à Napoléon III. Il n'allait pourtant pas tarder à s'arrêter, de lui-même, au milieu de ses triomphes. Il lui fallut bien en effet s'apercevoir, vers la fin de juin, que ses victoires pourraient lui être plus nuisibles que des défaites. Après avoir niaisement déchaîné la révolution en Italie, il constatait maintenant avec stupeur qu'elle gagnait tout le centre de la péninsule, qu'elle ne l'écoutait plus et qu'il ne pouvait la ramener en arrière. Cavour, tout en le laissant développer à son aise son plan de confédération, n'avait jamais, au fond, souhaité que l'*unification* de l'Italie. Tous les patriotes qui, sous sa direction occulte, agitaient le pays, tendaient au même but. Dès la fin d'avril, la Toscane s'était soulevée et avait chassé le grand-duc Léopold. L'apparition du prince Napoléon, qui traversa peu après ce pays avec son corps d'armée et que, disait-on, l'empereur voulait voir régner à Florence, ne fit que surexciter, de la mer aux Apennins, le sentiment national. D'autre part, à Parme, comme à Modène, les populations forcèrent aussi leurs souverains à prendre la fuite (mai-juin 1859). L'imprudente proclamation du 8 juin ne fit qu'accroître l'effervescence dont l'Italie était le théâtre. Les Autrichiens, obligés, après Magenta et Melegnano, de se concentrer sur le Mincio, durent évacuer les Légations. Aussitôt toutes ces provinces prirent feu et, en quelques jours, secouèrent la domination pontificale. Le pape et le jeune roi de Naples, François II [1],

1. Né le 6 janvier 1836, marié le 3 février 1859 à la princesse Marie-Sophie de Bavière (sœur de l'impératrice Élisabeth d'Autriche); renversé et chassé de ses États (1860-1861); réfugié à Rome, où il résida jusqu'en 1870.

qui venait de succéder le 22 mai à son père Ferdinand, étaient tenus en respect par la garnison française de Rome et ne pouvaient ni combattre la révolution dans le centre, ni s'unir aux Autrichiens. Napoléon III n'avait pas le droit de s'opposer à des soulèvements qui avaient pour premier résultat de grossir l'armée franco-piémontaise. Mais il ne pouvait se dissimuler qu'ils devaient avoir aussi pour conséquence l'annexion pure et simple des pays soulevés à la Sardaigne. A Florence, à Modène, à Bologne, tous les pouvoirs étaient maintenant exercés par des agents de Cavour. L'empereur des Français eût dû prévoir tout cela avant de passer les Alpes. Il était effrayé, presque consterné. L'impératrice et le ministre Walewski lui adressaient les rapports les plus alarmants sur l'état de l'empire et sur les dispositions de l'Europe. Suivant eux le mécontentement grandissait en France, surtout dans les classes riches et dans la population rurale, foncièrement attachées à l'Église, que la Révolution commençait à dépouiller. Les légitimistes intriguaient et s'agitaient en Bretagne. L'attitude de l'Allemagne était de plus en plus menaçante.

Sur ces entrefaites eut lieu la bataille de Solférino (24 juin); Napoléon III en sortit vainqueur. Mais il avait perdu dix mille hommes. Il avait toujours en face de lui le Mincio et ce redoutable quadrilatère où l'Autriche pouvait longtemps encore défier ses efforts. Ferait-il un nouvel appel à l'Italie? Mais c'était se brouiller avec le pape. Donnerait-il enfin, comme l'en suppliait Kossuth, le signal de l'insurrection à la Hongrie? Mais le czar commençait à s'inquiéter de cette éventualité et, pour rendre l'empereur des Français plus circonspect, lui écrivait qu'il ne répondait pas de pouvoir plus longtemps contenir l'Allemagne, prête à entrer en ligne. L'Allemagne était-elle donc sur le point de déclarer la guerre? Napoléon III l'a dit un peu plus tard. Mais il y avait dans cette assertion quelque exagération. La vérité, c'est que le régent de Prusse croyait le moment venu de proposer aux parties belligérantes sa *médiation armée*. Il venait de mobiliser ses troupes et de les porter vers le Rhin, où elles prenaient position avec celles de la confédération. Il avait ainsi donné satisfaction au patriotisme allemand, qui exigeait alors une démonstration sérieuse à l'égard de la France. Voulait-il se battre? Il y a lieu d'en douter. En tout cas, il tenait à se faire payer cher ses services, car il demandait à la diète le commandement en chef de l'armée allemande, non point aux conditions prescrites par la constitution fédérale, mais sans réserve, sans responsabilité, sans contrôle. C'était vouloir que l'Allemagne s'inféodât purement et simplement à la Prusse (4 juillet). Il savait bien sans doute qu'une telle exigence serait repoussée. Effectivement l'Autriche déclara (7 juillet) qu'elle lui demandait son concours *fédéral*, et non autre chose. Cette puissance ne voulait pas, pour sauver une province italienne, faire cadeau de l'Allemagne à la cour de Berlin. Elle tremblait, du reste, de voir éclater la révolution en Hongrie. Enfin le présomptueux Buol avait été disgracié depuis quelques semaines par François-Joseph. Son successeur Rechberg [1] conseillait à ce souverain de faire au plus tôt la part du feu. L'empereur d'Autriche était donc tout prêt à conclure la paix avec Napoléon III.

Mais ce dernier en avait certainement plus envie que lui. Il venait d'invoquer la médiation de l'Angleterre. Mais Palmerston avait refusé de le tirer d'embarras. Il jugeait avec finesse que le moment où la France abandonnait les Italiens était justement celui que la Grande-Bretagne devait choisir pour redoubler à leur égard de manifestations sympathiques. C'est alors que, par un de ces coups de tête dont il était coutumier, Napoléon III, sans consulter personne, offrit soudainement la paix à François-Joseph. Dès le 8 juillet un armistice fut conclu. Trois jours après, les deux souverains se rencontraient dans le village de Villafranca et convenaient verbalement des préliminaires de la paix, qui furent rédigés et signés le lendemain. Cette convention portait en substance que la Lombardie serait cédée à la France, et rétrocédée à la Sardaigne; que l'Autriche garderait la Vénétie; que cette province ferait partie de la confédération italienne, laquelle serait placée sous la présidence honoraire du pape; que le grand-duc de Toscane et le duc de Modène rentreraient dans leurs États; que le Saint-Père serait

1. Rechberg (Jean-Bernard, comte de), né à Ratisbonne en 1806; attaché à l'ambassade d'Autriche à Berlin (1828), secrétaire de légation à Londres (1830); chargé d'affaires à Darmstadt (1833), puis à Bruxelles (1836); ministre plénipotentiaire à Stockholm (1841), puis à Rio-de-Janeiro (1843); ministre plénipotentiaire près le pouvoir central de Francfort (1849); internonce à Constantinople (1851); chargé de l'administration civile du royaume lombard-vénitien (1852); ambassadeur près la diète de Francfort (1855); ministre des affaires étrangères (1859-1864).

invité à introduire dans les siens des *réformes indispensables*; enfin qu'une amnistie pleine et entière serait accordée de part et d'autre aux personnes compromises à l'occasion des derniers événements.

III

Les préliminaires de Villafranca furent pour l'Europe, mais surtout pour la nation italienne, le coup de théâtre le plus imprévu. L'opinion générale fut que l'Autriche sortait fort peu amoindrie de la guerre et qu'à l'égard de la péninsule sa position restait aussi menaçante que par le passé. Par la Vénétie, par les positions offensives de Peschiera et de Mantoue, elle pouvait encore tenir l'Italie sous la terreur de ses canons. Vainement Napoléon III, retournant en France, donnait-il au pape et aux autres princes italiens le conseil d'accorder au plus tôt des réformes à leurs sujets. Ces souverains, plus que jamais, tournaient leurs regards vers l'Autriche, qui semblait les couvrir encore de sa protection. Le duc de Modène recrutait des soldats sur le territoire vénitien pour rentrer de vive force dans son duché. Le grand-duc de Toscane se rendait à Vienne. Quant au peuple italien, il était exaspéré et peu s'en fallait qu'il ne regardât comme un traître l'empereur des Français. Il criait de toutes parts, non sans raison, que la confédération imaginée par l'empereur des Français n'était plus possible, attendu que, l'Autriche devant en faire partie, elle ne serait pas libre et que la guerre de l'indépendance serait tôt ou tard à recommencer. L'annexion au Piémont, tel était le cri général. Il fallait au plus tôt constituer un État assez fort, assez compact pour tenir tête à l'Autriche. Ainsi Napoléon III allait hâter par les préliminaires de Villafranca l'événement qu'il avait voulu prévenir.

A la nouvelle de cette convention, Cavour avait manifesté la plus vive irritation. Dès le 13 juillet il avait bruyamment renoncé au ministère, où peu de jours après Rattazzi fut appelé à le remplacer. Au fond, il gardait tout son sang-froid. Simple particulier, il recouvrait toute sa liberté d'action, et il en usa largement. En effet, c'est sous son inspiration que furent institués, avant la fin de juillet, les trois gouvernements provisoires de Florence, de

Modène et de Bologne, indépendants en apparence, mais en réalité dirigés de loin par la cour de Turin et qui se donnèrent pour mission de faire voter par les populations de l'Italie centrale leur annexion à la Sardaigne.

Les patriotes de Florence, de Modène et de Bologne étaient singulièrement encouragés dans leurs manifestations par le gouvernement anglais. En signant les préliminaires de Villafranca, Napoléon III avait exprimé le vœu qu'un congrès des grandes puissances fût appelé à se prononcer sur la nécessité de modifier les traités de 1815, en tant qu'ils touchaient à l'Italie. Dès le 27 juillet, John Russell faisait savoir à l'Europe que le gouvernement britannique ne repoussait pas en principe une pareille proposition, mais qu'il ne prendrait part au congrès qu'à certaines conditions dont les principales étaient : 1° l'évacuation des États romains et la reconnaissance par l'Autriche et la France du principe de non-intervention à l'égard de la péninsule; 2° le respect du droit qu'avaient les populations de l'Italie centrale de disposer d'elles-mêmes. Le résultat d'une telle déclaration, c'est que Cavour et ses amis n'hésitèrent pas à provoquer dans la Toscane, l'Emilie et la Romagne des plébiscites qui, du 16 au 20 août, prouvèrent combien ces provinces étaient désireuses de se réunir au Piémont.

Napoléon III était dans le plus cruel embarnas. Il avait encore soixante mille soldats en Lombardie. Mais pouvait-il, au lendemain de l'appel qu'il avait adressé à la nation italienne, les employer, lui, le théoricien du suffrage universel, à réprimer les libres manifestations de la volonté populaire? Pouvait-il, d'autre part, permettre à l'Autriche, qu'il venait de vaincre, d'opérer la contre-révolution dans cette Italie d'où il s'était naguère engagé à l'exclure complètement? Pas davantage. Dans la fausse position où il s'était placé, il ne lui restait à employer que la persuasion. Il en essaya, fort mélancoliquement et sans beaucoup d'espoir. Deux agents français, Reiset et Poniatowski, allèrent de sa part remontrer aux Italiens du centre que leur devoir était de subir la restauration de leurs princes. On devine le succès qu'ils obtinrent. Lui-même, dans une note du *Moniteur* qui parut le 10 septembre, les invita expressément à se conformer aux arrangements de Villafranca. Mais comme il donnait à entendre qu'il n'userait pas de la force pour les y contraindre et qu'il ne permettrait pas à l'Autriche de les violenter, ils ne devaient évidemment tenir nul compte de ses conseils. D'un autre côté, il avertissait le gouvernement anglais que, si le Piémont s'annexait Modène et Bologne, il était juste que, par compensation et pour rétablir l'équilibre, la France acquît la Savoie ou qu'un Bonaparte fût doté en Italie d'une souveraineté (par exemple de la Toscane). Mais Palmerston ne s'émut guère d'une pareille ouverture. Il savait bien que ni Rattazzi ni Cavour ne laisseraient le prince Napoléon s'établir à Florence, et, quant à la Savoie, il ne doutait pas que sa réunion à la France ne dût être pour l'Italie un puissant motif de rancune contre cette puissance, ce dont, en bon Anglais, il se réjouissait à l'avance.

Le cabinet de Londres continua donc de favoriser la politique piémontaise. Aussi la situation ne tarda-t-elle pas à s'aggraver dans l'Italie centrale. En septembre, les trois gouvernements de Florence, de Bologne et de Modène s'étaient librement fusionnés et avaient pris pour siège commun cette dernière ville. Ils avaient une armée, déjà considérable, et qui, sous la direction révolutionnaire de Garibaldi, grossissait chaque jour. Victor-Emmanuel recevait officiellement les députations chargées de lui notifier le résultat des plébiscites (3-24 sept.) et, sans proclamer l'annexion comme un fait accompli, s'engageait à appuyer auprès des grandes puissances le vœu des populations qui se donnaient à lui. Par contre, le pape rompait avec lui tout rapport diplomatique et le menaçait des foudres de l'Église (26 septembre). Le roi de Naples se préparait ostensiblement à marcher au secours du Saint-Siège. Les armements de l'Autriche en Vénétie devenaient menaçants. Garibaldi, de son côté, en appelait publiquement à l'Italie entière (5 octobre), organisait une souscription nationale pour l'achat d'un million de fusils et faisait mine de se diriger avec ses bandes sur les Marches et le royaume des Deux-Siciles.

Tandis que la péninsule était ainsi en mal de révolution, les plénipotentiaires de la France, de la Sardaigne et de l'Autriche [1], réunis à Zurich, travaillaient philosophiquement à transformer en paix définitive les préliminaires de Villafranca. Après plus de deux mois de pourparlers, dont eux-mêmes ne se dissimulaient pas l'inu-

1. C'étaient : pour l'Autriche, le comte de Karolyi et le baron de Mesyenburg; pour la France, le baron de Bourqueney et le marquis de Banneville; pour la Sardaigne, le chevalier des Ambrois et M. Jocteau.

tilité, ils étaient près de conclure des arrangements que l'Italie révolutionnaire désavouait hautement à l'avance et que l'Europe ne semblait pas disposée à prendre au sérieux; Napoléon III adressait à Victor-Emmanuel, pour l'acquit de sa conscience, l'invitation de rester fidèle aux principes de Villafranca (20 octobre). Il lui exposait ses idées sur le fonctionnement de la future confédération, qui devait avoir pour chef honoraire le pape et pour chef effectif le roi de Sardaigne. Le siège de cette association nationale serait fixé à Rome; le parlement italien se composerait de députés choisis par les souverains dans les parlements des divers États confédérés (car il était bien entendu que chacun d'eux adopterait le régime représentatif). Mais à ces rêveries le souverain piémontais, esprit pratique, répondait qu'il lui fallait bien tenir compte du vœu national et que le vœu national, dans l'Italie centrale, c'était l'annexion. Il représentait que, s'il n'y cédait pas, il serait débordé, emporté par le courant révolutionnaire, que Mazzini était dans la péninsule, que l'unité se ferait sous le drapeau de la république. D'accord avec lui, le gouvernement de Modène tenait le même langage. Sous couleur de contenir la démagogie, il subordonnait Garibaldi au général piémontais Fanti [1] et, abdiquant ses pouvoirs, conférait au prince de Carignan [2] la régence de l'Italie centrale (7 novembre). Victor-Emmanuel et ses ministres se posaient vis-à-vis de la France et de l'Europe comme les défenseurs nécessaires de l'ordre monarchique dans la péninsule et déterminaient, par des considérations patriotiques, Garibaldi à résigner son commandement. L'armée centrale était dès lors absolument à leur discrétion. Ils ne permettaient pas, par affectation de scrupule diplomatique, au prince de Carignan d'aller s'établir à Modène, mais ils

1. Fanti (Manfred), né à Carpi (près de Modène) en 1810, d'abord officier dans l'armée modenaise, fut proscrit en 1831, servit ensuite la France (1831-1833), puis l'Espagne (1834-1848), reparut en Italie en 1848, commanda la division lombarde pendant la campagne de 1849, prit part, dans l'armée piémontaise, à la guerre de Crimée (1855), puis à la guerre d'Italie (1859), fut élevé au rang de *général d'armée* (1859), fut appelé par Cavour au ministère de la guerre (1860), reçut le commandement en chef du corps qui envahit les États romains en septembre 1860, quitta le ministère en 1861 et mourut en 1865.

2. Carignan (Eugène-Emmanuel de Savoie-Villefranche, prince de), né à Paris le 14 avril 1816; grand amiral sous Charles-Albert; lieutenant général du royaume en 1848 et 1849 (et plus tard en 1859 et 1866); lieutenant du roi à Naples (1861); mort à Turin le 15 décembre 1888.

y envoyaient un des leurs, Buoncompagni [1], qui prenait en leur nom la direction des affaires. En réalité, l'annexion était effectuée. Et les négociateurs de Zurich venaient de conclure gravement (le 10 novembre) trois traités destinés à assurer l'exécution des arrangements de Villafranca [2]. Il est vrai que ces conventions ne prescrivaient pas formellement, comme les préliminaires, la rentrée des souverains détrônés dans leurs États. Mais elles réservaient leurs droits en termes exprès. C'était au futur congrès à rendre sur ce point un arrêt définif. Mais le congrès se réunirait-il? c'était plus que douteux, puisqu'en principe l'Angleterre voulait que les Italiens fussent libres de ne pas reprendre leurs princes, puisque ceux-ci étaient absolument repoussés par leurs anciens sujets et que l'Autriche subordonnait à leur restauration préalable sa participation au congrès.

IV

Cette puissance, du reste, déclarait qu'elle ne se regarderait pas comme liée par les traités de Zurich si le Piémont continuait à favoriser la politique de l'annexion. Napoléon III, qui commençait à jouer un rôle ridicule, se dit qu'il pouvait bien s'en dégager lui-même et qu'il n'était que temps. Puisque les annexions étaient inévitables, il jugea qu'il fallait s'accommoder aux circonstances et tâcher au moins d'en tirer quelque profit. De là l'évolution qui s'opéra dans sa politique personnelle à partir de décembre 1859. C'est en effet à cette époque que parut, sans nom d'auteur, une brochure écrite pour ainsi dire sous sa dictée et intitulée *le Pape et le Congrès*, dans laquelle l'abandon des Légations était recom-

1. Buoncompagni (Charles), né à Turin en 1804; avocat en 1824; conseiller d'appel à la cour de Turin (1845); appelé par Charles-Albert au ministère de l'instruction publique en 1848; garde des sceaux dans le ministère Azeglio et dans le ministère Cavour, de 1852 à 1853; président de la Chambre des députés (1853-1857); ministre plénipotentiaire en Toscane (1857-1859), où il exerça comme commissaire général de Victor-Emmanuel, après le soulèvement de 1859, une vraie dictature; gouverneur général de l'Italie centrale, puis de la Romagne (1860); membre du Parlement italien (1861), où il exerça une grande influence; mort à Rome le 15 décembre 1880.

2. Le premier entre la France et l'Autriche, le second entre la France et la Sardaigne et le troisième entre cette dernière puissance et la cour de Vienne.

mandé au Saint-Siège comme le meilleur moyen d'assurer le rétablissement de l'ordre en Italie. La même solution était proposée respectueusement à Pie IX par Napoléon III dans une lettre qu'il lui adressa personnellement le 31 décembre. Quatre jours après, la retraite de Walewski, homme d'État peu porté à favoriser les visées de Victor-Emmanuel, et son remplacement au ministère des affaires étrangères par Thouvenel [1], diplomate plus enclin à servir la politique des nationalités, acheva d'éclairer l'Europe sur les nouvelles dispositions de l'empereur.

Après de pareils éclats, il ne pouvait plus être question de congrès. Pie IX, indigné des propositions que Napoléon III osait lui faire, disait publiquement que la brochure inspirée par ce souverain était « un monument insigne d'hypocrisie et un tissu honteux de contradictions ». Peu après (19 janvier 1860), il lançait à travers le monde une encyclique furieuse où la politique se confondait étrangement avec la religion et où les adversaires de son pouvoir temporel étaient déclarés dignes des mêmes anathèmes que ceux de son autorité spirituelle. L'Autriche, comme le Saint-Siège, refusait de soumettre la question italienne au conseil des grandes puissances. Qu'allait faire maintenant Napoléon III?

Au début de 1860, ce souverain eut un moment l'espoir de former une alliance positive et durable entre l'Angleterre, la France et la Sardaigne. Que se proposait-il au juste en sollicitant le gouvernement britannique de s'unir à lui? Peut-être lui-même ne le savait-il pas très bien. Toujours est-il qu'à cette époque il faisait à la Grande-Bretagne des avances fort significatives. C'est le moment où il contractait à l'égard de cette puissance de nouveaux engagements, à l'effet de venger, par une seconde expédition en Chine, la non-exécution du traité de Tien-tsin [2]. C'est aussi le temps où

1. Thouvenel (Édouard-Antoine), né à Verdun en 1818; attaché d'ambassade à Bruxelles (1844); secrétaire de légation (1845), puis chargé d'affaires (1848) et ministre plénipotentiaire de France à Athènes (1849); ministre plénipotentiaire à Munich (1850); directeur des affaires politiques au ministère des affaires étrangères (février 1852); ambassadeur à Constantinople (mai 1855); sénateur (17 mai 1856); ministre des affaires étrangères (janvier 1860-octobre 1862); mort à Paris en 1866.

2. Quand les plénipotentiaires anglais et français envoyés à Pékin pour échanger les ratifications dudit traité, s'étaient présentés à l'embouchure du Peï-ho, les Chinois les avaient reçus à coups de canon, et forcés à se retirer (juin 1859).

Napoléon III et son ministre Rouher [1], pour tenir les promesses faites aux libre-échangistes anglais, négociaient secrètement un traité de commerce qui, sans nuire autant qu'on l'a dit à l'industrie française, devait procurer des avantages certains à l'Angleterre [2]. Ces prévenances ne suffirent pourtant pas pour déterminer le cabinet de Londres à une alliance que Palmerston admettait pour sa part (parce qu'il la regardait comme un moyen de contenir l'ambition de Napoléon III), mais que ses collègues repoussèrent. Le ministère britannique ne voulut pas se laisser lier par la France. Il se contenta de lui proposer en ce qui touchait à l'Italie (14 janvier) une entente basée sur les quatre conditions suivantes : 1° la France et l'Autriche renonceraient à intervenir désormais dans les affaires intérieures de la péninsule sans y être autorisées par les autres grandes puissances; 2° le gouvernement français retirerait ses troupes de Rome dès que le gouvernement pontifical aurait organisé une armée suffisante pour sa défense; il rappellerait aussi son armée de Lombardie; 3° l'organisation intérieure de la Vénétie serait laissée en dehors des négociations entre les puissances [3]; 4° enfin le roi de Sardaigne serait invité à ne pas envoyer de

1. Rouher (Eugène), né à Riom le 30 novembre 1814; avocat dans cette ville avant la révolution de février; représentant du Puy-de-Dôme à l'Assemblée constituante (1848), puis à l'Assemblée législative (1849); ministre de la justice (octobre 1849-janvier 1851, avril-octobre 1851 et décembre 1851-janvier 1852), vice-président du conseil d'État (1852-1855); ministre du commerce, de l'agriculture et des travaux publics (1855-1863); président du conseil d'État (juin 1863); appelé après la mort de Billault au ministère d'État (18 octobre 1863), auquel il joignit en 1867 celui des finances; président du Sénat (20 juillet 1869); émigré en Angleterre après la révolution du 4 septembre; député de la Corse à l'Assemblée nationale (11 février 1872), où il dirigea avec une grande activité le parti impérialiste; élu député à Riom et à Bastia (20 février 1876) et à Ajaccio (5 mars 1876); auxiliaire du gouvernement *de combat* pendant la période du 16 mai; réélu le 15 octobre 1877, mais réduit à l'impuissance par l'insuccès de son parti et par la mort de l'ex-prince impérial (juin 1879); mort à Paris le 3 février 1884.

2. Il ne fut signé que le 23 janvier 1860, mais les clauses essentielles en étaient arrêtées à ce moment depuis plusieurs semaines. Cette convention, célèbre dans notre histoire économique, stipulait de la part de la France l'abandon des *prohibitions*, remplacées par des droits qui ne pouvaient dépasser 30 p. 100 de la valeur des objets. La France obtenait en échange la franchise complète pour la plupart de ses produits à l'importation en Angleterre, ainsi que la réduction des droits en faveur des vins et des spiritueux.

3. L'empereur d'Autriche voulait être indépendant de l'Europe, pour son gouvernement, à Venise comme à Vienne. L'Angleterre craignait que, poussé à bout par les exigences de la France et du Piémont, il ne recommençât la guerre et ne parvînt cette fois à s'assurer le concours de l'Allemagne.

troupes dans l'Italie centrale jusqu'à ce que cette partie de la péninsule eût renouvelé par l'organe d'assemblées régulièrement élues l'expression de ses vœux d'annexion.

La France accepta ce programme en principe [1], mais se réserva, pour gagner du temps, de ne l'approuver officiellement qu'après accord avec les grandes puissances. Ce temps, Napoléon III voulait le mettre à profit en s'assurant par une négociation secrète l'acquisition de la Savoie et du comté de Nice. On se rappelle que Cavour lui avait promis ces deux provinces à Plombières. Au lendemain de Villafranca, l'empereur des Français eût été mal fondé à les réclamer puisque lui-même n'avait pas tenu ses engagements envers le Piémont. Il le pouvait maintenant que cet État allait s'agrandir fort au delà de ses prévisions passées. Il croyait du reste avoir grand besoin de cette annexion pour fortifier en France sa popularité quelque peu ébranlée. Le parti de l'Église commençait à se tourner contre lui. Dans le monde économique, les protectionnistes lui reprochaient amèrement le traité de commerce qu'il venait de conclure avec l'Angleterre. Il lui fallait distraire l'opinion publique par un succès diplomatique dont l'amour-propre français pût être flatté. Donc, il voulait Nice et la Savoie. Cavour, fort beau joueur et prêt à faire résolument tout sacrifice de nature à assurer le succès final de sa politique, était presque aussi désireux de lui donner ces territoires qu'il l'était de les acquérir. Il se disait qu'à ce prix, et à ce prix seul, Victor-Emmanuel aurait un blanc-seing pour l'annexion des duchés et qu'une fois compromise par ce marché, qui la rendrait suspecte à toute l'Europe, la France ne pourrait s'opposer sérieusement aux acquisitions ultérieures de la monarchie piémontaise. Aussi, dès que Walewski ne fut plus aux affaires, s'entendit-il mystérieusement avec Napoléon III au sujet des deux provinces subalpines. Un de ses confidents, Vimercati, vint à Paris conclure l'affaire en secret dès le commencement de janvier. Il fut convenu que Cavour, toujours assez populaire pour pouvoir rentrer au ministère dès qu'il le voudrait, prendrait la place de Rattazzi, trop lent à effectuer officiellement l'annexion des duchés et qui eût peut-être fait difficulté de céder Nice et la Savoie.

1. Sauf en ce qui concernait le troisième article, dont elle demandait la modification.

Le résultat de cette combinaison ne se fit pas attendre longtemps. Dès le 20 janvier, Cavour était redevenu premier ministre à Turin. Dès le 27, il annonçait l'intention de convoquer un parlement où les duchés du centre seraient représentés comme les anciennes provinces piémontaises; et le 3 février, l'empereur, en ouvrant la session des chambres à Paris, exprimait publiquement l'idée que, si l'Italie centrale devait être réunie au Piémont, une rectification de frontières était due à la France du côté des Alpes.

V

Cette exigence de Napoléon III, depuis longtemps prévue, provoqua de vives colères dans divers États, mais ne fut sérieusement combattue par aucun gouvernement. En Angleterre, l'opinion publique se prononça avec beaucoup de vivacité contre l'annexion de Nice et de la Savoie; on accusa l'empereur des Français de méditer de nouveaux agrandissements et, comme en 1852, on donna l'alarme à la Belgique. On reprochait à Palmerston et à Russell de s'être laissés prendre à l'appât du traité de commerce et duper par le conspirateur des Tuileries. Ces ministres, pour leur part, témoignaient, comme la nation anglaise, un grand mécontentement. Le *vieux Pam*[1] déclarait qu'entre l'empereur et lui, désormais, *c'était fini*; il fortifiait ostensiblement les côtes de la Grande-Bretagne et recommandait au roi Léopold de mettre son pays en état de défense. Au fond, il était beaucoup moins indigné et moins inquiet qu'il n'en avait l'air. Fort heureux d'avoir un prétexte pour dénoncer Napoléon III et le rendre suspect à l'Europe, il ne voyait pas sans une secrète satisfaction le vainqueur de Magenta, qui s'était tant vanté de ne guerroyer que pour une idée, se faire payer ses services par son allié de la veille; il pensait bien que ce dernier se regarderait comme quitte et dispensé de reconnaissance. Aussi ne tenait-il point réellement à ce que le marché ne s'accomplît pas.

L'Autriche, dont Napoléon III eût pu craindre l'opposition, était encore moins disposée que la Grande-Bretagne à se mettre en tra-

1. Palmerston, désigné sous ce sobriquet populaire dans le Royaume-Uni.

vers de sa politique. Elle était fort aise que la Sardaigne fût obligée de céder deux provinces et ne doutait pas que l'entente de cette puissance avec la France ne fût singulièrement refroidie par suite d'un pareil sacrifice. Aussi, sans adhérer en principe à la proposition anglaise du 14 janvier, déclarait-elle que son intention n'était pas d'intervenir en Italie pour empêcher la réunion des provinces centrales au Piémont (31 janvier, 17 février). Napoléon III n'avait donc plus, pour effectuer l'annexion de la Savoie et de Nice, qu'à prendre quelques précautions diplomatiques, rendues nécessaires par la position délicate de Cavour vis-à-vis de la nation italienne en général et du peuple piémontais en particulier.

Ce ministre comprenait fort bien qu'on allait lui reprocher amèrement à Turin la cession qu'il méditait et que, pour rester populaire dans son pays, il fallait qu'il eût l'air d'avoir en cette affaire la main forcée. Napoléon III voulut bien se prêter à son jeu. De là la Note française du 24 février, invitant la Sardaigne à se contenter de Parme, de Modène et du vicariat des Légations, réclamant la restauration du grand-duc de Toscane et ajoutant que, si ces conditions n'étaient pas acceptées, le cabinet des Tuileries ne prendrait plus que son propre intérêt pour guide de ses résolutions. Cavour répondit que la combinaison proposée était inacceptable, que le vœu de l'Italie centrale était irrésistible et que l'empereur des Français, apôtre de la politique plébiscitaire, ne pouvait trouver mauvais que sans plus tarder, il invitât des populations bien résolues à prendre pour roi Victor-Emmanuel à faire de nouveau connaître leur volonté par le moyen du suffrage universel. D'autre part, il reconnaissait, en principe (8 mars), l'annexion de la Savoie et du comté de Nice à la France comme légitime, si ces deux pays, consultés de même, se donnaient à Napoléon III. Il est vrai que, d'accord avec l'Angleterre, il proposait quelques jours après que cette réunion fût soumise aux grandes puissances réunies en Congrès. Mais le cabinet de Paris répliquait aussitôt en demandant que l'annexion de l'Italie centrale au Piémont le fût également, et comme c'eût été la rendre impossible, il n'avait pas de peine à obtenir de Cavour, qui jouait, en somme, la comédie, le retrait de sa motion. Enfin les populations de la Toscane, de l'Émilie, des Légations, invitées officiellement par la cour de Turin à se prononcer, votèrent, du 11 au 15 mars, à la presque unanimité, la réunion de leur pays à la Sardaigne. Le roi Victor-Emmanuel déclara, dès le 22, qu'il acceptait leurs suffrages et ces nouvelles provinces durent procéder le 25, avec le reste de la monarchie piémontaise, aux élections pour le nouveau Parlement, qui devait se réunir le 2 avril.

Il fallait bien que Cavour se décidât à abandonner la Savoie et le comté de Nice. Il avait, de fait, depuis quelque temps, abandonné l'administration de ces provinces. Les troupes françaises, qui commençaient à évacuer la Lombardie, les occupaient l'une et l'autre. Des députations savoisiennes et niçoises allaient demander à Napoléon III leur annexion à l'empire. Ce souverain pouvait donc, sans infidélité au principe des nationalités, exiger du Piémont la cession territoriale qui lui avait été promise. Mais Cavour feignait encore d'hésiter. Napoléon III fit alors partir pour Turin un agent spécial, M. Benedetti [1], qui avait mission de parler très haut. Victor-Emmanuel et son ministre eurent l'air de céder à une sorte d'ultimatum et conclurent enfin (24 mars) le traité qui livrait à la France les deux provinces en question, sous la réserve que les populations seraient consultées. Elles le furent, en effet, et les plébiscites du 15 et du 22 avril suivant rendirent définitive l'annexion de Nice et de la Savoie à l'empire de Napoléon III. Il se produisit bien quelques protestations au parlement de Turin. Mais Cavour démontra sans peine qu'il avait agi pour le mieux et obtint l'approbation du traité. Le gouvernement anglais, d'autre part, se plaignit bien, réclama bruyamment au nom des traités de 1815, demanda que le Chablais et le Faucigny fussent détachés de la Savoie et réunis à la Suisse. Mais ni l'Autriche, ni la Russie, ni même la Prusse, ne le suivirent dans la voie où il avait l'air de vouloir les entraîner (avril-juin 1860). Aussi la question de Savoie et de Nice cessa-t-elle bientôt d'occuper le monde diplomatique.

1. Benedetti (Vincent), né en Corse vers 1815; consul au Caire, sous la monarchie de Juillet; consul à Palerme en 1848; premier secrétaire d'ambassade à Constantinople en 1855 et un peu plus tard directeur des affaires politiques au ministère des affaires étrangères; secrétaire du Congrès de Paris en 1856; ministre plénipotentiaire en Italie (1861-1862), ambassadeur en Prusse de 1864 à 1870 (il a raconté lui-même son ambassade dans un livre célèbre intitulé : *Ma mission en Prusse*).

VI

« Et maintenant, avait dit joyeusement Cavour aux plénipotentiaires français en signant le traité du 24 mars, et maintenant, *vous voilà nos complices!* » Mot profond que la suite des événements n'allait pas tarder à justifier. Napoléon III le comprit-il dès cette époque? nous ne savons. Ce qu'il y a de certain, c'est qu'après l'acquisition qu'il venait de faire, il eût bien voulu se dégager, s'affranchir de la politique piémontaise et empêcher la monarchie sarde de poursuivre ses agrandissements. Mais le moyen? Il ne restait plus que deux gouvernements italiens à renverser, celui de Rome et celui de Naples. Or l'un et l'autre semblaient prendre à tâche de hâter leur propre ruine.

Pie IX et Antonelli, loin d'écouter les conseils de la France, qui les adjuraient de se réconcilier avec l'esprit moderne et de prévenir, s'il en était temps encore, une révolution où devait sombrer pour toujours le pouvoir temporel du pape, étaient plus intraitables que jamais. Le souverain-pontife continuait à user de ses armes spirituelles pour la défense de sa mauvaise politique. Il venait de lancer (26 mars) contre Victor-Emmanuel et ses fauteurs une excommunication furieuse, qui n'était pas sans éclabousser quelque peu Napoléon III. Il ameutait contre ce dernier l'épiscopat français qui, de toutes parts, commençait à dénoncer aux fidèles le nouveau Ponce-Pilate (quelques-uns disaient même le nouveau Judas). Il organisait à grand bruit, pour pouvoir se passer des troupes impériales (que de son côté Napoléon III était fort désireux de rappeler), une armée fanfaronne et violente, où affluaient les légitimistes français et où, sous les yeux du général de Goyon [1], on *manifestait* chaque jour en l'honneur de *Henri V*. Il appelait à la commander, pour faire pièce à l'empereur et comme pour le narguer, un ardent ennemi de ce dernier, une victime du 2 décembre, le général de Lamoricière [2]. Vainement le cabinet des

1. C'était le commandant du corps français d'occupation à Rome.
2. Lamoricière (Christophe-Louis-Léon Juchault de), né à Nantes en 1806, lieutenant du génie en 1828, lieutenant général (1843) après de brillantes campagnes en Afrique, où il eut l'honneur de capturer Abd-el-Kader (1847); député de la Sarthe de 1846 à 1848; nommé ministre de la guerre, *in extremis*, par Louis-Philippe (24 février 1848); membre de l'Assemblée constituante (avril 1848);

Tuileries proposait (le 8 avril) un arrangement comportant : 1° l'organisation d'un corps de troupes qui seraient fournies au Saint-Siège par des puissances catholiques de second rang; 2° un subside qui lui serait offert par tous les États catholiques; 3° la garantie de ce qui lui restait de territoire. On ne lui demandait en retour que d'accorder des réformes à ses sujets. La cour de Rome répondait arrogamment qu'elle ferait des réformes quand elle le trouverait à propos; qu'elle voulait pouvoir enrôler librement des soldats partout où elle le jugerait convenable, qu'elle ne recevrait de subside que sous la forme d'une compensation des annates et des anciens droits canoniques sur les bénéfices vacants; enfin qu'elle n'accepterait point pour les provinces demeurées sous sa domination de garantie européenne, pour ne pas paraître légitimer l'annexion des autres à la Sardaigne. Le gouvernement français ne pouvait que gémir d'un pareil aveuglement. Sa dignité ne lui permettait pas de laisser plus longtemps ses soldats à Rome. Il était donc décidé à les rappeler successivement du mois de mai au mois d'août 1860. Mais qui garantissait que les troupes de Lamoricière suffiraient à protéger le Saint-Siège? Ces bandes indisciplinées exaspéraient par leurs désordres et leurs brutalités la population des Marches, et déjà du fond de ces provinces s'élevaient des *cris de douleur*, que Cavour, dans sa sollicitude toujours en éveil, ne pouvait manquer d'entendre.

Si de Rome on passait à Naples, on se trouvait en face d'un gouvernement moins raisonnable encore et moins sensé que celui de Pie IX. Le successeur du roi *Bomba* était un jeune homme de vingt-quatre ans, ignorant et borné, dominé par une camarilla féroce et lâche, qui, en dehors de l'absolutisme, de la terreur, de la délation, ne voyait pas de salut pour la monarchie. Ce régime ayant réussi à son père, il était fermement résolu à ne s'en pas départir. Napoléon III, qui voulait le sauver et qui tenait encore à réaliser, dans la mesure du possible, son projet de confédération italienne, ne pouvait-il obtenir de lui, depuis une année,

ministre de la guerre, sous Cavaignac, qu'il avait aidé à réprimer l'insurrection de juin, du 28 juin au 20 décembre 1849; membre de l'Assemblée législative (1849), où il combattit la politique de l'Elysée; arrêté le 2 décembre 1851 et expulsé (9 janvier 1852) du territoire français, où il ne put rentrer qu'en 1857; général en chef de l'armée pontificale (avril 1860); mort au château de Prousel, près d'Amiens, le 10 septembre 1865.

ni qu'il accordât une constitution à ses sujets, ni qu'il consentît à s'allier avec la Sardaigne. Aussi la fermentation des esprits était-elle très vive dans les États de François II. La révolte ne pouvait tarder à se produire. Elle éclata effectivement en Sicile, dès le 5 avril 1860. Ce mouvement fut le signal d'une campagne décisive entreprise fort peu après par le parti révolutionnaire en faveur de l'unité italienne. Pendant plusieurs semaines Garibaldi organisa publiquement à Gênes, où les volontaires affluaient à son appel, un corps expéditionnaire à la tête duquel il se proposait de gagner l'île insurgée. Cavour et Victor-Emmanuel, qui eussent pu l'en empêcher, le laissaient fort tranquillement poursuivre ses préparatifs, se réservant, ou de le désavouer s'il échouait, ou, s'il réussissait, de substituer leur autorité à la sienne, sous couleur de garantir l'Italie et l'Europe de l'anarchie. Aussi le hardi condottiere put-il par une belle nuit de mai s'embarquer avec deux mille hommes et aller descendre en Sicile où, en quelques jours, il réunit autour de lui une véritable armée. Dès lors le succès de l'insurrection n'était plus douteux. Garibaldi vola pour ainsi dire de succès en succès. Dès les premiers jours de juin, après une lutte acharnée, il était maître de Palerme et, avant la fin du même mois, l'île entière, à l'exception de Messine et de quelques postes sans importance, avait passé sous son autorité.

VII

Les principales cours de l'Europe s'émurent d'une expédition si étrangement favorisée par le gouvernement sarde, au mépris du droit des gens. Elles demandèrent des explications à Cavour. Mais ce ministre répondit avec un beau sang-froid, alors que de nouveaux convois d'armes et de volontaires partaient chaque jour de Gênes pour la Sicile, qu'il n'était pour rien dans l'entreprise de Garibaldi, qu'il n'avait pas dépendu de lui de la prévenir. Il ajoutait que si l'Autriche n'empêchait pas ses sujets d'aller s'enrôler au service du pape et du roi de Naples, il était naturel que la Sardaigne ne se montrât pas plus sévère pour ceux des siens qui allaient librement soutenir la cause d'un peuple opprimé. Les puissances durent se contenter de ces bonnes raisons. L'Angleterre, au fond, approuvait Cavour. Les cabinets de Berlin et de Saint-Pétersbourg, malgré leur sympathie toute monarchique pour le roi de Naples, n'avaient nulle envie de prendre les armes en sa faveur. L'Autriche, menaçante, se recueillait et attendait son heure. Quant au gouvernement français, il était dans le plus cruel embarras. Il ne pouvait ouvertement combattre la politique sarde. Mais, d'autre part, il tremblait de voir s'achever par l'unification italienne cette révolution de la péninsule qui devait lui faire tant de mal. Il se croyait, du reste, tenu de professer et de pratiquer une politique ouvertement conservatrice pour plaire à l'Allemagne, dont l'attitude vis-à-vis de lui n'était à ce moment rien moins que rassurante.

Sous le rapport de la politique intérieure, le monde germanique était toujours profondément divisé. La Prusse, contrecarrée par les États secondaires et par l'Autriche, aspirait visiblement à la suprématie. Elle favorisait, sans l'avouer, le *Nationalverein*, vaste association unitaire que l'exemple de l'Italie avait fait naître dès 1859 et dont l'active propagande tendait à ressusciter la constitution impériale de 1849. En attendant de pouvoir faire la loi à l'Allemagne entière, elle proposait (12 janvier 1860) de la partager en deux grands commandements militaires, l'un pour elle (celui du Nord), l'autre pour l'Autriche. Elle prenait en main, comme en 1850, la cause des Hessois et contestait à la diète le droit de légitimer la violation des droits constitutionnels dans un État de la Confédération [1] (mars 1860). Les politiques de la *triade*, à la tête desquels était toujours le baron de Beust, lui faisaient une opposition généralement heureuse. La cour de Berlin les haïssait. Mais les contrariétés qu'ils lui faisaient subir ne l'empêchaient pas d'afficher un grand zèle pour les intérêts communs à toute l'Allemagne. Le gouvernement prussien tenait à ce que l'Europe reconnût en lui le représentant-né, et comme attitré, de la patrie germanique. Aussi se montrait-il toujours fort soucieux de tous les droits que la Confédération pouvait avoir à exercer au dehors. C'est ainsi que, le 8 mars 1860, il faisait adresser par la diète au roi de Danemark qui, ayant aboli la constitution com-

1. L'électeur de Hesse, sous la protection des troupes fédérales, avait aboli, en 1852, la Constitution de 1831, fort chère à ses sujets, qui, depuis cette époque, en demandaient le rétablissement.

mune de 1855 pour le Holstein et le Lauenbourg, la maintenait dans le reste de ses États, la sommation de soumettre désormais aux États particuliers de ces deux provinces les lois d'intérêt général votées par le parlement central du royaume. C'est ainsi qu'à la même époque et un peu plus tard, il manifestait au nom de l'Allemagne, avec affectation, des craintes fondées sur la politique annexionniste de Napoléon III. Il laissait répandre, il répandait lui-même le bruit qu'après la Savoie et Nice, l'empereur des Français songeait à réclamer la rive gauche du Rhin.

Ce souverain, qui se sentait suspecté, menacé même par la Prusse et la confédération germanique, jugea bon de rassurer sur ses intentions, par une démarche éclatante, ses ombrageux voisins. Il demanda une entrevue au prince Guillaume, qui lui donna rendez-vous à Bade, mais qui, pour bien montrer qu'il ne se séparait pas de l'Allemagne et pour échapper à toute accusation d'entente particulière avec la France, invita les chefs des États secondaires de la Confédération à venir le rejoindre dans cette ville avant l'arrivée de l'empereur. Napoléon III fut reçu le 15 juin par le régent de Prusse, en présence duquel il démentit solennellement les nouveaux projets d'annexion qui, depuis quelque temps, lui étaient attribués. Invité par Guillaume à tenir le même langage aux autres princes allemands dans les entretiens individuels qu'il allait avoir avec eux, il s'exécuta de bonne grâce; ce qui n'empêcha pas le prince de réunir ces souverains le 18 juin, jour anniversaire de Waterloo, de leur rappeler d'un ton significatif cette grande journée et de leur déclarer avec énergie que, s'il n'était pas d'accord avec eux sur certains points de politique intérieure, ils le trouveraient toujours à leur tête quand il s'agirait de défendre l'honneur et les intérêts de la patrie commune. Ils profitèrent de l'occasion pour l'inviter à se rapprocher du gouvernement autrichien, qui lui gardait rancune de son attitude pendant la guerre d'Italie. Le régent ne se fit point prier. Le mois suivant, il alla trouver à Teplitz François-Joseph (26 juillet) et se montra disposé non seulement à le soutenir, s'il y avait lieu, dans une seconde lutte contre la France, mais à s'entendre avec lui pour donner à l'Allemagne une nouvelle constitution.

Ces démonstrations n'étaient point fort sincères. Guillaume ne les faisait que du bout des lèvres, vaguement et en diplomate qui ne veut point vraiment s'engager. Mais en somme, par ses démarches et ses discours, il inquiétait Napoléon III. Aussi ce souverain, qui avait personnellement tant d'intérêt à ne pas permettre l'achèvement de la révolution italienne, croyait-il devoir donner à l'Europe de nouveaux gages de ses sentiments conservateurs en soutenant de son mieux, dans la personne du roi François II, la cause de la légitimité.

VIII

La cour de Naples, naguère encore aveugle et rebelle à tous les bons avis, se montrait maintenant accommodante, parce que Garibaldi était maître de la Sicile et qu'elle voulait à tout prix l'empêcher de franchir le détroit de Messine. Dans le courant de juin, François II, éperdu, recourait misérablement aux bons offices de Napoléon III, dont il avait si longtemps méprisé les conseils. Ce souverain, sans lui dissimuler qu'il considérait sa conversion comme trop tardive, lui recommanda de solliciter immédiatement l'alliance de la Sardaigne et de donner sans retard à son peuple une constitution. On l'écouta cette fois. Mais ses instances auprès de Victor-Emmanuel pouvaient-elles déterminer ce souverain à sauver de sa main une monarchie moribonde, dont il était sur le point d'hériter? Le roi *galant homme* ne poussait point jusque-là l'héroïsme chevaleresque. Quant à Cavour, il demandait d'un ton sarcastique s'il était raisonnable que le roi de Sardaigne compromît à jamais sa popularité en Italie pour consolider le trône chancelant d'un de ses plus cruels ennemis. Toutefois, il ne se refusait point formellement à négocier sur le traité d'alliance, mais il refusait de le signer avant que la future constitution de Naples fût effectivement en vigueur. Cette constitution, François II promit le 26 juin de la publier; il la promulgua quatre jours après. C'était simplement celle que son père avait donnée en 1848 et depuis si cavalièrement abolie. Personne, ni dans les Deux-Siciles ni en Europe, ne prit au sérieux cette concession *in extremis*. Un parlement était convoqué à Naples pour le 19 août. Jusque-là Garibaldi avait le temps de faire du chemin. Du reste, même à cette heure suprême, l'entourage intime de

François II le dissuadait désespérément de tenir sa parole. La camarilla du palais fomentait dans la garde royale et dans une populace achetée des manifestations absolutistes qui provoquaient de toutes parts des troubles de mauvais augure pour la dynastie. Dès la fin de juillet, le roi prenait prétexte de l'agitation publique pour remettre à une date indéterminée les élections parlementaires. C'était de sa part comme un suicide. Aussi ses généraux, ses conseillers, ses parents même commencèrent-ils à l'abandonner ou à le trahir. L'immense majorité de ses sujets tournait avec impatience ses regards vers le détroit de Messine. Il suffisait maintenant que Garibaldi se montrât en Calabre pour que les Bourbons de Naples cessassent de régner.

Il ne tint pas, il est vrai, au gouvernement français qu'il ne fût empêché de passer de la Sicile sur la terre ferme. Mais comment Napoléon III eût-il pu l'arrêter? Il ne lui était pas permis d'espérer que le cabinet de Turin s'unît sincèrement à lui pour une pareille entreprise. Victor-Emmanuel adressait bien, il est vrai, pour lui complaire, à Garibaldi l'invitation de ne pas franchir le détroit. Mais le hardi condottiere s'empressait de lui répondre (27 juillet) qu'il était contraint, à son grand regret, de lui désobéir et, naturellement, le roi se gardait d'insister. Le gouvernement français pouvait-il envoyer une escadre au phare de Messine et résolument barrer le passage au dictateur de la Sicile? Il eût fallu pour cela qu'il n'eût pas adhéré au principe de non-intervention proclamé par l'Angleterre au mois de janvier 1860, ou que cette puissance consentît à intervenir en sa compagnie. Mais la cour de Londres n'était disposée ni à s'unir avec lui, ni à le tenir quitte de ses engagements. Palmerston et Russell avaient fait d'abord quelque difficulté de se prêter au débarquement du grand agitateur italien en Sicile; ils craignaient en effet que le Piémont n'eût secrètement acheté le consentement de Napoléon III à ses futures annexions par la promesse de nouvelles cessions territoriales et que la France ne se fût ainsi assuré l'acquisition de Gênes ou de l'île de Sardaigne. Mais, Cavour leur ayant pleinement démontré, dès le mois de mai, qu'ils se trompaient, ils n'avaient mis nul obstacle à l'expédition et aux premiers progrès de Garibaldi. Quand ce dernier, maître de la Sicile, fut sur le point d'attaquer la terre ferme, ils témoignèrent encore quelques appréhensions du même genre. Mais le cabinet de Turin n'eut pas de peine à les rassurer de nouveau et, vers la fin de juillet, l'Angleterre, non contente de refuser son concours naval à la France pour couvrir le littoral napolitain, semblait dénier à cette puissance le droit de le protéger seule, avec ses propres forces.

Ainsi pour sauver ce roi de Naples auquel il ne portait personnellement qu'un si médiocre intérêt, Napoléon III eût dû s'exposer à une rupture éclatante avec la cour de Londres. Le moment eût été mal choisi. A cette heure, en effet, les armées de la France et de l'Angleterre, étroitement unies, débarquaient sur le littoral chinois et s'apprêtaient à marcher ensemble sur Pékin. D'autre part, le cabinet de Paris sollicitait l'assentiment du gouvernement britannique — et ne pouvait s'en passer — pour envoyer en Syrie un corps expéditionnaire chargé de venger les massacres du Liban [1]. Il l'obtenait à grand'peine (tant la Grande-Bretagne craignait de voir renaître et s'étendre l'influence française en Orient) et faisait partir pour Beyrouth six mille soldats, dont le retour, en vertu d'un protocole signé le 3 août, était fixé à six mois. Enfin Napoléon III désirait d'autant moins se brouiller avec l'Angleterre que, s'il en fût venu là, il eût dû se jeter sans réserve et sans conditions dans l'alliance russe. Or le cabinet de Saint-Pétersbourg l'eût entraîné sans doute plus loin qu'il ne voulait aller. Récemment (20 mai), le prince Gortschakoff était sorti de son *recueillement* en publiant une circulaire retentissante, dans laquelle il dénonçait à l'Europe la non-exécution des réformes naguère promises par le sultan à ses sujets chrétiens, et invitait les grandes puissances à former une commission d'enquête pour constater le fait. Le ministre d'Alexandre II avait même demandé la réunion d'une conférence pour le traité de 1856. « Le temps des illusions est passé, s'était-il écrié, toute hésitation, tout ajournement amèneraient de graves inconvénients.... Les événements accomplis à

1. Les Maronites, population chrétienne de cette région, que la France couvrait d'une protection particulière depuis plusieurs siècles et qu'elle se regardait comme engagée à défendre surtout depuis la convention de 1845, venaient d'être assaillis (mai, juin 1865), par les Druses, leurs voisins et leurs ennemis; plusieurs milliers d'entre eux avaient été égorgés, sans que les autorités turques fissent rien pour les sauver. On comprend que Napoléon III, suspecté, accusé même de trahison par le Saint-Siège et par le clergé catholique, désirât et espérât regagner jusqu'à un certain point les bonnes grâces de l'Église en se constituant leur soutien.

l'occident de l'Europe ont retenti dans tout l'Orient *comme un encouragement et comme une espérance.* » Ce langage indiquait que la Russie n'avait pas renoncé à ses vieux desseins sur l'Empire ottoman. Or, si cette dernière puissance n'inspirait maintenant qu'une médiocre sympathie à Napoléon III, ce n'était pas une raison pour qu'il se mît à la discrétion d'un souverain qui, cherchant à la détruire ou à la médiatiser, pouvait d'un jour à l'autre mettre l'Europe en feu.

IX

Pour toutes ces raisons, l'empereur des Français tenait à demeurer ou du moins à paraître en accord avec le gouvernement anglais. Voilà pourquoi il ne persista pas dans le dessein de barrer le passage à Garibaldi, qui put, le 8 août, franchir sans obstacle le détroit de Messine et, les jours suivants, faire passer toutes ses troupes en Calabre. Il se contenta de faire signaler à l'Europe (16 août), par une note un peu amère de Thouvenel, le péril révolutionnaire que la Grande-Bretagne n'avait pas voulu l'aider à conjurer. Il rejetait, disait-il, sur cette puissance, la responsabilité des événements graves qui pouvaient maintenant se produire en Italie. La cour de Londres, qui ne voulait rompre ni avec la France ni avec l'Autriche, se hâta de déclarer qu'elle regarderait comme illégitime toute attaque de Garibaldi contre Rome et contre Venise. Mais, au point où en était déjà la révolution italienne, qui pouvait répondre qu'il ne se produisît très prochainement quelque chose de semblable? En effet, les bandes de Sicile, acclamées partout par le peuple, avançaient rapidement vers Naples. François II voyait plusieurs de ses ministres, de ses généraux et même un de ses oncles, l'abandonner, passer à l'ennemi. Le 6 septembre enfin, il se retirait, avec ce qui lui restait de troupes fidèles, dans la direction de Gaëte. Dès le lendemain, Garibaldi entrait triomphalement, sans escorte, dans sa capitale et instituait un gouvernement provisoire pour les provinces napolitaines, comme il en avait naguère établi un pour la Sicile. Il annonçait hautement l'intention de continuer sa marche vers le Nord, quelque résistance qu'il pût rencontrer, et disait qu'il proclamerait Victor-Emmanuel roi d'Italie du haut du Quirinal ou du Vatican. Il va sans dire qu'il paraissait bien résolu à ne pas s'arrêter sur le Tibre et qu'il se déclarait décidé à pousser jusqu'aux lagunes de la mer Adriatique. Il semblait alors tout à fait dominé par le parti avancé. Mazzini était accouru à Naples. Ses amis affluaient autour du dictateur, et il n'était pas improbable que la révolution italienne, commencée au nom de la royauté, s'achevât bientôt au nom de la République. Mais quelle attitude la France et l'Autriche allaient-elles prendre vis-à-vis d'elle?

L'Europe était sous la menace d'une crise redoutable. Cavour, avec la présence d'esprit et la hardiesse d'un grand politique, sut l'écarter d'elle et faire du même coup éclater à tous les yeux le triomphe de sa patiente ambition. Fort désireux d'arrêter Garibaldi, qui ne l'aimait pas [1], n'écoutait pas ses conseils et pouvait perdre la cause italienne par ses témérités, il eût voulu que la révolution éclatât à Naples avant l'arrivée du dictateur. Quelques semaines auparavant, alors qu'il feignait encore de négocier avec François II, il avait envoyé devant cette capitale plusieurs navires chargés de *bersaglieri*, qui devaient l'occuper dès qu'elle se serait affranchie des Bourbons. Mais le départ du roi n'avait précédé que de quelques heures l'entrée de Garibaldi à Naples, et si les deux ou trois mille soldats de Cavour étaient descendus à terre, ils n'avaient pu songer à arrêter l'armée révolutionnaire et son chef, acclamés par toute la population. Le premier ministre de Victor-Emmanuel ne perdit pour cela nullement la tête. Bien au contraire, il tira de la complication qu'il n'avait pu prévenir le plus merveilleux parti. Dès la fin d'août, il avait bien vu qu'il ne pourrait empêcher Garibaldi de prendre possession de Naples. Aussi avait-il pris à ce moment pour tactique de représenter aux puissances que, devant la révolution débordante en Italie, le Piémont et son armée étaient la seule sauvegarde de la paix européenne. C'était surtout sur l'esprit de Napoléon III qu'il lui importait d'agir. Ce souverain visitait alors la Savoie et se trouvait à Chambéry (28 août). Cavour lui envoya son collègue Farini [2], ministre de

1. Il gardait rancune à Cavour et ne lui pardonna jamais d'avoir cédé à la France Nice, sa ville natale.

2. Farini (Louis-Charles), né à Russi (province de Ravenne), le 22 octobre 1812; médecin à Ravenne à partir de 1832; compromis dans la tentative

l'Intérieur, et le général Cialdini [1]. Ces deux émissaires remontrèrent à l'empereur que le temps pressait, qu'il était urgent d'arrêter Garibaldi, qui bientôt ne tarderait pas à marcher sur Rome et peut-être y laisserait proclamer la république par Mazzini. La France pouvait-elle tourner ses canons contre la révolution italienne? Évidemment non. Pouvait-elle permettre à l'Autriche, qui apprêtait les siens, d'opérer la contre-révolution dans la péninsule? Encore moins. Voulait-elle s'engager dans une nouvelle guerre contre cette puissance? Pas davantage. Il fallait donc qu'elle laissât à la Sardaigne le soin de sauver la cause de l'ordre monarchique. L'armée piémontaise devait se porter sur la frontière napolitaine. Il fallait, pour y parvenir, traverser les Marches et par conséquent passer sur le corps de Lamoricière. Mais était-ce donc là une violation du droit des gens? L'armée pontificale ne menaçait-elle pas ouvertement les anciennes Légations et la Toscane? Et la population des Marches n'appelait-elle pas à grands cris Victor-Emmanuel? Le taciturne empereur des Français écoutait sans mot dire les envoyés italiens. A la fin, se rappelant sans doute les engagements compromettants pris par lui envers Cavour et dont celui-ci avait la preuve, cédant à la mauvaise humeur que lui donnaient depuis quelque temps les procédés du pape. à son égard, et pensant qu'après tout, dans le cruel embarras où il se trouvait, le plus

d'insurrection de 1843 contre le gouvernement pontifical; amnistié par Pie IX (1846); secrétaire général du ministère de l'intérieur à Rome et membre du Parlement romain (1848); réfugié en Piémont (1849), où il exerça de l'influence comme journaliste, écrivit d'importants ouvrages historiques, devint membre de la Chambre des députés et fut ministre de l'instruction publique (1851-1852); commissaire royal dans le duché de Modène (1859), puis dictateur de l'Italie centrale (Modène, Parme, Bologne), dont il prépara l'annexion au Piémont (1859-1860); lieutenant du roi à Naples (1860-1861); président du conseil des ministres d'Italie (1862-1863); mort à Gênes en août 1866.

1. Cialdini *(Henri)*, né à *Lombardina*, près de *Modène*, le 8 *août* 1811, prit part aux mouvements révolutionnaires d'Italie en 1831, dut se réfugier en France, entra, comme soldat, au service de D. Pedro en Portugal (1833), passa ensuite dans l'armée espagnole et y rentra jusqu'en 1848. A cette dernière époque, il retourna en Italie et fit avec honneur, sous Charles-Albert, les campagnes de 1848 et 1849. Plus tard, il commanda une brigade piémontaise en Crimée (1855), conquit en 1859 le grade de lieutenant général et, après Castelfidardo (septembre 1860), fut nommé général d'armée (maréchal). Il acheva ensuite la conquête de l'Italie méridionale, commencée par Garibaldi (1860-1861), fut lieutenant du roi à Naples (1861-1862) et commanda le 4e corps de l'armée italienne pendant la campagne de 1866. Commandant supérieur des troupes de l'Italie centrale (novembre 1867), il se montra en 1870 favorable à la France. Aussi fut-il envoyé le 22 juillet 1876 comme ambassadeur à Paris, où il demeura à ce titre jusqu'en 1882.

simple était encore de laisser le cabinet sarde aller de l'avant, il donna confidentiellement à entendre que, s'il devait désapprouver en public la nouvelle politique de Cavour, en fait il ne la contrarierait pas. *Fate presto*, faites vite, dit-il; et, comme pour échapper au spectacle des événements que ces deux mots rendaient possibles, il partit au plus tôt pour un voyage en Algérie.

Agir vite, c'était bien l'intention du ministère piémontais. Il ne fallait pas laisser le temps à l'Autriche de mobiliser son armée de Vénétie. Depuis plusieurs semaines les troupes italiennes s'accumulaient en Romagne. Tout était prêt pour l'expédition des Marches. Tout à coup, le 7 septembre, Cavour adressa au cardinal Antonelli la sommation de dissoudre immédiatement les forces réunies sous Lamoricière et, avant même que le refus facile à prévoir du ministre pontifical lui fût parvenu, Cialdini franchit avec ses troupes la frontière de l'Ombrie. Peu de jours après, l'armée du pape était mise en complète déroute à Castelfidardo (18 septembre) [1] et son chef, bloqué par terre et par mer dans Ancône, était réduit à se rendre avec ce qui lui restait de soldats (29 septembre). Le cabinet de Turin avait fait connaître à l'Europe, dès le 12, son intention de respecter pour le moment Venise, aussi bien que Rome. Les Français occupaient encore cette dernière ville [1]; ils s'apprêtaient même à défendre le petit territoire qui l'entoure et qu'on désigne sous le nom de *patrimoine de Saint-Pierre*. Mais Cialdini s'abstint d'y toucher et, après avoir traversé les Marches, dont la population demandait à grands cris pour roi Victor-Emmanuel, il arriva au commencement d'octobre sur la limite des Deux-Siciles.

Allait-il la franchir? Il eût été naïf d'en douter. Sans doute le roi de Sardaigne n'était pas en guerre avec le roi de Naples; sans doute un représentant de ce dernier résidait encore à Turin. Mais ni le souverain *galant homme* ni surtout son ministre n'étaient gens fort scrupuleux en matière d'annexions. Puis Garibaldi les inquiétait fort. Ce dictateur, bien qu'il déclarât travailler pour Victor-Emmanuel et pour l'unité italienne, semblait vouloir

1. Vu l'imminence du péril dont le Saint-Siège était menacé, l'évacuation projetée par la cour des Tuileries n'avait pas eu lieu; plusieurs régiments nouveaux avaient même été envoyés de France pour renforcer la garnison de Rome.

retarder le plébiscite des Deux-Siciles en faveur du Piémont jusqu'après la conquête de Rome. En attendant, il gouvernait à tort et à travers, entouré d'une coterie révolutionnaire qui n'avait pour Cavour et même pour Victor-Emmanuel qu'un fort médiocre attachement. Lui-même demandait le renvoi du grand ministre sarde. Pour déjouer ses menées, ce dernier venait de faire convoquer le Parlement à Turin, et le premier acte de cette assemblée, qui se réunit le 2 octobre, devait être d'autoriser le roi à annexer les provinces pontificales récemment occupées et le territoire des Deux-Siciles. Du reste Garibaldi, à ce moment, cessait d'être redoutable. Ses bandes peu disciplinées étaient venues se heurter, vers la fin de septembre, contre les troupes plus solides de François II, retranchées sur les bords du Vulturne, et avaient subi de sanglants échecs. Elles voulurent prendre leur revanche le 1er octobre et, après avoir éprouvé de grosses pertes, ne furent cette fois victorieuses que grâce au concours des *bersaglieri* venus de Naples pour les appuyer. Il se pouvait très bien que François II reprît sous peu sa capitale. Vu les circonstances, il y avait double avantage pour Cavour à faire marcher Cialdini au secours de Garibaldi. Aussi n'eut-il pas la moindre hésitation. Dès le 9 octobre, l'armée piémontaise entrait dans les provinces napolitaines. Dans une circulaire adressée à l'Europe, le ministre sarde se justifiait par cet argument commode que le roi de Naples avait, en quittant sa capitale, renoncé à sa couronne, que, par conséquent, on ne lui prenait rien, et que, d'ailleurs, il fallait bien préserver l'Italie de l'anarchie. A la nation italienne il tenait un tout autre langage : Victor-Emmanuel, lui disait-il, devait se conformer au vœu populaire qui l'appelait de toutes parts. Déjà ce souverain était en route pour les Deux-Siciles. Le 21 octobre, ce royaume entier se donnait à lui, ainsi que les Marches, par un plébiscite solennel. Quelques jours après, il rejoignait Garibaldi qui, non sans quelque mauvaise humeur, mais très loyalement, lui cédait la place. Il faisait son entrée à Naples (7 novembre) et partait pour Palerme. Pendant ce temps, François II, débusqué de la ligne du Vulturne par l'armée piémontaise, allait s'enfermer dans Gaëte, la seule place qui lui restât, et faisait mine d'y tenir bon, tout en essayant d'intéresser l'Europe à son sort par de violentes, mais inefficaces protestations.

X

On voit que Cavour, suivant le conseil de Napoléon III, avait fait *presto*. Son entreprise avait été couronnée de succès. Mais elle avait été bien audacieuse, et, même à cette heure, elle pouvait encore lui coûter fort cher. L'Autriche avait bonne envie de prendre à revers l'armée piémontaise, auquel cas, celle-ci, imprudemment engagée au fond de l'Italie, eût été sans doute perdue. Mais elle ne pouvait agir sans le concours ou sans l'assentiment de l'Europe, et elle ne put obtenir ni l'un ni l'autre.

Après la violation du territoire pontifical par Cialdini, le gouvernement français avait rappelé de Turin son plénipotentiaire; mais il y avait laissé un chargé d'affaires. On sentait donc qu'il n'avait voulu faire en faveur du pape qu'une manifestation de convenance. On comprenait aussi fort bien que, si l'Autriche attaquait la Sardaigne, il ne pourrait s'empêcher de secourir cette dernière puissance. Le gouvernement prussien avait fait grand étalage de ses sentiments légitimistes, manifesté une indignation vertueuse au sujet des annexions nouvelles que Cavour était en train d'opérer, et témoigné la crainte que Napoléon III ne songeât à prendre l'offensive contre l'Autriche. Mais l'Angleterre l'avait à la fois calmé et rassuré. La reine Victoria et John Russell étaient venus en septembre à Coblentz. Ils y avaient vu le Régent et son ministre des affaires étrangères, Schleinitz[1]. Le cabinet de Berlin avait reçu d'eux l'offre de leurs bons offices pour déterminer le roi de Danemark à régler les affaires des duchés conformément à l'arrêté diétal du 8 mars 1860. Aussi n'avait-il pas fait difficulté de promettre au gouvernement britannique que la Prusse ne bougerait pas si la France ne prenait pas une attitude agressive en Italie. On comprend donc que, s'il protesta contre les derniers actes

1. Schleinitz (Alexandre-Gustave-Adolphe, baron de), né à Blankenbourg en 1807; d'abord attaché à l'administration judiciaire en Prusse (1828); plus tard secrétaire d'ambassade à Copenhague (1835), à Saint-Pétersbourg (1838), à Londres (1840); conseiller rapporteur à la division des affaires politiques du ministère des affaires étrangères (1841); représentant de la Prusse en Hanovre (1848-1849). Ministre des affaires étrangères dans le cabinet Brandebourg (1849-1850), il le redevint le 6 novembre 1858 et le resta jusqu'à l'avènement de M. de Bismarck (septembre 1862).

du Piémont (13 octobre), ce ne fut guère que pour la forme. Il ne rappela même pas de Turin son représentant. Comme ce dernier venait de lire à Cavour la note que son gouvernement l'avait chargé de lui remettre : « Je pourrais, lui dit finement le ministre sarde, répondre avec avantage à tout ce que dit M. de Schleinitz ; mais, de toute façon, *je me console en pensant que, dans cette occasion, je donne un exemple que, probablement, dans quelque temps, la Prusse sera très heureuse d'imiter.* »

Quant à la Russie, si elle n'avait qu'un faible intérêt pour le pape, elle en avait toujours témoigné un très vif au roi de Naples. Aussi n'hésita-t-elle pas, en octobre, à rompre ses relations diplomatiques avec le gouvernement piémontais. Voulait-elle pousser plus loin la manifestation de son mécontentement? On put le croire en Europe quand on apprit qu'une entrevue avait été demandée au czar par l'empereur d'Autriche, qu'elle allait avoir lieu à Varsovie et que le Régent de Prusse devait y assister. Certains journaux répandirent le bruit que ces trois princes allaient ressusciter la Sainte-Alliance. Mais en réalité Alexandre II ne voulait rien faire pour l'Autriche. Il donna l'assurance à Napoléon III que c'était de la conciliation et non de la coalition qu'il allait faire à Varsovie et il le pria de lui fournir sur ses intentions des éclaircissements qui lui permissent d'affermir la paix, comme il le voulait. L'empereur des Français lui répondit par l'engagement formel de ne pas seconder la Sardaigne dans une guerre *offensive* contre l'Autriche. Il ajoutait que, si cette puissance était attaquée par Victor-Emmanuel et si, comme il était probable, le sort des armes lui était favorable, le traité de Villafranca devrait être maintenu ; enfin, dans aucun cas, la propriété de la Savoie et de Nice ne serait remise en question. Le czar se déclara pleinement satisfait par ces explications et promit de faire prévaloir à Varsovie les principes de Napoléon III.

La cour de Vienne était réduite à l'impuissance. Il lui était d'autant moins permis de risquer l'aventure d'Italie que des embarras intérieurs, d'une extrême gravité, l'obligeaient à fixer principalement son attention sur le Danube. Depuis une année toutes les provinces de l'empire étaient en fermentation. On demandait de toutes parts la liberté. La Hongrie surtout se montrait exigeante et menaçait de se soulever. François-Joseph, cédant toujours trop tard et ne sachant jamais céder qu'à demi, venait de promettre à ses peuples, par son *diplôme* du 20 octobre, une constitution à la fois fédéraliste et autoritaire qui devait fort peu les satisfaire [1]. Il ne pouvait donner cours à ses projets contre la Sardaigne que si le czar lui assurait, soit un concours éventuel, soit, tout au moins, une neutralité bienveillante. Mais l'entrevue de Varsovie le convainquit qu'il n'avait rien à attendre de ce souverain (22-26 octobre). Il en revint découragé, sans autre consolation que d'avoir pu éluder une nouvelle proposition du czar tendant à reviser le traité de Paris. Ses troupes, prêtes à franchir le Pô, demeurèrent donc en Vénétie, et l'armée piémontaise put, sans crainte d'être prise à revers, poursuivre le siège de Gaëte.

XI

Quand l'Angleterre fut bien assurée que l'Italie n'avait rien à craindre, elle se déclara pour elle avec un redoublement d'amitié qui ne lui coûtait guère et qui pouvait lui être fort profitable. Dans une note du 27 octobre, lord John Russell se prononça hautement en faveur des peuples qui venaient de se donner à Victor-Emmanuel et soutint devant l'Europe, avec une rigueur toute démocratique, cette thèse que les nations ont toujours le droit de changer de gouvernement et qu'il est inique de vouloir les en empêcher. Cette pièce scandalisa bien un peu le monde monarchique. Le régent de Prusse déclara que c'était « un morceau dur à digérer ». Mais on comprit généralement que cette profession de foi visait surtout Napoléon III, l'apôtre attitré de la souveraineté nationale et du suffrage universel, que Russell se donnait le malin plaisir de battre avec ses propres armes. L'empereur des Français, lui, n'avait rien à dire. Il était pris dans ses filets. Les contradictions et l'incohérence de sa politique l'obligeaient, en ce moment même, à faire des avances au parti de la liberté. En France, l'épiscopat l'attaquait chaque jour avec plus de violence; la bourgeoisie conservatrice et

1. Elle créait dans chaque province des États locaux, où l'aristocratie avait une prépondérance marquée, et chargeait du soin de légiférer, sur les question d'intérêt général, un conseil de l'empire, formé en partie de représentants de ces États, désignés par l'empereur sur des listes de candidats. Il devait y avoir un ministère commun. Mais serait-il responsable devant le Parlement? c'est ce que le diplôme ne promettait pas.

cléricale s'éloignait de lui. Il lui fallait maintenant évoluer vers la démocratie. Aussi, peu de temps après, ne fut-on pas trop surpris quand, grâce à son décret du 24 novembre, le Corps législatif et le Sénat acquirent le droit d'adresse, que la constitution de 1852 ne leur avait pas accordé. C'était là, pour l'empire, le commencement d'une transformation que Napoléon III ne prévoyait pas et qui ne devait guère lui être profitable.

En Italie, quelque contrariété que lui eussent causée les derniers accroissements du Piémont, il lui fallait bien s'incliner devant les faits accomplis. Il manifestait encore, il est vrai, une certaine sollicitude pour le roi de Naples. C'était beaucoup moins par intérêt pour lui que par égard pour le pape, qui avait pris hautement parti en faveur de François II, et sans doute aussi parce qu'il se réservait, en assurant à ce prince sa liberté personnelle, de troubler quelque peu la sécurité de Victor-Emmanuel. Une escadre française croisait par ses ordres devant Gaëte et ne permettait pas à la flotte sarde de bloquer par mer cette place, dont la résistance se prolongeait. Au nom du principe de non-intervention, l'Angleterre en demanda bientôt l'éloignement et y mit une telle insistance que Napoléon III dut céder, sous peine de rompre avec cette puissance. Il lui convenait moins que jamais de se brouiller avec la cour de Londres. Son alliance avec la Grande-Bretagne venait de produire dans l'Extrême-Orient de glorieux résultats. Les troupes anglo-françaises avaient, tout récemment, emporté les forts du Peï-ho, battu les Chinois à Palikao, fait leur entrée dans Pékin et dicté au Céleste-Empire de nouveaux traités, plus avantageux que ceux de 1858 (août-octobre 1860 [1]). D'autre part, Napoléon III voulait se faire autoriser par les grandes puissances à prolonger l'occupation de la Syrie, qui n'avait pas encore produit les résultats souhaités par ses ministres et par lui. L'Angleterre se montrait défiante et peu favorable à un pareil vœu. Enfin Napoléon III obtint que les troupes françaises pussent demeurer trois mois encore dans la région du Liban (janvier-février). Mais il lui fallut, par contre, abandonner le roi de Naples. Après avoir averti ce prince, dès le mois de décembre, qu'il ne pouvait rien faire pour lui, si ce n'est

1. Ces conventions confirmaient et étendaient les privilèges accordés à la France et à l'Angleterre par celles de Tien-tsin. Elles assuraient en outre à chacune des deux puissances alliées une indemnité de soixante millions de francs.

lui offrir ses bons offices diplomatiques, il ménagea entre François II et Victor-Emmanuel un armistice qui ne pouvait aboutir à aucun accommodement, et à l'expiration duquel (19 janvier) il rappela son escadre de Gaëte. Dès lors cette place était perdue. Elle tint encore trois semaines. Mais elle ne luttait plus que pour l'honneur. Le 13 février 1861, François II capitula. Il ne lui restait plus un pouce de territoire dans les Deux-Siciles. Il se retira aussitôt à Rome, auprès de Pie IX, qui tint à honneur de rendre au fils de Ferdinand II l'hospitalité que lui-même avait reçue à Gaëte en 1848.

En contraste avec cette infortune royale l'Europe contemplait à cette heure l'inouïe prospérité de la maison de Savoie. Toutes les provinces annexées au Piémont venaient d'être invitées à élire leurs députés; le premier parlement italien se réunissait à Turin (18 février). Peu de jours après, il proclamait solennellement Victor-Emmanuel roi d'Italie. La politique de Cavour, à la fois si patiente, si fine et si hardie, avait porté ses fruits. L'unité politique de la péninsule était maintenant un fait accompli. Sans doute Venise et Rome manquaient encore à la patrie reconstituée. Mais le grand ministre se montrait plein de confiance dans un avenir prochain qui, disait-il, lui permettrait de se compléter sans guerre par l'adjonction de ces deux villes. Aussi ne craignait-il pas de faire proclamer en principe que Rome était la capitale de l'Italie (27 mars).

Tandis que ce pays couronnait et acclamait son premier roi, le prince qui devait être le premier empereur d'Allemagne montait sur le trône à Berlin. Frédéric-Guillaume IV, privé de raison depuis plusieurs années, venait de mourir le 2 janvier 1861. Le régent lui succéda aussitôt sous le nom de Guillaume Ier, *Guillaume le Conquérant*, comme l'appelèrent dès ce moment les patriotes du National-verein. C'était un prince-soldat, amoureux de l'armée, fort désireux de venger Olmütz et de mettre la Prusse en état de commander à l'Allemagne. Dès son avènement, il prenait vis-à-vis du Danemark une attitude menaçante. La diète de Francfort, sous son inspiration, sommait Frédéric VII de se conformer à son arrêté du 8 mars 1860 sous peine d'exécution militaire (février 1861). La question des duchés devenait grosse d'orages, du sein desquels devait sortir l'unité germanique. La révolution italienne était finie, ou à peu près. La révolution allemande commençait. Mais trouverait-elle son Cavour?

CHAPITRE VII

LA RAISON DU PLUS FAIBLE [1]

I. Pie IX et la politique du *non possumus*. — II. *La plus grande pensée d'un règne* : guerre du Mexique. — III. Suez, Bucharest et Athènes. — IV. La Prusse, la France et l'Italie en 1862. — V. L'insurrection polonaise. — VI. Débuts ministériels de M. de Bismarck. — VII. Avortement de la Triple-Alliance. — VIII. La question des duchés et la *journée des princes*. — IX. Abandon de la Pologne. — X. Napoléon III et le programme du 5 novembre. — XI. L'Angleterre, la France et le Danemark. — XII. L'alliance austro-prussienne et la conquête des duchés.

(1861-1864)

I

L'Italie aurait-elle Venise? aurait-elle Rome? Par quelles combinaisons politiques acquerrait-elle les deux joyaux qui manquaient

1. Sources : *Annuaire des Deux Mondes*, années 1861, 1862-1863, 1864-1865; — Araminski (S.), *Histoire de la révolution polonaise* ; *Archives diplomatiques*, années 1861-1865; — Batsch (B.), *la Question polonaise dans la Russie occidentale*; — Benedetti, *Ma Mission en Prusse*; — Beust, *Mémoires*, t. I; — Blerzy (H.), *l'Angleterre pendant la guerre d'Amérique* (Revue des Deux Mondes, 1er et 15 sept. 1871); — Bordier, *l'Allemagne aux Tuileries*; — Chevalier (Michel), *l'Expédition du Mexique* (Revue des Deux Mondes, 1er et 15 avril 1862); — Chevé (F.), *Histoire de la Pologne*; — Delord (T.), *Histoire du second Empire*, t. III et IV; — Favre (J.), *Discours parlementaires*; — Forcade (E.), *la Question romaine* (Revue des Deux Mondes, 15 août, 15 sept. 1861); — Gaulot (P.), *l'Empire de Maximilien* ; — Geffroy (A.), *l'Agitation allemande contre le Danemark* (Revue des Deux Mondes, 15 déc. 1863); *la Conférence de Londres et les intérêts européens dans la question dano-allemande* (Revue des Deux Mondes, 1er juin 1864); — Giquel, *la France en Chine* (Revue des Deux Mondes, 15 juin 1864); — Hansen, *A travers la diplomatie*; — Harcourt (B. d'), *les Quatre ministères de M. Drouyn de Lhuys* ; — Ideville (H. d'), *Souvenirs d'un diplomate en Italie* (*1859-1862 et 1862-1866*); — Kératry (comte de), *la Créance Jecker*; — *l'Élévation et la Chute de Maximilien*; — Klaczko (J.), *les*

encore à sa couronnne? Telle était encore, en 1861, la principale préoccupation de l'Europe. Pour Venise, la solution ne semblait pas prochaine; il fallait, pour qu'elle le devînt, que la Prusse fût amenée, comme on le verra plus loin, à contracter une alliance avec l'Italie contre l'Autriche. Pour Rome, qui surtout lui tenait au cœur, Cavour espérait parvenir assez promptement à ses fins. *L'Église libre dans l'État libre*, tel était le programme qu'il avait éloquemment développé à la tribune et qu'il s'efforçait de faire adopter par Pie IX et par Napoléon III. Il avait auprès du pape des avocats dévoués, comme l'abbé Stellardi, le docteur Pantaleoni, le P. Passaglia[1], pour remontrer en son nom au souverain pontife que le sacrifice d'une étroite et embarrassante principauté serait amplement compensé pour lui par les garanties solennelles dont l'Italie entourerait son autorité spirituelle: C'était là une argumentation que le Vatican goûtait peu. Mais elle n'était pas sans avoir quelque succès aux Tuileries, car Napoléon III était plus que jamais désireux de mettre un terme à l'occupation de Rome. Il est vrai qu'il ne voulait à aucun prix se brouiller avec l'Église.

Préliminaires de Sadowa; *Études de diplomatie contemporaine*; *Deux chanceliers*; — Laugel (A.), *les États-Unis pendant la guerre*; — Lefèvre (E.), *Histoire de l'intervention française au Mexique*; — Lemoinne (J.), *la Révolution grecque de 1862* (Revue des Deux Mondes, 15 déc. 1862); — Leroy-Baulieu (A.), *Un Homme d'État russe, Nicolas Milutine*; — Mac-Carthy, *Histoire contemporaine de l'Angleterre*, t. III et IV; — Martin (H), *Pologne et Moscovie*; — Martin (Th.), *le Prince Albert*, t. II; — Masseras, *Un Essai d'empire au Mexique*; — Mazade (Ch. de), *le Comte de Cavour*; *la Pologne contemporaine*; *l'Expédition du Mexique* (Revue des Deux Mondes, 1862-1863); *la Russie sous le règne de l'empereur Alexandre II* (Revue des Deux Mondes, 1862-1868); *l'Italie et les Italiens*; *les Révolutions de l'Espagne contemporaine*; Memor (Andreas, — le duc de Grammont), *l'Allemagne nouvelle*; — Mérimée, *Lettres à Panizzi*, t. I et II; — Rattazzi (Mme), *Rattazzi et son temps*, t. I; — Renouf (Sydney), *les Coulisses de la diplomatie*; — Rosenwald, *Annuaire historique*, année 1861; — Rothan, *la Politique française en 1866*; — Saint-Marc-Girardin, *Affaires de Pologne* (Revue des Deux Mondes, 15 mars 1861); — Sayn-Wittgenstein-Berlebourg (prince Emile de), *Souvenirs et correspondance (1841-1878)*; — Simon (E.), *l'Empereur Guillaume*; *Histoire du prince de Bismarck*; — Thiers, *Discours parlementaires*; — Viel-Castel (comte H. de), *Mémoires*; — Zeller, *Pie IX et Victor-Emmanuel*, etc.

1. Passaglia (Carlo), né à Lucques vers 1802, appartenait à la Société de Jésus et était depuis longtemps célèbre comme théologien. Ses efforts pour amener le pape à renoncer à son pouvoir temporel et à reconnaître l'unité italienne le firent condamner par la cour de Rome. Il se retira en Piémont, fut nommé en novembre 1861 professeur de philosophie morale à l'université de Turin, entra au Parlement italien en janvier 1863 et, sans interrompre ses travaux théologiques, ne cessa, jusqu'en 1870, de servir, par la plume et par la parole, la cause politique qu'il avait embrassée.

La mort de Cavour, arrivée presque subitement le 6 juin 1861 [1], étonna l'Europe et consterna l'Italie. L'œuvre du grand ministre semblait devoir être compromise par cet événement imprévu. Elle ne le fut pourtant point, au contraire. L'empereur des Français, ne voulant pas aggraver les difficultés que la perte d'un pareil auxiliaire pouvait causer au gouvernement de Victor-Emmanuel, se hâta de reconnaître officiellement le nouveau royaume et envoya comme ministre plénipotentiaire à Turin le comte Benedetti, partisan résolu de l'unité italienne (fin de juin). Il l'aida peu après, par la surveillance qu'il fit exercer dans l'État pontifical, à réprimer dans les provinces napolitaines le brigandage bourbonien, qui s'alimentait à Rome, grâce à François II et au pape, son protecteur (juillet-septembre 1861). Aussi le baron Ricasoli [2], qui venait de succéder à Cavour et qui, avec autant de patriotisme et plus de raideur, poursuivait l'exécution de son programme, crut-il bientôt pouvoir en assurer le succès par l'entremise du gouvernement français. Il soumit donc, en septembre, à la cour des Tuileries, avec prière de la faire parvenir au pape, un projet de garanties en faveur de l'indépendance du Saint-Siège, qui, grâce à l'abandon de son pouvoir temporel, eût obtenu une dotation considérable et conservé une liberté sans réserve pour le gouvernement de l'Église. Mais Napoléon III et ses ministres n'osèrent même pas transmettre à Rome une pareille proposition. Ce premier échec affaiblit quelque peu Ricasoli devant les chambres à Turin. Mais, vers la fin de l'année, la France lui vint en aide en envoyant

1. Il avait encore pris la parole au Parlement le 29 mai. Il fut pris le lendemain d'une fièvre pernicieuse et fut emporté huit jours après, à l'âge de cinquante et un ans.

2. Ricasoli (le baron Bettino), né le 9 mars 1809, d'une grande famille toscane, voyagea beaucoup dans sa jeunesse, se distingua ensuite comme agronome, fut chargé en 1847 par le grand-duc Léopold d'une mission auprès du roi Charles-Albert, devint en 1848 gonfalonier de Florence, entra dans la commission exécutive de la république toscane après la retraite de Montanelli et Guerrazi (1859), rappela le grand-duc, mais se sépara de lui pour toujours quand il l'eut vu manquer à sa parole et, en 1859, se prononça hautement pour la révolution italienne. Ministre de l'intérieur dans le gouvernement constitué à Florence par Buoncompagni, il fut peu après nommé gouverneur général de la Toscane et prépara l'annexion de ce pays au Piémont (1859-1860). Membre du Parlement italien, il fut appelé à la présidence du conseil des ministres (juin 1861), démissionna le 1er mars 1862, occupa le même poste de juin 1866 à avril 1867, continua de siéger à la Chambre des députés et mourut au château de Brolio, près de Sienne, le 23 octobre 1880.

comme ambassadeur auprès du pape le marquis de La Valette, diplomate aussi dévoué que Benedetti à la cause de l'unité italienne. Et peu après (11 janvier 1862), ce personnage fut chargé par Thouvenel de demander au Saint-Siège si, instruit par l'expérience, il ne pourrait, sans renoncer formellement à ses droits, « consentir à des transactions de fait qui ramèneraient le calme dans le sein de l'Église catholique et associeraient la papauté au triomphe du patriotisme italien ». Le ministre français n'indiquait, du reste, aucune solution. Il offrait seulement à la cour de Rome ses bons offices pour la réconcilier avec celle de Turin. Mais toutes les séductions de La Valette échouèrent devant l'obstination de Pie IX et de son secrétaire d'État. Antonelli déclara « que toute transaction était complètement impossible, et que le caractère indivisible du territoire pontifical se trouvant garanti par le serment des papes, comme par celui les cardinaux, aucune espèce de concession ne pourrait être faite par Pie IX ni par aucun de ses successeurs de siècle en siècle ».

Ce *non possumus* provoqua, naturellement, en Italie, une fort vive agitation. Le parti révolutionnaire, toujours prêt à tenter le sort des armes et à risquer le tout pour le tout, reparut dans la rue et se prépara ouvertement à une nouvelle prise d'armes. Le comité national du *Provedimento* annonça des manifestations menaçantes pour Venise et pour Rome. Garibaldi, qui en était l'âme, semblait sur le point de se remettre en campagne. Ricasoli fermait les yeux ou en avait l'air. Aussi le gouvernement français cessa-t-il de le soutenir et salua-t-il avec plaisir l'avènement de Rattazzi, qui lui succéda au mois de mars 1862. Ce dernier, particulièrement cher à Napoléon III (comme à Victor-Emmanuel), promit de prévenir dans la péninsule toute nouvelle crise révolutionnaire et de ne poursuivre la solution des questions romaine et vénitienne que par la voie diplomatique. Il eut donc à son tour la faveur de l'empire qui, plus que jamais, croyait devoir user de ménagements envers la cour de Rome.

II

Complice de Cavour, Napoléon III savait bien que le Saint-Siège lui gardait rancune. Il espérait regagner en partie ses bonnes grâces par d'aventureuses entreprises, dont l'Église romaine devait, en cas de succès, bénéficier plus que lui. On a vu plus haut qu'au mois d'août 1860 il avait envoyé un petit corps d'armée en Syrie pour venger et protéger les chrétiens maronites. Malgré le mauvais vouloir de l'Angleterre, l'expédition, qui prit fin seulement en juin 1861, aboutit à une convention entre les grandes puissances pour assurer au Liban, sous l'autorité de la Porte et le contrôle de l'Europe, une administration chrétienne et autonome [1]. Vers la même époque, Napoléon III, poussé par divers partis, mais surtout par celui de l'Église, méditait l'équipée du Mexique, qui devait lui être si funeste.

Ce pays, où la guerre civile n'avait pour ainsi dire pas cessé depuis que la guerre de l'indépendance s'était terminée, avait subi jusqu'en 1858, la domination d'un clergé fort riche, fort intolérant, doté de privilèges et d'attributions inconciliables avec les droits d'un gouvernement civil bien organisé. Depuis cette époque, il cherchait à s'en affranchir, grâce à une constitution nouvelle, dont le président Juarez [2], après trois ans de luttes, semblait avoir enfin assuré le triomphe (décembre 1860). Les adversaires de Juarez, soutenus aux Tuileries par l'impératrice et par des agioteurs de haut parage, avocats de créances plus que véreuses sur le Mexique [3], sollicitaient depuis longtemps l'appui de Napoléon III. Ils lui représentaient le service qu'il rendrait à l'Église, la facilité qu'il aurait à fonder au delà de l'Atlantique un empire qui serait

1. Il fut décidé que le Liban formerait dans l'empire ottoman un gouvernement particulier, relevant directement non du pacha de Beyrouth, mais du sultan. Le gouverneur devait être chrétien ; il serait nommé pour trois ans et aurait à sa disposition un corps de troupes indigènes.

2. Juarez (Benito), né à San-Pablo-Guelatao (État d'Oaxaca) le 21 mars 1806; d'abord professeur de physique (1828), puis avocat (1834), il devint gouverneur de l'État d'Oaxaca, qu'il alla représenter en 1856 au Congrès mexicain. Président de la cour suprême de justice (1857), chef du parti libéral, il succéda comme président de la république à Comonfort, eut à lutter contre Zuloaga (1858), puis contre Miramon (1858-1860), dont il triompha, fut réduit à fuir devant les Français (1863), se retira dans les provinces du nord, mais regagna du terrain à partir de 1865, rétablit le gouvernement républicain à Mexico (1867), fut encore deux fois réélu président (octobre 1867, octobre 1871) et mourut à Mexico le 13 juillet 1872.

3. La principale était celle du banquier suisse Jecker qui, pour sept millions prêtés à Miramon, rival malheureux de Juarez, en réclamait 75 à ce dernier. Il avait eu l'art d'intéresser à sa cause de puissants personnages, et notamment Morny, frère naturel de Napoléon III, qui devait partager avec lui le honteux bénéfice à réaliser.

forcément l'allié, le vassal de la France. Ils lui désignaient déjà l'archiduc Maximilien[1], frère de François-Joseph, comme le prince qui conviendrait le mieux à cette nouvelle monarchie. Un tel choix plairait au Saint-Siège, ne déplairait à personne en Europe[2], et produirait sans doute une sensible amélioration de rapports entre la France et l'Autriche. Il ne fallait point tant d'arguments pour convaincre Napoléon III. Une seule considération l'arrêtait : les États-Unis, toujours fidèles à la *doctrine de Monroë*, admettraient-ils qu'une grande puissance européenne vînt, justement dans leur voisinage, attaquer un État indépendant et eût la prétention de se l'inféoder? Évidemment non. Mais, juste à point, cette République se réduisait elle-même à l'impuissance par la guerre civile. L'esclavage des nègres, dont les États du Nord poursuivaient depuis quelque temps l'abolition, repoussée avec énergie par les États du Sud, venait d'amener la sécession de ces derniers (janvier 1861)[3]. Les premiers coups de canon avaient été tirés en avril. Depuis cette époque, les deux gouvernements rivaux de Washington et de Richemond se tenaient mutuellement en échec, à la vive satisfaction des cours de Paris et de Londres, qui, dans leur équivoque neutralité[4], souhaitaient la prolongation de la lutte et la rupture définitive de la grande Union américaine.

Le moment paraissait donc bon à Napoléon III pour mettre la main sur le Mexique. Il est vrai qu'il n'était pas seul à convoiter cette proie. Le gouvernement espagnol qui, après une longue

1. Maximilien (Ferdinand-Joseph), né à Schœnbrünn le 6 juillet 1832; marié le 23 juillet 1857, à la princesse Charlotte, fille du roi des Belges Léopold Ier; gouverneur du royaume lombard-vénitien (1857-1859); président de la Chambre des seigneurs (1861); empereur du Mexique (1864); fusillé à Queretaro, le 19 juin 1867.

2. On comptait que l'Angleterre n'y contredirait pas trop, parce que Maximilien avait épousé la princesse Charlotte, fille du roi des Belges Léopold Ier, dont l'influence à Londres était toujours fort grande.

3. L'élection du président Lincoln (4 nov. 1860), candidat des États du Nord, où dominait le parti abolitionniste, fut le signal de la rupture. De décembre 1860 à février 1861 sept États se séparèrent de l'Union (la Caroline du Sud, le Mississipi, la Floride, l'Alabama, la Géorgie, la Louisiane, le Texas). Ils se formèrent en *confédération* le 4 février et élurent pour président Jefferson Davis. A cette ligue s'adjoignit bientôt après le Tennessee, ainsi qu'une partie de la Caroline du Nord et de la Virginie. La capitale de la *confédération* fut Richemond, dans ce dernier pays.

4. Malgré leurs déclarations (du 13 mai et du 9 juin 1861), ces deux puissances encourageaient secrètement la *confédération*, qu'elles furent plusieurs fois sur le point de reconnaître officiellement comme partie belligérante.

période d'anarchie, semblait depuis quelques années animé d'une vraie fièvre de guerre, de revendications et de conquêtes [1], songeait aussi à se l'approprier. Ainsi que le cabinet des Tuileries, il alléguait comme prétexte d'attaque les violences et dommages subis par ses nationaux pendant les derniers troubles du Mexique [2]. Mais ses véritables intentions étaient si transparentes que l'Angleterre, fort peu désireuse de voir se reconstituer l'empire hispano-américain, en prenait ombrage et, sous couleur de venger ses propres nationaux, victimes de violences et de dommages analogues, déclarait vouloir s'unir à lui et le conviait à une entreprise commune, excellent moyen de le surveiller et de neutraliser son ambition. La France dénonçait, du reste, à Londres, les arrière-pensées espagnoles et, sans faire montre de ses desseins, qui étaient également devinés, s'associaient aux propositions britanniques. De ces dissimulations et de ces défiances diplomatiques résulta le traité du 31 octobre 1861, par lequel l'Espagne, la France et la Grande-Bretagne s'unissaient pour exiger ensemble du gouvernement de Juarez les réparations qui leur étaient dues, mais s'engageaient à ne pas rechercher d'avantages particuliers et à respecter l'indépendance du peuple mexicain. Des trois puissances, la dernière seule était de bonne foi en signant cette convention. Bientôt, la première voulut gagner les deux autres de vitesse et, sans les attendre, s'empara de la Vera-Cruz (décembre). Mais les contingents français et anglais ne tardèrent pas à débarquer sur le littoral mexicain (janvier 1862). Napoléon III se hâta d'expédier de nouvelles troupes pour tenir les Espagnols en respect. Au bout de fort peu de jours, du reste, le général Prim, qui commandait ces derniers et avait la direction suprême des opérations, s'aperçut qu'il n'y avait au Mexique aucune chance pour la restauration de l'autorité castillane

1. De 1854 à 1856, l'Espagne avait été profondément troublée par la réapparition du carlisme et, plus encore, par les revendications du parti avancé. A peine calmée, elle se jeta dans les entreprises extérieures. C'est ainsi qu'elle joignit ses forces à celles de la France pour attaquer la Cochinchine (1857-1862), qu'elle soutint une guerre heureuse contre le Maroc (1859-1860) et qu'elle recouvra sans coup férir (mais pour bien peu de temps) la moitié orientale de Haïti (mars 1861). Un peu plus tard, elle devait aussi diriger ses armes contre le Pérou et contre le Chili (1864-1865).

2. Le gouvernement espagnol avait, comme Jecker, obtenu du soi-disant président Miramon, en 1859, la reconnaissance de ses réclamations qui, pour être mieux fondées que celles du banquier suisse, n'en étaient pas moins fort exagérées.

ou pour l'établissement de sa propre dictature [1]. Ne voulant pas jouer un jeu de dupe, il refusa, de concert avec le représentant du gouvernement britannique, de s'approprier les conditions que la France prétendait dicter à Juarez et qui étaient manifestement inacceptables [2]. Aussi conclut-il peu après (19 février) avec le président de la république mexicaine la convention de la Soledad, qui garantissait en principe à ce gouvernement son indépendance et lui faisait espérer le règlement prochain de son différend avec les trois puissances alliées. C'est alors que Napoléon III commença de se démasquer. Non seulement il désavoua la convention, mais il permit au général Almonte [3], un des chefs de cette émigration mexicaine qui avait sollicité une intervention, de se rendre à la Vera-Cruz et d'y soutenir ouvertement la candidature de l'archiduc Maximilien au trône du Mexique. L'Espagne et l'Angleterre protestèrent vainement contre de pareils agissements. Almonte refusa de partir. Lorencez, qui commandait les troupes françaises, refusa de le renvoyer. Ce que voyant, les représentants de l'Espagne et de l'Angleterre rompirent avec ceux de la France (9 avril) et se rembarquèrent avec leurs troupes, convaincus (ce en quoi ils avaient bien raison) que la conquête du Mexique serait aussi difficile à Napoléon III que celle de l'Espagne l'avait été à Napoléon Ier et que, s'il parvenait à fonder l'empire de ses rêves, il ne réussirait pas à le faire durer. Lorencez, resté seul, permit à Almonte d'insti-

1. Prim s'était marié au Mexique et croyait y avoir une grande influence. Ce personnage ambitieux et remuant s'était flatté du secret espoir d'acquérir le pouvoir suprême dans ce pays.

2. La France réclamait notamment le payement intégral de la créance Jecker et 60 millions d'indemnité pour ses nationaux, ce qui était ridiculement exagéré. Elle avait encore bien d'autres exigences et les émettait d'un tel ton que Juarez devait forcément les rejeter et lui fournir ainsi un prétexte pour continuer la guerre; c'était précisément ce qu'elle voulait.

3. Almonte (Juan-Népomucène), né en 1802 à Valladolid (Michoagan), était fils du curé Morelos, l'un des héros de l'indépendance mexicaine; proscrit après la mort de son père, il rentra dans son pays en 1822, siégea au Congrès, remplit une mission extraordinaire au Pérou (1830), devint aide de camp de Santa-Anna, qui le nomma général de brigade (1839), fut ministre de la guerre sous Bustamente, obtint le grade de général de division, fut ensuite chargé de diverses fonctions diplomatiques aux États-Unis et en Europe, noua des intrigues avec l'Espagne et avec la France contre Juarez (1860), retourna au Mexique où, sous la protection des Français, il institua un gouvernement (1862-1863), fut nommé par Maximilien lieutenant de l'empire (10 avril 1864), puis grand maréchal, ministre plénipotentiaire à Paris (5 mars 1866), cessa de fait ses fonctions après la mort de son souverain (1867) et mourut à Paris en 1869.

tuer, sous la protection de ses soldats, un gouvernement insurrectionnel. Puis il marcha sur Puebla, forte place qui lui barrait le chemin de Mexico. Mais il fut rudement repoussé (5 mai) et dut piteusement reprendre ses cantonnements d'Orizaba. Cette leçon eût dû suffire à Napoléon III. Il ne vit que l'échec infligé à ses armes, par suite, la diminution de son prestige en France et en Europe. Aussi se jeta-t-il à corps perdu dans l'entreprise fatale d'où ses alliés avaient eu le bon esprit de se retirer à temps. Le général Forey [1] fut expédié avec un corps d'armée (juillet 1862) au Mexique, où peu après l'effectif des troupes françaises allait être porté à 35 000 et 40 000 hommes. On verra plus loin quelles conséquences devait avoir plus tard pour lui et pour son pays cet inconcevable coup de tête.

III

Dès ce moment, l'expédition du Mexique, quelque improbable que fût son succès, avait pour effet d'augmenter à l'égard de Napoléon III la méfiance du gouvernement britannique, toujours prêt à prendre ombrage d'entreprises ayant pour but d'accroître l'influence maritime et commerciale de la France. L'Angleterre était, il est vrai, depuis 1815, la première puissance coloniale du monde. Elle avait, en un demi-siècle, doublé son empire dans les Indes; tous ses établissements prospéraient et s'agrandissaient. Ses colonies australiennes prenaient depuis quinze ans un merveilleux développement. Elle n'en était pas moins fort jalouse des progrès, modestes après tout, que faisait le drapeau de la France sur divers points du globe. Napoléon III avait achevé, de 1848 à 1857, la conquête de l'Algérie. Il semblait déjà considérer la Tunisie comme une annexe nécessaire de cette importante possession. Il réorganisait et fortifiait le Sénégal français [2]. Il occupait

1. Forey (Élie-Frédéric), né à Paris, le 10 janvier 1804; sous-lieutenant d'infanterie en 1824, général de brigade en 1848, après diverses campagnes en Afrique; complice du coup d'État (décembre 1851), qui lui valut le grade de général de division (1852); chargé du commandement d'une division en Crimée (1854-1855), puis en Italie, où il battit les Autrichiens à Montebello (1859); général en chef de l'armée française au Mexique (1862); maréchal de France après la prise de Puebla (juillet 1863); commandant du 2e corps d'armée (décembre 1863), puis du camp de Châlons (1867); mort en 1872.

2. Grâce à l'énergique activité du colonel Faidherbe, qui gouverna cette colonie de 1854 à 1861 et de 1863 à 1865.

depuis 1853 la Nouvelle-Calédonie. Enfin, dans l'Extrême-Orient, il venait de conquérir, à la suite d'une campagne interrompue quelque temps par la guerre de Chine, une partie considérable du royaume d'Annam [1]. L'Angleterre regardait tous ces succès de la politique française comme autant d'échecs pour elle-même. Et le percement de l'isthme de Suez, que M. de Lesseps, manifestement favorisé par Napoléon III, exécutait à ce moment malgré ses intrigues, augmentait encore sa mauvaise humeur et sa malveillance à l'égard de la cour des Tuileries [2].

Ce qui l'irritait plus encore contre Napoléon III, c'était la persistance de l'accord qui, depuis 1856, existait entre ce souverain et l'empereur de Russie. Par cette entente redoutable, les cabinets de Paris et Saint-Pétersbourg tenaient toute l'Europe en respect. Alexandre II, pour complaire à Napoléon III, avait laissé s'accomplir la révolution d'Italie. Mais ce dernier lui rendait de son côté de fort bons offices, dont les effets n'étaient rien moins qu'agréables au gouvernement britannique (non plus, du reste, qu'au gouvernement autrichien). Sans doute la France n'allait pas jusqu'à permettre au czar de déchirer le traité de Paris. Mais pour le satisfaire elle coopérait volontiers et avec succès au développement politique des petites nationalités chrétiennes dans les Balkans. Elle n'avait pas peu contribué en 1859 à faire ratifier par la Porte la double élection du colonel Couza. Deux ans après (mai 1861), elle obtenait du sultan que les deux gouvernements de Bucharest et de Jassy, jusqu'alors distincts, fussent réunis en un seul [3]. La Roumanie était dès lors constitué. En Serbie, non seulement elle maintenait, après

1. Après quatre ans de guerre, Tu-duc, roi d'Annam, dut, par le traité du 5 juin 1862, céder la Basse-Cochinchine (c'est-à-dire les provinces de Saïgon, Bien-Hoa et Mytho) à la France, qui acquit encore l'année suivante le protectorat du royaume de Cambodge et qui devait, en 1867, adjoindre à sa nouvelle colonie les provinces de Vinh-Long, de Chaudoc et de Ha-tien.

2. M. de Lesseps avait obtenu dès 1854 du vice-roi d'Égypte, Mohammed-Saïd, la concession du futur canal. Mais les intrigues de l'Angleterre, au Caire et à Constantinople, l'empêchèrent longtemps de commencer l'exécution de son grand projet. Le premier coup de pioche ne fut donné qu'en 1859. La première partie du canal (entre Port-Saïd et le lac Timsah) fut inaugurée le 11 novembre 1862.

3. Le gouvernement turc ne reconnaissait, il est vrai, l'union des principautés qu'à titre provisoire et seulement pour le temps que durerait l'administration de Couza. Mais c'était une réserve de pure forme. La Porte n'avait pas la moindre illusion sur la possibilité de rétablir le dualisme institué par la convention de 1858.

la mort du vieux Miloch (septembre 1860), la dynastie des Obrenowitch, mais elle obtenait, après le conflit de Belgrade [1], la réduction à quatre du nombre des places fortes occupées par les Turcs (sept. 1862). Après la mort d'Abd-ul-Medjid (25 juin 1861) et l'avènement de son frère, l'incapable Abd-ul-Aziz [2], elle soutenait les réclamations des *raïas*, qui attendaient encore de la Porte les réformes depuis si longtemps promises. Elle préservait des représailles turques le nouveau prince de Monténégro, vaincu dans une récente guerre [3]. Enfin, toujours d'accord avec la Russie, elle favorisait, ou du moins ne décourageait pas en Grèce le parti national, qui reprochait au roi Othon sa pesante inertie et s'agitait au nom de la *grande idée* [4]. A partir du mois de février 1862, de nombreuses insurrections éclataient sur divers points du petit État hellénique. En octobre, Othon, renversé, se retirait pour toujours dans son pays natal. Les Grecs faisaient mine d'élire pour souverain le duc de Leuchtenberg [5], candidat également agréable à Alexandre II et à Napoléon III. L'Angleterre ne parvint à l'écarter qu'en menaçant de présenter à leurs suffrages le prince Alfred [6], second fils de la reine Victoria, dont elle ne se servait, il est vrai, que comme d'un épouvantail, et, finalement, elle ne réussit à faire élire le seul candidat accepté à la fois par elle-même et par les deux autres puissances protectrices, c'est-à-dire le prince Georges de Danemark [7], qu'en cédant à la Grèce les îles Ioniennes, station

1. Les Turcs avaient, en juin 1862, bombardé cette ville, dont ils occupaient la citadelle.

2. Abd-ul-Aziz, fils de Mahmoud, né le 9 février 1830, appelé au trône le 25 juin 1861; déposé le 30 mai 1876; assassiné quelques jours après (4 juin).

3. Le prince Nicolas, actuellement régnant, avait succédé en 1860 à son oncle Daniel ou Danilo, qui était mort assassiné.

4. La *grande idée*, c'était l'extension de la Grèce jusqu'à ses limites naturelles, assez difficiles à marquer, du reste, mais que le patriotisme hellénique reculait complaisamment bien au delà de l'Epire et de la Thessalie.

5. Nicolas-Maximilianowitch-Romanoffski, duc de Leuchtenberg, petit-fils par son père du prince Eugène (de Beauharnais) et par sa mère du czar Nicolas, né le 4 août 1843.

6. Alfred-Ernest-Albert, duc d'Edimbourg, duc de Saxe, comte d'Ulster, comte de Kent, né à Windsor le 6 août 1844, amiral dans la marine royale d'Angleterre, commandant en chef l'escadre de la Méditerranée, marié le 23 janvier 1874 à la grande-duchesse Marie, fille de l'empereur de Russie Alexandre II.

7. Chrétien-Guillaume-Ferdinand-Adolphe-*Georges*, fils du roi de Danemark Christian IX, né à Copenhague le 24 décembre 1845, roi des Hellènes depuis 1863, marié le 27 octobre 1867 à la grande-duchesse Olga-Constantinowna, nièce d'Alexandre II.

maritime de premier ordre, placée sous son protectorat par les traités de 1815 [1].

IV

L'entente franco-russe, si pesante à l'Angleterre — et à l'Autriche — ne devait pas survivre à l'année 1862. L'insurrection polonaise allait lui porter un coup fatal. Mais il n'en eût pas été ainsi sans doute si, un peu avant cet événement, ne se fût produit en France un remaniement ministériel qui modifia l'orientation de la politique napoléonienne et dont nous avons à faire connaître les causes.

La question italienne tenait toujours la diplomatie en suspens. Vers les mois d'avril et de mai 1862, le cabinet Rattazzi espérait en hâter la solution par l'énergie avec laquelle il réprimait, en Lombardie et sur d'autres points de la péninsule, les menées intempestives du parti révolutionnaire. Le cabinet des Tuileries, reconnaissant, crut devoir, pour sa part, lui venir en aide, et reprit, entre Rome et Turin, le rôle de conciliateur qui, jusqu'alors, lui avait si mal réussi. Le 30 mai, Thouvenel chargeait La Valette de proposer au Saint-Siège un *modus vivendi* dont les principales conditions étaient : que le *statu quo* territorial serait maintenu en Italie; que le pape, tout en réservant ses droits, se résignerait à ne plus les exercer en dehors du *domaine de saint Pierre*; que les relations seraient renouées entre Rome et Turin; que l'Italie prendrait à sa charge la totalité ou la plus grande partie de la dette romaine; que les puissances catholiques s'entendraient pour fournir au Saint-Père une liste civile convenable [2]; enfin qu'elles lui garantiraient la possession de Rome et du territoire qui lui restait,

1. Le prince Georges, élu par les Grecs le 30 mars 1863, fut le 13 juin suivant reconnu roi par les trois puissances protectrices, qui lui garantirent en principe la possession des îles Ioniennes. Mais la cession de ce groupe donna lieu à une longue négociation, vu les réserves excessives auxquelles l'Angleterre prétendait la subordonner. Cette puissance (soutenue par l'Autriche) voulait en effet que les îles fussent déclarées neutres, que leurs fortifications fussent démolies, que la Grèce n'y pût entretenir ni flotte ni armée, enfin qu'elle n'eût pas le droit d'y modifier les tarifs douaniers établis par l'Angleterre. Le cabinet de Londres dut, finalement, réduire ses exigences. Le traité du 29 mars 1864 stipula seulement que Corfou et Paxo seraient neutralisées. La livraison des îles Ioniennes à la Grèce eut lieu le 28 mai suivant.

2. La France à elle seule offrait d'y contribuer pour 3 millions.

lui demandant seulement en retour de vouloir bien enfin doter ses sujets de réformes en rapport avec les exigences de l'esprit moderne.

A ce programme si modéré l'intraitable Antonelli répondit encore par un refus catégorique. Dans le même temps, comme pour braver ou défier le gouvernement qui avait eu l'audace de lui proposer un pareil arrangement, Pie IX tenait à Rome (le 10 juin), devant plus de deux cent cinquante prélats réunis de tous les points de la chrétienté, une allocution dans laquelle, non content de revendiquer au nom de la religion l'intégrité de son pouvoir temporel, il préludait aux anathèmes dont il devait, deux ans plus tard, foudroyer sans exception tous les principes de la Révolution. Et les évêques, dont un grand nombre étaient Français, lui répondaient par une approbation sans réserve.

Ces manifestations irritèrent Napoléon III et eurent sur le moment pour effet de resserrer les liens qui l'unissaient à l'Italie. C'est à cette époque en effet que l'empereur des Français détermina le czar à reconnaître enfin le nouveau royaume (fin de juin 1862). La Russie, se risquant à une pareille démarche, la Prusse, qui n'aimait guère à se séparer d'elle, et qui, du reste, tout en protestant contre les annexions de 1860, n'avait pas rappelé de Turin son représentant, ne pouvait pas se montrer moins accommodante à l'égard de Victor-Emmanuel. Les instances de la France l'entraînèrent aussi (juillet), et l'on put prévoir dès cette époque que, par l'entremise de Napoléon III, une étroite entente s'établirait un jour entre la cour de Berlin et le gouvernement italien.

Le roi Guillaume de Prusse n'aimait pas la Révolution. Il s'indignait vertueusement contre les souverains trop portés à s'adjuger le bien de leurs voisins. Mais, d'autre part, il jugeait avoir pour mission de régénérer la Prusse et de lui procurer l'hégémonie du monde germanique. La nation allemande comptait sur lui. Elle le trouvait trop lent à se mettre en campagne. L'attentat de Bœker[1] (17 juillet 1861) avait fait sur lui à peu près la même impression que celui d'Orsini sur Napoléon III. Peu après, le gouvernement autrichien et le parti de la *triade* ayant mis en avant des projets de

1. Jeune étudiant qui tira sur lui, à Bade, pour le punir de n'avoir pas encore répondu aux vœux du parti unitaire.

réforme fédérale qui rappelaient singulièrement leurs programmes de 1850 et de 1851, Guillaume, non content de les repousser, avait fait revivre la prétention jadis émise par son frère de former en Allemagne une *union restreinte*, sous la direction souveraine et exclusive de la Prusse (novembre 1861-février 1862). Il avait le pressentiment de la lutte décisive qu'il lui faudrait un jour, prochainement peut-être, soutenir contre l'Autriche. Contrarié par une chambre des députés fort libérale, qu'offusquaient ses doctrines autoritaires et qu'effrayaient ses projets fort coûteux de réorganisation militaire, il la dissolvait deux fois coup sur coup (1862) et, sans se laisser troubler, poursuivait ses armements. Dévoué par principe à l'alliance russe, il commençait à se douter qu'elle ne lui suffirait pas et à comprendre le parti qu'il pourrait tirer de l'alliance italienne le jour où il aurait la monarchie autrichienne à combattre. M. de Bismarck, qui le représentait depuis trois ans à Saint-Pétersbourg [1] et dont il était de plus en plus porté à suivre les conseils, lui représentait depuis longtemps que la *légitimité*, sans rien abdiquer de ses droits, ne devait pas hésiter à mettre sa main dans celle de la Révolution, s'il le fallait, pour assurer le succès de sa politique. La Révolution est une force, répétait-il souvent, il faut savoir s'en servir. Cet homme d'État voyait fort bien que le concours de l'Italie était nécessaire à la Prusse pour l'accomplissement de ses grands desseins. Si l'Italie n'existait pas, disait-il, il faudrait l'inventer. Il n'ignorait pas non plus que cette puissance, enchaînée de fait à la politique française, ne pourrait pas s'unir à la Prusse sans l'assentiment de Napoléon III. Aussi recommandait-il à son maître de flatter ce souverain. Le roi Guillaume n'y manquait point. Il était venu, dès le mois d'octobre 1861, visiter l'empereur des Français à Compiègne et avait semblé saluer en lui ce principe des nationalités dont il devait bientôt faire un si éclatant abus. En mai 1862, M. de Bismarck, sur le point d'entrer au ministère [2], crut bon d'aller lui-même étudier le fort et le faible de la politique napoléonienne. Il

1. Il avait été rappelé de Francfort par le cabinet Hohenzollern, qui craignait qu'il ne le compromît par sa politique ouvertement hostile à l'Autriche, et nommé ministre plénipotentiaire en Russie au mois de février 1859.

2. Il en prit possession le 24 septembre 1862. Mais depuis plusieurs mois roi Guillaume avait pris la résolution de l'y appeler. C'est le 23 mai que M. de Bismarck fut nommé ministre plénipotentiaire en France et le 1er juin qu'il présenta ses lettres de créance à Napoléon III.

se fit envoyer comme ministre plénipotentiaire en France, et vint à Paris, où, plusieurs mois durant, il s'efforça de séduire par ses plans audacieux et par ses tentations l'empereur des Français et ses conseillers. Il y réussit en partie. Il est vrai qu'on ne le prenait pas trop au sérieux. Bien des gens, qui se croyaient sages, le jugeaient fou quand il parlait hardiment de refaire l'Allemagne par *le fer et le feu*, quand il disposait sans façons des royaumes et des duchés dont la Prusse avait besoin pour s'arrondir, quand il invitait la France à prendre pour sa part la Belgique. Son expansion, sa rondeur et sa franchise apparentes, qui cachaient une profonde astuce, déroutaient les vieux diplomates classiques. On l'écoutait pourtant; aussi gagnait-il peu à peu du terrain. Que la France contractât avec la Prusse une alliance étroite, c'était une éventualité qu'à certains moments Napoléon III et quelques politiques de son entourage regardaient déjà comme possible ou même désirable. En attendant le représentant de la Prusse obtenait pour son pays des avantages considérables; et le traité de commerce que, grâce à lui, la France conclut, en août 1862, avec le *Zollverein*, était à lui seul une preuve de son puissant crédit sur la cour de Tuileries.

Pour revenir à l'Italie, on voit que, vers le mois de juillet 1862, ses espérances semblaient encouragées par les dispositions bienveillantes que lui témoignaient les principales puissances de l'Europe. Mais l'excellente position que les circonstances lui avaient permis de prendre fut tout à coup dérangée par la folle équipée de Garibaldi, dont l'idée fixe était, on le sait, de marcher sur Rome et dont il ne fut bientôt plus possible à personne de contenir l'impatience. Le 19 juillet, le hardi partisan débarquait en Sicile avec douze ou quinze cents volontaires. Cinq semaines après, il franchissait le détroit de Messine et annonçait l'intention de se diriger vers l'État pontifical. Le gouvernement italien, qu'il compromettait étrangement, se hâta de lui barrer la route. Il ne put l'arrêter qu'à coups de fusil. Garibaldi fut blessé et fait prisonnier à Aspromonte (29 août); sa petite troupe se dispersa tout aussitôt. Le héros fut conduit à la Spezzia et, réduit à l'impuissance par sa blessure, ne tarda pas à recouvrer sa liberté.

Le cabinet Rattazzi s'était en cette affaire conduit avec une absolue correction. Aussi ne tarda-t-il pas à se prévaloir de l'ordre énergiquement maintenu par lui en Italie pour demander par voie diplomatique à l'Europe, et particulièrement à la France, ce que Garibaldi n'avait demandé qu'à la force des armes. Dès le 10 septembre, en effet, le général Durando[1], qui dirigeait en Italie les affaires étrangères, déclara dans une circulaire très ferme « que la nation tout entière demandait sa capitale, que le mot d'ordre des volontaires avait été l'expression d'un besoin plus impérieux que jamais, et que l'état de choses actuel, devenu intolérable, finirait par avoir pour le gouvernement du roi des conséquences extrêmes, qui compromettraient de la manière la plus grave la tranquillité de l'Europe et les intérêts religieux de la catholicité ».

Devant une pareille mise en demeure, quelle attitude allait prendre Napoléon III? L'Angleterre approuvait bruyamment la circulaire Durando, parce qu'elle n'avait nulle raison pour s'intéresser au Saint-Siège et qu'elle était bien aise de voir la France dans l'embarras. L'Autriche était inquiète et menaçante. La Russie et la Prusse se tenaient sur la réserve. L'empereur des Français était personnellement porté à céder aux vœux des Italiens. Le prince Napoléon et ses amis l'y engageaient vivement. Mais le parti adverse, sous l'influence de l'impératrice et de Walewski, l'en détournait de toutes ses forces. La victoire devait demeurer à ce dernier. Les exigences du cabinet Rattazzi lui paraissaient d'autant moins admissibles que les élections générales pour le renouvellement du corps législatif étaient prochaines[2] et qu'elles pouvaient, grâce aux menées du clergé, fort mal tourner pour l'empire, si le gouvernement français abandonnait à ce moment la cause du Saint-Siège. Depuis que le décret du 24 novembre 1860 était en vigueur deux partis d'opposition s'étaient formés dans cette assemblée.

1. Durando (Jacques), né à Mondovi en 1807, se compromit en 1831 dans une conspiration libérale, dut se réfugier ensuite en Suisse, puis en Belgique où il s'engagea dans la légion étrangère, alla servir dans l'armée constitutionnelle de dona Maria, reine de Portugal, puis dans celle d'Isabelle, reine d'Espagne, où il parvint au grade de colonel, passa plusieurs années en France (1843-1847), se fit remarquer par ses écrits en faveur de la nationalité italienne, fut nommé général par Charles-Albert (mars 1848), dont il fut aide de camp (1848-1849), occupa le ministère de la guerre pendant l'expédition de Crimée (1855), alla représenter la Sardaigne à Constantinople (1856-1861), fut ministre des affaires étrangères dans le cabinet Rattazzi (avril-décembre 1862) et mourut en 1862.

2. Elles devaient avoir lieu au mois de mai 1863.

L'un, celui de gauche [1], reprochait à Napoléon III de n'avoir pas assez fait pour l'Italie. L'autre, celui de droite, lui reprochait d'avoir trop fait. Le premier était peu nombreux; du reste, l'empire ne pouvait espérer de le désarmer en lui cédant sur la question de Rome, car il aspirait à la république. Le second au contraire comprenait déjà un grand nombre de députés détachés de la majorité gouvernementale, inféodés à l'Église, et qui pour la servir pouvaient fort bien tourner un jour ou l'autre à la *légitimité* ou à l'*orléanisme*. Cet argument fut décisif sur l'esprit de Napoléon III. Après des querelles de palais et des tiraillements qui avaient duré plus d'un mois, ce souverain consentit à se livrer ouvertement (mais non sans esprit de retour) au parti conservateur et clérical. Thouvenel fut remercié de ses services. Benedetti et La Valette rentrèrent pour un temps dans la vie privée. Le portefeuille des affaires étrangères fut confié par l'empereur à Drouyn de Lhuys, ministre essentiellement agréable au Saint-Siège (15 octobre 1862). Un des premiers actes du nouveau ministre fut de signifier assez sèchement au cabinet de Turin que le gouvernement français n'entendait pour le moment donner aucune suite aux propositions impliquées dans la circulaire Durando. Le résultat de cette déclaration fut la chute du ministère Rattazzi (8 décembre). Victor-Emmanuel, ne pouvant plus jusqu'à nouvel ordre compter sur le concours de Napoléon III, dut former un cabinet d'*affaires* et prendre l'attitude du recueillement. L'entente franco-italienne sembla, de fait, rompue. Le peu de reconnaissance que l'Italie pouvait conserver à la France pour les services qu'elle avait reçus d'elle en 1859 s'évapora et disparut pour toujours. Mais Drouyn de Lhuys ne s'en émut guère. Il faisait (à ce moment du moins) fort peu de cas d'une alliance qui lui paraissait plus compromettante qu'utile pour le gouvernement impérial. En matière de politique européenne, ce diplomate conservateur avait depuis longtemps ses idées arrêtées : maintenir autant que possible les traités de 1815, tel était son programme général; rapprocher la France de l'Autriche et de l'Angleterre, unir fortement ces trois puissances, tel lui paraissait être,

1. C'était le groupe républicain des *cinq*, composé de Jules Favre, Ernest Picard, Hénon, Émile Ollivier et Darimon (ces deux derniers se rallièrent plus tard au gouvernement).

en 1862 comme en 1855 [1], le meilleur moyen de servir l'empire et de préserver de tout nouvel ébranlement l'équilibre européen.

V

La politique française devait donc forcément, sous sa direction, se détourner de Saint-Pétersbourg, qui, depuis si longtemps, était son principal point d'appui. Ce n'est pas à dire que Drouyn de Lhuys (non plus que Napoléon III) eût le dessein de rompre avec la Russie. Son intention était de ménager cette puissance le plus possible. Mais l'Autriche et l'Angleterre, dont il ambitionnait surtout les bonnes grâces, avaient trop d'intérêt à brouiller l'empereur des Français avec le czar pour ne pas saisir avec empressement toutes les occasions qui pourraient se présenter de semer la mésintelligence entre ces deux souverains. Elles n'eurent pas du reste longtemps à attendre, car dès les premiers jours de 1863 se produisit un événement grave qui leur rendit cette tâche on ne peut plus facile. Nous voulons parler de l'insurrection polonaise.

La Pologne russe avait vu disparaître en 1831, par la volonté du czar Nicolas, la constitution que lui avait garantie le congrès de Vienne. Depuis cette époque, elle subissait un régime discrétionnaire et brutal, dont les excès lui parurent intolérables, surtout au lendemain de la guerre d'Italie. Quand elle vit de toutes parts en Europe les nationalités se réveiller, s'agiter, se reconstituer, et ses dominateurs eux-mêmes bénéficier de la révolution nouvelle, grâce à l'émancipation des serfs (édictée par Alexandre II le 5 mars 1861), elle perdit patience et se prépara visiblement à un dernier effort pour recouvrer ses droits méconnus. Les violentes exécutions par lesquelles le gouvernement moscovite répondit, en 1861 et 1862, à ses plaintes et à ses prières et, finalement, une vraie proscription organisée par lui sous le nom d'enrôlement militaire, amenèrent, le 15 janvier 1863, l'explosion d'un patriotisme trop longtemps comprimé. En quelques jours l'insurrection se répandit dans toutes les provinces du royaume et prit, surtout dans le Sud, un caractère tout à fait alarmant pour l'autorité russe.

En présence d'un événement aussi grave, quelle allait être l'attitude des principales puissances européennes?

1. Voir plus haut, p. 128, 134-137.

Le gouvernement anglais, depuis plusieurs années, ne perdait aucune occasion d'exprimer avec éclat sa sympathie pour la cause polonaise. Aussi ne manqua-t-il pas de se déclarer bien haut pour elle, ce qui, de sa part, était fort habile, car outre qu'il la savait fort populaire en Grande-Bretagne et en Irlande, il espérait bien entraîner par l'exemple le gouvernement français à des manifestations semblables, qui, fatalement, altéreraient sa bonne intelligence avec la Russie. Le cabinet de Londres ne voulait point, du reste, que la Pologne recouvràt son indépendance; car, dans ce cas, elle eût formé un État dont l'alliance, pour longtemps assurée à Napoléon III, aurait permis à ce dernier de tenir en respect les trois puissances du Nord. Il lui convenait au contraire fort bien que celles-ci, unies au moins par la solidarité qu'avait établie entre elles le partage de ce malheureux pays, pussent toujours facilement former contre la grande vaincue du congrès de Vienne une inébranlable coalition. Il se bornait donc à invoquer en faveur de la Pologne les traités de 1815, sachant bien que Napoléon III en avait horreur et ne dissimulant guère que lui-même n'était nullement disposé à prendre les armes pour les venger.

Le gouvernement autrichien, qui avait, on s'en souvient[1], organisé les massacres de 1846 et confisqué sans pitié Cracovie, donnait maintenant un spectacle singulier. Il favorisait presque ouvertement l'insurrection polonaise, qui, sous les yeux de ses agents, s'alimentait et devait longtemps encore s'alimenter en Gallicie. Quel était au fond son dessein? On a dit qu'il eût vu sans peine l'ancienne Pologne se reconstituer et qu'il travaillait à rendre possible cette solution. Sans doute, les politiques de Vienne eussent été bien aises, en 1863 comme en 1814, et peut-être plus encore, qu'une forte barrière s'élevât entre l'Autriche et la Russie, dont le voisinage, depuis un demi-siècle, les alarmait si fort. Mais, d'autre part, les diplomates de l'école de Metternich, encore tout-puissants autour de François-Joseph, ne voulaient pour rien au monde se brouiller ouvertement et sans retour avec la cour de Saint-Pétersbourg, qui représentait toujours à leurs yeux la Sainte-Alliance, la contre-révolution. Puis, s'ils soutenaient en Pologne la politique des nationalités, comment l'empêcheraient-ils

1. Voir le tome I de cet ouvrage, p. 427, 428, 435.

de triompher en Hongrie? Ce pays refusait depuis deux ans d'accepter la constitution commune par laquelle François-Joseph avait voulu en 1861 rattacher toutes les parties de la monarchie autrichienne [1]. Il refusait d'envoyer ses députés au Reichsrath de Vienne. Il réclamait hautement son autonomie, sa constitution d'autrefois élargie par les lois démocratiques de 1848. Et la Vénétie, qui avait pris la même attitude, resterait-elle froide et immobile? N'appellerait-elle pas Victor-Emmanuel et Garibaldi? Ces considérations conduisirent la cour de Vienne à adopter une politique bâtarde, équivoque, dont elle avait déjà bien des fois fait l'essai pour son malheur et qui, pas plus que précédemment, ne devait lui réussir. Ce qui prouve qu'elle n'était pas sincère dans ses démonstrations en faveur de la Pologne, c'est que, comme on va le voir, toutes les fois qu'il lui fut proposé de la reconstituer, elle exigea comme condition *sine qua non* pour cette œuvre le concours de l'Angleterre, sachant à merveille que cette puissance le refuserait. On peut, en somme, affirmer qu'en favorisant, dans une certaine mesure, l'insurrection polonaise, Rechberg et son maître se proposaient surtout : 1° de rendre sensible à la Russie la rancune de l'Autriche et de lui faire désirer le retour de son amitié; 2° de faire espérer à Napoléon III une alliance contre le czar pour le relèvement de la Pologne, par suite, de l'amener à se compromettre vis-à-vis d'Alexandre II et à perdre à jamais les bonnes grâces de ce souverain. Les malheureux Polonais devaient être victimes de ces machiavéliques calculs.

La cour des Tuileries était dans le plus cruel embarras. Elle devinait depuis longtemps le piège où voulaient l'entraîner l'Autriche et l'Angleterre. Aussi s'était-elle soigneusement abstenue en 1861 et 1862 d'encourager les patriotes polonais par des manifestations publiques ou officielles de sa sympathie. Elle eût voulu pouvoir ne pas changer d'attitude en 1863. Parlant au nom de l'empereur, le ministre d'État Billault [2] tenait au Corps législatif, le 5 février,

1. Après la patente du 20 octobre 1860, qui avait établi les *diétines provinciales* et le *conseil de l'Empire,* François-Joseph avait publié celle du 26 février 1861, qui confiait le pouvoir législatif à deux chambres (une chambre des seigneurs nommée par l'empereur et une chambre des députés élue par les diétines), chargeait le conseil d'État de préparer les lois et rendait les ministres responsables.

2. Billaut (Auguste-Adolphe-Marie), né à Vannes, le 12 novembre 1805; avocat à Nantes, membre de la Chambre des députés (1837), où il acquit bientôt, par

au sujet de l'insurrection, le langage le plus réservé. Il déclarait ne voir dans ce mouvement qu'une explosion *révolutionnaire*, ce qui dans sa bouche était presque synonyme de criminelle. Mais il avait beau dire. La France tout entière se levait d'un élan fraternel en faveur de la Pologne. L'opposition démocratique plaidait la cause de ce malheureux pays au nom de la liberté. L'opposition cléricale se faisait un devoir et en même temps un malin plaisir de la soutenir au nom de la religion catholique. Les journaux de toute nuance la défendaient. Les enrôlements, les souscriptions se multipliaient. *Vive la Pologne!* était le cri général. L'entraînement était tel que Napoléon III, toujours soucieux de sa popularité, ne pouvait entièrement s'y soustraire. Pour le tirer de sa perplexité et lui permettre de donner jusqu'à un certain point satisfaction à l'opinion publique sans trop offenser le czar, Drouyn de Lhuys ne trouva rien de mieux à lui conseiller que de chercher querelle non pas à la Russie, mais à la Prusse.

VI

Cette dernière puissance avait su, dès le début de l'affaire, prendre position beaucoup plus nettement que l'Autriche et que l'Angleterre. Elle avait maintenant à sa tête le politique le plus clairvoyant et le plus résolu de l'Europe. M. de Bismarck avait en effet été appelé par le roi Guillaume à la présidence du conseil des ministres le 24 septembre 1862. Comment fut-il amené à se prononcer avec éclat pour la Russie contre la Pologne, c'est ce qui demande à être expliqué et ce que ne feraient pas suffisamment comprendre les instincts réactionnaires de cet homme d'État, non plus que sa vieille sympathie pour la cour de Saint-Pétersbourg.

Enchaîner l'Allemagne à la Prusse, tel était dès ce moment le but suprême de M. de Bismarck. Pour en arriver là, il était résolu

la souplesse de son talent, une grande influence dans le centre gauche; sous-secrétaire d'État dans le ministère Thiers (1840); adversaire du ministère Guizot, de 1840 à 1848; membre de l'Assemblée constituante (1848-1849), où sa politique parut indécise et flottante; non réélu à l'Assemblée législative, il se rallia à Louis-Napoléon après le coup d'État, fut président du Corps législatif de 1852 à 1854, ministre de l'intérieur de 1854 à 1858, fut appelé, après le décret du 24 novembre 1860, au ministère d'État et défendit le gouvernement comme orateur officiel jusqu'à sa mort, arrivée le 13 octobre 1863.

à exploiter tous les différends auxquels pouvait s'intéresser le monde germanique, à les envenimer au besoin, pour en faire sortir, à l'heure opportune, un *casus belli*. L'éternelle, l'insoluble question des duchés danois lui fournit, dès le début de son ministère, la matière d'une de ces bonnes querelles d'Allemand qu'il avait jadis raillées si fort et dont il devait tirer pendant plus d'un quart de siècle un si merveilleux parti.

On se souvient que Frédéric VII avait été sommé, en 1860 et 1861 [1], de soumettre aux États particuliers du Holstein et du Lauenbourg toutes les lois d'intérêt général qui seraient votées par le *Rigsraad*, organe de la constitution commune, qui, abolie pour ces deux provinces, subsistait dans le reste de la monarchie danoise. Ce souverain avait fini par se soumettre; mais il avait réservé ses droits. L'Allemagne, d'autre part, loin de lui tenir compte de sa docilité, voulait maintenant qu'il fît disparaître entièrement cette constitution commune. En août 1862, elle lui demandait de la remplacer par un régime qui eût subordonné dans le royaume la majorité scandinave à la minorité allemande, et, par suite, à la Confédération germanique [2]. Elle pensait bien qu'il ne se soumettrait pas à une pareille exigence. Aussi visait-elle dès cette époque à séparer entièrement du Danemark non seulement le Lauenbourg et le Holstein, mais le Sleswig. Cette dernière province n'appartenait pas, il est vrai, à la Confédération. Mais une partie de sa population était allemande; quelques-unes de ses institutions la rattachaient au Holstein, et les ergoteurs de Francfort, interprétant à leur guise les engagements pris par Frédéric VII en 1852, déniaient à ce souverain le droit de la rattacher sans réserve au Danemark. Le parti de la *triade*, dirigé par les Beust, les Pfordten et les Dalwigk [3], rêvait de renforcer en Allemagne le groupe des

1. Voir plus haut, p. 213-214.

2. Le *Rigsraad* devait être supprimé; le nouveau projet de constitution générale serait soumis aux trois diètes de Sleswig, de Holstein et de Lauenbourg; le chiffre de la population ne serait plus désormais la base du nombre des représentants à l'assemblée commune; le ministère danois serait responsable non seulement devant les chambres de Copenhague, mais devant les États particuliers des trois duchés, etc., etc.

3. Dalwigk (Charles-Frédéric-Regnard, baron de), né à Darmstadt, le 19 décembre 1802; chargé en 1850, après avoir rempli diverses fonctions administratives, de représenter la Hesse-Darmstadt à la diète convoquée par l'Autriche à Francfort en 1850; appelé un peu plus tard par le grand-duc son souverain au poste de président du conseil, de ministre de l'intérieur et de

États secondaires, non sans flatter l'orgueil et le patriotisme teutoniques, par la réunion des trois duchés en une seule principauté absolument indépendante de la cour de Copenhague. Le duc Frédéric d'Augustenbourg [1], au mépris de la renonciation signée par son père et dont le prix était payé depuis longtemps, commençait à revendiquer le Lauenbourg, le Holstein et le Sleswig. Beust et les politiques de son école, qui n'avaient jamais reconnu sans réserve le traité de 1852 garantissant l'intégrité de la monarchie danoise, encourageaient presque ouvertement ses espérances. Le gouvernement prussien, qui l'avait signé, ne pouvait se montrer si hardi. M. de Bismarck, qui avait jadis flétri comme un injusticiable abus de la force l'attaque des duchés par l'Allemagne et qui avait eu personnellement à négocier avec le vieux duc d'Augustenbourg [2] pour obtenir de lui son désistement, était également tenu à une certaine réserve. Pourtant il se disait que les trois duchés arrondiraient admirablement la Prusse, qui, grâce à cette acquisition, deviendrait une puissance maritime de quelque importance et accroîtrait notablement ses moyens d'action sur le monde germanique. Il est vrai que ce qu'il souhaitait, il ne pouvait pas le dire. Aussi sa tactique consistait-elle pour le moment à pousser, sans en avoir l'air, les États secondaires de l'Allemagne dans leur croisade contre le Danemark et à faire croire à l'Europe qu'il s'efforçait au contraire de les retenir. Le jour où, grâce à la *triade*, la guerre deviendrait inévitable, il comptait bien manœuvrer de façon à ce que la Prusse en recueillît tout le bénéfice. Or cette guerre, non seulement il la prévoyait, mais il la voulait prochaine. Restait à s'assurer l'appui ou la neutralité bienveillante des grandes puissances qui avaient participé au traité de Londres avec la cour de Berlin.

L'hostilité de l'Angleterre était à craindre. Non que ce gouvernement fût disposé à faire la guerre, et surtout à la faire seul, en faveur du Danemark. La reine Victoria, tout allemande de cœur et que des liens étroits attachaient à la cour de Prusse [3], n'eût pas

ministre des affaires étrangères, il l'occupa vingt ans, se retira au mois d'avril 1871 et mourut à Darmstadt le 28 septembre 1880.

1. Fils du duc Christian d'Augustenbourg, dont il a été question plus haut (chap. I et II de ce volume). Né le 6 juillet 1829, il est mort le 14 janvier 1880.

2. Voir p. 77 de ce volume.

3. Sa fille aînée, *Victoria*-Adélaïde-Marie-Louise, née le 21 novembre 1840, avait épousé le 25 janvier 1858 Frédéric-Guillaume, prince de Prusse (depuis empereur d'Allemagne et roi de Prusse sous le nom de Frédéric III).

permis à ses ministres de se porter à cette extrémité. John Russell était même allé, sous son inspiration (en septembre 1862), jusqu'à proposer, pour résoudre la question des duchés, une solution peu différente de celle que l'Allemagne prétendait dicter au Danemark. Il faut, à la vérité, remarquer qu'à cette époque l'entente franco-russe subsistait encore sans altération et que, pour la contre-balancer, le cabinet de Saint-James croyait nécessaire de se concilier par de pareilles avances les puissances germaniques. Mais, au commencement de 1863, l'Angleterre était bien assurée que, grâce à la Pologne, Napoléon III et Alexandre II ne resteraient plus longtemps en bonne intelligence. Aussi manifestait-elle maintenant une assez vive sollicitude en faveur du Danemark. Car il ne lui convenait pas de voir se former entre la mer Baltique et la mer du Nord une puissance maritime autrement redoutable que cette petite monarchie.

Pour neutraliser l'opposition de l'Angleterre, M. de Bismarck eût pu recourir à la France. Mais, outre que Drouyn de Lhuys, ministre conservateur, attaché aux traités, avait plus de sympathie pour la politique de Londres que pour celle de Berlin, le ministre du roi Guillaume se disait que l'alliance française coûterait probablement à l'Allemagne les provinces rhénanes et que, dût-elle ne rien coûter, le patriotisme germanique ne lui pardonnerait pas d'avoir mis ouvertement sa main dans celle d'un Napoléon. Il fallait donc, à son avis, soigneusement ménager la cour des Tuileries, en vue de l'avenir, mais ne pas lui demander pour le moment d'assistance et se borner à manœuvrer de manière à ce qu'elle n'empêchât pas la Prusse d'exécuter ses desseins secrets à l'égard des duchés.

Quant à l'Autriche, le parti de la Croix, qui avait poussé M. de Bismarck au ministère, souhaitait vivement qu'il n'entreprît, n'exécutât rien que de concert avec cette puissance. Le chef du cabinet prussien jugeait utile de ne pas contrarier ses amis. Il ne doutait pas, du reste, que l'appui de la cour de Vienne, dans une guerre contre le Danemark, ne lui fût assuré. François-Joseph, pas plus que Guillaume, ne pouvait s'exposer au reproche d'avoir trahi *l'honneur et les intérêts germaniques*. Mais il était clair qu'en pareille occurrence l'Autriche s'associerait à la Prusse beaucoup moins pour la seconder que pour la contenir et l'empêcher de s'approprier en entier, comme elle le désirait, les dépouilles du vaincu.

Celle des grandes puissances dont M. de Bismarck jugeait indispensable de s'assurer la connivence et grâce à laquelle il se jugeait d'avance assuré du succès, c'était la Russie. Les conservateurs du parti de la Croix lui recommandaient de ne rien négliger pour resserrer les liens établis entre cette puissance et la Prusse. Ils prêchaient un converti. M. de Bismarck n'ignorait pas que nulle attaque n'était possible contre le Danemark sans l'assentiment du czar. Il était convaincu que, grâce à cet assentiment, ni l'opposition de l'Angleterre ni, à plus forte raison, celle de la Suède [1], qui faifait mine de vouloir défendre Frédéric VII, n'étaient à redouter. Le cabinet de Saint-Pétersbourg avait, il est vrai, toujours soutenu celui de Copenhague dans sa lutte contre l'Allemagne. Mais il était à l'heure actuelle dans un embarras tel qu'il n'était pas difficile à la Prusse d'obtenir de lui un acte de complaisance. La question capitale pour lui, c'était de réprimer au plus tôt l'insurrection polonaise. L'aider dans cette tâche, et l'aider sans retard, résolûment, à la face de l'Europe, c'était s'assurer une réciprocité de bons offices qui rendrait certainement facile à M. de Bismarck l'exécution de son ténébreux dessein.

Voilà pourquoi ce ministre, qui, du reste, avait toujours détourné le czar de faire aux Polonais la moindre concession, lui offrit spontanément, dès la fin de janvier 1863, le concours de la Prusse pour réduire à l'obéissance cet infortuné peuple. Il y mit même tant de zèle que le gouvernement russe ne put se défendre de quelque défiance [2] et recula devant une alliance formelle qui lui eût peut-être coûté trop cher. Mais en somme la Prusse acquit des titres sérieux à la bienveillance et à la gratitude d'Alexandre II par la convention du 8 février, en vertu de laquelle non seulement elle s'engageait à ne fournir aux insurgés aucune assistance, ni directe ni indirecte, mais elle promettait de coopérer au besoin, d'une manière active, à la répression du mouvement, en deçà comme au delà de ses frontières, et permettait aux troupes russes de pénétrer, si cela lui était nécessaire, sur son propre territoire.

Cet arrangement fut sévèrement jugé par l'Europe, qui, presque tout entière, s'intéressait à la cause polonaise, ou en avait l'air. Le

1. Voir plus loin, p. 265.
2. M. de Bismarck insinuait l'idée que le gouvernement prussien pourrait être chargé, au besoin, d'occuper la ligne de la Vistule.

gouvernement français qui, comme nous l'avons dit plus haut, n'osait encore rompre en visière à la Russie et ne pouvait non plus se dispenser de témoigner quelque sympathie au peuple insurgé, crut trouver dans un pareil incident le moyen de tout concilier. Drouyn de Lhuys, qui n'aimait pas la Prusse, poussa vivement Napoléon III à entreprendre contre elle une campagne diplomatique dans laquelle il s'efforça d'entraîner l'Angleterre et l'Autriche. Il y avait lieu, disait-il, de reprocher officiellement à cette puissance d'avoir par son intervention transformé en une question européenne cette affaire de Pologne qui, jusqu'au 8 février, intéressait seulement l'empire de Russie. Son souverain le laissa libre d'agir à sa guise. Les cabinets de Paris, de Londres et de Vienne adressèrent au sujet de la convention des représentations assez vives à celle de Berlin. Mais le premier ne put obtenir des deux autres une entente formelle en vue d'une action commune et surtout de mesures d'exécution éventuelles. L'Angleterre et l'Autriche craignirent que la Prusse, se sentant menacée, ne se jetât sans réserve dans l'alliance russe; elles eurent peur de se trouver elles-mêmes à la merci de l'alliance française et d'avoir à la payer par l'abandon de la Belgique ou des provinces rhénanes. Aussi se déclarèrent-elles bientôt satisfaites des explications équivoques que leur fournit M. de Bismarck. Elles feignirent de considérer la convention du 8 février comme réduite à l'état de lettre morte, alors que le ministre prussien l'exécutait dans toute sa rigueur, et plus que jamais elles s'efforcèrent d'entraîner Napoléon III, qui n'avait pu leur donner le change, à une agression diplomatique contre le czar.

VII

L'empereur des Français souhaitait au fond de l'âme de n'être pas réduit à une pareille nécessité. Mais que faire? L'insurrection polonaise, qu'il avait espéré un moment voir s'éteindre comme un feu de paille, prenait chaque jour plus d'extension et plus d'intensité. Il crut devoir tenter en faveur de la nation soulevée une démarche confidentielle et amicale auprès du czar. Il supplia ce souverain de reconstituer le royaume de Pologne en faveur de son frère Constantin [1], qui était alors son lieutenant à Varsovie. Mais une pareille solution fut rejetée par Alexandre II, et avec tant de hauteur que Napoléon III, froissé lui-même dans sa dignité et dans son orgueil, se laissa tout à coup aller à la tentation de reconstituer la Pologne malgré l'empereur de Russie. Son imagination, toujours portée aux combinaisons les plus vastes et les plus chimériques, enfanta aussitôt un plan dont la réalisation n'eût pas médiocrement modifié la carte de l'Europe.

Il est vrai que, par un reste de prudence, il s'efforça de le tenir secret. Mais il lui fallait bien le communiquer au moins à ceux dont il voulait faire ses complices. Un des agents de sa diplomatie occulte, Debrauz de Saldapenne, partit le 8 mars pour Vienne, où, quatre jours après, le prince Richard de Metternich [2], ambassadeur d'Autriche à Paris, alla le rejoindre, avec mission d'offrir à François-Joseph l'alliance de Napoléon III aux conditions suivantes : la Pologne serait reconstituée ; l'Autriche perdrait donc la Gallicie ; mais en revanche elle recouvrerait la Silésie, qui serait enlevée à la Prusse, et la France ne s'opposerait pas à ce qu'elle accrût son influence en Allemagne par une réforme sérieuse de la confédération ; d'autre part, elle céderait la Vénétie à l'Italie et recevrait en échange une partie des provinces turques situées le long de la mer Adriatique, la Porte devant être dédommagée par l'acquisition de la Circassie, qui serait détachée de l'empire russe. Enfin l'on faisait remarquer qu'à ce moment même le général Forey, envoyé au Mexique l'année précédente, commençait le siège de Puebla, que la prise de cette ville et la chute de Juarez n'étaient pas douteuses, et que le moment viendrait bientôt où Napoléon III pourrait placer une couronne sur la tête de l'archiduc Maximilien.

1. Constantin Nicolaïewitch, né à Saint-Pétersbourg le 21 septembre 1827 ; marié le 11 septembre 1848 à la princesse Alexandra de Saxe-Altenbourg ; mis à la tête de la flotte russe de la Baltique à l'époque de la guerre d'Orient ; chargé de la direction supérieure du ministère de la marine après l'avènement d'Alexandre II ; lieutenant général du czar en Pologne (1862) ; président du conseil de l'empire (1865) ; disgracié à l'avènement d'Alexandre III (1881) et obligé de quitter la Russie, où il n'a obtenu la permission de rentrer qu'en 1883.

2. Metternich-Winneburg (Richard-Clément-Lothaire-Hermann, prince de), fils du fameux chancelier, né à Vienne le 7 janvier 1829 ; attaché à l'ambassade d'Autriche à Paris (2 décembre 1852) ; marié le 13 juin 1856 à la princesse Pauline Sandor, qui eut depuis un si grand crédit aux Tuileries ; ambassadeur en France après la guerre d'Italie (14 décembre 1859) ; remplacé à ce titre par le comte Apponyi le 19 décembre 1871.

La réalisation d'un tel programme impliquait d'abord une guerre formidable, que l'Autriche n'était guère portée à entreprendre. Du reste, l'Angleterre, dont elle eût, en tout cas, voulu s'assurer l'appui, repoussait la combinaison française et détournait énergiquement la cour de Vienne de l'accepter. François-Joseph ne conclut donc pas l'alliance proposée. Il est vrai qu'il ne la rejeta pas non plus catégoriquement. Il demanda du temps pour réfléchir et fit ainsi croire à Napoléon III que son plan pourrait bien un jour s'exécuter. Leurré d'un tel espoir, ce souverain, qui voyait l'insurrection polonaise gagner du terrain, se dit que l'important était pour le moment de la faire durer; plus elle se montrerait forte et plus, pensait-il, l'Autriche serait encouragée à se déclarer pour elle. D'ailleurs, les élections générales approchaient; soutenir la Pologne était pour lui un moyen d'accroître à ce moment sa popularité.

Aussi n'hésita-t-il plus à se jeter dans le piège que lui tendaient depuis longtemps Palmerston et Rechberg. Dès le commencement de mars, le cabinet de Saint-James avait convié la France et toutes les puissances de l'Europe à s'adresser directement au czar pour lui recommander les droits de ses sujets révoltés. Le cabinet des Tuileries finit par se laisser entraîner à cette démarche, qui devait lui coûter bien cher. Le 10 avril, il adressait officiellement à la Russie une note en faveur de la Pologne. L'Autriche et l'Angleterre en faisaient autant. Cette dernière puissance invoquait, pour justifier son intervention, les traités de 1815, méconnus depuis 1831. La France, qui ne voulait pas se placer sur le même terrain, élevait la question à sa généralité la plus haute, plaidait la cause des nationalités et revendiquait les droits non seulement du royaume jadis créé par Alexandre Ier, mais de toutes les anciennes provinces polonaises[1] (extension que la Grande-Bretagne se gardait de donner à sa réclamation). L'Autriche, moins hardie que la France, se rapprochait cependant de cette puissance plus que la Grande-Bretagne dans la remontrance qu'elle adressait à la Russie.

1. Droits garantis, du reste, par le traité de Vienne, où il était écrit en toutes lettres : « Les Polonais, sujets respectifs de la Russie, de l'Autriche et de la Prusse, obtiendront une représentation et des institutions nationales, réglées d'après le mode d'existence politique que chacun des gouvernements auxquels ils appartiennent jugera utile et convenable de leur donner. » (Art. 1er.)

La plupart des cabinets de l'Europe crurent devoir appuyer par des notes analogues celles du 10 avril. Mais, à l'exception du Saint-Siège (qui, fort aise d'aider Napoléon III à se compromettre, prit vis-à-vis du czar un ton d'une extrême sévérité), ils le firent, on peut le dire, par acquit de conscience et sans nul désir de pousser l'affaire plus avant. Gortchakoff n'attacha donc d'importance qu'aux dépêches de Londres, de Vienne et de Paris. Cette dernière irritait particulièrement le czar. Alexandre II (grâce sans doute à quelque indiscrétion de l'Autriche ou de l'Angleterre) n'ignorait pas les propositions d'alliance et de remaniements territoriaux que Napoléon III avait récemment adressés à François-Joseph. Il ne devait jamais les pardonner à l'empereur des Français. Pour le moment il crut devoir dissimuler quelque peu sa colère. On était au printemps, saison propice pour l'ouverture d'une campagne sur terre et sur mer. Il ne fallait donc pas s'exposer à une coalition dont les forces, immédiatement disponibles, eussent pu, à bref délai, accabler la Russie et son alliée la Prusse. La tactique du czar devait donc consister à gagner du temps. Aussi Gortchakoff, tout en défendant vivement la Russie des reproches qui lui étaient adressés, ne répondit-il pas par une fin de non-recevoir aux réclamations des trois puissances. Sa note du 26 avril invitait l'Angleterre, l'Autriche et la France à lui faire connaître les bases de l'arrangement par lequel elles désiraient mettre un terme aux troubles de Pologne.

Il savait bien qu'il leur serait difficile de se mettre d'accord sur les conditions à dicter au czar. Effectivement, il leur fallut plus de six semaines pour la rédaction de leur programme. Pendant ce temps, les Polonais, surexcités par l'espoir que l'Europe allait venir à leur aide, luttaient avec une héroïque fureur contre les oppresseurs; mais d'autre part la haine nationale que leur portaient les Russes était portée au paroxysme par la menace d'une intervention étrangère; Mourawieff [1] terrifiait Wilna par d'atroces

1. Mourawieff (Michel Nicolaïéwitch), né en 1796, se distingua dans sa jeunesse comme mathématicien, devint en 1830 général-major dans l'armée russe, fut gouverneur de Grodno (1831), puis de Koursk, ensuite conseiller intime et sénateur, directeur en chef du corps des topographes (1842), conseiller d'État (1850), général d'infanterie (1857), ministre des domaines de l'État et président du conseil d'administration des apanages de l'Empire (1858); devenu très impopulaire, il donna sa démission de tous ses emplois en 1861. Appelé en mai 1863 au gouvernement général de Wilna, il se rendit tristement célèbre par ses rigueurs. Il mourut en 1866.

exécutions; les lieutenants et les soldats du czar allaient au combat comme à la croisade; c'était une guerre d'extermination.

Enfin le 17 juin les trois cours de Paris, de Londres et de Vienne résolurent de présenter au cabinet de Saint-Pétersbourg, en faveur de la Pologne, un projet sommaire d'arrangements comprenant les six points suivants : 1° amnistie complète et générale; 2° représentation nationale avec des pouvoirs semblables à ceux qu'avait déterminés la Charte du 27 novembre 1815; 3° nomination de Polonais aux fonctions publiques; 4° liberté de conscience, pleine et entière, et suppression des restrictions apportées à l'exercice du culte catholique; 5° usage exclusif de la langue polonaise comme langue officielle de l'administration, de la justice et de l'enseignement; 6° établissement d'un système de recrutement légal et régulier. La France, l'Angleterre et l'Autriche demandaient que ce programme fût discuté dans une conférence à laquelle prendraient part les huit puissances signataires du traité de Vienne. Elles priaient en outre le czar de ne pas se refuser à un armistice. Mais il ne suffisait pas qu'elles eussent formulé leurs conditions en termes identiques. Il eût fallu qu'il y eût *quelque chose derrière*. C'est pourquoi, Drouyn de Lhuys proposait le 20 juin aux cabinets de Londres et de Vienne de conclure avec celui de Paris une convention en vertu de laquelle les trois puissances se seraient engagées à poursuivre le règlement des affaires polonaises par voie diplomatique ou *autrement s'il était nécessaire*. Or la cour d'Autriche ne dit pas non, mais elle refusa de signer l'accord si l'Angleterre n'entrait pas dans l'alliance; et comme cette puissance refusa, ainsi qu'elle s'y attendait, Napoléon III se trouva simplement s'être compromis une fois de plus en offensant la Russie par la présentation d'un programme qu'il lui était impossible de lui imposer.

Gortchakoff savait fort bien ce qui divisait les trois cours. Aussi ne crut-il point commettre une imprudence en leur répondant, le 13 juillet, par une contre-proposition dérisoire [1]. Le chancelier de Russie déclarait que son maître exigeait, pour ouvrir des pourparlers sur la Pologne, la soumission préalable des insurgés et que

1. Cette réponse avait été inspirée à Gortchakoff par M. de Bismarck, que le parti de *la Croix*, toujours fidèle aux traditions de la Sainte-Alliance, poussait à renouer l'ancien accord des trois puissances du Nord.

ces négociations devraient avoir lieu dans une conférence formée simplement des trois puissances qui avaient coopéré au partage de ce pays. Naturellement, cette combinaison fut rejetée. Mais en vain Drouyn de Lhuys demanda-t-il à Rechberg et à John Russell de riposter au moins par une note identique, qui intimiderait peut-être le czar en lui montrant l'étroite entente de la France, de l'Autriche et de l'Angleterre sur la question polonaise. Cette proposition ne fut pas agréée par le cabinet de Saint-James, et les trois cours de Paris, de Vienne et de Londres se bornèrent à adresser à Saint-Pétersbourg, dans les premiers jours d'août, des communications distinctes qui, quoique assez vives de ton, n'émurent que médiocrement le chancelier russe.

VIII

Il paraissait de moins en moins probable que les trois puissances se missent d'accord, comme l'avait rêvé Drouyn de Lhuys. L'Angleterre ne voulait en réalité rien faire de sérieux pour la Pologne. En effet, la Prusse lui donnait à entendre depuis quelque temps que, si le cabinet de Londres accordait son appui à ce pays, elle pourrait bien l'en faire repentir en laissant l'Allemagne se jeter sur les duchés. La question danoise passionnait de plus en plus la Confédération germanique. Frédéric VII venait de donner au Holstein et au Lauenbourg (30 mars 1863) une constitution grâce à laquelle ces duchés, dotés d'une autonomie complète, ne devaient plus avoir rien de commun avec le reste de sa monarchie. Mais aussitôt les Allemands avaient jeté les hauts cris. Ils voulaient forcer le roi à enchaîner indirectement tous ses États à la confédération par une constitution générale. La diète de Francfort, par un arrêté du 9 juillet, l'avait mis en demeure de se soumettre et le menaçait d'une exécution fédérale. L'Angleterre avait grand'peur que cette mesure ne fût prise. Aussi croyait-elle devoir ménager avec soin le gouvernement prussien, qui se vantait à lui de la retarder et qui, en réalité, attendait simplement l'heure opportune pour en donner le signal.

Si la France n'avait pas lieu d'être fort satisfaite de la Grande-

Bretagne, elle ne pouvait non plus l'être beaucoup de l'Autriche, qui avec elle était loin de jouer franc jeu. A ce moment même (commencement d'août) elle justifiait la méfiance que ses derniers procédés avaient inspirée à Napoléon III en tentant sans le prévenir une sorte de coup d'État pour inféoder l'Allemagne à sa politique. En effet, sans entente préalable avec aucun gouvernement, François-Joseph, poussé par le fantasque Rechberg, convoquait, le 2 août, une assemblée de tous les princes allemands à Francfort. Il la tenait le 16 et, presque comme un maître qui dicte ses volontés, proposait à ses confédérés un plan de réorganisation de l'Allemagne qui eût mis ce pays tout entier à sa discrétion. D'après ce programme, la Confédération aurait eu à sa tête un directoire exécutif formé de l'empereur d'Autriche, du roi de Prusse, du roi de Bavière et de deux des souverains des autres États secondaires; ce gouvernement, ainsi que le conseil fédéral (c'est-à-dire la diète des 17) qui devrait l'assister., serait présidé par l'Autriche, qui serait toujours assurée, d'un côté comme de l'autre, d'avoir pour elle la majorité. L'unanimité des voix ne serait plus nécessaire pour certaines décisions graves pouvant entraîner la guerre au dehors, et le cabinet de Vienne comptait obtenir ainsi, quand il le voudrait, la garantie de la Confédération pour ses possessions non allemandes; il eût par ce détour atteint le but que visait Schwarzenberg en 1851. Comme il lui fallait bien faire quelques avances à l'esprit moderne, il demandait que le pouvoir législatif fût exercé dans la Confédération par une assemblée de 300 membres qu'éliraient les chambres des divers États d'Allemagne. Mais il l'annihilait d'avance en subordonnant toutes ses décisions à une *assemblée de princes* qui serait, il l'espérait bien, tout à fait à sa dévotion.

Il est vrai que cette tentative inopinée pour forcer la main à l'Allemagne échoua piteusement. Le roi de Prusse avait formellement refusé de se rendre à l'assemblée de Francfort. Il protesta contre la proposition autrichienne. M. de Bismarck, si peu démocrate à Berlin, où il gouvernait, percevait les impôts, engageait les dépenses sans tenir compte de l'opposition des chambres, eut la hardiesse de déclarer que ce qu'il fallait à l'Allemagne, c'était un parlement issu du suffrage universel. Bref, malgré l'assentiment des États secondaires, l'Autriche fut arrêtée net dans son entreprise. Mais son échec n'empêcha pas Napoléon III, qu'elle semblait avoir voulu prendre pour dupe, de lui garder rancune.

IX

Gortchakoff était donc bien sûr que les trois cours de Paris, de Londres et de Vienne ne s'uniraient pas pour faire la guerre au czar. Il voyait du reste en France le gouvernement un peu ébranlé par le résultat des élections du 31 mai [1]; en Angleterre, l'opinion publique absorbée par la question de la réforme électorale [2]; en Autriche, François-Joseph plus empêché que jamais par l'opposition de la Hongrie. Il remarquait en outre que l'automne était proche, que bientôt la mer Baltique ne serait plus navigable et que la mauvaise saison ne permettrait pas aux armées autrichiennes et françaises de se mettre en campagne. Enfin le concours de la Prusse lui était d'autant plus assuré que cette puissance avait été plus alarmée par la proposition de Francfort.

Mû par ces considérations, Gortchakoff ne crut plus devoir garder aucun ménagement envers les trois cours qui avaient eu la prétention de dicter au czar un arrangement au sujet de la Pologne. Aussi répondit-il à leurs dernières notes par le mémorandum du 7 septembre, qui déclarait le débat diplomatique définitivement clos en ce qui concernait ce malheureux pays. Le chancelier russe déclarait dans cette pièce que les sympathies témoignées par l'Europe à l'insurrection en expliquaient seules la durée; que les révoltés devaient d'abord se soumettre sans condition et que si le czar ne leur défendait pas d'espérer quelques concessions, il les ferait du moins spontanément, sans nulle pression de l'étranger.

Une pareille notification était presque insultante, surtout pour la France, et Napoléon III s'en fût vengé volontiers. Mais il savait bien qu'il ne le pourrait sans le concours de l'Angleterre. Il est

1. Les candidats de l'opposition avaient obtenu presque partout un assez grand nombre de voix. Trente-cinq étaient élus, et parmi eux Jules Favre, Thiers, Berryer, Jules Simon, Marie, Ernest Picard, Lanjuinais, etc.

2. Celle de 1832 n'avait, on le sait, donné qu'une satisfaction médiocre au parti démocratique qui, depuis longtemps, mais surtout depuis 1848, demandait une large extension du droit de suffrage.

vrai que cette puissance paraissait à ce moment quelque peu disposée à le seconder. L'affaire des duchés devenait fort inquiétante pour elle. Le roi de Danemark ne s'étant pas soumis, la diète décrétait, le 1er octobre, que le Holstein et le Lauenbourg seraient occupés militairement et elle chargeait l'Autriche, la Prusse, la Saxe et le Hanovre de cette exécution. Le cabinet de Londres, très alarmé, venait de solliciter, pour prévenir cette mesure, l'intervention de Napoléon III. Mais ce dernier, fort dépité de l'insuccès de ses démarches en faveur de la Pologne, avait répondu qu'il aimait mieux s'abstenir que d'engager une nouvelle campagne de plume, au terme de laquelle, quand il faudrait *agir*, il n'était pas sûr d'être secondé (19 septembre). Puis il avait donné à entendre que, si l'Angleterre se décidait enfin à une démonstration sérieuse en faveur de la Pologne, il pourrait bien faire de son côté quelque chose pour le Danemark. Ainsi mis en demeure de s'exécuter, le gouvernement britannique annonçait, au commencement d'octobre, l'intention de signifier au czar qu'il le considérait comme déchu de ses droits sur la Pologne, par suite de la violation des engagements contractés par Alexandre Ier en 1815. Et il demandait aux cours de Paris et de Vienne de s'unir à lui en adressant au cabinet de Saint-Pétersbourg une déclaration analogue. La première répondit qu'elle s'associerait volontiers à une manifestation semblable; mais, ayant de bonnes raisons pour ne plus vouloir *attacher le grelot*, elle exprima le désir que l'Angleterre prît l'initiative de la déclaration à faire, s'engageant à suivre son exemple, si elle se compromettait la première. Quant à l'Autriche, elle objecta que la Russie et la Prusse menaçaient très clairement de riposter par une déclaration de guerre; que, dans ce cas, elle serait la première et peut-être la seule attaquée. Elle voulait donc qu'avant tout la Grande-Bretagne et la France s'engageassent par un traité en bonne forme à la soutenir de leurs armes. C'était trop exiger du ministère anglais; il refusa. Ce que voyant, Rechberg, qui ne voulait pas rester plus longtemps sous le coup des menaces russes, se hâta de répondre au mémorandum du 7 septembre en homme qui jugeait, comme Gortchakoff, la question polonaise épuisée; il n'y voulait plus revenir et le disait assez nettement. Russell, il est vrai, semblait tenir bon. Mais il n'était pas au terme de ses reculades. Au moment où il venait d'expédier le courrier chargé de notifier au czar la grande détermination à laquelle il semblait s'être arrêté, M. de Bismarck lui fit charitablement observer, que si la Grande-Bretagne déclarait Alexandre II déchu de ses droits sur la Pologne, la Russie, la Prusse, l'Allemagne ne tarderaient sans doute pas à déclarer Frédéric VII déchu des siens, sur les duchés. Si, au contraire, elle s'abstenait de cette démonstration imprudente, le roi Guillaume mettrait tout son cœur à contenir les convoitises germaniques; il ne repousserait pas la médiation de l'Angleterre entre le roi de Danemark et la Confédération; il ferait tous ses efforts pour qu'elle fût acceptée par les deux parties contendantes. Palmerston et Russell ne comprirent pas que le ministre prussien s'apprêtait à les jouer et que le meilleur moyen de sauver les duchés eût été de contracter une solide alliance avec la France et l'Autriche pour sauver la Pologne. Ils ne faisaient plus que de la politique au jour le jour. Ils se laissèrent intimider ou séduire par M. de Bismarck; le chef du Foreign-Office rappela son courrier et, le 20 octobre, ne rougit pas d'adresser à Gortchakoff une dépêche par laquelle il déclarait prendre acte *avec satisfaction* « des dispositions bienveillantes de la Russie envers la Pologne et envers les puissances ».

X

C'était le comble de la platitude, et la nation anglaise n'avait pas le droit d'être fière de ses gouvernants. Napoléon III, abandonné encore une fois par l'Angleterre et par l'Autriche, avait le cœur ulcéré et ne pouvait dissimuler plus longtemps son ressentiment contre ces deux puissances. Vainement Drouyn de Lhuys lui conseillait encore de les ménager. Dans son irritation, l'empereur aima mieux suivre les avis intéressés de la Russie, qui connaissait ses dispositions et, d'accord avec la Prusse, faisait semblant de vouloir se rapprocher de lui. L'Italie, qui ne pouvait que gagner à une rupture entre la France et l'Autriche, avait insinué au czar l'idée que, si elle se montrait disposée à soumettre la question polonaise à un congrès européen appelé à délibérer sur les autres difficultés politiques du moment, Napoléon III ne manquerait pas d'essayer une fois de plus cette politique d'arbitrage international qui était son rêve, son utopie de prédilection. Elle ne se trompait pas. Dès le 5 novembre, l'empereur des Français, à l'ouverture des Chambres, annonça, dans un discours dont le retentissement fut immense, qu'il conviait toutes les puissances de l'Europe à délibérer en commun sur les questions litigieuses qui les divisaient. Il ne se bornait pas à cette invitation. Il croyait devoir faire connaître dans quel esprit, suivant lui, les questions actuellement posées devraient être traitées. Il proclamait bien haut, trop haut à coup sûr, que *les traités de 1815 avaient cessé d'exister*. Il demandait si la rivalité des grandes puissances empêcherait sans cesse les progrès de la civilisation, si l'on entretiendrait toujours de mutuelles défiances par des armements exagérés, si l'on donnerait une importance factice à l'esprit subversif des parties extrêmes en *s'opposant par d'étroits calculs aux légitimes aspirations des peuples*.

Napoléon III exprimait, en somme, de fort beaux sentiments et de fort nobles aspirations. Mais il fallait être un peu naïf pour croire que des souverains bénéficiant des traités de 1815 fussent disposés à les remettre en question ou, mieux encore, à les déclarer nuls et non avenus, comme l'empereur des Français. La politique des nationalités, telle que la comprenait ce dernier, pouvait les mener loin. Il faudrait compléter l'Italie, satisfaire aux aspirations unitaires de l'Allemagne, reconstituer la Pologne, et sans doute aussi la Hongrie, assurer l'avenir national des Principautés danubiennes; il faudrait aussi, bien entendu, rendre à la France ses *frontières naturelles*. Un pareil programme devait offusquer particulièrement l'Angleterre et l'Autriche. La Russie et la Prusse, si désireuses de brouiller Napoléon III avec ces puissances, s'en étaient bien doutées. Aussi, sans se compromettre par des refus blessants, n'eurent-elles qu'à laisser parler ces deux gouvernements, surtout le premier. Dès le 12 novembre, John Russell repoussait avec raideur l'idée d'un congrès qui, d'après lui, ne pouvait être pour l'Europe qu'une cause de subversion et d'anarchie. Vainement Drouyn de Lhuys proposa d'en dresser le programme à l'avance. Ce programme devait encore être beaucoup trop vaste; l'Angleterre persista dans son refus; d'autre part, l'Autriche montra tant de mauvaise grâce et la Russie, comme la Prusse, répondit avec tant de réserve, qu'avant la fin de décembre Napoléon III lui-même dut renoncer à sa proposition. Encore une fois la politique à la fois oscillante et aventureuse de ce souverain aboutisssait à un pitoyable avortement. Non seulement l'Europe n'allait pas être reconstituée tout entière comme l'eût voulu Napoléon III, mais la Pologne, si cruellement encouragée dans ses espérances, était condamnée sans appel. Car elle ne s'était soutenue jusqu'alors que par la complaisance de l'Autriche, et cette puissance, alarmée par le programme du 5 novembre, ne pouvait tarder à se laisser gagner ou intimider par la Russie et par la Prusse.

XI

Le Danemark était, dès lors, presque aussi compromis que la Pologne. Tous les efforts que l'Angleterre allait tenter pour le préserver du démembrement devaient échouer par le refus de la France de s'associer à elle, comme ceux de cette puissance pour sauver la nation polonaise avaient été paralysés par le mauvais vouloir de la Grande-Bretagne.

Dès que la Prusse fut assurée qu'une coalition de la France, de l'Autriche et de l'Angleterre n'était plus à craindre, elle commença à démasquer ses batteries. Dans la première quinzaine de novembre, elle déclara qu'en ce qui concernait les duchés elle ne pouvait plus longtemps contenir les légitimes exigences du patriotisme germanique ; la diète ne voulait pas accepter la médiation britannique ; l'exécution fédérale à l'égard du Holstein et du Lauenbourg ne pouvait plus être retardée. Juste à ce moment, la question danoise se compliquait encore par la mort de Frédéric VII (15 novembre). Son successeur, Christian IX [1], dont les droits étaient garantis par le traité de Londres, se hâtait de prendre la couronne et, confirmant l'autonomie absolue que le dernier roi avait accordée à la partie allemande de ses États, publiait dès le 18 novembre une constitution commune

1. Fils du duc Guillaume de Sleswig-Holstein-Sonderbourg-*Glucksbourg* ; né à Gottorp le 8 avril 1818 ; marié à Copenhague le 26 mai 1842 à la princesse Louise de Hesse-Cassel. Sa fille aînée, Alexandra, a épousé en 1863 le prince de Galles ; sa seconde fille, Dagmar, mariée le 9 novembre 1866 au grand-duc héritier Alexandre, est aujourd'hui czarine. Le second de ses fils, Georges, est roi des Hellènes depuis 1863 ; le dernier, Valdemar, a épousé en 1885 la princesse Marie d'Orléans, fille du duc de Chartres.

applicable au reste de la monarchie, c'est-à-dire aux provinces purement scandinaves et au Sleswig. Mais l'Allemagne entière protestait violemment contre cet acte. La Prusse en contestait avec hauteur la validité. Frédéric d'Augustenbourg revendiquait à grand bruit non seulement le Holstein et le Lauenbourg, mais aussi le Sleswig. Les troupes fédérales s'avançaient vers les duchés. Le roi de Suède, Charles XV [1], qui, du vivant de Frédéric VII, avait fait mine de vouloir secourir le Danemark, se tenait coi maintenant [2]; le czar, du reste, le tenait en respect par la menace d'envoyer une armée en Finlande.

Le cabinet de Berlin était assuré que l'exécution fédérale ne serait pas contrariée par la Russie. L'Autriche devait s'y prêter, pour les raisons que nous avons déjà fait connaître, mais aussi parce qu'à ce prix elle espérait obtenir la garantie de la Prusse contre les remaniements territoriaux que lui faisait craindre le discours du 5 novembre. En France, Napoléon III, outre qu'il n'était pas disposé à complaire à la Grande-Bretagne, inclinait à penser que les Allemands, en réclamant les duchés, appliquaient simplement le principe des nationalités. Le duc d'Augustenbourg venait de lui écrire pour lui recommander sa cause; et, sans trop s'engager, il lui répondait que le roi de Danemark *pouvait bien avoir des torts*. Drouyn de Lhuys n'était pas fâché qu'il s'élevât en Allemagne un nouvel État secondaire pour renforcer ce parti de la *Triade* sur lequel il comptait pour balancer les forces de l'Autriche et de la Prusse. Il est vrai que l'Angleterre persistait à regarder comme contraire à ses intérêts l'exécution fédérale annoncée. Pour la déterminer à y consentir, M. de Bismarck recourut à une argumentation des plus captieuses. Il représenta qu'en occupant le Holstein et le Lauenbourg les troupes fédérales non seulement ne violeraient pas les droits de Christian IX, mais les reconnaîtraient *implicitement*; car, du fait qu'il serait exécuté

1. Fils et successeur d'Oscar Ier; né le 3 mai 1826; roi de Suède et de Norvège en 1859; mort le 18 septembre 1872.

2. Frédéric VII avait, disait-on, agité sérieusement le dessein d'abandonner sans réserve à l'Allemagne le Holstein et le Lauenbourg et d'incorporer entièrement le Sleswig dans la monarchie danoise, dont il eût préparé la réunion à la Suède et à la Norvège en adoptant Charles XV pour son successeur. L'avènement de Christian IX rendait inéxécutable ce plan, dont la Prusse et la Russie, d'ailleurs, n'auraient certainement pas permis l'accomplissement.

en vertu de l'acte fédéral, ne ressortirait-il pas qu'il était membre de la Confédération, par conséquent légitime souverain du Holstein et du Lauenbourg? Les prétentions d'Augustenbourg ne seraient ainsi nullement favorisées. Du reste la Prusse se déclarait prête, ainsi que l'Autriche, à faire respecter le traité de Londres, garantissant l'intégrité de la monarchie danoise.

Lord John Russell se laissa prendre à ces incroyables subtilités. Aussi se mit-il à prêcher la modération non pas aux Allemands, mais à Christian IX. Il amena ce malheureux roi à abolir la charte du 30 mars (4 décembre). Mais la diète n'en prescrivit pas moins (le 7) l'occupation immédiate du Holstein et du Lauenbourg. Alors, pour prévenir toute complication nouvelle, il invita le roi de Danemark à ne pas opposer de résistance aux troupes fédérales. Et, de fait, ce prince retira les siennes des deux duchés, où les contingents hanovrien et saxon purent pénétrer sans résistance le 21 décembre.

Mais ce n'était là que le premier acte de la pièce. Après le Holstein, c'était au tour du Sleswig d'être occupé. Ce pays n'appartenait pas à la Confédération. Elle n'avait pas le droit d'y toucher. Mais c'était à titre de gage que les Allemands et surtout le gouvernement prussien demandaient à en prendre possession. Gage de quoi? de l'abolition de cette constitution commune que M. de Bismarck, comme les politiques de la *Triade*, dénonçait si hautement depuis le 18 novembre. Le gouvernement prussien méditait d'occuper cette province avec l'Autriche seule, à l'exclusion de la Confédération, qu'il espérait bien évincer un peu plus tard du Holstein et du Lauenbourg. Pour réaliser ce programme, le premier ministre du roi Guillaume eut encore une inspiration de haute comédie. Le duc d'Augustenbourg venait de faire une tournée dans les États secondaires de l'Allemagne, où il avait été fêté comme le souverain légitime des trois duchés. Il venait de se rendre à Kiel, dans le Holstein, où les chefs des troupes saxonnes et hanovriennes lui avaient permis de s'établir. Comme d'autre part il avait invoqué récemment la bienveillance de Napoléon III, M. de Bismarck ne manqua pas de représenter à l'Angleterre qu'une nouvelle confédération du Rhin était à la veille de se former sous l'hégémonie de la France; que bientôt le second Bonaparte, comme le premier, enchaînerait à sa politique la moitié de l'Allemagne; qu'il ne manquait pas, du reste, de revendiquer ces *frontières naturelles* dont il rêvait le jour et la nuit; qu'il fallait donc empêcher la *Triade* et son protégé Augustenbourg de poursuivre leurs progrès dans les duchés, que le seul moyen qui restât de préserver le Sleswig de leurs atteintes révolutionnaires, c'était de laisser occuper ce pays par la Prusse et l'Autriche, qui, elles, du moins, respectaient le traité de 1852 et défendraient aussi le principe de l'intégrité danoise. Ainsi plus on dépouillait le pauvre roi de Danemark, plus on prétendait le protéger. On lui faisait du mal; mais il n'y avait rien à dire : n'était-ce pas pour son bien?

La candeur de lord John Russell était certes robuste. Cet homme d'État trouva pourtant cette fois la plaisanterie un peu forte. Il commença à s'agiter désespérément pour sauver le Danemark. Mais comment faire? Parmi les grandes puissances, une seule à ce moment pouvait être amenée à le seconder. C'était la France. Mais quand il la convia à proposer, de concert avec l'Angleterre, une conférence où la question des duchés serait soumise aux gouvernements signataires et garants du traité de Londres, Napoléon III, qui avait encore sur le cœur la réponse presque injurieuse faite par Russell à sa proposition de congrès, accueillit sa demande avec la froideur la plus malveillante. Il fit même adresser aux cours allemandes (le 4 janvier 1864) une circulaire d'où il ressortait qu'il regardait d'ores et déjà le traité de Londres comme lettre morte. Bref la conférence ne put avoir lieu. Aussi la Prusse et l'Autriche, qui, dès le 27 décembre, avaient invité la diète à les charger d'occuper le Sleswig, n'hésitèrent-elles pas à faire un pas de plus. La diète ayant repoussé leur demande, parce que ces deux puissances réservaient le principe de l'intégrité danoise, elles déclarèrent sans façons se substituer à la Confédération pour l'exercice de ses droits dans la province en question (14 janvier). Le roi de Danemark fut sommé d'abolir la constitution du 18 novembre sous quarante-huit heures, et, comme il refusa, les troupes austro-prussiennes, sous le général Wrangell, s'apprêtèrent à franchir la frontière du Sleswig.

John Russell, éperdu, sollicita aussitôt le concours armé de la France pour prévenir cette nouvelle violence (21 janvier). Mais Napoléon III lui fit répondre qu'avant de le suivre il avait besoin de prendre ses sûretés; que l'Angleterre pouvait impunément se permettre une démonstration navale pour intimider la Prusse, dont elle n'avait pas à craindre les représailles; mais que cette puissance chercherait certainement à se venger sur la France, qui, malheureusement, n'était pas hors de ses atteintes; il fallait donc que cette dernière eût la certitude que, dans ce cas, le concours de la Grande-Bretagne ne lui manquerait pas, et que les bénéfices de la guerre fussent pour elle proportionnés aux risques à courir. En bon français cela voulait dire : Assurez-moi la limite du Rhin et je marche avec vous. Le cabinet britannique recula devant un pareil engagement. Au fond, il ne voulait pas la guerre. Il s'imaginait, du reste, naïvement qu'il suffirait de promener le pavillon de l'Angleterre et celui de la France le long du littoral germanique, sans tirer un coup de canon, pour tenir l'Allemagne en respect. Napoléon III et ses ministres étaient d'un avis opposé. Il n'y eut donc point d'entente entre les deux grandes puissances occidentales. Aussi les troupes austro-prussiennes pénétrèrent-elles dans le Sleswig le 1er février 1864. Les cours de Vienne et de Berlin protestèrent du reste encore une fois que, si elles occupaient cette province, c'était simplement à titre de gage, pour contraindre le Danemark à remplir ses obligations et pour écarter les chances d'une guerre entre ce pays et la Confédération germanique. Mais elles donnèrent aussi à entendre que, si Christian IX leur opposait quelque résistance, leurs dispositions à son égard pourraient bien être modifiées. Il eût fallu, dès lors, être aveugle pour ne pas s'apercevoir qu'elles prétendaient s'approprier les duchés.

XII

Qui pouvait les en empêcher? Les politiques de la *Triade*? Certes ils s'agitaient fort et désiraient vivement venger la diète de l'affront qu'elle venait de subir. Ils s'assemblèrent à Wurtzbourg, tinrent un langage menaçant surtout pour la Prusse, parlèrent de renforcer les corps purement fédéraux qui occupaient le Holstein, de proclamer Augustenbourg souverain des trois duchés (17-18 février). Mais aussitôt le roi Guillaume leur dépêcha le général de Manteuffel [1], missionnaire botté, qui n'eut pas de peine à leur faire com-

1. Manteuffel (Edwin-Hans-Charles, baron de), né le 24 février 1809; aide de camp du prince Albert de Prusse (1843), puis du roi Frédéric-Guillaume IV

prendre l'inanité et l'imprudence de leurs complots. Des rassemblements significatifs de troupes prussiennes se formaient sur les frontières de la Saxe et du Hanovre. Les souverains de ces deux États prirent peur. Le roi de Bavière [1], désigné pour commander l'armée de la nouvelle ligue, se mourait à ce moment. M. de Bismarck n'eut donc nulle crainte d'être arrêté dans son entreprise par la politique éternellement impuissante des Beust, des Pfordten et des Dalwigk.

Il savait bien, d'autre part, que la France n'avait nulle envie de le contrarier. Napoléon III, pour des raisons que l'on connaît déjà, était peu porté à intervenir activement dans l'affaire des duchés. En outre, une insurrection assez grave, qui venait d'éclater en Algérie (février 1864), le préoccupait et paralysait jusqu'à un certain point sa puissance militaire. Il faut ajouter qu'il avait quarante mille hommes de ses meilleures troupes, avec un énorme matériel, au Mexique. La conquête de ce pays était fort loin d'être achevée. Il est vrai que Forey avait pris Puebla, était entré à Mexico, y avait fait proclamer par une assemblée de notables l'archiduc Maximilien empereur (mai-juillet 1863). Depuis le mois d'octobre, la cour des Tuileries négociait, activement et péniblement, avec ce prince pour lui faire accepter une couronne dont il avait fort envie, mais qui, par moments, lui paraissait devoir être lourde ou dangereuse à porter. Les pourparlers étaient presque terminés (février-mars). Mais certains dissentiments existaient entre l'archiduc et l'empereur François-Joseph. Napoléon III, qui s'efforçait de les aplanir, tenait donc pour l'heure à ne pas se brouiller avec

(1848), qui le chargea de diverses missions diplomatiques; chef de la division du personnel au ministère de la guerre (1857); lieutenant général et adjudant général du roi de Prusse (1861); gouverneur civil et militaire du Sleswig (1865); chargé par le roi Guillaume des opérations militaires dans le nord et le sud de l'Allemagne pendant la campagne de 1866; envoyé peu après (août 1866) à Saint-Pétersbourg pour gagner le czar à la politique prussienne; appelé, lors de la guerre franco-prussienne, au commandement du 1er corps de la 1re armée et un peu plus tard (octobre 1870) à celui de cette armée tout entière, avec laquelle il opéra dans le nord de la France; envoyé, vers la fin de la guerre, dans l'Est, contre Bourbaki (janvier 1871); commandant de l'armée d'occupation en France (1871-1873); feld-maréchal (19 septembre 1873); statthalter d'Alsace-Lorraine (1880); mort à Carlsbad le 16 juin 1885.

1. Maximilien II, fils de Louis Ier, né le 28 novembre 1811; marié en 1842 à la princesse Frédérique-Françoise de Prusse, il était monté sur le trône en 1848, par suite de l'abdication de son père. Il mourut le 10 mars 1864.

la cour d'Autriche. Aussi n'avait-il garde de l'entraver dans son entreprise contre les duchés.

Restait le czar, qui parfois semblait se reprocher de trahir le roi de Danemark, son parent et son allié. Mais, alors comme en 1863, la question polonaise effaçait toutes les autres à ses yeux. L'insurrection était sans doute en décroissance dans les provinces de la Vistule, mais elle n'était pas encore entièrement comprimée. Si, comme on le craignait à Saint-Pétersbourg, la politique des nationalités, récemment encouragée par Napoléon III, faisait explosion dans toute l'Europe au printemps de 1864, elle pouvait prendre une vigueur nouvelle et redevenir redoutable. Il était donc urgent qu'elle fût étouffée. Mais ce résultat ne pouvait être obtenu sans le concours loyal de l'Autriche. L'insurrection s'alimentait encore en Gallicie et ne s'alimentait que là. Alexandre II fit donc comprendre à Guillaume que, s'il pouvait à bref délai obtenir de François-Joseph des mesures de surveillance propres à accélérer la soumission de la Pologne, lui-même fermerait les yeux sur la guerre des duchés et sur ses conséquences. Aussi M. de Bismarck se hâta-t-il d'envoyer à Vienne le persuasif Manteuffel. Ce personnage représenta aux ministres autrichiens toujours en alarmes depuis le discours du 5 novembre, qu'il se pouvait fort bien qu'au printemps Napoléon III favorisât une attaque de la Vénétie par l'Italie. Or la Prusse voulait bien, disait-il, garantir à François-Joseph par une convention en bonne forme ses possessions non allemandes. Mais il fallait que préalablement il se prêtât aux désirs du czar. Le marché fut conclu. Dès le 29 février fut édictée la mise en état de siège de la Gallicie. C'était un arrêt de mort pour l'insurrection polonaise, qui allait être anéantie en quelques semaines [1]. Fort peu de jours après était conclu l'accord secret que Manteuffel était venu proposer à Rechberg. La suite de cette histoire montrera si, en prenant l'engagement de défendre l'Autriche, M. de Bismarck avait été fort sincère.

Pour le moment, les deux grandes puissances allemandes marchaient la main dans la main. N'ayant aucune opposition sérieuse à redouter, elles demandèrent, vers la fin de février, que la diète

1. La Pologne vaincue non seulement ne recouvra aucun de ses droits, mais subit d'épouvantables représailles. Le gouvernement russe s'ingénia dès lors à la dénationaliser. Il y travaille encore aujourd'hui.

les autorisât à exercer tous les pouvoirs civils et militaires non seulement dans le Sleswig, mais dans le Holstein et le Lauenbourg. Le *Bund* avait peur; il céda piteusement (3 mars) et ainsi se trouva-t-il complètement évincé de ces duchés qu'il avait prétendu s'approprier et contre lesquels il avait donné le signal de l'attaque. *Sic vos non vobis!....*

Pendant ce temps, John Russell continuait à rédiger de volumineuses dépêches et s'efforçait vainement d'émouvoir l'Europe sur le sort du malheureux Christian IX. Parfois, Palmerston, se rappelant son ardeur batailleuse d'autrefois, parlait d'envoyer une escadre britannique au secours de ce souverain. Mais la reine Victoria, inféodée sans réserve à la cour de Berlin, menaçait d'abdiquer plutôt que d'y consentir. Le gouvernement britannique ne pouvait cependant pas laisser succomber le Danemark, qu'il avait si longtemps encouragé dans sa résistance à l'Allemagne, sans lui offrir au moins son assistance diplomatique. Au commencement de février, Russell suppliait la Prusse et l'Autriche de consentir à un armistice. Mais ces puissances firent la sourde oreille. Alors il leur proposa la réunion d'une conférence où les puissances signataires du traité de 1852 et la Confédération germanique auraient à délibérer sur la question des duchés. Elles ne dirent pas non, mais elles déclarèrent qu'en attendant elles poursuivraient leurs avantages militaires et que leurs troupes allaient pénétrer dans le Jutland (8 mars). Après un mois de négociations, il fut enfin décidé que la conférence aurait lieu à Londres et qu'elle s'ouvrirait le 12 avril. Mais le début en fut retardé par les lenteurs de la diète, qui ne nomma pas son plénipotentiaire (Beust) avant le 17 avril, et par le mauvais vouloir de l'Autriche et de la Prusse, qui tenaient avant tout à prendre Düppel. Cette place, dernier boulevard du Sleswig, étant tombée en leur pouvoir, le débat annoncé put commencer (25 avril). Mais quand, après avoir perdu quinze jours à discuter les conditions d'un court armistice, les diplomates réunis à Londres abordèrent le fond de la question en litige, il leur fut impossible de s'entendre. L'Autriche et la Prusse, arguant du droit de la guerre, déclarèrent qu'elles ne reconnaissaient plus le traité de 1852 comme devant servir de base au futur arrangement (13 mai). Beust demanda que les trois duchés fussent entièrement séparés du Danemark. La Prusse et l'Autriche lui procurèrent un instant de satisfaction en proposant de proclamer les droits d'Augustenbourg (28 mai). Du reste, M. de Bismarck, en accord secret avec la Russie, manœuvra de façon à ce que d'autres prétendants, comme le grand-duc d'Oldenbourg et le prince Frédéric de Hesse, se missent aussi sur les rangs (2-18 juin) [1].

Il préparait ainsi de nouvelles chicanes, dont la Prusse devait, un peu plus tard, merveilleusement profiter. Vu la tournure que prenaient les affaires, l'Angleterre crut devoir solliciter de nouveau le concours de la France pour une manifestation navale. Mais comme, pas plus qu'en janvier, elle ne voulait pousser jusqu'à la guerre son opposition aux puissances allemandes, et comme, d'autre part, le cabinet des Tuileries renouvela les exigences qu'il avait émises à cette époque, la négociation avorta une fois de plus. Le chef du Foreign-Office, se retournant vers la conférence, passa plusieurs semaines à ergoter misérablement sur ce que l'on prendrait ou ce que l'on ne prendrait pas au Danemark. Il consentit à ce qu'on enlevât à Christian IX le Lauenbourg, le Holstein et même le tiers méridional du Sleswig, dont la population était allemande. Mais il soutenait que tout le reste de cette province était danois. Les Allemands le contestaient. Le plénipotentiaire français proposa de s'en rapporter au vote des habitants. Mais cet appel au suffrage universel fut peu goûté par les représentants des vieilles monarchies. Enfin Russell, à bout d'expédients, offrit de remettre le litige à l'arbitrage de Napoléon III. Mais la Prusse et l'Autriche lui firent une réponse dérisoire : elles acceptaient, à la double condition : 1° qu'elles seraient libres de ne pas se soumettre à la décision de l'arbitre ; 2° que préalablement l'armistice serait prolongé jusqu'à l'hiver (c'est-à-dire jusqu'au moment où, les opérations navales n'étant plus possibles sur la mer Baltique, le Danemark serait réduit à une impuissance presque absolue). Enfin, la conférence fut rompue le 25 juin, sans qu'on eût pris

1. M. de Bismarck ne feignait à ce moment d'accepter Augustenbourg que pour complaire à l'Autriche, qu'il avait besoin de ménager. Il prétendait du reste, dicter à ce prince des conditions qui l'eussent réduit vis-à-vis de la Prusse à l'état de médiatisé et qu'il repoussait. C'est lui, d'autre part, qui avait poussé le czar (descendant des anciens ducs de Holstein) à revendiquer ses droits sur les duchés et à les transmettre à son parent le grand-duc d'Oldenbourg.

aucune décision, et, dès le lendemain, les hostilités recommencèrent dans le Nord.

A ce moment, Napoléon III, jusque-là si indifférent à l'égard du Danemark, sembla sur le point de se raviser. L'accord visible qui existait entre les trois cours de Berlin, de Vienne et de Saint-Pétersbourg commençait à l'inquiéter. Le czar, le roi de Prusse et l'empereur d'Autriche se rencontraient à Berlin, à Kissingen, à Carlsbad, du 9 au 23 juin. Le bruit courait que leurs entrevues n'avaient pas seulement pour but de resserrer leur ancienne entente à l'égard de la Pologne, mais de reconstituer la Sainte-Alliance et de prendre des arrangements menaçants contre la France. Le cabinet des Tuileries fit entendre au ministère britannique qu'il serait disposé à s'unir à lui pour protéger le Danemark, même par les armes. Mais la négociation n'eut pas de suite, la Grande-Bretagne ne voulant pas s'exposer à une grande guerre, d'où la France eût pu tirer quelque avantage, et refusant pour la troisième fois de signer les engagements que cette puissance lui demandait de prendre (juillet 1864).

Le malheureux Christian IX, un instant encouragé dans sa résistance par l'attitude de Napoléon III, fut donc absolument abandonné. Accablé par les forces réunies de deux des principales puissances européennes, il avait glorieusement lutté. L'honneur était sauf. Il ne lui restait plus qu'à se soumettre à la force triomphante. Il déposa donc les armes et signa, le 1er août 1864, des préliminaires de paix qui servirent de base au traité conclu à Vienne le 30 octobre suivant. En vertu de cet arrangement, le roi de Danemark renonçait à tous ses droits sur les trois duchés en faveur du roi de Prusse et de l'empereur d'Autriche. On ne lui laissait même pas la partie septentrionale et purement scandinave du Sleswig. C'est ainsi qu'était respecté le principe des nationalités, dont les Allemands s'étaient jadis fait une arme contre la monarchie danoise.

Les événements dont on vient de lire le récit devaient avoir les suites les plus graves. Ils marquent dans l'histoire le commencement de la révolution qui a porté à son apogée la puissance prussienne. L'Angleterre, par sa méfiance incurable à l'égard de la France, avait laissé succomber la Pologne et le Danemark. En secondant la politique du czar dans le premier de ces deux pays, la cour de Berlin s'était prémunie contre toute opposition de la Russie à ses projets contre le second. La gratitude et les bons offices d'Alexandre II étaient d'autant plus sûrement acquis au roi Guillaume qu'il gardait plus de rancune contre François-Joseph et contre Napoléon III. Menacées par la Prusse, l'Autriche et la France ne devaient en aucun cas compter sur les bons offices du czar. Les États secondaires de l'Allemagne, promoteurs de la guerre des duchés, étaient dupes de M. de Bismarck et allaient bientôt être ses victimes. L'imprévoyant Rechberg s'était laissé entraîner par le ministre prussien à une entreprise sans gloire dont les fruits devaient être bien amers pour son souverain. Il avait lui-même fourni à M. de Bismarck les armes avec lesquelles ce dernier devait battre l'Autriche. Quant à Napoléon III et à Drouyn de Lhuys, bernés par l'Angleterre en 1863, ils avaient eu le tort d'en conserver trop de ressentiment et de se montrer trop exigeants à l'égard de cette puissance en 1864. Il leur eût mieux valu sauver le Danemark pour rien que de faciliter par dépit l'accroissement d'une puissance qui devait un jour enlever à la France l'Alsace et la Lorraine.

CHAPITRE VIII

LA POLITIQUE DE BIARRITZ [1]

I. Tribulations de Napoléon III. — II. La convention du 15 septembre. — III. La cour de Rome et le *Syllabus*. — IV. Premier projet d'alliance italo-prussienne; M. de Bismarck à Biarritz. — V. Désaccord entre les cours de Vienne et de Berlin au sujet des duchés. — VI. La convention de Gastein. — VII. Rêve diplomatique de Drouyn de Lhuys. — VIII. Un tentateur et un utopiste. — IX. Alliance de l'Italie et de la Prusse. — X. Imprudence et duplicité de Napoléon III. — XI. La guerre en Allemagne et en Italie : Custozza et Sadowa. — XII. Médiation française et préliminaires de Nikolsbourg. — XIII. Demandes tardives de Napoléon III et parti que la Prusse sait en tirer. — XIV. Benedetti, Bismarck et La Valette.

(1864-1866)

I

Tandis que l'Autriche et la Prusse opéraient de concert le démembrement de la monarchie danoise, le gouvernement français, dont le prestige et la puissance semblaient fort diminués, s'ingé-

1. Sources : *Annuaire des Deux Mondes*, années 1864-1865 et 1866-1867; — Beust, *Mémoires*, t. I et II; — Bismarck, *Correspondance*; *Discours parlementaires*; — Chevalier (Michel), *la Guerre et la Crise européenne* (Revue des Deux Mondes, 1er juin 1866); — Delord (T.), *Histoire du second Empire*, t. IV; — Favre (J.), *Discours parlementaires*; — Gaulot (P.), *l'Empire de Maximilien*; — Harcourt (B. d'), *les Quatre Ministères de M. Drouyn de Lhuys*; — Hillebrand, *la Prusse contemporaine*; — Ideville (H. d'), *Souvenirs d'un diplomate en Italie* (1862-1866); — Jacini (Stefano), *Due Anni di politica italiana*; — Klaczko (J.), *Deux Chanceliers*; — La Marmora, *Un peu plus de lumière sur les événements militaires et politiques de l'année 1866*; — Laugel (A), *les États-Unis pendant la guerre*; — Lecomte (colonel), *Guerre de la Prusse et de l'Italie contre l'Autriche et la Confédération germanique*; — Lefèvre (E.), *Histoire de l'intervention française au Mexique*; — Mac-Carthy, *Histoire contemporaine de l'Angleterre*; — Malmesbury (lord), *Mémoires d'un ancien ministre*;

niait à réparer le tort que lui avaient fait les derniers événements. Il était, à vrai dire, dans une position fort douloureuse et, s'il faisait encore bonne contenance vis-à-vis de l'Europe, il ne se dissimulait pas à lui-même ses propres embarras. L'insurrection algérienne était maintenant tout à fait étouffée; mais la répression de ce mouvement avait coûté cher et il en résultait pour l'empire un malaise dont il avait quelque peine à se remettre. D'autre part, la guerre du Mexique était bien loin d'être terminée; elle exigeait même chaque jour de plus gros sacrifices d'hommes et d'argent. L'archiduc Maximilien avait fini par accepter (en signant le traité de Miramar, le 10 avril 1864) la couronne que lui offrait Napoléon III. Il était à Mexico depuis le mois de juin. Mais, justement haï d'une nation fière qui repoussait en sa personne la domination étrangère, il ne régnait que là où se trouvaient des baïonnettes françaises pour le protéger. L'immense majorité du pays obéissait encore à Juarez. La belle contrée où il était venu, disait-il, apporter l'ordre et la civilisation, était, grâce à lui, mise à feu et à sang. Le cabinet de Washington refusait hautement de le reconnaître comme empereur. Napoléon III pouvait dès lors prévoir que, si la grande république américaine, encore déchirée par la guerre civile, parvenait à reconstituer son unité, elle ne tarderait pas à exiger de lui l'abandon de son protégé et l'évacuation du Mexique. Or, vu les avantages que les États du Nord commençaient à remporter sur le parti séparatiste, cette éventualité paraissait assez prochaine. En Europe, la cour des Tuileries comprenait fort bien tout ce que la déplorable affaire de Pologne lui valait de déconsidération et de discrédit. Elle n'ignorait pas non plus que l'abandon du Danemark, vieil et fidèle allié de la France, était pour elle presque une honte. Elle croyait les trois cabinets de Berlin, de Vienne et de Saint-Pétersbourg étroitement unis. Elle attribuait à leur entente une portée menaçante pour ses

— Masseras, *Un Essai d'empire au Mexique*; — Mazade (Ch. de), *la Russie sous le règne de l'empereur Alexandre II*; — Memor (Andreas), *l'Allemagne nouvelle*; — Mérimée, *Lettres à Panizzi*, t. II; — *Papiers et correspondance de la famille impériale*; — Rattazzi (Mme), *Rattazzi et son temps*, t. I et II; — Rothan, *la Politique française en 1866*; — Simon (E.), *l'Empereur Guillaume*; *Histoire du prince de Bismarck*; — Thiers, *Discours parlementaires*; — Vilbort, *l'Œuvre de M. de Bismarck*; — Zeller, *Pie IX et Victor-Emmanuel*; etc.

intérêts. En face de la Sainte-Alliance, qu'elle jugeait reconstituée, elle se sentait isolée, impuissante. Il lui fallait au plus tôt, pour sa sûreté et pour son honneur, s'assurer l'amitié d'une grande puissance dont le concours lui permît de contre-balancer au besoin la coalition qu'il redoutait. L'Angleterre, toujours aveuglée par la jalousie, ne ferait évidemment rien pour la France. Restait seulement l'Italie, qui, ayant encore besoin de Napoléon III, ne devait pas faire difficulté de s'attacher — pour le moment — à sa fortune. L'empereur des Français avait, du reste, toujours un faible pour cette cour de Turin, qui lui devait sa grandeur. Il n'eut donc pas de peine à opérer, pour se rapprocher d'elle, encore une volte-face. Aussi Drouyn de Lhuys, pour conserver sa faveur, dut-il s'accommoder d'une politique qu'il avait réprouvée en rentrant au ministère et, sans renoncer absolument à ses préférences personnelles, qu'il devait encore à plusieurs reprises essayer de faire prévaloir, crut-il devoir condescendre dans une certaine mesure à ces exigences italiennes que, deux ans plus tôt, il avait repoussées avec tant de hauteur.

II

Dès la fin de juin, les négociations, interrompues en 1862, avaient repris entre Paris et Turin avec une activité qui faisait prévoir une prochaine entente des deux cours. A partir du mois d'août, elles s'accélérèrent encore. Le chevalier Nigra [1], qui représentait Victor-Emmanuel aux Tuileries et qui avait la confiance de l'impératrice comme celle de l'empereur, crut devoir appeler à son aide un parent de Napoléon III, le marquis Pepoli, qui savait aussi

1. Nigra (Constantin), né près d'Ivrée en 1827; volontaire dans l'armée sarde pendant la campagne de 1848; attaché au cabinet du comte de Cavour (1852), qui l'emmena au congrès de Paris (1856) et le chargea de plusieurs missions délicates, notamment en France et en Angleterre (1858, 1859); envoyé par Cavour au quartier général de Napoléon III pendant la campagne de 1859; ministre plénipotentiaire à Paris (1860); rappelé peu après et nommé secrétaire d'État général du prince de Carignan dans les provinces napolitaines; ambassadeur d'Italie en France (août 1861), où il acquit un grand crédit et où il demeura jusqu'en 1876; ambassadeur à Saint-Pétersbourg (1876), à Londres (1882), à Vienne (1885).

se faire écouter. Secondés par le prince Napoléon, par Benedetti, par La Valette, ces deux diplomates avaient naturellement pour but l'annexion de Venise et de Rome à l'Italie. Il est vrai que, pour ne pas effaroucher le parti ultramontain et pour ne point mettre l'empereur dans l'embarras, ils dissimulaient adroitement la seconde moitié de leur programme. Ils ne demandaient à Napoléon III que de faire l'Italie *libre jusqu'à l'Adriatique*, comme il l'avait promis en 1859. Mais ni ce souverain ni son ministre des affaires étrangères ne voulaient s'engager à prendre contre l'Autriche une offensive dont la triple alliance du Nord eût pu les faire cruellement repentir. Pepoli et Nigra, fort accommodants, n'insistèrent pas. Ils firent seulement remarquer que, si l'Italie n'attaquait pas, elle serait très probablement attaquée un jour ou l'autre; qu'au cas de guerre avec l'Autriche, il lui fallait une capitale vraiment *stratégique*, à l'abri d'un coup de main; que Turin, si facile à enlever et si près des Alpes, ne lui convenait plus; mais que Florence, protégée par la double ligne du Pô et des Apennins, lui donnerait plus de sécurité. Le gouvernement français n'eut garde d'y contredire. Alors ils remontrèrent que la translation du gouvernement en Toscane produirait en Piémont et dans presque toute la péninsule le plus fâcheux effet. Turin voulait bien renoncer au titre de capitale; Milan, Naples voulaient bien n'y pas prétendre; mais ces villes prétendaient n'abdiquer qu'au profit de Rome. Si donc les Italiens devaient subir encore une déception qui allait leur être si sensible, il était juste de leur donner une légère consolation, en faisant cesser enfin cette occupation de l'État pontifical par des troupes étrangères, qui était depuis quinze ans une humiliation et un défi permanents pour la nation. Le pape, du reste, n'aurait rien à craindre pour ce qui lui restait de son domaine temporel. Victor-Emmanuel saurait s'abstenir d'y toucher et au besoin le faire respecter. Cette garantie équivoque et douteuse ressemblait bien un peu à celle du loup promettant de protéger le chien. Mais Napoléon III ne demandait qu'à se laisser convaincre. Voilà comment fut conclue la convention du 15 septembre 1864, par laquelle l'Italie s'engageait non seulement à ne pas attaquer les possessions actuelles du saint-siège, mais aussi à les défendre, et la France promettait de retirer ses troupes à mesure que l'armée du saint-père serait organisée [1], mais dans un délai maximum de deux ans. Le pape restait libre de constituer cette armée comme il le jugerait bon, à condition pourtant qu'elle ne pût dégénérer en moyen d'attaque contre l'Italie. Enfin Victor-Emmanuel se déclarait prêt à entrer en arrangement pour prendre à sa charge une part proportionnelle de la dette des anciens États de l'Église. Un tel pacte dénotait bien des sous-entendus et des arrière-pensées. Si une révolution, qu'il lui était si facile de provoquer, éclatait à Rome, le gouvernement italien se proposait évidemment d'occuper cette ville, sous couleur de *rétablir l'ordre*. Mais en vue de cette éventualité le gouvernement français se réservait de son côté toute liberté pour une nouvelle intervention. Napoléon III, toujours oscillant entre deux politiques contradictoires, paraissait ainsi vouloir reprendre d'une main ce qu'il donnait de l'autre. La convention de septembre semblait pour le moment un gage de réconciliation entre l'Italie et lui; elle devait plus tard le brouiller sans retour avec cette puissance.

III

En attendant, elle lui valut, comme il pouvait s'y attendre, un redoublement d'hostilité de la part du saint-siège. La cour de Rome commença par se renfermer dans un silence affecté à l'égard de cet arrangement. Antonelli refusa d'en recevoir la communication officielle et le pape ne voulut pas tout d'abord donner audience à l'ambassadeur de France, Sartiges, qui avait mission de lui en expliquer les principales causes. Mais, si Pie IX garda quelque temps vis-à-vis de Napoléon III une attitude d'offensé qui ne daigne pas même protester contre les offenses, il ne résista pas à la tentation d'augmenter les embarras de ce souverain par une réponse indirecte et retentissante à la convention. Aussi publia-t-il le 8 décembre l'encyclique *Quanta cura*, suivie du *Syllabus*, ou série de propositions qu'il anathématisait solennellement au nom

1. Par un protocole du 15 septembre et une déclaration additionnelle du 3 octobre, il était stipulé que la convention ne serait exécutoire qu'à partir du jour où la translation de la capitale à Florence aurait été décrétée et que cette mesure serait prise dans le terme de six mois au plus.

de l'Église comme impies ou hérétiques. Cette double profession de foi, qui semblait renouvelée du moyen âge, était la négation explicite de toutes les libertés modernes. Elle condamnait, avec une franchise aussi brutale que naïve, les principes élémentaires du droit public que la France de 1789 a proclamés et qu'à son exemple la plus grande partie de l'Europe a fini par adopter. Pie IX, plus exigeant, peut-être, dans ses prétentions théocratiques que ne l'eût été un Grégoire VII ou un Innocent III, déclarait que le souverain pontife doit être l'arbitre des différends entre les souverains et les peuples; que l'Église est supérieure à l'État; que le droit de diriger l'éducation lui appartient exclusivement; il réprouvait la doctrine de la souveraineté nationale; il n'admettait ni la liberté des cultes non catholiques, ni celle de la presse, ni celle de la parole; il revendiquait pour l'Église un pouvoir coercitif; il réclamait pour l'autorité ecclésiastique, en cas de conflit avec l'autorité civile, les droits que les gouvernements modernes ne reconnaissent qu'à cette dernière; il demandait pour l'Église le droit de s'immiscer dans la législation civile, par exemple pour en effacer tout ce qui peut être favorable aux protestants et aux juifs; il condamnait le mariage civil. Il terminait enfin sa déclaration de guerre à l'esprit du XIXe siècle par ces incroyables paroles : « Anathème à qui dira : Le Pontife romain peut et doit se réconcilier et se mettre d'accord avec le progrès, le libéralisme et la civilisation moderne. » Qu'était devenu le Pie IX de 1846?

Le cabinet des Tuileries ne put s'empêcher de blâmer, et en termes assez vifs, la publication de documents aussi étranges que la dernière encyclique et que le *Syllabus* (décembre 1864-janvier 1865). Mais la cour de Rome ne tint nul compte de ses remontrances et, sous son inspiration, le clergé français accentua de plus en plus la sourde opposition qu'il faisait depuis quelques années à l'Empire. D'autre part, elle prit plaisir, à ce qu'il semble, à aggraver par l'intraitable rigueur qu'elle mit à soutenir ses doctrines les difficultés qui arrêtaient au Mexique la politique de Napoléon III. Elle s'opposait obstinément, par l'organe du nonce Meglia, à toutes les mesures par lesquelles Maximilien, sans porter atteinte à la religion, s'efforçait de substituer dans son empire la suprématie de la loi civile à l'omnipotence de l'Église. De guerre lasse, le malheureux protégé de la France dut rompre ses relations diplomatiques avec le saint-siège (mars 1865). Mais il avait besoin d'argent. L'opulent clergé du Mexique, qui eût pu lui en fournir, lui refusait son concours. Le pauvre souverain, sans finances, comme sans armée et sans sujets, dut encore recourir à Napoléon III. Il fallut que le gouvernement français, pour lui venir en aide, lui facilitât l'émission d'un nouvel emprunt que couvrit l'épargne française et dont certains spéculateurs de haut parage devaient seuls bénéficier. Pour assurer le succès de cette opération, le ministre d'État Rouher, dont l'effronterie ne reculait devant rien, ne manqua pas de représenter sous les plus riantes couleurs cet empire du Mexique dont le présent était si sombre, dont l'avenir paraissait déjà si noir aux hommes d'État un peu clairvoyants. Mais le Corps législatif, au sein duquel grandissait peu à peu l'opposition, n'applaudissait plus que faiblement aux éclats de son optimisme de commande. Il sentait bien que Napoléon III lui-même commençait à être inquiet et n'avait plus foi dans son entreprise. La guerre du Mexique avait déjà coûté à la France cinquante mille soldats et un milliard. Ne devait-elle pas lui coûter bien plus cher encore? C'est ce que la cour des Tuileries se demandait en voyant se reconstituer, par la victoire définitive du parti abolitionniste, la grande république des États-Unis (avril 1865) qui, sans doute, n'allait pas tarder à invoquer de nouveau, mais cette fois la main sur la garde de son épée, la doctrine de Monroë.

IV

On voit à quelles complications redoutables le cabinet des Tuileries s'était exposé par la convention de septembre. C'eût été bien pis encore si, par cette transaction, il eût expressément livré Rome à Victor-Emmanuel. Il ne s'était pas dissimulé, en signant ce pacte équivoque, qu'il lui faudrait longtemps encore faire prendre patience aux Italiens, si pressés d'occuper leur *capitale*. Aussi eût-il été bien aise de les distraire de leur principale préoccupation en leur montrant du doigt la Vénétie et en leur en facilitant au besoin l'acquisition. S'il n'avait point l'intention de faire la guerre pour leur donner cette province, comme il leur avait donné

le Milanais, il ne demandait pas mieux que de leur en rendre la conquête aisée en leur procurant des alliances. Or, s'il était une alliance qu'ils dussent à ce moment désirer, c'était celle de la Prusse. De son côté, M. de Bismarck, qui, les duchés danois une fois occupés, n'avait plus besoin du concours de l'Autriche et avait hâte de chercher querelle à cette puissance, n'avait rien plus à cœur que d'entraîner l'Italie dans sa politique. Presque dès le lendemain de la convention, Victor-Emmanuel et Napoléon III semblaient aller au-devant de ses vœux. En effet, le premier de ces souverains formait, le 23 septembre 1864, un nouveau ministère sous la direction du général de La Marmora, dont la *prussomanie* n'était un mystère pour personne dans le monde politique. Le second transformait la légation de France à Berlin en ambassade et désignait le 7 octobre pour ce poste important le comte Benedetti, qui, vu ses tendances et ses relations antérieures, devait être l'agent le plus puissant d'une politique ayant pour but l'accord de la France, de la Prusse et de l'Italie. Ce choix était tellement significatif que M. de Bismarck crut devoir y répondre en renouvelant, par une visite dont s'inquiétèrent un peu les diplomates, ses avances personnelles à Napoléon III. Ce ministre se rendit, dans le courant d'octobre 1864, à Biarritz, où se trouvait alors l'empereur des Français et, dans cette demi-intimité des villégiatures princières où il se mouvait avec tant d'aisance, il lui remontra de nouveau combien serait féconde pour la France une alliance étroite avec la Prusse. Naturellement, il faudrait bien que cette puissance y trouvât aussi son avantage. Ne lui permettrait-on pas de fortifier sa position en Allemagne par une réforme fédérale en rapport avec les vœux de la nation germanique? N'était-il pas juste aussi qu'elle se fît de meilleures frontières? Elle *manquait de ventre* du côté de la Hesse et du Nassau; elle avait l'*épaule démise* du côté du Hanovre. Si elle s'arrondissait quelque peu, du reste, elle trouverait fort naturel que la France, qui n'était pas non plus fort bien conformée, en fît autant. Pourquoi Napolé
ne mettrait-il pas la main sur la Belgique? *Suum cuique*, telle était la devise des Hohenzollern. Bref, M. de Bismarck, avec son exubérance et sa verdeur habituelles, faisait de son mieux son métier de tentateur. Beaucoup de prétendus sages riaient de ce gascon prussien, ne voyaient encore en lui qu'un hâbleur, un rodomont;

Drouyn de Lhuys le trouvait *moquable*. Mais Napoléon III commençait à se laisser séduire. Le *parti de l'action* le poussait dans les bras du futur chancelier. Bref, il ne promit rien, ne signa rien, mais il ne put dissimuler qu'il inclinait vers la politique prussienne et ne cacha pas qu'il verrait avec plaisir un accord étroit s'établir entre le roi Guillaume et Victor-Emmanuel. M. de Bismarck le quitta donc avec la conviction qu'il pouvait sans danger démasquer quelques-unes de ses batteries contre l'Autriche et, de retour à Berlin, se hâta d'opérer une évolution qui parut de sinistre augure à la cour de Vienne.

V

L'empereur François-Joseph était fort alarmé depuis la convention de septembre. Il craignait que la France et l'Italie n'eussent fait un accord secret pour attaquer prochainement la Vénétie. Aussi crut-il devoir, vers la fin de 1864, rappeler au roi Guillaume l'engagement qu'il avait pris quelques mois auparavant de lui garantir en cas de guerre ses possessions non allemandes et en réclama-t-il le bénéfice. Mais M. de Bismarck répondit au nom de son maître que cette promesse n'avait plus de valeur. La Prusse, disait-il, n'avait entendu se lier que pour la durée de la guerre danoise. Or l'Autriche n'ayant pas été attaquée pendant la campagne des duchés, elle n'était plus tenue de la défendre. Ce n'était point là un témoignage de parfaite bonne foi : mais force était bien à François-Joseph de contenir l'irritation que lui causait une telle réponse. Ne pouvant se venger sur le ministre prussien, il se borna pour le moment à relever de ses fonctions Rechberg, dont la politique n'avait été qu'une série continue de maladresses. C'était fort bien. Mais il le remplaça par le comte de Mensdorff-Pouilly [1], qui ne devait être ni plus habile ni plus heureux.

1. Mensdorff-Pouilly (Alexandre, comte de), né à Cobourg le 4 août 1813; officier dans l'armée autrichienne depuis 1829; aide de camp de l'empereur François-Joseph (1848); nommé en 1850 major général et commissaire de la confédération dans le Holstein; envoyé extraordinaire à la cour de Saint-Pétersbourg (1852-1853); feld-maréchal-lieutenant (1859); chargé du commandement d'une division pendant la campagne d'Italie; gouverneur militaire du banat de Temes et de la voïvodie de Serbie (1860); lieutenant de l'empereur

A Berlin, M. de Bismarck eût bien voulu hâter l'heure du conflit austro-prussien. Mais il n'avait pas encore dans sa diplomatie toute la liberté d'action qu'il a eue après Sadowa. Soutenu dans sa lutte contre le parti libéral par la coterie de *la Croix*, dont il avait été jadis l'enfant terrible, il lui fallait bien en ménager les traditions et les préjugés. Or les politiques de cette école, uniquement préoccupés de combattre l'esprit de la Révolution, ne rêvaient encore que Sainte-Alliance. L'intime union des trois cours du Nord était à leurs yeux une nécessité absolue. Ils la prêchaient comme un dogme, comme un article de foi. L'idée d'une guerre entre les deux grandes puissances allemandes les faisait reculer d'horreur et d'effroi. Il fallait les y amener par degrés, sans qu'ils s'en doutassent. Le roi Guillaume, qui les aimait fort et partageait leurs sentiments conservateurs, n'avait, il est vrai, nul faible dans le cœur pour la cour de Vienne. Mais sa pudeur légitimiste se révoltait, comme la conscience des *hobereaux*, à la pensée de s'allier pour la combattre à un gouvernement tout fraîchement issu, comme l'Italie, de la Révolution. Un champion du droit divin, qui prétendait respecter tous les trônes, pouvait-il, sans se déshonorer, mettre sa main dans celle d'un Victor-Emmanuel qui avait dépouillé tant de princes et aspirait encore au bien d'autrui? Faire mine de se rapprocher de lui pour intimider l'Autriche et obtenir plus aisément d'elle certaines concessions, à la rigueur, il l'admettait. Mais il lui répugnait de s'engager vis-à-vis de ce souverain par une convention formelle et indéniable. Seulement, M. de Bismarck, qui connaissait son maître, sentait bien que l'ambition lui ferait à la longue surmonter ses scrupules. Pour lui, qui avait l'âme plus large et moins timorée, il eût fait alliance avec l'enfer. Qui veut la fin veut les moyens, telle eût pu être sa devise. Patient et retors quand il fallait l'être, il se gardait pour le moment de heurter de front des préventions qui l'eussent brisé. Mais tous ses soins tendaient sans affectation à produire peu à peu une telle tension de rapports entre l'Autriche et la Prusse qu'une rupture devînt inévitable et que le roi Guillaume ne pût plus hésiter à accepter le concours de l'Italie.

en Gallicie et en Bukowine (1861); ministre de la maison de l'empereur et des affaires étrangères d'octobre 1864 à octobre 1866; chambellan et conseiller intime; gouverneur de la Bohême (1870); mort le 15 février 1871.

Rien ne lui était, du reste, plus facile. Il y avait entre les deux puissances une pomme de discorde. C'était la question des duchés. On avait bien pu démembrer sans peine la monarchie danoise; il était plus malaisé de s'entendre sur le partage de ses dépouilles. Qu'allait-on faire du Sleswig, du Holstein et du Lauenbourg? L'Autriche ne prétendait point garder pour elle-même ces provinces, dont la possession n'eût été pour elle qu'un embarras. Mais elle ne voulait pas, d'autre part, que la Prusse se les appropriât. Pour l'en empêcher, elle se montrait de plus en plus favorable aux prétentions du duc d'Augustenbourg et en cela semblait faire cause commune avec le parti de la triade, dont elle avait précédemment méconnu les droits et dont elle était maintenant bien aise de regagner l'amitié. Quant à la Prusse, elle affectait l'impartialité et le désintéressement du sage. *Suum cuique*, telle était toujours sa devise. Ce n'était pas le chevaleresque Guillaume qui eût voulu mettre la main sur le bien des autres. Mais il s'agissait justement de savoir à qui était le bien en litige. Là-dessus, M. de Bismarck, après avoir longtemps réfléchi, conçut des doutes dont il crut devoir, en décembre 1864, faire part au cabinet de Vienne. Sans doute il avait au mois de mai accepté la candidature d'Augustenbourg. Mais il s'en était produit plusieurs autres depuis. En son âme et conscience il ne savait plus à laquelle donner la préférence. Aussi jugeait-il nécessaire de confier à une commission de légistes le soin de débrouiller la question.

Les *syndics de la couronne*, désignés pour cette tâche, se mirent à l'œuvre. Mais ils avaient tant de vieilles chartes à déchiffrer, tant de traités poudreux à exhumer que plusieurs mois ne semblaient pas de trop pour l'exécuter Cependant Augustenbourg et ses partisans s'impatientaient. Mais la cour de Berlin n'y prenait pas garde. M. de Bismarck faisait du reste savoir, par une dépêche du 22 février 1865, que ce prétendant ne serait jamais reconnu par son maître souverain des trois duchés s'il ne s'inféodait militairement (et sans réserve) à cette puissance, comme avaient fait déjà quelques souverains de la confédération [1]. C'était

1. Par exemple le grand-duc de Bade et le duc de Saxe-Cobourg. Ils avaient consenti à placer leurs troupes sous le commandement du roi de Prusse. Ce dernier exigeait d'Augustenbourg non seulement qu'il en fît autant, mais qu'il lui donnât pleine autorité sur ses forteresses et sur le canal destiné à unir, en traversant le Holstein, la mer du Nord à la mer Baltique.

la théorie de l'*union restreinte* mise en action. Naturellement, Augustenbourg, soutenu par les États secondaires, qu'effrayaient les tendances prussiennes, et comptant un peu sur l'appui de l'Autriche, repoussait les conditions prussiennes. Le 6 avril, la diète fédérale, sur la proposition de la Saxe et de la Bavière, demanda aux deux grandes cours allemandes de remettre immédiatement l'administration du Holstein entre les mains de ce prince. Mais la cour de Berlin ne tint pas compte de ce vote et son représentant à Francfort déclara « qu'elle était résolue à conserver ses droits de co-possession tant qu'on ne serait pas arrivé à une solution conforme à son programme ».

Enfin, dans le courant de juin, les jurisconsultes bismarckiens terminèrent leur ingrate besogne. Or, à force de recherches, ces Prussiens intègres étaient arrivés à une étonnante conclusion : d'après eux, ni Augustenbourg ni aucun de ses compétiteurs n'étaient fondés dans leurs prétentions; le roi de Danemark seul avait, de par l'histoire, des droits incontestables sur les trois duchés. Il semblait donc que M. de Bismarck dût tout aussitôt faire amende honorable au roi Christian IX et lui offrir humblement la restitution de ce qui lui avait été si violemment enlevé. Mais il en fut tout autrement. L'ingénieux ministre avait une logique à lui. De l'arrêt rendu par ses légistes il tira cette stupéfiante conséquence, que le Sleswig, le Holstein et le Lauenbourg étaient bel et bien la propriété de l'Autriche et de la Prusse, puisque le roi de Danemark, légitime propriétaire de ces duchés, leur avait transféré ses titres. Il n'y avait rien à dire; le raisonnement était rigoureux. Le parti de la triade et son protégé étaient supérieurement joués. On pense bien qu'ils ne purent tenir leur mauvaise humeur. La diète protesta contre l'argumentation de M. de Bismarck et prit vis-à-vis de lui une attitude menaçante (juillet 1865). Mais il ne parut tenir nul compte ni de ses plaintes, ni de ses sommations. Ce qu'il avait à cœur maintenant, c'était d'amener l'Autriche à faire elle-même en faveur de son associée abandon de ses droits sur les provinces conquises. Il négociait activement à cette intention. Mais la cour de Vienne se prêterait-elle à son désir?

C'était à ce moment plus que douteux. Le cabinet de Vienne commençait à perdre patience et paraissait disposé à faire cause commune avec les États secondaires de l'Allemagne, au moins pour contrecarrer l'ambition prussienne. Irait-il jusqu'à la guerre? L'Europe le crut un moment, non sans raison. Mais une tele éventualité n'effrayait nullement M. de Bismarck, qui s'y préparait depuis longtemps avec une inébranlable résolution. Ce ministre, hardi joueur, avait foi dans l'armée prussienne, dont le roi Guillaume achevait à ce moment la réorganisation, trop peu remarquée des grandes puissances. Il affirmait, avec son ordinaire aplomb, non seulement qu'elle ferait merveille, mais qu'une seule bataille, livrée du côté de la Silésie, lui suffirait pour venir à bout de la monarchie autrichienne. Il est vrai qu'il comptait bien avoir des alliances et qu'il n'épargnait pour s'en procurer ni les flatteries ni les séductions. C'est ainsi qu'il essayait de gagner la Bavière qui, sous un roi jeune et plus qu'à moitié fou [1], pouvait bien se laisser tenter par l'appât d'une extension de territoire et d'un grand rôle à jouer dans l'Allemagne du Sud. Les préventions et l'hostilité de Pfordten ne lui permirent pas d'entraîner la cour de Munich. Mais le cabinet de Florence, dont le concours avait, à ses yeux, une bien autre importance que celui d'un État secondaire allemand, fut, on n'a pas de peine à le croire, loin de se montrer aussi réfractaire à ses avances. Aux premières ouvertures du comte d'Usedom (représentant de la Prusse en Italie), La Marmora avait tressailli d'espoir et de joie. Les conditions d'une alliance entre Guillaume et Victor-Emmanuel furent rapidement débattues. Les deux parties intéressées à l'abaissement de l'Autriche se témoignaient une cordialité de mauvais augure pour cette puissance. Aussi, dans la première quinzaine d'août, les politiques les mieux informés ne doutaient-ils pas que la conclusion de leur accord ne fût très prochaine.

1. Louis II (Othon-Frédéric-Guillaume), fils aîné de Maximilien II, né à Nymphenbourg le 25 août 1845. Sa folie étant devenue manifeste et incurable, il fut, à la demande des agnats de sa famille, déclaré déchu au commencement de juin 1886; quelques jours après, il se noya dans le lac de Starnberg (13 juin). Son frère Othon, proclamé roi après lui, est aussi aliéné depuis longtemps; le prince Luitpold, oncle de ces deux souverains, gouverne depuis cette époque la Bavière à titre de régent.

VI

Ils n'étaient pourtant pas tout à fait dans le vrai. Leurs calculs furent bientôt renversés par un véritable coup de théâtre. Ouvertement menacée par la coalition italo-prussienne, la cour de Vienne se résigna soudain à une transaction que l'état de la monarchie autrichienne, alors fort alarmant, lui rendait également nécessaire. Ce n'était pas seulement la Vénétie qui l'inquiétait; c'était aussi la Hongrie. Les Magyars persistaient à repousser la constitution impériale du 26 février 1861. Ils semblaient prêts à revendiquer leurs droits par tous les moyens et même par les armes. François-Joseph se croyait bien de force à lutter en même temps contre Victor-Emmanuel et contre Guillaume. Mais il fallait pour cela qu'il eût la nation hongroise avec lui. Il était donc disposé, comme il le prouva par sa patente du 20 septembre, à faire d'importantes concessions à ses sujets. La paix lui était indispensable pour mener à bien la réorganisation politique de son empire. Il viderait plus tard sa double querelle avec la Prusse et avec l'Italie. Pour le moment, il crut devoir recourir à un *modus vivendi* qui lui permît de gagner du temps.

De son côté, le roi Guillaume, que M. de Bismarck n'avait pu encore débarrasser de tous ses scrupules légitimistes et conservateurs, répugnait toujours à pousser jusqu'au bout une négociation qui pouvait le conduire à s'allier formellement avec l'Italie et à se faire le complice de la Révolution. Il était fort aise d'avoir intimidé François-Joseph par les démonstrations de Florence. Ce résultat lui suffisait pour l'heure. Son ministre, fort contrarié au fond, dut se résigner, en attendant une autre occasion, à manquer celle qu'il avait su faire naître sous les pas de son souverain et dont ce dernier ne voulait pas profiter. Et c'est ainsi que fut conclue entre l'Autriche et la Prusse, le 14 août 1865, la convention de Gastein, bientôt suivie (19 août) de l'entrevue de Salzbourg, où Guillaume et François-Joseph s'embrassèrent avec une effusion dont certains de leurs courtisans furent sans doute édifiés, mais dont certains autres durent un peu sourire.

Ce pacte réglait la situation des duchés, mais seulement à titre provisoire. Le *Condominat* de l'Autriche et de la Prusse, c'est-à-dire l'indivision, était maintenu en principe. Mais l'administration du Holstein et du Sleswig, au lieu de rester confondue, devait être désormais séparée. La Prusse se chargeait de cette dernière province, l'Autriche de la première. Le cabinet de Berlin se faisait du reste attribuer de notables avantages, des établissements maritimes dans le port de Kiel, l'occupation de Rendsbourg, le droit de construire le canal entre les deux mers, un fil télégraphique entre Rendsbourg et Kiel, etc.... Enfin il acquérait en toute propriété le duché de Lauenbourg moyennant une somme de 2 500 000 rixdalers danois.

VII

C'était là un arrangement détestable pour l'Autriche, car il n'arrangeait rien en somme, et cette puissance ne faisait que retarder de quelques mois le moment d'un conflit inévitable avec sa rivale. Le traité de Gastein était au contraire fort avantageux pour la Prusse. Sans doute elle n'obtenait pas tout ce qu'elle eût voulu; mais elle s'en faisait du moins accorder une partie considérable; elle maintenait sans réserve ses droits ou ses prétentions sur l'ensemble des duchés; et une fois de plus elle évitait l'intervention du *Bund*, dont le nom même ne figurait pas dans la convention. Sans doute aussi elle mécontentait l'Italie, qui s'était crue à la veille de contracter une alliance profitable et qui, délaissée, regrettait de s'être inutilement compromise. Mais elle savait bien que cette puissance avait trop besoin d'elle pour lui garder longtemps rancune. Elle trouvait, du reste, au lendemain de Gastein, le moyen de lui rendre un bon office, qui ne devait pas peu contribuer à adoucir son ressentiment. Les États secondaires d'Allemagne, fidèles à la politique autrichienne, n'avaient pas encore reconnu le royaume d'Italie. Mais irrités contre la cour de Vienne qui, en signant le traité du 14 août, venait de les trahir, il ne fut pas difficile au gouvernement prussien de les amener à changer d'attitude vis-à-vis de Victor-Emmanuel. Aussi non seulement renouèrent-ils avec ce souverain leurs rapports diplomatiques, mais consentirent-ils sans peine au traité de commerce qu'il conclut vers la fin de 1865 avec le Zollverein.

Quant au cabinet des Tuileries, la dernière volte-face de la Prusse ne fut pas sans lui faire éprouver une certaine mauvaise humeur [1] et quelque inquiétude. Napoléon III craignit un moment que la triple alliance du Nord ne fût reconstituée; elle lui parut plus menaçante que jamais. Le parti autrichien reprit sur lui quelque crédit. Drouyn de Lhuys, toujours porté vers la cour de Vienne, l'engagea vivement à se rapprocher de François-Joseph qui, croyait-il, se séparerait sans peine, pour s'unir à lui, de Guillaume et d'Alexandre. Trompé par quelques démonstrations d'amitié qui n'eurent aucune suite [2], il espérait aussi pouvoir facilement entraîner le gouvernement britannique dans l'alliance franco-autrichienne. Il séduisait surtout son souverain en lui représentant que l'Italie elle-même pourrait servir d'appoint à cette formidable coalition. Pour cela que fallait-il? Simplement que la cour de Vienne cédât à l'amiable la Vénétie à cette puissance. Or Drouyn de Lhuys se leurra quelque temps de cet espoir. Il pensait que François-Joseph serait amené sans peine à céder, moyennant une indemnité raisonnable en argent, une province qui était pour lui une charge, un embarras, et qu'il était assuré de perdre tôt ou tard par suite d'une guerre. Aussi, en septembre 1865, un agent secret, M. Landau, fut-il envoyé à Vienne par le gouvernement, d'accord avec le cabinet de Florence, pour lui proposer un arrangement de cette nature. Mais ni François-Joseph ni Mensdorff ne comprirent l'intérêt qu'ils avaient à l'accepter tout de suite et sans réserve. Ils avaient foi dans la convention de Gastein et croyaient n'avoir rien à craindre ni de la Russie ni de la Prusse. Ils comptaient sur le prochain apaisement de la Hongrie. Par-dessus tout, ils jugeaient que la vente de la Vénétie serait déshonorante pour le gouvernement autrichien; la Confédération germanique ne leur pardonnerait pas, pensaient-ils, d'avoir cédé sans combat ce grand pays, qu'elle regardait comme un rempart nécessaire à l'Allemagne. Aussi le cabinet de Vienne donna-t-il à entendre qu'il y pourrait bien renoncer, mais seulement après une guerre heureuse et en retour des compensations territoriales qu'elle lui procurerait. En attendant, il refusait. C'était faire avorter la quadruple alliance si amoureusement rêvée par Drouyn de Lhuys.

1. Voir la circulaire du 29 août, par laquelle Drouyn de Lhuys blâmait sévèrement, comme contraire au droit, la convention de Gastein.

2. Par exemple la visite de la flotte anglaise à Cherbourg, en août 1865.

VIII

M. de Bismarck jugea aussitôt le moment propice pour venir de nouveau tenter Napoléon III. Ce politique toujours aux aguets avait-il appris ou deviné la mystérieuse négociation de M. Landau? C'est fort probable. Quoi qu'il en soit, il fit comprendre à son maître combien il était important pour la Prusse de s'assurer les bonnes grâces de Napoléon III à la veille de cette lutte décisive contre l'Autriche, que le roi Guillaume ne pouvait pas indéfiniment retarder. Dans le courant d'octobre 1865, il reparut à Biarritz. C'est alors qu'eurent lieu entre l'empereur des Français et lui ces entretiens célèbres qui, comme jadis ceux de Plombières, allaient avoir pour effet une grande révolution. Que se dirent les deux interlocuteurs[1]? On ne le sait au juste. Mais les événements de 1866 nous donnent à cet égard de précieux éclaircissements. M. de Goltz, ambassadeur de Prusse à Paris, venait de faire répandre une brochure anonyme dont l'auteur s'efforçait de démontrer combien l'alliance de la France et de la Prusse serait avantageuse pour ces deux pays. Un des *italianissimes* qui intriguaient dans l'entourage de Napoléon III avait récemment soutenu la même thèse dans un journal officieux. Il est donc probable que M. de Bismarck ne manqua pas de proposer formellement à ce souverain un accord étroit avec le roi Guillaume pour l'accroissement de la Prusse, la reconstitution de l'Allemagne et l'extension de l'Italie jusqu'à l'Adriatique. Que lui promit-il en retour? Rien que de vague et d'indéterminé à coup sûr. Mais il lui fit certainement espérer de grands avantages. Il ne pouvait s'engager, surtout par écrit, à lui livrer les provinces du Rhin. L'orgueil allemand, le patriotisme de Guillaume se révoltaient, disait-il, à cette idée. On

1. Au cours d'une conversation récente avec un journaliste français, M. des Houx (mai 1890), M. de Bismarck déclarait que dans ces entrevues il n'avait pas été question de politique entre Napoléon III et lui. Il est d'autant plus difficile de l'en croire sur parole que, dans le même entretien, il a dit qu'à Biarritz l'empereur se dérobait à ses avances et évitait de prendre des engagements fermes. Ce qu'il y a de certain (les témoignages les plus sérieux ne permettent pas d'en douter), c'est que la politique fit le fond de leurs pourparlers. Seulement on n'a pas de peine à croire que chacun d'eux, dans l'espoir de duper l'autre et dans la crainte d'être dupé par lui, se tint sur la réserve et recula devant des promesses positives qui eussent pu le compromettre.

verrait plus tard, on prendrait conseil des circonstances. Mais la France avait un moyen simple de s'agrandir sans qu'il en coûtât rien à l'Allemagne. C'était de s'annexer la Belgique. M. de Bismarck avait l'esprit et la conscience larges. Il trouverait un tel procédé fort naturel, fort légitime. Ni lui ni son maître n'y mettraient d'empêchement. Que répondait l'empereur? Rien de bien clair non plus. Il voyait la difficulté qu'il aurait à se faire céder par l'Allemagne et à conserver des territoires et des populations germaniques. Il comprenait d'autre part que l'occupation de la Belgique lui vaudrait probablement une guerre avec la Grande-Bretagne. Il répugnait donc, lui aussi, à se compromettre par un traité formel et à donner sa signature. Peut-être au fond ne tenait-il pas outre mesure à acquérir de nouvelles provinces et était-ce par d'autres moyens qu'il espérait faire prédominer en Europe sa politique. Soupçonneux et méfiant autant qu'ambitieux, il ne voulait pas se laisser enchaîner par l'alliance prussienne. Il prétendait non servir M. de Bismarck, mais se servir de lui. Ce ministre lui faisait l'effet d'un brouillon et d'un casse-cou, dont il jugeait bon d'encourager les témérités, dans l'espoir de les utiliser. Son plan, qu'il se gardait de dévoiler en entier, mais que le pénétrant diplomate avait sans doute deviné, consistait à ne s'unir ni avec la Prusse ni avec l'Autriche, à favoriser la première de ces deux puissances assez pour qu'elle eût l'audace d'attaquer sa rivale et qu'elle pût soutenir quelque temps la lutte, mais à ne rien faire de plus pour elle et à se réserver, avec toutes ses forces, pour le moment où les deux parties belligérantes, également affaiblies, seraient contraintes de subir sa médiation. Il comptait pouvoir ainsi leur faire la loi à l'une et à l'autre sans même avoir besoin de tirer l'épée. Fort mal renseigné sur les forces militaires du roi Guillaume, il ne doutait pas que la Prusse ne fût battue, écrasée en un jour, si elle entrait seule en lice contre l'Autriche. Voulant qu'elle pût résister assez pour épuiser son ennemie, en s'épuisant elle-même, il jugeait nécessaire de lui assurer la coopération de l'Italie. La conviction était que, même avec cette alliance, elle aurait le dessous. Mais il ne la laisserait pas anéantir. Quand il jugerait le *moment psychologique* arrivé, il interviendrait en pacificateur souverain et dicterait aux combattants ses conditions. Grâce à lui, l'Italie s'arrondirait de la Vénétie. L'Autriche reprendrait la Silésie. La Prusse se dédommagerait en mettant fin par d'importantes annexions à l'état de morcellement auquel l'avaient condamnée les traités de 1815. En outre, elle prendrait l'hégémonie d'une confédération que formeraient avec elle les petits gouvernements maintenus dans l'Allemagne du Nord et dont le Mein serait la limite. Au sud de ce cours d'eau se constituerait un autre groupe germanique, indépendant à la fois de la Prusse et de l'Autriche. Ce serait une satisfaction relative pour le parti de la *Triade*. A ce groupe se rattacherait un nouvel État, situé sur la rive gauche du Rhin et dont les éléments seraient fournis par la Prusse en faveur des souverains qu'elle aurait dépossédés de l'autre côté du fleuve.

En somme, Napoléon III et M. de Bismarck ne prirent à Biarritz, l'un vis-à-vis de l'autre, aucun engagement écrit ou irrévocable. Chacun d'eux évita de s'expliquer avec précision sur ses réels desseins. Seulement le diplomate prussien put partir avec l'assurance que le gouvernement français non seulement ne s'opposerait pas à ses projets d'attaque contre l'Autriche, mais encore lui faciliterait ce qui, pour le cabinet de Berlin, était la condition *sine qua non* de la guerre, c'est-à-dire la conclusion d'un traité d'alliance avec l'Italie.

IX

M. de Bismarck retourna donc plein d'espoir à Berlin, où il avait hâte de dresser ses batteries. L'armée prussienne, grâce aux de Moltke [1] et aux de Roon [2], était déjà prête à entrer en campagne.

1. Moltke (Helmuth-Charles-Bernard, baron, puis comte de), né à Parchim (Mecklembourg) le 26 octobre 1800, entra à dix-huit ans dans l'armée danoise, passa en 1822 au service de la Prusse, fut attaché à l'état-major (1832), remplit de 1835 à 1839 une importante mission militaire en Orient, devint ensuite aide de camp du prince Henri de Prusse, fut, de 1849 à 1855, chef de l'état-major général du 4e corps d'armée, puis fut appelé à diriger l'état-major général de l'armée (1858). C'est en remplissant ce dernier emploi qu'il donna toute la mesure de ses talents stratégiques. On sait que les plans des campagnes de 1864, de 1866 et de 1870-1871 furent son œuvre, qu'il en surveilla l'exécution et qu'il sut en assurer le succès. Nommé comte le 28 octobre 1870, feld-maréchal le 16 juin 1871, il entra à la chambre des seigneurs de Prusse le 28 janvier 1872. Il n'a renoncé à ses fonctions de chef de l'état-major général qu'en 1888. On lui doit d'importants ouvrages d'histoire militaire.

2. Roon (Albert-Théodore-Emile, comte de), né à Pleushagen (Poméranie) le 30 avril 1803; officier dans l'armée prussienne dès 1821; professeur à l'Ins-

La Chambre des députés persistait dans son opposition au cabinet du 24 septembre 1864. Depuis trois ans elle lui refusait le budget. Mais il levait l'impôt, engageait les dépenses malgré elle, et il était bien déterminé à continuer. S'il n'ouvrit pas le feu contre l'Autriche dès l'automne de 1865, ce fut un peu pour éviter les difficultés d'une guerre d'hiver, mais ce fut surtout pour avoir la certitude que le concours du gouvernement italien ne lui manquerait pas au moment décisif. A cette époque, le ministère La Marmora, dont la consolidation et le maintien lui semblaient nécessaires pour l'accomplissement de ses desseins, ne paraissait pas assuré du lendemain. En Italie, les partis extrêmes lui reprochaient, pour des raisons différentes mais avec une égale violence, la convention de septembre. Ils s'étaient coalisés contre lui et récemment lui avaient infligé une défaite électorale qui était, à leur sens, le présage certain de sa chute prochaine. La majorité ne lui était pas acquise dans le nouveau Parlement, qui s'ouvrit à Florence à la fin de novembre 1865; il dut se débattre péniblement au milieu des oppositions diverses qui, réunies, menaçaient de l'accabler et passa plus de deux mois à louvoyer entre elles. Serait-il décidément renversé? Parviendrait-il au contraire, en satisfaisant l'ambition personnelle de certains de ses adversaires, à se reconstituer et à s'assurer des chances sérieuses de durée? C'est ce que M. de Bismarck se demandait encore avec anxiété dans la première moitié de janvier 1866.

Le ministre prussien était d'autant plus impatient de voir finir cette crise qu'il voulait n'avoir pas à subir la médiation armée de Napoléon III, que ce souverain ne lui semblait pas pour le moment en état de la lui imposer, mais que, suivant toute apparence, il n'en devait pas être de même si la guerre austro-prussienne ne s'ouvrait qu'en 1867. En effet, l'expédition du Mexique n'ayant

titut des cadets de Berlin (1828); attaché à l'état-major général (1835); chargé plus tard de l'éducation militaire du prince Frédéric-Charles; chef d'état-major général du 8e corps d'armée (1848); major général en 1856, lieutenant général en mai 1859; appelé au ministère de la guerre (décembre 1859), qu'il occupa près de quatorze ans, ce qui lui permit d'entreprendre et de mener à bonne fin la réorganisation de l'armée prussienne; nommé comte le 16 juin 1871, feld-maréchal le 1er janvier 1873; élevé à cette dernière date à la présidence du ministère prussien; démissionnaire de cet emploi, ainsi que du ministère de la guerre, le 9 novembre de la même année; mort à Berlin le 23 février 1879.

pas encore pris fin, le gouvernement français n'avait pas recouvré la liberté de ses mouvements. Mais on savait bien dans le monde politique que le soi-disant empereur Maximilien était réduit aux dernières extrémités et que les États-Unis, maintenant reconstitués, exigeaient l'évacuation du territoire mexicain par les troupes françaises. Le cabinet de Washington, par une dépêche fort claire, en date du 6 décembre, avait notifié à Napoléon III sa ferme résolution de faire respecter, au besoin par les armes, le principe de Monroë. Le général Shofield était ensuite venu de sa part renouveler à ce souverain en termes courtois, mais comminatoires, une sommation qu'il ne pouvait repousser sans s'exposer à un conflit désastreux avec la grande république de l'Amérique du Nord. Le président Johnson [1] et le secrétaire d'État Seward [2] ne prétendaient point humilier publiquement la cour des Tuileries. Ils voulaient bien qu'elle sauvât les apparences et qu'en rappelant ses soldats elle semblât prendre une mesure tout à fait spontanée. Mais ils l'invitaient à s'exécuter sans retard. Aussi Napoléon III leur donnait-il l'assurance non seulement que l'évacuation aurait lieu, mais qu'elle commencerait dès les derniers mois de 1866 (janvier-février). Il n'était pas douteux pour M. de Bismarck qu'à peine le rapatriement du corps expéditionnaire terminé, ce prince, pour atténuer ou effacer l'impression produite en France par cette honteuse reculade, se tournerait vers le Rhin et prendrait vis-à-vis des puissances allemandes une attitude belliqueuse.

Mais la fortune épargna ce contretemps à la Prusse. Effectivement, grâce aux modifications qu'il fit subir au personnel de son ministère, grâce aussi à l'idée répandue en Italie que l'alliance

1. Johnson (Andrew), né à Raleigh (Caroline du Nord) le 29 décembre 1808; ouvrier tailleur dans sa jeunesse; maire de Greenville, dans le Tennessee (1830); membre de la législature de cet État de 1833 à 1842; représentant au congrès (1843-1853); gouverneur du Tennessee (1853-1857); membre du Sénat fédéral (1857); élu vice-président des États-Unis (8 novembre 1864); à ce titre il succéda au président Lincoln, assassiné en avril 1865; il eut à lutter pendant toute son administration contre le congrès, fut mis en accusation et acquitté en 1868, quitta le pouvoir le 4 mars 1869, redevint sénateur du Tennessee en janvier 1875 et mourut le 1er août de la même année.

2. Seward (William-Henry), né à Florida (État de New-York) le 16 mai 1801; avocat en 1822; sénateur de l'État de New-York (1830), dont il devint gouverneur en 1838; membre du sénat des États-Unis (1849), où il se signala comme abolitionniste; candidat à la présidence de la République en 1860; appelé par Lincoln (1861) au ministère d'État, qu'il occupa jusqu'au 4 mars 1869; mort à Auburn le 10 octobre 1872.

prussienne ne pouvait être obtenue que par lui, le général de La Marmora se trouva, vers la fin de janvier, assez affermi au pouvoir pour n'avoir pas à craindre d'être arrêté au milieu de ses nouvelles négociations avec M. de Bismarck. Ce dernier, dont les intrigues n'avaient pas peu contribué à le préserver du naufrage, jugea qu'il n'avait plus un jour à perdre et manœuvra aussitôt de façon à rendre inévitable la grande guerre qu'il méditait pour le printemps de 1866.

Il commença par lancer à l'adresse de l'Autriche, dès le 24 janvier, une dépêche fort aigre dans laquelle il reprochait à cette puissance de méconnaître journellement la convention de Gastein. La cour de Vienne, à qui seule incombait, depuis le mois d'août 1865, l'administration du Holstein, ne décourageait pas les partisans que le duc d'Augustenbourg pouvait avoir encore dans cette province. Elle ne les gênait pas dans leurs réunions; elle laissait une assez grande liberté à leurs journaux; elle permettait même au prétendant de se montrer et de résider à Kiel. Or, c'étaient là, au dire de M. de Bismarck, des atteintes graves au principe du *Condominium*. Le ministre prussien ne voulait pas que les droits de son maître sur le Holstein fussent seulement mis en question. Il accusait sans rire le gouvernement autrichien de fomenter dans ce pays les doctrines révolutionnaires. Mensdorff, par une note du 7 février, se disculpa de son mieux. Mais il n'est, on le sait, pires sourds que ceux qui refusent d'entendre. Le cabinet de Berlin continua de se plaindre. Bientôt son intention de pousser la querelle jusqu'à une rupture ouverte devint à peu près évidente. Dès le 22 février, M. de Bismarck, qui voulait avoir ses coudées franches, faisait proroger par le roi la Chambre des députés de Prusse, dont l'opposition persistante pouvait le gêner. Le lendemain éclatait à Bucharest, fort à propos pour la cour de Berlin, qui l'avait quelque peu préparée, une révolution dont le résultat allait être, après la chute du prince Couza (fort impopulaire depuis quelque temps), son remplacement par le prince Charles de Hohenzollern, parent de Guillaume Ier [1]. La France et la Russie

1. Charles Ier (fils du prince Charles-Antoine de Hohenzollen-Sigmaringen), né à Sigmaringen le 20 avril 1839, prince de Roumanie depuis 1866, proclamé roi le 26 mars 1881; marié le 15 novembre 1869 à la princesse Elisabeth de Neuwied (connue dans les lettres sous le nom de Carmen Sylva),

applaudissaient, comme la Prusse, à cet événement et devaient neutraliser par leur entente les timides efforts de l'Autriche, de la Turquie et de l'Angleterre pour écarter du trône de Roumanie le client de la politique prussienne [1]. Le 28 février, un grand conseil, auquel assistaient le roi, les princes du sang, les ministres, plusieurs généraux et M. de Goltz [2], mandé tout exprès de Paris, était tenu à Berlin, et le secret n'en était pas si bien gardé que l'Autriche ne se crût fondée à le regarder comme le prélude d'une déclaration de guerre. Fort peu de jours après, le général italien Govone, envoyé par La Marmora, sur la demande de M. de Bismarck, arrivait en Prusse, avec la mission apparente d'*étudier le système des fortifications* (9 mars). Il venait en réalité conclure l'alliance italo-prussienne. M. de Bismarck, qui la jugeait déjà faite, crut aussitôt devoir risquer un pas de plus en avant. Dès le 11 mars, il fit publier un édit du roi Guillaume menaçant de peines sévères quiconque, par parole ou par action, porterait atteinte aux droits souverains de la Prusse et de l'Autriche dans les duchés unis ou dans *l'un de ces duchés*. C'était intervenir directement dans l'administration du Holstein. A cette nouvelle, Mensdorff, fort ému, chargea son ambassadeur à Berlin de demander au premier ministre « s'il avait l'intention de rompre violemment la convention de Gastein. — *Non*, répondit

dont il n'a pas d'enfants; il a adopté comme héritier présomptif (le 18 mars 1889) son neveu Ferdinand de Hohenzollern (fils du prince Léopold), né le 24 août 1865.

1. La Porte ne pouvait rien sans les cabinets de Vienne et de Londres. Le premier n'osait pousser fort loin son opposition au prince Charles, par crainte de la Russie qui, à ce moment, comme un peu plus tard, pendant la guerre de Bohême, faisait preuve d'une complaisance illimitée pour la Prusse. Quant au second, il s'attachait de plus en plus à cette politique d'égoïsme pacifique dont la Grande-Bretagne s'est rarement départie depuis plus d'un quart de siècle. Du reste, Palmerston était mort (depuis le mois d'octobre 1865). John Russell, qui lui avait succédé comme premier lord de la trésorerie, n'allait pas tarder à être renversé par les tories, contre lesquels il était assez occupé à se défendre dans le Parlement. La question de la réforme électorale, de nouveau débattue, et l'agitation irlandaise, qui redevenait menaçante, rendaient alors l'Angleterre un peu indifférente à la politique extérieure.

2. Goltz (Robert-Henri-Louis, comte de), né en 1817 à Paris, où son père était ministre plénipotentiaire de Prusse; employé dans divers ministères à Berlin avant 1848; membre adjoint de la commission fédérale à Francfort (1849); conseiller de légation (1851); ministre de Prusse à Athènes (1854), puis à Constantinople (1859); ambassadeur à Saint-Pétersbourg (1862), puis à Paris 1863); mort à Charlottenbourg en 1869.

M. de Bismarck, mais *si j'avais cette intention, vous répondrais-je autrement?* » (16 mars.)

Dès lors, le cabinet de Vienne ne pouvait plus se faire d'illusions sur l'imminence de l'orage qui le menaçait. Il crut devoir tout aussitôt prendre certaines précautions militaires. Mais à peine avait-il concentré quelques régiments en Bohême, que le gouvernement prussien dénonça bien haut cette mesure (24 mars) et procéda de son côté à de formidables armements. De part et d'autre, on se prépara visiblement à la guerre. Mais, comme d'ordinaire, ce ne fut pas sans multiplier les protestations de paix. C'est ainsi que Mensdorff déclarait solennellement, le 31 mars, que l'Autriche n'attaquerait pas. Ce à quoi M. de Bismarck répliqua : « Rien n'est plus éloigné des intentions de S. M. le roi qu'une attitude offensive contre l'Autriche. » Ces lignes étaient écrites le 5 avril; et trois jours après était signé le traité d'alliance offensive et défensive de la Prusse avec l'Italie!

Ce pacte n'avait pas été, il est vrai, conclu sans quelque difficulté. Le chef du cabinet prussien avait eu encore de la peine à surmonter les scrupules de son souverain, qui ne répugnait plus trop maintenant à prendre le bien d'autrui, mais qui hésitait encore à s'unir ouvertement avec un roi dont la Révolution avait fait la fortune. Il avait eu aussi à triompher de la légitime méfiance que lui témoignait le gouvernement italien. Ni Victor-Emmanuel ni La Marmora n'étaient d'humeur à se compromettre une seconde fois sans profit pour le roi de Prusse. Ils voulaient donc en traitant prendre leurs sûretés. Ils commencèrent par s'assurer des dispositions de Napoléon III. Ils lui envoyèrent, dans le courant de mars, un de ses anciens amis d'Italie, le comte Arese[1]. Aux questions posées par cet agent l'empereur des Français répondit qu'il ne pouvait prendre aucun engagement en faveur de la Prusse, mais que, dans aucun cas, il ne s'opposerait à l'acquisition de la Vénétie par l'Italie. Le prince Napoléon, qu'il fit peu

1. Arese (François, comte), né à Milan le 2 août 1805, très lié dès sa jeunesse avec le prince Louis-Napoléon, fut, à partir de 1831, un de ses confidents, prit part en Lombardie aux événements de 1848 et 1849, après lesquels il dut se réfugier en Piémont, où il devint sénateur, servit, en maintes circonstances, d'intermédiaire secret entre les cours de Turin et des Tuileries, présida en 1867 la commission royale italienne de l'Exposition universelle et mourut le 24 mai 1881.

après partir pour Florence, tint en son nom le même langage à Victor-Emmanuel. Visiblement encouragé à conclure son alliance avec la Prusse, le gouvernement de Florence autorisa le général Govone à signer le traité. Mais ce négociateur eut ordre d'exiger des garanties qui préservassent l'Italie d'une nouvelle trahison. Il les obtint en effet. Le pacte conclu le 8 avril stipulait que l'Italie attaquerait l'Autriche avec toutes ses forces, mais seulement après que la Prusse aurait, de son côté, pris l'offensive. Cette dernière puissance choisirait son heure pour déclarer la guerre ; mais, si elle ne l'avait pas commencée dans un délai de trois mois, le traité serait considéré comme nul par le gouvernement italien. Les deux alliés promettaient de ne pas faire de trêve séparée et de ne déposer les armes que lorsque l'un aurait obtenu la Vénétie et l'autre des territoires équivalents en Allemagne. Enfin, vu l'épuisement des finances italiennes, le roi de Prusse devait fournir à Victor-Emmanuel un subside de 120 millions.

Cet arrangement avait été conclu dans le secret. Mais l'Autriche eut bientôt la preuve qu'il existait. Effectivement, dès le 9 avril, M. de Bismarck jetait un nouveau défi à cette puissance, ainsi qu'aux États secondaires, qui, menacés par l'ambition prussienne, se rangeaient de nouveau sous sa protection. Invité à soumettre le différend austro-prussien à la diète fédérale, le hardi ministre déniait à cette assemblée le droit de le juger. Il demandait maintenant, avant tout, « la convocation d'une assemblée issue des *élections directes et du suffrage universel* de toute la nation germanique ; cette assemblée discuterait les propositions des gouvernements allemands touchant une réforme fédérale ». On voit que l'ancien réacteur du parti de la Croix commençait *à savoir se servir de la Révolution*.

Dans le même temps, l'Italie se mettait à masser des troupes le long du Pô et du Mincio. L'Autriche aussitôt en faisait autant. Le cabinet de Florence réclamait à grand bruit, se disait menacé. La Prusse, qui, durant quelques jours, avait fait semblant de ralentir ses armements, se déclarait contrainte à les activer de nouveau (30 avril). Bref l'ouverture des hostilités était imminente.

X

A cette heure solennelle, il se produisit à Berlin une hésitation facile à concevoir. Le roi Guillaume sentait qu'il allait jouer sur un coup de dés la monarchie prussienne. A la veille d'engager cette formidable partie, devant laquelle son ministre, plus résolu que lui, ne reculait nullement, le cœur lui faillit un moment. L'Italie, qui craignait d'être attaquée du jour au lendemain par l'Autriche, lui ayant demandé si elle pouvait compter sur son concours, il obligea M. de Bismarck à répondre que non ; le traité du 8 avril, disait-il, n'obligeait les deux États à une assistance mutuelle que dans le cas où la Prusse aurait déclaré la guerre à l'Autriche. Le ministre parlait de donner sa démission. Mais le roi hésitait toujours. Il était intimidé par l'attitude de la France. Dans notre pays, la plupart des hommes politiques, la grande majorité des chambres, presque tous les journaux et la plus grande partie des classes éclairées manifestaient à l'égard de la Prusse une assez vive antipathie. On dénonçait de toutes parts, comme dangereux pour la France, les projets de M. de Bismarck. Thiers, qui était rentré dans la vie politique en 1863 et sous l'influence de qui l'opposition parlementaire à l'Empire grandissait rapidement [1], se fit l'interprète de l'inquiétude générale, quand, avec sa lucidité merveilleuse, il dévoila l'ambition prussienne par ce discours du 3 mai qui eut dans l'Europe entière un si profond retentissement. Il montra ce que notre pays avait à perdre en aidant l'Allemagne, comme elle avait aidé l'Italie, à se constituer en un grand État unitaire. Il invoqua les traités de 1815, qu'il détestait toujours, disait-il, mais qui, du moins, dans les circonstances présentes, étaient pour la France une sauvegarde. Le succès de sa harangue fut trop vif. Napoléon III, qui n'avait pu gagner Thiers et qui voyait en lui un adversaire personnel, crut devoir y répondre par une manifestation moins éloquente, mais plus retentissante et qui allait avoir pour l'Europe les conséquences les plus graves. Dans un discours

1. Au début de la session de 1866, 45 membres de la majorité du corps législatif s'en étaient détachés, sous la direction de M. Buffet (ancien ministre de la seconde République), pour former une sorte de tiers-parti libéral, auquel s'était rallié M. Émile Ollivier.

adressé le 6 mai au maire d'Auxerre et auquel il fit donner la plus grande publicité, il déclara hautement « détester, comme la majorité du peuple français, ces traités de 1815, dont on voudrait faire aujourd'hui l'unique base de notre politique extérieure ». C'était dire à la Prusse qu'elle pouvait aller de l'avant.

Ce coup de tête de Napoléon III eut pour effet immédiat de rassurer et d'enhardir le roi Guillaume qui, tout aussitôt, montra de nouveau à l'égard de l'Autriche les dispositions les plus belliqueuses. Dès le 7 mai, M. de Bismarck informa le cabinet de Vienne que son souverain repoussait définitivement toute intervention de la diète dans le différend des duchés. Le 8 et le 9, son collègue de Roon mobilisait les derniers corps de l'armée prussienne et toute la *Landwehr*. L'Italie, maintenant rassurée, poursuivait ses préparatifs de guerre avec une activité fébrile. L'Autriche en faisait autant. Il ne semblait pas que le conflit pût être retardé davantage.

Il le fut cependant encore quelques semaines par une dernière tentative de conciliation. L'empereur des Français, sans espérer beaucoup que la guerre fût par là prévenue et peut-être sans le désirer très vivement, crut devoir prendre entre les parties contendantes l'attitude d'un modérateur. Une proposition de congrès, plusieurs fois remaniée, fut adressée à l'Europe par le cabinet des Tuileries dans le courant de mai. Le programme des délibérations devait comprendre exclusivement « la question des duchés de l'Elbe, celle du différend italien, enfin la question des réformes à apporter au pacte fédéral de l'Allemagne, en tant que ces réformes pourraient intéresser l'équilibre européen ». Mais il fut impossible de s'entendre même sur ces bases préliminaires. La Prusse et l'Italie les acceptaient. Mais la diète de Francfort, dominée par le parti de la *Triade*, qui, sous le vaniteux baron de Beust, s'agitait plus que jamais, déclara qu'à elle seule appartenait le droit de régler la question des duchés et de procéder à la réforme fédérale. Quant à l'Autriche, elle demanda (par une note du 1er juin) « que l'on exclût des délibérations toute combinaison qui tendrait à donner à un des États invités un agrandissement territorial ou un accroissement de puissance ». C'était vouloir rendre le congrès impossible. Aussi le gouvernement français ne tarda-t-il pas à faire savoir (7 juin) qu'il renonçait à le convoquer.

Au fond, l'Autriche n'était point aussi intransigeante qu'il lui plaisait de le paraître. Elle savait bien qu'il lui faudrait faire la *part du feu*. Cette part, dans sa pensée, c'était la Vénétie, qu'elle était fort disposée à céder à l'Italie, mais seulement après un succès militaire sur cette puissance. L'honneur de ses armes étant sauf, ce sacrifice lui serait, pensait-elle, très profitable. Il lui permettrait en effet de séparer Victor-Emmanuel de Guillaume, de tourner ses forces contre ce dernier et de se procurer aux dépens de la Prusse de notables compensations. Mais il lui paraissait indispensable que la France se prêtât à ses calculs et lui promît non seulement de garder vis-à-vis d'elle une parfaite neutralité, mais de peser, au moment opportun, sur l'Italie, pour la détacher de la Prusse. Aussi négociait-elle depuis plusieurs semaines, dans le plus grand secret, avec Napoléon III, qui, loin de la décourager, l'assurait qu'elle pouvait compter sur lui pour la réalisation de son programme. Cette intrigue alla si loin qu'un traité fut mystérieusement conclu à Paris, le 12 juin, entre l'Autriche et la France, sur la base que nous venons d'indiquer. C'était un succès pour Drouyn de Lhuys. Ce fut aussi une cause de vive satisfaction pour Napoléon III, qui se crut dès lors l'arbitre tout-puissant de l'Europe. L'empereur des Français n'avait même pas attendu la signature du traité pour révéler au monde le programme qu'il se croyait sûr de faire triompher dans un avenir très prochain. Il venait en effet d'adresser à son ministre des affaires étrangères une lettre qui fut rendue publique le 11 juin et où, à propos du congrès qui venait d'avorter, on lisait les lignes suivantes : « Nous aurions désiré pour les États secondaires de la Confédération une union plus intime, une organisation plus puissante, un rôle plus important, pour la Prusse plus d'homogénéité et de force dans le Nord, pour l'Autriche le maintien de sa grande position en Allemagne. Nous aurions voulu en outre que, moyennant une compensation raisonnable, l'Autriche pût céder la Vénétie à l'Italie. » L'empereur déclarait du reste dans ce document que la France ne réclamerait rien pour elle, qu'elle n'aurait pas besoin de tirer l'épée pour faire respecter ses intérêts et qu'elle devait pour le moment se borner à observer une neutralité attentive entre les parties contendantes. En somme, on voit que Napoléon III, jouant comme d'ordinaire double jeu, caressant à la fois la Prusse, l'Autriche, les États secondaires d'Allemagne, pratiquait une politique confuse, équivoque, d'où il ne pouvait, en aucun cas, tirer beaucoup d'honneur. En devait-il tirer au moins quelque profit? Il en avait le ferme espoir. Mais pour qu'il pût jouer son rôle d'arbitre souverain, tel qu'il l'avait conçu, il fallait que la guerre se prolongeât, épuisât les parties belligérantes, les mît à sa merci; or elle allait être terminée en quelques jours. Il fallait aussi et surtout que l'Autriche fût victorieuse; or c'est le contraire qui allait se produire. L'idée que la Prusse pût, en un jour, infliger à cette puissance un irréparable désastre n'était pas entrée dans l'esprit de Napoléon III. Ni lui ni Drouyn de Lhuys n'avaient tablé que sur les succès militaires de François-Joseph. Faute de calcul inconcevable et que la France devait payer bien cher !

XI

M. de Bismarck n'était pas sans soupçonner l'accord secret que les cabinets de Vienne et de Paris étaient en train de contracter. Ne sachant au juste quelles en étaient les clauses, mais se doutant bien qu'il avait pour but d'amener l'Italie à se détacher de la Prusse, il résolut de brusquer l'ouverture des hostilités. Il fallait au plus tôt entraîner le cabinet de Florence. Si on lui laissait le temps de faire défection, tout était perdu. Du reste, si on laissait écouler le délai de trois mois dont il était question dans le traité du 8 avril, l'Italie serait affranchie de tout engagement. C'est pourquoi, dès les premiers jours de juin, le gouvernement prussien se hâta de rompre. L'Autriche venait de déclarer qu'elle subordonnait son désarmement au règlement de l'affaire des duchés, qu'elle déférait ce règlement à la diète et qu'elle allait appeler les États du Holstein à faire connaître leur sentiment. Aussitôt le cabinet de Berlin fit savoir qu'il regardait le traité de Gastein comme rompu. Dès le 8 juin, le général de Manteuffel, gouverneur du Sleswig, envahit le Holstein, que les Autrichiens, inférieurs en forces, évacuèrent sans résistance. Le 10, M. de Bismarck proposa directement aux divers États de la confédération une nouvelle organisation de l'Allemagne qui devrait avoir pour base : 1° l'exclusion de l'Autriche et du Luxembourg; 2° la convocation d'un Parlement issu du suffrage universel; 3° la formation d'un pouvoir fédéral dirigeant les matières économiques, investi de la représentation diplomatique et du droit de paix et de guerre; 4° l'établissement d'une armée commune commandée pour le Nord par le roi de Prusse, pour le Sud par le roi de Bavière. Par ce programme, le hardi ministre ralliait autour du roi de Prusse toute la démocratie allemande. Il est vrai qu'il rompait en visière aux gouvernements secondaires, au parti de la *Triade*. Mais il n'avait plus maintenant aucune raison pour ménager ce *Bund* impuissant et ridicule, dont il méditait la perte depuis si-longtemps. Aussi lorsque, sur la demande de l'Autriche, la diète eut décrété la mobilisation des contingents fédéraux disponibles pour punir la Prusse de son attentat contre le Holstein, l'envoyé de cette puissance se leva et déclara que son maître, regardant le pacte fédéral comme rompu, se réservait dès lors une entière liberté d'action (14 juin). Ainsi tous les voiles étaient déchirés. L'Allemagne de 1815 était décidément condamnée à mort.

Le lendemain (15 juin), M. de Bismarck somma les gouvernements de Hanovre, de Hesse électorale et de Saxe de revenir sur leur vote de la veille, de désarmer et d'adhérer à la proposition de réforme, le tout dans un délai de quelques heures. Ils refusèrent et, dès le 16, leurs territoires furent envahis. Quelques jours suffirent aux troupes prussiennes pour les occuper. Les États inférieurs de l'Allemagne du Nord, invités à se rallier à la Prusse, se soumirent tous sans résistance. Restaient les États secondaires du Sud, qui paraissaient disposés à résister sérieusement. S'il y eût eu entre eux quelque cohésion et s'ils n'eussent craint de se sacrifier sans profit pour l'Autriche, ils eussent été sans doute pour la Prusse un fort grave embarras. Mais ils ne mirent qu'avec beaucoup de lenteur leurs troupes en mouvement, se laissèrent isoler par les généraux prussiens de Manteuffel et Vogel de Falkenstein et furent, en somme, facilement contenus (juin-juillet 1866). Du reste, ce n'était pas d'eux, on le comprend, que M. de Bismarck avait surtout à cœur de triompher. C'était de l'Autriche. Aussi avait-il porté vers la Bohême, en grand joueur qu'il était, la presque totalité de ses forces. Il n'avait pas laissé quinze mille hommes dans toute la Prusse rhénane, dont il avait sans doute, *in petto*, fait le sacrifice, jugeant que Napoléon III ne serait pas assez simple pour persister dans sa *neutralité attentive* et pour laisser échapper cette occasion unique d'occuper sans coup férir un vaste et populeux territoire. D'autre part, il avait pressé La Marmora de se mettre en campagne. Ce ministre, avec le roi Victor-Emmanuel et ses fils, était allé prendre le commandement de la principale armée italienne qui, le 20 juin, attaquait de front la Vénétie, tandis que Garibaldi, avec un corps de volontaires, allait essayer de la tourner au nord en pénétrant dans le Tyrol. Les débuts des Italiens ne furent pas, il est vrai, très heureux. Car dès le 24 juin l'archiduc Albert leur infligea, dans les plaines déjà célèbres de Custozza, une défaite retentissante et les contraignit à repasser la frontière autrichienne. Mais il importait médiocrement à M. de Bismarck que ses alliés fussent vainqueurs ou vaincus. Ce qu'il voulait c'était que la moitié des forces de l'Autriche fût retenue en Italie. Peut-être même n'était-il pas fâché que cette puissance eût remporté un certain succès; car si, enflée par sa victoire, elle se montrait moins disposée que précédemment à céder la Vénétie, l'Italie, loin de faire défection, serait bien obligée de resserrer les liens qui l'unissaient à la Prusse. Du reste, les opérations furent menées par M. de Moltke en Bohême avec une telle rapidité et un tel bonheur que le résultat final de la guerre ne demeura pas longtemps douteux. Deux armées prussiennes avaient pénétré dans ce pays vers la fin de juin. L'une venait de Saxe sous le prince Frédéric-Charles [1]; elle battit successivement les Autrichiens à Sichrow, à Podol, à Hubnerwasser, à Münchengraetz, à Gitschin (26-29 juin); la seconde, commandée par le prince royal, déboucha de la Silésie et remporta également des avantages signalés à Nachod, à Skalitz, Trautenau, à Kœnigshof (27-29 juin). Enfin toutes deux se réunirent pour accabler à Sadowa, dans une action décisive, le feld-maréchal Benedek [2], qui justifiait assez mal, depuis

1. Frédéric-Charles (Nicolas), fils du prince Charles de Prusse (frère du roi Guillaume), né à Berlin le 20 mars 1828, prit part aux campagnes de Sleswig-Holstein (1848) et de Bade (1849), commanda un corps d'armée avec distinction pendant celle de Danemark (1864), contribua puissamment aux succès des troupes prussiennes en Bohême pendant celle de 1866, fut mis, au commencement de la guerre de France, à la tête de la *première armée*, força Metz à capituler (octobre 1870), se porta contre l'armée de la Loire, qu'il coupa en deux (décembre), et battit Chanzy au Mans le 11 janvier 1871. Il est mort à Klein-Glienicke, près de Potsdam, le 15 juin 1885.

2. Benedek (Louis de), né à Œdenbourg (Hongrie) le 14 juin 1804, colonel en 1843, remarqué pour avoir concouru à la répression des troubles de

l'ouverture de la campagne, la confiance dont l'honorait l'empereur François-Joseph (3 juillet). En cette journée, l'armée autrichienne perdit 160 canons et 40 000 hommes tués, blessés ou faits prisonniers. Elle dut se retirer dans le plus grand désordre, serrée de près par le vainqueur, qui menaçait de la tourner. La consternation se répandit dans Vienne, ville ouverte et qui dépendait d'un coup de main. Le gouvernement prussien, qui avait enrôlé à grand bruit et formé en légion un certain nombre d'exilés magyars, faisait mine de les diriger vers la Hongrie et de soulever ce pays. La monarchie autrichienne paraissait menacée d'une entière subversion. Aussi François-Joseph, éperdu, se tourna-t-il, sans tarder une heure, vers le seul gouvernement qu'il jugeât disposé à le sauver, c'est-à-dire vers la France. Dès le 4 juillet, il informa par télégramme Napoléon III qu'il lui remettait la Vénétie, sous réserve de la rétrocéder à l'Italie, et qu'il invoquait son intervention pour obtenir de cette puissance la paix et de la Prusse un armistice.

XII

L'Europe entière apprit avec stupéfaction la bataille de Sadowa. Qu'allait-il résulter de la victoire inattendue, foudroyante que venait de remporter le roi Guillaume? A vrai dire, l'avenir paraissait encore dépendre de Napoléon III. Le sort de l'Autriche, de la Prusse, de l'Allemagne, de l'Italie semblait être dans sa main. Mais pour exécuter le programme qu'il s'était tracé, il fallait avant tout qu'au moyen d'un certain déploiement de forces militaires, il pût intimider à la fois l'Italie et la Prusse; qu'en faisant mine d'envoyer quelques régiments à Venise, il contraignît la première de ces deux puissances à poser les armes; et qu'en occupant sans délai la province rhénane, ce qui était à ce moment on ne peut plus facile, il forçât la seconde à compter avec lui. Mais, dès la

Gallicie en 1846, servit avec distinction, en 1848 et 1849, sous Radetzki, dont il devint chef d'état-major, fut ensuite gouverneur militaire de Cracovie, prit une part importante à la campagne de 1859, fut gouverneur de Hongrie, puis commandant des troupes autrichiennes en Italie, enfin chef de la grande armée de Bohême. Disgracié après la retentissante défaite de Sadowa, il vécut depuis dans la retraite. Il est mort à Grætz le 27 avril 1881.

première heure, le prince Napoléon et le marquis de La Valette, qui représentaient auprès de lui le parti de l'action, c'est-à-dire l'alliance italo-prussienne, lui représentèrent avec une affectation d'effarement dont il fut dupe, que l'état de ses finances et celui de son armée ne lui permettaient nullement de jouer un tel rôle. Ils allèrent jusqu'à soutenir qu'il ne lui serait pas possible actuellement de mobiliser quarante mille soldats. C'était là de leur part un pessimisme fort exagéré. Sans doute le gouvernement français n'avait pour le moment ni les ressources pécuniaires ni l'effectif de troupes ni l'armement nécessaires pour une lutte de longue haleine contre plusieurs puissances de premier ordre. Mais, au dire du maréchal Randon [1], ministre de la guerre, il était loin d'être réduit à une impuissance absolue; il pouvait faire sur-le-champ marcher jusqu'à cent mille hommes vers le Rhin, et c'était beaucoup plus qu'il ne fallait pour amener la Prusse à capituler sans combat. Napoléon III était assez éclairé pour n'en pas douter. Si, malgré tout, il n'agit pas, c'est que, souffrant déjà de la maladie qui devait l'emporter en 1873, il était à ce moment dans un état de prostration physique qui paralysait presque entièrement sa volonté. Sa santé ne lui permettant pas de se mettre à la tête de ses troupes, il n'osait en confier le commandement à un autre qui, suivant l'exemple donné par le maréchal Bazaine [2] au Mexique, eût pu se laisser tenter par

1. Randon (Jacques-Louis-César-Alexandre), né à Grenoble en 1795; engagé volontaire en 1811; sous-lieutenant à la Moskowa (1812), lieutenant général en 1847, après de belles campagnes en Afrique; chargé de la direction des affaires de l'Algérie au ministère de la guerre (1848); ministre de la guerre du 24 janvier au 25 octobre 1851; gouverneur général de l'Algérie (1851-1858), où il pacifia la Grande-Kabylie (1857); sénateur (1852); maréchal de France (1856); rappelé au ministère de la guerre (9 mai 1859), où il se maintint jusqu'en 1867; mort à Genève le 15 janvier 1871.

2. Bazaine (François-Achille), né à Versailles le 13 février 1811, s'engagea comme soldat en 1833, conquit dans les guerres d'Afrique le grade de colonel, obtint celui de général de division en Crimée, où il se distingua fort (1855), se fit encore remarquer honorablement en Italie pendant la campagne de 1859, fut envoyé au Mexique en remplacement du maréchal Forey (juillet 1863), devint maréchal de France (1864), ne contribua pas peu à perdre Maximilien par ses violences et ses intrigues, fut à demi disgracié à son retour (1867), mais fut appelé au commandement de la garde impériale dès le début de la guerre franco-allemande (juillet 1870). On sait qu'après nos premières défaites, il fut mis à la tête de l'armée du Rhin (août); on n'ignore pas non plus qu'il l'immobilisa, la livra aux Prussiens avec la grande place de Metz (27 octobre) et causa ainsi les irrémédiables désastres que la France eut à subir à la fin de 1870 et au commencement de 1871. Traduit plus tard devant un conseil de guerre, il fut, après un long et retentissant procès, con-

le rôle de maire du palais. Aussi, dans le trouble et la consternation de la première heure, se borna-t-il à demander aux puissances belligérantes d'accepter en principe sa médiation et à leur proposer un armistice (4-5 juillet). Vu les circonstances, le plus pressé était évidemment d'arrêter les hostilités. Mais la Prusse n'était pas d'humeur à se laisser enguirlander par des compliments ou attendrir par des considérations humanitaires. Elle tenait à pousser jusqu'au bout ses avantages. M. de Bismarck répondit que son roi était bien loin de décliner la médiation française, qu'il interromprait volontiers la guerre, mais qu'il était lié à l'Italie par des engagements solennels et ne pouvait se séparer d'elle. Or dans le même temps il excitait secrètement, de toutes ses forces, le cabinet de Florence à faire une réponse analogue à la cour des Tuileries. Les Italiens pour leur compte n'étaient nullement disposés à suspendre les hostilités. Si la Prusse eût été vaincue, il en eût été autrement, et ils eussent accepté avec empressement de la France la Vénétie, qu'elle leur offrait. Après Sadowa, ils croyaient pouvoir parler haut. Le souvenir de Custozza leur était cuisant; ils étaient impatients de reprendre l'offensive, de venger l'honneur de leur drapeau; ils voulaient ne devoir la Vénétie qu'à la conquête; cette province même ne leur suffisait plus; ils parlaient de porter leurs armes jusqu'à Trente. Ils reprochaient à la France de vouloir les humilier, les tenir en tutelle. Et leur outrecuidance n'était égalée que par leur ingratitude. Aussi se retranchèrent-ils derrière leurs obligations envers la Prusse pour repousser la suspension d'armes qui leur était proposée et, dès le 8 juillet, s'empressèrent-ils de franchir le Pô pour la seconde fois.

C'était le moment pour Napoléon III d'imposer à Victor-Emmanuel et à Guillaume cet armistice dont ils accueillaient la proposition avec tant de mauvaise grâce. Mais ce malheureux souverain, toujours malade, oscillait sans cesse entre deux influences opposées et ne pouvait se décider à dire : Je veux. L'impératrice et Drouyn de Lhuys le pressaient d'intervenir sans retard en faveur de

damné à la peine de mort et à la dégradation militaire (10 décembre 1873). Le maréchal de Mac-Mahon, alors président de la République, lui fit grâce de la vie. Bazaine, enfermé au fort de l'île Sainte-Marguerite, ne tarda pas à s'évader (9 août 1874). Il se fixa depuis à Madrid (1875); il y est mort en 1889.

l'Autriche, d'occuper la province rhénane, de dicter résolument ses conditions à la Prusse. La Valette et le prince Napoléon l'engageaient au contraire à s'allier franchement avec la Prusse et l'Italie. Un moment, le 5 juillet, il avait paru pencher vers le premier de ces deux partis. Mais dès le lendemain il s'était ravisé. Huit grands jours s'écoulèrent encore sans qu'il s'arrêtât à aucune détermination. Et, tandis qu'il se débattait sans agir dans ses *patriotiques angoisses* [1], la Prusse mettait merveilleusement à profit le temps irréparable qu'il perdait.

Si du moins il eût, dès la première heure, fait donner des instructions précises et positives au diplomate qui le représentait en Prusse, la France eût encore pu tirer bon parti de la situation. Mais, au lendemain de Sadowa, Benedetti demeura près de deux semaines sans savoir au juste ce qu'il avait à demander, ce qu'il avait à répondre à M. de Bismarck. Il lui fut seulement enjoint de rejoindre ce ministre, qui avait suivi le roi Guillaume en Bohême, et de lui recommander la médiation française. Il se mit en route, s'égara, n'atteignit qu'en Moravie le chef du cabinet prussien et ne sut que lui dire quand ce dernier, qui, à ce moment, avait grand'peur d'une intervention armée de Napoléon III [2], lui fit entendre, en termes assez vagues, que la France et la Prusse étaient intéressées à se mettre d'accord pour étendre respectivement leurs frontières. L'ambassadeur ignorait si, en prenant sur lui d'accepter une pareille proposition, il ne compromettait pas son gouvernement vis-à-vis de l'Allemagne, qu'il tenait à ménager, et vis-à-vis de la Russie qui, à ce moment même, de concert avec l'Angleterre, remettait en avant l'idée d'un congrès. Il n'osa donc dire ni oui ni non. La France laissa ainsi échapper la fortune qui semblait s'offrir à elle. Quand elle se ravisa, il était trop tard; elle ne devait jamais retrouver l'occasion perdue.

1. Expression du ministre d'État Rouher, dans un discours qu'il prononça un peu plus tard au Corps législatif.

2. « Si la France, a-t-il dit plus tard au Reischstag (dans la séance du 16 janvier 1874), n'avait alors que très peu de troupes disponibles, néanmoins un petit appoint peu considérable de troupes françaises eût suffi pour faire une armée très respectable en s'unissant aux corps nombreux de l'Allemagne du Sud, qui, de leur côté, pouvaient fournir d'excellents matériaux, dont l'organisation seule était défectueuse. Une telle armée nous *eût mis de prime abord dans la nécessité de couvrir Berlin et d'abandonner tous nos succès en Autriche.* »

Ce fut seulement le 14 juillet que le gouvernement français, persistant dans son projet de médiation, arrêta les termes des préliminaires de paix qu'il voulait proposer aux parties belligérantes. Ce programme était ainsi conçu :

« L'intégrité de l'empire autrichien, sauf la Vénétie, sera maintenue.

« L'Autriche reconnaîtra la dissolution de l'ancienne Confédération germanique et ne s'opposera pas à une nouvelle organisation de l'Allemagne, dont elle ne fera pas partie.

« La Prusse constituera une union de l'Allemagne du Nord, comprenant tous les États situés au nord de la ligne du Mein. Elle sera investie du commandement des forces militaires de ces États.

« Les États allemands, situés au sud du Mein, seront libres de former entre eux une union de l'Allemagne du Sud, qui jouira d'une existence internationale indépendante. Les liens nationaux à conserver entre l'union du Nord et celle du Sud seront librement réglés par une entente commune.

« Les duchés de l'Elbe seront réunis à la Prusse, sauf les districts du nord du Sleswig, dont les populations, librement consultées, désireraient être rétrocédées au Danemark.

« L'Autriche et ses alliés restitueront à la Prusse une partie des frais de la guerre. »

M. de Bismarck ne manqua pas de remontrer, pour la forme, que la France, en empêchant la Prusse de démembrer l'Autriche et en l'arrêtant à la ligne du Mein, lui faisait de bien rigoureuses conditions. Toutefois, le roi Guillaume ne chicanerait pas ; il tenait trop à la précieuse amitié de Napoléon III pour ne pas sacrifier au désir de la conserver une bonne partie de ses droits. Il accepterait donc le programme français. Mais c'était à la condition que la cour des Tuileries consentirait, au moins tacitement, aux annexions territoriales dont la Prusse avait besoin pour former désormais un territoire sans aucune solution de continuité.

A cette demande, Drouyn de Lhuys jeta les hauts cris. Et cependant Goltz, qui était venu la lui apporter, paraissait bien modeste dans ses exigences. Il donnait à entendre que son maître se contenterait de peu : deux ou trois mille kilomètres carrés et trois ou quatre cent mille âmes lui suffiraient sans doute. Mais le ministre français était intraitable; il menaçait la Prusse d'une déclaration de guerre. Ce que voyant, l'ambassadeur, qui avait ses grandes et ses petites entrées auprès de Napoléon III [1], courut à Saint-Cloud, où ce prince était alors en villégiature, et eut avec lui un entretien particulier dont le résultat stupéfia Drouyn de Lhuys. L'empereur avait le tort d'être, dans ses palais, beaucoup trop abordable pour les diplomates étrangers, qui aimaient mieux avoir affaire à lui qu'à ses ministres et qui venaient souvent arracher à sa faiblesse ce que le bon sens et la fermeté de ces derniers leur avaient refusé. Goltz le prit par son faible, l'idée des nationalités. Il lui représenta comme très important pour la France que la Prusse, sa future alliée, fût grande et forte dans l'Allemagne du Nord. Il l'éblouit de plus en parlant de compensations territoriales que la cour de Berlin était toute disposée à lui laisser prendre sur la rive gauche du Rhin. Bref, il obtint tout ce qu'il voulut et beaucoup plus sans doute qu'il n'avait espéré. Ce ne furent pas quelques centaines de milliers d'âmes, ce furent *quatre millions et demi* de sujets nouveaux que Napoléon III permit au roi Guillaume de s'approprier. Ce n'étaient plus seulement les duchés danois, c'étaient le Hanovre, la Hesse électorale, la Hesse-Hombourg, le duché de Nassau, la ville de Francfort et plusieurs districts bavarois qu'il consentait à voir annexés à la Prusse. Il ne s'opposait qu'à l'absorption de la Saxe royale, qu'il tenait à préserver, comme l'Autriche, de la ruine ou du démembrement.

Cette incroyable complaisance détermina M. de Bismarck à entrer au plus tôt [2] en pourparlers de paix avec Mensdorff. Du reste, il pouvait parler plus haut encore qu'au lendemain de Sadowa. L'armée autrichienne était coupée de Vienne; d'un jour à l'autre cette capitale pouvait être occupée et la Hongrie soulevée. Le malheureux François-Joseph, n'ayant pu séparer Victor-Emmanuel de Guillaume, voyait maintenant la France capituler, pour ainsi dire, avec le vainqueur. La résistance n'était plus

1. Il plaisait beaucoup à ce souverain, qu'il flattait assez platement, et à l'impératrice Eugénie, pour laquelle il affectait l'admiration la plus passionnée. Il feignait parfois de désapprouver, comme trop ambitieuse et trop hardie, la politique de M. de Bismarck. Il donnait à entendre qu'il pourrait bien sous peu succéder à ce ministre en Prusse; aussi Napoléon III, qui croyait avoir en lui un ami, le ménageait-il fort et avait-il beaucoup de déférence pour ses avis.

2. De peur que Napoléon III ne se ravisât.

possible; il céda. Son amour-propre était, du reste, à demi consolé par une glorieuse nouvelle qu'il recevait à ce moment d'Illyrie. Si les Italiens étaient rentrés en Vénétie et y faisaient quelques progrès, ils étaient moins heureux sur mer. Leur flotte, dont ils n'étaient pas peu fiers, venait d'être entièrement défaite à Lissa par l'amiral Tegetthoff (20 juillet). François-Joseph pouvait se résigner sans honte à la paix cruelle que lui imposaient les événements. Dès le 22 juillet, une suspension d'armes fut conclue entre l'Autriche et la Prusse; et quatre jours après furent signés les préliminaires de Nikolsbourg, qui durent servir de base aux négociateurs pour la rédaction d'un traité définitif et qui furent accompagnés d'un armistice de quatre semaines. L'analyse de cet acte serait ici superflue. Il reproduisait en substance le programme français du 14 juillet, auquel était ajoutée cette clause, que l'Autriche reconnaîtrait les modifications territoriales qui seraient opérées par la Prusse dans le nord de l'Allemagne. La France n'était point intervenue dans cet arrangement provisoire comme partie contractante, pas plus qu'elle n'intervint ensuite dans le traité de Prague. Elle ne voulait pas garantir par sa signature les acquisitions qu'allait faire la Prusse, surtout avant d'avoir obtenu les compensations que cette puissance lui faisait espérer. On verra plus loin quel parti le cabinet de Berlin devait tirer de la réserve qu'elle s'était ainsi imposée.

XIII

L'Italie n'apprit pas sans stupéfaction et sans colère ce qui venait de se passer à Nikolsbourg. On ne l'avait pas consultée pour traiter avec l'Autriche; pour la seconde fois on l'abandonnait, on la laissait en peine. Elle cria, protesta; tout fut inutile. M. de Bismarck, dont la conscience était toujours calme, lui répondit posément qu'on lui avait promis de l'aider à conquérir la Vénétie, rien de plus. Or, la possession de ce pays lui était assurée. Napoléon III le déclarait solennellement à ce moment même (29 juillet) et, s'il envoyait un de ses aides de camp, le général Lebœuf[1], à Venise, c'était simplement pour faire, après un plébis-

1. Lebœuf (Edmond), né à Paris le 5 novembre 1809; élève de l'École polytechnique (1826), dont il fut commandant en second de 1846 à 1850; chef

cite, remise de cette ville et de son territoire aux Italiens. Force fut donc à Victor-Emmanuel de mettre fin à la guerre. Elle lui rapportait une belle province; mais il eût voulu davantage. D'autre part, elle ne lui avait pas rapporté beaucoup de gloire. Aussi ne signa-t-il qu'à contre-cœur les préliminaires de la paix (10 août) et, quelque temps après (3 octobre), le traité définitif qui les confirmait. La nation italienne ne dissimula pas sa mauvaise humeur. Elle parut surtout irritée, chose étrange, contre la France; et elle donna le triste spectacle d'un peuple recevant presque comme une offense d'une puissance amie le don d'un territoire qu'il n'avait pas su lui-même conquérir.

Que devenait la question des compensations? c'est ce que tout le monde se demandait dans notre pays, où l'on jugeait avec raison l'équilibre européen et les intérêts de la France compromis par le subit et énorme accroissement de la puissance prussienne. C'était bien l'avis de Napoléon III. Mais il se trouva que juste à ce moment (fin de juillet) la maladie dont il souffrait prit un caractère aigu et tout à fait menaçant. L'empereur s'était rendu à Vichy pour rétablir sa santé. Il y subit une crise si alarmante que durant plusieurs jours sa famille et ses ministres songèrent à l'éventualité d'un changement de règne — ou d'une révolution — et ne songèrent guère qu'à cela. Quand le souverain parut en voie de convalescence, les préliminaires de Nikolsbourg étaient signés. Il perdit encore une semaine en hésitations. Enfin, dans les premiers jours d'août, il fut arrêté que le gouvernement prussien serait mis en demeure de tenir l'engagement pris naguère par Goltz envers Napoléon III. Une note fut expédiée à Benedetti, qui reçut mission de demander l'annexion de la Bavière rhénane et de la Hesse rhénane à la France. C'était, en somme, assez peu de

d'état-major de l'artillerie de l'armée d'Orient (1854); général de brigade, commandant de l'artillerie de la garde (1856); général de division (1858); commandant en chef de l'artillerie pendant la campagne d'Italie (1859); aide de camp de l'empereur (1859); président du comité d'artillerie (1864); chargé de remettre la Vénétie au gouvernement italien (1866); commandant du camp de Châlons (1868); chef du 6e corps d'armée à Toulouse (1869); ministre de la guerre (21 août 1869); maréchal de France (24 mars 1870); major général de l'armée du Rhin (19 juillet 1870); relevé de ses fonctions après nos premières défaites (12 août); appelé au commandement du 3e corps sous Bazaine (14 août); fait prisonnier à Metz (27 octobre); mort au château de Moncel, près d'Argentan, le 6 juillet 1888, après avoir passé ses dernières années dans la retraite.

chose. La France s'abstenait à dessein de réclamer des territoires prussiens et pensait que le roi Guillaume ne ferait pas difficulté de laisser démembrer deux États qui, tout récemment, venaient de faire cause commune contre lui avec l'Autriche. Mais M. de Bismarck ne tarda pas à la détromper. Ce ministre déclara effectivement à Benedetti (le 7 août) que son maître était trop bon Allemand pour céder à la France un seul pouce de terre germanique; et comme l'ambassadeur insistait : « C'est bien, lui dit-il froidement, c'est la guerre. » Il ne lui cacha pas que son gouvernement avait donné des ordres pressants, qu'il allait en donner de plus pressants encore pour faire refluer vers le Rhin les armées prussiennes. Il ajouta que, si la France changeait d'objectif et parlait de s'annexer des territoires étrangers à l'Allemagne, on pourrait s'entendre. C'était une nouvelle négociation à ouvrir. Pour le moment, le gouvernement français était joué pour avoir trop attendu, et devait se borner à constater piteusement son mortifiant échec, dont il s'efforça, mais en vain, de faire mystère au public.

Ce n'est pas tout, car M. de Bismarck allait tirer, au nom de son roi, un merveilleux parti des velléités annexionnistes que venait de manifester Napoléon III. Benedetti avait eu l'imprudence d'en laisser la preuve écrite entre ses mains. Muni de ce précieux document, le ministre prussien commença par faire envoyer à Saint-Pétersbourg un agent spécial, le général de Manteuffel, qu'il chargea d'amadouer le czar. Ce souverain, dont la famille était alliée à presque toutes les maisons princières d'Allemagne, ne voyait pas de fort bon œil les spoliations grâce auxquelles la Prusse était en train de s'arrondir. Mais l'émissaire de M. de Bismarck lui représenta que celui des États allemands auquel il s'intéressait le plus, la Hesse-Darmstadt [1], était respecté par le roi Guillaume et au contraire menacé par Napoléon III. Il lui fit entendre aussi que, pour prix de sa complaisance, la cour de Berlin pourrait bien, à l'occasion, le laisser libre de déchirer le traité de Paris et de regagner en Orient le terrain qu'il avait perdu en 1856; qu'elle l'y aiderait au besoin. Ces arguments furent fort sensibles à l'empereur de Russie. Aussi voulut-il bien fermer les

1. Alexandre II avait épousé la princesse Marie, sœur du grand-duc Louis III de Hesse-Darmstadt, et Napoléon III convoitait toute la portion de cet État située, avec Mayence, sur la rive gauche du Rhin.

yeux sur les annexions prussiennes et donna-t-il à la cour de Berlin l'assurance qu'elle pouvait compter sur son concours pour prévenir les annexions françaises.

D'autre part et dans le même temps, M. de Bismarck se tournait vers les États secondaires d'Allemagne et leur révélait les propositions que Benedetti venait de lui faire. Plusieurs d'entre eux, comme la Bavière, le Wurtemberg, la Hesse grand-ducale, la Saxe, étant menacés par la Prusse d'exigences léonines, avaient invoqué les bons offices de la France, qui avait promis de soutenir leurs intérêts. Le premier ministre du roi Guillaume leur remontra que Napoléon III les trahissait, puisque dans le temps même où il leur faisait espérer sa protection, il se préparait à démembrer sans pudeur plusieurs d'entre eux. Il ranima, par cette révélation, leur vieille antipathie tudesque contre l'ennemi héréditaire. Il leur représenta que la Prusse seule pouvait et voulait loyalement les protéger, qu'elle serait leur sauvegarde. Ils n'avaient qu'à s'attacher à sa politique par des traités d'alliance offensive et défensive. A cette condition elle les préserverait et, en outre, elle réduirait à fort peu de chose les conditions de paix qu'elle avait prétendu leur dicter et qui leur paraissaient si exorbitantes [1]. Ce qu'il leur demandait, c'était, en somme, de s'inféoder à la Prusse, d'abdiquer à l'avance cette indépendance que leur promettaient les préliminaires de Nikolsbourg. Dure obligation, mais qu'ils subirent pourtant tous, l'un après l'autre, car dans l'espace de moins de deux mois (août-octobre 1866) non seulement ils firent la paix avec la cour de Berlin, qui leur tint parole en n'exigeant pas d'eux de trop lourds sacrifices d'argent ou de territoire, mais ils conclurent les susdits traités d'alliance et devinrent ainsi de simples satellites de la Prusse [2]. Seulement cette puissance exigea que les con-

1. M. de Bismarck n'avait sans doute voulu que les effrayer. C'est ainsi qu'il avait demandé à la Bavière une indemnité de 20 millions de thalers et des territoires peuplés de 500 000 habitants.

2. La Prusse conclut la paix avec le Wurtemberg le 13 août, avec Bade le 17, avec la Bavière le 22, avec la Hesse le 3 septembre, avec Reuss (branche aînée) le 25, avec la Saxe-Meiningen le 8 octobre, avec la Saxe royale le 21 octobre. Elle se fit livrer par deux de ces États quelques lieues carrées de territoire. Mais elle respecta les autres. Elle se contenta d'indemnités de guerre assez modérées. Quant aux traités d'alliance offensive et défensive, ils furent signés avec Bade dès le 17 août, avec la Bavière et le Wurtemberg dès le 22. — Un pacte de même nature fut conclu le 18 août entre la Prusse et les États de l'Allemagne du Nord qui, dès le mois de juin, avaient accepté

ventions qui les liaient à elle demeurassent secrètes jusqu'à nouvel ordre. Pourquoi? Parce que si elles avaient été divulguées tout de suite, elles eussent pu empêcher ou retarder la conclusion de la paix entre les cabinets de Vienne et de Berlin. Les préliminaires de Nikolsbourg portaient que les États allemands situés au sud du Mein ne devraient dépendre ni de la confédération du Nord ni de la Prusse. Ils furent convertis à Prague en un traité définitif seulement le 23 août. A ce moment les principaux gouvernements du Sud avaient déjà signé leurs pactes d'alliance offensive et défensive avec la Prusse. Ainsi le traité de Prague était violé avant même d'avoir été conclu; et M. de Bismarck pouvait prendre en pitié la naïve rouerie de Napoléon III qui s'imaginait avoir imposé une limite à la révolution allemande, comme il s'était flatté jadis de mettre des bornes à la révolution italienne.

XIV

L'empereur des Français avait encore bien d'autres illusions. Le ministre prussien jugeait utile à sa politique de l'entretenir dans les chimériques espérances où il persistait à se complaire. On a vu plus haut par quel refus catégorique il avait accueilli la proposition de Napoléon III touchant le Palatinat et la Hesse rhénane. Mais si sa pudeur patriotique se révoltait à l'idée de céder une terre germanique, sa morale, fort accommodante, semblait faire bon marché de pays situés hors de l'Allemagne nouvelle et que la France pouvait être tentée de s'approprier. C'est ainsi que, renouvelant une insinuation déjà bien des fois répétée, il avait paru offrir la Belgique, en y ajoutant même le Luxembourg. C'était pure offre de Gascon. Il savait bien que ni le roi Guillaume ni la nation allemande ne permettraient l'annexion de ce dernier pays à la France, et si leur opposition à un tel projet eût faibli, il était homme à savoir la raviver. Quant à la Belgique, il n'ignorait pas que l'Angleterre tremblait pour l'indépendance de ce royaume,

son hégémonie. La Saxe royale dut peu après y adhérer. C'était le prélude de l'acte par lequel devait être constituée un peu plus tard la confédération du Nord.

surtout depuis la mort récente de Léopold Ier [1], et qu'elle n'en autoriserait jamais l'absorption par l'empire français. Ces considérations auraient dû rendre plus sage Benedetti qui, dès le 10 août, arrivait à Paris, pour recommander à Napoléon III les propositions captieuses de M. de Bismarck. L'empereur, qui, après tant de déconvenues, éprouvait plus que jamais le besoin d'annexer quelque chose, pour se refaire en France une popularité, accueillit favorablement le programme de l'ambassadeur. Moins téméraire, Drouyn de Lhuys, dont tous les plans avaient avorté, résigna le 12 août le ministère des affaires étrangères et ne consentit à garder son portefeuille qu'à titre d'intérimaire, en attendant la désignation de son successeur. A partir de ce jour, la négociation passa par-dessus sa tête. Sans lui laisser tout ignorer, Benedetti se concerta directement avec l'empereur, et aussi avec le ministre d'État, Rouher, qui se mêlait également de diplomatie. Bientôt, il reprit le chemin de Berlin et, le 16 août, reçut mission de proposer à M. de Bismarck deux traités : par le premier, la Prusse permettrait à la France de faire assez prochainement l'acquisition du Luxembourg; par le second, dont l'exécution serait remise à un peu plus tard, une alliance serait conclue entre les deux puissances, à la double condition que l'une s'appropriât la Belgique et que l'autre étendît son hégémonie au delà du Mein (c'était chose déjà faite).

Le chef du ministère prussien n'avait garde à ce moment de décourager Benedetti : la paix avec l'Autriche n'était pas encore conclue. Il se contenta donc de proposer quelques modifications de détail au projet français, que l'ambassadeur ratura devant lui; puis il pria ce diplomate de le mettre au net et eut l'art de s'en faire remettre le texte, écrit tout entier de la main de Benedetti (20 août). Cette pièce devait être entre ses mains une arme terrible et l'on devine l'usage qu'il se promettait d'en faire. Le trop confiant ambassadeur réexpédia son brouillon à Napoléon III, qui le surchargea d'annotations et le transmit à Rouher en lui demandant son avis [2]. Mais, tandis que les Français perdaient leur temps

1. Ce prince avait cessé de vivre le 10 décembre 1865 et avait eu pour successeur son fils Léopold II (né en 1835), qui règne encore aujourd'hui à Bruxelles.

2. Les Prussiens saisirent ce document, ainsi que beaucoup d'autres papiers précieux, en 1870, au château de Cercey, qui appartenait à cet homme d'État.

à éplucher des syllabes, M. de Bismarck concluait le traité de Prague (août). Quand le représentant de Napoléon III vint de nouveau lui soumettre la double convention qu'il avait préparée, il trouva le Prussien très froid, très méfiant. L'artificieux diplomate arguait de la difficulté qu'il aurait à obtenir le consentement de son maître. Il accusait la France d'avoir des arrière-pensées et de songer encore à revendiquer les provinces du Rhin. Bref, il déclarait ne pouvoir traiter tant que le cabinet des Tuileries ne se serait pas au moins *compromis* par une manifestation publique de bon vouloir et d'amitié à l'égard de la Prusse (29 août). N'était-il pas naturel, par exemple, qu'au moment de s'unir au roi Guillaume par une étroite et cordiale alliance, Napoléon III fît connaître au monde combien il approuvait sa politique, combien il applaudissait à ses récents triomphes?

Ainsi, ce n'était pas assez pour l'empereur des Français d'avoir été berné, bafoué à la face de l'Europe. Il fallait encore qu'il se déclarât solennellement satisfait et que, par une approbation sans réserve, il s'interdît toute récrimination, toute réclamation ultérieure contre les faits accomplis. Il eut la niaiserie d'y consentir. Pour le coup, Drouyn de Lhuys perdit patience. Reculant devant la responsabilité de l'étrange manifeste qu'on l'invitait à rédiger, il se retira définitivement des affaires le 1er septembre. Le marquis de Moustier [1], qu'on lui donna pour successeur, était à Constantinople et ne se pressa guère de regagner Paris pour n'avoir pas à exécuter cette compromettante besogne. Ce fut La Valette, chargé de l'intérim des affaires étrangères, qui voulut bien remplir la tâche et lança à travers l'Europe stupéfaite la fameuse circulaire du 16 septembre. Cette longue dissertation, dictée, à ce qu'il semblait, par un imperturbable optimisme, avait pour but d'établir que les derniers événements étaient pour l'Europe, pour la France en particulier, un gage de bonheur et de sécurité. La tendance des peuples à se réunir en grandes agglomérations devait être sans cesse et partout favorisée. Elle n'était un danger pour personne.

1. Moustier (Léonel-Desle-Marie-François-René, marquis de), né en 1817; membre de l'Assemblée législative (1849-1851), où il vota avec la droite; membre de la commission consultative après le coup d'État (1851-1852); ministre plénipotentiaire en Prusse (1853), ambassadeur à Vienne, puis à Constantinople (1861), d'où il fut appelé au ministère des affaires étrangères (1866); mort à Paris en 1869.

La politique néfaste de 1815 avait fait son temps. L'œuvre de de Metternich était enfin détruite. L'Autriche, après avoir si longtemps pesé sur l'Allemagne et sur l'Italie, était exclue de l'une et de l'autre. Deux grandes nationalités, jalouses de la France, achevaient, grâce à cette puissance, de se constituer à ses portes en corps politiques. Tout n'était-il pas pour le mieux? A leur sens, c'est possible. Mais ce n'était peut-être pas à la France de le dire. La Valette lui-même, du reste, semblait n'avoir pu demeurer jusqu'au bout dupe de ses propres sophismes; car, après avoir cherché à prouver que l'Allemagne, maintenant divisée en trois tronçons [1], était bien moins menaçante pour ses voisins qu'au temps de la confédération germanique, il concluait que les résultats de la dernière guerre contenaient un enseignement grave, et lui indiquaient la nécessité de perfectionner sans délai son organisation militaire. Ainsi nous n'avions absolument rien à craindre; c'était donc le moment de nous armer jusqu'aux dents. En réalité, la dernière partie de la circulaire était la seule où La Valette eût mis un peu de bon sens. La France entière sentait bien instinctivement qu'après l'Autriche, maintenant hors de combat, elle allait être le principal objectif de la haine et de l'ambition prussienne. Quant à Napoléon III, il avait beau se déclarer content; il ne se faisait pas illusion à lui-même; et, sans renoncer à négocier encore avec le cabinet de Berlin, il commençait à se dire qu'une guerre heureuse contre la Prusse pourrait seule lui rendre sa popularité perdue et son prestige évanoui.

1. On a vu plus haut, p. 315-316, ce qu'il en fallait croire.

CHAPITRE IX

LE LENDEMAIN DE SADOWA [1]

I. La Russie et le panslavisme en 1866. — II. Insurrection de Crète. — III. Le baron de Beust et le compromis austro-hongrois. — IV. Situation difficile de Napoléon III. — V. Question du Luxembourg; tactique de M. de Bismarck. — VI. Projet de constitution de l'Allemagne du Nord. — VII. La crise du Luxembourg à l'état aigu. — VIII. Dispositions des grandes cours; conférence de Londres. — IX. Nouveaux échecs de la politique française. — X. Napoléon III et François-Joseph; vaine entrevue de Salzbourg. — XI. La question romaine en 1867. — XII. Mentana. — XIII. Le *jamais* du ministre Rouher.

(1866-1868)

I

La Prusse venait de montrer quel parti pouvait tirer du principe des nationalités et même de la Révolution un gouvernement très monarchique, très autoritaire, mais peu scrupuleux et fort avisé.

1. Sources : *Annuaire des Deux Mondes*, années 1866-1867; — *Archives diplomatiques*, années 1866-1868; — *Autriche (l') en 1867* (Revue des Deux Mondes, 1er août 1869); — Benedetti, *Ma Mission en Prusse*; — Beust, *Mémoires*, t. II; *le Dernier des Napoléon*; — Bismarck, *Correspondance*; *Discours parlementaires*; — Bordier, *l'Allemagne aux Tuileries*; — Bouillier (Aug.), *Victor-Emmanuel et Mazzini*; — Cherbuliez, *l'Allemagne politique depuis le traité de Prague*; — Collin (M.), *la Crise en Angleterre à propos de la réforme*; — Delord (T.), *Histoire du second Empire*, t. IV et V; — Favre (J.), *Discours parlementaires*; — Gramont (duc de), *la France et l'Allemagne avant la guerre*; — Hervé (Ed.), *la Crise irlandaise depuis la fin du* XVIIIe *siècle*; — Hillebrand, *la Prusse contemporaine*; — Jonveaux (E.), *les Russes dans l'Asie centrale* (Revue des Deux Mondes, 15 février 1867); — Klaczko (J.), *Deux Chanceliers*; *le Congrès de Moscou et la propagande panslaviste* (Revue des Deux Mondes, 1er sept. 1867); — Lasteyrie (J. de), *le Fénianisme en Irlande* (Revue des Deux

Pareil exemple devait porter ses fruits. Parmi les grandes puissances, la Russie, depuis longtemps si complaisante pour la cour de Berlin, était particulièrement disposée à le suivre. Comme M. de Bismarck, le prince Gortchakoff était, en diplomatie, de la nouvelle école. La doctrine exclusive de la Sainte-Alliance lui paraissait une vieillerie. S'il fallait, pour accroître l'autorité de son maître et la grandeur de son pays, tendre la main à la démocratie, inscrire le droit des peuples sur son drapeau, de telles nécessités n'étaient pas pour le faire reculer. Avec lui militait dans le ministère un parti encore plus hardi et moins routinier que lui-même et dont les chefs (les Milutine [1], les Tolstoï [2], les Mourawieff, etc.), prenaient chaque jour plus d'ascendant sur l'âme vacillante et l'esprit médiocre d'Alexandre II. La cause que servaient ces hommes d'État était soutenue dans les journaux russes par des plumes éloquentes. Son représentant le plus populaire dans la

Mondes, 15 nov. 1865, 15 avril 1867; — Laveleye (E. de), *la Prusse et l'Autriche depuis Sadowa*; — Lavergne (L. de), *l'Irlande en 1867* (Revue des Deux Mondes, 1er déc. 1867); — Lefèvre (E.), *Histoire de l'intervention française au Mexique*; — Lejean (G.), *la Russie et l'Angleterre dans l'Asie centrale* (Revue des Deux Mondes, 1er juin, 1er août 1867); *Théodore II, le nouvel empire d'Abyssinie et les intérêts français dans le sud de la mer Rouge*; — Mac-Carthy, *Histoire contemporaine de l'Angleterre*; — Masseras, *Un essai d'empire au Mexique*; — Mazade (Ch. de), *la Seconde Expédition de Rome* (Revue des Deux Mondes, 1er déc. 1867); *la Russie sous le règne de l'empereur Alexandre II*; — Meding (Oscar), *De Sadowa à Sedan*; — Memor (Andreas), *l'Allemagne nouvelle*; — Mérimée, *Lettres à Panizzi*, t. II; — Müller (W.), *Politische Geschichte der Gegenwart*, année 1867; — Ollivier (Em.), *Le 19 Janvier*; *Papiers et correspondance de la famille impériale*; — Perrot (G.), *Deux Ans d'insurrection dans l'île de Crète* (Revue des Deux Mondes, 15 avril 1868); — Rattazzi (Mme), *Rattazzi et son temps*, t. II; — Rothan, *l'Affaire du Luxembourg*; *la France et sa politique extérieure en 1867*; — Sybel (H. de), *la Prusse et la nouvelle Allemagne* (Revue des Deux Mondes, 15 sept. 1866); — Thiers, *Discours parlementaires*; — Véron (Eug.), *Histoire de l'Allemagne depuis la bataille de Sadowa*; — Vilbort, *l'Œuvre de M. de Bismarck*; — Zeller, *Pie IX et Victor-Emmanuel II*; etc.

1. Milutine (Dmitri-Alexajew, comte), né à Moscou le 10 juillet 1816, officier dans l'armée russe dès 1833, attaché à l'état-major (1836-1840), puis au corps du Caucase (1843); professeur à l'académie de guerre (1845-1854); chef de l'état-major au Caucase (1856); lieutenant général (1859); appelé au ministère de la guerre (1861), qu'il occupa vingt ans, ce qui lui permit de réorganiser l'armée russe; membre du conseil de l'empire et aide de camp général du czar.

2. Tolstoï (Dimitri), né en 1823, remplit de bonne heure des fonctions importantes au ministère de l'intérieur, dont il devint chef en 1865 et d'où il dut sortir quelques années après parce qu'on l'accusait d'avoir favorisé sans le vouloir le nihilisme par ses encouragements à l'enseignement supérieur; il y a été appelé de nouveau après l'avènement d'Alexandre III.

presse, Katkof[1] exerçait, par sa *Gazette de Moscou*, une incontestable autorité sur le czar. Sous de telles influences, le fils de Nicolas Ier tenait à devoir, beaucoup plus que son prédécesseur, de *russifier*, de gré ou de force, toutes les populations soumises à ses lois. Le régime moscovite était appliqué avec la dernière rigueur aux provinces polonaises. Il gagnait aussi du terrain dans les provinces baltiques, où l'élément germanique avait jusqu'alors tenu tant de place. On voulait à Saint-Pétersbourg qu'il n'y eût plus dans l'empire qu'une seule nation, comme il n'y avait qu'un seul maître. Mais ce n'était là qu'une faible partie du nouveau programme. Plus la Russie devenait homogène et forte, plus elle était portée à franchir ses limites et à répandre au dehors son exubérante et ambitieuse vitalité. Ne fallait-il pas, du reste, distraire par des conquêtes un peuple à demi émancipé, ignorant, crédule et qu'agitaient déjà sourdement les premières prédications du nihilisme[2]?

Des conquêtes, on en faisait depuis plusieurs années, à petit bruit, de l'autre côté de l'Oural et de la mer Caspienne. Lentement mais sûrement, à dater de 1864, les armées russes s'étaient avancées dans le Turkestan. Un bon tiers de cette vaste région était déjà occupé par elles et leurs progrès allaient encore devenir plus sensibles de 1866 à 1868[3]. Ainsi peu à peu, par l'Asie centrale, on se rapprocherait de l'Inde. L'Angleterre commençait à prendre peur et à gronder. Mais on la savait fort en peine et tout occupée à guérir les maux intérieurs dont elle était travaillée. On était prêt, du reste, à rechercher toute alliance pour lui faire pièce, fût-ce même celle d'une république. Sans hésiter l'on tendait la main aux États-Unis qui, ayant eu fort à se plaindre du gouvernement bri-

1. Katkof (Michel-Nikiphrowitch), né à Moscou en 1820, d'abord professeur de philosophie à l'université de cette ville; fondateur du journal *Ruski Wiestnik* (1856), où il défendit les idées libérales; directeur de la *Gazette de Moscou* (1861), feuille panslaviste, qui devint, grâce à lui, et resta, tant sous Alexandre III que sous Alexandre II, une puissance; mort à Znamenskoé, près de Moscou, le 1er août 1887.

2. Dès le mois d'avril 1866, ce parti, dans la personne de Karakosoff, s'était signalé par un premier attentat à la vie d'Alexandre II.

3. La conquête de Khodjend et de Samarkand eut lieu en 1866; deux ans plus tard, par le traité du 5 juillet 1868, le Khanat de Boukhara devenait vassal de la Russie. L'empire moscovite s'agrandit encore de Zarafchan, de Falgar et de Magian en 1870.

tannique pendant la guerre de sécession, se vengeaient maintenant en fomentant des troubles au Canada et en Irlande [1].

Mais ce n'était pas seulement vers l'Asie que la Russie cherchait à s'étendre. Ce n'était pas l'Angleterre seule qu'elle menaçait. C'était, comme autrefois, et bien plus violemment encore, vers l'Europe que l'ambition moscovite, quelque temps contenue par le traité de Paris, recommençait à se porter et, de ce côté, son objectif, ce n'était pas seulement la Turquie; c'était aussi l'Autriche disloquée et désemparée depuis Sadowa. Le panslavisme, qui se recueillait naguère frémissant, levait maintenant la tête avec fierté, parlait hautement de l'ère nouvelle que la sainte Russie allait ouvrir, de la mission sacrée qui incombait au czar, de l'affranchissement des races qu'en vertu du droit nouveau il appelait à la liberté. Comme autrefois le czar prétendait *protéger* tous les peuples qui pratiquaient sa religion. Mais il réclamait aussi le droit de *patronner* tous ceux qui, de près ou de loin, se rattachaient à la race slave par leur langue ou leur origine. A Moscou, à Saint-Pétersbourg, des journaux puissants, des comités infatigables préparaient depuis plusieurs années, mais surtout depuis les derniers événements d'Allemagne et avec l'appui patent du gouvernement, une double croisade dont Alexandre II parut sur le point de donner le signal au lendemain de Sadowa.

D'une part, en effet, la propagande russe envahissait, inondait pour ainsi dire la malheureuse Autriche. Il n'était presque pas une province de cet empire (peuplé pour moitié de Slaves) qui n'en fût pénétrée et profondément troublée. Où était le temps où François-Joseph encourageait le réveil de la nationalité polonaise? Maintenant la Pologne était domptée et la Russie se vengeait. Dans l'empire des Habsbourg ses émissaires et son argent étaient partout. En Gallicie elle armait les Ruthènes; en Bohême elle incitait ouvertement les Tchèques à revendiquer leur autonomie. Dans le

1. Vers le milieu de 1866, une ambassade américaine venait en grand apparat féliciter le czar d'avoir échappé à l'attentat de Karakosoff. Elle fut reçue dans tout l'empire non seulement avec de grands honneurs, mais avec une affectation de cordialité fort significative. Yankees et Russes fraternisèrent, durant plusieurs semaines, le plus bruyamment possible. Il y eut, du reste, par la suite, entre les cabinets de Washington et de Saint-Pétersbourg autre chose que des échanges de politesses. L'année suivante, par exemple, le czar céda par un traité en bonne forme l'Amérique russe aux États-Unis.

nord de la Hongrie, c'étaient les Slovaques qu'elle poussait à restaurer leurs droits nationaux; dans le sud du même royaume, elle attisait de son mieux la vieille haine des Serbes, des Croates, des Esclavons contre les Magyars. Il n'était pas enfin jusqu'aux provinces illyriennes où elle ne fît naître et ne fortifiât l'idée de constituer un État slovène, qui, naturellement, eût été pour elle un vassal de plus.

Il est vrai qu'en Autriche elle ne faisait encore que semer. Sur ce terrain le jour de la récolte ne lui paraissait pas venu. Certains ménagements étaient dus à la cour de Vienne. A la trop brusquer, d'ailleurs, on eût risquer de s'aliéner la Prusse, qui pouvait voir en elle un contrepoids nécessaire à la puissance russe. Mais du côté de l'empire ottoman le cabinet de Saint-Pétersbourg se montrait plus impatient, plus audacieux et plus assuré d'un prochain succès. Ses agents ne cessaient de parcourir la péninsule des Balkans et les îles turques. Ils promettaient des agrandissements à la Serbie, à la Grèce, au Monténégro, ils appelaient à la révolte les Bosniaques, les Bulgares. Ils enflammaient les populations chrétiennes en leur faisant constater que les promessses de réformes tant de fois répétées par la Porte étaient demeurées sans effet, après comme avant 1856. De fait rien, rien, ou à peu près, n'était changé dans l'administration de l'empire et dans les rapports des Osmanlis avec leurs sujets. Peut-être même la Turquie était-elle plus mal gouvernée sous Abd-ul-Aziz que sous Abd-ul-Medjid. La Russie, qui avait toujours sur le cœur le traité de Paris et qui rêvait depuis dix ans de le déchirer, était quelque peu fondée à protester contre un pacte dont la moitié des clauses au moins avaient déjà été enfreintes ou n'avaient pas été exécutées. Tout récemment encore, à la suite de la révolution de Bucharest, la Moldavie et la Valachie, dont l'union n'avait été jusque-là reconnue qu'à titre provisoire sous un prince électif et viager, avaient affirmé leur droit à l'unité en se donnant une dynastie [1].

L'Autriche avait protesté. La Turquie avait commencé, en juin, à masser des troupes le long du Danube. La Russie elle-même avait exprimé son mécontentement. Mais cette dernière puissance n'était pas sincère. Elle voulait seulement par là faire constater

1. Voir plus haut, p. 296-297.

une fois de plus à l'Europe que le traité de 1856 était violé. Comment, après cela, pourrait-on l'invoquer contre elle? Au lendemain de Sadowa, du reste, elle ne prit plus guère la peine de cacher son jeu. Elle reconnut d'assez bonne grâce Charles de Hohenzollern comme prince de Roumanie. Mais en même temps elle proclama bien haut, par la voix de Gortchakoff, le peu de cas qu'elle se jugeait en droit de faire d'une convention tant de fois méconnue. « Notre auguste maître, disait le chancelier russe dans sa circulaire du 20 août 1866, n'a pas l'intention d'insister sur les engagements généraux de traités qui n'avaient de valeur qu'en raison de l'accord existant entre les grandes puissances pour les faire respecter, et qui aujourd'hui ont reçu, par le manque de cette volonté collective, des atteintes trop fréquentes et trop graves pour n'être pas invalidés. »

Un pareil manifeste était de sinistre augure pour la Porte. Cette puissance, dont l'Autriche était maintenant hors d'état de soutenir les armes en Roumanie, dut renoncer à mettre à la raison les Principautés et, après quelques semaines de négociations, sanctionner elle aussi la révolution de Bucharest (octobre 1866). Elle avait, du reste, à ce moment, un autre motif pour rappeler ses troupes du Danube. Une insurrection grave venait en effet d'éclater sur un point de l'empire ottoman fort éloigné de ce fleuve. Elle était, ce dont le lecteur ne sera pas surpris, en grande partie l'œuvre du gouvernement russe.

II

L'île de Crète, dont la population est en grande majorité chrétienne et grecque, souffrait avec d'autant plus d'impatience la domination ottomane qu'elle avait déjà fait, à diverses époques, de violents efforts pour s'y soustraire [1]. Plus que jamais elle aspirait à s'unir au royaume des Hellènes. Le cabinet de Saint-Pétersbourg

1. Elle avait pris une part glorieuse à la guerre de l'indépendance hellénique. Mais la conférence de Londres l'avait, en 1830, replacée sous le joug des Turcs. Abandonnée à Méhémet-Ali jusqu'en 1841, elle était redevenue à cette époque possession immédiate du sultan et s'était depuis lors soulevée trois fois (1841, 1852, 1863).

l'y encourageait. La grande-duchesse Olga, nièce d'Alexandre II, devait épouser le roi Georges. La Crète lui servirait de dot. Dès le mois de mai 1866, des rassemblements armés avaient eu lieu dans l'île et les mécontents avaient adressé à Constantinople l'exposé de leurs griefs. La réponse tarda deux mois à venir. Elle fut hautaine et menaçante. Sommés de se disperser, les patriotes affirmèrent leurs droits les armes à la main (1er août). Quelques jours après, les hostilités éclatèrent entre eux et les troupes turques. Aussitôt la Crète prit feu tout entière. Au bout de quelques jours elle eut une assemblée nationale, un gouvernement provisoire. En septembre, elle proclamait solennellement son indépendance et son annexion à la Grèce. La Porte entreprit contre elle une guerre sans pitié. Mais, malgré leur petit nombre, les insurgés résistèrent. Outre les secours de toute nature qui leur arrivaient d'Athènes et des autres ports helléniques, des volontaires venaient de diverses parties de l'Europe [1], grossir leurs rangs. L'argent, les munitions, les armes ne leur faisaient pas défaut. La sollicitude de la Russie eût suffi pour qu'il ne leur manquât rien. Le gouvernement turc, vu la pénurie chronique qui le minait depuis si longtemps, avait grand'peine à soutenir la lutte. Et ses embarras étaient encore aggravés par l'attitude hostile de la Serbie qui, cédant elle aussi aux incitations moscovites, choisissait ce moment (octobre 1866) pour réclamer, du ton le moins conciliant, l'évacuation de celles de ses forteresses qu'occupaient encore des garnisons ottomanes [2].

Les dispositions de plusieurs grandes puissances étaient de nature à fortifier la Russie dans ses desseins et dans ses espérances. La Prusse lui devait trop et avait encore trop besoin d'elle pour se hasarder si tôt à la contrarier. Elle n'était guère occupée que de réorganiser l'Allemagne et de surveiller la France, et M. de Bismarck disait d'un air détaché qu'il ne lisait jamais le courrier de Constantinople. Le cabinet de Florence n'osait séparer sa politique de celle du roi Guillaume. D'ailleurs il ne pouvait combattre le principe des nationalités en Crète alors qu'il l'invoquait si passionnément pour s'emparer de Rome. La France venait

1. Notamment de Russie, d'Italie et de France. Gustave Flourens, qui fut plus tard un des chefs du mouvement communaliste à Paris, s'y rendit en 1867 et resta une année au service des insurgés crétois.

2. Voir plus haut, p. 238.

de proclamer, par la circulaire du 16 septembre, que les grandes agglomérations de races étaient non seulement légitimes, mais avantageuses pour l'Europe. Le marquis de Moustier, qui revenait en ce temps-là de Constantinople pour occuper le ministère des affaires étrangères, rapportait bien quelques préjugés en faveur de la Porte. Mais l'empereur et son entourage l'amenèrent assez vite à modifier ses vues. La France cherchait à s'assurer pour un avenir prochain l'acquisition de la Belgique, ce qui devait fatalement la brouiller avec l'Angleterre. Le moment n'eût pas été bien choisi pour se mettre en opposition avec la Russie. Cette puissance donnait à entendre que, si on ne la contrariait pas trop en Orient, elle pourrait bien fermer les yeux sur ce qui se passerait à Bruxelles. Aussi des communications fort amicales s'établissaient-elles à cette époque entre les deux cours de Paris et de Saint-Pétersbourg. Moustier invitait Gortchakoff à un accord ayant pour but la pacification de la Crète et le soulagement des populations chrétiennes dans l'empire ottoman. Le chancelier russe lui répondait (le 16 novembre) que le seul moyen de pacifier la Crète était de la donner à la Grèce et que les grandes tribus chrétiennes de Turquie ne seraient heureuses que lorsque chacune d'elles jouirait d'une large autonomie politique. Le ministre français n'y contredisait pas trop. Il convenait (le 8 décembre) que la Porte devait se résigner à des *remèdes héroïques* et, s'il n'était pas pleinement d'accord avec le conseiller du czar sur la question des réformes, il paraissait admettre la nécessité d'annexer l'île insurgée au royaume des Hellènes; il parlait même de lui adjoindre l'Épire et la Thessalie [1]. Aussi la Grèce concevait-elle les plus hautes espérances et, sous l'entreprenant Coumoundouros (appelé au ministère le 31 décembre 1866), donnait-elle indirectement à la guerre de Crète la plus vigoureuse impulsion.

III

Deux puissances considérables étaient, il est vrai, fort opposées aux projets de la Russie. C'était l'Angleterre et l'Autriche. Mais

1. Ce en quoi la Russie trouvait qu'il allait trop loin; car il n'était pas de son intérêt que la Grèce devînt trop puissante dans la péninsule des Balkans.

la première était réduite à une impuissance presque absolue par une crise intérieure qui n'était pas près de prendre fin. Les tories, sous lord Derby et Disraéli[1], venaient de renverser le ministère Russell (9 juillet). Il leur fallait se défendre contre des adversaires fort remuants, préparer la réforme électorale qui était alors à l'ordre du jour et qui passionnait les trois royaumes [2], prévenir une sécession du Canada par la réorganisation des colonies anglaises de l'Amérique septentrionale [3], enfin réprimer les violentes attaques du *fénianisme*, qui semblait sur le point de soulever l'Irlande [4].

1. Disraéli (Benjamin), né à Londres le 21 décembre 1804, se fit d'abord connaître comme littérateur, publia des romans pleins d'éclat, se jeta, à partir de 1831, dans la vie politique, soutint d'abord les principes démocratiques (comme en fait foi son *Épopée révolutionnaire*, publiée en 1834), s'attacha ensuite au parti tory, soutint de violentes querelles avec O'Connell, entra, après plusieurs tentatives infructueuses, à la Chambre des communes (1837), où ses débuts furent malheureux et où les avanies ne lui furent pas épargnées, s'imposa peu à peu à l'assemblée, devint, vers 1841, le chef du parti de la *Jeune Angleterre*, écrivit de 1844 à 1847 ses meilleurs romans (*Coningsby*, *Sybil*, *Tancrède*), occupa le poste de chancelier de l'Échiquier dans le premier cabinet Derby (février-décembre 1852), dans le second (février 1858-juin 1859) et aussi dans le troisième (juillet 1866-février 1868), devint premier lord de la trésorerie le 5 mars 1868, dut se retirer le 2 décembre de la même année, reprit son rôle de chef de l'opposition torie, fut rappelé à l'emploi de premier ministre au commencement de 1874 et l'occupa avec éclat pendant six années, au cours desquelles il entra à la Chambre des lords avec les titres de vicomte de Hughenden et de comte de Beaconsfield (août 1876). Renversé une fois de plus par son grand adversaire M. Gladstone (1880), il publia encore un roman remarquable (*Endymion*) et mourut à Londres le 19 août 1881.

2. Présentée par Russell et Gladstone en mars 1866, elle avait été repoussée. L'opinion publique força les tories de soutenir un projet beaucoup plus avancé que celui de leurs prédécesseurs et qui devint loi au mois d'août 1867. Le nombre des électeurs, qui n'étaient que de 1 200 0000, fut doublé et, grâce à une nouvelle répartition de sièges parlementaires, une proportion assez équitable fut établie entre le chiffre de la population des collèges électoraux et le nombre des députés.

3. Après une négociation qui dura plusieurs mois, le Haut et le Bas-Canada, la Nouvelle-Écosse et le Nouveau-Brunswick, dont les délégués s'étaient rendus à Londres vers la fin de 1866, furent, en vertu d'une constitution adoptée en mars 1867, et sous le titre de *Dominion of Canada*, réunis par un lien fédéral et dotés d'un gouvernement général à moitié indépendant de la métropole.

4. C'est surtout aux États-Unis, où l'émigration irlandaise avait pris depuis 1848 une importance considérable, que s'alimentait le *fénianisme*. Les chefs de ce parti visaient à l'émancipation complète de l'Irlande. La population de cette île était plus misérable et plus mécontente que jamais. Elle réclamait à grands cris : 1° la suppression des droits abusifs attribués à l'Église anglicane au milieu d'une population foncièrement catholique; 2° de nouvelles lois agraires qui donnassent au paysan, réduit depuis des siècles, comme fermier, à l'état le plus précaire, un peu de sécurité et quelques chances de parvenir à

Quant à l'Autriche, il ne semblait pas qu'elle pût se relever du coup qu'elle avait reçu à Sadowa. M. de Bismarck la jugea quelque temps perdue. Elle faisait cependant pour se remettre en équilibre de vigoureux efforts, qui ne devaient pas rester infructueux. Le baron de Beust, ce *grand ministre d'un petit État*, qui, du fond de la Saxe, avait si longtemps disputé l'Allemagne aux convoitises prussiennes, avait été contraint par le vainqueur à quitter le service de son pays. La cour de Vienne, dont il avait tant de fois, et surtout en dernier lieu, secondé la politique, lui devait bien de le recueillir et de l'employer. Aussi l'empereur François-Joseph le prit-il en octobre 1866 pour ministre des affaires étrangères. Beust n'était pas un grand esprit, ce n'était même pas toujours un esprit juste. Mais il était subtil, actif, habile à se retourner, et il connaissait à merveille le monde diplomatique. Ce qu'il y avait à ce moment de plus urgent à ses yeux, c'était de parer aux deux dangers que la Russie faisait courir à l'Autriche : 1° en exaltant l'audace de ses sujets slaves; 2° en préparant la dislocation de l'empire ottoman. Pour écarter le premier, il engagea son nouveau souverain à ne pas repousser plus longtemps le programme que le Hongrois Déak [1] avait élaboré depuis plus d'une année et qui consistait à dédoubler la monarchie, à fonder une espèce de fédération entre le royaume magyar, auquel seraient rattachés d'une part les Slovaques, de l'autre les Serbes autrichiens, les Croates, les Esclavons, sans parler des Roumains de la Transylvanie, et l'Autriche proprement dite,

l'aisance; 3° le rétablissement de l'autonomie politique de l'Irlande, supprimé en 1798. Sur le premier point, elle devait, sous Gladstone, obtenir gain de cause en 1869; sur le second, le même ministre n'a pu lui donner, en 1870, qu'une satisfaction incomplète; aussi l'agitation de l'Irlande a-t-elle continué jusqu'à nos jours; sur le dernier, cet homme d'État a été moins heureux encore; sa proposition de créer à Dublin un parlement et un ministère a échoué, on se le rappelle, lors de son dernier passage aux affaires (1886).

1. Déak (François), né à Kehida (comté de Szalad) le 17 octobre 1803, élu en 1832 à la diète de Hongrie, où il devint le chef de l'opposition libérale; ministre de la justice dans le cabinet Batthyany (mars 1848). Rentré dans la vie privée en 1849, il n'en sortit qu'en 1860, pour s'efforcer de déterminer l'empereur François-Joseph à rendre ses droits à la Hongrie et la Hongrie à se réconcilier avec l'empereur. Membre de la diète de 1861, il exerça une grande influence à Pesth et à Vienne; plus tard, il négocia avec Beust le compromis austro-hongrois de 1867, refusa le pouvoir qui lui était offert et se contenta de siéger à la diète, où jusqu'à la fin il soutint la politique libérale et modérée qui lui avait si bien réussi. Il mourut à Pesth le 28 janvier 1876.

c'est-à-dire le groupe allemand de l'empire, auquel seraient annexées au nord la Bukowine, la Gallicie, la Moravie, au sud la Dalmatie et les autres provinces illyriennes. Chacune des deux moitiés de l'empire aurait sa capitale et serait pourvue d'un gouvernement constitutionnel. Chacune aurait son parlement, son ministère. Mais les affaires communes (diplomatie, guerre, finances) seraient du ressort de trois ministres communs et seraient discutées par des délégations, égales en nombre, de l'un et de l'autre parlement. C'était là un mécanisme compliqué, l'expérience l'a prouvé. L'expédient adopté par Beust devait irriter profondément les Slaves qui, formant la moitié de la population dans l'empire, étaient exclus du bénéfice de l'autonomie, divisés en deux groupes, inféodés à deux minorités. Mais pour le moment ils seraient, par là même, réduits à l'impuissance; c'est ce que voulaient François-Joseph et son ministre. Aussi ce dernier fut-il envoyé à Pesth, où il négocia très activement en décembre 1866 et janvier 1867 avec le chef du parti national hongrois, et les principales conditions du dualisme furent-elles arrêtées dès cette époque.

D'autre part Beust, que le péril oriental préoccupait aussi très vivement, imagina pour le prévenir de lancer le 1er janvier 1867 une circulaire qui fut très remarquée et qui méritait de l'être, car elle dénotait une évolution singulière de la politique autrichienne. La cour de Vienne, qui avait eu jusque-là pour principe d'entraver dans l'empire ottoman toute réforme en faveur des populations chrétiennes, déclarait au contraire qu'il était du devoir de l'Europe de prendre en main la cause de ces populations. Les grandes puissances devraient donc en délibérer, après enquête collective, et collectivement imposer leur décision à la Porte. Cette finesse dissimulait mal le désir d'empêcher la Russie de se poser plus longtemps comme protectrice unique des chrétiens d'Orient et d'exercer sur eux à ce titre une prépondérance exclusive. Il devait être bien entendu d'ailleurs que les sujets de la Porte ne recourraient pas aux armes pour se faire justice et que l'Europe, chargée de les protéger, le serait au besoin de les corriger. Par contre et pour se faire pardonner par le czar les coups qu'il lui portait si sournoisement, Beust demandait que la clause humiliante du traité de Paris par laquelle la flotte russe était exclue de la mer Noire fût enfin rapportée. Il n'en coûtait guère à l'Autriche de lui faire cette politesse. On sait en effet qu'elle n'avait jamais pris, pour sa part, qu'un intérêt médiocre à cette question [1].

La double politique de Beust devait rencontrer des obstacles, aussi bien au dedans qu'au dehors. D'une part, le comte Belcredi [2], chef du ministère dont il faisait partie, ne goûtait que médiocrement le programme du dualisme austro-hongrois. Il rêvait un fédéralisme où les Slaves auraient trouvé leur place et ne faisait pas la part aussi large que son collègue aux principes parlementaires. La lutte était encore fort vive entre ces deux hommes d'État au commencement de février 1867. D'autre part, la circulaire du 1er janvier ne satisfaisait personne en Europe. La Russie refusait dédaigneusement l'avantage qu'on lui offrait, parce qu'elle comptait bien le prendre un jour d'autorité sans la permission de l'Autriche et surtout parce qu'on cherchait à le lui faire payer trop cher. L'Angleterre ne tenait pas à faire la police dans les Balkans et elle refusait de renoncer au seul bénéfice sérieux qu'elle eût retiré de la guerre de Crimée. La France ne voulait pas lui déplaire et tenait aussi par point d'honneur à la clause de la mer Noire. Ainsi la crise orientale ne semblait pas sur le point de prendre fin. La cause ottomane ne regagnait pas de terrain. Elle semblait même en perdre encore; car le cabinet de Saint-Pétersbourg, d'accord avec celui de Paris, et soutenu par ceux de Florence et de Berlin, annonçait l'intention d'inviter la Porte à consulter le peuple crétois sur ses aspirations, c'est-à-dire à provoquer un plébiscite, d'où devait forcément résulter l'annexion de l'île révoltée à la Grèce.

D'aucun côté cependant Beust ne voulut lâcher prise. Grâce à lui Belcredi finit par voir son crédit tout à fait ruiné auprès de François-Joseph. Il donna sa démission et, le 7 février, l'ancien conseiller du roi de Saxe devint premier ministre d'Autriche.

1. Voir plus haut, chap. IV.

2. Belcredi (Richard, comte), né le 13 février 1823; vice-président du gouvernement de la Bohême (mai 1863); vice-roi de ce pays et conseiller privé (mai 1864). Appelé par François-Joseph à la présidence du Conseil des ministres en remplacement de Schmerling (27 juillet 1865), il fut l'inspirateur de la patente du 20 septembre, qui fut en général mal accueillie dans l'empire, ne sut pas éviter la guerre de 1866, fut, après Sadowa, supplanté au pouvoir par Beust (février 1867) et resta depuis à l'écart.

Dès le lendemain, le compromis (*Ausgleich*) qui devait servir de base à la constitution austro-hongroise, était conclu par cet homme d'État et les chefs du parti magyar. Dans le même temps la cour de Vienne usait de son influence, toujours considérable à Constantinople, pour prévenir par une médiation amicale le conflit imminent depuis plusieurs mois entre la Porte et la Serbie. Sur ses instances, le sultan renonçait en faveur de cette principauté à un droit de garnison qui n'était depuis longtemps pour lui qu'un embarras (3 mars)[1]. Il est vrai que d'autre part, et à peu près dans le même temps, l'invitation de consulter les Crétois était adressée au divan. Mais l'Autriche ne s'en inquiétait plus guère. Elle croyait même pouvoir s'associer dans une certaine mesure à cette démarche; car à ce moment se produisaient en Occident des complications qui devaient avoir pour effet de refroidir singulièrement, à l'égard de la Russie, le zèle de la seule des grandes puissances dont le concours actif lui parût assuré en Orient, c'est-à-dire du gouvernement français.

IV

Si Napoléon III avait montré depuis quelques mois tant de complaisance pour Alexandre II, c'était, nous l'avons dit, pour le rendre favorable à ses vues sur la Belgique. Mais dans le cas où il eût mis la main sur ce pays, il ne pouvait attendre du czar qu'une neutralité bienveillante. Cette neutralité dans son jeu ne devait être qu'un appoint. L'essentiel pour lui était de s'assurer l'alliance de la Prusse; car il fallait compter sur un conflit avec l'Angleterre. Or les semaines, les mois se succédaient, et l'alliance prussienne fuyait toujours devant lui comme le plus décevant mirage. « On s'est pourvu ailleurs », écrivait tristement Benedetti dès la fin d'août. Effectivement la cour de Berlin avait acquis pour rien les bonnes grâces de la Russie; elle ne se souciait plus d'acheter fort cher celles de la France. M. de Bismarck, passé maître dans l'art des négociations dilatoires, semblait vouloir

1. Belgrade et les trois autres forteresses serbes occupées par les Turcs furent, le 18 avril suivant, remises au prince Michel, à la seule condition de maintenir sur leurs murailles l'étendard ottoman à côté du drapeau national.

éterniser celle que, sur ses propres incitations, Napoléon III avait entamée avec lui au sujet de la Belgique. En septembre, il s'était dit malade et était allé respirer l'air des champs. Quand il revint (novembre) et que l'ambassadeur de France le pressa de conclure, il répondit qu'en cette affaire la décision ne dépendait pas de lui. Certes, disait-il, ses sentiments n'étaient pas changés. Mais c'était son maître qu'il fallait gagner; or ce dernier hésitait; ce n'était qu'à la longue et en usant de ménagements infinis qu'on l'amènerait à signer la convention projetée. Ainsi parlait-il encore en janvier 1867; si bien que l'empereur des Français, qui était pressé, finit par prendre de l'humeur et lui fit écrire par Moustier qu'il renonçait à l'alliance, partant à la Belgique. Mais il n'en insistait que plus vivement pour pouvoir au moins annexer, à bref délai, le Luxembourg. Mince compensation après tant d'espérances et de beaux rêves! M. de Bismarck commença par récriminer; on eût dû s'y attendre. Pourquoi la France se fâchait-elle? Ne témoignait-elle pas par là ses mauvais desseins à l'égard de l'Allemagne? Si la Prusse hésitait à traiter, n'avait-elle pas raison? Qui lui garantissait que Napoléon III ne se servirait pas de la Belgique comme d'une base d'opérations pour prendre à revers les provinces du Rhin? De pareilles insinuations n'étaient pas de nature à adoucir le ressentiment de l'empereur. Le 17 février, à l'ouverture des chambres, ce dernier crut devoir rappeler avec une hauteur quelque peu blessante pour la Prusse que, l'année précédente, il avait « arrêté le vainqueur aux portes de Vienne, sauvé l'intégrité de l'Autriche et complété l'indépendance italienne ». Le roi Guillaume riposta le 24, jour de l'inauguration du *Reichstag*, en affirmant sa conviction que l'unité allemande, entravée à Nikolsbourg, recevrait aussi son complément. Bref, les rapports étaient dès ce moment fort tendus et ne permettaient guère au cabinet des Tuileries d'espérer que celui de Berlin lui témoignât beaucoup de complaisance au sujet du Luxembourg.

Pourtant Napoléon III ne croyait plus pouvoir attendre. Il sentait bien que Sadowa lui avait fait perdre toute popularité en France, comme tout crédit en Europe. Le parti ultramontain lui reprochait amèrement d'avoir abandonné l'État pontifical, que les troupes françaises avaient achevé d'évacuer en décembre 1866. A ce moment même, l'expédition du Mexique, la *grande pensée du règne*, prenait misérablement fin par l'embarquement de ses soldats qui, de janvier à mars 1867, revenaient en France, laissant Maximilien sans défense au milieu d'un peuple altéré de vengeance [1]. Humilié, bafoué, déconsidéré au dehors comme au dedans, il se tournait maintenant vers le parti libéral, qu'il avait si longtemps méprisé, et lui donnait mission de le sauver. Sans avoir le courage d'éloigner de lui les hommes du 2 décembre, il exécutait gauchement et sans franchise, sous l'inspiration d'un transfuge du parti républicain [2], une évolution gouvernementale qui ne devait avoir pour résultat que de déconcerter ses amis et d'augmenter l'audace de ses ennemis. Par sa lettre retentissante du 19 janvier, il avait restitué au Corps législatif le droit d'interpellation et annoncé le rétablissement prochain de la liberté de la presse et de la liberté de réunion. Il ne se hâtait pas, il est vrai, de tenir ce dernier engagement. Mais la session législative était ouverte. Les représentants du pays allaient sans doute lui demander compte de sa politique extérieure. Il fallait donc qu'il effaçât au plus tôt, sinon par un triomphe militaire, du moins par un succès diplomatique quelconque, le souvenir des déconvenues et des hontes sous lesquelles l'éclat de son nom semblait disparaître.

V

De là l'importance presque ridicule qu'il attachait à ce petit territoire du Luxembourg, dont l'acquisition ne pouvait être une compensation sérieuse au tort qu'il s'était fait depuis quelques années par tant de fausses manœuvres. On sait que ce pays

1. L'impératrice Charlotte, sa femme, était venue à Paris au mois d'août 1866; mais elle avait en vain supplié Napoléon III de continuer à protéger son mari. Le pape, qu'elle était ensuite allée voir et qui était depuis quelque temps brouillé avec Maximilien, lui avait aussi refusé toute concession. Elle était devenue folle, ce qu'elle est encore. Depuis, la mission du général Castelnau, envoyé en septembre au Mexique par l'empereur des Français, n'avait pu déterminer Maximilien à quitter un pays qui, manifestement, ne voulait pas de lui. Séduit par quelques meneurs cléricaux, qui lui promettaient l'appui de l'Église, il s'était décidé, après certaines hésitations, à demeurer dans son prétendu empire (décembre 1866). Cette résolution devait, quelques mois après, lui coûter la vie.

2. M. Emile Ollivier, qui avait été un des *cinq* de 1857 à 1863 et qui aspirait maintenant à fonder l'*Empire libéral*. On verra plus loin sa fin lamentable.

appartenait, à titre de domaine personnel, au roi des Pays-Bas. Ce souverain, qui était (et qui est encore) Guillaume III [1], de la maison d'Orange-Nassau, était fort accessible à certaines influences d'alcôve et, vu ses désordres, sans cesse tourmenté par des besoins d'argent dont Napoléon III était pour le moment fort désireux de tirer parti. Il ne demandait pas mieux à cette époque que de vendre son grand-duché [2]. Il y trouvait même un certain avantage politique. En effet, le Luxembourg avait fait partie, jusqu'en 1866, de la confédération germanique, ainsi que le Limbourg hollandais, partie intégrante des Pays-Bas [3]. Sa capitale était même encore occupée, à titre de place fédérale, par une garnison prussienne. Or, bien que la confédération germanique n'existât plus, la Prusse faisait encore difficulté d'évacuer cette place, invoquant les traités de 1816, de 1839 et de 1856 [4], qui lui en avaient confié la garde, et semblant vouloir subordonner à la reconnaissance de sa singulière prétention sa renonciation à tout lien politique avec le Limbourg. Or, par cette dernière province, le cabinet de Berlin pouvait être tenté d'exercer sur les Pays-Bas une action analogue à celle qu'il s'était jadis permise, grâce au Holstein, à l'égard du Danemark. Le roi Guillaume III croyait donc avoir intérêt à se débarrasser du Luxembourg au profit d'une grande puissance, qui lui garantirait la possession du Limbourg en toute franchise. La France lui offrait cet avantage.

1. Guillaume III (Alexandre-Paul-Frédéric-Louis), né le 19 février 1817, succéda à son père Guillaume II le 17 mars 1849. Marié le 18 juin 1839 à la princesse Sophie de Wurtemberg, il en a eu deux fils, le prince Guillaume (né le 4 septembre 1840) et le prince Alexandre (né le 25 août 1851), qui sont morts l'un et l'autre sans postérité depuis plusieurs années. Devenu veuf, il s'est remarié le 7 janvier 1879 à la princesse Emma de Waldeck-Pyrmont, qui lui a donné une fille, Wilhelmine, née le 31 août 1880. Cette jeune princesse est actuellement l'héritière présomptive des Pays-Bas; mais elle ne l'est pas du Luxembourg, où règne la loi salique. Ce grand-duché doit revenir après la mort de Guillaume III au duc Adolphe de Nassau qui, récemment (1889), s'y était établi comme régent, escomptant la mort du roi (à ce moment fort malade), mais qui a dû retourner en Allemagne par suite du rétablissement de la santé de ce souverain.

2. Il y était surtout incité par sa maîtresse, Mme Musard, à qui l'empereur avait fait, paraît-il, promettre un cadeau d'un million.

3. Voir t. I de cet ouvrage, p. 364.

4. Elle était évidemment de mauvaise foi, car son droit d'y tenir garnison découlait seulement de ce fait que Luxembourg était une forteresse fédérale, ce qu'il n'était plus depuis le mois de juin 1866. (Le grand-duché n'avait à cette époque pris aucune part à la guerre et n'avait depuis conclu aucun traité avec la Prusse. Il en était de même pour le Limbourg.)

Mais comme, d'autre part, ce prince était faible, un peu timoré, et que les amis de la Prusse ne manquaient pas dans son entourage, il voulait être bien sûr que l'arrangement proposé par la cour des Tuileries ne le brouillerait pas avec celle de Berlin. Le gouvernement français était donc intéressé à ce que la Prusse ne mît pas opposition au marché. Aussi crut-il devoir, vers la fin de février, se faire doux et caressant envers M. de Bismarck. Il expliqua fort amicalement ses précédentes communications; il protesta de son désintéressement à l'égard de l'Allemagne. Mais comment le chancelier de fer allait-il prendre ses avances?

Contrairement à ce que l'on pouvait craindre, il les prit fort bien et se montra on ne peut plus accommodant, pour son compte personnel, car il continuait à ne pas répondre de son maître, et en paroles, car il évitait avec soin de prendre aucun engagement écrit. Cette complaisance apparente pour le projet français demande à être expliquée. M. de Bismarck avait à ce moment besoin que Napoléon III *s'enferrât* lui-même une fois de plus. Pour que l'Allemagne du Nord subît sans réserve la constitution qu'il venait de lui présenter, il fallait qu'elle prît peur de la France; il fallait que la haine de l'*ennemi héréditaire* lui fît oublier la défense de ses libertés. Encourager sournoisement les espérances et les revendications de l'empereur, amener l'Allemagne à se croire menacée ou insultée, obtenir d'elle des sacrifices auxquels ne se refuse jamais le patriotisme affolé d'une grande nation, et arguer ensuite d'une surexcitation causée par ses propres intrigues pour se refuser à toute concession envers sa dupe, tel fut, en cette circonstance, le plan du ministre prussien.

VI

Par diverses conventions conclues du 18 août au 21 octobre 1866, la Prusse avait formé avec les 21 États que le traité de Prague plaçait sous son hégémonie [1] une union provisoire, qui devait cesser

1. La *confédération de l'Allemagne du Nord* comprenait, avec la Prusse, le royaume de Saxe, les grands-duchés de Mecklembourg-Schwérin, de Mecklembourg-Strelitz, de Saxe-Weimar, d'Oldenbourg, les duchés de Brunswick, de Saxe-Meiningen, de Saxe-Altenbourg, de Saxe-Cobourg-Gotha, d'Anhalt, les

de plein droit le 18 août 1867, si avant cette date la confédération de l'Allemagne du Nord n'était pas constituée. M. de Bismarck n'avait pas voulu qu'ils eussent trop de temps à donner à la réflexion. Mais, quel que fût son ascendant sur eux, il avait quelque peine à leur faire accepter le projet de constitution qu'il avait élaboré de toutes pièces et qu'il prétendait leur imposer sans réserve. Les plénipotentiaires des 21 gouvernements en question s'étaient réunis à Berlin sous sa présidence le 15 décembre. Là ils apprirent qu'en entrant dans la future confédération, chacun des gouvernements alliés conserverait son autonomie, sauf en ce qui concernait les affaires étrangères, l'organisation et le commandement de l'armée, la marine, l'indigénat, les impôts affectés aux dépenses fédérales, le droit pénal et commercial, les droits contractuels, la procédure civile, l'exécution des jugements, la propriété intellectuelle, les brevets d'invention, les douanes, le commerce, les banques, la représentation consulaire, les postes, les télégraphes, les chemins de fer, les routes, la navigation intérieure par voies communes à plusieurs États, les monnaies, les poids et mesures, la police sanitaire, les assurances, la légalisation des documents publics [1]; on voit à quoi devait se réduire cette prétendue autonomie. Ils reculèrent, firent mine de résister, interrompirent les conférences. Mais les menaces de la Prusse les amenèrent à les reprendre et, au bout de quelques semaines, ils adoptèrent dans son ensemble le projet du chancelier (8 février). Ce plan, très habilement conçu, assurait au roi de Prusse un pouvoir à peu près absolu sur la Confédération, dont lui et ses successeurs devaient être les présidents perpétuels. En effet, il lui donnait d'abord la direction de la diplomatie, le commandement de l'armée et de la flotte, le droit de guerre et de paix, celui de mettre en état de siège tout ou partie de la confédération et celui de décréter contre ses confédérés l'exécution fédérale et le séquestre. Ce n'est pas tout. Le

principautés de Schwartzbourg-Rudolstadt, de Schwartzbourg-Sondershausen, de Waldeck, de Reuss-Schleiz, de Reuss-Greiz, de Schaumbourg-Lippe, de Lippe-Detmold, la partie du grand-duché de Hesse-Darmstadt située au nord du Mein et les villes libres de Hambourg, Brême et Lubeck.

1. Il faut remarquer qu'en transférant tant d'attributions au gouvernement fédéral, M. de Bismarck trouvait le moyen de réduire à l'impuissance non seulement les petits parlements locaux, mais aussi et surtout la chambre des députés de Prusse, qui lui avait fait, depuis son avènement au ministère, une opposition si persistante et si acharnée.

pouvoir législatif devait être exercé par deux assemblées, le *Reichstag* et le conseil fédéral ou *Bundesrath*. Par un hommage apparent et trompeur à la souveraineté nationale, M. de Bismarck avait voulu que la première fût élue au suffrage universel [1]; seulement ses membres devraient exercer leur mandat gratuitement, ce qui ne permettait pas aux pauvres d'y entrer. En outre, elle pouvait être paralysée par le Conseil fédéral, dont l'assentiment était nécessaire pour que ses décisions eussent force de loi. Ce conseil, qui, d'accord avec le roi de Prusse, pouvait dissoudre le Reichstag, se composait des plénipotentiaires des États confédérés, au nombre de 43. La Prusse à elle seule en comptait 17; avec les voix des petites principautés enclavées dans son territoire et absolument inféodées à sa politique, elle était toujours sûre de faire pencher la balance de son côté. Le Conseil une fois séparé, le Reichstag ne pouvait plus siéger. Mais en l'absence du Reichstag le Conseil pouvait toujours être convoqué. Ses débats n'étaient pas publics et les membres du Reichstag n'y assistaient pas, mais ceux du Bundesrath avaient toujours le droit de siéger et de parler dans l'autre assemblée. Le Conseil était présidé par le chancelier de la Confédération (qui devait être M. de Bismarck); il se divisait en sept comités permanents, renouvelables chaque année, correspondant aux principaux services publics. Mais les membres des deux premiers, c'est-à-dire de celui de la guerre et de celui de la marine, étaient désignés par le roi de Prusse. Enfin ce souverain avait le droit de *veto* absolu en matière d'organisation militaire, de telle sorte que l'effectif de l'armée et les dépenses y afférentes ne pourraient plus être diminuées sans son assentiment.

VII

Ce programme, les princes, intimidés, l'avaient subi. Mais il était douteux que le Reichstag constituant, réuni le 24 février 1867 pour l'examiner, se montrât d'aussi bonne composition. Il parut

1. Cet homme d'Etat savait à merveille comment un gouvernement avisé peut manier le suffrage universel, flatter, surexciter à propos les passions populaires; il avait étudié à l'école de l'empire français. Il était du reste passé maître en fait de pression électorale.

donc urgent à M. de Bismarck de donner le change à cette assemblée. Exaspérée contre la France, elle serait plus docile envers le roi de Prusse. Voici donc comment procéda le chancelier. Aux ouvertures qui lui furent faites par Benedetti relativement au Luxembourg, il répondit qu'il trouvait le désir de Napoléon III fort légitime. Il lui conseillait donc de poursuivre et de mener bon train sa négociation avec le roi des Pays-Bas. Mais il fallait que l'arrangement fût conclu sans que l'affaire vînt officiellement à la connaissance du roi de Prusse; car s'il devait s'en mêler, il aurait nécessairement à tenir compte des susceptibilités de la nation allemande, qui regardait le Luxembourg comme terre germanique et aurait quelque peine à l'abandonner. Devant un fait accompli, il s'inclinerait sans doute; il serait facile de lui forcer la main. Au vrai, M. de Bismarck voulait que Napoléon III se *compromît* par des démarches et négociations que l'Allemagne trouverait ensuite d'autant plus répréhensibles qu'elles auraient été secrètes. Et de fait, dès la première quinzaine de mars, les journaux d'outre-Rhin, que de mystérieuses confidences mettaient au courant de tous les agissements de l'empereur, commençaient à crier : au feu! et mettaient l'opinion publique en garde contre l'homme des Tuileries et sa *politique de pourboires*.

Napoléon III eût dû se hâter d'en finir. Peut-être en effet par une prompte conclusion du marché, eût-il surpris, abasourdi, réduit à l'impuissance l'Allemagne et le roi de Prusse. Mais il perdait son temps à discuter sur le nombre de millions que le souverain des Pays-Bas demandait en retour de son grand-duché. Et sur ces entrefaites se produisit un incident qui tout à coup rendit fort improbable l'arrangement en question.

Le gouvernement français fut interpellé, le 14 mars, au Corps législatif, par Thiers, qui poursuivait l'empire d'une haine implacable et qui, pour le perdre, allait quelquefois jusqu'à compromettre par ses discours l'intérêt de la France. C'est ainsi qu'après avoir critiqué fort amèrement une politique qui avait eu pour résultat de placer la Prusse à la tête de l'Allemagne du Nord, il somma, pour ainsi dire, le gouvernement de déclarer qu'il ne permettrait pas au cabinet de Berlin de pousser plus loin ses avantages et d'inféoder à sa politique les États situés au sud du Mein. Il eût été bien plus sage et à Thiers et à Napoléon III de faciliter au contraire à l'Allemagne du Nord l'absorption immédiate de ces États, sans rien demander en échange, même le Luxembourg. Les populations du sud du Mein, en grande partie catholiques et passablement réfractaires au joug de Berlin, eussent été à ce moment d'une assimilation fort difficile pour la Prusse, qui avait déjà bien du mal à digérer le copieux repas de Sadowa. La France, en affectant un parfait désintéressement, n'aurait pas permis à M. de Bismarck d'ameuter l'Allemagne contre elle et l'eût mis dans un embarras dont elle eût certainement profité. Mais rien ne pouvait être plus impolitique que de tenir à l'Allemagne le langage menaçant recommandé par Thiers. Ce dernier n'ignorait probablement pas (les politiques instruits, comme lui, le savaient depuis quelque temps) que, dès le mois d'août 1866, les États du Sud s'étaient liés à la Prusse par des traités secrets qui ne leur laissaient plus une entière liberté d'action. En tout cas, il mettait dans un singulier embarras le gouvernement français, qui en était parfaitement informé. Le ministre d'État Rouher, qui lui répondit, crut devoir payer d'audace et se fit applaudir en déclarant que l'Allemagne était maintenant, grâce à la politique de son souverain, divisée en trois tronçons et que la France ne leur permettrait pas de se réunir. Et l'effet immédiat de cette fanfaronnade fut la publication faite par les journaux allemands, dès le 20 mars, des traités d'août 1866, que jusque-là on avait généralement ignorés. Ce fut aussi une grande irritation, non seulement en France, mais en Allemagne; ce fut un débordement de menaces et de provocations qui, de part et d'autre, rendirent, à ce qu'il semblait, la guerre imminente et la firent désirer.

La cour des Tuileries venait de recevoir un nouvel affront. Si encore elle eût pu acquérir enfin ce Luxembourg qu'elle convoitait si passionnément! Mais le roi des Pays-Bas n'avait pas encore signé le traité. Pour le déterminer à conclure, on lui avait représenté jusque-là que la France et la Prusse étaient secrètement d'accord et qu'il n'avait à craindre de cette dernière puissance aucune opposition. Mais après l'éclat du 20 mars, ce pauvre prince prit peur. Paris et Berlin paraissant sur le point de se brouiller, il voulait prendre ses sûretés. Il déclara donc qu'il allait demander officiellement l'avis du roi de Prusse, et c'est ce qu'il fit le 26 mars, malgré les efforts de la France pour l'en empêcher. Pourtant, durant quelques jours encore, la négociation ne fut pas interrompue. Tandis que le roi Guillaume répondait (le 28) en termes fort vagues et presque énigmatiques, M. de Bismarck réitérait au cabinet des Tuileries le conseil d'aller vite, d'en finir. Aussi Napoléon III se pressa-t-il; il rassura de son mieux le roi des Pays-Bas; ce dernier voulait 90 millions; il les lui promit. Bref le traité était rédigé; il allait être signé le lendemain; le gouvernement français crut pouvoir en escompter d'avance le bénéfice et l'honneur et, dès le 31 mars, fit répandre dans toute l'Europe la nouvelle du grand succès diplomatique qu'il croyait avoir remporté.

L'heure était venue pour M. de Bismarck de démasquer ses batteries. Le 1er avril, au Reichstag, un des chefs du parti national-libéral[1], M. de Bennigsen, qui lui servait de compère, l'interpella au nom de l'Allemagne irritée sur la question du Luxembourg et mit le gouvernement prussien en demeure de repousser les prétentions de la France. Le chancelier répondit en termes fort diplomatiques, fort courtois pour la cour des Tuileries, mais n'en déclara pas moins que pour le règlement de la question pendante le gouvernement prussien *tiendrait compte des puissances signataires des anciens traités, de ses confédérés et de l'opinion représentée par le Reichstag*. Ces paroles causèrent à la Haye un nouvel effarement. L'envoyé français chercha sans succès à tranquilliser de nouveau le roi des Pays-Bas. Le comte Perponcher, représentant de la Prusse, vint bientôt notifier à ce souverain le *veto* absolu de son gouvernement (3 avril); et comme, deux jours après, le cabinet de Berlin lui fit savoir aussi que, décidément, il se désintéressait à jamais du Limbourg, on conçoit qu'à partir de ce moment il ne pouvait plus être question de la vente du Luxembourg à la France.

1. Bennigsen (Rudolf von), né à Lunebourg (Hanovre) le 10 juillet 1824; juge au tribunal de Gœttingue (1854), chef de l'opposition dans la Chambre des députés de Hanovre à partir de 1857, il fut en 1859 un des promoteurs du *Nationalverein* qui, sous sa direction, devint en 1866 le parti *national-libéral*, contribua puissamment à l'achèvement de l'unité allemande, fut président du Reichstag de 1871 à 1879, fit, surtout à partir de 1877, quelque opposition à la politique autoritaire de M. de Bismarck, vit l'influence de son groupe diminuer et se retira de la vie parlementaire en juin 1883; il y est rentré par suite des élections de février 1887. Mais la succession du *chancelier de fer*, que ses amis avaient longtemps espérée pour lui, lui a échappé lorsque cet homme d'État a dû quitter les affaires (mars 1890), et il n'est pas probable qu'il soit jamais appelé au pouvoir par l'empereur Guillaume II.

Napoléon III était bafoué une fois de plus à la face de l'Europe. Allait-il faire la guerre? Il en avait certes fort envie. Il y songeait depuis quelques mois. Il encourageait presque ouvertement les complots des princes allemands dépossédés par la Prusse l'année précédente [1]. Bref, s'il n'eût écouté que son ressentiment, il eût donné tout de suite le signal de l'attaque. Mais la plupart de ses conseillers et l'impératrice elle-même l'en dissuadaient. L'Exposition universelle, rendez-vous de paix et de conciliation sur lequel il avait compté pour rehausser son prestige et sa considération dans le monde, venait de s'ouvrir à Paris avec un éclat extraordinaire. Allait-on interrompre cette fête internationale, la stériliser par un conflit qui troublerait certainement toute l'Europe? En outre, Napoléon III ne pouvait se dissimuler que la France n'était pas armée. La nouvelle loi militaire dont il avait présenté récemment le projet au Corps législatif n'était pas votée; il n'était même pas probable qu'elle le fût de longtemps; elle exigeait en effet de gros sacrifices, et la plupart des députés répugnaient à y consentir pour ne pas compromettre leur situation électorale. En somme, l'empereur crut devoir se résoudre à ne pas provoquer la guerre. Mais il ne voulait pas d'autre part avoir l'air de reculer honteusement devant les menaces de la Prusse. Son ministre Moustier lui fournit bientôt un expédient honorable et dont pouvait s'accommoder son amour-propre. Certainement la France n'avait pas le droit de prendre le Luxembourg. Mais la Prusse n'avait pas non plus celui de maintenir ses troupes dans la capitale de ce petit État; c'était plus qu'évident. La France devait donc réclamer la prompte évacuation de cette forteresse et en appeler à l'Europe, qui ne pourrait que lui donner raison. C'est à ce parti qu'elle s'arrêta, conviant toutes les puissances qu'intéressait la question luxembourgeoise à une conférence qui se tiendrait à Londres dans le plus bref délai (8-15 avril).

La guerre n'en était pas moins encore fort possible, et l'on s'y préparait, de part et d'autre, avec une activité fébrile. Le roi Guillaume, qui, grâce à la manœuvre de M. de Bismarck, avait fait

1. Et notamment du roi de Hanovre qui, établi à Hietzing, près de Vienne, avait une agence très active à Paris, où il venait de fonder un journal (*la Situation*) destiné à soutenir sa cause, et où il organisait, sous la protection de Napoléon III, une *légion hanovrienne*.

voter presque sans modification [1] son projet de constitution fédérale par le Reichstag, déclarait le 17 avril, en prononçant la clôture de cette assemblée, que *l'heure était venue pour la patrie allemande de faire respecter par sa puissance ses droits et sa dignité.* Mais en somme, à Berlin comme à Paris, on ne voulait pas porter le premier coup. On se demandait ce que ferait l'Europe et chacun des deux adversaires cherchait à gagner préalablement l'appui des grandes puissances.

VIII

Or elles étaient toutes pour la paix, à commencer par l'Angleterre, qui la voulait à tout prix. Le cabinet de Londres se disait que, si les hostilités éclataient et que la France fût victorieuse, elle s'emparerait certainement de la Belgique. Or Napoléon III, pour obtenir son concours à la conférence, lui promettait de respecter l'indépendance de ce royaume; il lui offrait, en outre, de se mettre d'accord avec lui sur la question d'Orient et de rompre peu à peu ses attaches avec la Russie. Aussi le ministère Derby travaillait-il fort sincèrement au maintien de la paix et se montrait-il fort disposé à seconder les réclamations de la France. Cette puissance ne trouvait pas, il est vrai, un concours aussi actif à Florence. L'Italie nourrissait contre elle, surtout depuis 1866, des rancunes inavouables et injustifiables. Vaincue à Custozza et à Lissa, elle n'avait reçu de nous qu'en boudant le cadeau de la Vénétie. Maintenant elle demandait Rome à grands cris. Rattazzi, qui venait de remonter au pouvoir (10 avril), plaisait à Napoléon III. Il l'accablait de protestations de dévouement. Mais, invité à s'unir à lui, il le payait de bonnes paroles, déclarait avec un embarras et un chagrin bien joués, qu'entre ses deux bienfaitrices, la France et la Prusse, il était bien difficile à l'Italie de prendre parti. De fait, il ne voulait servir ni l'une ni l'autre. Son objectif, c'était Rome. Garibaldi menaçait ouvertement l'État pontifical, agitait l'opinion,

1. Le budget et le contingent militaires furent accordés pour quatre ans et non pour dix, comme il l'avait demandé. Mais il demeura entendu qu'à l'expiration de ce terme ils ne pourraient être diminués sans l'assentiment du président de la Confédération.

organisait des bandes de volontaires; et le ministre le laissait faire, se disant que le conflit franco-prussien lui fournirait sans doute l'occasion d'aller impunément planter sur les bords du Tibre le drapeau de l'unité italienne.

L'Autriche était tentée des deux côtés; mais elle n'avait, pour le moment, de sympathie que pour la France. Napoléon III lui offrait le sud de l'Allemagne, ou la Silésie, à son choix. Mais la cour de Vienne n'était pas en état de faire la guerre. Outre que son organisation militaire était à refaire, elle était intérieurement fort troublée ; les provinces slaves, et particulièrement la Bohême, protestaient contre le système de dualisme (février-avril 1867). La constitution nouvelle était votée à Pesth; mais elle ne l'était pas encore à Vienne. Il faut ajouter que Beust reculait devant toute apparence d'agression contre l'Allemagne, surtout de concert avec l'*ennemi héréditaire*. Les Allemands d'Autriche ne lui auraient pas pardonné de trahir ainsi la grande patrie germanique; et l'opposition des Hongrois, leurs alliés, était également à craindre. Beust aurait mieux aimé ouvrir le feu en Orient, d'où il aurait pu ensuite se répandre tout naturellement jusqu'au Rhin. Mais dans ce cas il fallait attaquer la Russie, et la France ne voulait pas se brouiller ouvertement avec cette puissance. Par contre, le cabinet de Saint-Pétersbourg en voulait quelque peu à Napoléon III de sa complaisance pour l'Angleterre; aussi se montrait-il favorable aux prétentions de la Prusse qui refusait d'évacuer Luxembourg; mais il ne désespérait pas de regagner l'empereur des Français et n'était pas pour le moment disposé à rompre avec lui. La Prusse n'avait donc, en somme, parmi les grands États, qu'un allié, et un allié fort platonique. Aussi M. de Bismarck, à ce moment, ne souhaitait-il pas la guerre; il ne l'avait même jamais désirée. Il lui suffisait d'avoir, grâce à la crise qu'il avait si savamment provoquée, obtenu le vote de la constitution fédérale.

Il n'eût engagé résolument la partie que s'il eût été sûr d'entraîner dans la lutte les États de l'Allemagne méridionale. Or ils étaient à cette heure plus qu'hésitants. Ils semblaient regretter les traités d'alliance conclus en août 1866, dans une heure d'effarement. Leurs parlements ne les avaient pas encore sanctionnés par leurs votes. Les cours de Bavière, de Wurtemberg et même de Bade faisaient remarquer que, si la guerre éclatait, la Prusse devrait porter toutes ses forces sur le bas Rhin; que l'Allemagne du Sud serait découverte, incapable de résister à une attaque sérieuse de la France; qu'elle ne pourrait accepter la lutte que si elle était soutenue par l'Autriche. Il fallait donc solliciter le concours de François-Joseph. M. de Bismarck chargea le premier ministre de Bavière, le prince de Hohenlohe [1], qui était personnellement tout dévoué à la Prusse [2], de le solliciter. Mais il comptait peu, à vrai dire, sur le succès d'une pareille démarche, et il est même à croire qu'il ne le désirait pas beaucoup, car il n'offrait absolument rien à l'Autriche en retour de son alliance. Aussi l'agent bavarois Taufkirchen n'obtint-il à Vienne qu'un succès tout négatif. François-Joseph ne pouvait oublier que la cour de Munich l'avait fort mollement soutenu, qu'elle l'avait même presque trahi [3] en 1866. Il ne poussait pas encore l'abnégation jusqu'à tendre la main au vainqueur de Sadowa. Beust répondit ironiquement aux propositions de Hohenlohe que l'Autriche avait pour le moment mieux à faire que d'accorder à la Prusse un concours pour prix duquel on lui offrirait sans doute uniquement un exemplaire bien relié du traité de Prague. La négociation ne fut pas poussée plus loin.

Tout tournait donc à la paix. L'Angleterre la recommandait instamment au roi Guillaume. La Russie, voyant que l'Autriche restait libre de toute alliance et pourrait par conséquent, lorsqu'elle le voudrait, tourner toutes ses forces vers l'Orient, n'avait aucun intérêt à ce que la guerre éclatât en Occident. Elle aussi se mit donc à prêcher la conciliation; si bien que le cabinet de Berlin finit par adhérer à la proposition française (26 avril) et que la réunion de la conférence devint possible.

Dès lors, la question du Luxembourg était virtuellement résolue. La conférence, convoquée le 28 avril par le gouvernement britan-

1. Hohenlohe-Waldenbourg-Schillingsfurst (Clovis-Charles-Victor, prince de), d'abord prince de Ratibor et de Corvey, né le 31 mars 1819; vice-président du parlement douanier (1868); renversé du ministère en mars 1870; vice-président du Reichstag et complètement rallié à M. de Bismarck, qui l'envoya comme ambassadeur d'Allemagne (avril 1874) à Paris, où il resta jusqu'en août 1885; depuis cette dernière époque, il remplit les fonctions de Statthalter en Alsace-Lorraine, où il a succédé au feld-maréchal de Manteuffel.

2. C'est par l'influence du chancelier qu'il était parvenu au pouvoir, vers la fin de 1866, en remplacement de Pfordten, que la cour de Berlin avait tenu à écarter des affaires.

3. Dans l'espoir, paraît-il, d'obtenir le Tyrol, en tout ou en partie.

nique, s'ouvrit à Londres le 7 mai. Elle comprenait les plénipotentiaires de l'Autriche, de la Belgique, de la France, de la Grande-Bretagne, de l'Italie, du Luxembourg, des Pays-Bas, de la Prusse et de la Russie, c'est-à-dire des grandes puissances et des États secondaires qui avaient pris part au traité de 1839 [1]. Ses travaux ne durèrent que quatre jours. La Prusse consentit, d'assez mauvaise grâce, à évacuer la forteresse qu'elle occupait encore indûment. Mais elle en demanda le démantèlement; elle exigea aussi que le grand-duché fût déclaré neutre et que sa neutralité fût garantie par les puissances représentées à la conférence. Ces conditions furent acceptées, et le traité de Londres, rédigé en conséquence, mit fin, le 11 mai 1867, à la crise qui, depuis six semaines, causait à l'Europe une si pénible anxiété.

IX

Napoléon III et ses ministres célébrèrent, plus bruyamment qu'il ne convenait, la conclusion de cette affaire (14 mai) et la représentèrent comme un triomphe éclatant de la politique française. C'était, en somme, un fort mince succès et dont il n'y avait guère lieu d'être fier. L'opinion publique en France n'en fut que médiocrement satisfaite. En Allemagne, elle se montra fort irritée d'un arrangement qu'elle considérait comme fort humiliant pour la patrie germanique. Elle se tourna vers M. de Bismarck, comme pour le sommer de prendre sa revanche. C'était bien ce qu'il comptait faire, et sans tarder. En effet, dès les premiers jours de juin, l'amour-propre des teutomanes eut, grâce à lui, lieu d'être satisfait. Le chancelier venait en effet de réunir les plénipotentiaires des États du Sud et de leur imposer, le poignard sur la gorge, on peut le dire, un projet de traité par lequel ces États devaient être, sous le rapport du commerce et des finances, inféodés à la Prusse, comme ils l'étaient déjà sous le rapport militaire. La cour de Berlin avait, depuis Sadowa, déclaré le Zollverein dissous. Or les populations de l'Allemagne méridionale avaient, depuis plus de trente ans, tiré trop de profit de l'union douanière pour y vouloir maintenant renoncer. Le renouvellement de ce pacte était presque,

1. Voir t. I de cet ouvrage, p. 364.

à leurs yeux, une question de vie ou de mort pour elles. Et la Prusse le savait bien. Aussi fit-elle ses conditions et les fit-elle fort dures. Le projet de M. de Bismarck portait que le Zollverein serait reconstitué entre les gouvernements du Sud et la Confédération de l'Allemagne du Nord; qu'il ne pourrait plus être dénoncé; que la nouvelle union aurait pour président perpétuel le roi de Prusse; qu'elle aurait pour corps législatif un conseil de plénipotentiaires (le *Zollbundesrath*) et un Parlement douanier (*Zollparlament*) élu au suffrage universel, lequel serait simplement le Reichstag grossi des députés de l'Allemagne méridionale, et que la compétence du président et des assemblées s'étendrait non seulement aux questions de douanes et aux questions de finances y relatives, mais aussi aux mesures à prendre *en dehors de la zone douanière pour la sûreté des frontières douanières communes*. Après cela que restait-il d'autonomie aux États du Sud? Que devenait leur droit de former une confédération particulière? L'unité de l'Allemagne était aux trois quarts faite. Le traité de Prague, quoi que pût dire le gouvernement français, n'existait plus. Et ce n'était pas, du reste, seulement en franchissant le Mein que la Prusse l'enfreignait ainsi à ciel ouvert. C'était aussi en refusant, malgré les plus légitimes réclamations, de consulter les populations du Sleswig septentrional qui désiraient faire retour au Danemark et auxquelles ledit traité avait formellement promis satisfaction.

Comme pour narguer la France, le roi Guillaume et son premier ministre choisirent ce moment pour venir à Paris visiter l'Exposition universelle. Napoléon III les reçut avec de grands honneurs et ne leur fit, sur leurs derniers actes, que des observations amicales, auxquelles ils répondirent par les protestations les plus rassurantes, mais sans vouloir prendre aucun engagement écrit. L'empereur des Français comptait se dédommager en intéressant à sa cause le czar qui, en même temps qu'eux, se trouvait dans sa capitale (avec le chancelier Gortchakoff). Mais Alexandre n'avait nulle envie de contrarier la politique du roi Guillaume, son oncle, qui avait toujours eu sur lui un véritable ascendant. En outre, l'attentat dont il faillit être victime au bois de Boulogne [1] et certains cris de *vive la*

1. Le coupable était un Polonais de dix-neuf ans, nommé Bérézowski, qui

Pologne poussés sur son passage, lui causèrent des impressions pénibles, dont le gouvernement français devait se ressentir. Tout ce que Napoléon III put obtenir de lui, ce fut la rédaction d'un *pro memoria* confidentiel par lequel la Russie promettait à la France d'employer ses bons offices pour faire respecter le traité de Prague; encore était-ce à la condition que cette puissance, de son côté, la seconderait loyalement dans sa politique orientale.

C'était ne rien promettre, car il devenait chaque jour plus difficile à Napoléon III, qui chaque jour se rapprochait de l'Angleterre et surtout de l'Autriche, de suivre Alexandre II dans ses entreprises contre la Porte. Déjà (le 4 avril), encouragé par la cour de Vienne, le reis-effendi Fuad-pacha avait énergiquement répondu, à l'invitation de provoquer un plébiscite en Crète, qu'il faudrait un nouveau Navarin pour que le sultan s'y résignât. Au lendemain du traité de Londres, la Russie n'avait pu obtenir de la France que l'envoi d'une nouvelle note (acceptée par la Prusse et l'Italie, mais rejetée par la Grande-Bretagne et par l'Autriche) aux termes de laquelle Abd-ul-Aziz devait consentir à une enquête qu'ouvriraient dans l'île révoltée les grandes puissances européennes (17 mai). A cette nouvelle ouverture Fuad-pacha riposta (le 20 juin) en déclarant que son maître ne repoussait pas une enquête « dont la forme et le but devraient être déterminés *par lui-même*. La forme à donner, ajoutait-il, et le but à désigner ne devraient pas dépasser les *limites naturelles de ses droits de souveraineté.* » C'était un refus à peine déguisé. Or le czar ne put dissimuler sa mauvaise humeur en constatant que la France, tout en ayant l'air de le blâmer, semblait en prendre assez philosophiquement son parti. Il ne vit pas non plus sans irritation que le sultan fût reçu à Paris, où il arriva le 30 juin et où des honneurs extraordinaires lui furent rendus, encore qu'il persistât à repousser l'ingérence de l'Europe dans ses affaires [1]. Aussi, dans son dépit, laissa-t-il, sans protestation aucune, la Prusse transformer en un traité définitif (8 juillet) le traité qui reconstituait en Allemagne l'union douanière et, s'il adressa quelques observations au cabinet de Berlin en faveur des Sleswicois, fit-il

fut condamné peu après aux travaux forcés à perpétuité. Le czar, sa famille et les *patriotes* russes trouvèrent qu'on l'avait traité avec trop d'indulgence.

1. De Paris, Abd-ul-Aziz se rendit à Londres, où, naturellement, on lui donna le conseil de tenir bon.

entendre fort clairement qu'il n'irait jamais jusqu'à l'emploi de la force pour soutenir leur cause.

Napoléon III semblait à ce moment prendre fort à cœur cette affaire du Sleswig. Plus que jamais il avait besoin de relever son prestige par quelque victoire diplomatique. Une nouvelle humiliation, plus cruelle peut-être que toutes les autres, venait de lui être infligée à la face du monde; il venait d'apprendre la mort de Maximilien, que le gouvernement républicain du Mexique avait capturé et fait fusiller à Queretaro (le 19 juin). Il crut donc devoir presser avec quelque vivacité le gouvernement prussien de s'exécuter enfin envers le Danemark. M. de Bismarck ergotait depuis plusieurs mois sur les termes du traité de Prague, alléguant que cette convention n'avait pas fixé les limites du territoire à rétrocéder, et exigeant pour les quelques sujets allemands qui pouvaient s'y trouver des garanties inconciliables avec l'indépendance de la monarchie danoise. Le cabinet des Tuileries poussa celui de Copenhague à de nouvelles réclamations et eut l'imprudence de les appuyer directement auprès du gouvernement prussien (fin de juillet). Mais ce dernier le prit aussitôt de très haut vis-à-vis de lui, déclarant que le droit de réclamer l'exécution du traité de Prague appartenait exclusivement aux puissances qui l'avaient conclu. La France ne l'avait pas signé, cette affaire ne la regardait pas, elle n'avait qu'à se taire. Napoléon III payait à ce moment la faute qu'il avait commise lorsque, dans le chimérique espoir d'obtenir pour la France des avantages particuliers, il avait renoncé à Prague à sa qualité et à ses prérogatives de médiateur. La réponse arrogante de la chancellerie prussienne provoqua dans la presse allemande un débordement de menaces et d'outrages contre la France. Napoléon III, pris une fois de plus dans ses propres filets, cessa de soutenir le Danemark. Il n'était pas prêt pour la guerre. Il fit presque des excuses (août 1867).

X

Son cœur était ulcéré de haine et de rancune. Il lui fallait à tout prix une revanche. Mais qui l'aiderait à la prendre? Ce ne pouvait guère être que l'Autriche, mais il fallait qu'elle fût disposée à le seconder. Elle paraissait l'être à ce moment, car, si la France avait à se venger de la Prusse, elle avait, pour sa part, un compte fort sérieux à régler avec la Russie. Et comme Alexandre II ferait sans doute cause commune avec le roi Guillaume, rien ne semblait plus naturel qu'une alliance de Napoléon III avec François-Joseph. La cour de Vienne constatait à cette époque avec inquiétude la persistance de l'insurrection crétoise et celle du czar à proposer au sultan une enquête internationale. Une insurrection, visiblement fomentée par la Russie, venait d'éclater en Bulgarie (juin-juillet). Le mouvement se propageait jusqu'en Bosnie. L'agitation était fort vive en Serbie. Le panslavisme continuait ses menées en Autriche-Hongrie. De nombreux sujets de François-Joseph revenaient du congrès ethnologique de Moscou, où ils étaient allés (en juillet) fraterniser avec la *sainte Russie* et recevoir d'elle leur mot d'ordre. Il y avait donc bien des raisons pour qu'un accord s'établît entre les deux cours de Vienne et de Paris. On ne douta pas en Europe qu'elles ne fussent sur le point de contracter une étroite alliance quand on vit l'empereur et l'impératrice des Français, sous couleur de porter à François-Joseph, frère du malheureux Maximilien, leurs compliments de condoléance, se rendre à Salzbourg, où l'empereur d'Autriche, accompagné de Beust, les vint recevoir le 19 août 1867.

Ils y passèrent plusieurs jours et eurent le loisir de débattre les conditions d'une entente sérieuse et efficace. Pourtant ils n'en rapportèrent point de traité. François-Joseph ne pouvait avoir une véritable confiance en Napoléon III, qui jadis lui avait fait tant de mal et dont la politique avait toujours été si tortueuse, si équivoque. Ce que Beust et lui voyaient de plus clair, c'est que ce souverain voulait surtout les entraîner à une attaque contre l'Allemagne nouvelle. Or les deux groupes de populations qui dominaient la monarchie austro-hongroise et qui étaient, à cette heure, politiquement constitués [1] répugnaient à une pareille aventure. C'est en Orient que Beust eût voulu commencer l'action. Mais l'empereur

1. François-Joseph avait été solennellement couronné roi de Hongrie à Pesth le 8 juin. En Cisleithanie (on sait que c'est le nom donné à la moitié occidentale de l'empire), la constitution nouvelle n'était pas encore entièrement votée ; mais les principes fondamentaux en avaient été acceptés dès les premiers jours du même mois.

des Français ne s'en souciait pas. Chacun des deux *amis* soupçonnait l'autre de songer à le trahir et de ne chercher qu'à compromettre son partenaire pour faire ensuite la paix à ses dépens. Il résulta de cette méfiance réciproque qu'on ne prit pas à Salzbourg d'arrangements positifs. On rédigea seulement un *mémorandum* par lequel les deux puissances prenaient certains engagements *moraux*, sans leur donner aucune sanction. Il fut convenu par exemple qu'elles veilleraient avec une égale sollicitude à ce que le traité de Prague ne fût pas enfreint davantage, et notamment à ce que l'unité allemande ne fût pas complétée par l'adjonction des États du Sud à la Confédération du Nord; que l'Autriche-Hongrie ne s'écarterait pas de la voie constitutionnelle et parlementaire où elle venait d'entrer; que l'on recommanderait en Orient le *statu quo*, que l'on s'opposerait à l'annexion de la Crète à la Grèce; et que, si la Russie faisait mine d'envahir la Roumanie, l'Autriche s'empresserait aussitôt de l'occuper. Tout cela était dit en termes fort vagues, fort élastiques. En somme il n'y avait pas d'alliance. Napoléon III s'était inutilement compromis par l'éclat des avances qu'il avait faites à François-Joseph et par les encouragements qu'il avait semblé donner en passant aux cours de Wurtemberg et de Bavière. Et il semblait si bien le comprendre que lui-même, peu après son retour, signalait tristement dans un discours public les points noirs qui obscurcissaient l'horizon politique de l'Europe.

M. de Bismarck, comme d'habitude, ne manqua pas de tirer parti de sa maladresse. Il ameuta de nouveau la presse allemande qui, sous son inspiration, redoubla de violence contre le gouvernement français. La constitution de l'Allemagne du Nord était en vigueur depuis le 1er juillet. Les élections pour le Reichstag ordinaire, qui allait s'ouvrir, eurent lieu quelques jours après l'entrevue de Salzbourg. Aussi fournirent-elles au chancelier une majorité selon son cœur. Et la nouvelle assemblée applaudit avec un enthousiasme farouche à la hautaine circulaire du 7 septembre, par laquelle M. de Bismarck faisait connaître à l'Europe qu'en dépit de toutes les menaces l'unité allemande s'achèverait et que la ligne du Mein serait franchie dès qu'il plairait aux États du Sud de se fondre dans la grande patrie.

En attendant, ces États, intimidés par un tel langage et par les violences des journaux, s'humiliaient de nouveau devant le tout-puissant chancelier. Les uns après les autres, sous la menace de voir disparaître toute union douanière, ils ratifiaient enfin les traités militaires conclus en août 1866 et, mus par la même crainte, sanctionnaient aussi le traité du 8 juillet (septembre-octobre). A la même époque on apprenait sans surprise que, par des conventions particulières, le gouvernement prussien s'emparait, dans plusieurs petits États du Nord, de presque tous les services publics. La négociation relative au Sleswig était interrompue de fait et ne devait jamais être reprise sérieusement. D'autre part on ne s'étonnait pas que le czar se montrât de plus en plus mécontent des résistances de la Porte à ses propositions. Comme le sultan venait de donner à la Crète une nouvelle administration (20 septembre) et de charger son grand-visir, Aali-pacha, d'une enquête *toute turque* dans cette île (4 octobre), Alexandre II demandait maintenant à l'Europe de s'associer à ses protestations et présentait à la signature des grandes puissances une note qui, dans sa pensée, équivalait à la mise hors la loi de l'empire ottoman.

Napoléon III, lui, continuait de s'abaisser. Après la circulaire prussienne du 7 septembre, il semblait qu'il dût rompre avec la Prusse. Non seulement il n'en fut rien, mais un de ses confidents, le général Fleury, fut envoyé mystérieusement par lui à Berlin, où il fit, en somme, amende honorable au nom de la France et s'efforça d'obtenir pour elle les bons offices de M. de Bismarck. Fort peu après, la France, d'accord du reste avec la Prusse et l'Italie, acceptait, après l'avoir, il est vrai, quelque peu amendée, la note russe, qui fut adressée à la Porte le 29 octobre et par laquelle ces puissances semblaient déclarer qu'elles abandonnaient la Turquie à elle-même comme un malade désespéré.

XI

La dernière reculade de Napoléon III avait pour cause la préoccupation cruelle que lui donnaient les affaires d'Italie et le besoin qu'il avait des bons offices de l'Europe pour y mettre ordre. Florence l'inquiétait à ce moment beaucoup plus que Berlin. La question romaine, boulet qu'il traînait au pied depuis 1849, l'entravait plus que jamais dans sa marche. Il n'avait pas tenu au cabinet Rattazzi qu'elle ne fût résolue, dès le printemps de 1867, conformément aux vœux du peuple italien. La conférence de Londres et le règlement du différend franco-prussien sur le Luxembourg avaient contraint la maison de Savoie d'ajourner l'exécution de ses projets. Mais rien ne pouvait la faire renoncer à ses espérances. Elle n'avait pas tardé, du reste, à favoriser de nouveau le mouvement garibaldien, qui prit, dans le courant de l'été, une intensité de mauvais augure pour l'État pontifical. Rattazzi savait bien qu'en l'encourageant il contrariait fort le gouvernement français, avec lequel il ne voulait pas rompre. Mais d'autre part, M. de Bismarck, qui tenait particulièrement à brouiller l'Italie avec la France, lui donnait à entendre que, si la cour de Florence sacrifiait trop à celle des Tuileries, il serait bien capable, lui, ministre d'un roi, mais politique sans préjugés, de tendre la main à Garibaldi et même à Mazzini, qui déjà lui faisaient des offres et sollicitaient son concours. Il n'eût sans doute pas réalisé cette menace; car la république en aucun pays n'était pas de son goût; il faut ajouter qu'il y eût regardé à deux fois avant de s'allier ouvertement avec un parti dont le but était de détruire par les armes le pouvoir temporel du pape. Il avait à ménager dans l'Allemagne du Nord un groupe catholique important, qui le gênait fort dans le Reichstag, et ce n'était pas en s'attaquant au saint-siège qu'il pouvait se concilier l'Allemagne du Sud, attachée en si grande partie à l'Église romaine. Quoi qu'il en soit, Rattazzi pouvait craindre qu'il ne parlât sérieusement. S'il ne le craignait pas (ce qui est probable), du moins il en faisait semblant. Aussi, tout en protestant vis-à-vis Napoléon III de son respect loyal pour la convention de septembre, lui représentait-il qu'il ne pouvait, sans provoquer une révolution, heurter violemment de front sa nation parce qu'elle demandait Rome pour capitale. Et il ne prenait, en somme, aucune mesure sérieuse pour arrêter les enrôlements de volontaires.

L'empereur des Français voulait depuis bien longtemps en finir avec cette affaire de Rome, qui était pour lui un constant cauchemar. Mais nul, ni en France, ni en Italie, ni dans le reste de l'Europe, ne voulait lui faciliter la tâche. En décembre 1866, au moment où ses troupes achevaient d'évacuer l'État pontifical, il avait invité les grandes puissances à conclure avec lui un accord et à substituer une garantie collective à celle que jusque-là lui seul avait dû assurer au saint-siège. Pas une n'avait répondu à son appel. Il s'était mis dans l'embarras; on l'y voulait laisser. La cour de Rome était à son égard moins reconnaissante que jamais. Elle persistait à refuser aux quelques sujets qui lui restaient toute réforme sérieuse; elle ne voulait entendre parler d'aucune transaction avec l'Italie; enfin elle donnait chaque jour plus d'éclat et de retentissement à ses déclarations théocratiques et rétrogrades. En juin 1867, Pie IX, sous couleur de fêter le centenaire de Saint-Pierre, réunissait autour de lui quatre cent cinquante évêques, leur faisait bruyamment applaudir la doctrine du *Syllabus* et parlait déjà de convoquer un concile œcuménique pour faire ériger en dogme non seulement cette singulière politique, mais le principe de l'infaillibilité du pape. De pareilles démonstrations enhardissaient en France l'Église et son parti. Aussi Napoléon III semblait-il en ce temps-là prêt à retomber sous le joug clérical et conservateur. Il tardait à tenir les promesses du 19 janvier, s'écartait de M. Émile Ollivier [1], qui s'était cru un moment à la veille de devenir premier ministre, et, sous l'influence de l'impératrice, marquait avec éclat un redoublement de confiance à son ministre d'État Rouher, porte-parole de l'empire autoritaire et ultramontain [2]. En Italie, le gouvernement français témoignait au pape une telle complaisance et prenait pour le servir de telles libertés avec la convention de septembre que la cour de Florence fut bientôt en droit de lui adresser les

1. Ollivier (Émile), né à Marseille en 1825, fils de Démosthène Ollivier, représentant du peuple à l'Assemblée constituante et à l'Assemblée législative; avocat à vingt et un ans, il fut envoyé, après la révolution de février, comme commissaire du gouvernement provisoire, dans les Bouches-du-Rhône, dont il fut ensuite préfet; nommé préfet de la Haute-Marne en juillet 1848, rentré dans la vie privée en 1849, il exerça la profession d'avocat à Paris pendant les premières années de l'Empire, fut élu député dans cette ville en 1857 et fit, jusqu'en 1863, partie du fameux groupe des Cinq au Corps législatif. Réélu à cette époque, il se laissa gagner par Morny, se rallia peu à peu à Napoléon III, qu'il espérait convertir à l'*Empire libéral* et, après bien des tiraillements, fut appelé à former le cabinet du 2 janvier 1870, dans lequel il eut le portefeuille de la justice. On verra plus loin avec quelle légèreté coupable il joua quelques mois après les destinées de son pays. Renversé le 9 août, il assista à la chute de l'Empire et à la ruine de la France sans avoir, à ce qu'il semble, le sentiment de sa responsabilité. Depuis, il a montré qu'il n'était pas guéri de son infatuation. Mais toutes ses tentatives pour ramener vers lui l'attention publique et pour reparaître sur la scène parlementaire ont misérablement échoué.

2. On l'appelait alors le vice-empereur. A la suite d'un violent débat oratoire entre lui et M. Émile Ollivier, Napoléon III lui adressa publiquement ses félicitations par lettre et lui fit don d'une plaque en diamants (juillet 1867).

réclamations les plus amères. Le souverain pontife avait en effet à son service plusieurs milliers de Français, soi-disant volontaires, mais qui sortaient pour la plupart de notre armée et dont un certain nombre n'étaient même pas encore libérés du service ; beaucoup de leurs chefs étaient des officiers attachés encore à nos régiments et qui, sans perdre leurs droits, étaient autorisés par le gouvernement de Napoléon III à passer sous les drapeaux du pape. C'était ce qu'on appelait la légion d'Antibes, car cette troupe s'était formée dans cette ville, publiquement ; elle y avait son dépôt et continuait à s'y recruter. A ce moment même (juin-juillet 1867), un général français en activité de service [1] la passait ouvertement en revue à Rome, la réorganisait et lui tenait des discours qui ne laissaient aucun doute sur la complicité des Tuileries et du Vatican.

C'était vraiment faire trop beau jeu à Rattazzi. Ce dernier déclara qu'il perdait patience ; il protesta, non sans raison, contre une fraude qui rendait illusoire l'évacuation de l'État pontifical par les troupes françaises. Il demanda réparation. Après un échange de notes assez vives (juillet-août), il obtint de Napoléon III la promesse de se désintéresser de la légion d'Antibes et de n'y plus laisser entrer un seul militaire en activité. Il est vrai qu'en retour l'empereur renouvelait ses plaintes au sujet des volontaires garibaldiens, qui formaient maintenant des bandes considérables, se rapprochaient du territoire romain et semblaient sur le point de l'assaillir. Le cabinet de Florence, continuant son double jeu, le payait de bonnes paroles, mais n'entravait en rien le mouvement. L'heure lui paraissait, du reste, propice pour le coup de main qui se préparait. On était à la fin d'août. Les rapports de la France et de la Prusse redevenaient fort aigres, comme on l'a vu plus haut. Il ne fallait qu'un signal. Garibaldi n'hésita plus à le donner.

XII

Le vieux partisan se rendit dans les premiers jours de septembre à Genève, où les représentants les plus avancés des idées révolutionnaires dans toute l'Europe, allaient tenir sous sa présidence

1. Le général Dumont.

le *Congrès de la paix*. Les populations italiennes se pressaient partout sur son passage; il leur annonçait sa prise d'armes comme prochaine. « Tenez-vous prêts, s'écriait-il, à vous guérir du *vomito negro*; mort à la race noire! Allons à Rome dénicher cette couvée de vipères, il faut une lessive énergique. » Quand il fut en Suisse, il ne tint pas un langage moins significatif. « Vous avez porté les premiers coups au monstre, dit-il aux Genevois. L'Italie est en retard sur vous, elle a expié trois siècles d'esclavage que vous n'avez pas connus. *Nous avons le devoir d'aller à Rome et nous irons bientôt.* »

De telles paroles émurent d'autant plus la cour des Tuileries que les applaudissements qui les accueillaient trouvaient de l'écho dans un autre congrès. La *Société internationale des travailleurs* [1], dont les sections françaises étaient les plus remuantes, tenait à la même époque ou fort peu après, les grandes assises du socialisme cosmopolite dans la ville de Lausanne. Garibaldi pouvait mettre le feu à l'Europe et, en tout cas, à la France. Aussi, comme, de retour en Italie, il s'était porté en Toscane, aux confins de l'État pontifical, et qu'il massait déjà ses bandes autour de lui, le cabinet de Paris exigea qu'il fût enfin réduit à l'impuissance. Rattazzi, habitué à plier, se soumit de bonne grâce. Le grand patriote italien fut arrêté le 22 septembre et conduit à la citadelle d'Alexandrie, où les soldats de Victor-Emmanuel l'acclamèrent; puis l'astucieux ministre le fit embarquer et transporter dans son île de Caprera, où il promit qu'il serait bien gardé.

Napoléon III n'eut pas longtemps à se réjouir. En effet, quelques jours à peine s'étaient écoulés, et les troupes garibal-

1. Cette société avait été fondée à la suite de l'Exposition universelle tenue à Londres en 1862 et avait pris un grand développement dans toute l'Europe, principalement en Angleterre, en Allemagne et en France, où le gouvernement impérial n'avait pu l'empêcher de grandir. Son premier congrès, qui avait eu lieu à Genève en septembre 1866, avait déjà suffisamment révélé ses tendances socialistes et républicaines. C'est sous son influence que se produisit en 1871 le mouvement communaliste de Paris, à la suite duquel le ministère Dufaure fit porter contre elle la loi du 14 mars 1872. L'association fut aussi proscrite par le gouvernement espagnol, après les insurrections auxquelles elle donna lieu en 1873. Très maltraitée au delà du Rhin par M. de Bismarck, frappée dans d'autres pays encore de lois d'exception rigoureuses, elle a, malgré ses divisions, continué de subsister, et on en voit la preuve dans l'agitation ouvrière qui se manifeste avec une si redoutable intensité dans certaines parties de l'Europe, comme l'Autriche-Hongrie, l'Allemagne, l'Italie.

diennes pénétraient de toutes parts sur le sol pontifical (28 septembre). Dès la première semaine d'octobre, elles étaient à quelques lieues de Rome; et, bien que, par défaut de discipline et de cohésion, elles subissent çà et là quelques échecs, elles grossissaient sans cesse et continuaient d'avancer. Rattazzi, comme il devait s'y attendre, reçut du gouvernement français les plus vifs reproches. Il y répondit, comme d'ordinaire, en protestant de son innocence et de sa loyauté (4 octobre). Puis, comme l'empereur parlait déjà d'envoyer des troupes en Italie et de faire respecter la convention de septembre par la force des armes, il lui proposa la solution suivante : Les armées française et italienne occuperaient simultanément l'État pontifical pour y rétablir l'ordre et la question romaine serait ensuite soumise à un congrès européen (13 octobre).

Le parti ultramontain, qui dominait alors Napoléon III, ne lui permit pas de s'arrêter à un tel programme. La situation du pape s'aggravait chaque jour. Il n'était que temps de prendre une décision vigoureuse si l'on voulait sauver Rome. Le 17 octobre, le marquis de Moustier adressa au cabinet de Florence un ultimatum le mettant en demeure de faire connaître sans délai les mesures qu'il entendait prendre pour faire respecter la frontière pontificale. Rattazzi, mis au pied du mur, se tira d'embarras en donnant sa démission (21 octobre). Le général Cialdini fut chargé de former un nouveau ministère. Mais avant qu'il y fût parvenu, Garibaldi, malgré la prétendue croisière qui le gardait, s'évadait de Caprera et reparaissait en Toscane. Le 22 octobre, il était à Florence, où, loin de se cacher, il lançait des proclamations et appelait à lui de nouveaux partisans. Il signifiait même à Cialdini sa ferme intention de poursuivre son entreprise et partait bientôt publiquement, dans un train spécial, au milieu des acclamations populaires, pour rejoindre ses troupes. Enfin, le 25, il entrait dans l'État pontifical; et le lendemain il était en vue de Rome.

Cette fois, Napoléon III n'hésita plus à exécuter ses menaces. Les troupes réunies à Toulon depuis quelques semaines reçurent l'ordre de s'embarquer; le 28 octobre, elles arrivaient à Civita-Vecchia; le 30, leur avant-garde entrait à Rome. Une effervescence extraordinaire régnait en Italie. Cialdini découragé, ne voulant pas se mettre en travers d'une poussée nationale qu'il jugeait irrésistible, avait renoncé à constituer un cabinet. Le général de Menabrea[1] venait d'en constituer un à la hâte et, bien que fort désireux de donner des gages de son esprit conservateur, faisait de son côté, pour complaire dans une certaine mesure à l'opinion dominante, pénétrer quelques régiments italiens dans l'État pontifical. Le 3 novembre, les troupes du pape se heurtèrent à Mentana contre les garibaldiens. Presque vaincues, elles furent sauvées par les Français qui, grâce à la supériorité de leur discipline et de leur armement, infligèrent au chef des *chemises rouges* un échec décisif. « Les fusils Chassepot ont fait merveille », écrivit aussitôt le général de Failly[2]. Allaient-ils maintenant se retourner contre les troupes de Victor-Emmanuel? C'est ce que demandait Antonelli, fort désireux de compromettre à fond Napoléon III. Le chef de l'expédition française n'osa lui donner cette satisfaction. Du reste Menabrea, très soucieux d'éviter un conflit désastreux pour son pays, se hâta d'ordonner l'évacuation des points qu'il avait fait occuper sur le territoire de l'Église. En même temps, il donnait l'ordre d'arrêter, et cette fois sérieusement, Garibaldi, dont les bandes se dispersèrent aussitôt (5 novembre). Mais il crut avoir par là montré assez de déférence envers Napoléon III et, soucieux de prouver qu'il ne le cédait point en patriotisme au vaincu de Mentana, il écrivit dès le 9 novembre une circulaire par laquelle il affirmait hautement les droits imprescriptibles de l'Italie sur Rome.

1. Menabrea (Louis-Frédéric, comte), né à Chambéry le 4 septembre 1809, entra fort jeune dans l'armée sarde comme lieutenant du génie, se fit remarquer comme mathématicien, devint en 1836 membre de l'Académie des sciences de Turin, entra au Parlement piémontais en 1848, fut peu après nommé premier secrétaire du ministre de la guerre, puis secrétaire général du ministère des affaires étrangères (1849), se rallia lentement à la politique de Cavour, commanda le génie dans l'armée piémontaise pendant la campagne de 1859 et fut chargé du siège de Gaëte, qu'il mena à bonne fin (1860-1861), ce qui lui valut le grade de lieutenant général. Ministre de la marine de juin 1861 à mars 1862, ministre des travaux publics dans le cabinet Farini (décembre 1862), il prit part en 1864 et 1866 à d'importantes négociations avec la France et avec l'Autriche et forma en octobre 1867 un cabinet qui se maintint jusqu'en novembre 1869. Ambassadeur à Vienne (1870-1871), puis à Londres (14 avril 1876), il représente le gouvernement italien à Paris depuis le 21 décembre 1882.

2. On les essayait alors en campagne pour la première fois. C'était l'arme que la France voulait opposer au fusil à aiguille qui, lui aussi, avait fait merveille à Sadowa. En France, on trouva seulement le mot d'assez mauvais goût; en Allemagne, on le prit pour une menace.

XIII

L'empereur des Français se trouva plus embarrassé après sa triste victoire qu'il ne l'était auparavant. Allait-il prolonger l'occupation de Rome? Il sentait bien que l'Italie ne le lui pardonnerait pas. Allait-il ordonner une seconde fois l'évacuation? S'il agissait ainsi, le parti clérical, il le comprenait, lui déclarerait une guerre à mort. Pour se tirer de peine, il eut recours à son procédé habituel: il invoqua l'arbitrage de l'Europe, fort désireux qu'il était de se décharger sur elle d'une écrasante responsabilité. Il invita donc, dans le courant de novembre, les grandes puissances à une conférence où la question romaine serait définitivement résolue.

Mais justement les grandes puissances n'avaient aucun intérêt à le délivrer de ses soucis. Elles n'en avaient non plus nulle envie, et il aurait dû s'en douter. La Prusse n'éprouvait pas le besoin de compromettre ses relations avec l'Allemagne du Sud en participant à l'abolition du pouvoir temporel du pape; elle ne voulait pas non plus s'aliéner l'Italie, dont l'alliance, ou la neutralité, pouvait lui être si profitable, en prenant parti pour le saint-siège; il lui était avantageux de n'avoir pas à se prononcer sur la question posée par Napoléon III; M. de Bismarck n'était pas assez naïf pour chercher à mettre d'accord deux gouvernements dont l'un pouvait servir d'auxiliaire à la Prusse, tandis que l'autre devait tôt ou tard la combattre. Le cabinet de Londres n'avait pas les mêmes raisons que celui des Tuileries pour ménager le pape; il avait depuis longtemps pour tactique d'aider l'Italie à compléter son unification et à se soustraire au protectorat français; enfin certains succès remportés récemment par Napoléon III dans l'extrême Orient ne lui inspiraient qu'une envie médiocre de complaire à ce souverain [1]. Pour la Russie, elle était à ce moment mécontente du langage équivoque que la France tenait à propos des affaires ottomanes. Après avoir signé la note du 29 octobre, que nous avons men-

1. La France venait d'acquérir en Cochinchine trois provinces de plus (juin 1867). Ajoutons que, sous son influence et sa protection, le percement de l'isthme de Suez, si longtemps entravé par la jalousie britannique, était mené grand train par M. de Lesseps. Le canal devait être livré à la navigation en 1869.

tionnée plus haut, Moustier, pour ne pas déplaire aux cours de Vienne et de Londres, essayait d'en atténuer la portée par ses commentaires. Le principe de non-intervention (si profitable à la Russie) que Gortchakoff prétendait appliquer à l'ensemble de l'empire turc, n'était, suivant lui, applicable qu'à la Crète. Le cabinet de Saint-Pétersbourg était donc fort peu disposé à seconder Napoléon III en procédant au règlement de la question romaine. Il ne lui déplaisait pas, d'ailleurs, que l'Italie s'emparât de Rome. Le czar n'avait point peur du pape; il lui en voulait d'avoir jadis soutenu la Pologne, et il avait même, à propos de ce pays, rompu ses relations diplomatiques avec lui depuis plus d'une année. Il n'était pas enfin jusqu'à la cour de Vienne, jadis si résolûment dévouée au pouvoir temporel, qui ne montrât maintenant à cet égard un détachement presque absolu. Le protestant Beust, qui venait de doter l'Autriche-Hongrie d'un gouvernement libre, réagissait en ce moment avec vigueur contre les doctrines théocratiques dont son nouveau souverain avait trop longtemps subi le joug. Il portait les premiers coups au fameux concordat de 1855. Malgré la violente résistance d'un clergé qu'encourageait hautement la cour de Rome, il cherchait par les lois *confessionnelles* [1] sur le mariage et sur l'enseignement à affranchir la société civile, jusque-là serve de l'Église catholique dans l'empire des Habsbourg. Aussi, malgré l'entente cordiale qui semblait régner entre Napoléon III et François-Joseph et dont le voyage de ce dernier à Paris (octobre-novembre 1867) paraissait un nouveau témoignage, ne se ralliait-il que très froidement et avec beaucoup d'arrière-pensées au projet de conférence mis en circulation par l'empereur des Français.

L'Italie, elle, ne disait pas non; elle affectait même, vis-à-vis de la France, un certain zèle pour la réussite de sa proposition. Mais en secret elle faisait connaître aux autres puissances qu'elle se souciait peu de la conférence et ne la désirait guère. Elle demandait à Napoléon III d'exposer préalablement les idées qu'il entendait y

1. Ces lois, au nombre de trois, instituaient le mariage civil, réglaient avec équité les conditions des mariages mixtes et soustrayaient les écoles à l'omnipotence des évêques. Présentées en novembre 1867, elles ne furent votées qu'après de longs et pénibles débats (mars-mai 1868) et donnèrent lieu à une violente agitation que certains prélats entretenaient encore en Autriche à la fin de 1869.

faire prévaloir. Or c'était justement pour n'avoir pas à prendre une telle responsabilité qu'il s'était mis en tête de réunir une conférence. Mais il était écrit qu'il n'échapperait pas à la nécessité de se compromettre une fois de plus.

Du 2 au 5 décembre, des interpellations retentissantes eurent lieu à la tribune du Corps législatif touchant les affaires d'Italie. L'opposition démocratique reprochait au gouvernement d'être retourné au secours du pape; mais elle n'avait pas pour elle la majorité de la chambre qui, foncièrement conservatrice et catholique, marchait en cette occasion derrière Thiers et Berryer, ennemis acharnés de l'empire, et ces orateurs sommaient au contraire Napoléon III de ne pas quitter Rome L'ancien ministre de Louis-Philippe, avec l'éloquence incisive et limpide qui le rendait si redoutable, fit une fois de plus le procès de la révolution italienne; il représenta la chute du pouvoir temporel du pape comme le plus grand malheur que la France pût redouter, et cela en termes si émus, si passionnés, que la plus grande partie de l'assemblée fut vraiment subjuguée par sa parole. Le ministre d'État Rouher ne trouva d'autre moyen de reconquérir la majorité que de renchérir sur la doctrine qu'il venait d'exposer et prit, au nom de son souverain, à la face de l'Europe, le plus imprudent des engagements. « Nous le déclarons au nom du gouvernement français, s'écria-t-il, l'Italie ne s'emparera pas de Rome. Jamais, jamais la France ne supportera cette violence faite à son honneur et à la catholicité... » Et deux cents voix répétaient frénétiquement avec lui : « Non, jamais, jamais! »

Si Thiers avait voulu faire commettre à l'Empire une faute irréparable, il avait réussi. Cette faute, Napoléon III devait l'expier cruellement, mais elle devait aussi coûter bien cher à la France. En effet, après un pareil défi porté de si haut à l'Italie toute frémissante encore du choc de Mentana, il ne pouvait plus y avoir d'entente amicale entre les cours de Paris et de Florence. Il ne pouvait plus être question de la conférence. Effectivement, l'on cessa d'en parler. La convention de septembre ne fut plus qu'un souvenir. Les troupes françaises continuèrent à garder le pape. Et l'Italie devenue l'ennemie du peuple dont le sang l'avait affranchie, attendit, la haine au cœur, le jour de sa défaillance et de sa ruine, pour forcer sans péril les portes de Rome.

CHAPITRE X

LA VEILLE DE SEDAN [1]

I. Ébranlement de l'empire napoléonien. — II. La conspiration austro-française en 1868. — III. La question hellénique et la conférence de Paris. — IV. M. de Beust et son projet de triple alliance. — V. Révolution espagnole, intrigues prussiennes à Madrid. — VI. Napoléon III et l'*Empire libéral*. — VII. M. de Beust et le cabinet de Florence en 1869. — VIII. Le concile du Vatican. — IX. Projets belliqueux du gouvernement français; plébiscite du 8 mai. — X. Raisons qui rendent la guerre désirable à la Prusse. — XI. La candidature Hohenzollern. — XII. Le conflit franco-prussien et la déclaration de guerre. — XIII. Question des alliances; isolement de la France; ses premières défaites. — XIV. Ligue des neutres; fin du second empire.

(1868-1870)

I

Au commencement de 1868, Napoléon III, absolument désorienté, sentant la puissance et la vie lui échapper, se demandait avec angoisse à quelle porte il devait frapper pour trouver le salut. Dans son affolement, on le voit à cette époque se rapprocher de la

1. Sources : *Archives diplomatiques*, années 1867-1871; — Benedetti, *Ma Mission en Prusse*; — Beust, *Mémoires*, t. II; *le Dernier des Napoléon*; — Bismarck, *Discours parlementaires*; — Busch, *M. de Bismarck et sa suite*; — Bordier, *l'Allemagne aux Tuileries*; — Burnouf (E.), *la Grèce en 1869*; — Cherbuliez, *l'Allemagne politique depuis le traité de Prague*; *l'Espagne politique*; — Delord (T.), *Histoire du second Empire*, t. V et VI; — Favre (J.), *Discours parlementaires*; — Grammont (duc de), *la France et l'Allemagne avant la guerre*; — Guizot, *la France et la Prusse responsables devant l'Europe* (Revue des Deux Mondes, 15. sept. 1868); — Hervé (Ed.), *la Crise irlandaise depuis la fin du* XVIIIe *siècle*; — Hillebrand, *la Prusse contemporaine*; — Hubbard, *Histoire contemporaine de l'Espagne*; — Klaczko (J.), *Deux*

Prusse, sa pire ennemie, et renouer avec elle, au sujet de la Belgique, ces relations secrètes qui, précédemment, lui ont si mal réussi. Il ne paraît plus songer, pour le moment, à se venger d'elle. Avec quoi, du reste, la combattrait-il ? La loi militaire, qu'il parvient enfin à faire voter (en janvier), n'est, grâce à l'égoïsme du Corps législatif, qu'une timide ébauche de réforme [1]. Encore lui-même, pour ne pas indisposer le corps électoral, n'osera-t-il point l'appliquer sérieusement et tardera-t-il jusqu'au jour de la lutte suprême à mettre son pays en état de défense. Il sollicite donc de nouveau l'alliance prussienne. Mais il ne trouve à Berlin qu'indifférence ou mauvais vouloir. M. de Bismarck depuis longtemps n'a plus besoin de lui. D'ailleurs il ne croit plus à l'avenir de Napoléon III. La France lui paraît en mal de révolution. Il ne doute pas que la chute de l'empire ne soit très prochaine. De fait, l'édifice de 1852 commence dès lors à crouler. Il n'est pas jusqu'aux efforts de l'empereur pour le consolider en le régénérant qui, chaque jour, ne l'ébranlent davantage. C'est ainsi que la liberté de la presse, rétablie dans une certaine mesure en mai 1868, fait naître tout à coup une foule de pamphlets et de journaux qui, comme la *Lan-*

Chanceliers; — Laveleye (E. de), *la Prusse et l'Autriche depuis Sadowa*; — Lejean (G.), *l'Expédition anglaise et le roi Théodore II* (Revue des Deux Mondes, 1er mars 1868); — Mac-Carthy, *Histoire contemporaine de l'Angleterre*; — Mazade (Ch. de), *les Révolutions de l'Espagne contemporaine*; — Meding (Oscar), *De Sadowa à Sedan*; — Memor (Andreas), *l'Allemagne nouvelle*; — Mérimée, *Lettres à Panizzi*, t. II; — Müller (W.), *Politische Geschichte der Gegenwart,* années 1868-1870; — Napoléon (prince Jérôme), *les Alliances de l'Empire en 1869 et 1870*; — Ollivier (Em.), *l'Église et l'État au concile du Vatican*; *le 19 Janvier*; *Papiers et correspondance de la famille impériale*; — Perrot (G.), *Deux ans d'insurrection dans l'île de Crète* (Revue des Deux Mondes, 15 avril 1868); *le Prince Michel Obrenowitch et l'avènement du prince Milan* (Revue des Deux Mondes, 1er juillet 1869); — Poujade (E.), *la Diplomatie du second Empire et celle du Quatre Septembre 1870*; — Rattazzi (Mme), *Rattazzi et son temps*, t. II; — Saint-Marc Girardin, *la Grèce et la question d'Orient depuis la conférence de Paris* (Revue des Deux Mondes, 15 mars 1869); — Saint-René Taillandier, *l'Autriche et la Bohême en 1869* (Revue des Deux Mondes, 1er août 1869); — Sorel (Albert), *Histoire diplomatique de la guerre franco-allemande*, t. I; — Scrutator, *Qui est responsable de la guerre?* — Thiers, *Discours parlementaires*; — Véron (E.), *Histoire de l'Allemagne depuis la bataille de Sadowa*; — Zeller, *Pie IX et Victor-Emmanuel II*; etc.

1. Aux termes de cette loi le contingent annuel fourni par le tirage au sort était divisé en deux parties : les jeunes gens compris dans la première devaient servir cinq ans dans l'*armée active* et quatre dans la *réserve*; ceux qui formaient la seconde appartenaient jusqu'à vingt-six ans à la *garde nationale mobile,* qui pouvait être appelée à la défense du territoire en temps de guerre.

terne, de Rochefort[1], bafouent ouvertement l'Empire et le discréditent d'autant plus devant l'opinion qu'ils le rendent ridicule. Le droit de réunion, reconnu peu après[2] (juin), ne profite qu'au parti républicain, aux sectes socialistes, à l'*Internationale*, qui dès lors vont chaque jour prêcher avec la dernière violence, non seulement la guerre légale, mais l'insurrection contre le gouvernement établi. Et l'empereur, débordé, revient à l'idée d'une diversion militaire qui détournera les esprits vers les choses du dehors, d'une grande guerre contre la Prusse, qui, tout en le vengeant, étendra la puissance amoindrie et satisfera l'orgueil blessé de la France. L'Autriche, qu'il n'a jamais du reste tout à fait cessé de caresser secrètement, redevient son principal, on peut dire son unique espoir, et c'est surtout à elle qu'il va demander, avec une insistance anxieuse, l'alliance qui peut le sauver.

II

La cour de Vienne, vers ce temps-là, inclinait elle-même à se rapprocher de l'empire français. La politique russe, son cauchemar,

1. Rochefort (Victor-Henri, marquis de Rochefort-Luçay, dit Henri), né à Paris le 30 janvier 1831, connu d'abord sous l'Empire comme vaudevilliste, puis comme journaliste, s'était déjà fait remarquer par l'âpreté de sa polémique, lorsqu'il fonda la *Lanterne*, dont l'audace et le succès lui valurent bientôt des poursuites judiciaires (août 1868). Réfugié en Belgique, il redoubla ses attaques, rentra en novembre 1869 à Paris, où il fut élu député, et subit le 22 janvier 1870 une nouvelle condamnation à la prison pour provocation à l'insurrection. Incarcéré le 7 février, il dut sa délivrance à la révolution du 4 septembre, devint membre du gouvernement de la Défense nationale, donna sa démission à la suite de l'échauffourée du 31 octobre (1er novembre), fonda le journal le *Mot d'ordre* (3 janvier 1871), fut élu représentant de Paris à l'Assemblée nationale (8 février), encouragea dans une certaine mesure la Commune (mars-mai 1871) et fut pour ce fait condamné par un conseil de guerre à la déportation dans une enceinte fortifiée (20 septembre 1871). Envoyé à la Nouvelle-Calédonie après le 24 mai 1873, il réussit à s'évader le 20 mars 1874, alla s'établir à Genève, où il ressuscita la *Lanterne*, collabora à diverses feuilles radicales de Paris, put, grâce à l'amnistie de juillet 1880, rentrer en France et fonda aussitôt l'*Intransigeant*, journal violent, qu'il dirige encore et qui a été l'objet de maintes poursuites. Député de la Seine aux élections d'octobre 1885, il donna sa démission en février 1886, s'attacha sans réserve à la cause du général Boulanger, prit la fuite comme lui en avril 1889 et fut condamné par contumace, le 14 août de la même année, à la déportation. Il échoua aux élections législatives du 22 septembre 1889. Après avoir passé quelque temps à Bruxelles, il s'est fixé à Londres, où il réside encore à l'heure qu'il est (septembre 1890).

2. Avec beaucoup de réserves que le gouvernement fut, du reste, impuissant à faire respecter.

ne lui laissait plus aucun repos. La propagande panslaviste, plus active et moins scrupuleuse que jamais, ébranlait le dualisme austro-hongrois sur ses bases encore mal affermies. Les Tchèques refusaient de se faire représenter au Reichsrath de Vienne; les Croates n'avaient pas encore envoyé leurs députés au Reichstag de Pesth [1]. En juin, François-Joseph devait se rendre à Prague, accompagné de Beust, et faire des avances aux mécontents [2]. Un peu plus tard, la Gallicie demandait à former un État autonome, qui aurait, comme la Hongrie, son ministère et son parlement (24 septembre). La Bohême émettait pour son compte la même prétention (23 octobre). A Laybach, les Illyriens parlaient de constituer un royaume *slovène* qui eût compris la Carniole, la Styrie, la Carinthie, peut-être même la Dalmatie. L'agitation était partout; les émeutes se multipliaient. A la même époque, et toujours par l'effet des intrigues russes, le gouvernement turc avait à subir de nouveaux assauts. La Serbie, toute frémissante d'un changement de règne causé par un assassinat [3], prenait vis-à-vis de lui une attitude pleine de provocations et de menaces. L'insurrection bulgare, à peine étouffée, renaissait. Les Crétois, que ni les armes d'Omer-pacha ni la diplomatie du grand-visir Aali n'avaient pu réduire, continuaient de combattre et recevaient chaque jour de nouveaux secours. En Grèce, Coumoundouros [4], un moment écarté des affaires (déc. 1867), venait d'y rentrer, et le cabinet d'Athènes, non content d'entretenir la guerre de Candie, laissait complaisamment quelques bandes armées franchir les frontières de l'Épire et de la Thessalie.

On n'a donc pas de peine à comprendre que l'Autriche-Hongrie fût alors très portée à nouer avec la France un accord que cette

1. C'est seulement en septembre 1868 qu'eut lieu entre eux et les Magyars un compromis, qui est bien loin d'avoir mis fin à l'hostilité réciproque des deux peuples.

2. C'est à cette occasion que le prince Charles d'Auersperg, chef du ministère cisleithan, donna sa démission.

3. Le prince Michel Obrenowitch avait été tué à coups de fusil, le 10 juin 1868, par des partisans du prince Karageorgewitch, qui lui-même n'avait pas été étranger à ce crime. Il eut pour successeur son neveu Milan, qui, alors âgé de quatorze ans, faisait ses études au lycée Louis-le-Grand à Paris.

4. Coumoundouros (Alexandre), né à Athènes en 1812, magistrat jusqu'en 1850, entra à cette époque à la Chambre des députés, dont il devint président en 1855, fut ministre des finances en 1857, contribua en 1862 à la chute du roi Othon, fit partie du gouvernement provisoire (comme ministre de la justice), puis du cabinet Canaris, et fut président du Conseil à diverses reprises (1865, 1868, 1870, 1875, 1876, 1877, 1878, 1880); il est mort à Athènes le 7 mars 1883.

puissance, de son côté, désirait fort. Le malheur, c'est qu'en esprit subtil et en diplomate retors qu'il était, Beust n'avait jamais eu et n'avait encore qu'une confiance médiocre en Napoléon III. Il était sans cesse obsédé de l'idée que ce souverain pouvait l'attirer dans un piège; que, par exemple, après avoir mis la cour de Vienne aux prises avec la Prusse, il était homme à l'abandonner pour traiter avantageusement avec cette puissance. C'est en Orient qu'il voulait entraîner la France. C'est en Occident que la France tenait à ce qu'il se compromît. Il ne repoussait donc pas positivement les propositions que lui transmettait, au nom de Napoléon III, son représentant à Paris, le prince Richard de Metternich, familier des Tuileries et grand partisan de l'alliance austro-française. Mais il n'osait non plus les accepter. En juillet, par exemple, l'empereur des Français demandait que François-Joseph adressât, de concert avec lui, au gouvernement prussien, comme une sorte d'ultimatum, l'invitation de respecter le traité de Prague. La guerre devait naturellement résulter d'une pareille démarche. Beust faisait remarquer, non sans raison, qu'une pareille provocation aurait pour effet immédiat d'unir étroitement, à tout jamais, le nord et le midi de l'Allemagne, également gallophobes, et que c'était justement cette fusion des deux Germanies qu'il s'agissait d'empêcher. Il insinuait pour sa part l'idée de proposer à la Prusse un désarmement réciproque et le maintien du *statu quo*. Si elle refusait, elle serait évidemment dans son tort aux yeux de l'Europe.

La négociation marchait, en somme, fort lentement. Mais, quoiqu'elle n'eût encore abouti à aucun traité et qu'elle fût tenue secrète, la cour de Berlin s'apercevait bien, à certains indices, que celles de Paris et de Vienne conspiraient contre elle. Beust devenait plus hardi. Il laissait, quoi qu'il en dise dans ses *Mémoires*, le concours des sociétés de tir, qui eut lieu à Vienne en juillet 1868, et où accoururent surtout les particularistes de l'Allemagne méridionale, dégénérer en une manifestation contre la politique bismarckienne. Il permettait à ses journaux des révélations piquantes sur les vues du roi Guillaume et ses procédés diplomatiques en 1866; et aux reproches du chancelier prussien il répondait en recommandant au ministre austro-hongrois accrédité à Berlin d'éviter de le voir [1]

1. Cette interruption de rapports personnels entre M. de Bismarck et le représentant de François-Joseph dura plus de six mois.

jusqu'à nouvel ordre. Dans le même temps, il prenait vis-à-vis des Slaves une attitude ferme et de nature à les intimider. Il tenait en respect les autonomistes de Gallicie. Il mettait la Bohême en état de siège. Son énergie s'exerçait aussi et surtout en Orient. C'était là son terrain de prédilection, et il allait y remporter un succès qui devait faire le plus grand honneur à sa diplomatie.

III

Il se mouvait, de ce côté, plus aisément et avec plus de confiance qu'en Occident. Chaque fois qu'il avait à prendre la défense de la Turquie, il croyait pouvoir compter sur le concours du cabinet britannique, et cet appoint lui donnait de l'assurance. L'Angleterre, sous Derby et sous son successeur Disraéli, ne paraissait pas d'humeur à se laisser oublier ou insulter en Orient. Elle venait de montrer une fois de plus par la vigoureuse expédition d'Abyssinie, ce dont elle était capable pour soutenir l'honneur de son drapeau (décembre 1867-avril 1868) [1]. Il est vrai qu'à Londres le pouvoir venait de changer de mains (novembre 1868). Le parti libéral et progressiste avait reparu aux affaires avec Gladstone. Cet homme d'État, surtout préoccupé de réformes intérieures, avait pour principe que l'Angleterre devait se désintéresser autant que possible des grands conflits européens; il avait, du reste, personnellement, en matière de politique orientale, des idées assez différentes de celles de ses prédécesseurs. Ses collaborateurs, et le plus illustre d'entre eux, John Bright, fidèle représentant de l'école de Manchester, étaient comme lui décidés à bien des sacrifices pour maintenir la paix. On verra plus tard qu'ils en firent trop et que leur pays ne devait pas s'en trouver bien. Quoi qu'il en soit, leur horreur pour la guerre n'allait point jusqu'à permettre que la Russie exerçât sur l'Orient une prépondérance sans partage. L'Autriche, du reste, les

1. Le négus Théodoros s'était attiré l'inimitié de la Grande-Bretagne, dont il avait été longtemps l'ami, parce qu'il retenait prisonniers un consul et des missionnaires anglais, qu'il refusait de rendre. Un corps expéditionnaire de quinze à vingt mille hommes, commandé par sir Robert Napier, débarqua en Abyssinie au mois de décembre 1867, pénétra jusqu'au cœur du pays et, le 13 avril 1868, donna l'assaut à Magdala, où s'était retiré Théodoros, qui, désespérant de sa cause, se tua d'un coup de pistolet.

piquait au jeu par son intimité avec la France qui, recherchant à ce moment l'alliance de François-Joseph, ne pouvait lui refuser son concours diplomatique à Constantinople et à Athènes. Aussi les trois cours de Vienne, de Londres et de Paris se trouvèrent-elles unies, grâce aux efforts de Beust, vers la fin de 1868, pour consolider, s'il se pouvait, l'Empire ottoman en mettant fin à la guerre de Crète.

Le plus sûr, pour y parvenir, c'était d'interdire à la Grèce les envois d'hommes, d'armes, de munitions par lesquels elle entretenait depuis si longtemps, sans être en guerre avec la Porte, l'insurrection dans une possession turque. C'était presque exclusivement d'Athènes et des autres ports helléniques [1] que les Crétois, grâce à de hardis navires sillonnant sans cesse l'Archipel, recevaient des moyens de continuer la lutte contre les Turcs. Après bien des réclamations infructueuses, la Porte, encouragée par le gouvernement austro-hongrois, finit par rompre officiellement ses relations avec le gouvernement grec (2 décembre 1868). Quelques jours après, il lui adressait un ultimatum qui ne lui laissait d'autre alternative que de renoncer à des agissements contraires au droit des gens ou d'accepter immédiatement la guerre (11 décembre). Les Hellènes crièrent très fort, mais ils prirent peur. La Russie, malgré la bonne envie qu'elle en avait, n'était pas prête à les soutenir. Il lui aurait fallu l'appui moral de la Prusse. Or il n'entrait pas dans la politique de M. de Bismarck de laisser le czar déchirer le traité de 1856 et satisfaire pleinement son ambition tant que le roi Guillaume n'avait pas joué avec Napoléon III sa dernière partie. Il voulait, et cela s'explique, que la Russie eût encore besoin de la Prusse au moment où cette puissance ouvrirait les hostilités avec la France. Aussi le cabinet de Berlin adhéra-t-il, comme ceux de Vienne, de Londres et de Florence, comme la Porte elle-même, à la proposition que fit bientôt le cabinet français d'ouvrir à Paris une conférence où serait réglé le différend turco-hellénique. La cour de Saint-Pétersbourg y consentit aussi, non sans rechigner quelque peu. Le tribunal arbitral ainsi convoqué se réunit le 9 jan-

1. La Russie, depuis que la France s'était séparée d'elle, n'envoyait presque plus de secours *directement* aux insurgés. Mais elle encourageait la Grèce à les soutenir. Le roi Georges avait épousé la grande-duchesse Olga au mois d'octobre 1867.

vier 1869. Il était composé de La Valette, qui venait de succéder à Moustier, récemment décédé, comme ministre des affaires étrangères de France, et des ambassadeurs accrédités à Paris par les autres puissances intéressées. Le représentant de la Grèce, appuyé par la Russie, sollicita vainement l'avantage d'y prendre place avec voix délibérative. Ne pouvant l'obtenir, il déclara vouloir demeurer à l'écart et se contenta d'adresser des notes écrites à la conférence, qui, de son côté, lui communiquait ses protocoles. Une pareille procédure indiquait que le gouvernement hellénique serait condamné. Effectivement, au bout de cinq semaines, la conférence clôtura ses travaux (le 18 février) par une déclaration très nette des obligations qui, aux yeux de l'Europe, lui incombaient vis-à-vis de la Porte et qui consistaient essentiellement à « s'abstenir désormais de favoriser ou de tolérer : 1° la formation sur son territoire de toute bande recrutée en vue d'une agression contre la Turquie ; 2° l'équipement dans ses ports de bâtiments armés destinés à secourir, sous quelque forme que ce fût, toute tentative d'insurrection dans les possessions de S. M. le sultan ». Le cabinet d'Athènes se soumit à cette sentence, cessa dès lors de favoriser les Candiotes et, pour un temps, ne menaça plus l'Épire et la Thessalie. Aussi, comme on le prévoyait, l'insurrection crétoise ne tarda-t-elle pas à prendre fin. La Porte, qui, d'autre part, avait triomphé de la révolte bulgare, put se croire consolidée. L'Orient parut pacifié.

IV

Si l'Autriche avait été activement secondée par la France en cette affaire, elle n'était pas à son égard en reste de bons offices. C'est ainsi qu'au grand mécontentement de la Prusse elle poussait à la conclusion d'un traité par lequel l'exploitation (si importante au point de vue commercial et même politique) des chemins de fer belges eût été confiée à une compagnie française [1]. Dans le même temps elle manifestait bien plus sérieusement encore ses bonnes dispositions envers Napoléon III, ou du moins le désir qu'elle

1. Ce projet, du reste, finit par être abandonné.

avait de s'entendre avec lui, en s'efforçant de ménager un rapprochement entre les cabinets de Paris et de Florence. Elle en eût naturellement profité. Seule avec la France, elle hésitait à entrer en campagne contre la Prusse. Elle craignait d'être prise en flanc par l'Italie, qui, dès 1866, avait émis la prétention de lui prendre le Trentin, Trieste, l'Istrie et qui, invoquant, à tort ou à raison, le principe des nationalités, était encore prête à revendiquer comme siennes toutes ces possessions [1]. Si au contraire elle parvenait à réconcilier Victor-Emmanuel avec Napoléon III, si la France et l'Italie formaient avec l'Autriche une triple alliance, il n'y avait nul danger pour cette puissance à provoquer l'Allemagne du Nord; l'Allemagne du Sud serait par là facilement contenue, ou même entraînée; la victoire était à peu près certaine. Or, pour obtenir le concours de l'Italie, que fallait-il? lui laisser prendre Rome. Beust, pour sa part, n'y répugnait nullement. Il avait trop peu à se louer du saint-siège (qui, après avoir publiquement condamné les lois confessionnelles, encourageait dans leur révolte certains évêques austro-hongrois) pour porter beaucoup d'intérêt au pouvoir temporel du pape.

V

Les menées austro-françaises commençaient à inquiéter sérieusement M. de Bismarck. Aussi, de son côté, se mettait-il en garde, surtout contre le cabinet de Paris, car il était bien convaincu que celui de Vienne ne prendrait jamais l'initiative de la rupture. C'est à cette époque, en effet, qu'il commençait à nouer une intrigue dont le résultat devait être ou de procurer à la Prusse un accroissement considérable d'influence au détriment de la France, ou de lui fournir le moyen d'amener cette puissance, le jour où il le jugerait opportun, à une injustifiable agression.

L'Espagne était en révolution et en interrègne depuis plusieurs mois. La reine Isabelle, dont les entreprises malheureuses,

1. C'est une partie de cette *Italia irredenta* que les *Italianissimes* n'ont pas cessé de réclamer, qu'ils réclament encore à l'Autriche (quelques-uns demandent aussi la Dalmatie), tandis que, d'autre part, ils rêvent d'annexer la Savoie, Nice, la Corse et même l'île de Malte.

le gouvernement violent et les désordres privés avaient fini par soulever ce pays [1], avait dû, en septembre 1868, fuir avec son dernier favori devant une insurrection militaire et chercher un refuge en France. Un gouvernement provisoire, composé des généraux Serrano [2] et Prim [3] et de l'amiral Topete, avait été institué à

1. Les démêlés de l'Espagne avec le Pérou (1864-1866) n'avaient pas tourné à l'avantage de la première de ces deux puissances; le gouvernement d'Isabelle avait dû renoncer, après un succès éphémère, à la possession de Saint-Domingue (1864-1865); l'insurrection couvait dans l'île de Cuba. — Isabelle II, fille de Ferdinand VII et de Marie-Christine des Deux-Siciles, née à Madrid le 10 octobre 1830, reine d'Espagne en septembre 1833 sous la régence de sa mère, puis d'Espartero (1840), déclarée majeure en novembre 1843, unie en octobre 1846 à son cousin D. François d'Assise, avait vécu, presque dès le lendemain de son mariage, en mauvaise intelligence avec son époux. Son règne n'avait été qu'une longue suite de révolutions de palais, aggravées par de nombreuses insurrections libérales, républicaines ou carlistes. La politique réactionnaire à laquelle elle était inféodée finit par exaspérer la nation espagnole. Les soulèvements se multiplièrent à partir des premiers mois de 1867 et aboutirent l'année suivante au renversement et à la fuite d'Isabelle. Retirée en France, cette souveraine se sépara de son mari en mars 1870 et abdiqua le 26 juin suivant en faveur de son fils Alphonse, qui devint, de fait, roi d'Espagne au commencement de 1875. Depuis la restauration de sa famille, elle a reparu plusieurs fois au delà des Pyrénées. Mais Paris est toujours sa résidence ordinaire.

2. Serrano y Dominguez (Francisco), né à Arjonilla (Andalousie) le 17 septembre 1810, servit la cause de Marie-Christine pendant la guerre de Succession (1833-1840), fut nommé général de division à trente ans, sénateur à trente-cinq, occupa plusieurs fois le ministère de la guerre, prit en 1846 une influence extraordinaire sur la jeune reine Isabelle, fut éloigné par Narvaez, qui lui fit donner la capitainerie générale de Grenade, se jeta dans le parti libéral et, à la suite d'une longue opposition au gouvernement, fut exilé en 1854. Mais peu après, il devenait capitaine général de l'artillerie, puis capitaine général de la Nouvelle-Castille. Ambassadeur à Paris (1856-1857), puis gouverneur de Cuba, créé duc de la Torre et grand de première classe à la suite de sa tentative d'abord heureuse pour rétablir la domination espagnole à Saint-Domingue (1862), capitaine général de Madrid pour la seconde fois (1865), président du Sénat (1866), il fut emprisonné par ordre du ministère, qu'il contrecarrait de tout son pouvoir. Après la révolution de septembre 1868, il devint président du Conseil des ministres du gouvernement provisoire, puis régent (juin 1869) et, après une administration fort troublée, résigna ses pouvoirs (4 janvier 1871) entre les mains du roi Amédée, qui le prit pour président du Conseil et ministre de la guerre. Renversé par les radicaux en juin 1872, il s'empara du gouvernement après l'abdication d'Amédée et le coup d'État du général Pavia (janvier 1874), dut céder la place au roi Alphonse XII (janvier 1875), séjourna quelque temps en France, reprit sa place au sénat espagnol en 1877, fut, de 1883 à 1884, ambassadeur à Paris et mourut à Madrid le 26 novembre 1885.

3. Prim (D. Juan), né à Reus (Catalogne) le 6 décembre 1814; colonel en 1837 après de brillants services dans l'armée constitutionnelle; partisan de Marie-Christine contre Espartero (1842); député aux Cortès en 1843 et, la même année, créé général, comte de Reus et gouverneur de Madrid; condamné à six ans de prison en 1844 pour complot contre le ministère Narvaez et remis en liberté

Madrid. Les triumvirs, écartant à la fois l'idée de la république et celle de la royauté de droit divin représentée par le jeune don Carlos [1], avaient fait élire une assemblée constituante qui, réunie le 6 février 1869, voulait pourvoir l'Espagne d'une monarchie sincèrement parlementaire. Mais le plus difficile n'était pas de faire une constitution, c'était de savoir à qui décerner la couronne. L'impératrice des Français eût souhaité la restauration d'Isabelle, dont elle était l'amie et la protectrice après avoir été sa sujette. Mais, vu l'impopularité profonde de l'ex-reine, cette solution était manifestement impossible. Napoléon III, qui avait toujours rêvé d'unir les *races latines* sous l'hégémonie de la France et qui, depuis de longues années, vivait en fort bon accord avec l'Espagne, désirait fort que ce pays restât soumis à son influence. Il ne voulait y voir régner ni don Carlos, qui portait le drapeau de la

peu après. Il servit dans l'armée ottomane pendant la guerre d'Orient (1853-1854), rentra en Espagne, reparut aux Cortès (1854), où il soutint le parti progressiste, commanda en 1859 une division contre les Marocains et gagna dans cette campagne le titre de marquis de los Castillejos et la grandesse de première classe, fut général en chef du corps expéditionnaire espagnol au Mexique (1861-1862), prit part, en août 1864, à un complot militaire, dut quitter l'Espagne, y rentra en 1865, fomenta coup sur coup deux *pronunciamientos* (1866), s'exila de nouveau, mais reparut après les événements de septembre 1868, se fit nommer ministre de la guerre et capitaine général, devint président du Conseil (juin 1869) et, après de longues et multiples intrigues, donna à l'Espagne un roi dans la personne d'Amédée de Savoie (novembre 1870), avant l'arrivée duquel il périt assassiné à Madrid le 30 décembre 1870. — Topete (Jean-Baptiste), né à Tlacotalpa (Mexique) le 24 mai 1821, officier de marine, se distingua particulièrement dans les guerres du Maroc (1859) et du Pérou (1864-1866). Devenu contre-amiral, il se prononça pour la révolution en septembre 1868, devint peu après membre du gouvernement provisoire et ministre de la marine, résigna son portefeuille en novembre 1869, le reprit en janvier 1870, servit de son mieux la candidature du duc de Montpensier au trône d'Espagne, fut cependant encore ministre des colonies (décembre 1871), puis de la marine (juin 1872) sous Amédée, ministre de la marine, pour la troisième fois, sous Serrano (3 janvier-30 décembre 1874), rentra dans la vie privée à l'avènement d'Alphonse XII et mourut à Madrid le 29 octobre 1885.

1. Carlos (Carlos-Maria-de-los-Dolores-Juan-Isidoro-Jose-Francisco-Quirino-Antonio-Miguel-Gabriel-Rafaël de Bourbon, *dit don*), duc de Madrid, fils aîné de don Juan, second fils de ce don Carlos qui avait disputé la couronne d'Espagne à Isabelle II. Né le 30 mars 1848, élevé en Autriche, marié le 4 février 1867 à la princesse Marguerite de Parme, nièce du comte de Chambord, il fit, à partir de 1869, plusieurs tentatives pour ressusciter en Espagne l'ancien parti *apostolique*. La guerre civile qu'il parvint à y allumer ensanglanta les provinces septentrionales de cette contrée pendant quatre années, de 1872 à 1876. Réduit à cette dernière époque à se réfugier en France, il a été plusieurs fois expulsé de ce pays, où il semblait vouloir provoquer en sa faveur des manifestations légitimistes; et, tout en continuant à affirmer ses droits au trône d'Espagne, il n'a pas reparu au delà des Pyrénées.

légitimité, ni le duc de Montpensier[1], qui avait des partisans, mais qui avait à ses yeux un irrémédiable défaut, celui d'appartenir à la famille d'Orléans. Son candidat de prédilection était Ferdinand de Saxe-Cobourg[2], père du roi régnant de Portugal, par l'avènement duquel il espérait préparer la réalisation d'une de ses utopies, l'*union ibérique*. Ce projet, il est vrai, souriait fort peu à l'Europe, qui ne désirait guère voir une créature du gouvernement français monter sur le trône à Madrid; il déplaisait particulièrement à l'Angleterre, qui craignait que la monarchie lusitanienne, unie à sa voisine, ne devînt moins docile à son influence, et aux deux nations espagnole et portugaise qui n'éprouvent l'une pour l'autre, on le sait, qu'une incurable méfiance. Mais, si Napoléon III était résigné, en principe, à faire le sacrifice de ses préférences personnelles, il lui eût été extrêmement pénible de voir les Espagnols accueillir un prétendant présenté par le gouvernement prussien. Or, c'est ce dont il était justement question au printemps de 1869. En mars, il lui était revenu que le nom du prince Frédéric-Charles (un des vainqueurs de Sadowa) avait été mis en avant. Il est vrai que la candidature de ce personnage n'avait pas été sérieusement posée. M. de Bismarck jugeait sans doute qu'il rendrait plus de services à la Prusse en continuant à commander ses armées qu'en allant présider à Madrid des courses de taureaux. Mais peu après (avril) le cabinet des Tuileries était informé que des pourparlers plus sérieux étaient entamés à Berlin en faveur d'un prétendant qui se rattachait, comme le précédent (mais de plus loin), à la famille du roi Guillaume. L'intrigue était menée mystérieusement par Prim, qui n'aimait pas Napoléon III[3], et par son agent, le député Salazar, jadis accrédité à la cour de Prusse comme ministre plénipotentiaire d'Espagne. Il s'agissait d'offrir la couronne au prince Léopold[4] de Hohenzollern, frère aîné de ce prince

1. Dernier fils de Louis-Philippe et beau-frère d'Isabelle, établi en Espagne depuis 1846. (Voir t. I de cet ouvrage, p. 433-434.)

2. Né le 29 octobre 1816, marié le 9 avril 1836 à la reine de Portugal dona Maria (morte en 1853); mort le 15 décembre 1885. — C'est son petit-fils, Charles Ier (né le 28 septembre 1863), qui règne aujourd'hui à Lisbonne (depuis le 19 octobre 1889).

3. Il lui gardait sans doute rancune depuis l'affaire du Mexique. (Voir plus haut, p. 234-235.)

4. Hohenzollern-Sigmaringen (Léopold-Étienne-Charles-Antoine-Gustave-Edouard-Thassilo, prince de), fils du prince Antoine (qui fut premier ministre

Charles qui, depuis 1866, régnait en Roumanie. Pour amadouer Napoléon III, on lui représenterait que ce jeune homme était quelque peu son parent, puisqu'il avait pour aïeule la grande-duchesse Stéphanie de Bade, née de Beauharnais, et qu'il avait épousé une sœur du roi de Portugal. S'il protestait tout de même, on lui répondrait que le gouvernement prussien était parfaitement étranger à l'affaire, que Salazar ne négociait qu'avec le prince Antoine, père de Léopold; que, si le roi Guillaume était consulté à cet égard, c'était à titre privé, comme chef de la famille, et que, si M. de Bismarck était dans la confidence, *c'était non comme chancelier, mais comme ami de son souverain.* Si enfin, malgré tout, Napoléon III persistait à chercher querelle à la Prusse, toute l'Europe lui donnerait tort et l'Allemagne, bien convaincue qu'il en voulait à son indépendance, se lèverait comme un seul homme pour le combattre. Ce plan machiavélique n'était pas sans doute aussi nettement arrêté dans l'esprit du grand politique qu'il devait l'être un an plus tard. Mais M. de Bismarck en avait déjà certainement tracé les grandes lignes. De là les explications qu'il donna, dès le mois de mai 1869, à Benedetti, qui avait reçu l'ordre de lui présenter, au sujet de la candidature Hohenzollern, les observations de son souverain. Il n'avait, disait-il, rien à répondre comme ministre; en cette qualité, il ignorait l'affaire; son gouvernement y était tout à fait étranger. Il affectait, du reste, de parler de l'Espagne avec détachement, et même avec dédain. Léopold ferait, à son sens, en acceptant, une assez mauvaise affaire. Mais il ne disait point que le roi Guillaume fût disposé à l'en empêcher. Bref, il évitait sagement de se compromettre; il réservait l'avenir et attendait l'heure proprice.

La querelle parut, du reste, bientôt étouffée dans son germe. M. de Bismarck jugea qu'il n'y avait pas lieu pour le moment d'en faire sortir un *casus belli*. S'il jugea bon d'atermoyer et de gagner du temps, c'est tout d'abord parce que la candidature en question n'avait pour le moment en Espagne que de médiocres chances de succès. Ce pays était maintenant gouverné par Serrano, qui exerçait les fonctions de régent et qui n'était pas dans le secret de

en Prusse de 1858 à 1862), né à Krauchenwies le 22 septembre 1835; marié le 12 septembre 1861 à l'infante Antonie de Portugal (fille de dona Maria et de Ferdinand de Saxe-Cobourg); chef de sa maison depuis le 2 juin 1885.

Prim. Il était en outre agité avec la dernière violence par des mouvements carlistes et républicains qui le troublèrent sans relâche du mois de mai au mois d'octobre 1869. En second lieu, le chancelier prussien, qui ne tenait pas particulièrement à la guerre et qui n'avait qu'un but, compléter l'unification de l'Allemagne, espérait encore réaliser son programme sans avoir à jouer la grosse partie d'une lutte en règle avec la France. Enfin ce qui se passait alors dans ce dernier État lui donnait à penser que Napoléon III était décidément perdu, que la chute de l'empire était tout à fait imminente et il jugeait prudent de le laisser tomber, au lieu de hâter l'heure d'un conflit qui relèverait peut-être son prestige aux yeux de la nation française.

VI

Effectivement Napoléon III déclinait de plus en plus. Son gouvernement continuait à fonctionner grâce au peu qu'il gardait de la force acquise dans les années de prospérité. Mais la plupart de ceux qui le servaient ne croyaient plus en lui et s'apprêtaient à tourner avec la fortune. Ceux qui le combattaient acquéraient chaque jour plus de force et plus d'ascendant sur la nation. Le procès Baudin (novembre 1868) venait de révéler à la France, en la personne de Gambetta [1], un orateur incomparable. Du nord au midi la démocratie saluait avec enthousiasme le jeune et fou-

1. Gambetta (Léon-Michel), né à Cahors le 3 avril 1838; avocat à Paris en 1859; élu député à Paris et à Marseille (1869), après avoir donné dès sa jeunesse maintes preuves de son dévouement à la cause républicaine; membre du gouvernement de la Défense nationale (4 septembre 1870); délégué en province (7 octobre), où il exerça des pouvoirs dictatoriaux, improvisa des armées et opposa aux Allemands, durant quatre mois, une résistance inattendue; démissionnaire le 6 février 1871; envoyé par neuf départements à l'Assemblée nationale (8 février 1871), d'où il se retira après le vote des préliminaires de la paix (1er mars), mais où il rentra par suite des élections du 2 juillet et où il disciplina son parti et manœuvra de telle sorte qu'il finit par obtenir d'elle l'établissement de la République (février 1875). Chef du parti constitutionnel, il fut l'âme de la résistance à la politique du 16 mai (1877), devint président de la Chambre des députés (30 janvier 1879), ne quitta qu'à regret son siège pour accepter la présidence du Conseil des ministres (14 novembre 1881), fut renversé par la coalition des droites et du parti radical le 26 janvier 1882 et mourut prématurément le 31 décembre de la même année, dans toute la force de l'âge et du talent.

gueux tribun. La République avait maintenant un chef. Il ne lui fallait plus qu'une occasion pour porter le dernier coup au césarisme napoléonien.

Si l'Empire était battu d'un côté par le flot montant de la démocratie, il était miné de l'autre par le cléricalisme, son exigeant protecteur, dont les prétentions insoutenables ne pouvaient que le pousser au désespoir et à la folie. Le 26 juin 1868, Pie IX avait enfin convoqué pour le 8 décembre de l'année suivante le concile œcuménique par lequel il entendait faire proclamer comme un dogme l'infaillibilité du pape et faire sanctionner les doctrines du Syllabus. Les jésuites, qui le dominaient et qui devaient avoir la direction réelle de cette haute assemblée, menaient dans tout le monde catholique une véritable croisade en faveur des idées qu'ils se proposaient d'y faire prévaloir. Dès le mois de février 1869, leur principal organe, la *Civiltà cattolica* traçait sans réserve le programme qu'ils prétendaient dicter et qu'en effet ils imposèrent au concile. L'épiscopat, auquel presque partout ils faisaient la loi, était sommé de s'y soumettre aveuglément. Or, à quoi tendaient leurs doctrines? D'après eux, « le principe et les conséquences de l'infaillibilité du pape et de l'Église, a dit un historien contemporain, étendaient leur puissance absolue dans l'ordre législatif, judiciaire et pénal, au for intérieur comme au for extérieur; les principes constitutifs de la société politique, les droits et les devoirs des gouvernements comme des citoyens, la constitution politique, le droit de paix et de guerre, le service militaire comme la constitution de la famille, les devoirs des époux, des pères et des enfants, étaient subordonnés à la majesté suprême de la foi. C'était la consécration de l'autorité absolue de l'Église sur la société, la sujétion complète de tous les droits politiques et civils, de toute autorité quelconque à la papauté proclamée infaillible. Rien n'était plus en contradiction théorique avec l'esprit et le texte des lois positives que les citoyens de tous les États civilisés étaient appelés depuis longtemps à pratiquer. »

En France, la démocratie ne pouvait comprendre que Napoléon III, qui se disait fils de la Révolution, continuât à faire garder par ses soldats les auteurs de pareilles théories. L'agitation, la haine et le dégoût de l'Empire grandissaient. On le vit bien aux élections générales des 23 et 24 mai 1869. Les candidats de l'opposition républicaine ou libérale obtinrent, dans l'ensemble des collèges, presque la moitié des suffrages [1]. Malgré la pression et les candidatures officielles, ils furent élus en assez grand nombre pour former plus d'un tiers du nouveau Corps législatif. La session fut à peine ouverte qu'au nombre de 116 ils mirent le gouvernement en demeure « de donner satisfaction aux sentiments du pays, en l'associant d'une manière plus efficace à la direction de ses affaires ». Napoléon III, éperdu, vit bien qu'il fallait se soumettre. Il prorogea la Chambre, prit de nouveaux ministres et, pour ne pas avoir l'air de céder à la contrainte, présenta lui-même au sénat un projet qui ne modifiait pas seulement la constitution, mais qui la transformait de fond en comble. Le 8 septembre, ce projet était voté. Le régime parlementaire était rétabli à peu près de toutes pièces. Mais cette concession était trop tardive pour que l'opposition en sût le moindre gré à l'Empire. C'était pour elle une demi-victoire qui devait l'aider à remporter une victoire complète. Il n'y a que les gouvernements forts et populaires qui se consolident par de pareilles concessions. Au lendemain de la guerre de Crimée, de pareilles réformes eussent sans doute assuré à l'Empire un long avenir. Après Sadowa et Mentana, elles ne pouvaient qu'achever de le perdre.

VII

Napoléon III et son entourage n'étaient pas sans en avoir une vague appréhension. Rouher et les vieux serviteurs du césarisme autoritaire lui représentaient qu'il courait droit au précipice. Mais quel moyen de salut lui restait-il? La guerre. On était toujours forcé de revenir à cette inéluctable nécessité. Aussi les négociations secrètes tendant à la triple alliance prenaient-elles à cette époque (c'est-à-dire vers le milieu de 1869) une activité nouvelle. En juin et juillet, grâce à Beust, pour qui venger son amour-propre humilié par M. de Bismarck eût été un plaisir divin, elles semblaient près d'aboutir à un engagement positif. La pierre d'achoppement qui arrêta tout fut la question romaine. L'Autriche ne voulait pas traiter sans être assurée que l'Italie marcherait avec elle et,

1. 3 266 366 voix contre 4 626 713.

comme prix de son alliance, l'Italie demandait Rome [1]. Napoléon III n'osa répondre oui; les trois puissances suspendirent donc la négociation et se bornèrent à se promettre vaguement en août de suivre une politique commune, l'Italie et surtout l'Autriche se réservant de déclarer leur neutralité dans le cas où la France croirait devoir prendre l'initiative de la guerre.

François-Joseph et Victor-Emmanuel ne voulaient ni avoir la main forcée par Napoléon III ni risquer la grande aventure sans avoir chance d'en retirer des avantages sérieux. Un certain refroidissement se produisit de nouveau entre les cabinets des Tuileries d'une part et ceux de Florence et de Vienne de l'autre. Beust fit avec affectation quelques avances à la Prusse, échangea des lettres amicales avec M. de Bismarck, alla voir à Bade la reine Augusta. Mais au fond il n'avait point renoncé à ses projets hostiles contre la cour de Prusse. La preuve en est que, vers la fin de 1869, il cherchait à réaliser une combinaison nouvelle, dont le résultat pouvait être de lui procurer la revanche qu'il cherchait. Jugeant bien que la guerre franco-allemande était inévitable, mais ne voulant pas être contraint d'y prendre part dès le jour où il plairait à Napoléon III de la commencer, il imagina de conclure avec l'Italie un traité de garantie, grâce auquel cette puissance, étroitement unie à l'Autriche, attendrait les événements, pour prendre à l'heure opportune entre les parties belligérantes l'attitude de la médiation armée. Si la Prusse était victorieuse, on pourrait ainsi modérer ses exigences. Si, au contraire, comme on y comptait, la France avait dès le début quelque succès, on l'aiderait à écraser sa rivale, non sans prendre vis-à-vis d'elle des sûretés et lui faire payer le plus cher possible le concours qu'on lui prêterait. Lors de l'inauguration du canal de Suez, qui eut lieu en novembre 1869, le chancelier austro-hongrois avait accompagné en Orient son souverain, qui tenait à s'y montrer avec éclat et qui, par son attitude et son langage à Bucharest, à Constantinople, à Athènes, au Caire, avait quelque peu relevé le prestige de sa couronne. Au retour (décembre), il le quitta pour passer par Florence, où il vit Victor-

1. Beust venait d'adresser à Antonelli (le 2 juillet) une note très acerbe au sujet de l'opposition que le pape persistait à faire aux lois confessionnelles. Il était moins disposé que jamais à soutenir l'autorité temporelle du saint-siège.

Emmanuel et s'assura que, si le vaincu de Solférino était tout disposé à s'unir avec l'ancien roi de Piémont qui l'avait dépouillé, le vaincu de Custozza, fils du vaincu de Novare, ne répugnait pas non plus à prendre la main que lui tendait son ennemi d'autrefois. La négociation secrète qu'il avait ébauchée prit quelque temps après une allure plus vive et plus décidée. Le gouvernement français, qui était dans le secret, semblait ne demander qu'à la favoriser. Des rapports amicaux et confidentiels s'établirent de nouveau entre les cabinets de Vienne et des Tuileries. L'archiduc Albert se rendit à Paris au commencement de 1870 pour étudier l'état militaire de la France. Il s'en montra, chose étrange, assez satisfait, ce qui ne contribua pas peu sans doute à l'aveuglement dont Napoléon III devait faire preuve quelques mois plus tard en prenant l'initiative de la guerre. La politique de Beust était, il est vrai, toujours arrêtée par l'*impossibilité* où l'*empereur* des Français prétendait être de laisser les Italiens s'emparer de Rome. Et c'est ainsi qu'elle devait être paralysée jusqu'au moment de la catastrophe qui allait mettre fin à l'empire.

VIII

Napoléon III avait cependant de meilleures raisons que jamais pour abandonner le pape, en tant que souverain temporel, à sa destinée. Le concile était réuni depuis le 8 décembre et la direction donnée à ses travaux indiquait que la doctrine du Syllabus serait adoptée par lui sans réserve. Des 750 pères qui composaient la haute assemblée, un tiers étaient Italiens et marchaient comme un seul homme derrière le pape. Les autres, dépaysés, désorientés, se laissaient en majorité intimider et conduire par eux. Du reste, contrairement aux usages, le souverain pontife avait à l'avance et de sa propre autorité fixé le programme et l'ordre des délibérations, désigné les membres des commissions qui devaient examiner les propositions et élaborer les décisions du concile, arrêté enfin qu'aucune question ne serait discutée sans son autorisation. Le concile n'était donc pas libre. On le vit bien dès les premiers jours. Le petit groupe des évêques (presque tous Français, Allemands ou Autrichiens) qui avaient le louable désir de réconcilier l'Église avec l'esprit moderne et qui réprouvaient le dogme de l'infaillibilité papale lutta vaillamment, surtout au début (janvier-février 1870), contre la camarilla du Vatican. Le pape déclara qu'on ne devait avoir que la *liberté du bien*. Grâce à un règlement fort commode pour un parti qui ne voulait pas de discussion sérieuse, il put à volonté fermer la bouche aux opposants. Le gouvernement français, qui avait acquis chèrement le droit d'adresser au saint-siège quelques remontrances, protesta vainement contre ces tendances et contre cette procédure. Ni lui ni les autres gouvernements catholiques n'avaient de représentants dans ce concile, comme ils en avaient eu dans les précédents. Pie IX et Antonelli ne l'avaient pas voulu. Le cabinet des Tuileries, sous l'inspiration du comte Daru [1], ministre des affaires étrangères, songea un moment à faire revivre l'ancien usage. Il ne put même pas obtenir de la curie romaine la communication d'un mémorandum français au concile. Il essaya d'émouvoir et d'entraîner l'Autriche et l'Italie. Mais la première de ces deux puissances ne voulait rien faire sans la seconde; et celle-ci n'eût montré quelque complaisance pour Napoléon III que si ce souverain lui eût laissé la latitude de s'emparer de Rome. L'idée de se dégager de toute solidarité avec le Vatican en rappelant les troupes françaises fut agitée aux Tuileries. Mais on n'osa pas la mettre à exécution. Daru se retira. Le gouvernement impérial crut dès lors devoir se renfermer dans l'abstention; il se contenta de déclarer au saint-siège qu'il lui laissait toute la responsabilité de ses procédés, réservant, pour sa part, « la liberté de ses appréciations et de son action ultérieure » (avril-juin 1870). Six semaines plus tard (13 juillet), le dogme de l'infaillibilité était enfin voté par le

1. Daru (Napoléon, comte), fils d'un ministre du premier empire, filleul de Napoléon Ier et de l'impératrice Joséphine, né à Paris le 11 juin 1807; pair de France en 1832; officier d'artillerie jusqu'en 1847; membre de l'Assemblée constituante (1848) et de l'Assemblée législative (1849), dont il fut vice-président. Incarcéré au 2 décembre 1851, il rentra dans la vie privée, en sortit vers la fin de l'Empire, fut élu au Corps législatif en mai 1869 comme candidat de l'opposition, entra dans le cabinet du 2 janvier 1870 comme ministre des affaires étrangères, démissionna peu après (13 avril), fit partie de l'Assemblée nationale (1871), où il siégea au centre droit, présida les commissions d'enquête sur la révolution du 4 septembre, sur le gouvernement de la Défense nationale et sur les événements du 18 mars, fut élu sénateur le 30 janvier 1876, soutint le gouvernement du 16 mai (1877) et ne fut pas réélu lors du renouvellement partiel du Sénat qui eut lieu le 5 janvier 1879.

concile [1]. Le pape devenait le souverain absolu de l'Église. Il pouvait perdre les quelques lieues carrées de terre qui constituaient encore son domaine temporel [2]. La moitié du monde était à lui. Il n'était pas un État catholique qu'il ne pût troubler à volonté, grâce à un clergé docile et discipliné, et qui, plus que jamais, ne fût obligé de compter avec lui.

IX

La situation de Napoléon III n'était plus tenable. Le gouvernement parlementaire, inauguré le 2 janvier 1870 par le ministère du 2 janvier 1870 [3], ne semblait pas pouvoir le préserver de la révolution qui déjà grondait de toutes parts autour de lui. Les manifestations, les émeutes républicaines devenaient fréquentes en plein Paris. « Nous lui ferons une vieillesse heureuse », avait dit avec fatuité M. Émile Ollivier; or l'empereur, miné par la maladie, n'était plus à soixante-deux ans que l'ombre de lui-même. Il n'avait plus ni vigueur physique ni force morale. Il ne savait plus ni agir ni vouloir. Son entourage se demandait avec terreur ce qu'il adviendrait de l'empire s'il était emporté à bref délai par la mort. Le prince impérial, enfant de quatorze ans, dominé par une mère espagnole, qui ne connaissait pas la France et que la France n'aimait pas, monterait-il sur le trône? C'était plus que douteux, à moins que le gouvernement napoléonien ne se

1. Il le fut dans les termes suivants : « Le pontife romain, lorsque, remplissant la mission suprême du premier docteur de tous les chrétiens, il définit ce qu'il faut observer dans les choses de la *foi* et des *mœurs*, ne peut errer; et cette prérogative de ne point se tromper ou infaillibilité du pontife romain a la même étendue que celle de l'Église même. » 601 membres du concile seulement étaient présents; 451 adoptèrent le dogme sans réserve; 62 le votèrent conditionnellement; 88 le rejetèrent. Les opposants avaient vainement demandé que, pour une décision aussi grave et conformément aux traditions, l'unanimité des voix fût déclarée nécessaire.

2. Il eût été sage à lui d'y renoncer, ne fût-ce que pour prévenir la chute de Napoléon III et la ruine de la France, qui était après tout son principal appui en Europe.

3. Ce cabinet était ainsi composé : *justice et cultes*, Émile Ollivier; *affaires étrangères*, Daru; *finances*, Buffet; *guerre*, le maréchal Lebœuf; *marine*, Rigault de Genouilly; *instruction publique*, Segris; *intérieur*, Chevandier de Valdrôme; *agriculture et commerce*, Louvet; *travaux publics*, de Talhouët; *beaux-arts*, Maurice Richard. — MM. Buffet et Daru se retirèrent au mois d'avril.

régénérât sans retard. Comment? En répudiant un libéralisme dissolvant, en reprenant le fouet autoritaire de 1852. C'était ce que répétaient sans cesse les serviteurs d'autrefois, les Rouher, les Jérôme David[1], les gouvernants *à poigne*, écartés en apparence de la scène, mais qui restaient dans les coulisses et, avides de pouvoir, disputaient au parlementarisme l'âme vacillante de Napoléon III.

Mais pour reprendre à la France les libertés qu'on lui avait laissé recouvrer, il fallait l'éblouir, la griser de gloire. Que le drapeau d'Inkermann et de Solférino reparût victorieux sur le Rhin, elle laisserait tout faire, elle pardonnerait tout. Donc une grande guerre était indispensable. L'impératrice, femme ignorante, passionnée, romanesque, la demandait pour son fils. C'était *sa guerre*, il la lui fallait à tout prix. Avec quoi la ferait-on? les arsenaux étaient vides, les places fortes manquaient de canons, l'ancienne armée était désorganisée, la nouvelle n'était pas constituée. Mais on ne savait pas tout cela. Le ministre de la guerre lui-même (le maréchal Lebœuf) disait qu'on était prêt, *archi-prêt*, et il le croyait. Sans doute on n'ignorait pas tout à fait de quel formidable outillage militaire disposait à ce moment l'Allemagne. Mais le soldat français était *débrouillard*, il saurait se tirer des plus mauvais pas. Ce mot répondait à toutes les objections. Sans doute aussi l'on n'avait pas d'alliances. Mais on en aurait le lendemain de la première victoire, et on les aurait pour rien, tandis que la veille il faudrait les payer cher. Ainsi raisonnait le duc de Gramont[2], qui venait de succéder à Daru au ministère des affaires étrangères. Dans sa superbe assurance, ce per-

1. David (Jérôme-Frédéric-Paul, baron), petit-fils du peintre Louis David et filleul de Jérôme Bonaparte, né à Rome le 30 juin 1823; officier d'ordonnance du prince Napoléon (1853); député au Corps législatif à partir de 1859; vice-président de cette assemblée (1867), où il combattit de toutes ses forces le tiers parti libéral; ministre des travaux publics dans le cabinet Palikao (10 août-4 septembre 1870); député de 1876 à 1877 et de 1877 à 1881; mort à Langon le 28 janvier 1882.

2. Gramont (Antoine-Agénor-Alfred, duc de Guiche, duc de), né à Paris le 14 août 1819; ministre plénipotentiaire à Cassel (1851), à Stuttgart (1852), à Turin (avril 1853); ambassadeur à Rome (1857), puis à Vienne (1861), d'où il fut appelé le 15 mai 1870 au ministère des affaires étrangères. Renversé avec le cabinet Ollivier le 9 août suivant, il publia, depuis la guerre, surtout pour sa défense, plusieurs ouvrages d'histoire diplomatique et mourut à Paris le 18 janvier 1880.

sonnage affirmait qu'à la première apparition des troupes françaises les États de l'Allemagne méridionale prendraient fait et cause pour la France; l'Autriche suivrait aussitôt leur exemple; l'Italie ne pourrait rester en arrière, et il ne serait même pas nécessaire de contrister les âmes pieuses en lui permettant de prendre Rome pour capitale. On verra plus loin ce qu'il y avait de fondé dans tous ces calculs.

Mais, avant d'ouvrir la grosse partie que l'on méditait, on jugea bon de montrer à l'Europe qu'on n'avait pas perdu la confiance du peuple français, qu'on le tenait bien en main et qu'il serait toujours docile à la voix d'un Napoléon. C'est alors que, par un procédé dont les Bonaparte étaient coutumiers, on imagina le plébiscite par lequel la nation devait affirmer pour la quatrième fois son attachement à l'homme du 2 décembre. Les gouvernements qui recourent à de pareilles consultations jouent toujours à coup sûr, puisqu'ils choisissent leur heure, qu'ils posent la question et la commentent à leur gré et qu'ils mettent le pays dans l'alternative de maintenir l'ordre établi et connu ou de se jeter dans les hasards des révolutions. Rien de plus équivoque et de plus perfide que la question posée à la France en 1870. On lui demandait si elle voulait conserver l'empire, tel que l'avaient fait les dernières réformes. On lui disait que c'était d'une part la liberté, de l'autre la paix assurée. Au fond, c'était de dictature et de guerre que l'on rêvait. La masse des électeurs ne s'en doutait pas. Le plébiscite, qui eut lieu le 8 mai, donna donc encore une énorme majorité au gouvernement [1] qui, dès lors, se crut tout permis et n'eut plus qu'à trouver un prétexte, mauvais ou bon, pour ouvrir la querelle qu'il méditait.

X

M. de Bismarck devait lui épargner l'ennui de le chercher longtemps. Lui aussi maintenant désirait la guerre; lui aussi la voulait prochaine. Il se disait, avec une certaine inquiétude, que, s'il

1. Voici quels furent les résultats du vote : 7 336 434 *oui;* 1 560 709 *non*; 112 979 bulletins *nuls*.

tardait trop longtemps, l'accord de la France, de l'Autriche et de l'Italie, qui n'était encore qu'une chose possible, pourrait bien devenir une réalité. En second lieu, il constatait autour de lui, dans l'Allemagne du Nord, des symptômes d'une lassitude et d'un mécontentement que pouvait seule dissiper une vigoureuse diversion de patriotisme contre la France. La Prusse et ses confédérés ne supportaient plus tout à fait sans se plaindre des armements ruineux, qui n'avaient pas été interrompus depuis Sadowa. Les populations que le droit du plus fort avait fait passer en 1866 sous l'autorité du roi Guillaume trouvaient qu'elles payaient un peu cher l'avantage d'appartenir à un grand État. Une proposition de désarmement avait été déposée au Reichstag en octobre 1869. Le budget et le contingent militaires n'avaient été votés que pour une période de quatre ans, qui expirait en 1871. M. de Bismarck désirait fort qu'ils fussent augmentés. Comment y parvenir? Le meilleur argument n'était-il pas la guerre, qui démontrerait à l'Allemagne qu'elle avait encore de nouveaux sacrifices à s'imposer pour sa défense? Enfin le chancelier s'apercevait avec dépit, au commencement de 1870, que le temps écoulé depuis Sadowa, loin de faciliter la fusion des États du Sud dans la confédération du Nord, semblait l'avoir rendue plus difficile et plus douteuse. A part Bade, dont il croyait pouvoir repousser publiquement les avances (février) pour ne pas fournir de prétexte plausible aux incriminations de la France et de l'Autriche, ils témoignaient chaque jour une répugnance plus vive à subir l'inféodation prussienne. Leur opposition, qui avait éclaté aux yeux de l'Europe dans les deux premières sessions du parlement douanier (1868-1869), se manifestait à cette heure, en Bavière, en Wurtemberg, par des débats parlementaires d'une certaine violence. Dans le premier de ces pays, le roi avait dû dissoudre la Chambre des députés; les élections lui avaient donné tort; il lui avait fallu se séparer de son premier ministre, le prince de Hohenlohe, suspect de trop de complaisance pour M. de Bismarck (janvier 1870). A Stuttgart, la Chambre avait été ajournée (février). Dans l'un et l'autre de ces États, on demandait à grands cris la diminution des effectifs et des dépenses militaires. Comment donc couper court à cette agitation particulariste? Comment amener enfin les Allemands du Sud à se ranger d'eux-mêmes sous le drapeau prussien? Ce ne pouvait être, au sens du chancelier, qu'en surexcitant en eux ce patriotisme teuton, qui n'est pas moins vif à Munich qu'à Berlin et qui est fait aux trois quarts de haine contre la France. C'est au moyen de la guerre qu'il y parviendrait. Mais cette guerre, il était nécessaire de se la faire déclarer. Si le cabinet prussien en prenait l'initiative, l'Allemagne du Sud, comme l'Europe, lui donnerait tort. Il fallait, pour que la nation germanique se levât et marchât tout entière à sa voix, que la patrie commune fût provoquée, attaquée par l'*ennemi héréditaire*. Restait à se faire provoquer. Mais M. de Bismarck, qui n'ignorait pas quelles passions s'agitaient aux Tuileries, savait que rien au monde ne lui serait plus facile.

XI

Il tenait toujours en réserve la question espagnole. Le moment lui parut venu d'en faire sortir un *casus belli*. La négociation secrète que Salazar avait entamée au nom de Prim en avril 1869 avait été reprise par cet homme d'État au mois d'octobre de la même année. Une lettre avait été adressée au chancelier de Prusse, qui s'était bien gardé d'abord d'y répondre. La couronne d'Espagne, offerte sérieusement à Léopold de Hohenzollern, était déjà en principe acceptée par lui au commencement de 1870. Le prince Antoine, père du prétendant, donnait son consentement. Fidèle à la tactique indiquée par son chancelier, le roi de Prusse acceptait de ne voir dans toute cette négociation qu'une affaire de famille qui n'intéressait pas son gouvernement et dont, par suite, il n'avait pas politiquement à répondre. M. de Bismarck avait donc depuis longtemps dressé ses batteries. Mais il hésitait à les démasquer. L'éclat du plébiscite français le détermina à ne plus attendre. Après cinq ou six mois de silence, il répondit enfin au maréchal Prim (mai 1870). Sa lettre, sans être de nature à le compromettre, était cependant si encourageante que l'intrigant Espagnol fit aussitôt repartir pour l'Allemagne Salazar, qui, en quelques semaines, prit avec les Hohenzollern les derniers arrangements. Il fut convenu que la candidature du prince Léopold serait soumise dans le plus bref délai aux Cortès espagnoles; le vote une fois enlevé, on verrait bien si Napoléon III, qui tant de fois avait proclamé comme un dogme le principe de la souveraineté nationale, oserait protester. En attendant, le roi Guillaume écrivit, le 28 juin, à son parent le prince Antoine que, comme *chef de sa famille*, il ne croyait pas devoir mettre opposition au parti qu'il venait de prendre en acceptant pour son fils la candidature en question. La guerre l'effrayait d'autant moins que, peu de jours auparavant, il avait eu à Ems, où il était en villégiature, une entrevue avec l'empereur de Russie et que ce souverain, fort irrité contre l'Autriche, qu'il soupçonnait de vouloir agiter la Pologne [1], lui avait promis, en retour d'une certaine complaisance pour sa politique en Orient, de le laisser marcher vers le Rhin et de contenir au besoin la cour de Vienne.

A ce moment donc, dans la pensée de M. de Bismarck, tout était prêt pour la grande lutte où l'Allemagne nouvelle allait jouer son avenir. Le chancelier avait admirablement su choisir son terrain. Le piège où il voulait attirer l'ennemi était dressé de main de maître. Napoléon III, comme il le souhaitait, allait s'y précipiter tête baissée.

XII

Grâce à une indiscrétion de Salazar, qui s'était hâté de retourner en Espagne, tout Madrid fut instruit, dès le 2 juillet, de la candidature Hohenzollern et de l'appui que lui prêtait le roi Guillaume. L'ambassadeur de France, Mercier de Lostende, après avoir adressé à Prim de vives observations, se hâta de transmettre la nouvelle à son gouvernement. L'émoi fut très vif aux Tuileries. On tenait donc enfin le prétexte de guerre que l'on cherchait. L'incident, loin d'être dissimulé, fut aussitôt révélé à la presse et le gouvernement impérial, loin de chercher à en atténuer la gravité, sembla prendre à tâche de la grossir aux yeux du public. M. Émile Ollivier et la majorité de ses collègues, au fond de l'âme,

1. Le cabinet cisleithan était alors dirigé par le comte Potocki, lequel se proposait de développer en Gallicie les institutions nationales absolument supprimées dans la Pologne russe.

voulaient la paix. Mais l'Empereur et surtout l'impératrice souhaitaient la guerre. Les Mameluks [1] des Tuileries y poussaient de toutes leurs forces et étaient tout prêts, si les ministres du 2 janvier montraient de l'hésitation, à les culbuter pour prendre leur place. Ces derniers, par égoïsme, eurent la coupable légèreté de provoquer une crise funeste, qui pouvait être évitée et que, livrés à eux-mêmes, ils eussent sans doute épargnée à leur pays.

A Berlin, le 4 juillet, des explications furent demandées au nom de la France au sous-secrétaire d'État des affaires étrangères, M. de Thile, qui suppléait M. de Bismarck, alors en villégiature. Ce diplomate se contenta de répondre qu'il n'avait rien à dire, parce que *pour le gouvernement prussien* l'affaire Hohenzollern n'existait pas. Ce langage était fort correct. Mais à Paris il causa de l'humeur; on n'admettait pas la distinction subtile de Guillaume roi de Prusse et de Guillaume chef de famille. Le 5, le baron de Werther [2], ambassadeur de ce souverain en France, partait pour aller le rejoindre à Ems. Le duc de Gramont lui déclara « catégoriquement que la France ne tolérerait pas l'établissement du prince de Hohenzollern ni d'aucun prince prussien sur le trône d'Espagne » et le chargea de le redire à son maître. C'était déjà engager la partie avec une certaine témérité. Mais, en somme, jusque-là, le gouvernement impérial ne s'était pas encore compromis par une déclaration publique. Cette faute décisive fut commise dès le lendemain. Un député de l'opposition libérale, M. Cochery [3], se faisant l'écho de l'opinion, si vivement intriguée depuis

1. C'est le nom que la presse de l'opposition donnait à ceux des familiers du château qui s'étaient montrés le plus violemment réfractaires à la doctrine de l'*empire libéral*.

2. Werther (Charles, baron de), né à Kœnigsberg le 30 janvier 1809; secrétaire de légation à la Haye, à Londres, à Paris (1840); ministre plénipotentiaire en Suisse (1842), en Grèce (1844), en Danemark (1849), en Russie (1854), en Autriche (1859); ministre des Affaires étrangères (1866); ambassadeur à Paris d'octobre 1869 à juillet 1870; ambassadeur à Constantinople (1874); en retraite depuis 1877.

3. Cochery (Louis-Adolphe), né à Paris le 26 avril 1819, avocat en 1839, chef du cabinet du ministre de la justice (24 février 1848), plaida des procès politiques et s'occupa spécialement de journalisme sous l'Empire; député de l'opposition démocratique en 1869, il fit en 1871 partie de l'Assemblée nationale, où il siégea au centre gauche, contribua à l'établissement de la république constitutionnelle, fut réélu en 1876 et en 1877, devint sous-secrétaire d'État dans le cabinet Dufaure (décembre 1877), puis ministre des postes et télégraphes (5 février 1879) et garda son portefeuille jusqu'à la chute du cabinet

deux jours, avait demandé à interpeller le cabinet sur la question espagnole. Il eût mieux fait de s'abstenir et de ne pas fournir à l'Empire l'occasion de provoquer l'Allemagne à la face du monde. L'interpellation eut lieu le 6. Le débat fut court. Gramont y mit fin par la lecture d'une déclaration d'autant plus grave qu'elle avait été délibérée en conseil et qui se terminait ainsi : « Nous ne croyons pas que le respect des droits d'un peuple voisin nous oblige à souffrir qu'une puissance étrangère, en plaçant un de ses princes sur le trône de Charles-Quint, puisse déranger à notre détriment l'équilibre actuel des forces en Europe et mettre en péril les intérêts et l'honneur de la France. Cette éventualité, nous en avons le ferme espoir, ne se réalisera pas. Pour l'empêcher, nous comptons à la fois sur la sagesse du peuple allemand et sur l'amitié du peuple espagnol. S'il en était autrement, forts de votre appui et de celui de la nation, nous saurions remplir notre devoir sans hésitation et sans faiblesse. »

Il était impossible d'être plus maladroit. Dès le premier jour, en prenant vis-à-vis de l'Allemagne et devant toute l'Europe une attitude si menaçante, on rendait toute négociation à peu près impossible. Ce n'était pas à l'Espagne qu'on s'en prenait, ce n'était pas au chef de la famille de Hohenzollern, c'était à la Prusse, et l'on dissimulait mal qu'on voulait la forcer à se battre. Toutes les puissances représentées à Paris blâmèrent cette grave imprudence. Les ambassadeurs d'Autriche et d'Angleterre sermonnèrent Gramont de leur mieux, lui représentèrent que c'était au gouvernement espagnol et au prince Antoine de Hohenzollern qu'il eût dû s'adresser, qu'il eût fallu simplement manœuvrer de façon à obtenir à l'amiable le désistement du prince Léopold; que peut-être n'était-il pas trop tard pour adopter cette procédure; ils offrirent leurs bons offices (7-8 juillet). Le ministre français ne les repoussa pas positivement. Mais à ce moment même il aggravait encore sa faute initiale en faisant partir pour Ems Benedetti, qui était alors en congé, et lui donnant les instructions les moins conciliantes. Il voulait en effet que le roi Guillaume fût invité sans délai par ce diplomate non seulement à *conseiller* au prince Léopold de

Ferry (31 mars 1885). Après avoir obtenu le renouvellement de son mandat de député en 1881 et en 1885, il a été envoyé au Sénat, le 5 janvier 1888, par le collège du Loiret.

retirer sa candidature, mais à lui en donner l'*ordre*. Et il comptait si bien sur un refus, par suite sur la guerre, que, dès le 8 juillet, il ne cachait pas au représentant de la Grande-Bretagne, lord Lyons [1], les premiers préparatifs militaires de son gouvernement et que le lendemain il faisait demander officieusement au comte de Beust si la France pouvait compter sur le concours armé de l'Autriche-Hongrie.

Le 9, Benedetti était reçu par le roi de Prusse et s'acquittait aussi courtoisement que possible de sa commission. A ce moment, le vieux souverain ne tenait pas à la guerre; cette grosse partie à jouer l'effrayait quelque peu. Il répondit avec beaucoup de modération, déclara que son gouvernement n'était pour rien dans l'affaire, que son intervention à lui avait été purement personnelle et s'était bornée à ne pas défendre au prince Antoine pour son fils la candidature qui lui était offerte; enfin que, s'il y voulait renoncer, il lui donnerait sans difficulté son approbation; qu'il lui avait déjà demandé quelles étaient à cet égard ses intentions et qu'il attendait sa réponse. On devait bien supposer qu'il lui avait conseillé confidentiellement de céder. Pourquoi donc vouloir l'obliger à s'humilier en public? Si le gouvernement français n'eût pas systématiquement cherché la guerre, il eût dû se montrer satisfait des dispositious témoignées par le roi de Prusse. C'était l'avis de Benedetti. L'on était d'autant plus fondé à croire à un accommodement prochain que Prim, effrayé de l'éclat qu'il avait produit, et incité par l'Angleterre, l'Italie, l'Autriche, engageait lui-même les Hohenzollern à se désister (9-10 juillet). Si, comme il y avait lieu de l'espérer, ils prenaient ce parti, tout finissait bien, l'honneur était sauf pour tout le monde et la paix de l'Europe n'était pas troublée.

Mais aux Tuileries le vent soufflait toujours à la guerre. Benedetti, dans la journée du 10, recevait dépêches sur dépêches, lui enjoignant d'insister. Aussi le lendemain se présentait-il de nouveau chez le roi Guillaume pour renouveler ses instances. Ce dernier lui tint à peu près le même langage que l'avant-veille : la réponse

1. Lyons (Richard-Bickerton-Pemell Lyons, baron), né à Lymington le 16 avril 1817; attaché successivement aux légations anglaises d'Athènes (1839), de Dresde (1852) et de Florence (1853), où il devint ministre plénipotentiaire en 1858; ministre plénipotentiaire à Washington de 1858 à 1864; ambassadeur à Constantinople (1865), puis à Paris (juillet 1867-novembre 1886), mort le 3 décembre 1887.

du prince Antoine, dit-il, ne lui était pas encore parvenue; elle viendrait; il priait le gouvernement français de prendre un peu de patience. Il tenait, on le comprend, à ce que son parent eût au moins l'air d'avoir pris le temps de la réflexion et ne parût pas trop pressé de subir l'ultimatum français. Il voulait aussi, avant d'approuver ladite réponse, qu'elle fût déjà connue de toute l'Europe, pour qu'elle semblât bien *spontanée* et n'eût pas l'apparence d'avoir été dictée par lui. Du reste, l'insistance blessante de Napoléon III et les allures tapageuses de la presse française commençaient à l'émouvoir. Il ne cacha pas à l'ambassadeur impérial que lui aussi croyait devoir recourir à quelques précautions militaires. A cette heure, du reste, M. de Bismarck était rentré à Berlin, présidait le conseil des ministres et travaillait, lui aussi, de manière à n'être pas surpris. Peut-être était-il encore temps de conjurer la guerre. Mais à coup sûr il n'y avait plus un jour à perdre.

Le 12 juillet, les amis de la paix, de part et d'autre, purent la croire assurée. Le prince Antoine annonçait enfin au gouvernement espagnol qu'il renonçait pour son fils à la candidature. Le télégramme annonçant cette bonne nouvelle était communiqué à M. Émile Ollivier qui, plein de joie, la portait au Corps législatif et se félicitait avec Thiers de voir l'horizon s'éclaircir. Mais il avait commis encore une imprudence. Il eût dû attendre, pour annoncer la fin du différend, la satisfaction que le roi de Prusse avait promis de donner à la France. Les *Mameluks* crièrent que l'empereur était joué, que la dépêche du *père Antoine* n'était pour lui qu'une réparation ridicule; ils menacèrent d'interpeller le gouvernement. Bref, leurs vociférations et leurs menaces firent, on peut le dire, perdre la tête à Gramont et à Ollivier qui, ce jour-là même, crurent devoir déclarer à Werther (revenu d'Ems depuis la veille) qu'il fallait à la France des garanties plus sérieuses, pour l'avenir comme pour le présent. Ils allèrent jusqu'à demander que le roi de Prusse écrivît à Napoléon III une sorte de lettre d'excuses et, s'associant expressément à la renonciation du prince de Hohenzollern, exprimât « son désir que toute cause de mésintelligence disparût désormais entre son gouvernement et celui de l'empereur ». L'ambassadeur repoussa naturellement une pareille exigence. Ce que voyant, Gramont expédia à Benedetti, par plusieurs télégrammes consécutifs, l'ordre d'aller trouver le roi Guillaume et de lui demander une réponse *catégorique*, par laquelle non seulement il déclarerait approuver le désistement du prince Léopold, mais il *s'engagerait à ne pas lui permettre de revenir sur sa renonciation*.

Une telle exigence était si insultante pour le roi (après le retrait d'une candidature qui n'avait évidemment plus aucune chance d'être posée) qu'elle équivalait à une déclaration de guerre. Benedetti, ayant rencontré Guillaume le 13 au matin, lui exposa le message dont il était chargé. Ce souverain lui répondit posément qu'il approuverait la renonciation, mais qu'il ne pouvait faire rien de plus. L'entretien devait être repris l'après-midi. Dans l'intervalle, le roi reçut enfin la réponse officielle du prince Antoine. Mais il apprit aussi la demande exorbitante faite la veille au baron de Werther et, dans le même temps, on l'informait de Berlin qu'une effervescence extraordinaire régnait dans toute l'Allemagne; beaucoup de villes lui envoyaient déjà des adresses pour l'inciter à la guerre. Aussi crut-il devoir faire avertir Benedetti qu'il adhérait au désistement des Hohenzollern et qu'il l'autorisait à en publier la nouvelle, mais qu'une seconde conversation sur le sujet abordé par l'ambassadeur dans la matinée lui paraissait inutile. Le lendemain 14, le roi partait; le représentant de la France alla lui faire ses adieux à la gare d'Ems et essaya d'insister sur les *garanties d'avenir*. Mais le vieux souverain lui répondit qu'il n'avait plus rien à ajouter sur ce point. Il le quitta du reste fort courtoisement, renvoyant la question à ses ministres.

A Paris, pendant ce temps, le conseil avait longuement délibéré sans prendre de parti. Gramont et Lebœuf étaient toujours pour la guerre immédiate. Il fallait, disaient-ils, se hâter, surprendre la Prusse (ils espéraient la surprendre!). Et ce jour même le prince de Metternich donnait au belliqueux ministre des Affaires étrangères des avertissements qui eussent dû refroidir son ardeur. Par une longue note du 11, Beust chargeait son ambassadeur de lui faire savoir que, s'il s'opiniâtrait à rompre avec la Prussse, il n'avait pas à compter sur l'alliance austro-hongroise ; le cabinet de Vienne restait fidèle à ses engagements, mais il n'entendait pas qu'on lui forçât la main et qu'on l'entraînât sur un terrain mal choisi où il ne voulait pas se placer. La France avait promis de ne rien faire que d'accord avec l'Italie et l'Autriche; il lui plaisait maintenant de décider à elle seule de la paix et de la guerre; ses amis lui conseillaient de se contenter des réparations qui lui étaient offertes. S'il lui plaisait de se perdre, ils n'étaient pas obligés de se perdre avec elle. N'avaient-ils pas, du reste, réservé leur droit de neutralité?

L'Autriche parlait d'or. Les autres grandes puissances prêchaient aussi fort sagement la conciliation à la France. Mais le gouvernement impérial semblait saisi de vertige. La fureur belliqueuse qu'il avait déchaînée dans la presse et dans le public l'entraînait et ne lui permettait pas de reculer. Un journaliste célèbre [1] écrivait qu'il fallait reconduire les Prussiens jusqu'au delà du Rhin à coups de crosse dans le dos. Paris retentissait de chants de guerre; des bandes fanatisées ou soldées parcouraient les rues en criant : *A Berlin!*

A la même heure, du reste, M. de Bismarck, beaucoup plus résolu que son souverain, manœuvrait de façon à rendre la guerre inévitable. Le 13 juillet, dans une conversation avec lord Loftus [2], ambassadeur de la Grande-Bretagne à Berlin, il annonçait son intention de demander à la France réparation pour ses dernières exigences. Quelques heures après, une courte note, relative aux dernières négociations d'Ems, était communiquée par la chancellerie prussienne aux journaux de Berlin et envoyée aux agents diplomatiques de la Confédération du Nord. Dès le lendemain elle avait fait le tour de l'Europe. Elle relatait en termes fort raides la dernière demande adressée par Benedetti au roi Guillaume, ajoutant sèchement que ce souverain lui avait fait dire par l'*aide de camp de service* qu'il ne pouvait plus le recevoir. Elle donnait ainsi à entendre qu'à l'outrage il n'avait pas hésité à répondre par l'outrage. On ne devait pas manquer après cela de dire et de crier en Allemagne que l'ambassadeur de France avait été chassé comme un laquais. Le fait était faux. Mais M. de Bismarck avait calculé qu'en France on le croirait vrai, au moins pendant un jour, et que cela suffirait bien pour amener enfin l'explosion qu'il souhaitait.

1. Émile de Girardin.

2. Loftus (Auguste-William-Frédéric Spencer, lord), né en 1817; chargé, à partir de 1837, de divers emplois diplomatiques à Berlin, à Vienne, à Stuttgart, à Munich; accrédité en 1868 auprès de la Confédération de l'Allemagne du Nord; ambassadeur à Saint-Pétersbourg (1871).

Il ne se trompait pas. La note produisit aussitôt dans toute la France, mais surtout à Paris, une émotion et une colère qui rendaient la conciliation à peu près impossible. Cependant le 14 juillet dans l'après-midi, quelques voix dans le conseil des ministres se prononçaient encore pour la paix. On parlait de convoquer un *congrès*; cette idée et ce mot souriaient, comme d'habitude, à Napoléon III. Mais dans la soirée tout changea. L'ambassadeur de Prusse, Werther, venait de recevoir l'ordre de quitter Paris. L'agitation croissait dans la capitale. L'impératrice, très animée, reprochait à l'empereur de laisser tomber son trône *dans la boue*. Gramont reçut tout à coup une dépêche, qui lui apprenait sans doute les propos tenus la veille à lord Loftus par M. de Bismarck. Il déclara aussitôt qu'il n'y avait plus à hésiter (en effet la chute du ministère eût été la première *réparation* à offrir au chancelier). Tout le monde fut de son avis et la guerre fut irrévocablement décidée.

Le lendemain 15, cette résolution fut notifiée aux deux Chambres. Le gouvernement exposait à sa guise les négociations qui venaient d'avoir lieu, annonçait le rappel des réserves et sollicitait des crédits pour l'entrée en campagne. Vainement des voix éloquentes s'élevèrent au Corps législatif contre une détermination précipitée, que rien ne justifiait et qui pouvait être fatale au pays. Vainement on demanda la preuve que l'ambassadeur de France avait été insulté[1]. Vainement on voulut examiner les pièces diplomatiques, réfléchir, juger. Thiers, les larmes aux yeux, n'osant dire tout ce qu'il savait de l'infériorité militaire de la France, essaya par une suprême adjuration, de préserver la Chambre de sa propre folie. Les outrages et les clameurs d'une majorité affolée couvrirent sa voix. Une foule imbécile, l'appelant *traître* et *prussien*, alla jeter des pierres dans ses fenêtres. On acclama, en revanche, M. Ollivier déclarant avec emphase qu'il acceptait la responsabilité de la guerre *d'un cœur léger*. Les crédits demandés furent votés dans la nuit du 15 au 16 juillet. L'Angleterre, qui, la veille encore, avait proposé sans succès l'adoption d'une note également satisfaisante pour la dignité de la France et de la Prusse, offrit encore, à cette heure décisive, son arbitrage; la Russie exprima le vœu qu'une confé-

1. Il eût été facile de savoir la vérité; Benedetti était de retour à Paris.

rence fût réunie[1]. Tout fut inutile. La France lança le 17 juillet sa déclaration de guerre. Dès la veille, la mobilisation de l'armée avait commencé dans l'Allemagne du Nord, et le 19, le Reichstag, convoqué en session extraordinaire, s'associait avec enthousiasme à la déclaration du roi Guillaume conviant les Allemands à *combattre comme leurs pères pour leur liberté et leurs droits contre la violence de conquérants étrangers*.

XIII

La lutte formidable que Napoléon III avait si mal préparée était donc engagée. Les premiers coups de feu ne s'étaient pas encore fait entendre que la France éprouvait déjà les plus amères désillusions. La question des alliances était en effet grosse de déceptions pour le gouvernement impérial. On a vu plus haut avec quelle complaisance il avait escompté, dans ses présomptueux calculs, l'alliance de l'Allemagne méridionale. Quelques hommes politiques de Stuttgart ou de Munich lui avaient peut-être fait des promesses. Mais en Bavière, comme en Wurtemberg, comme dans l'État badois et dans la Hesse, la masse de la population haïssait la France. A la nouvelle des exigences de Napoléon III, et surtout de la résolution qu'il venait de prendre, il y eut, au sud comme au nord du Mein, une explosion générale de fureur contre l'*ennemi héréditaire*. De toutes parts, dans des assemblées populaires, on demanda la guerre, l'union avec le Nord. Les Chambres n'opposèrent qu'une faible résistance à l'entraînement. Du 16 au 22, la mobilisation fut partout décrétée, les crédits furent votés, et, dès le 25 juillet, le prince royal de Prusse[2] prenait le commandement des contingents fournis par les États du Sud. Le plan de campagne des Français dut être aussitôt modifié. Au lieu de se diriger sur la Forêt-Noire et le Danube, ils durent évoluer vers la Sarre et vers la Moselle; et ce changement de front, qui

1. Proposition qui fut peu goûtée par la Grande-Bretagne, cette puissance craignant avec raison qu'on n'introduisît la question d'Orient dans le programme des délibérations.

2. Frédéric-Guillaume, né le 18 octobre 1831, marié en 1858 à la princesse Victoria d'Angleterre; roi de Prusse et empereur d'Allemagne sous le nom de Frédéric III le 9 mars 1888; mort à Berlin le 15 juin de la même année.

ne put s'opérer sans un grand désordre, ne fut pas une des moindres causes des désastres qu'ils allaient subir.

Mais il ne suffisait pas à la Prusse d'entraîner l'Allemagne avec elle. Il fallait, pour rendre sa victoire à peu près certaine, qu'elle pût déterminer le reste de l'Europe à demeurer neutre, qu'elle empêchât la France de trouver des alliés. Elle y réussit à souhait. Il lui suffit pour cela de séduire l'Angleterre et la Russie, ce qui ne lui fut pas difficile. La première de ces deux puissances avait fait de vains efforts pour arrêter Napoléon III dans la voie dangereuse où il s'engageait. Ses conseils n'avaient pas été écoutés; aussi lui en gardait-elle une certaine rancune. Le ministère Gladstone, préoccupé surtout de réformes intérieures, était éminemment pacifique. Tout conflit entre deux États européens lui paraissait une calamité pour la Grande-Bretagne qui devait en être cruellement atteinte dans son commerce au dehors et, par contrecoup, dans son développement intérieur. N'ayant pu prévenir la guerre franco-allemande, il n'avait pas de plus vif désir que de la localiser en usant de toute son influence pour contenir les États qui pouvaient être tentés de se jeter dans la mêlée. Aussi publia-t-il dès le 19 juillet sa déclaration de neutralité. Au fond, ses sympathies et celles de la nation anglaise étaient plutôt pour la Prusse que pour la France [1]. Il appréhendait fort le succès de cette dernière puissance; car, si elle l'emportait, résisterait-elle à la tentation de prendre la Belgique? Il n'en put douter lorsque M. de Bismarck fit publier dans le *Times* (25 juillet) le texte du projet que Benedetti avait jadis minuté dans son cabinet au sujet de ce pays et dont la révélation produisit en Angleterre une indignation générale. Dès lors la France put être certaine que, si le cabinet de Saint-James intervenait dans son différend, ce serait plutôt pour lui nuire que pour la servir.

Quant à la Russie, la cour des Tuileries n'avait, dès le début, aucune illusion à se faire sur l'attitude qu'elle allait prendre. Elle imaginait bien quelles promesses avaient pu être échangées entre Guillaume Ier et Alexandre II pendant l'entrevue d'Ems. Ces pro-

1. La reine et la famille royale étaient, pour leur part, tout à fait gagnées à la cour de Berlin. Il ne faut pas oublier que Victoria, fille d'une Allemande, épouse d'un Allemand et belle-mère du prince royal de Prusse, avait toujours eu (comme elle a encore) une vive prédilection pour l'Allemagne.

messes, d'ailleurs, M. de Bismarck et Gortchakoff s'empressaient à ce moment de les renouveler. Le chancelier du czar qui, juste à point, faisait une *saison* d'eaux en Allemagne, se rendit à Berlin aussitôt après la déclaration de guerre. Il obtint l'assurance qu'en Orient le cabinet de Saint-Pétersbourg ne serait point gêné par la Prusse dans l'exécution de ses desseins. En retour, il promit non seulement de ne rien tenter pour la France, mais d'immobiliser l'Autriche en la menaçant de l'attaquer avec toutes ses forces, si elle faisait seulement mine de bouger[1]. Les deux chanceliers n'étaient à coup sûr très sincères ni l'un ni l'autre. Le premier, qui tenait à ménager l'Angleterre et qui rêvait de regagner l'Autriche, n'entendait point sacrifier l'Orient sans réserve à l'ambition moscovite. Le second avait bien l'arrière-pensée de faire à l'occasion, s'il y trouvait de l'avantage, quelques avances au gouvernement français. Mais pour le moment leur entente paraissait cordiale ; avec la neutralité britannique, elle suffisait largement pour réduire la politique française à une parfaite impuissance.

Effectivement, aucun des États dont le cabinet des Tuileries sollicitait le concours n'osait se prononcer en sa faveur. Au nord de l'Europe Napoléon III avait compté sur l'alliance du Danemark qui, cruellement démembré en 1864, devait être tenté de prendre, en s'unissant contre la Prusse à un État de premier ordre, une facile revanche. De fait, Christian IX était à son égard dans les dispositions les plus favorables. Il se serait prêté volontiers à une diversion navale et militaire, grâce à laquelle la France eût pris la Prussse à revers et lui eût peut-être porté le coup fatal. Un agent spécial, le marquis de Cadore, lui fut envoyé pour conclure l'alliance. Mais les deux cours de Londres et de Saint-Pétersbourg s'unirent pour neutraliser les efforts de ce diplomate. Des liens de famille très étroits existaient depuis quelques années entre les maisons régnantes de Danemarck, d'Angleterre et de Russie [2]. Du reste, Christian IX n'était pas le plus fort. Il dut céder et se déclara neutre (25 juillet). Il est vrai qu'il n'en continua pas moins à négocier confidentiellement avec l'envoyé de

1. La déclaration de neutralité de la Russie fut lancée le 23 juillet.

2. On a vu plus haut que deux filles de Christian IX, les princesses Alexandra et Dagmar, avaient épousé, la première le prince de Galles (en 1863) et la seconde le czaréwitch (en 1866).

Napoléon III. Mais, pour qu'il en vînt à donner sa signature et à prendre un engagement, il fallait que la fortune sourît quelque peu à ce dernier. Il attendait une première victoire de la France pour prendre son parti.

L'empereur d'Autriche et le roi d'Italie avaient la même attitude. L'un et l'autre disaient tout haut vouloir rester neutres, le premier parce qu'il avait peur de la Russie, le second parce qu'il n'osait marcher sans l'Autriche. Mais la cour de Vienne, sans vouloir se compromettre en faveur de la France tant qu'elle n'était pas victorieuse, se disait qu'au cas où le sort des armes lui serait profitable, il serait bon d'être de ses amis, ne fût-ce que pour ne pas la laisser faire sa paix avec la Prusse aux dépens de l'Allemagne. Aussi Beust avait-il chargé un agent particulier, M. de Witzthum, d'expliquer et d'atténuer aux yeux de Gramont ce que sa note du 11 juillet pouvait avoir de désobligeant et de peu encourageant pour la France. Il se donnait surtout beaucoup de mal, au lendemains de la déclaration de guerre, pour conclure enfin, sous les auspices et avec le concours de Napoléon III, cette alliance austro-italienne, qu'il ébauchait avec amour depuis un an et grâce à laquelle il espérait exercer, à un moment donné, une influence prépondérante en Europe. Le cabinet de Florence ne pouvait s'entendre directement avec celui de Paris. Il venait de lui refuser son alliance (16 juillet) parce que l'empereur des Français, toujours inféodé au cléricalisme, continuait à lui refuser Rome. Tout ce qu'il avait pu obtenir, c'était que les troupes impériales évacuassent enfin le territoire pontifical et que la convention de septembre fût rétablie (20 juillet). Mais il espérait par l'entremise du chancelier austro-hongrois arracher à Napoléon III le sacrifice que ce dernier n'avait encore osé lui faire. Aussi semblait-il se prêter avec beaucoup d'empressement aux propositions de Beust. Nous disons *semblait*, parce qu'il se réservait une échappatoire. L'Angleterre ayant fait auprès de lui de vives instances pour qu'il ne sortît pas de la neutralité, il lui avait donné l'assurance de ne prendre aucune décision que d'accord avec elle; il se réservait donc, si, au dernier moment il croyait ne pas devoir conclure, de se retrancher derrière ses engagements envers le cabinet de Londres. Quoi qu'il en soit, la négociation, menée par Beust, semblait marcher bon train vers la fin de juillet. Le 24, Witzthum et Metternich avaient fait connaître au gouvernement français les conditions de la future alliance austro-italienne. Les deux puissances uniraient toutes leurs forces et prendraient l'attitude de la médiation armée; mais il était bien entendu que ce serait là simplement une transition pour en venir à une hostilité ouverte contre la Prusse; le jour où elles seraient prêtes, elles sommeraient cette puissance de rentrer dans l'observation pure et simple du traité de Prague, et la guerre générale commencerait. L'Autriche enverrait une armée en Silésie, et en Bavière une autre, à laquelle l'armée italienne viendrait donner la main. Seulement François-Joseph et Victor-Emmanuel demandaient six semaines pour la mobilisation de leurs troupes; elles ne pourraient entrer en ligne que le 15 septembre. Au reste elles ne marcheraient que lorsque les Français auraient eux-mêmes pénétré dans l'Allemagne du Sud. Enfin (et c'était là pour le cabinet de Florence la condition essentielle de l'alliance) il fallait que Napoléon III admît l'éventualité de l'entrée des Italiens à Rome. Or, c'est cette dernière clause qui fit tout manquer. L'empereur était toujours dominé par l'impératrice, par Gramont; ils lui répétaient que, s'il était vainqueur, il aurait l'alliance italienne sans donner Rome; que, dans le cas contraire, il ne l'aurait à aucun prix. Quand il partit pour rejoindre ses troupes (28 juillet), rien n'était encore décidé. Un agent italien, Vimercati, alla le trouver à Metz; le prince Napoléon, qui, naturellement, soutenait toujours la cause de Victor-Emmanuel, unit ses efforts à ceux de ce diplomate. Tout fut inutile. L'inerte résistance de l'empereur durait encore le 5 août. C'était bien le cas de dire : *Quos vult perdere Jupiter dementat.* Le lendemain avait lieu à Wœrth, à Forbach, à Spickeren, le premier choc sérieux entre les deux parties belligérantes. L'armée française, surprise en pleine formation, sur une ligne démesurément étendue, était mise en complète déroute; huit jours après, les vainqueurs occupaient toute l'Alsace, toute la Lorraine, sauf Strasbourg, Metz et quelques places moins importantes. L'ennemi était au cœur de la France.

XIV

Victor-Emmanuel était au théâtre quand on lui annonça la catastrophe. « Pauvre empereur, s'écria le *roi galant homme*, pauvre empereur; mais f..., je l'ai échappé belle! » On conçoit qu'il ne pouvait plus être question d'alliance : « On ne s'allie pas avec des vaincus », avait dit lui-même Gramont à Napoléon III. Vainement ce dernier implora, le 8 août, le concours armé du souverain dont il avait été si longtemps le protecteur et l'ami. Victor-Emmanuel voulut bien se montrer sensible aux malheurs de la France. Mais il se retranchait derrière ses devoirs de roi constitutionnel. Or son ministère [1] ne voulait pas aller au secours de Napoléon III. Il armait, mais c'était pour prendre Rome, qu'il espérait bien acquérir gratuitement. Pour pallier son ingratitude, le gouvernement italien imagina d'insinuer au cabinet de Londres la première idée de la ligue des neutres (10 août). Le ministère Gladstone la fit sienne avec le plus vif empressement. Il s'agissait d'établir entre les puissances non participantes à la guerre un accord tel que chacune d'elles s'engageât à ne pas changer d'attitude jusqu'à la fin de la crise, du moins sans l'assentiment des autres. La proposition britannique fut adressée tout d'abord à la Russie. Cette puissance, toujours préoccupée du traité de 1856 et de la question d'Orient, aurait voulu que les neutres se fissent représenter par une conférence; elle espérait ainsi faire sanctionner par l'Europe sa politique à l'égard de l'empire ottoman, et peut-être de l'Autriche-Hongrie. Aussi le chef du Foreign-Office [2]

1. Le cabinet italien était présidé depuis le mois de décembre 1869 par Sella. Le portefeuille des affaires étrangères était tenu par Visconti-Venosta.

2. Lord Granville, qui avait succédé à lord Clarendon, mort le 7 juin 1870. — Granville (Granville-Georges Leveson Gower, 2e comte), né à Londres le 11 mai 1815; membre de la Chambre des communes en 1837; sous-secrétaire d'État aux affaires étrangères dans le cabinet Melbourne (1839-1841); membre de la Chambre des lords (1846); vice-président du bureau du commerce et payeur général (mai 1848); ministre des affaires étrangères de décembre 1851 à février 1852; président du conseil privé (1852), puis chancelier du duché de Lancastre (1854) et de nouveau président du conseil privé (1855) dans le cabinet Aberdeen. Il fit partie, à ce dernier titre, du premier et du second ministère Palmerston (1855-1858 et 1859-1865) et du ministère Russell (1865-1866); rappelé au Foreign-Office, il l'occupa de juin 1870 à mars 1874; depuis, c'est encore lui qui a dirigé les relations extérieures de la Grande-Bretagne dans les deux derniers cabinets Gladstone (avril 1880-juin 1885, et janvier-juillet 1886).

n'admit-il pas une pareille demande. Il tenait à ce que la ligue existât, mais à ce qu'elle fût aussi lâche que possible et laissât à ses membres une certaine liberté d'action. Dans sa pensée, il suffisait pour la constituer d'un « échange de lettres par lesquelles les puissances s'engageraient à ne se départir de la neutralité qu'après s'être communiqué réciproquement leurs idées et s'être averties de leur changement de politique ». La Grande-Bretagne, sans porter le moindre intérêt à la France, se réservait la possibilité de se rapprocher d'elle si elle le jugeait nécessaire, par exemple pour contrecarrer les projets de la Russie.

L'Italie adhéra dès le 19 août à la ligue des neutres. Il semblait qu'elle eût hâte d'avoir un *non possumus* bien en règle à opposer aux sollicitations de la France. Aussi Napoléon III multiplia-t-il vainement auprès d'elle ses demandes de secours. Ce souverain sentait l'empire s'effondrer sous l'invasion d'une part, sous la révolution de l'autre. Dès le 9 août, l'indignation publique avait fait justice du ministère Ollivier. Un cabinet sans autorité [1] avait été constitué par l'impératrice demeurée à Paris en qualité de régente. Il voulait maintenir l'intégrité territoriale du pays et sauver la dynastie [2]. De ces deux causes la première était déjà bien compromise ; la seconde était perdue. L'empereur n'osait rentrer à Paris. Après de fatales hésitations, il finit par prendre avec l'armée de Châlons la direction du nord, comme pour aller délivrer le maréchal Bazaine, qui, à ce moment même, se laissait bloquer sous Metz avec 200 000 soldats. Bientôt, gagné de vitesse, coupé, cerné, il ne devait plus lui rester qu'à succomber. Au milieu de ses malheurs, il avait encore foi dans cette Italie, fille de ses rêves, qu'il avait jadis tant aimée et qui eût pu le sauver. Il faisait partir pour Florence (19 août) le prince Napoléon pour tenter un dernier effort sur Victor-Emmanuel. Cette nouvelle démarche échoua comme les précédentes. L'empereur, même à cette heure suprême, n'osait pas autoriser les Italiens à prendre Rome.

1. Ce ministère avait été formé le 10 août par le général Cousin-Montauban, comte de Palikao. Ce personnage n'était guère aimé. Le concours d'hommes tels que Jérôme David, Henri Chevreau, le prince de la Tour-d'Auvergne, Magne, Clément Duvernois, ses principaux collègues, n'était pas de nature à le rendre populaire.

2. C'est ce dont le nouveau ministre des affaires étrangères, le prince de la Tour-d'Auvergne, se montrait surtout préoccupé.

Or ils affirmaient plus haut que jamais, par la plume de Visconti-Venosta (29 août), le droit qu'ils avaient à occuper *leur capitale.*

Pendant ce temps, le reste de l'Europe assistait, immobile, à l'écrasement de l'empire et de la France. La Russie adhérait à la ligue des neutres (31 août), aux conditions posées par l'Angleterre, ce qui ne la gênait nullement. Il n'y avait qu'une puissance qui parût encore disposée à servir la France dans une certaine mesure. C'était l'Autriche-Hongrie. Beust venait de proposer aux grands États une médiation collective (23 août) et s'efforçait d'en faire admettre le principe. Au fond, il voulait surtout gagner du temps. Il lui en coûtait de renoncer à ses projets de revanche sur la Prusse. Il n'avait pas encore perdu toute foi dans l'étoile de Napoléon III et il attendait avec impatience et anxiété le résultat de la grande bataille qu'allait livrer ce dernier.

CHAPITRE XI

L'UNITÉ ALLEMANDE[1]

I. Le gouvernement du 4 septembre et la guerre à outrance. — II. Les pourparlers de Ferrières. — III. De Metz à Paris. — IV. Voyage diplomatique de Thiers à travers l'Europe. — V. La question de l'armistice et celle de l'unité allemande. — VI. Un trouble-fête : Gortchakoff et sa circulaire. — VII. La France ira-t-elle à la conférence de Londres ? — VIII. L'Empire allemand et l'Autriche-Hongrie. — IX. Hésitations de Jules Favre. — X. L'armistice du 28 janvier 1871. — XI. La question d'Orient et la conférence. — XII. L'assemblée de Bordeaux et les préliminaires du 1er mars. — XIII. Le traité de Londres (13 mars). — XIV. Thiers, la Commune de Paris et le traité de Francfort. — XV. Les grandes puissances au lendemain de la guerre franco-allemande.

(1870-1871)

I

Il n'attendit pas longtemps. Le 1er septembre, le neveu de Napoléon Ier trouvait à Sedan son Waterloo, un Waterloo où sombraient à la fois sa fortune et son honneur. Le lendemain, au lieu

1. Sources : Andlau (colonel d'), *Metz, campagnes et négociations*; — Angeberg (comte d'), *Recueil des traités, conventions, actes, notes, etc., concernant la guerre franco-allemande*; *Archives diplomatiques*, années 1870-1873; — Bazaine, *l'Armée du Rhin*; — Beust, *Mémoires*, t. II; — Bismarck, *Correspondance; Discours parlementaires*; — Busch, *M. de Bismarck et sa suite*; — Blerzy, *les Mésaventures d'un peuple heureux* (*l'Angleterre*) (Revue des Deux Mondes, 15 février, 1er mars 1871); — Cantù, *Della indipendenza italiana*, t. III; — Chaudordy (comte de), *la France à la suite de la guerre de 1870-71*; — Cherbuliez, *l'Allemagne politique*; *l'Espagne politique*; — Ducrot (général), *la Défense de Paris*; — Duret (Th.), *Histoire de quatre ans*; — *Enquête parlementaire sur les actes du gouvernement de la Défense nationale*; *Enquête parlementaire sur l'insurrection du 18 mars*; — Favre (J.), *Discours parlementaires*; *le Gouvernement de la Défense nationale*; *Rome et*

de chercher la mort en recommençant le combat, il se rendait piteusement à son vainqueur, avec quatre vingt-mille soldats; puis il partait pour la triste résidence de Wilhelmshœhe, où devait s'écouler sa captivité. Il eut au moins, dans son affaissement, la pudeur de se refuser à la proposition que M. de Bismarck lui fit de traiter au nom de la France. N'étant plus libre, disait-il, ce n'était pas à lui à conclure la paix. C'était à l'impératrice. Mais l'autorité de cette souveraine ne devait pas survivre à la sienne. A la nouvelle de la dernière bataille et de ses conséquences, tout Paris se souleva dans la journée du 4 septembre. Le Corps législatif fut envahi, la régente dut prendre la fuite et partir pour l'Angleterre, tandis que les députés républicains élus en 1869 par le département de la Seine [1] se constituaient à l'Hôtel de Ville en gouvernement de la Défense nationale, sous la présidence du général Trochu [2].

la République francaise; — Freycinet (C. de), *la Guerre en province*; — Gambetta, *Discours*; — Glais-Bizoin, *Dictature de cinq mois*; — *Guerre (la) franco-allemande*, rédigée par la section historique du grand état-major prussien, trad. du capitaine de Serda; — Hippeau (Edm.), *Histoire diplomatique de la troisième République française*; — Klaczko (J.), *Deux Chanceliers*; — Klüpfel, *Geschichte der deutschen Einheitsbestrebungen*; — Laveleye (E. de), *la Nouvelle Politique de la Russie* (Revue des Deux Mondes, 15 nov. 1871); — Lissagaray, *Histoire de la Commune*; — Mac-Carthy, *Histoire contemporaine de l'Angleterre*, t. V; — Mazade (Ch. de), *la Guerre de France*; *Monsieur Thiers*; — Maquest, *la France et l'Europe pendant le siège de Paris*; — Müller (W.), *Politische Geschichte der Gegenwart*, années 1870-1871; — Parieu (de), *Considérations sur l'histoire du second Empire*; *Procès Bazaine*; — *la Prusse et la France devant l'histoire*; — Raineville (de), *Rapport sur la diplomatie du gouvernement de la défense nationale*; — Régnier, *Quel est votre nom? — Réponse au livre : l'Armée du Rhin*; — Rothan, *l'Allemagne et l'Italie* (1870-1871); — Saint-Marc-Girardin, *Rapport sur les origines de la guerre*; — Schmeidler, *Europa und der deutsch-französische Krieg*; — Simon (E.), *l'Empereur Guillaume*; *Histoire du prince de Bismarck*; — Simon (J.), *Souvenirs du 4 septembre*; *le Gouvernement de M. Thiers*; — Sorel (A.), *Histoire diplomatique de la guerre franco-allemande*; — Sybel (de), *Der Frieden von 1871*; — Thiers, *Discours parlementaires*; — Trochu (général), *l'Empire et la défense de Paris*; *Pour la vérité et pour la justice*; — Valfrey, *Histoire de la diplomatie du gouvernement de la Défense nationale*; *Histoire du traité de Francfort et de la libération du territoire*; — Véron (E.), *Histoire de l'Allemagne depuis Sadowa*; — Zeller, *Pie IX et Victor-Emmanuel II*, etc.

1. A l'exception de Thiers, qui eût préféré se faire décerner le pouvoir par le Corps législatif et qui demeura à l'écart.

2. Trochu (Louis-Jules), né au Palais (Belle-Ile-en-Mer), le 12 mars 1815, lieutenant en 1840, général de division en 1859 après de belles campagnes en Afrique, en Crimée et en Italie, se rendit très populaire vers la fin de l'empire par la publication de son livre sur *l'Armée française en 1867*, fut laissé à l'écart par le gouvernement lors de la déclaration de guerre, puis,

Ces hommes de cœur [1], que l'histoire doit louer d'avoir osé, en ce jour de calamité publique, assumer une responsabilité terrible et prendre un pouvoir à coup sûr peu enviable, n'avaient malheureusement pas l'habitude des affaires. Ils avaient grandi ou vieilli dans l'opposition; ils en avaient gardé les traditions comme le langage. Quelques-uns avaient pris part au gouvernement en 1848, mais trop peu de temps pour y avoir acquis une expérience sérieuse. Il y avait parmi eux des jurisconsultes, des économistes, des philosophes, des orateurs de premier ordre; il n'y avait pas d'hommes d'État ayant déjà fait leurs preuves. Celui d'eux tous qui avait le plus d'esprit politique était un débutant, Gambetta, qui se forma vite, mais qui avait à se former.

Le gouvernement de la Défense nationale commit dès l'origine plusieurs fautes graves qui devaient avoir pour la cause même qu'il soutenait les plus fâcheuses conséquences. D'abord, au lieu de consolider devant l'Europe; par une consultation immédiate du pays, l'autorité toute révolutionnaire dont il était revêtu, il remit au 16 octobre l'élection d'une Assemblée nationale [2]. Aussi ce gouvernement, reconnu sans peine par les États-Unis, la Suisse, l'Espagne [3] et même l'Italie, ne le fut-il pas par les puissances les plus considérables, dont il avait le plus d'intérêt à s'assurer le concours, l'Angleterre, l'Autriche-Hongrie [4], la Russie. Elles le traitèrent courtoisement, mais simplement comme un pouvoir de

à la suite de nos premières *défaites*, appelé *au* commandement du 12e corps, en formation à Châlons, et, peu après, nommé gouverneur de Paris (17 août). Il parut au-dessous de sa tâche pendant le siège de Paris. Élu à l'Assemblée nationale (8 février 1871), il n'y vint que pour rendre compte de ses actes et les défendre, donna sa démission le 1er juillet 1872 et rentra dans la vie privée, d'où depuis lors il n'est plus sorti.

1. Le gouvernement de la Défense nationale était composé d'Emmanuel Arago, Crémieux, Jules Favre, Jules Ferry, Gambetta, Garnier-Pagès, Glais-Bizoin, Eugène Pelletan, Ernest Picard, Henri Rochefort et Jules Simon. Le ministère qu'il établit dès le 4 septembre était formé ainsi qu'il suit : *Affaires étrangères*, Jules Favre; *Intérieur*, Gambetta; *Guerre*, le général Le Flô; *Marine*, l'amiral Fourichon; *Justice*, Crémieux; *Finances*, Ernest Picard; *Instruction publique*, Jules Simon; *Travaux publics*, Dorian; *Agriculture et commerce*, Magnin.

2. Le Corps législatif et le Sénat avaient été dissous dès le 4 septembre.

3. Le gouvernement espagnol sembla même un moment (en octobre) vouloir faire mieux encore et s'allier avec le gouvernement de la Défense nationale. Mais la négociation officieuse qui eut lieu à cet égard fut bientôt interrompue et n'eut aucun résultat.

4. L'Autriche-Hongrie adhéra le 10 septembre à la ligue des neutres.

fait et sans prendre envers lui d'engagement. Quant à l'Allemagne, qui ne voit combien il était désavantageux pour les hommes du 4 septembre de n'être pas admis par elle comme les mandataires réguliers de leur pays? En second lieu les nouveaux gouvernants eurent le tort de s'enfermer dans Paris et de ne pas comprendre que cette capitale, une fois bloquée (et elle allait l'être le 19 septembre), ne pouvait plus être utilement pour la France le siège du gouvernement. Au lieu de la traiter résolûment en place de guerre (et elle ne pouvait plus être autre chose), ils s'obstinèrent à y demeurer, au grand préjudice de la défense générale du pays et de la direction diplomatique de ses affaires. Séparés du reste de la France, ils devaient subir chaque jour un peu plus l'influence et la pression d'une population nerveuse, passionnée, et ne pas s'inspirer assez des sentiments et des besoins du reste de la nation. Par-dessus tout, ils devaient ignorer ce qui se passerait dans la presque totalité du territoire. Ils formèrent, il est vrai, à partir du 12 septembre, une *délégation*, qui alla s'établir à Tours; mais les hommes dont ils la composèrent (Crémieux, Glais-Bizoin, Fourichon)[1] n'avaient aucune autorité sur le pays. Ils leur adjoignirent,

1. Crémieux (Isaac-Adolphe), né à Nîmes le 30 avril 1796; avocat célèbre sous la Restauration; membre de la Chambre des députés à partir de 1842. Il fit partie en 1848 du gouvernement provisoire et fut, du 24 février au 7 juin de cette année, ministre de la justice. Représentant à l'Assemblée constituante (1848) et à l'Assemble législative (1849), arrêté au 2 décembre, il reparut sur la scène politique en 1869 comme député de Paris, reprit le 4 septembre 1870 possession du ministère de la justice, donna sa démission le 14 février 1871 et fut élu le 20 octobre de la même année député à l'Assemblée nationale; nommé sénateur inamovible le 15 décembre 1875, il mourut à Paris, le 10 février 1880. — Glais-Bizoin (Alexandre), né à Quintin (Côtes-du-Nord), le 9 mars 1800; avocat en 1822; envoyé en 1830 à la Chambre des députés, où il siégea jusqu'en 1848 à l'extrême gauche; membre de l'Assemblée constituante (1848), non réélu à la législative (1849); député des Côtes-du-Nord (1863-1869), de la Seine (1869-1870); membre du gouvernement de la Défense nationale (septembre 1870-février 1871); mort à Lamballe le 6 novembre 1877. — Fourichon (Martin), né à Thiviers (Dordogne), le 9 janvier 1809; aspirant de marine en 1826; capitaine de vaisseau en 1848; gouverneur de la Guyane française (1852-1853); contre-amiral (1853); chargé de différents commandements à Brest, dans l'océan Pacifique, en Algérie; vice-amiral (1859); président du conseil des travaux de la marine (1864); commandant en chef de l'escadre d'évolutions (31 mars 1870); mis à la tête de la 2e escadre, chargée d'opérer dans la mer du Nord (juillet 1870); ministre de la marine (septembre 1870-février 1871); membre de l'Assemblée nationale (1871); élu sénateur inamovible le 10 décembre 1875; rappelé au ministère de la marine, qu'il occupa du 9 mars 1876 au 16 mai 1877; mort à Paris le 24 novembre 1884.

le 18, pour l'expédition des affaires étrangères, un diplomate de profession, le comte de Chaudordy[1]. Mais ce dernier leur était subordonné; et eux et lui, du reste, l'étaient au gouvernement de Paris. Une telle organisation devait rendre la marche des affaires bien difficile et bien incertaine. Enfin le gouvernement de la Défense nationale, mû par un patriotisme plus ardent qu'éclairé, commit la faute de rendre dès le début, par une déclaration imprudente, toute négociation avec l'Allemagne à peu près impossible. Dans le partage des ministères, les affaires étrangères étaient échues à Jules Favre[2], orateur d'un grand mérite, intelligence élevée, cœur sensible, trop sensible pour un diplomate et dépourvu de la présence d'esprit et du sang-froid qu'exigent avant tout des négociations sérieuses. Dans une circulaire qui fit tressaillir tous les cœurs français, ce personnage annonça, le 6 septembre, à l'Europe entière que la France ne céderait *ni un pouce de son territoire ni une pierre de ses forteresses*. Or, dès le milieu d'août, l'Allemagne avait manifesté l'irrévocable intention de s'approprier l'Alsace et une bonne partie de la Lorraine. Toute la France applaudit au noble langage de Jules Favre. Mais soutiendrait-elle jusqu'au bout la lutte à outrance à laquelle il la conviait? N'eût-il pas été plus

1. Chaudordy (Jean-Baptiste-Alexandre-Damaze, comte de), né en 1828; attaché à l'ambassade française à Rome (1851); secrétaire d'ambassade, à partir de 1856, à Weimar, à Madrid, à Copenhague, à Carlsruhe; sous-chef de cabinet du ministre des affaires étrangères le 23 octobre 1862; sous-directeur du cabinet du ministre (1866), ministre plénipotentiaire (1868); directeur du cabinet du ministre des affaires étrangères avant le 4 septembre; envoyé à Tours par le gouvernement de la Défense nationale; membre de l'Assemblée nationale (1871), où il prit place à droite; ambassadeur en Suisse (4 décembre 1873), puis à Madrid (3 septembre 1874); mis en disponibilité le 11 décembre 1878. Nommé ambassadeur en Russie le 27 décembre 1881, il n'a pas pris possession de son poste.

2. Favre (Jules-Claude-Gabriel), né à Lyon le 21 mars 1809; avocat dans cette ville (1830), puis à Paris (1836); secrétaire général du ministère de l'Intérieur après la révolution de février (1848); sous-secrétaire d'État aux affaires étrangères (mai-juin 1848); membre de l'Assemblée constituante (1848-1849) et de l'Assemblée législative (1849-1851), où il combattit la politique de l'Élysée; membre du comité d'organisation de la résistance au coup d'État en décembre 1851; élu député à Paris, à la suite du procès d'Orsini, dont il avait été le défenseur (1858), et chef du fameux groupe des Cinq au Corps législatif (1858-1863); élu à Paris et à Lyon en 1863, à Paris en 1869; vice-président du gouvernement de la Défense nationale et ministre des affaires étrangères (septembre 1870-février 1871); envoyé à l'Assemblée nationale par six départements (8 février 1871); ministre des affaires étrangères sous le gouvernement de Thiers, de février à juillet 1871; élu sénateur par le département du Rhône le 30 janvier 1876; mort à Versailles le 20 janvier 1880.

sage de ne pas ainsi brûler ses vaisseaux? L'avenir, hélas! devait le prouver. En attendant, l'Europe, désapprouvant l'attitude du nouveau gouvernement, en prenait prétexte pour refuser son concours diplomatique au vaincu; et l'orgueil germanique, solennellement défié, resserrait, rendait indissoluble l'union de l'Allemagne du Nord et de l'Allemagne du Sud.

II

C'est après s'être publiquement interdit la cession territoriale que les Allemands regardaient d'ores et déjà comme la condition *sine qua non* de la paix que Jules Favre conçut le dessein (désapprouvé du reste par ses collègues) d'aller négocier avec M. de Bismarck, qui suivait pas à pas, avec le roi Guillaume, l'armée victorieuse dans ses progrès et qui déjà n'était pas très loin de Paris. Comptait-il donc émouvoir par ses larmes le *chancelier de fer*? Ce dernier, qui ne s'est jamais piqué d'être un homme *sensible*, allait opposer (sans grand mérite, du reste, puisqu'il était le plus fort) à son éloquence un peu romantique la dureté inflexible d'un politique qui veut par-dessus tout faire une *bonne affaire* et la rouerie d'un vendeur habile qui sait exploiter la rivalité des acheteurs. Sa tactique était d'affecter une indifférence parfaite entre l'Empire, qui n'existait plus en fait, et le gouvernement de la Défense nationale, qui, disait-il, n'existait pas en droit, et de se déclarer prêt à traiter avec l'un ou avec l'autre suivant qu'il y trouverait son avantage. La paix serait au plus offrant et dernier enchérisseur. Au lendemain du 4 septembre il faisait des avances à l'impératrice, qu'il affectait de regarder toujours comme régente de France. Il inspirait certains articles de journaux [1] d'où il ressortait que l'Empire était à son sens le seul pouvoir légal avec lequel il pût s'entendre. L'ex-régente, il est vrai, ne voulait pas s'arrêter à des propositions qui tendaient au démembrement de la France. Elle croyait devoir, pour le moment, se borner à invoquer, d'ailleurs sans succès, les bons offices de certains souverains, et notamment de l'empereur François-Joseph (13 septembre). Mais

1. Et notamment celui qui parut dans l'*Indépendant rémois* le 11 septembre.

juste à point, il se trouvait près d'elle un intrigant sans foi ni loi, dont M. de Bismarck ne manqua pas d'exploiter l'ambition brouillonne et qui semblait s'être mis en tête de restaurer l'Empire en le réconciliant avec l'Allemagne. C'était un aventurier d'origine française, établi à Londres, et nommé Régnier[1]. Ce personnage s'offrit avec persistance, du 12 au 17 septembre, à l'impératrice, pour lui servir d'intermédiaire auprès de Napoléon III, et sans doute aussi auprès du chancelier prussien. Il ne put obtenir comme lettre d'introduction qu'une photographie avec quelques lignes insignifiantes du prince impérial. Mais cela lui suffit et, le 18 septembre au matin, il partait pour le quartier général du roi Guillaume, où il allait s'aboucher avec M. de Bismarck.

Juste à la même heure, Jules Favre quittait Paris à l'insu de ses collègues, dans la même intention. Il avait depuis plusieurs jours fait proposer par le gouvernement anglais au premier ministre prussien d'ouvrir avec lui une négociation d'armistice. Le chancelier avait fait savoir à lord Granville, qu'il était prêt à conclure non point un armistice, mais la paix, avec *quiconque* la lui offrirait à des conditions convenables. Mais il s'était abstenu de toute réponse de nature à faire croire, soit qu'il admît une médiation, soit qu'il reconnût le gouvernement de Paris comme légitime. Il avait d'autre part pris soin de déclarer, par deux circulaires, du 13 et du 16 septembre, que l'Allemagne ne ferait pas la paix sans s'assurer des garanties territoriales contre un retour offensif de la France. Jules Favre, las d'attendre, finit par se rendre aux avant-postes prussiens, d'où il fit demander au chancelier un sauf-conduit qui lui fut accordé. Deux entrevues eurent lieu, le 19 et le 20 septembre, à la Haute-Maison et à Ferrières, entre lui et le ministre du roi Guillaume. Ce dernier ne lui cacha pas, dans la seconde, l'arrivée de Régnier, qui, le matin même, venait de lui faire ses premières propositions. L'honnête Jules Favre n'en fut pas ébranlé dans son patriotisme. Il repoussa tristement, mais fièrement, les

1. Régnier (Victor-Edouard-Vital), né à Paris en 1822, habitait depuis longtemps l'Angleterre, où il s'était marié en secondes noces, après avoir mené en France et en Algérie une existence fort décousue. A la suite de la guerre, le 2e conseil de guerre de Paris le condamna par contumace à la dégradation civique et à la peine de mort (17 septembre 1874). Il est mort à Ramsgate (Angleterre) en novembre 1886. Il a publié plusieurs brochures assez curieuses au sujet de ses intrigues de 1870 et de 1871.

conditions exorbitantes que prétendait lui dicter le vainqueur. Pour la paix, M. de Bismarck exigeait déjà toute l'Alsace et un tiers de la Lorraine. Strasbourg et Metz étaient, disait-il, les clefs de la maison; il les lui fallait à tout prix. Son interlocuteur lui offrait de l'argent; mais cela ne lui suffisait pas; quant à la gloire, il n'était pas homme à s'en contenter; ce n'était pas, assurait-il, une *valeur cotée* en Allemagne. Pour prix d'un simple armistice, pendant lequel la France eût procédé à ses élections, il exigeait, si l'Assemblée devait se réunir à Paris, la remise d'un ou de plusieurs des forts qui commandaient la capitale; dans tous les cas, il voulait que les opérations militaires continuassent devant Metz et que les places de Strasbourg, Toul, Bitche, etc., fussent livrées aux troupes allemandes. Jules Favre, indigné, le quitta les larmes aux yeux et, le lendemain, lui notifia le refus absolu qu'aux applaudissements de Paris et de la France le gouvernement de la Défense nationale opposait à ses exigences.

III

Tout aussitôt M. de Bismarck se retourna vers l'Empire, ou vers ce qui pouvait en tenir lieu. Il dépêcha Régnier à Metz, pour séduire le maréchal Bazaine. Ce personnage, qui avait joué au Mexique un rôle fort équivoque, se trouvait encore à la tête de près de deux cent mille hommes, la seule armée régulière qui restât à la France. Le chancelier le savait ambitieux, tout à fait dénué de scrupules. Régnier, qui le vit le 23 et le 24 septembre, lui fit entendre qu'il pourrait obtenir de sortir de ses positions et de se retirer dans l'intérieur de la France avec ses troupes; il rétablirait l'*ordre,* c'est-à-dire l'empire; il serait maire du palais, il ferait la loi. Cet avenir souriait à Bazaine. Mais il voulait s'entendre avec l'impératrice et, d'autre part, il lui répugnait de livrer Metz. Il fit partir pour Londres un de ses lieutenants, Bourbaki [1]. Mais à peine arrivé (27 septembre), celui-ci

1. Bourbaki (Charles-Denis-Sauter), né à Pau le 22 avril 1816; sous-lieutenant de zouaves en 1836, général de division le 12 août 1857, après de brillants services en Algérie et en Crimée; commandant en second du camp de Châlons en mai 1869; aide de camp de l'empereur en juillet de la même année; mis à la tête de la garde impériale (juillet 1870) et enfermé peu après

apprit avec stupeur de l'impératrice qu'elle désavouait absolument Régnier et, ne pouvant rentrer à Metz, il alla patriotiquement demander du service à la délégation de Tours. Quant à Régnier, il retourna trouver M. de Bismarck à Ferrières (28 septembre). Ce dernier, sans interrompre ses négociations avec Bazaine, vit bien qu'il n'obtiendrait pas immédiatement la reddition de Metz. Mais il savait maintenant que le maréchal n'aurait plus de chevaux à partir du 18 octobre, que le défaut de vivres l'obligerait à traiter vers le 25 du même mois. Il n'avait donc qu'à l'amuser et à le leurrer de faux espoirs jusqu'à cette époque; quand il n'aurait plus à le ménager, il l'obligerait à se rendre sans conditions.

Mais en attendant il jugea bon de tâter de nouveau le gouvernement de la Défense nationale par des propositions indirectes d'armistice. Le général américain Burnside[1], qui suivait pour son instruction les opérations des armées allemandes, lui servit d'intermédiaire. Il alla à Paris, il en revint, il y retourna, du 1er au 5 octobre. Mais les propositions dont il était porteur parurent tout à fait inacceptables aux hommes du 4 septembre. Elles consistaient dans les points suivants : armistice pour préparer les élections par toute la France, sauf les départements de l'Alsace et de la Lorraine; faculté de communiquer entre Paris et Tours; les opérations continueraient autour de Metz, et Paris ne serait point ravitaillé[2]. Une telle suspension d'armes ne pouvait être que fatale à ces deux places. Le gouvernement de la Défense nationale rompit donc tout net les pourparlers (9 octobre), et M. de Bismarck ayant indirecte-

dans Metz avec Bazaine; chargé par la délégation de Tours, après son retour de Londres, du commandement de l'armée du Nord (17 octobre), puis de celui de l'armée de l'Est (6 décembre). A la suite de son échec de Héricourt, il tenta de se suicider (27 janvier 1871). Une fois guéri de sa blessure, il fut appelé par Thiers (juillet 1871) au commandement du 6e corps (devenu depuis le 14e) et au gouvernement militaire de Lyon. Mis en disponibilité le 11 février 1879, et placé dans le cadre de réserve le 21 avril 1881, il a brigué sans succès en 1885 le mandat de sénateur dans le département des Basses-Pyrénées.

1. Burnside (Ambrose-Everett), né à Liberty (États-Unis) le 23 mai 1824; officier dans l'armée des États-Unis jusqu'en 1852, puis industriel; major général dans l'armée fédérale (1862) pendant la guerre de Sécession, sous Mac-Clellan, qu'il remplaça à la tête de l'armée du Potomac (novembre 1862); gouverneur de Rhode-Island (1866); sénateur des Etats-Unis (1875); *mort* à Philadelphie le 14 septembre 1881.

2. Il n'était point question de Strasbourg ni de Toul, qui avaient capitulé dans les derniers jours de septembre.

ment cherché à les rouvrir quelques jours après (13 octobre), il affecta de ne le pas comprendre. La *guerre à outrance* était plus que jamais son mot d'ordre. Les nouvelles armées paraissant trop lentes à s'organiser en province, le gouvernement venait d'infuser un sang jeune et vigoureux à la délégation en lui envoyant Gambetta, qui, muni de ses pleins pouvoirs, était parti en ballon le 7 octobre et, installé à Tours le surlendemain, exerçait dès lors dans les départements une véritable dictature. Malheureusement les élections étaient suspendues jusqu'à nouvel ordre, et la faute que le gouvernement avait commise le 4 septembre en les renvoyant à une époque trop éloignée se trouvait ainsi singulièrement aggravée.

IV

Tout en se montrant résolus à lutter jusqu'au bout contre l'invasion, les organisateurs de la défense nationale s'étaient, dès le début, préoccupés d'intéresser l'Europe à la cause française. Ils avaient d'abord songé à s'assurer les bons offices de l'Angleterre, qui, Napoléon III étant renversé, ne pouvait plus raisonnablement rien craindre pour la Belgique. Jules Favre avait supplié Thiers (le 9 septembre) d'aller solliciter le concours du cabinet britannique. Le vieil homme d'État, après réflexion, n'avait pas dit non. Mais il avait demandé à étendre la mission dont on voulait le charger; il désirait aller non seulement à Londres, mais à Vienne, à Florence, à Saint-Pétersbourg. Il ne comptait guère sur l'appui de la Grande-Bretagne; quant à l'Autriche et à l'Italie, s'il parvenait à les entraîner, ce ne serait, à son sens, que s'il parvenait préalablement à émouvoir en faveur de la France l'empereur de Russie. Il avait depuis longtemps cette idée préconçue que, s'il y avait une alliance nécessaire et naturelle pour son pays, c'était celle du cabinet de Saint-Pétersbourg. Il avait toujours déploré que Talleyrand ne l'eût pas compris en 1814. Gortchakoff étant son ami depuis longtemps, il avait le ferme espoir de l'entraîner, ainsi que le czar, à faire quelque chose pour la France. Il comptait sur son incomparable éloquence pour les subjuguer. Mais il comptait sans la subtilité moscovite, contre laquelle, quelque fin qu'il fût, il n'était pas de force à lutter. Le choix d'un tel ambassadeur par le gouvernement de la guerre à outrance n'était pas en somme très heureux. Outre que la personnalité de Thiers n'était pas dans toutes les cours également sympathique, cet homme d'État, très passionné, très convaincu de son infaillibilité, professait un certain dédain pour les hommes du 4 septembre; il les jugeait peu capables d'organiser sérieusement la défense nationale; cette défense même, après Sedan, lui paraissait à peu près impossible. Il ne *croyait pas au succès*; sa vivacité et son intempérance de langage ne lui permettaient pas de le dissimuler assez pour que les puissances avec lesquelles il allait négocier pussent être amenées à embrasser une cause que lui-même jugeait désespérée. Il faut ajouter que s'il était homme de tribune et tacticien parlementaire de premier ordre, il n'était point, malgré son grand âge, un diplomate consommé. Il avait trop de fougue, trop de chaleur et laissait trop facilement échapper soit des paroles blessantes, soit des confidences dangereuses.

Le gouvernement de la Défense nationale l'envoyait chercher des alliés pour continuer la guerre. Il était à peu près convaincu d'avance qu'il n'en trouverait pas. Ce qu'il voulait, c'était la paix et un concours diplomatique qui en adoucît les conditions pour son pays. Il était d'ores et déjà persuadé qu'il faudrait céder à l'Allemagne une partie du territoire français et il en avait fait résolûment le sacrifice. Il s'efforcerait naturellement de réduire au minimum possible une perte à laquelle son vieux patriotisme ne se résignait pas sans une certaine douleur. La paix faite, il aiderait sa patrie à se relever de ses ruines. Éclairé par quatre-vingts ans de révolutions, il ne voyait plus de salut, de stabilité pour la France que dans la République; c'était au plus sage, c'est-à-dire à lui-même, à l'organiser, à la fortifier, surtout à la faire accepter par les principales monarchies. Aussi, dans sa persuasion qu'il en serait un jour, et bientôt peut-être, le chef nécessaire, souhaitait-il de pouvoir à l'avance la présenter en sa personne et de plaider pour elle dans les grandes cours de l'Europe.

Parti de Paris le 12 septembre, il séjourna du 13 au 18 en Angleterre. Il y fut traité courtoisement par lord Granville et par M. Gladstone[1], mais n'y obtint rien, ou à peu près, pour la France.

1. Gladstone (William-Ewart), né à Liverpool le 29 décembre 1809; envoyé dès 1832 à la Chambre des communes, où il siégea d'abord dans les rangs

On lui répondit que, tout en entretenant des relations bienveillantes avec le gouvernement de la Défense nationale, on ne le reconnaîtrait pas tant qu'il ne serait pas devenu, par des élections régulières, le représentant attitré de la France. Thiers fit entendre, avec plus de hauteur qu'il n'eût convenu, qu'il trouverait peut-être plus de complaisance en Russie. Mais cette menace n'altéra pas le flegme apparent des ministres anglais. Ils le laissèrent partir. Rentré en France, Thiers ne fit que toucher barres à Tours. Le 23 septembre il était à Vienne. Il y vit Beust, mais ne lui demanda rien pour le moment. Le plus pressé, l'essentiel pour lui, c'était de gagner la Russie. Le 26 il arrivait à Saint-Pétersbourg. Il y séjourna treize jours, cajolé par Gortchakoff et même par le czar, qu'il crut séduire et qui, en somme, le trompèrent. Comme ils redoutaient fort l'entente qui aurait pu s'établir entre la France et l'Angleterre, ils lui remontrèrent — et finirent par lui persuader — qu'une négociation directe avec la Prusse était bien préférable pour la première de ces deux puissances à la médiation d'un ou de plusieurs États neutres. Il n'y avait pas à compter sur une médiation armée, sur un concours matériel (le czar ne dissimulait pas qu'il était résolu à se jeter sur l'Autriche avec toutes ses forces si elle faisait mine de rompre sa neutralité). Une intervention toute platonique des puissances entre les parties belligérantes ne servirait donc qu'à exaspérer l'Allemagne et la pousserait à exagérer ses prétentions. Il fallait donc que la France se présentât seule pour traiter (surtout avec un négociateur aussi autorisé que Thiers). Le czar userait en famille de son influence sur son oncle le roi Guillaume pour l'amener à adoucir ses exigences. Il lui avait déjà écrit, il lui écrirait encore. En somme, par ce patelinage, la Russie voulait simplement isoler la France de l'Angleterre et, sans lui rendre de réels services, sans démériter de son ennemie, obtenir d'elle, par certaines apparences de sympathie, sa complaisance pour les projets

des tories; lord de la trésorerie, puis sous-secrétaire d'État dans le premier cabinet Peel (1834-1835); maître de la monnaie (1841); vice-président, puis président du bureau de commerce (1843); secrétaire d'État des colonies (1845); écarté des affaires en 1846; rallié au parti libéral en 1847; secrétaire d'État des colonies, puis chancelier de l'Échiquier dans le cabinet Aberdeen, de 1852 à 1855; commissaire extraordinaire aux îles Ioniennes (1858-1859); rappelé au poste de chancelier de l'Échiquier, qu'il occupa de 1859 à 1866; premier lord de la trésorerie de 1868 à 1874, de 1880 à 1885 et de janvier à juillet 1886.

du czar en Orient. Thiers quitta donc Saint-Pétersbourg après avoir perdu un temps précieux. Il était joué. Mais il ne faisait pas mine de s'en douter. Il n'en rapportait qu'une promesse ferme, celle de demander en son nom à M. de Bismarck un sauf-conduit pour se rendre à Paris et une entrevue pour négocier un armistice.

Aussi à Vienne, où il repassa le 11 octobre, ne trouva-t-il nulle disposition à se compromettre pour la France. L'Autriche-Hongrie était toujours paralysée par les menaces de sa puissante voisine. Du reste, Thiers n'ayant pas caché à Beust que, dans sa pensée, la France devrait se résigner à des *sacrifices considérables*, ce ministre n'avait pas à lui promettre son concours en vue de la guerre à outrance. Il ne lui promit rien, ni son maître non plus, si ce n'est beaucoup de sympathie. Tous deux comblèrent d'honneurs le vieil homme d'État. Mais il partit de Vienne comme il y était venu. On juge qu'en arrivant à Florence (le 13 octobre) il n'avait pas beaucoup d'illusions sur le succès qui l'y attendait. Thiers ne pouvait être ni pour Victor-Emmanuel ni pour ses ministres *persona grata*. Il avait trop longtemps, trop récemment et avec trop de véhémence combattu l'unité italienne à la tribune du Corps législatif. Du reste les Italiens n'avaient plus rien à demander à la France. Dès le surlendemain du 4 septembre, ils lui avaient signifié leur intention de ne plus respecter la Convention de septembre, que six semaines plus tôt ils avaient pourtant promis d'observer fidèlement. Le gouvernement de la Défense nationale, dont tous les membres avaient passé leur vie à combattre l'autorité temporelle du pape, les avait laissés libres; puis, Pie IX ayant repoussé l'ultimatum du cabinet de Florence (12 septembre), les troupes de Victor-Emmanuel avaient aussitôt investi Rome : elles y étaient entrées le 20 septembre. Depuis ce jour, les Italiens avaient enfin de fait leur capitale. Ils étaient au comble de leurs vœux. L'unité de leur patrie était accomplie. Leur influence grandissait en Europe. L'Espagne, n'ayant pu avoir un Hohenzollern, demandait maintenant un souverain à la maison de Savoie [1]. Le cabinet de Florence

1. Il s'agissait du duc d'Aoste, Amédée-Ferdinand-Marie, second fils de Victor-Emmanuel, né le 30 mai 1845. Ce prince, autorisé par son père à accepter, entra à Madrid le 2 janvier 1871, y régna deux ans au milieu des plus grandes difficultés, abdiqua le 11 février 1873 et retourna en Italie, où il reprit son rang dans la famille royale. Veuf de la princesse dal Pozzo della

se croyait quitte envers la France en laissant partir pour Tours avec quelques volontaires Garibaldi, qui, malgré les amers souvenirs de 1849 et de 1867, tenait pour sa part à acquitter la dette de 1859 et allait généreusement se mettre au service de la Délégation[1]. On juge, après ce qui précède, que l'alliance franco-italienne n'avait aucune chance de se réaliser. Tout récemment, M. de Chaudordy l'avait de nouveau proposée avec de vives instances au cabinet Sella (1er octobre). On n'avait dit ni oui ni non. On voulait attendre M. Thiers. Quand ce dernier fut arrivé à Florence, on dit non. Le vieil homme d'État fut traité avec égards, écouté avec respect, avec admiration. L'on rendit hommage à son patriotisme, on se confondit en protestations d'amitié pour la France. Mais comme Thiers lui-même confessait qu'il ne croyait pas trop au succès de ses armées nouvelles, on lui représenta que l'Italie, si elle allait à son aide, ne la sauverait pas, mais qu'elle se perdrait elle-même, et qu'elle ne le devait pas. C'est ainsi qu'après avoir fait le tour de l'Europe, l'ambassadeur du 4 septembre rentrait en France le 20 octobre les mains vides, comme il en était parti.

V

Mais, en son absence, M. de Chaudordy, qui dirigeait les rapports de la Délégation avec les puissances étrangères, avait remporté un succès diplomatique d'une certaine importance. Il avait en effet manœuvré si bien à l'égard de l'Angleterre qu'il était parvenu à lui faire prendre l'alarme au sujet de la négociation que Thiers menait à Saint-Pétersbourg. Le cabinet de Saint-James avait craint que la France, pour obtenir le concours de la Russie en Occident, ne fût disposée à lui laisser tout à fait carte blanche en Orient. Aussi semblait-il à ce moment, pour la regagner, la servir quelque peu et sortait-il visiblement de la réserve un peu égoïste où il s'était tenu depuis trois mois. Il venait en effet

Cisterna, qu'il avait épousée en 1867, il se maria le 11 septembre 1886 à la princesse Létitia, fille du prince Napoléon, sa nièce. Il est mort en 1890.

1. Il fut reçu le 9 octobre par la Délégation de Tours et alla commander l'armée dite *des Vosges*, à la tête de laquelle il remporta des succès brillants, mais malheureusement inutiles. Élu député à l'Assemblée nationale, le 8 février 1871, par quatre départements, il déclina ce mandat dès le 13 février et retourna aussitôt en Italie.

d'émettre (vers le milieu d'octobre) une proposition que la Russie avait déclinée, mais que l'Italie et l'Autriche avaient assez bien accueillie et qui tendait à une véritable médiation entre les deux parties belligérantes. Il demanderait simultanément à la Prusse et à la France de conclure un armistice pour négocier la paix; et cette paix, il faisait espérer à la Délégation qu'il y contribuerait, comme plusieurs autres gouvernements, par ses bons offices. Mais Thiers, arrivé à Tours (21 octobre), fit tout manquer par son obstination à s'en tenir au système russe. Il ne voulait décidément pas d'intermédiaire entre M. de Bismarck et lui. Il représenta, du reste, que de la proposition britannique résulteraient des lenteurs funestes pour la cause française. Le temps pressait; Metz pouvait succomber d'un moment à l'autre; et l'on savait en outre à Tours que le chancelier d'Allemagne s'était remis à négocier au sujet de la paix avec le parti de l'Empire. La Délégation décida donc que Thiers devrait partir sans retard pour Paris d'où, après s'être entendu avec le gouvernement de la Défense nationale, il se rendrait à Versailles (quartier général du roi Guillaume depuis les premiers jours d'octobre). Il est vrai que cet homme d'État était fort loin de s'entendre avec le chef de la *Délégation* sur les suites que comportait la guerre. Gambetta, plein de foi dans la guerre à outrance, ne voulait l'armistice que pour se préparer à mieux combattre; Thiers le demandait pour conclure la paix, dont il était le plus résolu partisan. Un tel désaccord devait éclater tôt ou tard, publiquement, au grand dommage de la France. En attendant, Thiers, par sa préférence marquée pour l'alliance russe, donnait de l'humeur à l'Angleterre, qui lui reprochait de manquer de sincérité à son égard. La cour de Londres, qui lui avait offert de demander pour lui un sauf-conduit à M. de Bismarck, ce qu'il avait paru accepter avec empressement, fut très mortifiée d'apprendre qu'il l'avait d'autre part sollicité et obtenu par l'entremise de Gortchakoff. Si du moins il avait pu lui faire croire qu'il avait conclu un pacte avec le chancelier russe!... Mais lord Lyons le pressa si fort de questions qu'il finit par avouer que la Russie n'avait en somme pris envers la France aucun engagement positif (27 octobre). Aussi l'Angleterre fit-elle immédiatement volte-face et crut-elle devoir reprendre à notre égard l'attitude de neutralité inerte dont elle s'était un instant départie.

Ainsi l'on n'avait plus pour soi le cabinet de Londres, et l'on n'avait pas encore l'armistice. Thiers avait voulu gagner du temps. Mais M. de Bismarck tenait à lui en faire perdre. Il lui avait fait parvenir, le 24, un sauf-conduit, mais pour Versailles. Or c'était à Paris que demandait à se rendre le négociateur. Il n'avait pas le droit de s'aboucher avec le chancelier allemand avant d'avoir conféré avec le gouvernement de la Défense nationale. Il fallut plusieurs jours pour obtenir un nouveau passeport. Pourquoi tous ces retards? Parce que M. de Bismarck, avant de traiter avec les hommes du 4 septembre, voulait savoir s'il ne pouvait s'accommoder avec l'impératrice et parce qu'il voulait en finir avec l'armée de Metz. Le maréchal Bazaine, au lieu de remplir loyalement ses devoirs militaires, négociait depuis la fin de septembre avec le prince Frédéric-Charles, qui l'assiégeait. Le 10 octobre, voyant ses vivres s'épuiser, il avait réuni un conseil de guerre, à la suite duquel son aide de camp, le général Boyer, avait envoyé à Versailles pour demander qu'on le laissât sortir de Metz avec toutes ses troupes. Il emmènerait son armée dans l'intérieur de la France, et l'emploierait au *rétablissement de l'ordre* (c'est-à-dire à s'emparer du pouvoir). Son émissaire était revenu peu de jours après avec les propositions suivantes, émanées de M. de Bismarck : 1° l'armée se déclarerait publiquement en faveur de l'empire; 2° l'impératrice adresserait un appel à la nation; 3° elle accepterait préalablement les clauses fondamentales de la paix telle que la voulaient les Allemands. A ces conditions, Bazaine pourrait sortir de la place, qui resterait d'ailleurs en dehors de la convention. Le général Boyer, chargé de les soumettre à l'impératrice, était bientôt reparti pour Londres. Il y arrivait le 21 octobre. Mais l'ex-régente ne put se résoudre à céder d'un trait de plume deux provinces françaises. Elle demanda tout d'abord un armistice de quinze jours avec ravitaillement pour la place de Metz; elle crut devoir écrire au roi Guillaume, fit appel à son cœur, à son esprit d'équité. Mais ni ce souverain ni son ministre n'étaient hommes à se laisser attendrir. Ils répondirent par un refus absolu et rompirent la négociation (23-24 octobre). Quant à Bazaine, le sachant près d'être affamé, ils ne le craignaient plus. Leur politique dilatoire à son égard leur avait parfaitement réussi. Ils lui signifièrent durement qu'il eût à se rendre avec toutes ses troupes (24 octobre) et, après trois jours de pourparlers, le maréchal signa l'un des actes les plus honteux dont les annales de la guerre fassent mention (27 octobre). Metz et ses forts furent livrés aux Allemands; toute l'armée au nombre de cent soixante-treize mille hommes demeura prisonnière de guerre; ses canons, ses drapeaux même furent remis à l'ennemi.

C'est alors seulement que Thiers obtint un sauf-conduit en règle, grâce auquel il partit dès le 28 pour Paris, où il arriva le 30. Dès le lendemain, autorisé par le gouvernement de la Défense nationale, il était à Versailles. Il voulait faire, dit-il, la paix en deux volumes : l'armistice serait le premier. Il trouva, du reste, M. de Bismarck, dans les entretiens qu'il eut avec lui le 1er et le 2 novembre, plus accommodant qu'il ne s'y attendait. Le chancelier admettait en principe une suspension d'armes de plusieurs semaines, pendant lesquelles la France procéderait à ses élections. Il ne repoussait pas absolument l'idée du ravitaillement proportionnel de Paris. Mais cette apparente modération n'était qu'un calcul. M. de Bismarck avait pour le moment grand intérêt à prendre vis-à-vis des siens cette attitude pacifique. Les Allemands avaient cru que la journée de Sedan mettrait fin à la guerre. Or, deux mois s'étaient écoulés; la guerre durait toujours et exigeait d'eux des sacrifices de plus en plus pénibles. C'étaient surtout les Allemands du Sud que le chancelier tenait à ne pas irriter. Il était en train de négocier avec leurs gouvernements des traités par lesquels la Confédération du Nord devait être grossie de tous les États du Sud. Ce n'était pas le moment de les mécontenter en se montrant réfractaire à toute idée de paix. Les cours de Darmstadt, de Bade, de Stuttgart, de Munich s'étaient montrées dès le mois de septembre disposées à s'inféoder, comme le reste de la Germanie, au roi de Prusse. Mais elles prétendaient encore faire leurs conditions. Le roi de Bavière surtout demandait une place privilégiée dans la Confédération et le maintien d'une partie importante de ses droits gouvernementaux. Des conférences, tenues à Munich du 21 au 28 septembre, n'avaient abouti à aucun arrangement. M. de Bismarck avait fini par prendre le parti d'appeler les plénipotentiaires du Sud à Versailles, où, depuis le 24 octobre, il les endoctrinait de son mieux. Voilà donc pourquoi, au début, il faisait à Thiers si bonne mine. En réalité, il souhaitait un bon prétexte pour rompre avec ce dernier et rejeter sur le gouvernement de la Défense nationale la responsabilité de sa rupture. Il ne tarda pas à le trouver. La capitulation de Metz avait amené deux incidents assez graves : d'une part, le 31 octobre, une insurrection, fomentée par les agitateurs socialistes qui devaient plus tard se mettre à la tête de la Commune, avait éclaté à Paris; de l'autre, Gambetta venait de flétrir dans une proclamation vengeresse la trahison de Bazaine et d'adresser à la France un nouvel et vibrant appel en faveur de la guerre à outrance. L'insurrection n'avait duré que quelques heures; la proclamation ne changeait rien aux rapports de la France avec ses ennemis. Mais le chancelier affecta d'en être fort alarmé. Il lui fallait, disait-il le 3 novembre, des garanties qu'il n'eût pas demandées la veille. Ainsi un ou plusieurs des forts de Paris seraient livrés aux Allemands, et la place ne serait pas ravitaillée; sinon pas d'armistice. Thiers repoussa vivement ces conditions; le gouvernement de la Défense nationale, auquel il les communiqua le 5, les rejeta également. La proposition (qu'il appuyait) de faire procéder aux élections sans armistice ne fut pas mieux accueillie. Les pourparlers furent donc définitivement rompus le 6. Le lendemain, Thiers, atterré, quittait Versailles, non sans emporter, avec sa déception, une désillusion des plus mortifiantes. M. de Bismarck s'était donné le cruel plaisir de lui communiquer les lettres que le czar avait dans les derniers temps écrites au roi Guillaume en faveur de la France. Il lui avait prouvé que le cabinet de Saint-Pétersbourg n'avait officiellement rien fait pour elle, et que les bons offices personnels d'Alexandre s'étaient bornés à la banale recommandation d'être modéré; que, Guillaume refusant de renoncer à l'Alsace et à la Lorraine, son neveu n'avait point insisté; bref, que la Russie était fort peu portée à se dévouer pour qui que ce fût, et encore moins pour le gouvernement de la Défense nationale que pour tout autre.

VI

Effectivement, cette puissance n'était préoccupée que de ses intérêts propres. Elle était en train de *faire ses affaires* et mieux que la Prusse ne l'eût peut-être souhaité. Depuis l'ouverture de cette horrible guerre franco-allemande, il semblait que l'on fût dans l'âge de fer. Le droit du plus fort était à l'ordre du jour et le respect des traités n'arrêtait plus personne. L'exemple de l'Italie déchirant sans façons la convention de septembre parce que la France ne pouvait plus la défendre ne devait pas tarder à être imité. Aussi la Russie le suivit-elle bientôt sans hésitation. On sait que depuis longtemps elle désirait annuler le traité de Paris, surtout en ce qu'il avait de plus humiliant pour elle, la limitation de ses forces navales dans la mer Noire. Elle désirait bien autre chose. Mais il fallait commencer par là. Vers la fin d'octobre, elle résolut de ne plus attendre. Il était de son intérêt de ne point laisser la guerre s'achever en Occident avant de frapper le grand coup qu'elle méditait. Il fallait en effet pour elle que la France fût hors d'état de prêter secours à l'Angleterre, qui ne manquerait pas de protester vivement. Gortchakoff jugeait aussi fort bon que la Prusse ne fût point hors d'embarras et que sa situation lui fît un devoir de ménager la Russie. Il n'avait en son bon ami M. de Bismarck et en ses promesses qu'une foi fort limitée et n'entendait pas jouer vis-à-vis de lui en 1870 le même rôle que Napoléon III en 1866. La circulaire par laquelle il devait signifier à l'Europe l'intention de son maître de ne plus observer au sujet de la mer Noire le traité de 1856 était sans doute prête depuis longtemps. En apprenant la capitulation de Metz, il décida de brusquer son dénouement. Il lui semblait en effet que la France ne pouvait tarder à demander la paix et, comme elle allait être représentée par Thiers, que la paix serait vite conclue. Donc, dès le 29 octobre, la circulaire fut lancée. Elle était aussi claire que possible. Il en ressortait que le czar ne demandait point à l'Europe de l'autoriser à ne pas tenir ses engagements. Il les annulait de son autorité propre, voilà tout. « Sa Majesté Impériale, lit-on dans ce document, ne saurait se considérer plus longtemps comme liée aux obligations de ce traité en tant qu'elles restreignent ses droits de souveraineté dans la mer Noire. » Le chancelier russe émettait d'ailleurs cette affirmation singulière que *le droit écrit, fondé sur les traités, n'avait pas conservé la même sanction morale qu'il avait pu avoir en d'autres temps*. Cela revenait à peu près à dire tout crûment que les traités n'étaient valables que tant qu'on n'avait pas intérêt à s'en affranchir et qu'on était trop faible pour les déchirer.

La circulaire et les notes explicatives par lesquelles Gortchakoff la défendait auprès des diverses cours produisirent en Europe, au milieu même des préoccupations que causait la guerre franco-allemande, une profonde impression. Sans parler de la Turquie, qui n'avait guère que la force de gémir, la puissance qui s'en montra le plus irritée fut, comme on pouvait s'y attendre, l'Angleterre. Instruite le 9 novembre, elle riposta dès le 10 par une note extrêmement vive, où elle rétorquait avec hauteur la théorie commode de Gortchakoff en matière de droit public. Le cabinet Gladstone parut même un moment disposé à prendre des mesures de rigueur. La Prusse était l'arbitre de l'Europe; c'est cette puissance qu'elle s'efforça d'abord de gagner. Un agent spécial, Odo Russell [1], fut envoyé à Versailles (11 novembre). La Grande-Bretagne, dit-il à M. de Bismarck, était indignée, elle ne reculerait pas, s'il le fallait, devant la guerre. Le gouvernement autrichien, sans aller jusqu'à la menace, ne fut pas moins acerbe dans ses protestations que le cabinet de Londres (16 novembre). L'Italie, qui avait à ménager toutes les puissances, pour qu'on la laissât en possession de Rome, et particulièrement l'Angleterre pour qu'elle n'entravât pas la candidature du prince Amédée au trône d'Espagne, n'osa point approuver. La France, invitée un peu cavalièrement à applaudir, répondit avec une dignité froide et réservée. Mais qu'allait faire la Prusse? Tout le monde savait bien que l'Europe se réglerait, finalement, sur son attitude. Cette puissance était au fond quelque peu contrariée. Elle se trouvait jouée par la Russie, qui n'avait pas voulu l'être par elle. Son intention n'était pourtant point de la contrarier : le czar eût pu se venger en levant l'interdit dont il avait frappé la cour de Vienne et en laissant François-Joseph reprendre sa liberté d'action. Elle ne voulait pas non plus, par une complaisance trop apparente pour la Russie, exaspérer l'Angleterre, qui serait peut-être tentée de se jeter enfin franchement dans les bras de la France. Grave embarras

1. Russell (Odo-William-Léopold), petit-fils du duc de Bedford (frère aîné de John Russell), né à Florence le 20 février 1829; attaché d'ambassade à Vienne (1849), puis à Paris (1852), de nouveau à Vienne (1853), à Constantinople (1854), à Washington (1857); secrétaire de légation à Florence (1858) et, peu après, représentant de l'Angleterre à Rome, où il resta jusqu'au mois d'août 1870; secrétaire d'État adjoint aux affaires étrangères (1870); ambassadeur à Berlin (16 octobre 1871); mort à Potsdam le 25 août 1884.

pour un diplomate ordinaire! L'ingénieux chancelier s'en tira par la proposition d'une conférence où la question si cavalièrement préjugée par le czar devrait être examinée et résolue, au nom de l'Europe, par les grandes puissances et la Turquie (21 novembre). La France elle-même y serait conviée. Ainsi le cabinet de Saint-James aurait au moins la satisfaction de voir les prétentions russes soumises à un tribunal international et sérieusement discutées; s'il ne pouvait maintenir la neutralité de la mer Noire, il aurait la consolation de faire confirmer solennellement ce qui restait du traité du 30 mars et d'obtenir en faveur du droit public, si étrangement interprété par Gortchakoff, quelque belle déclaration de principes. M. de Bismarck poussait à son égard la prévenance jusqu'à demander que la conférence se réunît à Londres. Quant au cabinet de Saint-Pétersbourg, comment pourrait-il se plaindre? La Prusse lui fournissait le moyen de faire légaliser par l'Europe l'audacieuse infraction qu'il venait de se permettre à des conventions jadis garanties par l'Europe. Elle n'avait rien à craindre : la cour de Berlin ne se montrerait pas défavorable à son désir; l'Autriche était paralysée; l'Italie n'était d'humeur à rien empêcher. La Turquie ne comptait pas. Quant à la France, qui eût pu mettre son amour-propre à défendre avec l'Angleterre l'œuvre du congrès de Paris, elle hésiterait, vu les circonstances, à rompre ouvertement en visière à la Russie. Du reste, M. de Bismarck comptait qu'elle ne paraîtrait pas à la conférence, et son extrême facilité à trouver des expédients lui faisait espérer qu'il saurait bien l'en empêcher. La proposition prussienne fut donc acceptée en principe à Londres, où le parti de la guerre dut baisser pavillon [1]. Elle le fut aussi sans difficulté à Saint-Pétersbourg. M. de Bismarck convia officiellement aux débats qui allaient s'ouvrir l'Autriche, l'Italie, la Russie et la Turquie; l'Angleterre se chargea d'inviter la France (27-28 novembre).

VII

Quelle réponse allait faire le gouvernement de la Défense nationale? Au bout de quelques jours, tous les autres avaient

1. Le sous-secrétaire d'État Otway donna sa démission pour ne pas s'associer à la reculade du ministère Gladstone.

déclaré qu'ils prendraient part à la conférence. Les hommes du 4 septembre ne comprirent pas pour la plupart la place importante qu'ils pourraient y prendre, le rôle profitable que la France y pouvait jouer. Sans doute on n'y recevrait cette puissance qu'en lui interdisant de mettre en discussion ses intérêts propres. Mais on avait eu à son égard la même prétention en 1814; pourtant elle avait consenti à paraître au congrès de Vienne, elle y avait fait bonne figure et, grâce à Talleyrand, elle avait su pendant quelque temps mettre à profit le désaccord de ses ennemis. A la fin de 1870, le gouvernement de Paris et la délégation de Tours semblaient tenir à éviter tout ce qui pouvait avoir l'air même d'une démarche indirecte pour solliciter la paix. Gambetta venait d'organiser l'armée de la Loire, qui, pour son coup d'essai, avait remporté la victoire de Coulmiers. Il comptait sur une sortie de Paris qui forcerait les Allemands à lever le siège de la capitale. Toute la France frémissait d'espoir. Le jeune dictateur n'était point d'avis qu'on allât à la conférence pour implorer une médiation. Il voulait toutefois qu'on y allât, mais simplement pour affirmer que son pays avait un gouvernement, et parce que l'admission d'un représentant de la France à cette réunion serait une première reconnaissance de la République française par l'Europe. Aussi, le 2 décembre, faisait-il inviter par M. de Chaudordy le gouvernement de la Défense nationale à ne pas décliner l'invitation de participer à la conférence, quand elle lui serait adressée. Mais il ne pouvait savoir quand l'expression de son désir serait connu à Paris [1]. En attendant, les hommes de l'Hôtel de Ville se montraient fort peu disposés à bien accueillir la proposition de l'Angleterre. Jules Favre lançait le 2 décembre une circulaire par laquelle lui et ses collègues subordonnaient leur acceptation à la condition que l'Europe garantirait en principe l'intégrité du territoire français et imposerait à l'Allemagne un armistice avec ravitaillement convenable pour la capitale assiégée.

De telles exigences parurent aux grandes cours d'autant plus

1. Cette ville était étroitement bloquée depuis le 19 septembre. Elle ne communiquait avec le dehors que par ballons montés, qui quelquefois étaient emportés hors de France (l'un d'eux tomba en Norvège), et elle ne recevait des nouvelles de la province que très irrégulièrement, au moyen de pigeons voyageurs.

hors de saison que, presque dans ce même temps, la fortune se montrait de nouveau bien rigoureuse pour les armes françaises. Du 2 au 4 décembre la grande sortie organisée par le général Trochu échouait d'une part; de l'autre, à la suite de combats meurtriers autour d'Orléans, l'armée de la Loire était coupée en deux; ses débris se retiraient vers l'Ouest, où ils devenaient, sous Chanzy [1], la seconde armée de la Loire, et vers le Centre, où ils allaient former sous Bourbaki le noyau de l'armée de l'Est. Quant à la Délégation, il lui fallait en toute hâte évacuer Tours et aller s'installer à Bordeaux (9 décembre).

VIII

Les Allemands exultaient. M. de Bismarck n'avait plus nulle peine à compléter son œuvre d'unification. Politiquement, la ligne du Mein n'existait plus. Les traités consacrant la réunion des États du Sud à la Confédération de l'Allemagne du Nord avaient tous été signés du 15 au 25 novembre [2]. Dans les premiers jours du mois suivant, ils étaient partout sanctionnés par les Chambres. Maintenant le roi Guillaume voulait donner plus d'éclat encore à son triomphe en échangeant le titre modeste de président contre celui d'empereur. C'était le rêve secret de toute sa vie. Informés de son désir par de discrètes, mais significatives insinuations, les souve-

1. Chanzy (Antoine-Eugène-Alfred), né à Nouart (Ardennes), le 18 mars 1823; sous-lieutenant de zouaves en 1843; général de brigade en 1868, après de brillants services en Algérie, en Italie et en Syrie; nommé général de division (20 octobre 1870) par le gouvernement de la Défense nationale, qui, le 5 décembre, lui donna le commandement de la deuxième armée de la Loire; élu, le 8 février 1871, à l'Assemblée nationale, où il siégea au centre gauche; commandant du 7e corps d'armée (1er septembre 1872); gouverneur général de l'Algérie de 1873 à 1879; élu sénateur inamovible le 10 décembre 1875; ambassadeur à Saint-Péterbourg (18 février 1879); commandant du 6e corps (1881); mort à Châlons-sur-Marne le 4 janvier 1883.

2. La Bavière avait obtenu quelques avantages particuliers. Ainsi cet État devait toujours être représenté dans la commission militaire du Conseil fédéral. Il contribuait, avec le Wurtemberg et la Saxe, à former la commission diplomatique. Il conservait ses ambassadeurs, l'administration de ses chemins de fer, de ses postes, de ses télégraphes, ses impôts sur la bière et l'eau-de-vie. En outre il n'était pas soumis aux dispositions de la Constitution fédérale, concernant le domicile.

rains des États secondaires d'Allemagne rivalisaient maintenant de zèle pour lui offrir la couronne qu'il souhaitait. Le roi de Bavière, Louis II, illuminé qui rêvait de moyen âge et de saint-empire, mais qui, d'autre part, espérait que sa complaisante initiative lui vaudrait une part de l'Alsace, mettait dès le 3 décembre l'idée en circulation. Le roi de Saxe, le grand-duc de Bade, le roi de Wurtemberg, d'autres encore, par intimidation, par entraînement ou par cupidité, s'y ralliaient successivement. Le 10 décembre, le Reichstag décidait que l'empire serait offert à Guillaume au nom de la nation allemande.

M. de Bismarck fut un moment grisé, à ce qu'il semble, par la prospérité. C'est ce que l'on peut supposer en le voyant à cette époque chercher querelle au Luxembourg, qui, à son sens, témoignait trop de sympathie à la France, et annoncer l'intention de n'en plus reconnaître la neutralité (9 décembre). Voulait-il, après l'Italie et la Russie, montrer à son tour le cas qu'il faisait du droit public? Mais il n'avait plus à cet égard à faire ses preuves. Cette fantaisie nouvelle eût pu lui coûter cher. Le cabinet luxembourgeois protesta hautement. L'Angleterre sembla disposée à prendre pour lui fait et cause. M. de Chaudordy saisit la balle aû bond et proposa au gouvernement britannique d'élargir le programme de la conférence de telle sorte qu'elle comprît non seulement la question de la mer Noire, mais celle du Luxembourg et celle d'Alsace-Lorraine (16 décembre). Il est presque superflu d'ajouter que le chancelier allemand riposta en déclarant avec une extrême raideur qu'il ne laisserait point d'intermédiaires se glisser entre les deux parties belligérantes, que le débat, à la conférence, devrait porter uniquement sur le traité de Paris et que si une autre affaire y était introduite, la Prusse se retirerait tout aussitôt (19 décembre). Mais, dans le même temps, il renonçait fort sagement à mettre en question la neutralité du Luxembourg.

Il cherchait même, comme pour faire oublier sa courte imprudence, à se concilier les principales puissances de l'Europe (sauf la France) par certaines apparences de modération et un étalage affecté de bons offices. Le roi Guillaume le secondait du reste fort bien. Ce souverain, qui retrouvait toujours à propos dans son cœur la religion du droit divin, répondait le 18 décembre, à la délégation du Reichstag venue pour lui offrir l'empire, comme jadis son frère aux envoyés du Parlement de Francfort, que les princes seuls avaient qualité pour le faire empereur; il convenait d'attendre qu'ils se fussent tous décidés — et *librement* — à le proclamer César. Dans le même temps le chancelier donnait de nouvelles marques de sa bienveillance aux Italiens qui, encouragés, allaient décréter officiellement la translation de leur gouvernement à Rome (23 décembre). Il s'attachait aussi, par des flatteries et des caresses auxquelles il ne l'avait pas habituée, à gagner la cour de Vienne. Il lui notifiait (14 décembre), dans les termes les plus modestes et les plus amicaux, la réunion des deux Allemagnes; il lui démontrait qu'il n'y avait plus aucun sujet de mésintelligence entre la Prusse et l'Autriche-Hongrie. Cette dernière puissance, étroitement unie à la première, serait désormais l'avant-garde de la civilisation germanique du côté de l'Orient; M. de Bismarck (qui rêvait déjà sans doute de se servir d'elle comme de contrepoids à la Russie) lui représentait discrètement quel grand rôle elle avait à jouer sur le Danube et dans la péninsule des Balkans. Chose étrange, dupe ou non, Beust répondait presque aussitôt (20 décembre) par des protestations non moins cordiales de dévouement à la Prusse et à la nouvelle Allemagne. Le vieil antagoniste du chancelier de fer se reconnaissait enfin vaincu. C'est qu'à ce moment un revirement de fortune en faveur des armes françaises lui paraissait tout à fait impossible. Il se disait aussi que, s'il tendait la main à la France, M. de Bismarck se hâterait peut-être d'accorder de bonnes conditions à cette puissance pour se retourner contre l'Autriche. Les Hongrois et les Allemands de l'empire lui reprochaient du reste avec violence ses timides tentatives pour contrecarrer, depuis le mois de juillet, la politique de Berlin. Enfin il trouvait qu'à tout prendre si François-Joseph trouvait dans Guillaume un appui contre le czar, il serait du moins bien payé de son humilité envers le vainqueur de Sadowa.

IX

Si M. de Bismarck cherchait à établir des rapports amicaux entre l'Allemagne et l'Autriche-Hongrie, il ne devenait pas pour cela plus avare de propositions affectueuses envers la Russie. Il jurait à cette puissance qu'il était plus que jamais son allié, son auxiliaire dévoué; elle pouvait être tranquille; il travaillerait de telle sorte que la conférence de Londres tournerait sûrement à son avantage. Il en disait, du reste, à peu près autant à l'Angleterre, assurant que, grâce à lui, la France pourrait prendre sa place dans ce tribunal diplomatique, où sa voix s'unirait sans doute à celle du gouvernement britannique.

Au fond, le chancelier ne voulait pas que la France allât à Londres. Tant qu'il ne lui avait pas dicté une paix selon son cœur, il redoutait tout contact entre elle et les autres grandes puissances. Tout moyen lui semblait bon pour l'empêcher (tout en s'abstenant d'opposition apparente) de se rendre à l'invitation qui allait lui être adressée. Il faut dire que le gouvernement de la Défense nationale semblait, par son attitude impolitique, seconder ses secrets désirs. La *folie obsidionale* qui exaltait tous les Parisiens s'était emparée de presque tous ses membres. Aller à la conférence, sans conditions préalables, leur paraissait, chose étrange, une défaillance, presque une désertion. C'était, à leurs yeux, reconnaître l'Europe comme juge entre l'Allemagne et la France. Le gouvernement ne voulait être représenté que par Jules Favre, et il eût trouvé singulier qu'il quittât Paris assiégé; Jules Favre lui-même ne se sentait pas ce courage. Le 16 décembre il refusait encore en principe de participer à la conférence. Le 17, cédant aux instances de la délégation, ses collègues et lui décidaient enfin qu'ils y enverraient un plénipotentiaire. Mais ils s'abstenaient de le désigner. Une semaine s'écoulait encore sans qu'ils eussent pris ce parti. Le temps pressait. L'ouverture de la conférence était fixée au 3 janvier. M. de Chaudordy, sur les instances de l'Angleterre, qui tenait absolument à ne pas être abandonnée par la France, prit sur lui de désigner Jules Favre. Il fallait maintenant que le cabinet britannique lui fît parvenir une invitation officielle. Elle en chargea le ministre des États-Unis à Paris, M. Washburne, dont la correspondance [1] avait jusque-là passé librement à travers les lignes prussiennes. Mais juste à point M. de Bismarck s'avisa de chercher chicane au gouvernement de la Défense nationale pour je ne sais quelle violation du droit des gens qui avait eu lieu, disait-il, aux avant-postes (19

1. C'est au ministre des États-Unis que l'Allemagne avait confié la protection de ceux de ses nationaux qui étaient demeurés à Paris depuis le départ de Werther.

décembre). Toute communication avec Paris fut par lui rigoureusement interdite et la valise de M. Washburne fut retenue à Versailles. Le chancelier fit seulement savoir (30 décembre) à Jules Favre, qu'il lui serait fourni un sauf-conduit s'il voulait le demander au *commandant de l'armée assiégeante*. Le ministre des affaires étrangères ne savait à ce moment ni qu'il était désigné par Chaudordy ni qu'il était invité par l'Angleterre ; il ne vit dans l'offre du chancelier que l'intention de l'humilier d'abord et aussi celle de marquer aux yeux de l'Europe que, *politiquement*, il ne voulait être pour rien dans l'affaire du sauf-conduit, qu'il ne reconnaissait pas le gouvernement de la Défense nationale, ce dont sans doute il se prévaudrait ensuite à la conférence. Il refusa. Le cabinet britannique remit au 10 janvier l'ouverture de la réunion et protesta vivement contre le mauvais vouloir de M. de Bismarck. Mais plusieurs jours se passèrent encore. Bref ce fut seulement le 10 janvier que les communications furent rouvertes entre les deux lignes d'avant-postes et que la lettre d'invitation fut enfin remise à Jules Favre. Mais le ministre prussien, grand psychologue s'il en fut, comptait maintenant sur un autre moyen pour empêcher le plénipotentiaire français de quitter Paris. Le bombardement de la capitale venait de commencer le 5 janvier. Il continuait sans relâche. Moins que jamais Jules Favre était disposé à s'éloigner des Parisiens. Après une longue discussion avec ses collègues, il fit connaître par une circulaire du 12 qu'il regardait l'invitation de l'Angleterre *comme un commencement tardif de justice, un engagement qui ne pourrait plus être rétracté*. « Elle consacre, ajoutait-il, avec l'autorité du droit public, le changement de règne... Qui ne sent qu'admise en face de l'Europe, la France a le droit incontestable d'élever la voix?... » Le lendemain il demandait un sauf-conduit, non pas aux autorités militaires allemandes, mais au chancelier, et, au lieu de l'envoyer chercher, exigeait que M. de Bismarck le lui expédiât lui-même. Ce dernier répondit que Jules Favre avait dénaturé la portée de l'invitation et qu'en voulant amener l'Allemagne à reconnaître implicitement le gouvernement de la Défense nationale il outrepassait son droit. En conséquence il refusait le sauf-conduit.

La conférence, retardée encore une fois, s'ouvrit le 17 janvier.

Elle se borna, ce premier jour, à poser platoniquement en principe qu'un traité conclu par plusieurs puissances ne pouvait être déchiré par l'une d'elles sans l'assentiment des autres. Puis, pour donner au représentant de la France le temps d'arriver, elle s'ajourna au 24. Mais le 24 vint et Jules Favre ne se présenta pas. Malgré les instances de Chaudordy, il persistait à ne pas partir et ne désignait personne pour tenir sa place. D'autres soins, du reste, l'absorbaient à cette heure. L'épilogue de la guerre approchait. L'infortuné ministre allait expier bien cruellement son imprudente déclaration du 6 septembre. Il lui fallait en effet maintenant négocier lui-même la reddition de Paris, ou quelque chose d'approchant, ce qui, dans sa pensée, devait fatalement entraîner la paix et le démembrement de la France.

X

Le gouvernement de la Défense nationale ne pouvait plus tenir dans la capitale. Paris n'avait plus que quinze jours de vivres. Il avait résisté près de cinq mois, alors que les Allemands s'étaient flattés, au début de la guerre, de le prendre en huit jours. Maintenant il lui fallait céder. Aucun secours n'était à espérer. Les armées de la Loire, de l'Est et du Nord venaient d'être défaites presque en même temps, à Saint-Quentin, au Mans, à Héricourt (11-19 janvier). Toutes les trois battaient en retraite. A Paris même la sortie de Buzenval n'avait pas eu de suites plus heureuses que celle de Champigny (19 janvier). Une insurrection, organisée par les hommes qui avaient déjà fomenté celle du 31 octobre, venait d'ensanglanter les rues. Le gouvernement de la Défense nationale, après en avoir triomphé, résolut de ne plus tarder à ouvrir avec l'ennemi des pourparlers devenus inévitables (22 janvier). Jules Favre partit donc tristement pour Versailles. Quatre jours auparavant, dans cette ville, d'où jadis Louis XIV avait parlé si fièrement à l'Europe, et dans le palais même du *grand roi*, Guillaume Ier, qui avait enfin obtenu l'assentiment de tous ses confédérés, venait d'être proclamé solennellement empereur d'Allemagne. L'orgueil enflait ce souverain. Le chancelier de fer exagérait comme à plaisir sa dureté naturelle. On dit qu'en entendant la voiture de Jules Favre sous ses fenêtres, il s'écria sans pitié : « La bête est prise! » et qu'il ne put se tenir de siffler joyeusement l'*hallali* du chasseur.

Il semblait difficile que les malheurs de la France pussent encore être aggravés. Ils le furent cependant par la négociation qui s'ouvrit à Versailles et qui aboutit à l'armistice du 28 janvier. Le plénipotentiaire français était éperdu de douleur. Le chancelier retrouva bien vite tout son sang-froid et en fit le plus terrible usage. Jules Favre commit d'abord une faute irréparable, mais que, vu la ligne de conduite suivie par ses collègues et par lui depuis le mois de septembre, il lui était moralement impossible d'éviter. Ce fut d'étendre à toute la France la suspension d'armes qu'il apportait à M. de Bismarck. Il ignorait ce qui se passait en province, il ignorait quelles chances avait la délégation de prolonger la guerre. Elle en avait encore beaucoup, les Allemands l'ont reconnu depuis. Trois grandes armées, défaites, il est vrai, mais encore imposantes, restaient debout. D'énormes réserves étaient encore disponibles. L'indomptable patriotisme de Gambetta entretenait encore l'espérance dans bien des cœurs. L'ennemi était las d'une campagne qu'il avait cru d'abord ne devoir pas durer plus de quelques semaines et qui durait depuis six mois. S'enfoncer dans le midi de la France, à deux cents lieues de sa base d'opérations, était pour lui une opération pénible et pleine de périls. Le gouvernement de la Défense nationale n'eût donc dû à ce moment traiter que pour Paris, *considéré simplement comme place de guerre*. Il est évident qu'en ce cas il eût fallu ouvrir la capitale aux assiégeants, à peu près sans conditions. Mais ce cruel sacrifice eût peut-être sauvé la France. Jules Favre et ses collègues partageaient depuis trop longtemps les souffrances et les passions des Parisiens pour que l'idée de livrer la ville aux Allemands leur vînt seulement à l'esprit. Comme, d'autre part, ils n'avaient pas qualité pour traiter de la paix (M. de Bismarck ne voulant la conclure qu'avec un pouvoir émanant de la représentation nationale), ils crurent agir pour le mieux en demandant un armistice général. Au moins eussent-ils dû exiger qu'un membre ou un représentant de la délégation vînt les aider à négocier. Mais ils craignaient que Gambetta ne repoussât absolument et en principe toute suspension d'armes. Ils aimèrent mieux lui imposer un fait accompli.

L'armistice fut donc conclu le 28, après les pourparlers les plus émouvants. Paris n'y gagnait, en somme, que de n'être pas occupé immédiatement. Les Allemands se réservaient, du reste, de réclamer le droit d'y entrer. C'était une satisfaction d'orgueil que l'empereur Guillaume tenait à se donner et à procurer à son peuple. En attendant, les assiégeants devaient prendre possession de tous les forts situés autour de la capitale. Ils la tiendraient donc à leur merci sous la menace de ses propres canons. Toutes les troupes actives, à l'exception de 12 000 hommes, seraient désarmées dans la place et deviendraient prisonnières de guerre si la paix ne se faisait pas; pour le moment, ces soldats inutiles demeuraient à la charge du gouvernement de la Défense. La garde nationale restait armée; Jules Favre avait supplié qu'il en fût ainsi; patriotique, mais aussi funeste inspiration s'il en fut; Paris était d'avance livré à la Commune. Enfin une somme de deux cents millions serait payée au gouvernement allemand. Moyennant ces conditions si dures, un armistice de trois semaines était accordé à la France. Une assemblée librement élue par la totalité du peuple français [1] se réunirait à Bordeaux pour résoudre la question de guerre ou de paix. Il fallait donc qu'avant le 19 février les électeurs fussent convoqués, nommassent leurs députés et que ceux-ci prissent un parti décisif sans même connaître les conditions de paix que l'ennemi prétendait leur dicter. On voit combien M. de Bismarck était pressé et combien il spéculait sur l'intimidation et sur l'affolement de la nation française. Mais ce n'est pas seulement par les clauses qui précèdent que la convention du 28 janvier allait nous être funeste. Les positions que devaient occuper les armées belligérantes furent délimitées par des généraux allemands informés à merveille des mouvements qui venaient d'avoir lieu en province et par deux généraux venus de Paris, qui les ignoraient presque entièrement. Aussi l'armistice eut-il pour résultat de livrer à l'invasion des territoires considérables, qu'elle n'avait point encore atteints jusque-là. Ce qu'il y eut de plus déplorable encore pour la France dans cette convention néfaste, ce fut l'exception stipulée à l'égard de l'armée de l'Est, contre laquelle les Allemands se réservèrent de poursuivre

1. Y compris la population de l'Alsace et de la Lorraine. M. de Bismarck ne voulait pas que l'on pût arguer de leur non-participation à la discussion de la paix pour soutenir que l'Assemblée ne représentait pas pleinement la France et pour infirmer ainsi le traité.

leurs opérations jusqu'au moment où l'on se serait mis d'accord sur une ligne de démarcation à travers les départements du Doubs, du Jura et de la Côte-d'Or (c'est-à-dire en réalité jusqu'à ce qu'ils eussent achevé leur mouvement commencé pour couper cette armée et la refouler en Suisse). Leur insistance pour l'exclure du bénéfice de l'armistice eût dû éclairer les négociateurs français. Mais ils ignoraient la position, alors si critique, de l'armée de l'Est; ils la croyaient encore sur le point de débloquer Belfort. L'ennemi ne consentait à cesser de la combattre que si on lui livrait cette dernière place. Jules Favre crut devoir refuser; c'était à bonne intention sans doute. Mais il eût été plus sage de rendre tout de suite une forteresse de second ordre, qui était réduite aux extrémités, qui allait, le 15 février suivant, être obligée d'ouvrir ses portes, et à ce prix de conserver à la France cent mille hommes de troupes actives.

Enfin, pour comble de malheur, après la signature de l'armistice, le ministre de la Défense nationale, la tête perdue de douleur, commit encore deux fautes dont la seconde surtout eut les plus funestes conséquences. En informant la délégation de l'acte qu'il venait de conclure, il omit d'un côté de l'avertir que la suspension d'armes ne devait commencer que le 31 janvier, si bien que, les troupes françaises ayant reçu partout l'ordre de s'arrêter dès le 29, les Allemands purent pendant deux jours continuer leurs opérations; de l'autre, il négligea de l'aviser que l'armée de l'Est était exceptée de l'armistice. M. de Bismarck, qui eut à transmettre son télégramme à Bordeaux, n'eut pas la générosité de corriger cet oubli inconcevable. Le résultat, c'est que l'armée de l'Est, immobilisée dès le 29 par les ordres de Gambetta, vit l'Allemand Manteuffel lui barrer la seule route qui lui restât ouverte vers Lyon et que le 31 elle dut se réfugier tout entière sur le territoire suisse, où elle fut aussitôt neutralisée.

XI

Au milieu de ces tristes préoccupations, le gouvernement de la Défense nationale perdait de vue, on le conçoit, la conférence de Londres, qui poursuivait — très mollement — ses travaux et où l'Angleterre souhaitait toujours vivement de voir la France prendre sa place. M. de Chaudordy invitait vainement Jules Favre à partir ou à désigner un plénipotentiaire qui le suppléât. Ce ministre répondit qu'il aviserait (1er février). Mais il n'avisa pas. Vainement lord Granville insinuait *qu'à la fin de la conférence ou même après une de ses séances*, le représentant de la France pourrait, *profitant de la présence des plénipotentiaires, leur soumettre quelque question* intéressante pour son pays (4 février). Son langage ne semblait pas être compris. Le 9 février, le gouvernement de la Défense continuant à s'abstenir, la Russie n'eut pas de peine à faire admettre en principe par la conférence les modifications qui, suivant elle, devaient être apportées au traité de Paris. L'Angleterre demanda et obtint, il est vrai, que la signature du protocole final fût retardée jusqu'au 13 mars. La France à cette date serait certainement pourvue d'un gouvernement régulier. Malgré son abaissement, on ne croyait pas pouvoir conclure sans elle un arrangement contre lequel, comme signataire de l'acte du 30 mars 1856, elle eût eu sans conteste le droit de protester.

XII

En attendant, l'Europe, avec indifférence, la regardait se débattre, impuissante, sous la lourde main du vainqueur. Gambetta, toujours passionné pour la guerre à outrance, ne voulait pas de la paix. Il redoutait une restauration de l'Empire [1]. La perte de l'armée de l'Est l'exaspérait, mais ne le décourageait pas. Le 31 janvier il publiait un décret frappant d'inéligibilité quiconque avait servi Napoléon III comme préfet ou sous-préfet, ou avait accepté, de 1852 à 1870, une candidature officielle. Mais aussitôt M. de Bismarck protesta dans les termes les plus menaçants : il ne pourrait reconnaître la prochaine Assemblée nationale si le décret n'était pas rapporté (2 février). Le gouvernement de Paris envoya plusieurs de ses membres à Bordeaux, leur donna pleins pouvoirs. Le jeune dictateur sembla un instant vouloir résister, mais bientôt il

1. Tout récemment encore, M. de Bismarck avait repris, sans doute pour effrayer le gouvernement de la Défense nationale, ses négociations intermittentes avec l'empereur et l'impératrice. En janvier des pourparlers avaient eu lieu entre Clément Duvernois et lui. Régnier était à cette époque à Versailles et continuait ses intrigues. Mais rien de sérieux n'était sorti de toutes ces manœuvres.

se soumit par patriotisme, ou plutôt il se démit de ses fonctions (6 février). Deux jours après les élections avaient lieu dans toute la France. On les avait trop fait attendre. Elles n'eurent pas le caractère qu'elles auraient eu au mois de septembre précédent. Le pays, las et contristé par tant de défaites, voulait maintenant la paix, il la voulait immédiate, presque à tout prix. Il le prouva par le grand nombre de suffrages dont il accabla Thiers, qui, depuis si longtemps, la demandait lui-même. Cet homme d'État fut élu député par vingt-sept départements et par là désigné comme le chef nécessaire du nouveau gouvernement. Mais l'idée de la paix était exploitée par les partis monarchiques, qui obtinrent de grands succès aux élections et formèrent la majorité de la nouvelle assemblée. Il est vrai que leur division devait dès le début les réduire à l'impuissance devant la minorité républicaine. Pour le moment, du reste, il s'agissait moins de discuter des théories politiques que de traiter avec l'Allemagne. Dès le 12 février, la représentation nationale se réunissait à Bordeaux. Le 17, Thiers l'empêchait résolûment, mais un peu imprudemment, de s'arrêter à une éloquente motion de M. Keller en faveur de l'Alsace et de la Lorraine, comme si l'on eût dû admettre publiquement en principe et *a priori* la cession de ces deux provinces, qui n'était pas encore l'objet d'une demande officielle. Le même jour il était nommé chef du pouvoir exécutif de la République française. Deux jours après, il prononçait un discours-programme par lequel il promettait de consacrer tous ses soins à libérer et à réorganiser la France, déclarant qu'il ne préjugerait point la forme définitive du gouvernement, que tous les partis pouvaient conserver leurs espérances et que la victoire serait au plus sage. C'est là ce qu'on a appelé le *pacte de Bordeaux*. Aussitôt après il partait pour Versailles avec Jules Favre, qu'il avait conservé comme ministre des affaires étrangères, et une commission de quinze membres chargée par l'Assemblée de suivre les négociations.

Le nouveau chef de l'État n'entendait en réalité partager avec personne le douloureux honneur de conclure la paix au nom de la France. Il voulait être et il fut effectivement seul en scène vis-à-vis de M. de Bismarck [1]. Il se faisait une idée très haute, peut-être exa-

1. Jules Favre ne l'accompagna pas dans ses premières entrevues avec

gérée, de son génie diplomatique. Il était convaincu qu'à lui seul il obtiendrait du chancelier de fer des concessions que ce dernier refuserait si une médiation quelconque venait s'interposer entre les deux parties. Aussi n'avait-il nulle envie de recourir aux bons offices de l'Europe. Les insinuations de lord Granville au sujet de la conférence le laissaient froid. Et il semblait tellement craindre que les diplomates réunis à Londres ne vinssent à s'immiscer dans une négociation réservée à lui seul, que le duc de Broglie [1], nommé ambassadeur près du gouvernement britannique, n'obtint même pas de lui en partant communication des conditions de paix posées par M. de Bismarck.

Ces conditions, Thiers les avait représentées à Jules Favre et à ses collègues de l'Assemblée comme devant être monstrueuses : l'Allemagne demanderait l'Alsace et la Lorraine entières, une rançon énorme, le désarmement de la France, la remise d'une partie de sa flotte, etc. Peut-être le chef des négociateurs français craignait-il vraiment de pareilles exigences. Peut-être exagérait-il, pour qu'on lui sût plus gré d'avoir obtenu des conditions moins dures. Quoi qu'il en soit, M. de Bismarck avait depuis longtemps un programme *ferme*, que ses déclarations antérieures pouvaient faire pressentir et qui ne différait pas sensiblement de celui qu'il fit accepter à Thiers. La négociation fut menée rapidement, l'Allemagne mettant à la France le poignard sur la gorge. En effet l'armistice (étendu une première fois de deux jours) n'était prorogé que

le chancelier. Dans les dernières il ne joua qu'un rôle presque insignifiant. Quant aux quinze commissaires de l'Assemblée, ils demeurèrent à Paris.

1. Broglie (Jacques-Victor-Albert, prince, puis duc de), fils aîné de l'ancien ministre de Louis-Philippe, né à Paris le 13 juin 1821. Connu dès sa jeunesse comme publiciste et historien, élu membre de l'Académie française le 20 février 1862, il se présenta sans succès en 1869 comme candidat de l'opposition libérale aux élections pour le Corps législatif. Député de l'Eure à l'Assemblée nationale (8 février 1871), ambassadeur à Londres (février 1871-mai 1872), il devint, après avoir renversé Thiers, qu'il fit remplacer comme président de la République par le maréchal de Mac-Mahon (24 mai 1873), président du conseil et ministre des affaires étrangères, garda la présidence, mais prit le ministère de l'intérieur lors du remaniement du 20 novembre et fut écarté du pouvoir le 16 mai 1874. Élu sénateur par le département de l'Eure (30 janvier 1876), il fut, l'année suivante, comme président du conseil et ministre de la justice, l'âme du gouvernement du 16 mai (mai-novembre 1877). Il continua de défendre la politique conservatrice dans le Sénat. Mais, n'ayant pas été réélu lors du renouvellement partiel de cette Assemblée en 1885, il est rentré dans la vie privée. Il a repris depuis plusieurs années, non sans éclat, le cours de ses publications historiques.

jusqu'au 22 février. C'est ce jour-là même que furent signés les préliminaires de la paix, après cinq jours de discussion dure et froide de la part de M. de Bismarck, opiniâtre et passionnée de la part de Thiers. Finalement ce dernier eut la consolation d'obtenir pour son pays une réduction d'un milliard sur l'indemnité de guerre ; il emporta aussi de haute lutte la restitution de Belfort (avec un territoire à déterminer ultérieurement), en retour de la faculté laissée à l'empereur Guillaume d'entrer avec 30 000 de ses soldats à Paris, dans le quartier des Champs-Elysées et d'y demeurer jusqu'à ce que les ratifications des préliminaires fussent échangées. Les conditions essentielles de la paix étaient : 1° la cession à l'Allemagne d'un territoire comprenant presque tout le département du Haut-Rhin, celui du Bas-Rhin en entier, une grande partie de celui de la Moselle, avec Metz, Thionville, Sarreguemines, etc., une portion importante de celui de la Meurthe (Château-Salins, Vic, Dieuze, Phalsbourg, etc.) et quelques parcelles de celui des Vosges, en tout plus de 14 000 kilomètres carrés, avec 1 600 000 habitants ; 2° le payement de cinq milliards de francs, à titre de contribution de guerre. Sur cette somme énorme, un milliard serait versé en 1871, les quatre autres dans un délai de trois ans à partir des ratifications. Ces ratifications échangées, les Allemands évacueraient tout ce qu'ils occupaient au delà de la rive gauche de la Seine. Ils se retireraient ensuite vers l'Est au fur et à mesure des payements effectués jusqu'à concurrence de deux milliards. Mais ils conserveraient comme gage des trois derniers les départements de la Marne, des Ardennes, de la Haute-Marne, des Vosges, de la Meuse et de la Meurthe, sans compter Belfort. Ils pourraient, il est vrai, substituer une garantie financière à cette garantie territoriale. Enfin, jusqu'à la signature du traité de paix définitif, les troupes françaises, à part une garnison de 40 000 hommes pour Paris, devraient se retirer et demeurer derrière la Loire.

Cette convention, si dure pour la France, fut en toute hâte apportée à Bordeaux par Thiers qui, les larmes aux yeux, en donna lecture à l'Assemblée. Après une discussion émouvante, au cours de laquelle la représentation nationale prononça la déchéance perpétuelle de la famille Bonaparte (1er mars), elle fut approuvée et les ratifications purent être échangées dès le 3 mars.

Ce jour-là même, les troupes allemandes, qui n'étaient pas depuis quarante-huit heures à Paris, en sortirent; l'empereur Guillaume n'avait pas eu le temps d'y faire son entrée. Peu après, des conventions additionnelles étaient signées pour le rétablissement des communications, pour l'entretien des troupes d'occupation, pour le rapatriement des prisonniers français [1], etc. (9, 11, 16 mars). En même temps les deux parties contractantes s'apprêtaient à ouvrir à Bruxelles des conférences pour discuter les questions secondaires qu'on n'avait pas pu résoudre à Versailles et pour conclure le traité de paix définitif.

XIII

La conférence de Londres arrivait vers cette époque au terme de ses travaux. Elle finit sans bruit comme elle avait vécu. Le duc de Broglie apposa le 13 mars, au nom de la France, sa signature à la convention dont les clauses avaient été arrêtées le 7 février par les autres puissances. Et tout fut dit. Le traité de 1856 était confirmé, surtout en ce qui concernait la navigation du Danube et le droit reconnu au sultan d'ouvrir ou de fermer les *détroits*. La neutralité de la mer Noire n'était pas maintenue. C'était en somme un triomphe pour la Russie. Mais, grâce à l'intervention diplomatique de l'Europe, elle n'avait pas obtenu tout ce qu'elle eût souhaité; et l'Angleterre, bien qu'elle ressentît cruellement l'atteinte portée à son prestige en Orient, s'estimait encore heureuse d'avoir pu préserver d'une entière destruction l'œuvre du congrès de Paris.

XIV

La France vaincue n'était pas au terme de ses malheurs. Au moment où allaient commencer les pourparlers de Bruxelles, éclata tout à coup à Paris une révolution nouvelle, que les fureurs d'un patriotisme déçu et les entraînements d'une démagogie sans frein rendaient particulièrement dangereuse pour le gouverne-

1. Il y en avait alors plus de quatre cent mille en Allemagne.

ment nouveau. Thiers et ses ministres étaient rentrés dans la capitale; l'Assemblée nationale allait s'installer à Versailles [1], lorsque l'insurrection du 18 mars contraignit le chef du pouvoir exécutif et les membres du cabinet à se retirer précipitamment dans cette dernière ville. Après de vaines tentatives de conciliation, la *Commune*, depuis longtemps réclamée par les sectes socialistes, fut constituée le 26 mars. Le 1er avril, l'atroce guerre civile que devait terminer la *semaine sanglante* s'ouvrait par la tentative infructueuse des *fédérés* [2] contre le Mont-Valérien.

Le gouvernement légal était contraint d'assiéger Paris à son tour. Mais il ne pouvait le bloquer. Les Allemands occupaient les forts du Nord et de l'Est. Ils ne semblaient pas disposés, pour le moment, à décourager les insurgés, auxquels ils promettaient de garder vis-à-vis d'eux une attitude *pacifique* [3], à condition de ne pas être attaqués eux-mêmes (21-27 mars). D'autre part, ils prenaient prétexte de ce nouveau bouleversement pour suspendre l'exécution des préliminaires de la paix et des conventions qui les avaient suivis. Ils interrompaient dès le 21 mars leur mouvement d'évacuation, ainsi que le rapatriement à peine commencé des prisonniers français, et menaçaient de remettre en vigueur dans la partie du pays qu'ils occupaient le système des réquisitions. Thiers, qui était vraiment à leur merci, dut solliciter d'eux une convention aux termes de laquelle il lui était permis de réunir à Versailles quatre-vingt mille soldats (qui étaient presque tous en captivité) pour reprendre Paris (28 mars).

Les Allemands ne repoussèrent pas sa requête. Mais plus on avait besoin d'eux et plus on devait s'attendre à les voir élever leurs exigences dans les négociations relatives au traité de paix. La conférence de Bruxelles venait de s'ouvrir (28 mars) [4]. Dès les

1. Évacuée par les Allemands depuis le 11 mars.

2. L'insurrection était l'œuvre d'un *Comité central* élu par un certain nombre de bataillons de la garde nationale de Paris qui s'étaient solidement fédérés dès le commencement de mars.

3. *Friedlich,* avaient-ils écrit; la Commune comprit *freundlich* (amicale), ou fit semblant, et osa s'en prévaloir, ce qui inquiéta fort le gouvernement de Versailles.

4. La France y était représentée par MM. le baron Baude, ministre plénipotentiaire en Belgique, de Goulard, député, de Clercq et le général d'Outrelaine; l'Allemagne, par M. le baron de Balan, ministre à Bruxelles, le comte d'Arnim et plusieurs plénipotentiaires des États du Sud.

premiers jours il s'y produisit un désaccord profond entre les deux parties. Les vainqueurs, arguant du peu de garanties que leur offrait, dans sa situation si menacée, le gouvernement de Versailles, demandaient que le payement des cinq milliards fût totalement effectué en numéraire et que l'occupation fût prolongée jusqu'au moment où ils la reconnaîtraient eux-mêmes inutile. Ils refusaient de prendre à leur charge la quote-part des territoires cédés dans la dette française; ils n'offraient qu'une indemnité dérisoire aux obligataires de la Compagnie des chemins de fer de l'Est pour la portion de ce réseau qui était maintenant la propriété de l'Empire. Ils prétendaient obliger la France à se lier à l'Allemagne en renouvelant le traité de commerce de 1862; ils voulaient des indemnités pour les Allemands expulsés du territoire français; ils se montraient aussi peu accommodants que possible au sujet des Alsaciens-Lorrains qui désireraient rester Français. Ils chicanaient sur le territoire à rétrocéder autour de Belfort et réclamaient en retour de riches gisements métallurgiques aux environs de Longwy. Bref, tout le mois d'avril s'écoula sans que les plénipotentiaires des deux nations pussent s'entendre.

Pendant ce temps, la guerre continuait autour de Paris. Les opérations du siège se prolongeaient, parce que la place avait toutes facilités pour se ravitailler du côté des cantonnements allemands et aussi parce que l'armée de Versailles avait besoin de renforts. Thiers n'avait pas tardé à s'apercevoir que quatre-vingt mille hommes étaient insuffisants. Il lui en fallait cent cinquante mille. Il finit par les avoir, mais il lui fallut pour cela négocier à plusieurs reprises avec les Allemands, qui ne cédèrent à ses instances que de très mauvaise grâce. M. de Bismarck se montrait de plus en plus soupçonneux, de plus en plus cassant. Il prononçait au Reichstag [1] des discours menaçants pour la France. Il accusait de duplicité et de mauvaise foi Thiers qui, disait-il, faisait traîner à dessein les négociations de Bruxelles et prolongeait le siège de Paris pour pouvoir réunir une grosse armée et, d'accord avec la Commune, recommencer la guerre contre l'Allemagne. De pareilles incriminations étaient absurdes. Mais c'était la raison du

1. Il était retourné en Allemagne, ainsi que l'empereur Guillaume, au commencement de mars.

plus fort. Vers la fin d'avril, le chancelier fit offrir au gouvernement français le concours des forces germaniques pour réduire enfin l'insurrection, et, comme Thiers repoussait cette offre avec indignation, il fit savoir que l'Allemagne était dans l'intention d'exécuter à elle seule cette besogne; qu'elle exigerait, aux termes des préliminaires, la réduction de l'armée de Versailles à quarante mille hommes, et que ses propres troupes rouvriraient ensuite pour leur compte le feu contre Paris.

C'eût été pour Thiers, pour l'Assemblée nationale, pour la France, le comble de la honte. Comme les menaces de M. de Bismarck étaient sérieuses et faisaient pressentir un *ultimatum*, le chef du pouvoir exécutif crut devoir en finir par l'offre de conclure immédiatement la paix. Les conférences de Bruxelles furent interrompues et Jules Favre, accompagné de M. Pouyer-Quertier [1], ministre des finances, partit le 4 mai pour Francfort-sur-le-Mein, où le chancelier de l'Empire vint le rejoindre le surlendemain. M. de Bismarck apportait son ultimatum, de la lecture duquel il ne fit pas grâce aux plénipotentiaires français. Après une pareille entrée en matière, les négociations ne pouvaient être fort longues. Elles ne durèrent en effet que trois jours. Le 10 mai fut signé le traité définitif qui sanctionnait le démembrement et la mise à rançon de la France. Il reproduisait, dans ses clauses essentielles, les préliminaires du 26 février. Mais il aggravait à certains égards les charges du vaincu. Il stipulait que les départements de la Somme, de la Seine-Inférieure et de l'Eure seraient seuls évacués après un premier payement de cinq cents millions, mais que ceux de la Seine, de Seine-et-Oise, de Seine-et-Marne resteraient occupés jusqu'à ce que le gouvernement allemand jugeât l'ordre suffisamment assuré en France; toutefois leur évacuation s'effectuerait au plus tard après le payement de quinze cents millions. La rançon ne pourrait être comptée en billets de la banque de France; certaines valeurs étrangères déterminées seraient seules acceptées en

1. Pouyer-Quertier (Augustin-Thomas), né à Estoutteville-en-Caux (Seine-Inférieure), le 3 septembre 1820; grand manufacturier à Rouen; élu en 1857 député au Corps législatif, où jusqu'en 1870 il combattit avec vivacité les doctrines libre-échangistes du gouvernement; membre de l'Assemblée nationale (8 février 1871); ministre des finances du 25 février 1871 au 5 mars 1872; élu sénateur par le département de la Seine-Inférieure le 30 janvier 1876; réélu le 8 janvier 1882.

place de numéraire. Jusqu'à l'évacuation des forts de Paris, le gouvernement français ne pourrait entretenir au nord de la Loire que quatre-vingt mille soldats. Le traité de commerce de 1862 n'était pas renouvelé, mais la France assurait à l'Allemagne en matière de commerce et de navigation le traitement de la nation la plus favorisée. Les Alsaciens-Lorrains ne pourraient opter pour la nationalité française que jusqu'au mois d'octobre 1872. Enfin l'Allemagne rétrocédait à la France autour de Belfort un territoire suffisant pour défendre cette place. Mais elle obtenait en échange un territoire plus étendu et plus riche sur la frontière de Luxembourg.

Voilà ce qu'après une guerre si désastreuse la Commune coûtait à notre pays, voilà de quelles concessions nouvelles Thiers avait dû acheter le droit de reprendre à lui seul Paris de vive force. Il ne devait pas tarder à remporter cette désirable, mais bien triste victoire. Le 21 mai, au moment même où Jules Favre échangeait à Francfort avec le prince de Bismarck [1] les ratifications du traité de paix, l'armée de Versailles, commandée par le maréchal de Mac-Mahon [2], pénétrait enfin dans la capitale. Il lui fallut une semaine pour la reconquérir en entier; et ce ne fut qu'après d'effroyables tueries, après des incendies dont les traces ne sont pas encore effacées, que l'infortunée France, si maltraitée par la guerre étrangère, fut enfin délivrée de la guerre civile.

1. Le chancelier avait été fait comte par le roi Guillaume après Sadowa; il devint prince après la guerre de France.

2. Mac-Mahon (Marie-Edme-Patrice de), né à Sully (Saône-et-Loire) le 13 juillet 1808; élève de l'école de Saint-Cyr en 1825, général de division le 6 juillet 1852, après de brillantes campagnes en Afrique; commandant d'une division en Crimée, où il enleva d'assaut les ouvrages de Malakoff (8 septembre 1855); nommé grand-croix de la Légion d'honneur (22 septembre 1855) et sénateur (24 juin 1856); commandant en chef des forces de terre et de mer en Algérie (1857); chef du 2e corps pendant la campagne d'Italie, où il gagna le même jour (4 juin 1859) le grade de maréchal de France et le titre de duc de Magenta; pourvu plus tard (1862) d'un grand commandement en France; gouverneur général de l'Algérie de 1864 à 1870; mis, au commencement de la guerre franco-allemande, à la tête du 1er corps, puis, après la défaite de Reichshoffen (6 août), à la tête de l'armée de Châlons; blessé au début de la bataille de Sedan (1er septembre); général en chef de l'armée qui reprit Paris en mai 1871; porté à la présidence de la République (24 mai 1873) par la coalition de droite qui venait de renverser Thiers; démissionnaire le 30 janvier 1879 et rentré dans la vie privée, d'où, depuis lors, il n'est plus sorti.

XV

L'année terrible qui venait de s'écouler avait apporté à l'état politique de l'Europe des modifications considérables. Le fait qui en ressort dans l'histoire avec le plus d'éclat, c'est l'achèvement de l'unité germanique, c'est la création de cet Empire, qui, malgré un semblant d'autonomie laissé à quelques États secondaires ou inférieurs, n'est en somme que l'Allemagne *prussifiée* militairement. Cette puissance est dès lors la première de l'Europe par la terreur qu'elle inspire et l'influence politique qu'elle exerce. Elle aura maintenant surtout à cœur de conserver la force acquise. La teutomanie, entretenue par le souvenir des communes victoires et artificiellement réveillée de temps à autre par le chancelier de fer, sera désormais son préservatif contre la discorde. A partir de 1871, deux des grandes puissances européennes tendent visiblement à faire cause commune avec elle. La première est l'Italie. Elle aussi vient de compléter sa révolution nationale. Elle a maintenant enfin la capitale qu'elle rêvait. La guerre prussienne de 1866 lui a valu Venise; la guerre allemande de 1870 lui a valu Rome. Mais plus que jamais l'amitié de Berlin lui paraît précieuse. Le gouvernement italien en effet commence à devenir l'ennemi de la France, dont il jalouse la marine, et qu'il dépouillerait, à son tour, volontiers de quelques provinces. Il craint un retour offensif du saint-siège qui, malgré la *loi des garanties* [1], refuse absolument de consacrer l'anéantissement de son pouvoir temporel. Il n'est pas enfin sans nourrir le vague et chimérique espoir d'obtenir quelque jour, grâce à l'Allemagne, quelque agrandissement de territoire vers le Tyrol ou vers l'Istrie, aux dépens de l'Autriche-Hongrie. Pour cette dernière puissance, elle tourne également vers Berlin des regards soumis et intéressés. C'est de là maintenant que vient pour elle la lumière. L'évolution commencée

1. Cette loi, votée en 1871 par le parlement italien, assurait au pape une liste civile de 3 225 000 francs, la propriété et l'inviolabilité du Vatican et de Castel-Gandolfo, la franchise de ses relations diplomatiques, postales, télégraphiques, et pleine liberté pour l'exercice de son autorité spirituelle. A l'exception de la liste civile (à laquelle suppléent les générosités des fidèles), le souverain pontife use, de fait, de tous ces avantages. Mais il n'a jamais voulu transformer la loi en traité par son acceptation.

par Beust en décembre 1870 s'achèvera manifestement quand M. de Bismarck l'aura fait congédier (fin de 1871) ; sous le Magyar Andrassy[1], le dualisme austro-hongrois se préoccupera presque exclusivement de surveiller la Russie et de remplir en Orient, sous la haute protection de l'Allemagne, la mission à laquelle l'a convié le chancelier de fer.

La triple alliance n'existe pas encore, mais on peut déjà la pressentir. Il est vrai qu'aux deux côtés du groupe formé par l'Allemagne et ses satellites se dressent deux autres États de premier ordre, avec lesquels il lui faudra compter tôt ou tard et dont les ressentiments ou les ambitions sont une menace constante pour l'équilibre tout matériel qu'ont créé les événements de 1870 et 1871.

L'un est la France, à qui, en lui enlevant contre leur volonté aussi bien que contre la sienne, l'Alsace et la Lorraine, on a pour ainsi dire pris de sa chair et de son sang, et qui ne peut l'oublier. Ce ne sont pas seulement ses velléités de revanche qui inquiètent le nouvel Empire. Ce sont les institutions qu'elle aspire à se donner. Une grande République est une voisine suspecte pour des monarchies. Il est vrai qu'au lendemain de la guerre, meurtrie et disloquée, elle est pour longtemps encore hors d'état de reprendre l'offensive ; il est vrai aussi que ses tâtonnements politiques et la difficulté qu'elle va éprouver à se faire un gouvernement définitif, ne seront pas pour déplaire au chancelier de fer, qui affectera d'y voir pour l'Allemagne une garantie momentanée de sécurité.

L'État qui, en 1871, et depuis, paraît le plus capable de troubler la paix, c'est évidemment la Russie. Au milieu du désordre produit en Europe par le conflit franco-allemand, cette puissance a voulu, sans façons, se faire sa part. Elle s'est donnée, comme l'Italie, le plaisir de déchirer un traité qui lui plaisait peu. Mais elle n'a point

1. Andrassy (Jules, comte), né à Zemplin le 8 mars 1823 ; membre de la diète de Hongrie (1847) où il se signala comme orateur ; envoyé à Constantinople par le gouvernement révolutionnaire de Kossuth (1849) ; condamné à mort par contumace après la défaite de son parti ; amnistié en 1857 après plusieurs années de séjour en France et en Angleterre ; membre et vice-président de la diète magyare (1860), où il fut le principal auxiliaire de Déak ; président du conseil et ministre de la défense du royaume de Hongrie après le compromis de 1867 ; ministre des affaires étrangères de la monarchie austro-hongroise du 14 novembre 1871 au 8 octobre 1879 ; mort à Pesth le 18 février 1890.

obtenu tout ce qu'elle voulait. Elle commence à trouver que la Prusse, sa *meilleure amie*, ne l'a pas trop bien payée de ses complaisances et de ses bons offices. Elle lui garde quelque peu rancune. L'affection personnelle d'Alexandre II pour Guillaume Ier est pourtant encore si vive qu'une rupture entre eux n'est pas à craindre. Mais le czar est moins disposé que jamais à déguiser ses vues sur l'Orient. Qui pourra se déclarer contre lui? L'Angleterre? Mais à Londres, le ministère Gladstone qui a joué dans la guerre franco-allemande un rôle si effacé, qui s'attache presque sans réserve aux réformes intérieures, veut la paix, ne veut que la paix. Du reste, pour lutter contre la Russie, il faudrait à la Grande-Bretage le concours de la France et de longtemps elle n'y pourra compter. Sera-ce l'Autriche? Certes c'est bien là une ennemie de la Russie. Mais au besoin l'Italie la pourrait tenir en respect. Puis la cour de Vienne ne peut se passer de l'appui de l'Allemagne. Or, pour occuper l'Allemagne, pour la retenir, il y a la France, dont le cabinet de Saint-Pétersbourg va favoriser de son mieux le relèvement.

On voit qu'en 1871, s'il y a des points noirs à l'horizon, c'est surtout du côté de l'Orient. L'orage n'y crèvera pourtant qu'au bout de quatre années. C'est que pendant cette période, comme on le verra dans le chapitre suivant, l'Allemagne, qui n'est pas encore parvenue à unir étroitement l'Italie et l'Autriche pour tenir avec elles toute l'Europe en respect, va mettre tout son art à faire vivre à peu près en accord les cours de Vienne et de Saint-Pétersbourg et qu'elle y réussira tant bien que mal par l'*alliance des trois empereurs*.

CHAPITRE XII

LES TROIS EMPEREURS [1]

I. La France, l'Allemagne et l'ultramontanisme en 1871. — II. La question des alliances pour M. de Bismarck. — III. Le chancelier de fer et le chancelier de verre. — IV. La politique protestante et la politique catholique de 1871 à 1872. — V. Les trois empereurs à Berlin (septembre 1872). — VI. Le Kulturkampf, le Carlisme et *l'ordre moral* (1872-1873). — VII. Prèmiers indices d'un rapprochement entre la France et la Russie. — VIII. Une querelle d'Allemand. — IX. Imprudences du duc Decazes et du prince Gortchakoff.

(1871-1875)

I

A partir de 1871, c'est le gouvernement allemand, ou plutôt son chancelier, qui tient les fils de la politique européenne. De Saint-Pétersbourg à Paris, de Londres à Constantinople, il mène ou surveille la diplomatie. Il ne fait pas tout, mais en général rien

1. Sources : *Archives diplomatiques*, années 1871-1876; — Arnim (comte H. d'), *Vorgeschichte des Arnim'schen Processes*; — Beust, *Mémoires*, t. II; — Bismarck, *Discours parlementaires*; — Blerzy (H.), *les Révolutions de l'Asie centrale* (Revue des Deux Mondes, 1874); — Chaudordy (comte de), *la France à la suite de la guerre de 1870-1871*; — Cherbuliez, *l'Espagne politique*; — Daniel, *l'Année politique*, années 1874-1875; — Favre (J.), *Discours parlementaires*; *Rome et la République française*; — Gambetta, *Discours*; — Hippeau, *Histoire diplomatique de la troisième République*; — Hahn (L.), *Geschichte des Kulturkampfes in Preussen*; — Harlessem (de), *Pro multo*; — Houghton, *les Origines de la restauration des Bourbons en Espagne*; — Klaczko (J.), *Deux chanceliers*; — Laugel (A.), *le Traité de Washington entre l'Angleterre et les États-Unis* (Revue des Deux Mondes, 15 août 1871); — Lavollée (C.), *Négociations avec l'Allemagne* (Revue des Deux Mondes, 1871-1872); — Loë (Otto de), *Pro nihilo*; — Mazade (Ch. de), *Monsieur Thiers*; —

d'important ne se fait à son insu, ou malgré lui. De même que la France au commencement de ce siècle, l'empire germanique est de nos jours la force impulsive ou régulatrice dont l'action, presque toujours décisive, s'exerce sur toutes les puissances de l'Europe, grandes ou petites. Nous devons donc, dans la suite de cette histoire, le tenir toujours au premier plan et nous attacher particulièrement à démêler ses vues, son programme, sa tactique.

Sa tactique est à coup sûr très variée, très subtile, très compliquée; mais rien n'est plus constant ni plus simple que son programme. Après avoir fait l'Allemagne ce qu'elle est, M. de Bismarck n'a plus qu'une préoccupation, garantir son œuvre de toute atteinte, lui assurer l'avenir. Bien différent de Napoléon, dont la devise, comme celle de Charles-Quint, semblait être : *Plus oultre*, il a su s'arrêter à temps et, après avoir conquis, il paraît ne plus songer qu'à conserver. Or l'empire qu'il a fondé a dans la France une irréconciliable ennemie [1]. Si l'Europe, qui le subit en le jalousant, ou si seulement une puissance du premier ordre venait à s'unir à elle, l'édifice laborieusement élevé par le chancelier de fer serait en grand danger. Aussi le prince de Bismarck a-t-il depuis 1871 une idée fixe : isoler la France et l'effrayer, l'empêcher de conclure aucune alliance et en nouer lui-même d'assez redoutables pour la tenir en respect, elle et ses amis. Toute sa politique est subordonnée à cette invariable préoccupation. Il en donnait la preuve dès le lendemain du traité de Francfort.

Il semble pourtant, au premier abord, que la France ne pût à cette époque inspirer de craintes bien sérieuses à l'Allemagne. Elle était encore — et pour longtemps — occupée par ses vainqueurs.

Müller (W.), *Politische Geschichte der Gegenwart*, années 1871-1875; — Pressensé (E. de), *la Politique religieuse de la Prusse*; — Rustow, *la Question d'Orient*; — Sayous (Ed.), *la Hongrie et les partis magyars depuis la guerre* (Revue des Deux Mondes, 1er juin 1872); — Simon (E.), *l'Empereur Guillaume*; *Histoire du prince de Bismarck*; — Simon (J.), *le Gouvernement de M. Thiers*; — Saint-René Taillandier, *la Presse allemande et l'entrevue des trois empereurs à Berlin* (Revue des Deux Mondes, 15 novembre 1872); — Sorel (A.), *la Prusse et les deux empires* (Revue des Deux Mondes, 1er mai 1872); — Thiers, *Discours parlementaires*; — Vambéry (A.), *les Russes dans l'Asie centrale* (Revue des Deux Mondes, 15 mars 1873); — Véron (E.), *Histoire de l'Allemagne depuis Sadowa*; — Zeller, *Pie IX et Victor-Emmanuel II*; etc.

1. Irréconciliable tant qu'elle n'aura pas recouvré l'Alsace-Lorraine; car il est bien probable qu'une fois remise en possession de cette province, elle ne songerait plus qu'à vivre en paix avec sa voisine d'outre-Rhin.

Elle n'avait pour ainsi dire plus ni finances, ni armée, ni gouvernement. La triple difficulté de mettre en équilibre son budget, de reconstituer ses forces militaires et de se donner une constitution paraissait la vouer pour bien des années à une parfaite impuissance. Mais le chancelier de fer et l'empereur Guillaume n'étaient pas de ces politiques à courte vue, auxquels suffit la sécurité de l'heure présente. Ils songeaient avec inquiétude à l'avenir. Et il faut ajouter que même à ce moment il leur semblait voir naître et grandir en France un double péril pour leur politique. L'Assemblée nationale qui siégeait à Versailles et qui ne perdait aucune occasion de se proclamer souveraine, les alarmait déjà d'un côté par des tendances ultramontaines dont elle ne faisait pas mystère, de l'autre par sa prédilection visible pour le gouvernement monarchique.

C'était surtout l'éclat de son zèle catholique qui offusquait M. de Bismarck. Cet homme d'État préludait alors à la lutte violente qu'il allait soutenir en Allemagne contre le cléricalisme et qui restera célèbre dans l'histoire sous le nom de *Kulturkampf*[1]. Ce n'était pas, on peut le croire, par fanatisme. Nul plus que lui n'a l'esprit libre de préjugés. La vérité, c'est que les populations catholiques, qui, naguère, ne formaient dans la Confédération du Nord que des groupes disséminés et, en tout cas, une minorité peu redoutable, étaient, depuis la création de l'empire, renforcées de plusieurs millions d'âmes; elles paraissaient maintenant de force et d'humeur à contrecarrer à l'intérieur la politique du chancelier. La Bavière, en grande partie papiste, et dont les sentiments particularistes s'étaient manifestés, on s'en souvient, assez vivement jusqu'en 1870, avait avec entrain contribué à la guerre contre la France, mais n'était entrée dans l'Empire qu'avec un médiocre enthousiasme. Pour prix du sacrifice qu'elle venait de faire, elle avait espéré qu'au moins un accroissement de territoire ne lui serait pas refusé. Un coin du pays conquis sur la France lui eût merveilleusement convenu. Mais la Prusse, n'osant s'annexer ouvertement l'Alsace-Lorraine, n'avait point voulu en faire cadeau à d'autres États allemands. Elle venait de la faire déclarer *pays d'Empire* (Reichsland) et, à ce titre, placer sous la dictature du chancelier (juin 1871). C'était une amère déception pour la Bavière. C'en

1. Ou *lutte pour la civilisation.*

était une aussi pour Bade et pour le Wurtemberg, qui s'étaient fait également à cet égard quelques illusions. Le particularisme renaissait donc dans l'Allemagne du Sud et, n'osant plus arborer franchement son drapeau politique, se dissimulait sous l'égide du catholicisme, dont les prétentions avaient été, on se le rappelle, si fort exaltées par le concile du Vatican. Les catholiques de Westphalie et des provinces rhénanes, se sentant soutenus, levaient hardiment la tête. Les Polonais de Posen confondaient dans leurs revendications leurs droits nationaux et les libertés de l'Église romaine. Le parti ultramontain, grossi des Slesvicois et de quelques Hanovriens irréconciliables [1], formait presque un tiers du nouveau Reichstag. En s'unissant tantôt aux conservateurs de la droite, tantôt aux progressistes de la gauche [2], il pouvait à volonté faire la majorité et tenir en échec les nationaux-libéraux, sur lesquels s'appuyait particulièrement M. de Bismarck. Ce redoutable groupe du centre prenait à Rome son mot d'ordre. Or le Saint-siège ne pardonnait pas au gouvernement prussien le mauvais accueil qu'il avait fait au dogme de l'infaillibilité; il lui en voulait d'avoir laissé si philosophiquement ses bons amis les Italiens mettre fin au pouvoir temporel du pape; il lui reprochait aigrement de favoriser dans toute l'Allemagne les *vieux catholiques* [3], secte dissidente qui ne reconnaissait pas les décrets du concile et ne dissimulait pas ses tendances schismatiques. Après l'occupation de Rome, Pie IX avait décliné, non sans dédain, la proposition que la cour de Berlin lui avait faite d'aller s'établir à Cologne, pour ainsi dire sous son protectorat. Il refusait d'agréer comme représentant de l'Allemagne le cardinal de Hohenlohe, que M. de Bismarck voulait accréditer auprès de lui et qu'il trouvait trop docile à la politique prussienne. Il refusait enfin de désavouer ou de décourager l'opposition ultramontaine et ses *manœuvres obstructionnistes* au Reichstag. Il y avait donc déjà guerre déclarée entre le Vatican et la cour de Berlin. Et ce qui rendait l'hostilité du pape plus redoutable au chancelier, c'est que le saint-siège semblait exercer, en même temps qu'une autorité absolue sur l'Église de France, une influence prédominante sur l'assemblée de Versailles [4].

1. Les *Guelfes*, comme on les appelle en Allemagne.
2. Dont le principal chef était et est encore aujourd'hui M. Richter.
3. Dirigés surtout par le chanoine Dœllinger et l'évêque Reinkens.
4. Une motion en faveur du pouvoir temporel du pape y fut faite à la fin

L'épiscopat français était tout à la dévotion du souverain pontife, tout prêt par conséquent à soutenir de ses armes spirituelles le clergé catholique allemand et ses partisans dans leur lutte contre M. de Bismarck. Quant à la majorité de l'Assemblée, elle visait ostensiblement à rétablir la monarchie. Thiers n'était à ses yeux, malgré ce qu'on appelait improprement la constitution Rivet [1], que le chef d'un gouvernement provisoire et devait tôt ou tard faire place à un roi. Ce roi, tout le monde le nommait d'avance : c'était le comte de Chambord [2], porte-drapeau mystique du droit divin, que chacun savait être plus papiste que le pape et qui s'offrait naïvement à la France pour la guérir de tous ses maux. A défaut de ce prince, la couronne serait déférée au comte de Paris ; mais l'Église ferait ses conditions et comptait bien n'avoir rien à y perdre [3]. Un pareil avenir inquiétait fort le gouvernement allemand. L'empereur Guillaume et son ministre se disaient, du reste, que si, au lieu d'une administration instable, toujours contestée, qu'ils pouvaient représenter à l'Europe comme le type de l'impuissance et de l'anarchie, la France était dotée d'une autorité monarchique à peu près assurée du lendemain, certaines cours prendraient peut-être confiance en elle, lui témoigneraient quelque sympathie, solliciteraient en sa faveur des adoucissements au traité de Francfort, finiraient

de juillet 1871, et Thiers n'évita qu'à grand'peine la nouvelle aventure où le parti clérical voulait engager la France.

1. Ce projet de loi, présenté par M. Rivet et voté à la fin d'août 1871, portait que Thiers, avec le titre de président de la République, continuerait d'exercer, sous l'autorité de l'Assemblée nationale, *tant qu'elle n'aurait pas terminé ses travaux,* les fonctions qui lui avaient été déléguées par le décret du 17 février 1871.

2. Chambord (Henri-Charles-Ferdinand-Marie-Dieudonné d'Artois, duc de Bordeaux, plus connu sous le nom de comte de), fils du duc de Berry et de Marie-Caroline des Deux-Siciles, petit-fils de Charles X, né à Paris le 29 septembre 1820 ; proclamé roi de France sous le nom de Henri V (2 août 1830) par son grand-père qui l'emmena en exil ; marié en 1846 à Marie-Thérèse-Béatrix-Gaëtane, fille aînée du duc de Modène, dont il n'a jamais eu d'enfants ; autorisé par la loi de 1871 à rentrer en France, où il ne fit que de courtes et furtives apparitions ; mort à Frohsdorf (Autriche) le 24 août 1883.

3. La loi d'exil qui frappait la famille de Bourbon venait d'être abrogée le 8 juin. Le comte de Chambord vint peu après passer quelques jours en France et fit savoir une fois de plus, par une proclamation retentissante, qu'il était à la disposition de *son peuple.* « La parole est à la France et l'heure est à Dieu », lisait-on dans son manifeste. En attendant que Dieu sonnât, il retourna à Frohsdorf. Quant aux princes d'Orléans, ils rentrèrent tous à Paris et s'y fixèrent. Deux d'entre eux, élus en février membres de l'Assemblée nationale, y vinrent siéger en décembre, malgré l'engagement contraire qu'ils avaient pris envers Thiers.

même par contracter alliance avec elle et lui faciliter la revanche qu'elle rêvait. C'était surtout la Russie qu'ils redoutaient de voir opérer vers la grande vaincue de 1870 une évolution de ce genre. Ils n'ignoraient pas que cette puissance, contrariée — ou du moins fort médiocrement servie — par eux dans sa politique orientale, leur gardait rancune et commençait à les accuser, non sans raison, d'ingratitude. Alexandre II devait sans doute hésiter à rompre avec son oncle. Mais Gortchakoff n'était guère plus gêné par les scrupules que M. de Bismarck lui-même et ce dernier pouvait bien craindre qu'il ne finît par vaincre ceux de son souverain.

II

Le chancelier d'Allemagne se préoccupait donc, vers le milieu de 1871, de trouver une alliance qui pût à la fois préserver son gouvernement du péril clérical et le garantir contre l'éventualité d'une entente franco-russe.

Mais à qui s'adresser parmi les puissances capables de faire contrepoids à la coalition qu'il redoutait? Ce ne pouvait être à l'Angleterre. Ce gouvernement avait depuis longtemps l'habitude de ne se mêler des affaires du continent que lorsqu'il y était directement intéressé. Les menées de la curie romaine ne l'inquiétaient guère. Il ne s'en fût ému que si elles eussent eu pour effet d'aviver l'agitation irlandaise. Or l'agitation irlandaise semblait se calmer un peu, grâce aux améliorations réalisées ou proposées en faveur de l'*île-sœur* par M. Gladstone. Ce ministre, absorbé par les grandes réformes qu'il avait entreprises [1] et dont il poursuivait laborieusement l'exécution, ne fixait guère son attention sur les affaires du dehors. Du reste, n'ayant pour le moment rien à craindre de la France, qui n'était évidemment pas en état de menacer la Belgique, le gouvernement britannique trouvait cette puissance assez abaissée et se fût plutôt prêtée à la relever qu'à l'humilier encore. Ajoutons que, pour les whigs (alors au pouvoir), la nécessité de

1. Parmi celles qu'il put réaliser, nous signalerons l'établissement des *conseils d'éducation* (*School-boards*) pour l'instruction primaire (1870), les améliorations apportées à la condition des Irlandais par le *Land-bill* ou *loi des fermes* (1870), l'abolition de la vénalité des brevets d'officiers dans l'armée (1871), l'institution du *vote au bulletin secret* (*ballot-act*) en 1872, etc.

maintenir à tout prix l'empire ottoman et de contrecarrer en tout la Russie n'était plus, depuis quelque temps, un article de foi. Les tories, comme Disraéli, soutenaient encore cette vieille thèse. Mais les hommes comme M. Gladstone jugeaient déjà que s'obstiner à soigner l'incurable malade d'Orient, c'était perdre son temps et sa peine. Ils trouvaient plus avantageux de s'entendre avec le grand empire du Nord que de se préparer à le combattre. A condition qu'il respectât Constantinople, qu'il ne touchât ni à l'Égypte ni au canal de Suez et qu'il ne se rapprochât pas trop visiblement de l'Inde, ils faisaient bon visage au czar. La politique de ce souverain ne leur causait point pour le moment de fort vives alarmes. M. de Bismarck ne pouvait donc pas, à cette heure, faire fond sur leur alliance.

Il n'attendait rien non plus du gouvernement italien qui, mal remis des secousses que douze ans de révolution lui avaient fait éprouver et réduit à l'impuissance par les embarras financiers où pouvait sombrer sa grandeur naissante, n'était ni d'humeur ni de force à lui prêter un concours sérieux. Sans doute Victor-Emmanuel et ses ministres n'apprenaient ni sans déplaisir ni sans inquiétude les manifestations ultramontaines que se permettait parfois l'Assemblée de Versailles. La présence à Civita-Vecchia de la frégate l'*Orénoque*, marque visible de la protection que la France semblait offrir au souverain-pontife, leur faisait l'effet d'une injure et d'une menace pour l'Italie. Mais, outre qu'il redoutait à cette époque toute complication, le *roi galant homme* gardait encore au cœur un reste de gratitude pour ses alliés de Magenta. Ajoutons que le ferme bon sens de Thiers lui paraissait une excellente garantie contre les entraînements cléricaux de l'Assemblée. Cet homme d'État n'avait certes pas appelé de ses vœux l'unité italienne. Mais il l'acceptait maintenant comme un fait accompli et une inéluctable nécessité. Le cabinet du Quirinal savait bien que, tant qu'il resterait au pouvoir, Thiers s'abstiendrait à son égard de toute attaque et de toute menace. Il n'avait donc nulle raison pour s'unir à l'Allemagne contre la France. Il n'en avait pas non plus pour lui prêter son assistance contre la Russie et sentait que, pour le moment, sa complaisance pour la cour de Berlin aurait pour résultat d'indisposer contre lui celle de Saint-Pétersbourg, sans lui procurer aucun avantage appréciable.

III

L'Angleterre et l'Italie n'offraient donc pas à l'Allemagne le point d'appui qu'elle cherchait. Restait l'Autriche-Hongrie, puissance encore redoutable, malgré Sadowa, et mieux placée qu'aucune autre pour tenir l'Europe en respect, si elle savait s'unir à l'empire germanique. D'une part, M. de Bismarck ne se dissimulait pas qu'elle pouvait lui faire beaucoup de mal. La cour de Vienne, catholique, était fort capable d'encourager et d'entretenir en Allemagne le particularisme dont les Bavarois venaient de relever l'étendard au nom de la religion. Il est vrai que, par contre, la cour de Berlin pouvait semer et faire fructifier le pangermanisme dans les provinces allemandes de l'empire austro-hongrois. D'autre part, si l'Allemagne avait besoin de l'Autriche-Hongrie pour neutraliser la Russie, son concours était absolument nécessaire à cette puissance, que le panslavisme menaçait au dehors dans ses relations et son influence, à l'intérieur dans son existence même.

Il y avait donc des raisons sérieuses pour que s'accomplît entre les deux grandes cours de l'Europe centrale un rapprochement que souhaitait passionnément M. de Bismarck. Deux obstacles, il est vrai, semblaient devoir le rendre difficile. D'abord la diplomatie austro-hongroise avait encore à sa tête le comte de Beust, dont on n'a pas oublié l'antipathie pour la politique prussienne. On se rappelle que jusqu'en 1870 cet homme d'État avait eu en tête principalement de préparer la revanche de Sadowa. Depuis, il avait semblé s'incliner devant la fortune. Mais au fond il n'avait point perdu l'espoir d'un revirement grâce auquel l'Autriche pourrait reprendre dans le monde germanique le rang d'où elle avait été précipitée en 1866. Il se montrait fort réservé envers M. de Bismarck et ce dernier n'avait pas besoin d'être fort pénétrant pour comprendre qu'il aurait toujours en lui un ennemi. D'autre part, l'entente austro-allemande semblait devoir être entravée par les progrès politiques qu'avait depuis quelque temps accomplis l'élément slave dans la monarchie austro-hongroise. Le dualisme de 1867, qui sacrifiait aux deux minorités allemande et magyare la majorité des populations de l'Empire, était si fort ébranlé qu'on pouvait le croire menacé d'une ruine prochaine. Les Tchèques, les

Croates, les Slovaques levaient hardiment la tête et revendiquaient leurs droits avec une telle énergie que François-Joseph paraissait prêt à capituler devant leurs exigences. Dans la Cisleithanie le ministère Hohenwart [1] (inauguré le 4 février 1871) les favorisait ouvertement; il flattait les Rieger, les Palacky et autres chefs du parti national en Bohême; il prorogeait le Reichsrath, que les députés allemands, irrités de ses tendances, venaient de quitter (26 mai 1871) et faisait peu après dissoudre toutes les diètes provinciales, pour les punir de leur opposition à ses projets (août). Or, si les Slaves l'emportaient en Autriche-Hongrie, il était bien évident pour l'Allemagne que cet empire, loin de faire contrepoids à la Russie, deviendrait sous peu son auxiliaire.

Heureusement pour M. de Bismarck, leur cause n'était guère plus sympathique au comte de Beust qu'à lui-même. Le premier ministre de François-Joseph n'aimait guère le gouvernement russe, qui le lui rendait bien [2]. Il était, d'autre part, trop bon Allemand pour se prêter à une évolution d'où pouvait résulter l'inféodation du groupe germanique au groupe slave dans la monarchie austro-hongroise, et trop dévoué au gouvernement qu'il servait pour l'exposer à la sécession de grandes provinces auxquelles un trop vif mécontentement pouvait bien inspirer l'idée de se donner à l'empereur Guillaume.

Le chancelier d'Allemagne connaissait à merveille ses dispositions à l'égard du cabinet Hohenwart. Il savait en outre que le comte Andrassy, chef du cabinet transleithanien, l'aiderait de toutes ses forces à contrecarrer le parti slave. Mais il n'ignorait pas d'autre part, que ce dernier ministre, fidèle porte-drapeau de l'exclusivisme hongrois, entendait que les Habsbourg renonçassent résolûment, pour toujours, à jouer un rôle politique en Allemagne et fissent face uniquement à l'Orient. Il ne lui avait point échappé qu'il était depuis longtemps jaloux de Beust et qu'il aspirait à le supplanter.

1. Hohenwart (Charles-Sigismond, comte), né le 12 février 1824; directeur de comitat à Fiume (1857); président du pays à Laybach (1860); lieutenant impérial en Carinthie (1867), puis à Lintz (1868); président du ministère cisleithan et ministre de l'intérieur de février à octobre 1871; président de la cour des comptes (1885); chef du parti fédéraliste au Reichsrath, où il siège depuis 1873.

2. Le czar ne lui pardonnait pas la vivacité presque provocante dont il avait fait preuve à son égard en 1863 et 1864, à propos des affaires de Pologne.

Aussi la double difficulté qui s'opposait à l'entente austro-allemande ne devait pas arrêter longtemps un esprit aussi retors et aussi fertile en expédients que celui de M. de Bismarck. Cet homme d'État sut démontrer à son souverain que le moment était venu de faire des avances sérieuses au vaincu de Sadowa. Au mois d'août 1871 l'empereur Guillaume alla publiquement passer plusieurs jours à Ischl avec François-Joseph, qui, peu après, lui rendit sa visite à Salzbourg. Il lui remontra de son mieux quel service il lui avait rendu en le débarrassant du souci des affaires allemandes, et combien son alliance pouvait lui être profitable. Il lui fit comprendre délicatement combien il serait désolé d'avoir à prendre la défense des intérêts allemands en Autriche-Hongrie, s'ils venaient à être lésés ou compromis par les exigences des Slaves. Il insinua aussi — à mots couverts — cette idée que l'accord serait bien plus aisé entre Vienne et Berlin si Beust était écarté du pouvoir. Pendant ce temps, Beust conférait amicalement à Gastein avec M. de Bismarck, qui lui témoignait dans d'intimes épanchements toute la rondeur et la bonhomie dont il sait à l'occasion faire parade. Le chancelier d'Allemagne tramait avec son vieil antagoniste la perte d'Hohenwart. Mais, dans le même temps, il conspirait avec Andrassy, qui, lui aussi, était venu à Gastein, celle du chancelier austro-hongrois.

Quand il repartit pour Berlin, M. de Bismarck ne semblait pas avoir tiré grand profit de son voyage. L'alliance qu'il était allé proposer à l'Autriche-Hongrie n'était pas encore conclue. Rien, du moins, n'était signé. Beust, toujours plein d'arrière-pensées, n'avait pas voulu s'engager par un traité. A peine avait-il consenti à un accord verbal par lequel les deux empires se promettaient : 1° d'unir leurs efforts pour le maintien de la paix; 2° de ne rien entreprendre en faveur du pouvoir temporel du pape ni contre le royaume d'Italie; 3° de se concerter autant que possible pour arrêter le progrès des idées révolutionnaires. Ce n'étaient en somme guère que des mots. Le chancelier de fer paraissait avoir à peu près perdu son temps. Mais au bout de quelques semaines l'Europe s'aperçut qu'il était bien payé de ses peines. En effet, le malheureux François-Joseph, après avoir hésité six semaines, finit par se décider à fausser la parole qu'il avait donnée aux Tchèques. Sur les vives instances de Beust, le programme du comte Hohenwart fut abandonné, ce ministre dut se retirer et l'empereur revint résolûment à la politique du dualisme. Mais c'était là pour le chancelier austro-hongrois une victoire à la Pyrrhus. Il y avait à peine quelques jours qu'il l'avait remportée, lorsque lui-même, à sa grande surprise, fut tout à coup exclu du gouvernement, où il ne devait jamais rentrer [1]. Deux semaines après, son rival Andrassy lui succédait triomphalement (14 novembre). La comédie de Gastein avait un dénoûment digne d'elle. M. de Bismarck pouvait être certain que l'Autriche-Hongrie ne se déroberait plus bien longtemps à ses avances.

IV

Il comprit que pour le moment l'Allemagne n'avait rien à craindre de la Russie. Il s'était d'autre part prémuni pour longtemps contre toute velléité offensive de l'*ennemi héréditaire* : 1° en faisant renouveler pour trois ans par le Reichstag la loi militaire de 1867 (applicable désormais à l'Allemagne entière); 2° en concluant la convention du 12 octobre 1871, aux termes de laquelle douze départements français devaient encore rester occupés par les troupes germaniques [2]. Aussi, libre d'inquiétudes sur le dehors, le voyons-nous reporter à cette époque presque toute son attention sur le péril du dedans. C'est alors, en effet, qu'il engage résolûment contre le cléricalisme la grande campagne à laquelle jusqu'alors il n'a fait que préluder. Ne pouvant l'atteindre dans le reste de l'empire, vu l'opposition qu'il trouverait au Reichstag, c'est en Prusse, où la majorité des chambres est tout à sa dévotion, qu'il le prend surtout à partie. Son but est d'enlever à l'Église romaine tous les priviléges que les lois et la constitution lui ont assurés dans ce royaume et de la ramener, de gré ou de force, sous l'inflexible niveau de la loi civile. Pour commencer, il supprime dès la fin de 1871, la direction catholique au ministère

1. Il fut seulement depuis ambassadeur à Londres, ensuite à Paris, et rentra dans la vie privée en 1882.

2. Le corps d'occupation était, il est vrai, réduit par cet acte à cinquante mille hommes. A ce moment la France avait déjà payé un milliard et demi sur les cinq qui constituaient sa dette envers ses vainqueurs.

des cultes. Peu après, il présente et fait voter au Landtag (mars-mai 1872) une loi qui retire aux évêques l'inspection et la surveillance des écoles. Vainement le clergé catholique l'attaque, le menace. Il n'est point homme à baisser la tête. Il déclare d'un ton superbe qu'il ne cédera pas, qu'*il n'ira pas à Canossa.* Et bientôt, pour prouver que ce ne sont point là de vaines bravades, il fait bruyamment expulser de Prusse l'ordre des Jésuites (juin-juillet).

A de pareilles attaques le belliqueux et passionné Pie IX ne pouvait rester insensible. Non content d'accabler de ses pontificales invectives l'*Attila moderne*, dont il dénonçait la barbarie au monde chrétien, il fomentait avec un redoublement d'activité la propagande ultramontaine dans toute l'Europe. La cause du *Syllabus* semblait, du reste, en certains pays, gagner visiblement du terrain. L'Espagne était le théâtre sur lequel elle paraissait avoir le plus de chances de triompher. Ouvertement patronné par le saint-siège, don Carlos, duc de Madrid, petit-fils du prince qui avait si fort troublé ce royaume de 1833 à 1840, revendiquait ce qu'il appelait *sa* couronne, au nom du droit divin et des principes *apostoliques*. Pie IX regardait comme un devoir de le seconder et prenait en même temps le plus vif plaisir à le soutenir contre l'*usurpateur* Amédée, fils de cet autre *usurpateur* qui régnait au Quirinal. Le nouveau prétendant, qui s'était borné en 1871 à lancer des manifestes, donna, l'année suivante, à ses amis le signal d'une levée de boucliers. Au mois de mai 1872, il entrait en armes dans les provinces basques; il n'y resta guère, il est vrai, et se hâta de mettre sa personne en sûreté sur le territoire français. Mais, caché aux environs de Bayonne, il put continuer à diriger la guerre civile, qui ensanglanta bientôt tout le nord de l'Espagne.

Don Carlos était en étroite conformité de vue avec le comte de Chambord, auquel l'unissait, du reste, une fort étroite parenté [1]. Le prétendant au trône de France considérait sa propre cause comme solidaire de celle de son neveu. Aussi tous ses partisans favorisaient-ils le carlisme de leur mieux. Le meilleur moyen

1. Sans parler des liens de famille qui existaient entre les Bourbons de France et les Bourbons d'Espagne, rappelons que don Carlos avait épousé le 4 février 1867 la princesse Marguerite de Parme, fille d'une sœur du comte de Chambord.

d'en assurer le triomphe, ils le sentaient bien, c'était de préparer l'avènement de Henri V. Aussi se donnaient-ils chaque jour plus de mouvement, d'accord avec le clergé, pour hâter la restauration du *roi légitime*. Ils multipliaient les manifestations politiques, les cérémonies religieuses, les pèlerinages. En juin et juillet 1872, leurs chefs, qui menaient une partie considérable de l'Assemblée nationale, sommaient Thiers d'orienter nettement sa politique vers la droite et commençaient à lui tenir un langage menaçant. Il n'était pas douteux que, d'accord avec les chefs des autres partis monarchiques, ils ne fussent décidés à le renverser dès le jour où ils n'auraient plus besoin de lui ni pour réorganiser l'armée, ni pour compléter la libération du territoire. Or ce jour ne paraissait plus très éloigné. La France, sous l'intelligente et énergique impulsion du vieil homme d'État, se relevait sensiblement, recouvrait ses forces, reprenait possession d'elle-même. Thiers venait d'obtenir, par une convention nouvelle (29 juin), l'évacuation de six de nos départements. Quelques jours après, le succès sans précédents de l'emprunt qu'il ouvrit pour compléter le payement de la rançon allemande [1] prouva non seulement quelle puissance la France pouvait trouver dans son patriotisme, mais quelles immenses richesses elle possédait encore. Enfin la loi du 28 juillet 1872, par laquelle elle reconstituait son armée en lui donnant pour base le service obligatoire, prouvait qu'elle voulait rester une grande nation et qu'elle serait, sous peu d'années, en état de lutter à armes égales contre l'Allemagne elle-même.

V

M. de Bismarck, sans prendre vraiment peur, crut prudent de ne pas tarder davantage à conclure cet accord austro-allemand qu'il méditait depuis une année. Andrassy, bien différent de Beust, ne demandait qu'à lui tendre la main. Le nouveau chancelier d'Autriche-Hongrie avait, du reste, grand besoin que le gouvernement germanique lui assurât ses bons offices. Il ne savait comment

1. Cet emprunt, qui eut lieu le 28 juillet 1872, fut couvert quatorze fois, le total des souscriptions s'étant élevé à près de quarante-deux milliards.

triompher du slavisme. Tout récemment encore, il avait été obligé de dissoudre la diète de Bohême, où les Tchèques combattaient sa politique avec acharnement. Aussi ne fit-il nulle difficulté de se rendre, avec l'empereur François-Joseph, à Berlin, où il était convié par M. de Bismarck et où il arriva dans les premiers jours de septembre 1872, pour arrêter les termes du pacte qui devait lier les deux empires.

L'Europe n'apprit pas sans émoi que le vaincu de Sadowa allait solennellement et avec toutes les apparences de l'amitié visiter le vainqueur dans sa capitale. A ce coup, le gouvernement russe ne put se défendre de sérieuses inquiétudes. L'entente austro-allemande lui parut menaçante pour sa politique, d'autant plus que lui-même se sentait à ce moment tout à fait isolé en Europe [1]. Aussi fit-il entendre clairement qu'au lieu de rester à l'écart, il serait fort aise de s'associer au concert diplomatique préparé par M. de Bismarck. Ce dernier aimait certainement mieux le souverain russe dedans que dehors. L'empereur Guillaume exerçait du reste sur son neveu Alexandre II, qui n'avait point cessé de l'aimer, un ascendant personnel que certaines épreuves avaient pu ébranler, mais n'avaient pu détruire. Il crut devoir l'inviter à venir à Berlin rejoindre François-Joseph. Le czar s'y rendit, accompagné de Gortchakoff, et retomba pour quelque temps sous le charme qui, tant de fois déjà, l'avait enchaîné à sa politique. M. de Bismarck le prit par son faible. Alexandre était terrifié par les progrès — en réalité fort alarmants — qu'avaient faits en Russie dans les dernières années les sectes révolutionnaires. Le spectre du nihilisme le hantait jour et nuit. Comme, du reste, le chancelier d'Allemagne ne cessait de lui promettre son loyal concours pour le règlement des affaires orientales, il voulut bien, sur sa parole, se rapprocher du gouvernement austro-hongrois, et c'est ainsi que fut conclu le pacte que l'Europe appela — un peu improprement — l'*alliance des trois empereurs*.

Il n'y eut pas en réalité de traité entre ces souverains. Il y eut seulement un échange de notes par lesquelles ils convenaient de travailler en commun : 1° à maintenir en Europe l'état territorial

1. Thiers ne lui faisait guère d'avances, soit qu'il craignît de compromettre par là son pays, soit qu'il gardât quelque rancune au cabinet de Saint-Pétersbourg, qui l'avait un peu pris pour dupe en 1870.

résultant des dernières transactions diplomatiques; 2° à résoudre les difficultés que la question d'Orient, toujours alarmante, pouvait faire renaître d'un jour à l'autre; 3° à réfréner la Révolution, dont l'audace menaçait tous les trônes. C'était, on le voit, comme un retour aux principes de la Sainte-Alliance. Les trois cours du Nord semblaient se retrouver unies, ainsi qu'aux beaux jours de Metternich, de Hardenberg et de Nesselrode. Mais l'amitié dont elles faisaient étalage n'était point, au fond, très solide. Sans doute l'Autriche-Hongrie s'inféodait à l'Allemagne, parce qu'elle ne pouvait faire autrement. Mais la Russie, toujours méfiante, se réservait *in petto* une complète liberté d'action. Gortchakoff n'était point assez naïf pour ne pas pressentir le jeu de M. de Bismarck qui, en rapprochant, sous son haut patronage, les deux cours de Saint-Pétersbourg et de Vienne, se proposait simplement de les équilibrer, c'est-à-dire de les neutraliser l'une par l'autre.

VI

Quoi qu'il en soit, l'Europe, pendant quelque temps, prit fort au sérieux la triple alliance, qui parut publiquement consacrée par les visites solennelles que Guillaume Ier et son ministre rendirent à Alexandre II et à François-Joseph dans leurs capitales au printemps de 1873. M. de Bismarck parut plus puissant que jamais. Aussi mit-il à profit le surcroît d'autorité morale et la sécurité que lui donnait le pacte de Berlin pour redoubler ses attaques contre l'ennemi — à la fois intérieur et extérieur — que, dans sa mauvaise humeur, il appelait l'*Internationale noire*. L'opposition cléricale, contre laquelle il luttait avec acharnement depuis plus d'une année, ne paraissait pas disposée à désarmer. Les évêques catholiques de Prusse résistaient ouvertement à sa politique et, plutôt que de céder, se laissaient suspendre de leurs fonctions, priver de leurs revenus, emprisonner. Le bas clergé se mettait comme eux en révolte. M. de Bismarck voulait en finir. A l'ouverture du Landtag, Guillaume Ier déclara qu'une série de lois destinées à réprimer ou à prévenir les excès de l'ultramontanisme seraient prochainement présentées aux Chambres (nov. 1872). Elles le furent en effet peu après (janvier 1873) et, plusieurs mois durant, passionnèrent non seulement la Prusse, mais l'Allemagne entière et une grande partie de l'Europe. Ces lois ne tendaient à rien moins qu'à ramener le clergé catholique sous l'autorité absolue de l'État, tant pour son recrutement que pour l'exercice de ses fonctions, et à le soustraire entièrement sinon à l'autorité spirituelle, du moins à la juridiction du saint-siège. Après d'orageuses discussions, elles furent enfin votées et mises en vigueur (mai 1873). L'épiscopat les accueillit avec de violentes protestations. Pie IX, dans une lettre personnelle au roi de Prusse, en appela vivement à ce souverain, dont il feignait de croire que la bonne foi avait été surprise par son chancelier (7 août). Mais Guillaume, blessé de cette supposition, répondit dans les termes les plus hautains, ne désavoua rien ni personne, revendiqua toute la responsabilité des lois de mai et annonça l'intention de les faire rigoureusement respecter (3 septembre).

Le gouvernement prussien était alors d'autant moins disposé à baisser pavillon devant l'ultramontanisme que les progrès de ce parti étaient devenus en France plus sensibles et plus menaçants. Depuis la fin de 1872, les fractions monarchiques de l'Assemblée nationale, bien que fort peu d'accord sur le choix du prince qui devait être appelé au trône, s'étaient ouvertement coalisées pour empêcher Thiers de fonder la République et pour le renverser. La République, M. de Bismarck ne souhaitait certes pas qu'elle s'établît en France. Mais, comme il l'expliquait en décembre dans de curieuses lettres au comte d'Arnim [1], ambassadeur d'Allemagne en

1. Arnim (Harry-Charles-Conrad-Édouard, comte d'), né à Moitzelsitz (Poméranie) le 3 octobre 1824; attaché à la légation prussienne de Munich (1850), secrétaire d'ambassade à Rome (1853-1855), puis conseiller de légation au ministère des affaires étrangères à Berlin; envoyé extraordinaire à Lisbonne (1862), puis à Munich (1864); ministre plénipotentiaire à Rome de 1864 à 1870; commissaire pour les négociations de la paix à Bruxelles, puis à Francfort (mars-mai 1871); ambassadeur en France (9 janvier 1872), où il suivit une ligne politique différente de celle de M. de Bismarck, qui, le soupçonnant en outre de vouloir le supplanter dans la faveur de l'empereur, le fit rappeler le 2 mars 1874, mettre en disponibilité le 15 mai suivant, et poursuivre pour détournement ou suppression de pièces diplomatiques. Condamné à trois mois (19 décembre 1874), puis à neuf mois de prison (24 juin 1875), le comte d'Arnim se retira en Suisse, puis en Italie, publia ou fit publier des écrits retentissants contre le chancelier allemand, qui lui intenta une accusation de trahison et d'insultes envers l'empereur, et fut frappé par contumace de cinq années de réclusion (octobre 1877). Il allait pouvoir poursuivre la revision de son procès lorsqu'il mourut à Nice le 19 mai 1881.

France, qui, à son grand dépit, croyait devoir encourager les coalisés, ce qu'il fallait empêcher par-dessus tout, c'était l'établissement d'une monarchie qui, surtout sous Henri V, serait l'auxiliaire dévouée du saint-siège et trouverait peut-être elle-même des alliés. Ce qu'il voulait, c'était que Thiers, qui exécutait loyalement le traité de Francfort, restât indéfiniment au pouvoir et que la France demeurât dans le provisoire, c'est-à-dire dans l'incertitude et dans l'impuissance. La droite de l'Assemblée n'aspirait qu'à se débarrasser du vieil homme d'État, qu'elle accusait d'avoir trahi le pacte de Bordeaux parce qu'en son âme et conscience il venait de lui présenter la forme républicaine comme la seule qui convînt désormais au pays (nov. 1872). Elle attendait pour le mettre à bas de le pouvoir faire sans compromettre ni retarder la libération du territoire. En attendant, elle lui faisait subir, par l'organe de la *commission des trente* [1], force tracasseries (février 1873). Dès que, par une dernière convention (15 mars), Thiers eut assuré l'entier payement de notre rançon et l'évacuation complète de notre sol (qui devait avoir lieu par anticipation au mois de septembre suivant) [2], les partis monarchiques résolurent de brusquer sa chute. Il n'y avait plus de temps à perdre. Le pays, comme lui, demandait la République; il le prouvait depuis deux ans par les élections partielles qui, presque invariablement, grossissaient les rangs de la gauche à l'Assemblée; le parti républicain ne formait maintenant guère moins de la moitié de l'Assemblée nationale. Aussi, après quelques travaux d'approche qui furent exécutés en avril, les droites conjurées donnèrent-elles l'assaut décisif dans les journées du 23 et 24 mai. La victoire leur resta. Une majorité de quatorze voix détermina à se retirer Thiers, qui aurait eu le droit de rester, mais qui ne put dominer sa mauvaise humeur. Le maréchal de Mac-Mahon, véritable homme de paille, fut proclamé président et un ministère hybride, où bonapartistes [3], légitimistes et orléanistes se coudoyaient sans savoir

1. Cette commission, nommée le 5 décembre 1872, était chargée d'examiner la proposition Dufaure sur les attributions des pouvoirs publics et la condition de la responsabilité ministérielle. Sur sa proposition fut votée la loi du 13 mars 1873, qui écartait presque absolument Thiers des débats parlementaires et paraissait retarder indéfiniment la dissolution de l'Assemblée.

2. Le 20 septembre, en effet, le territoire français se trouva entièrement libéré.

3. Napoléon III était mort à Chislehurst le 9 janvier précédent. Mais son fils,

quel profit ils pourraient tirer de leur triomphe, fut constitué sous la direction du duc de Broglie. C'était ce qu'on appelait alors un gouvernement de combat.

Le revirement du 24 mai eut pour premier effet, non seulement de peupler toutes nos administrations de monarchistes, mais d'exalter dans toute la France les espérances et les prétentions de la faction cléricale. Les jésuites (et par conséquent le saint-siège) semblaient devoir sous peu faire la loi au pays. L'Assemblée nationale vouait la France au *Sacré-Cœur*. Des foules fanatisées se rendaient en pèlerinage à Lourdes, à Paray-le-Monial, invoquant dans leurs cantiques l'aide du ciel pour le rétablissement de la papauté temporelle. Les congrégations préparaient sans mystère le retour du *roy*, c'est-à-dire de Henri V. En attendant que la royauté *légitime* pût être rétablie au nord des Pyrénées, ce qui demandait un peu de temps, on s'efforçait par tous les moyens de la restaurer en Espagne. Ce malheureux pays était depuis quelques mois en proie à une épouvantable anarchie. Amédée de Savoie, jugeant sa position intenable dans un pays où, depuis son avènement au trône, il n'avait eu que des déboires et où, récemment encore, il avait failli être victime d'une tentative d'assassinat, avait sagement abdiqué au mois de février. La République avait été proclamée. Mais, après de pénibles tiraillements, elle n'avait produit qu'une guerre civile de plus. Au commencement de juillet, les *cantonalistes intransigeants* s'étaient mis en insurrection dans les provinces méridionales. Ils étaient maîtres de la forte place de Carthagène et paraissaient disposés à s'y défendre à outrance. C'est le moment que don Carlos, encouragé et renforcé par les royalistes français, choisit pour passer de nouveau les Pyrénées (27 juillet) et aller s'établir à Estella, où il tint une cour et constitua un ministère comme un véritable souverain. Les légitimistes de Versailles applaudissaient à ses succès et se croyaient sûrs pour leur compte de pouvoir bientôt saluer dans le comte de Chambord un monarque selon leur cœur. Comment n'en eussent-ils pas eu le ferme espoir? La *maison de France*, naguère encore divisée en deux partis que nul n'avait pu, depuis 1848, amener à se réconcilier, semblait avoir

le prince Louis, âgé de dix-sept ans, était considéré par ses partisans comme devant relever l'empire. L'ancien ministre Rouher était le principal chef de la faction.

enfin retrouvé son unité. La fusion était un fait accompli. L'orléanisme avait renié ses dieux. Le comte de Paris avait oublié qu'il était l'arrière-petit-fils de Philippe Égalité, le petit-fils de Louis-Philippe, le fils de ce duc d'Orléans qui lui recommandait dans son testament de rester toujours fidèle à la cause de la Révolution. Il était allé, le 5 août, s'incliner à Frohsdorf devant le comte de Chambord, l'avait reconnu pour le seul représentant légitime du principe monarchique en France. Il était donc bien entendu que ses partisans voteraient à l'Assemblée pour Henri V. Le *comité des neuf*, chargé par les droites de leurs pleins pouvoirs, s'efforçait d'obtenir de ce dernier des garanties pour les libertés publiques et des déclarations qui rendissent sa restauration possible. Il ne désespérait pas d'y parvenir. Le ministère de Broglie laissait faire et le maréchal de Mac-Mahon se taisait.

M. de Bismarck était fort inquiet. Depuis le mois de septembre, il n'avait plus en France un seul soldat. Il n'avait qu'une médiocre confiance dans le concert des trois empereurs pour prévenir ou écarter le péril qu'il redoutait. La fidélité de la Russie notamment lui paraissait douteuse. Aussi se tournait-il à ce moment plutôt vers l'Italie, pour qui l'avènement éventuel de Henri V était un épouvantail. Le comte de Chambord avait tant de fois et si hautement manifesté son dévouement au saint-siège qu'il n'était pas douteux pour la cour du Vatican qu'à peine monté sur le trône il ne mît tous ses soins à rétablir le pouvoir temporel du pape. Il ne fut donc pas difficile au chancelier d'Allemagne d'amener Victor-Emmanuel à solliciter discrètement son alliance et sa protection. C'est sans doute à son instigation que ce souverain se rendit (en septembre 1873) à Vienne [1], où François-Joseph et Andrassy, fort menacés eux-mêmes par l'ultramontanisme, lui firent très bon accueil et lui promirent de ne pas l'abandonner au besoin. De là, le *roi galant homme* partit pour Berlin, où le chancelier de fer lui prodigua

1. Il y allait sous prétexte de visiter l'exposition universelle dont cette ville était alors le théâtre. L'Autriche-Hongrie, qui avait, depuis la fin de juillet 1870, dénoncé le concordat de 1855, était en train de s'affranchir, comme la Prusse, mais par des procédés moins violents, de la domination que l'autorité ecclésiastique avait longtemps exercée sur l'empire des Habsbourg. Aussi l'agitation fomentée par le clergé catholique était-elle fort vive dans cette monarchie.

toutes ses séductions. L'éventualité d'une coalition, d'une guerre contre la France y fut agitée. M. de Bismarck insinua que si l'on en venait à un conflit avec cette puissance, l'Italie pourrait bien y gagner Nice et la Savoie. Victor-Emmanuel n'osa point trop s'arrêter à cette idée. Mais il est bien probable qu'il l'eût prise au sérieux si de nouveaux incidents n'eussent bientôt après interrompu la négociation commencée.

En effet, le complot légitimiste, après avoir troublé la France et une partie de l'Europe durant plusieurs mois, s'évanouit tout à coup en fumée. Le comte de Chambord, soit qu'il fût effrayé par la lourde responsabilité qu'il lui faudrait assumer en devenant roi, soit qu'il crût vraiment indigne de lui de subir des conditions, déclara fièrement un beau jour (27 octobre), pour couper court aux équivoques et aux malentendus entretenus à dessein par les habiles de son parti, qu'il rentrerait en souverain, qu'il n'accepterait la loi de personne et qu'il ne renoncerait pour rien au monde au drapeau blanc. Comme son aïeul Charles X, il n'avait rien oublié, rien appris. Les principes de 1789, avec lesquels le centre droit [1] avait voulu faire croire qu'il était homme à se réconcilier, n'existaient pas à ses yeux. Après sa lettre à M. Chesnelong [2], il ne pouvait plus être sérieusement question de l'appeler au trône. Le ministère de Broglie, se rabattant sur les d'Orléans, mais n'espérant pas pouvoir les faire immédiatement triompher, demanda aussitôt et obtint (le 20 novembre) que les pouvoirs du maréchal de Mac-Mahon fussent prorogés pour sept ans. Il comptait sur ce délai pour préparer les voies au comte de Paris. Y réussirait-il? c'était dès lors plus que douteux. Ce qu'il y avait malheureusement de certain, c'est que l'Assemblée, plus que jamais, était impuissante. Elle se divisait en deux fractions à peu près égales, qui devaient

1. Cette fraction de l'Assemblée nationale, particulièrement dirigée par le duc de Broglie, représentait le parti orléaniste.

2. Chesnelong (Pierre-Charles), né à Orthez le 14 avril 1820, fit fortune dans le commerce, entra dans le Corps législatif comme candidat officiel (4 novembre 1865), fut élu le 7 janvier 1872 à l'Assemblée nationale, où il prit place à l'extrême droite, se fit remarquer par son zèle légitimiste et clérical, fut délégué à Salzbourg par le comité des neuf avec MM. Cazenove de Pradine et Lucien Brun et, après l'échec de l'intrigue de 1873, continua de servir activement la cause royaliste et ultramontaine. Son élection à la Chambre des députés (février 1876) ayant été invalidée, il ne fut pas réélu; mais il obtint peu après (24 novembre 1876) un siège de sénateur inamovible.

pendant bien des mois encore se tenir en échec. L'une voulait la République; l'autre la repoussait; mais cette dernière comprenait trois partis [1], dont les compétitions et les intrigues n'étaient propres qu'à faire durer la confusion et le désordre. M. de Bismarck, un moment inquiet, put donc jusqu'à un certain point se rassurer. Il lui sembla que la France était vouée pour longtemps à l'anarchie parlementaire; et tant qu'elle n'aurait pas de constitution, il ne croyait pas que son relèvement fût sérieusement à craindre.

Il n'était pourtant pas homme à cesser de la surveiller. Si elle n'était pas encore sous l'autorité d'un roi, elle était toujours sous l'influence prépondérante de la curie romaine. Or le pape venait de publier, le 21 novembre, une encyclique par laquelle il dénonçait au monde catholique et flétrissait en termes passionnés les fameuses lois de mai. A son appel, l'épiscopat tout entier prenait feu. Le clergé français (et en particulier les évêques de Nîmes, de Nancy, de Périgueux, etc.) se faisait remarquer par la violence de ses attaques contre la politique religieuse du chancelier. Plusieurs journaux ultramontains de France, et notamment *l'Univers*, menaient campagne contre la cour de Berlin avec si peu de discrétion que M. de Bismarck exigea, non sans hauteur, que le ministère de Broglie les mît à la raison. Il fallut bien que le *gouvernement de combat* lui donnât cette satisfaction. Il dut aussi réprimander les évêques et les engager à plus de mesure et de prudence (décembre 1873-janvier 1874); ce qui n'empêcha pas le gouvernement prussien de répandre dans toute l'Europe une circulaire par laquelle, tout en affirmant son intention de maintenir la paix, il déclarait nettement que, si la France rêvait de revanche et de guerre, il ne la laisserait pas maîtresse de choisir son heure.

VII

M. de Bismarck éprouvait d'autant plus le besoin de parler haut et d'intimider l'*ennemi héréditaire* que l'alliance des trois empereurs, célébrée par lui-même avec tant de jactance, lui paraissait en réalité chaque jour moins solide. Il sentait pour

1. Légitimiste, orléaniste, bonapartiste.

ainsi dire la Russie lui glisser dans la main. Un rapprochement singulier se produisait, vers la fin de 1873, entre les cabinets de Saint-Pétersbourg et de Londres. Gortchakoff y poussait le czar. M. Gladstone s'y prêtait le plus complaisamment du monde. Le gouvernement russe, qui, à la suite d'une vigoureuse campagne, venait de conquérir dans le Turkestan la moitié du khanat de Khiva et de soumettre le reste à son protectorat [1], voulait bien s'arrêter dans ses progrès — ou en faire le semblant, — pour ne pas effaroucher la Grande-Bretagne. Le ministère whig se montrait satisfait de ses déclarations amicales. Bientôt une alliance de famille rendait manifeste l'accord insolite de deux puissances d'ordinaire si peu portées à s'entendre. La grande-duchesse Marie, fille chérie d'Alexandre II, épousait, le 23 janvier 1874, le duc d'Édimbourg, second fils de la reine Victoria. Peu après, il est vrai, le cabinet Gladstone, qui avait fatigué ses propres amis par la multiplicité de ses projets de réforme et dont la politique extérieure n'avait guère satisfait l'amour-propre du peuple britannique [2], succombait et faisait place à une administration formée par les tories et animée d'intentions moins conciliantes pour la Russie. Quand le czar vint à Londres (mai 1874), sous prétexte de voir sa fille, il y trouva comme premier lord de la trésorerie l'entreprenant et belliqueux Disraéli, qui rêvait déjà de faire oublier à son pays les questions de réformes en le grisant de gloire militaire ou diplomatique. Mais la rupture ne pouvait être immédiate. L'Angleterre et la Russie devaient quelque temps encore continuer à se faire bon visage. Du reste, l'accord du gouvernement moscovite avec le cabinet de Saint-James n'était pas ce que le chancelier d'Allemagne redoutait le plus. Ce qui l'alarmait par-dessus tout, c'était l'éventualité d'une entente sérieuse et durable entre la Russie et la France. Or, cette éventualité, certains indices lui faisaient craindre qu'elle ne fût pas tout à fait irréalisable. A défaut du comte de Chambord, dont les chances de parvenir au trône étaient mainte-

1. Le khan de Khiva, dont la capitale avait été occupée par le général Kaufmann en juin 1873, dut céder à la Russie en pleine souveraineté toute la rive droite de l'Amou-Daria, depuis les limites de Boukhara jusqu'à la mer d'Aral.

2. On lui reprochait notamment d'avoir laisser déchirer le traité de 1856 en 1871 et de s'être montré, l'année suivante, trop accommodant avec les États-Unis dans le règlement de l'affaire de l'*Alabama*.

nant jugées nulles, la famille d'Orléans semblait pouvoir — d'un jour à l'autre — restaurer la monarchie sur les bords de la Seine. Le gouvernement de l'*ordre moral* [1] mettait tout son zèle à lui en faciliter la tâche. Tant sous le duc de Broglie (qui fut renversé le 16 mai 1874) que sous son successeur [2], il s'efforçait de faire voter par l'assemblée de Versailles, sous la forme d'un *septennat impersonnel* [3], une constitution provisoire qui devait, suivant ses vues, donner au comte de Paris le temps et les moyens de devenir roi. Le duc Decazes, ministre des affaires étrangères, employait au dehors toute son influence en faveur de ce prince. Grâce à ses menées, Alexandre II, dont le père avait toujours fait si froide mine à la monarchie de Juillet, profita de son séjour à Londres pour rendre ostensiblement visite au petit-fils de Louis-Philippe; et, non content de cette démonstration significative, le czar faisait assurer de ses dispositions les plus bienveillantes le cabinet de Versailles.

Le refroidissement qui s'était produit entre les deux cours de Berlin et de Saint-Pétersbourg fut encore rendu plus sensible par les événements d'Espagne. Les révolutions se succédaient dans ce malheureux pays avec une rapidité singulière. Le 3 janvier, à la suite du coup d'État militaire exécuté à Madrid par le général Pavia [4], le maréchal Serrano s'était emparé du pouvoir. C'était

1. Le ministère institué après la chute de Thiers avait déclaré qu'il se proposait surtout le rétablissement de l'*ordre moral* en France. Ces mots servirent à désigner la politique antirépublicaine que ses chefs essayèrent de faire triompher, tant à cette époque que plus tard, au 16 mai 1877.

2. Le général de Cissey (Ernest-Louis-Octave Courtot de), né à Paris le 23 décembre 1810; commandant d'une division de l'armée du Rhin en 1870; chef du 2e corps dans l'armée qui reprit Paris en mai 1871; élu à l'Assemblée nationale le 2 juillet 1871; ministre de la guerre du 5 juin de la même année au 30 mai 1873; commandant du 7e corps d'armée (4 juin), puis du 9e (28 septembre 1873); mis à la tête du ministère (22 mai 1874) et pourvu du portefeuille de la guerre, qu'il reprit, après sa démission du 25 février 1875, dans le cabinet Buffet (10 mars 1875); élu sénateur inamovible le 17 décembre 1875; écarté des affaires, surtout pour des motifs d'ordre privé, le 15 août 1876; chargé, le 31 mars 1878, du commandement du 11e corps d'armée, qui lui fut retiré le 18 octobre 1880, à la suite du bruit fait au sujet de ses relations avec Mme de Kaulla, soupçonnée, comme l'on sait, d'espionnage pour le compte de l'Allemagne. La commission d'enquête instituée pour examiner sa conduite le mit hors de cause. Il est mort à Paris le 14 juin 1882.

3. C'est-à-dire d'une république destinée à durer sept ans, à partir de 1873, quoi qu'il advînt du maréchal de Mac-Mahon pendant cette période.

4. Pavia (Jose-Manuel), né en 1834; chef de bataillon en 1866; compromis à cette époque par Prim, qui, parvenu au pouvoir (1868), l'éleva rapidement

lui maintenant qui, les intransigeants de Carthagène étant d'autre part domptés[1], poursuivait dans les provinces du nord la lutte engagée par ses prédécesseurs contre don Carlos. M. de Bismarck avait applaudi à son avènement, parce que, homme d'autorité avant tout, il ne lui déplaisait pas de voir l'Espagne sous la main d'un soldat et que Serrano était tenu, sous peine de perdre toute popularité et tout crédit sur ses partisans, de combattre vigoureusement l'ultramontanisme. Au mois de mai, il fit partir pour Madrid un diplomate prussien qui fut, dès lors, comme un conseil et un appui pour le maréchal. Puis il reconnut solennellement le gouvernement fondé par ce dernier (août 1874) et voulut amener tous les cabinets de l'Europe à en faire autant. La plupart y consentirent. Mais la Russie, par l'organe de Gortchakoff, refusa tout net. Le ministère français ne disait pas non. Mais on voyait bien qu'il n'avait nulle bienveillance pour l'administration dont le duc de la Torre s'était constitué le chef. Ses préfets continuaient à fermer systématiquement les yeux sur les menées de don Carlos, pour qui nos départements du sud-ouest étaient toujours une excellente base d'opérations, en même temps qu'une retraite assurée. Aux réclamations du cabinet de Madrid, que l'Allemagne encourageait à se plaindre, Decazes répondait par des dénégations ou par des explications assez sophistiques (août-octobre). Au fond, il ne mentait point en soutenant que ni lui ni ses collègues n'étaient partisans de don Carlos. S'il ne le contrariait pas davantage, c'était surtout de peur de se brouiller avec les légitimistes français, qu'il lui fallait bien ménager à l'Assemblée nationale. Mais en somme le prince qu'il souhaitait de voir monter sur le trône d'Espagne n'était nullement le neveu du comte de Chambord. C'était le jeune Alphonse[2], fils de

au grade de général de brigade; rallié au gouvernement républicain (février 1873), qui l'employa sans avantage contre les carlistes, mais avec succès contre les insurgés du midi et le nomma lieutenant général. Appelé au poste de capitaine général de Madrid et de la Nouvelle-Castille, il s'entendit avec Serrano, chassa les Cortès à main armée et rendit ainsi possible la dictature du duc de la Torre. Il se démit de son commandement le 13 mai 1874.

1. Carthagène capitula le 11 janvier 1874.

2. Alphonse XII, né le 28 novembre 1857, élevé en France, puis en Autriche, après la révolution de 1868; appelé au trône d'Espagne à la suite du *pronunciamiento* de Martinez Campos (29-31 décembre 1874); vainqueur des carlistes (1876); marié le 23 janvier 1878 à sa cousine Maria de las Mercedes, fille du duc de Montpensier, qui mourut le 26 juin suivant, et le 29 novembre 1879

l'ex-reine Isabelle, qui, patronné par la famille d'Orléans, assez bien vu du saint-siège, était aussi *persona grata* pour la cour de Russie. Ce prétendant, si bien servi, triompha tout à coup, grâce à une nouvelle révolution militaire. Le *pronunciamiento* du général Martinez Campos [1], qui souleva ses troupes à Murviedro (30 décembre 1874), et le mouvement de Madrid, qui en fut la conséquence immédiate, déterminèrent Serrano à prendre la fuite. En janvier 1875, Alphonse XII, proclamé roi d'Espagne, prenait à son tour possession du gouvernement, et, à l'exemple de la Russie et de la France, l'Europe entière le reconnut bientôt comme souverain.

VIII

Toutes les puissances ne le saluèrent point, il est vrai, avec la même satisfaction. Le gouvernement allemand, sans oser le dire, éprouvait une vive contrariété. M. de Bismarck voyait dans l'avènement d'Alphonse un succès — relatif — mais enfin un succès pour l'ultramontanisme, qu'il poursuivait avec plus d'âpreté que jamais. Il venait de rompre toutes relations diplomatiques avec le saint-siège (décembre 1874). Le pape défendant formellement à l'Église d'obéir aux lois de mai, le clergé catholique de

à l'archiduchesse d'Autriche Marie-Christine. Il est mort le 24 novembre 1885, laissant deux filles dont l'aînée paraissait appelée à lui succéder; mais il lui est né le 17 mai 1886 un fils posthume, qui a été proclamé roi sous le nom d'Alphonse XIII et qui règne sous la régence de sa mère.

1. Martinez Campos (Arsène), né en 1834; général de brigade en 1872, à la suite de brillantes campagnes en Afrique et à Cuba; employé contre les carlistes; mis en disponibilité et même incarcéré par le gouvernement républicain, auquel il avait refusé d'adhérer; envoyé par Serrano comme général de division à l'armée du Nord (avril 1874), où il se distingua et où il obtint bientôt le commandement du 3e corps; nommé par Alphonse XII, qui lui devait sa couronne, capitaine général de la Catalogne, puis général en chef de l'armée du Nord, à la tête de laquelle il mit fin à l'insurrection carliste (mars 1876); élevé au rang de capitaine général de l'armée (maréchal); envoyé ensuite dans l'île de Cuba (1877), qu'il parvint à pacifier; président du conseil et ministre de la guerre du 7 mars au 9 décembre 1879; allié, pour former le parti des libéraux-dynastiques, avec M. Sagasta, qui, devenu à son tour président du conseil, lui rendit le portefeuille de la guerre (8 février 1881). Le maréchal Martinez Campos, après être resté ministre jusqu'au 10 octobre 1885, a été élu président du Sénat en décembre 1885. Nommé gouverneur de Madrid, il a donné sa démission en juin 1888. Depuis il s'est séparé politiquement de M. Sagasta.

Prusse était à peu près tout entier en insurrection. Le chancelier cherchait, sans y réussir, à faire admettre par le gouvernement italien que la *loi des garanties* ne pouvait couvrir le souverain pontife lorsque, par l'abus de son autorité spirituelle, il portait atteinte à l'autorité politique d'un gouvernement. Et, comme le cabinet du Quirinal n'osait se prêter à ses vues, il devait se borner à présenter au Landtag de Prusse de nouvelles lois prescrivant l'expulsion des congrégations et privant de tout traitement et de tout revenu ecclésiastique les prêtres réfractaires à la législation de 1873 [1].

Ce qui, vers cette époque, portait à son comble l'irritation du chancelier, c'est que la France, secrètement encouragée par la Russie, lui semblait prendre une attitude particulièrement inquiétante pour l'Allemagne. L'augmentation de l'effectif militaire de l'Empire, qu'il avait fait porter de 401 000 à 427 000 hommes sur le pied de paix, et le budget de l'armée, qu'il avait fait voter pour une période de sept ans (avril-mai 1874), ne le rassuraient qu'imparfaitement. Les députés de l'Alsace-Lorraine, dès leur entrée au Reichstag (au commencement de 1874), avaient protesté contre l'annexion de leur pays à l'Allemagne, demandé un plébiscite. En France, l'opinion publique soutenait hautement leurs revendications. Mais deux votes de l'Assemblée nationale, qui eurent lieu dans les premières semaines de 1875, parurent au chancelier particulièrement graves. D'une part, en janvier, la loi militaire de 1872 fut complétée par la loi *dite des cadres*, qui permettait d'ajouter un bataillon de plus à chacun de nos régiments de ligne. De l'autre, les lois constitutionnelles, dont les légitimistes et les bonapartistes, par leur mauvais vouloir, avaient si longtemps retardé l'élaboration, étaient enfin votées et promulguées le 25 février. L'ère d'anarchie parlementaire et d'impuissance, que M. de Bismarck avait cru devoir durer longtemps encore dans notre pays, était close. Grâce à deux tacticiens incomparables [2], la gauche de l'Assemblée, compacte, disciplinée, avait désagrégé, découragé l'ancienne majorité monarchique. La République avait été reconnue, non seulement comme un expédient provisoire, mais

1. Elles furent votées, après d'orageuses discussions, en avril et mai 1875.
2. Thiers et Gambetta.

comme le gouvernement normal de la France. Il n'était plus question de septennat, même impersonnel. La victoire, comme l'avait prédit Thiers, était restée au plus sage. Ce résultat, on le pense bien, n'était pas pour satisfaire le chancelier d'Allemagne. Il est vrai qu'il ne croyait pas à la durée de notre République. Mais le gouvernement qui, dans sa pensée, devait lui succéder lui inspirait plus de crainte encore que celui de la démocratie. Les républicains de l'Assemblée n'avaient obtenu le vote de la nouvelle constitution que par d'importantes concessions au centre droit [1]. Il n'en fallait pas plus pour que M. de Bismarck crût, ou du moins affectât de croire que cette constitution était pour la famille d'Orléans un premier succès et comme le gage de leur prochain triomphe. Or, si le comte de Paris devenait roi, l'alliance franco-russe ne se ferait-elle pas aussitôt?

Cette dernière éventualité était son constant cauchemar. Aussi, pour la prévenir, prit-il tout à coup vis-à-vis de la France une attitude si menaçante qu'on put quelque temps le croire décidé à recommencer la guerre contre cette puissance. Était-il, dans le fond, bien résolu à cette extrémité? C'est ce dont il s'est toujours défendu et ce qui est, en effet, peu probable. Son but, à ce qu'il semble, était seulement d'intimider un gouvernement qu'il savait bien n'être pas prêt pour la lutte et de lui faire peur pour longtemps, si bien qu'il rentrât dans son isolement et n'osât plus en sortir de plusieurs années. A tout prendre, d'ailleurs, il n'eût pas été trop fâché que la France, se jetant dans le piège comme en 1870, reprît les armes et acceptât la lutte. Tant que sa constitution n'était pas en vigueur et que son relèvement militaire n'était pas encore un fait accompli, il était à peu près assuré qu'elle serait de nouveau vaincue, écrasée avant d'avoir pu contracter l'alliance qu'elle rêvait et qu'une fois abattue il saurait mieux que précédemment l'empêcher de se la procurer.

Quoi qu'il en soit, il lui chercha visiblement, au printemps de 1875, une *querelle d'Allemand*. L'agitation cléricale contre le kulturkampf n'était pas seulement le fait du clergé français. Elle s'était aussi répandue en Belgique. Aussi, à la suite d'un incident

1. Qui se faisait d'étranges illusions sur la possibilité d'en faire sortir un jour la monarchie selon son cœur.

presque ridicule provoqué par un fou [1], M. de Bismarck avait-il adressé, le 3 février, une note hautaine et comminatoire au cabinet de Bruxelles, qui répondit en se disculpant de son mieux. Quelques semaines plus tard, c'est-à-dire après le fameux vote du 25 février, par lequel l'assemblée de Versailles avait enfin doté la France d'une constitution, le chancelier revenait à la charge; mais cette fois, c'était pour inviter la Belgique à lui faire connaître quelles mesures elle comptait prendre pour *assurer le respect de sa neutralité*. Il semblait donc, à l'entendre, que notre gouvernement fût sur le point de la violer. A partir de ce moment, la presse allemande, toujours docile au mot d'ordre du puissant ministre, se déchaîna contre la France avec une violence inouïe. Ce que M. de Bismarck, tenu à une certaine réserve diplomatique, ne pouvait écrire lui-même, il le fit répandre dans toute l'Allemagne et dans toute l'Europe par la plume des innombrables folliculaires qui puisaient à sa caisse leurs inspirations. Jamais le *fonds des reptiles* [2] n'avait été mieux employé. Tous les journaux de l'empire — ou à peu près — dénoncèrent avec aigreur les prétendus armements de la France, qui, disaient-ils, se préparait sournoisement à une très prochaine guerre de revanche. Ils accusaient, chose étrange, cette puissance d'entente secrète avec l'Italie et même avec l'Autriche-Hongrie. Ils disaient, répétaient et cherchaient par mille arguments à démontrer que l'empereur Guillaume l'avait traitée avec trop de douceur en 1871 ; mais cette leçon serait mise à profit; on lui reprendrait Belfort et peut-être autre chose; on réduirait son armée à un effectif déterminé; on lui imposerait une nouvelle rançon de dix ou vingt milliards et on occuperait son territoire jusqu'au dernier payement, sans lui permettre de l'anticiper. Tel était aussi le langage du parti militaire, si puissant en Allemagne, et même de certains personnages politiques influents. Au milieu de cette effervescence, l'empereur affectait de rester calme, de ne rien voir, de ne rien entendre. Son ambassadeur à Paris, le prince de Hohenlohe, demeurait, vis-à-vis du duc

1. Un Belge, nommé Duchesne, avait écrit à l'archevêque de Paris, s'offrant à lui pour assassiner le prince de Bismarck. Le prélat fit aussitôt transmettre sa lettre au chancelier, et il semblait que l'affaire ne dût point avoir d'autres suites.

2. C'est ainsi que M. de Bismarck lui-même désignait la caisse secrète au moyen de laquelle il soudoyait ses journaux.

Decazes fort alarmé, dans une réserve froide et plus inquiétante que des menaces. Dans le même temps, M. de Bismarck s'informait confidentiellement auprès des grandes puissances des dispositions qu'elles prendraient au cas où la guerre viendrait à éclater entre la France et l'Allemagne.

La paix de l'Europe dépendait en grande partie de la réponse que chacune d'elles allait lui faire. Celle de l'Autriche ne fut pas de nature à le décourager; mais, si la cour de Vienne ne menaçait pas de l'entraver, elle ne promettait pas non plus de le seconder. Il n'avait rien non plus à espérer de l'Italie, qui était alors fort misérable et qui avait encore plus besoin de pain que de paix. Restaient la Grande-Bretagne et la Russie. Or ces deux puissances se montrèrent nettement opposées à toute attaque contre la France, qui, à leur sens, ne menaçait nullement la paix de l'Europe. L'intervention officieuse de Thiers, qui profita de ses relations personnelles pour plaider auprès des deux gouvernements en question la cause de son pays, ne fut pas sans les raffermir dans leur opposition. Mais elle n'eût pas suffit à la faire naître. Alexandre II et surtout Gortchakoff comprenaient fort bien qu'il était d'un intérêt capital pour la Russie de ne pas laisser succomber la France, seul contrepoids sérieux par lequel elle pût faire équilibre aux deux grands empires du centre. Quant au gouvernement anglais, il tenait, on le conçoit, à ce que cette puissance ne fût pas sauvée uniquement par le cabinet de Saint-Pétersbourg, auquel elle n'avait, à son sens, que trop de penchant à se livrer sans réserve.

Les deux cabinets moscovite et britannique rivalisèrent donc de sollicitude en faveur de la France. M. de Radowitz, envoyé à Saint-Pétersbourg par M. de Bismarck, ne reçut du czar aucun encouragement, bien loin de là. Peu après (vers le milieu d'avril), lord Odo Russell, au nom de l'Angleterre, et le comte Schouwaloff[1], au nom

1. Schouwaloff (Pierre, comte), né à Saint-Pétersbourg le 15 juillet 1827, entra dans la garde impériale russe, devint rapidement général, fut attaché à l'ambassade de Paris, puis employé au ministère de l'intérieur, gouverneur général des provinces baltiques (1864-1866), chef de la police politique et secrète (3e section de la chancellerie impériale), de 1866 à 1874, envoyé en mission extraordinaire à Londres (mars 1873), où il retourna comme ambassadeur en octobre 1874 et joua un rôle important pendant la crise orientale; second plénipotentiaire de la Russie au congrès de Berlin (1878), où les panslavistes lui reprochèrent d'avoir été trop accommodant envers l'Angleterre, mis à l'écart par Alexandre III, qui, au lieu de lui donner la succes-

de la Russie, allèrent représenter à l'empereur Guillaume en termes respectueux, mais fermes, que leurs gouvernements ne pouvaient ni voir sans surprise ni s'abstenir de blâmer l'attitude provocante que l'Allemagne venait de prendre, sans motifs plausibles, à l'égard de la France. Ils ne cachèrent pas au vieux souverain que, s'il rendait la guerre inévitable, ils lui en laisseraient l'entière responsabilité et que les puissances dont ils étaient les représentants réserveraient toute leur liberté d'action. Aussi Guillaume, qui comprenait fort bien la gravité de ces déclarations, fit-il aux deux diplomates la réponse la plus rassurante. Il feignit, en les écoutant, le plus vif étonnement. Il ne savait pas, disait-il, ce que signifiaient ces bruits de guerre dont on venait lui parler. Jamais il n'était entré dans sa pensée d'attaquer un voisin tranquille et dont, effectivement, il n'avait pas à se plaindre. Il ne voulait que la paix et ne la troublerait pas. « On a voulu nous brouiller, dit-il quelques jours après fort amicalement à l'ambassadeur français, M. de Gontaut-Biron [1], mais tout est fini maintenant. » Inutile d'ajouter que M. de Bismarck désavoua les déclamations et les menaces de ses journaux. Lui non plus, disait-il, n'avait jamais souhaité que la paix; et il ne tiendrait pas à lui qu'elle ne fût éternelle.

IX

Le différend franco-allemand avait donc avorté. Comme l'affirmait Guillaume, tout était fini. L'amour-propre était sauf de part et d'autre. Il eût fallu ne plus revenir sur cette affaire. Le duc Decazes [2] eut le tort de ne pas le comprendre. Son idée fixe était

sion de Gortchakoff, le nomma simplement membre du conseil privé (1881), il est mort à Saint-Pétersbourg le 20 mars 1889.

1. Gontaut-Biron (Anne-Armand-Elie, vicomte de), né à Paris le 9 novembre 1817; élu à l'Assemblée nationale le 8 février 1871; envoyé le 4 décembre 1871 comme ambassadeur à Berlin, où il est resté jusqu'au commencement de 1878; élu sénateur par le département des Basses-Pyrénées le 30 janvier 1876.

2. Decazes (Louis-Charles-Elie-Amanieu, duc de Glücksberg, marquis, puis duc), fils de l'ancien ministre de Louis XVIII, né à Paris le 9 mai 1819; ministre plénipotentiaire à Madrid et à Lisbonne sous la monarchie de Juillet; candidat malheureux à la députation sous l'Empire; représentant de la Gironde à l'Assemblée nationale (1871); nommé ambassadeur à Londres le

d'amener la Russie à se compromettre pour la France. Aussi écrivait-il le 20 avril, et encore quelques jours plus tard, au général Le Flô [1], son représentant à Saint-Pétersbourg, pour le charger de demander au czar une démarche formelle en faveur de son pays, quelque chose comme une *défense* positive à l'Allemagne d'attaquer la France. Une pareille démarche, outre qu'elle était maintenant superflue, ne pouvait avoir que des suites fâcheuses. Il devait en résulter en effet : 1° d'abord que M. de Bismarck et l'Allemagne, profondément humiliés par la Russie, chercheraient à se venger d'elle; 2° que l'Angleterre prendrait de l'humeur contre la France; 3° enfin que cette dernière puissance, en retour de la marque de complaisance qu'elle aurait reçue du czar, devrait à l'avance fermer les yeux sur sa politique orientale.

On ne fut pas plus sage à Saint-Pétersbourg qu'à Paris. Sans doute le czar ne s'engagea point envers nous par un traité d'alliance. Mais il tint à notre ambassadeur le langage le plus bienveillant et lui fit entendre que, grâce à lui, la France pourrait dormir tranquille et n'avoir pas à craindre de surprise. Ni lui ni Gortchakoff ne résistèrent à la tentation de se poser publiquement en arbitres de la paix européenne. Ils se rendirent l'un et l'autre à Berlin, où ils étaient le 10 mai et où ils tinrent à Guillaume et à M. de Bismarck, au sujet du dernier incident, un

6 septembre 1873 et appelé le 26 novembre suivant au ministère des affaires étrangères, où il se maintint jusqu'à la chute du cabinet de Broglie (1877). Député de Paris en 1876, il ne se représenta pas dans cette ville en 1877; l'élection qu'il obtint à cette époque non sans peine à Puget-Théniers fut invalidée. Depuis, il a posé plusieurs fois sans succès sa candidature au Sénat et à la Chambre des députés; et il est mort au château de Graves (Gironde) le 16 septembre 1886.

1. Le Flô (Adolphe-Emmanuel-Charles), né à Lesneven (Finistère) le 2 novembre 1804; élève de l'école de Saint-Cyr, lieutenant en 1831, général de brigade en 1848, après des services distingués en Afrique; représentant à l'Assemblée constituante (1848); chargé d'une mission diplomatique à Saint-Pétersbourg; membre de l'Assemblée législative (1849), dont il fut un des questeurs; arrêté dans la nuit du 2 décembre 1851; expulsé de France (9 janvier 1852), où il ne rentra qu'en 1859; ministre de la guerre sous le gouvernement de la Défense nationale, qui le nomma général de division (septembre 1870-février 1871) et sous le gouvernement de Thiers de février à juin 1871; représentant du Finistère à l'Assemblée nationale; ambassadeur en Russie du 1er juin 1871 au 18 février 1879. Il a publié en 1887 des documents importants au sujet de la crise de 1875. Il est mort le 16 novembre de la même année au château de Nechoat, près de Morlaix.

langage qui n'était certes pas pour leur plaire. Peu de jours après, le chancelier russe crut devoir faire connaître au monde, par une circulaire quelque peu emphatique, que, si la tranquillité de l'Europe était maintenue, c'était à son souverain qu'on le devait. C'était là une grave imprudence. Un tel langage blessa l'Allemagne. Il exaspéra M. de Bismarck. Cet homme d'État ne fit rien paraître de sa colère. Mais il était bien résolu à ne pas pardonner. Aussi s'ingénia-t-il, à partir de cette époque, à créer, sans en avoir l'air, tant d'embarras à la Russie en Orient qu'il lui fût matériellement impossible de s'occuper de l'Occident et de s'unir à la France. Son rêve fut, dès lors, de voir le czar entreprendre une grande guerre contre le Turc, y employer, y consumer toutes ses forces. La France, pour longtemps encore impuissante, ne lui prêterait qu'un concours moral; il saurait bien, du reste, au besoin la contenir et lui barrer la route. Puis, quand la Russie serait épuisée d'hommes et d'argent, tout en continuant à lui faire bon visage, il déchaînerait contre elle l'Angleterre et l'Autriche-Hongrie, qui la paralyseraient. Et il lui serait facile de lui faire la loi en se posant à son tour comme l'arbitre de l'Europe. Qu'arriverait-il ultérieurement? Il verrait. En attendant, il aurait gagné du temps et maintenu la France dans son isolement.

CHAPITRE XIII

LA CRISE ORIENTALE ET LE TRAITÉ DE BERLIN [1]

I. La Turquie et la propagande panslaviste en 1875. — II. Insurrection de l'Herzégovine et de la Bosnie; premières négociations. — III. La note Andrassy (30 janvier 1876). — IV. Suite de l'insurrection; le mémorandum de Berlin (11 mai 1876). — V. Le cabinet britannique et la révolution de Constantinople. — VI. Entrée en ligne de la Serbie et du Monténégro (juin 1876). — VII. Beaconsfield contre Gortchakoff. — VIII. La conférence de Constantinople (décembre 1876-janvier 1877). — IX. L'accord secret de Vienne, la mission Ignatieff et la conférence de Londres (janvier-avril 1877). — X. La guerre turco-russe et la politique allemande. — XI. La question du congrès et le traité de San-Stefano. — XII. — Imminence d'un conflit européen; la Russie recule; pourquoi? — XIII. Le congrès (juin-juillet 1878). — XIV. L'Europe après le traité de Berlin.

(1875-1878)

I

Le mal chronique dont souffre l'empire turc s'aggrave, on le sait, chaque jour, et l'influence sédative de la diplomatie ne l'empêche pas de se manifester tous les quinze ou vingt ans par

1. Sources : Avril (Ad. d'), *Négociations relatives au traité de Berlin*; — *Archives diplomatiques*, années 1875-1880; — Beust, *Mémoires*, t. II; — Bismarck, *Discours parlementaires*; — Blerzy (H.), *l'État libre d'Orange, l'annexion du Transvaal* (Revue des Deux Mondes, 15 janvier 1878); — Brunswick, *le Traité de Berlin*; — Daniel, *l'Année politique*, années 1875-1878; — *Documents français, anglais, autrichiens, allemands*, etc. (Livres jaunes, bleus, rouges, blancs, etc.); — Farcy (C.), *la Guerre sur le Danube, 1877-1878*; — Gambetta, *Discours*; — Hippeau, *Histoire diplomatique de la troisième République, 1870-1889*; — Kératry (comte de), *Mourad V, prince, sultan, prisonnier d'État*; — Klaczko (J.), *les Évolutions du problème oriental* (Revue des Deux Mondes, 15 oct., 1er nov., 1er déc. 1878); — Le Faure (A.), *Histoire*

une crise violente, dont l'Europe entière est ébranlée. M. de Bismarck n'eut pas bien longtemps à attendre les complications politiques qu'il appelait de ses vœux. Il pouvait, à vrai dire, les faire naître à volonté, rien qu'en s'abstenant de les prévenir, et l'on peut affirmer que, vu les dispositions d'esprit où il se trouvait à cette heure, il ne mit aucun zèle à préserver d'un nouvel incendie la péninsule des Balkans. L'Orient était plus malade que jamais. Abd-ul-Aziz, salué à son avènement par des journalistes très naïfs ou très roués comme un esprit large et réformateur, n'était qu'une épaisse et inculte intelligence, alourdie chaque jour un peu plus par les grossiers plaisirs du harem, auxquels il sacrifiait avec une parfaite insouciance tout son temps et toutes les ressources du trésor public. L'empire ottoman, sous sa main, tombait littéralement en pièces. Pour de l'argent, le khédive ou vice-roi d'Égypte avait obtenu, en 1867 et 1872, des firmans qui lui assuraient une indépendance à peu près absolue [1]. Dans la plupart des provinces, les pachas se comportaient presque en souverains. Les impôts ne rentraient plus. Les caisses de l'État, malgré plusieurs milliards d'emprunts usuraires contractés à l'étranger, étaient toujours vides. Le traitement des fonctionnaires et la solde des troupes étaient en retard de plusieurs années. L'administration et la justice n'étaient que désordre, incurie, arbitraire. Aucune des fameuses réformes si pompeusement promises par le hatti-chérif de février

de la guerre d'Orient, 1877-1878; — Leroy-Beaulieu (A.), *la Politique russe et le panslavisme* (Revue des Deux Mondes, 1er déc. 1876); — Mac-Carthy, *Histoire contemporaine de l'Angleterre*, t. V; — Menzies (S.), *Turkey old and new*; — Müller (W.), *Politische Geschichte der Gegenwart*, années 1875-1878; — Rustow, *la Question d'Orient*; — Sayn-Wittgenstein-Berlebourg (prince Émile de), *Souvenirs et correspondance (1841-1878)*; — Simon (E.), *l'Empereur Guillaume*; *Histoire du prince de Bismarck*; — Sayous (Ed.), *l'État présent et l'avenir de la Hongrie* (Revue des Deux Mondes, 1er avril 1876); — Ubicini, *État présent de l'empire ottoman*; — Valbert (Cherbuliez), *Études sur l'Allemagne* (Revue des Deux Mondes, 1875-1878); *l'Angleterre et le canal de Suez* (Revue des Deux Mondes, 1er janvier 1876); *M. Gladstone et la question bulgare* (Revue des Deux Mondes, 1er oct. 1876); *le Cabinet tory, l'opinion anglaise et la question d'Égypte* (Revue des Deux Mondes, 1er février 1878); — Wyrouboff (G.), *la Question d'Orient et le traité de Berlin*; — Zeller, *Pie IX et Victor-Emmanuel II*; etc.

1. Le firman de 1867 autorisait le khédive non seulement à faire des règlements spéciaux relatifs à l'administration intérieure du pays, mais à conclure avec les puissances étrangères des conventions pour les douanes, la police des sujets européens, le transit, la poste. — Celui de 1872 établissait en Égypte la succession de père en fils, par ordre de primogéniture, comme dans les monarchies de l'Europe chrétienne.

1856 et par bien d'autres n'avait été réalisée. Le Turc, incurable dans son orgueil, ne pouvait se résigner à traiter le *giaour* en égal. L'état des chrétiens sujets de la Porte (et l'on sait qu'ils étaient en Europe trois fois plus nombreux que les musulmans) était presque aussi précaire et aussi misérable qu'au commencement du siècle. La sécurité personnelle leur manquait et la justice ne leur était pas assurée dans les tribunaux. Corvées, violences de toute nature, exactions de toute sorte étaient trop souvent leur lot, alors que la rhétorique mensongère des ministres turcs les représentait à l'Europe comme libres et heureux sous les lois tutélaires d'un gouvernement régénéré.

La Russie ne se payait pas, il est vrai, de belles phrases venues de Stamboul. Elle savait très bien que le sort des populations chrétiennes soumises à la Porte n'avait jamais subi que d'insignifiantes améliorations. Leur *cri de douleur* était plus que jamais entendu à Moscou et à Saint-Pétersbourg. Alexandre II, comme jadis Nicolas, regardait comme un devoir sacré de couvrir d'une protection efficace ces millions d'*orthodoxes* qui l'invoquaient comme leur patron naturel. Ne fallait-il pas, du reste, que, comme ses prédécesseurs, il tînt haut et ferme le drapeau de la sainte Russie? N'avait-il pas à le venger d'un affront que le traité de Londres n'avait encore qu'imparfaitement effacé? Pouvait-il se tenir pour satisfait tant qu'il subsisterait une clause du traité de Paris? Gortchakoff, son vieux conseiller, ne le pensait pas. Cet homme d'État voulait terminer sa carrière par un éclatant triomphe. Les lauriers de M. de Bismarck l'empêchaient de dormir. L'opinion publique, d'ailleurs, était pour lui d'un bout à l'autre de l'empire moscovite. Par orgueil national autant que par entraînement religieux, le peuple russe le soutenait, mieux encore, le poussait. Il n'aimait pas l'Allemagne, il détestait l'Autriche-Hongrie, et il souhaitait avec passion l'affranchissement des tribus chrétiennes opprimées par le Turc dans la péninsule des Balkans. Le panslavisme étendait chaque jour dans cette contrée avec plus de ténacité, avec plus de succès sa propagande religieuse et politique. La Roumanie, la Serbie, le Monténégro lui servaient de bases d'opérations pour agiter la Bosnie, l'Herzégovine, la Bulgarie, pays slaves auxquels il s'attachait particulièrement (les provinces grecques l'intéressaient moins, car il ne tenait guère à ce qu'il se formât un grand État hellénique, qui, sans doute, aurait hâte de se soustraire à son influence). Les politiques de Saint-Pétersbourg voyaient, du reste, avec inquiétude et mauvaise humeur le cabinet de Vienne chercher à substituer son crédit à celui du czar dans les petites cours de Belgrade et de Bucharest. Vers la fin de 1874, l'Autriche-Hongrie avait conclu avec la Serbie et la Roumanie des conventions commerciales dont Gortchakoff et son souverain ne pouvaient point ne pas prendre ombrage. Aussi, dès le commencement de 1875, les agents moscovites se montraient-ils au sud du Danube plus hardis et plus remuants que par le passé. En avril et en mai, l'insurrection grondait déjà parmi les belliqueuses populations de l'Illyrie turque, où l'antagonisme entre chrétiens et musulmans était peut-être plus violent que partout ailleurs. Et bientôt M. de Bismarck, par l'approbation affectée dont il prodigua les marques à la politique russe, jeta pour ainsi dire de l'huile sur le feu.

II

Il fut donc plus réjoui qu'étonné quand il apprit, en juillet, le soulèvement qui venait de se produire dans l'Herzégovine et qui, en quelques semaines, se répandit, comme une traînée de poudre, dans toute la Bosnie. Les habitants chrétiens de ces deux provinces venaient de prendre les armes, protestant par un éloquent manifeste[1] contre l'arbitraire et la violence qu'au mépris d'engagements solennels la Porte leur faisait subir depuis tant d'années. Que voulaient-ils? Ils ne le savaient encore au juste. Les uns, comme Liubibratich, rêvaient de former un grand État serbe. D'autres, comme Peko Pavlowitch, se rattachaient plutôt au Monténégro. Mais, en attendant qu'ils pussent formuler un programme, tous se battaient avec acharnement. Des encouragements, des secours de toute sorte leur arrivaient sans cesse de Belgrade et de Cettigne; et le gouvernement autrichien ne pouvait empêcher les Dalmates, leurs voisins et leurs congénères, de leur prêter la plus cordiale assistance.

Les grandes puissances, quels que fussent les sentiments secrets

1. En date du 29 juillet.

de quelques-unes, commencèrent par blâmer unanimement l'insurrection et pressèrent la Porte de ne pas laisser s'étendre l'incendie qui venait de s'allumer. Cependant, au bout de quelques semaines, les Turcs continuaient à perdre du terrain. Les trois cours de Berlin, de Vienne et de Saint-Pétersbourg, qui s'étaient promis en 1872 de pourvoir en commun aux affaires d'Orient, se concertèrent rapidement et firent au sultan la proposition suivante (18 août) : leurs consuls s'aboucheraient avec les chefs de la révolte; ils recevraient leurs demandes de réformes et ils les transmettraient ensuite à un commissaire spécial que nommerait Sa Hautesse. Abd-ul-Aziz accepta. Le commissaire fut nommé; c'était Server-pacha[1] (23 août). Mais les consuls tardèrent à se rendre sur le théâtre des opérations. Les meneurs de l'insurrection semblèrent quelque temps prendre à tâche de les éviter et ce ne fut guère qu'à la fin de septembre que certains d'entre eux, désavoués, du reste, par les autres, firent connaître le minimum de leurs revendications. Ils exigeaient : 1° que les chrétiens de Bosnie et d'Herzégovine, assurés d'une pleine liberté religieuse, fussent admis à témoigner en justice à l'égal des musulmans; 2° qu'il leur fût permis de constituer pour leur sécurité une milice locale; 3° que leurs impôts fussent fixés et ne pussent plus être augmentés arbitrairement.

Il semblait que le sultan dût se montrer offensé de pareilles demandes. Il offrit bientôt plus qu'on n'exigeait de lui. Le 2 octobre fut publié un bel *iradé* annonçant que Sa Hautesse mettait à l'étude un plan de réformes en vertu duquel toutes les populations chrétiennes de l'empire (et non pas seulement les Herzégoviniens et les Bosniaques) obtiendraient une importante remise d'impôts, nommeraient les percepteurs et les contrôleurs des contributions,

1. Server-pacha, né en 1821, remplit dans sa jeunesse des fonctions administratives, fut ensuite secrétaire d'ambassade à Vienne, puis à Paris, chargé d'affaires en Russie (1856), sous-secrétaire d'État au commerce, préfet de Constantinople, commissaire en Égypte pour le règlement des difficultés relatives au canal de Suez, commissaire en Crète pendant l'insurrection (1867), préfet de Constantinople pour la seconde fois (1868-1870), secrétaire général du ministère des affaires étrangères (1870-1871), ministre des affaires étrangères (1871-1872), ambassadeur à Paris (1872-1873), ministre des travaux pubics (1875), commissaire impérial en Herzégovine, président de la Chambre des députés réunie par Abd-ul-Hamid en 1877. Rappelé au ministère des affaires étrangères (31 juillet 1877), il eut à négocier les préliminaires de la paix avec la Russie, se démit de ses fonctions en 1878 et devint le 4 août suivant ministre de la justice. Il est mort à Constantinople en juin 1886.

verraient s'accroître dans une proportion notable leurs libertés communales et éliraient des députations chargées de soutenir leurs droits à Constantinople. Au fond, c'était là une comédie, dont le gouvernement anglais était en grande partie l'auteur. Disraéli, qui était favorable aux Turcs, mais qui n'osait prendre ouvertement leur parti, parce que, dans le Royaume-Uni, l'opinion publique, agitée par les whigs, leur était plutôt hostile, avait suggéré à la Porte l'idée d'amuser l'Europe par de séduisants programmes, qui ne seraient pas exécutés, mais qui, du moins, feraient prendre patience.

III

Comment pouvait-on croire aux promesses du sultan? Il y avait à peine cinq jours qu'il les avait publiées qu'il suspendait le payement de la dette ottomane et faisait sans vergogne une banqueroute de cinquante pour cent. Singulier début pour un gouvernement réformateur! Toute l'Europe lui fut sévère dans ses jugements. La Russie, pour sa part, déclara qu'elle n'avait nulle confiance dans les belles paroles du Turc et qu'il fallait que les grandes puissances intervinssent pour l'obliger à s'exécuter. L'Allemagne fut, naturellement, de cet avis. Mais l'Autriche-Hongrie ne dissimula pas son embarras. Andrassy, en bon Magyar, ne voulait ni de la prépondérance russe dans la péninsule des Balkans, ni de la formation d'un grand État serbe, qui, par son action sur les peuples slaves d'Autriche-Hongrie, tendrait à désagréger et à affaiblir cet empire. Or l'une ou l'autre de ces éventualités pouvait résulter de l'intervention, quand même elle serait purement diplomatique. Ce qu'il souhaitait, au fond de l'âme, c'était que l'insurrection prît fin. Mais, pour qu'elle s'apaisât, il fallait évidemment que la Bosnie et l'Herzégovine obtinssent *effectivement* des réformes, et des réformes sérieuses. Le ministre austro-hongrois, approuvé ou peut-être inspiré par le chancelier d'Allemagne, offrit donc de rédiger une note contenant le programme à exécuter et que les trois empereurs, après l'avoir fait approuver par l'Europe, signifieraient au gouvernement ottoman.

L'idée fut jugée bonne, à Saint-Pétersbourg comme à Berlin.

Mais l'Angleterre, au courant de cette négociation, demanda qu'avant d'en venir à cette espèce de sommation on laissât à la Porte le temps d'accomplir ses récentes promesses (octobre-novembre). Le délai qu'elle sollicitait en faveur du Turc lui fut accordé. Qu'en résulta-t-il? Tout d'abord que le gouvernement britannique, qui songeait avant tout à sauvegarder ses intérêts en Orient, en profita pour conclure sournoisement un marché des plus avantageux. Le 26 novembre on apprit tout à coup qu'il venait d'acquérir, pour une somme de 100 millions, les 177 000 actions du canal de Suez précédemment possédées par le vice-roi d'Égypte. Désormais il devait être quasi maître du canal. L'opération s'était accomplie dans le plus grand secret. La France, que l'Angleterre avait peu auparavant empêchée de faire pour son compte l'achat en question, avait le droit de se montrer froissée. Mais la puissance qui montra le plus de mauvaise humeur, bien qu'elle ne fût pas directement lésée par cette transaction, ce fut la Russie. Aussi le czar et son ministre accueillirent-ils fort mal le nouvel *iradé* (du 12 décembre) par lequel Abd-ul-Aziz, toujours sous l'inspiration de Disraéli, prétendait faire le bonheur de ses sujets. Le Grand Seigneur se montrait pourtant encore plus généreux et plus libéral que dans l'acte du 2 octobre. Il dotait en effet l'ensemble de ses peuples d'un merveilleux système d'élections administratives, judiciaires, financières; il instituait dans les provinces des gendarmeries locales, il abolissait les corvées, il proclamait la liberté religieuse et la parfaite égalité des cultes. Mais ce n'étaient là, au dire des Russes, que des paroles, que des engagements dénués de sanction. En attendant de pouvoir retourner ainsi l'empire de fond en comble, il fallait faire quelque chose pour la Bosnie et l'Herzégovine, et ces deux provinces n'obtiendraient rien que si l'Europe l'exigeait pour elles. C'était bien, du reste, l'avis des insurgés, qui ne posèrent point les armes et déclarèrent n'avoir nulle confiance dans le dernier *iradé*. Ce que voyant, Andrassy, qui avait depuis longtemps rédigé sa note, la soumit à l'Allemagne et à la Russie, qui l'acceptèrent le 30 décembre et demandèrent aux autres grandes puissances d'y adhérer. L'Italie n'avait aucune raison pour la repousser. La France, toujours désireuse, sous Decazes, de complaire au cabinet de Saint-Pétersbourg, n'y fit non plus aucune opposition. Quant à l'Angleterre, elle ne refusa point sa signature, mais elle spécifia qu'elle ne s'engageait nullement à une politique d'action. Quoi qu'il en soit, le directoire européen paraissait d'accord, et la note Andrassy fut remise au Divan le 30 janvier 1876.

Les grandes puissances exposaient dans ce document que l'empire turc ne pouvait, sans compromettre la paix européenne, vouloir maintenir plus longtemps la Bosnie et l'Herzégovine dans la situation morale et matérielle qui avait motivé l'insurrection. Elles mettaient donc la Porte en demeure d'édicter et d'exécuter sans retard en faveur des populations révoltées les réformes suivantes : 1° établissement d'une pleine liberté religieuse et de l'égalité des cultes; 2° abolition du fermage des impôts; 3° loi garantissant que le produit des contributions directes de la Bosnie et de l'Herzégovine serait employé dans l'intérêt de ces provinces même, sous le contrôle des organes constitués dans le sens de l'iradé du 12 décembre; 4° institution d'une assemblée locale, composée par moitié de musulmans et de chrétiens, élus par les habitants avec mission de contrôler l'accomplissement des mesures proposées par l'Europe et des iradés du 2 octobre et du 12 décembre; 5° enfin amélioration du sort de la classe agricole, de façon à ce que les paysans bosniaques et herzégoviniens pussent légalement et facilement devenir propriétaires.

IV

Les six puissances demandaient que la Turquie répondît à cette espèce de sommation, c'est-à-dire qu'elle prît par écrit et publiquement un engagement ferme. Mais ni l'Autriche-Hongrie ni surtout l'Angleterre n'avaient voulu qu'elles poussassent plus loin leurs exigences. La note était donc en réalité dépourvue de sanction, car on ne pouvait considérer comme tel l'engagement qu'on attendait de la Porte. Ce gouvernement avait une facilité merveilleuse à faire des promesses, sauf à ne jamais les tenir. Il ne lui en coûta donc nullement de déclarer, le 11 février, qu'il adhérait à la note du 30 janvier et même de consacrer, deux jours après, le programme d'Andrassy par un nouvel iradé du sultan. Mais les naïfs seuls pouvaient se laisser prendre à ces concessions apparentes. Les insurgés savaient bien que, tant que l'Europe ne surveillerait pas elle-même l'exécution des réformes, les réformes ne s'accompliraient pas. Leurs chefs, réunis à Kossiérovo le 28 février, décidèrent donc de continuer la lutte, sans tenir nul compte des beaux décrets de Constantinople, et la guerre, qui avait un peu langui durant le fort de l'hiver, ne tarda pas à redoubler de violence.

Le gouvernement austro-hongrois s'efforça vainement de la circonscrire et de l'étouffer. Il fit surveiller rigoureusement les frontières de la Dalmatie, il interna même Liubibratich, qui, serré de près, avait dû se réfugier dans cette province (mars 1876). Mais il n'y gagna rien; les insurgés avaient vingt autres chefs non moins déterminés. Du reste, les Bosniaques et les Herzégoviniens avaient dans les peuples serbe et monténégrin des amis pleins d'ardeur, qui étaient sur le point d'entrer en ligne et de se déclarer publiquement pour eux. Longtemps retenu par la cour de Vienne, mais, d'autre part, poussé par celle de Saint-Pétersbourg [1], le prince Milan était entraîné par l'élan irrésistible de sa nation. Il lui fallait, en avril, sous peine d'être renversé par la Skouptchina [2] ou détrôné par les Karageorgewitch, — toujours aux aguets, — constituer un cabinet qui n'avait pas d'autre raison d'être que la guerre. Les armements de la Serbie devinrent dès lors manifestes. Et ce petit État négocia, sans trop de mystère, un projet d'alliance avec le Monténégro qui, de son côté, sous l'ambitieux prince Nikita [3], se préparait à une prochaine et vigoureuse offensive contre les Turcs.

Pourtant tout espoir de resserrer la guerre et même d'y mettre fin à bref délai ne semblait pas encore perdu. Deux agents poli-

1. Qui venait de lui faire épouser (en octobre 1875) la princesse Nathalie Kechko, sujette russe.
2. L'Assemblée nationale de Serbie.
3. Nikita ou Nicolas Ier (Nikita-Petrowitch Niegoch), neveu du prince Danilo (assassiné le 12 août 1860), né le 7 octobre 1841, succéda sans difficulté à son oncle (1860), soutint une première guerre contre les Turcs (1861-1862) et fit reconnaître au congrès de Berlin l'indépendance du Monténégro. Tandis que Milan de Serbie se rapprochait de la cour de Vienne, il est resté dans la clientèle de celle de Saint-Pétersbourg. Une de ses filles, la princesse Zorka, a épousé le 11 août 1883 le prince Pierre Karageorgewitch, chef d'une famille depuis longtemps rivale des Obrenowitch ; une autre, la princesse Militza, a été mariée le 7 août 1889 au grand-duc Pierre Nicolaïéwitch, cousin du czar Alexandre III, qui, à cette occasion, a porté le toast suivant, dont l'Europe n'a pas perdu le souvenir : « Je bois à la santé du prince de Monténégro, le seul sincère et fidèle ami de la Russie ».

tiques, Rodich et Vesselitzky, représentant le premier l'Autriche-Hongrie, le second la Russie, parcouraient les provinces insurgées et provoquaient de la part des chefs de nouvelles propositions, qu'ils devaient soumettre à leurs gouvernements et à la Porte. Il est vrai qu'ils n'étaient point parfaitement d'accord; car, si l'un tendait à décourager les révoltés, l'autre surexcitait au contraire leurs espérances et, par suite, leurs prétentions. Quoi qu'il en soit, ils recueillirent, au commencement d'avril, les vœux des Bosniaques et des Herzégoviniens et les énoncèrent en un programme sur lequel l'Europe fut appelée à se prononcer.

Ce programme comprenait essentiellement les six points suivants : 1° cession aux chrétiens du tiers des terres possédées par les agas; 2° réparation des maisons détruites par le fait de la guerre, fourniture de subsistances, de bœufs et d'instruments aratoires aux paysans ruinés, le tout à la charge du gouvernement turc; 3° exemption de la dîme pendant trois ans; 4° évacuation du territoire par les Nizams et interdiction aux troupes turques d'occuper dans le pays d'autres places que Nikchich, Stolaz, Foca, Trébigne, Piogly et Mostar, où des agents autrichiens et russes seraient établis pour surveiller l'exécution des conditions ci-dessus; 5° désarmement des Turcs indigènes; 6° enfin (et c'était évidemment la clause la plus sérieuse de toutes) garantie des réformes en question par les grandes puissances européennes.

Ces propositions, qui dépassaient de beaucoup le programme de la note Andrassy, ne furent pas approuvées par l'Autriche-Hongrie. Par contre, la Russie (que l'Allemagne continuait à encourager, sans se compromettre) les trouva fort justes et se montra disposée à les soutenir. Cette puissance prenait chaque jour une attitude plus énergique et moins conciliante. A ce moment même (avril), la Porte concentrant, pour sa sûreté, des troupes sur la frontière de Serbie et du Monténégro, le cabinet de Saint-Pétersbourg lui interdisait assez nettement d'attaquer ces deux principautés. D'autre part, Gortchakoff proposait aux cabinets de Vienne et de Berlin la rédaction d'une note comminatoire à la Turquie et des *mesures efficaces* pour amener la soumission de cette puissance aux volontés de l'Europe.

L'Autriche-Hongrie ne montrait pas beaucoup de bon vouloir à le suivre dans la voie où il la voulait entraîner. Mais les événements allaient la contraindre à faire au moins un pas en avant. L'effervescence était telle à Belgrade et à Cettigne que la Serbie et le Monténégro ne semblaient pas devoir tarder à déclarer la guerre. La Bulgarie, qui, depuis une année, frémissait d'impatience, commençait à se soulever à son tour (avril-mai). Enfin la catastrophe de Salonique, où les consuls de France et d'Allemagne furent massacrés le 7 mai par une population musulmane fanatisée, fournit au gouvernement russe un nouvel et décisif argument. Il était urgent de rétablir l'ordre en Orient. La maison prenait feu de toutes parts. La cour de Vienne consentit donc à prendre en considération la proposition de Gortchakoff. Les trois chanceliers se réunirent en conférence à Berlin. M. de Bismarck dirigea le débat. Il répétait sans cesse que la Prusse, en ce qui concernait la question d'Orient, n'avait ni opinion ni préférence. Son désir était de servir de trait d'union à l'Autriche-Hongrie et à la Russie, de mettre d'accord ces deux puissances, de maintenir enfin l'heureuse entente des trois empereurs. En réalité, M. de Bismarck se montrait — pour le moment — beaucoup plus favorable aux vues de Gortchakoff qu'à celles d'Andrassy. Aussi la conférence se termina-t-elle (11 mai) par l'adoption du *memorandum* qu'avait préparé le chancelier russe et qui, dans sa teneur précise, était bien autrement menaçant pour la Turquie que la note platonique du 30 janvier.

En effet, dans cette nouvelle sommation à la Porte, les trois cours du Nord ne se bornaient pas à reproduire les cinq propositions formulées naguère par Andrassy. Elles transcrivaient, à fort peu de chose près, les propositions que Rodich et Vesselitzki leur avaient soumises au nom des insurgés. C'est ainsi qu'elles demandaient : 1° la reconstruction des maisons détruites, des fournitures de bestiaux, de subsistances, d'outils aux paysans ruinés et aux fugitifs, qui seraient rapatriés, et l'exemption de l'impôt direct pendant trois ans; 2° l'établissement d'une commission de notables herzégoviniens et bosniaques *chrétiens*, chargée de distribuer les secours; 3° l'éloignement des troupes turques, qui ne pourraient plus occuper dans le pays que dix forteresses à désigner; 4° l'autorisation pour les chrétiens de rester armés jusqu'à l'entier accomplissement des réformes; 5° enfin le droit pour les consuls ou les délégués des grandes puissances de surveiller l'exécution des dites réformes. Mais ce n'était pas tout. Les trois cours exigeaient que la Turquie accordât immédiatement un armistice aux provinces insurgées; et si, au bout de deux mois, les puissances n'avaient pas « réussi à atteindre le but qu'elles se proposaient, les trois cours impériales étaient d'avis qu'il deviendrait nécessaire d'ajouter à leur action diplomatique la sanction d'une entente en vue de *mesures efficaces* qui paraîtraient réclamées, dans l'intérêt de la paix générale, pour arrêter le mal et en empêcher le développement ».

V

Le *memorandum*, que l'Autriche-Hongrie ne se promettait pas, au fond, de soutenir bien vigoureusement, fut aussitôt présenté à la France et à l'Italie, qui l'acceptèrent sans objections. Il n'en fut pas ainsi de l'Angleterre qui, par l'organe de Disraéli, le repoussa sans la plus légère hésitation.

Le successeur de M. Gladstone, qui avait si longtemps reproché à ce dernier de laisser humilier ou — tout au moins — oublier son pays, avait inauguré depuis quelques mois une politique envahissante, belliqueuse, dont les premiers succès n'étaient pas pour le rendre timide devant les prétentions de la Russie. Il venait d'exécuter l'annexion quelque peu frauduleuse (et qui devait être bien éphémère) de l'État du Transvaal aux colonies britanniques de l'Afrique australe. Il envoyait au Caire un agent chargé de préparer l'inféodation financière de l'Égypte à la Grande-Bretagne. En Asie, si les Russes, poussés dans la direction de l'Indoustan comme par un instinct irrésistible de conquêtes, avaient repris leur marche en avant et venaient d'ajouter à leurs vastes possessions le khanat de Khokand, Disraéli s'efforçait d'augmenter par des démonstrations bruyantes l'éclat de la domination anglaise. C'est ainsi qu'il avait envoyé le prince de Galles[1] visiter les Indes en grand appareil et qu'il les faisait solennellement ériger en *Empire* (avril 1876), pour rehausser le prestige de sa souveraine.

1. Albert-Édouard, fils aîné de la reine Victoria et du prince Albert, né au palais de Buckingham à Londres le 9 novembre 1841, marié le 10 mars 1863 à la princesse Alexandra de Danemark.

Cet homme d'État était porté à contrecarrer en tout la politique moscovite. Il fit donc répondre fort nettement, dès le 19 mai, par le chef du Foreign-Office (lord Derby) [1] que l'Angleterre n'approuvait par le *memorandum*. Les autres grandes puissances décidèrent bien qu'elles le présenteraient tout de même au divan. Mais elles comprenaient que la Turquie, encouragée dans sa résistance par un État de premier ordre comme la Grande-Bretagne, n'en tiendrait que médiocrement compte. Du reste, la signification de cet acte aux ministres du sultan, fixée au 30 mai, ne devait jamais avoir lieu. Car, avant ce terme, eut lieu à Constantinople une révolution qui le fit oublier et à laquelle les intrigues britanniques ne furent sans doute pas étrangères.

Il régnait depuis quelque temps une vive agitation parmi les sujets musulmans d'Abd-ul-Aziz. Les Turcs, exaspérés par la durée de la révolte bosniaque et par les premiers symptômes de l'insurrection bulgare, reprochaient au sultan, non sans raison, son impuissance militaire. Humiliés par l'intervention des grandes puissances et par les prétentions de la Russie, ils accusaient le fils de Mahmoud d'être prêt à pactiser avec le czar, comme son père l'avait fait en 1833. Le corps des *ulémas*, dont le chef, le cheik-ul-islam, comme interprète suprême de la loi religieuse, est souvent plus puissant en Turquie que le souverain, se détachait de lui sous prétexte qu'il perdait l'Islam. La foule famélique et turbulente des *softas* [2], qui en est comme l'élément démocratique, remplissait Stamboul de ses plaintes et de ses menaces. Le parti national turc, tout à fait réfractaire à l'hégémonie que certaines puissances voulaient s'arroger sur l'empire ottoman, avait pour

1. Derby (Édouard-Henry-Smith Stanley, comte de), fils de l'ancien ministre du même nom, né à Knowsley-Park (comté de Lancastre), le 21 juillet 1826; membre de la Chambre des communes à partir de décembre 1848; sous-secrétaire d'État aux affaires étrangères dans le premier cabinet dirigé par son père (février-décembre 1852); chargé dans le second de la direction des affaires des Indes (1858-1859); sous-secrétaire d'État (1866-1868), puis ministre des affaires étrangères (février-décembre 1868); membre de la Chambre des lords (octobre 1869); ministre des affaires étrangères pour la seconde fois (1874); démissionnaire le 28 mars. A partir de cette dernière époque, il s'est à peu près détaché du parti tory. Aussi l'a-t-on vu entrer comme secrétaire d'État des colonies (13 décembre 1882) dans le cabinet Gladstone, avec lequel il a quitté le pouvoir en juillet 1885.

2. Sorte d'étudiants qui étaient à Constantinople au nombre de vingt-cinq à trente mille.

chef politique Midhat-Pacha [1], homme d'État très ambitieux, très avisé, fort habile à dissimuler sous des apparences ultra-libérales et sous un certain vernis de civilisation européenne le parfait mépris de l'Osmanli pour le chrétien. C'est ce personnage qui, encouragé, peut-être même secondé par l'Angleterre, fut le principal auteur du drame dont le palais de Dolma-Bagtché fut le théâtre à la fin de mai 1876. Déjà le 11 de ce mois, à la suite d'une manifestation impérative des softas, plusieurs ministres avaient été remplacés, Midhat était entré au Conseil et Kérullah-effendi, une de ses créatures, était devenu cheik-ul-islam. Le 29, les conjurés jurèrent qu'il n'y avait plus un moment à perdre. Le mémorandum devait être signifié le lendemain. Abd-ul-Aziz paraissait ne pas se départir de son insouciance; il venait encore de faire banqueroute en avril, et il refusait de fournir pour les besoins de l'État une part de son trésor particulier, qui renfermait plusieurs centaines de millions. Midhat et ses amis n'hésitèrent plus. Dans la nuit du 29 au 30, ils cernèrent de troupes tout le palais, firent rendre par Kérullah un *fetva* [2] qui déclarait licite la déposition du sultan, mirent à la place d'Abd-ul-Aziz, sous le nom de Mourad V [3], un de ses neveux et s'emparèrent du souverain déchu, que quatre jours après ils firent assassiner [4].

1. Midhat-pacha, né à Constantinople en 1822, remplit d'abord des emplois subalternes dans l'administration turque, fut nommé en 1856 second secrétaire du grand conseil, fut ensuite chargé de missions spéciales en Roumélie et en Bulgarie, alla étudier les institutions de divers États européens, devint gouverneur d'Uscup et de Prisrend (1860), puis de la Bulgarie, entra au ministère des travaux publics (1867), et alla gouverner la province de l'Irak-Arabi (1868-1871). Rappelé à Constantinople, élevé au grand-visirat (31 juillet 1872), disgracié au bout de deux mois, il entra dans l'opposition, se fit nommer ministre sans portefeuille (11 mai 1876), fut l'auteur principal du complot qui aboutit à la déposition et au meurtre d'Abd-ul-Aziz, redevint grand-visir (décembre 1876), fut révoqué en janvier 1877, exilé le 5 février suivant, obtint en 1878 la permission de rentrer dans l'empire et fut chargé la même année du gouvernement de la Syrie. Mis en accusation comme complice de l'assassinat d'Abd-ul-Aziz, il fut condamné à mort (29 juin 1881). Sa peine fut commuée en celle de la relégation à Taïf (Arabie méridionale), où les mauvais traitements qu'il eut à subir amenèrent sa mort le 8 mai 1884.

2. Le *fetva* est une décision dogmatique du cheik-ul-islam qui a la valeur d'un article de foi.

3. Méhemmed-*Mourad* V, fils d'Abd-ul-Medjid, né le 21 septembre 1841; proclamé sultan le 30 mai 1876, déposé le 31 août suivant et enfermé depuis cette époque dans un palais de Constantinople.

4. Ils répandirent le bruit que ce malheureux s'était ouvert les veines avec des ciseaux. Il fut démontré plus tard qu'il avait été mis à mort par ordre de Midhat et de ses complices, qui, pour ce fait, furent jugés en 1881.

VI

Cette révolution de palais, qui servait merveilleusement la politique de Disraéli, devait rendre inutiles les efforts des puissances pour obtenir de la Porte des concessions sérieuses en faveur des chrétiens. Le *memorandum* ne fut pas remis à son adresse. Les Turcs voulaient la guerre et l'appelaient à grands cris. Dès le 9 juin, le nouveau divan fit demander à la Serbie, en termes hautains, des explications sur ses armements et ses intentions. Le gouvernement serbe, de son côté, n'était guère disposé à céder. Son armée, qui bouillait d'impatience, était prête à commencer la campagne. Le czar lui avait fourni dès la fin de mai, dans la personne de Tchernaïeff [1], un de ses meilleurs officiers pour la commander. Le traité d'alliance avec le Monténégro était conclu depuis plusieurs jours. Aussi le cabinet de Belgrade, loin de se laisser intimider, riposta-t-il en faisant connaître à la Porte ses conditions : il demandait que les Turcs évacuassent la Bosnie et l'Herzégovine ; le premier de ces territoires serait occupé par les troupes serbes, le second par les troupes monténégrines (23 juin). Il va sans dire que le gouvernement ottoman opposa un refus absolu à de pareilles exigences. Il devait dès lors s'attendre à la guerre. De fait, elle lui fut déclarée par Milan le 30 juin, par Nikita le 2 juillet, et fort peu après les insurgés de Bosnie et d'Herzégovine déclarèrent ces deux pays annexés aux principautés voisines.

L'Autriche-Hongrie n'eût consenti pour rien au monde à ce que l'état territorial consacré par les traités fût ainsi modifié dans la péninsule des Balkans. La Russie ne l'ignorait pas. Il lui fallait à tout prix empêcher cette puissance de prendre parti pour la Turquie. Aussi, dès le mois de juin, le czar alla-t-il trouver à Ems l'empereur son oncle qui, aidé de son chancelier, lui donna le conseil de rendre également visite à François-Joseph et de le

1. Tchernaïeff (Michel-Grigoriewitch), né en 1828, avait servi avec distinction dans l'armée et dans la diplomatie russes. Après sa campagne malheureuse de 1876, il alla faire de la propagande panslaviste en Bohême (1877), puis en Roumélie (1879). Nommé ensuite administrateur général de Tachkend (Turkestan), il fut rappelé en 1884, devint membre du conseil de la guerre, mais fut relevé de ses fonctions en 1886.

gagner par quelque offre bien alléchante. Ce dernier souverain, depuis qu'il n'avait plus aucun rôle à jouer ni en Italie ni en Allemagne, songeait à étendre son empire et son influence dans la direction de l'Orient et se complaisait d'autant plus dans ce rêve que depuis longtemps M. de Bismarck lui offrait de l'aider à le réaliser. Il est vrai que ce programme lui était tout personnel et ne souriait que médiocrement à ses ministres. Ses sujets allemands et surtout ses sujets hongrois n'avaient guère envie de voir s'adjoindre à la monarchie de nouvelles provinces slaves. Quoi qu'il en soit, Alexandre II savait bien que la proposition de lui laisser occuper pour son compte la Bosnie et l'Herzégovine n'était pas pour déplaire à François-Joseph. La lui fit-il formellement dès cette époque? Nous ne savons. Le fait est qu'il alla le voir au mois de juillet à Reichstadt, en Bohême, et qu'à la suite des entretiens qu'il eut avec ce souverain, l'Autriche-Hongrie sembla, pour un temps, se désintéresser de la guerre qui venait d'éclater en Orient. Peut-être le czar lui donna-t-il à entendre dès ce moment qu'il ne laisserait pas la Serbie et le Monténégro s'emparer des territoires en question et que, lorsqu'il en serait temps, il lui ferait sa part [1].

Milan [2] et Nikita ne furent donc point gênés par la cour de Vienne dans leurs mouvements offensifs contre les Turcs. Il semblait que la victoire leur fût assurée, vu le concours que leur prêtait la Russie et l'impuissance dont la Porte avait fait preuve depuis un an devant les bandes herzégoviniennes et bosniaques. Mais, à la grande surprise de l'Europe, il en advint bientôt fort différemment. Si les Monténégrins obtinrent quelques succès qui, vu leur petit nombre, ne tiraient pas à conséquence, les Serbes, dès le début, n'éprouvèrent que des échecs. La guerre ne fut pour eux qu'une série de désastres. Non seulement ils ne purent entamer les provinces turques, mais ils furent vigoureusement ramenés sur

1. Était-il absolument de bonne foi? C'est ce dont il est permis de douter.

2. Milan ou Milano Obrenowitch, petit-neveu de Miloch, né à Jassy le 10 août 1854, appelé au trône après l'assassinat du prince Michel (juin 1868), déclaré majeur le 22 août 1872, fit reconnaître au congrès de Berlin (juillet 1878) l'indépendance de la Serbie, dont il fut proclamé roi en mars 1881. Malheureux dans son attaque contre les Bulgares (novembre 1885) et devenu pour divers motifs très impopulaire, il a dû abdiquer le 6 mars 1889 en faveur de son fils Alexandre Ier.

leur territoire, subirent une défaite retentissante à Zaïtschar et se virent assiégés par des forces supérieures dans Alexinatz, principal boulevard de leur frontière méridionale. Le gouvernement de Constantinople faisait prêcher la *guerre sainte* dans tout l'empire ottoman. Le vieux fanatisme musulman se réveillait de toutes parts. Les *bachi-bouzouks* accouraient du fond de l'Asie, les Tcherkesses [1] du Danube se retournaient vers le sud et leurs hordes sauvages terrifiaient les populations chrétiennes par leur impitoyable brutalité. La Bosnie et l'Herzégovine étaient littéralement mises à feu et à sang. Il en était de même de la Bulgarie, où quelques mouvements insurrectionnels furent punis, en juillet et en août, par de tels actes de vandalisme, par de tels massacres et par des violences si monstrueuses contre les personnes, que l'Europe entière en frémit d'indignation et de pitié.

VII

L'horreur inspirée par les excès des bandes turques fut si vive dans toutes les parties du monde civilisé que nul gouvernement, pas même celui de l'Angleterre, n'osa repousser la demande de médiation que la Serbie, aux abois, adressa le 28 août aux grandes puissances européennes. La Porte fut aussitôt mise en demeure de faire connaître ses conditions de paix. Sans consentir à un armistice régulier, elle suspendit de fait ses opérations militaires et déclara qu'elle traiterait avec le prince Milan : 1° si l'état de choses antérieur à 1867 était rétabli en Serbie ; 2° si les places fortifiées depuis cette époque dans la principauté étaient démantelées ; 3° si certaines forteresses, jadis occupées par les Turcs, leur étaient livrées de nouveau ; 4° si le gouvernement de Belgrade payait une indemnité de guerre ou consentait à une augmentation de tribut; 5° s'il réduisait son effectif militaire ; 6° si le prince allait se faire donner à Constantinople l'investiture par le sultan son suzerain.

Tous les cabinets jugèrent ces conditions beaucoup trop dures pour pouvoir être jamais acceptées par les Serbes. Aussi les grandes

1. C'étaient des colons musulmans transportés par le gouvernement turc en Europe du fond de la région du Caucase conquise par les Russes.

puissances crurent-elles devoir charger l'Angleterre, qui avait tant de crédit à Constantinople, d'en présenter d'autres au divan. Disraéli (nommé depuis peu comte de Beaconsfield) était bien embarrassé. Lui et ses collègues étaient, pour leur part, portés à soutenir la Turquie. Mais ils ne le pouvaient faire ouvertement; car M. Gladstone et ses amis, leurs adversaires, venaient de dénoncer les massacres de Bulgarie avec de tels éclats d'indignation que nul, à ce moment, dans le Royaume-Uni, n'eût osé prendre en public la défense des Ottomans. Le cabinet de Saint-James essaya de tourner la difficulté et de gagner du temps. Vers la fin de septembre, il soumit à la Porte un programme comportant : un armistice de six semaines qui permettrait de négocier, le maintien du *statu quo ante bellum* en Serbie, et l'octroi d'une certaine autonomie *administrative* à la Bosnie, à l'Herzégovine, peut-être même aussi à la Bulgarie. Mais ni les insurgés ni les Serbes ne firent bon accueil à ce plan qui, n'impliquant pas l'idée d'une sanction européenne, leur paraissait n'offrir à leurs intérêts que des garanties peu sérieuses. Tchernaïeff reprit aussitôt les armes [1] et les opérations recommencèrent autour d'Alexinatz.

C'était évidemment en Russie que le commandant de l'armée serbe avait pris son mot d'ordre. Alexandre II, cédant au courant national qui l'entraînait, était lui-même tout prêt à tirer l'épée. De grands rassemblements de troupes avaient lieu par son ordre dans les provinces méridionales de son empire. Lui-même s'était rendu à Livadia, d'où il surveillait ces préparatifs militaires et semblait n'avoir qu'un pas à faire pour entrer en campagne. C'est de là qu'il adressa, le 1er octobre, à l'empereur François-Joseph un message confidentiel par lequel il proposait que la Russie et l'Autriche-Hongrie occupassent collectivement les territoires turcs de la péninsule des Balkans. Il ne jouait point, on le voit, très franc jeu avec les Serbes. Peut-être aussi pressentait-il que la cour de Vienne n'oserait accepter son offre et lui fournirait ainsi un excellent prétexte pour envahir seul l'empire ottoman. Effectivement François-Joseph recula devant la grave entreprise à laquelle le czar le conviait, et ce dernier parut de plus en plus porté à ne consulter que son ambition et son intérêt propre.

1. Il fit à ce moment décerner au prince Milan le titre de roi, que les puissances refusèrent de lui reconnaître.

Le gouvernement anglais était fort inquiet. Le Turc ne se prêtait que médiocrement aux efforts qu'il faisait pour le sauver. Une nouvelle révolution de palais avait eu lieu récemment à Constantinople. Le nouveau sultan, Mourad, étant à peu près imbécile, Midhat et ses amis, toujours aidés du cheik-ul-islam, l'avaient déposé et remplacé par son frère Abd-ul-Hamid [1], jeune homme ignorant et sans expérience, mais plein de feu pour la défense de sa religion et très peu disposé à abaisser le croissant devant la croix (31 août). Aussi le divan ne daigna-t-il pas répondre aux propositions anglaises que nous avons relatées plus haut. Il essaya une fois de plus de donner le change à l'Europe par l'étalage d'un programme de réformes si radical et si grandiose qu'il en était ridicule. Il ne s'agissait de rien moins que de doter l'empire ottoman d'une constitution basée sur les principes de 1789, de deux chambres délibérantes, d'un ministère responsable, etc., etc. (1er octobre). Le parlementarisme en Turquie! La plaisanterie parut forte à tous les cabinets. Beaconsfield lui-même eut de la peine à garder son sérieux. Comme il était à craindre que la Russie ne perdît patience, il se hâta d'adresser à la Porte une nouvelle proposition (5 octobre). Cette fois il demandait simplement un armistice de six semaines et l'ouverture d'une conférence où la question d'Orient serait examinée de nouveau par les puissances signataires des traités de Paris et de Londres. L'Allemagne, l'Autriche-Hongrie, la France, l'Italie et la Russie donnèrent aussitôt leur assentiment à ce programme. Mais la Porte riposta par une exigence vraiment inadmissible. Elle voulait que l'armistice durât six mois et que, durant ce temps, les provinces insurgées, ainsi que la Serbie et le Monténégro, ne pussent recevoir aucun secours du dehors. Par là, elle eût assuré à ses troupes fatiguées un long repos, elle eût pris le temps de les organiser, de les renforcer et eût pu frapper des coups décisifs sur ses ennemis dès la réouverture des hostilités.

Cette réponse parut dérisoire au gouvernement russe, qui se montra décidé à brusquer les événements. L'influence que le czar subissait alors le plus volontiers était non celle de Gortchakoff, qui tempérait d'une certaine prudence sa politique panslaviste, mais

1. Fils d'Abd-ul-Medjid comme lui, et né le 21 septembre 1842; il règne encore actuellement (septembre 1890).

celle du général Ignatieff[1], qui poussait ouvertement à la guerre et la voulait immédiate. Ce personnage avait longtemps représenté la Russie comme ambassadeur auprès d'Abd-ul-Aziz, dont il passait pour avoir capté la confiance. Mais il avait été rappelé après la déposition de ce souverain. Le 15 octobre, Alexandre II lui donna mission de retourner à Constantinople pour y présenter un programme qui ressemblait fort à un ultimatum et que nous pouvons résumer en trois points : 1° armistice de six semaines, sans réserves; 2° autonomie de la Bosnie, de l'Herzégovine et de la Bulgarie; 3° garantie réelle de leurs droits par l'Europe. Il était, du reste, autorisé à parler très haut et à ne pas reculer devant une rupture. On le vit bien quand, après plusieurs jours passés à s'entendre avec les représentants des grandes puissances, dont la Russie voulait paraître l'interprète, Ignatieff reçut tout à coup de Serbie les nouvelles les plus alarmantes. Depuis qu'il avait repris les armes, Tchernaïeff n'avait éprouvé que des échecs; Deligrad et Alexinatz étaient au pouvoir des Turcs, et la route de Belgrade était désormais sans défense.

On était au 30 octobre. Sans attendre une demi-journée, Ignatieff, qui était muni de pleins pouvoirs, adressa au divan la sommation de conclure l'armistice sous quarante-huit heures, faute de quoi il quitterait de nouveau Constantinople, et, dans ce cas, la Turquie devait savoir ce qu'elle avait à redouter. Terrifiés par cette arrogance, les ministres du sultan ne crurent pas devoir conseiller à leur maître de résister. Dès le 2 novembre l'armistice fut accordé. Mais qu'allait-il arriver ensuite? La Porte n'avait songé qu'à gagner du temps, et les Russes étaient plus que jamais menaçants en Bessarabie.

Ignatieff venait de parler à Constantinople comme jadis Menchikoff, et il avait été plus heureux. Une vive émotion se produisit dans toute l'Europe, mais surtout en Angleterre, où le parti

1. Ignatieff (Nicolas-Paulowitch), né à Saint-Pétersbourg le 29 janvier 1832. Officier dans la garde impériale russe depuis 1849, il servit pendant la guerre de Crimée, fut attaché militaire aux ambassades de Londres et de Paris et alla en 1859 comme envoyé extraordinaire à Pékin, où il conclut un traité avantageux pour la Russie. Directeur des affaires asiatiques au ministère des affaires étrangères en 1863, ambassadeur à Constantinople de 1864 à 1876, chargé par le czar d'une mission confidentielle à Berlin, Vienne, Londres et Paris, ministre de l'intérieur du 16 mai 1881 au 12 juin 1882, il a été depuis nommé sénateur et président de l'Académie impériale.

Gladstone commença dès lors de perdre du terrain. Beaconsfield, en proie à une exaltation presque fébrile, commença par donner l'ordre à la flotte anglaise de l'Archipel d'aller mouiller à Bésika, c'est-à-dire presque à l'entrée des Dardanelles. Puis il tint au lord-maire de Londres, dans un banquet solennel, le langage le plus belliqueux. « La guerre, dit-il, peut éclater; il n'y a pas une nation au monde qui, mieux que ce pays, soit préparée à la soutenir. Une fois engagé dans la lutte pour la défense de son droit, il n'hésitera jamais à entreprendre, s'il le faut, deux ou trois campagnes successives. » C'était le 9 novembre que le ministre anglais prononçait ces paroles. Et dès le lendemain le czar, que le télégraphe en avait instruit, en faisait entendre d'aussi menaçantes dans son discours aux nobles de Moscou, déclarant « que s'il ne pouvait obtenir avec le concours de l'Europe les garanties qu'il était en droit d'exiger de la Turquie, il était bien résolu à agir seul et avait la certitude que dans une pareille lutte le pays entier serait avec lui. »

Quelques jours après, il est vrai, ce souverain s'efforça de rassurer l'Angleterre en protestant qu'il était désintéressé, que son but unique était d'améliorer le sort de populations chrétiennes dont il était le protecteur et que, s'il prenait les armes, il ne ferait pas une guerre de conquêtes. Beaconsfield ne voyait guère que des mots dans de pareilles assurances. Il eût voulu gagner l'Allemagne, obtenir qu'elle pesât sur la Russie pour l'empêcher d'entrer en campagne. Son collègue, le marquis de Salisbury[1], désigné pour prendre part à la conférence que les grandes puissances avaient décidé d'ouvrir à Constantinople, eut ordre de passer à Berlin avant de se rendre en Turquie. Il représenta de son mieux à M. de Bismarck qu'il serait sage d'accorder à la Porte encore un délai pour exécuter ses réformes et que, s'il devenait plus tard nécessaire d'employer à son égard quelques mesures d'intimida-

1. Salisbury (Robert-Arthur-Talbot Gascoigne Cecil, marquis de), né à Hatfield, le 3 février 1830; élu dès 1853 à la Chambre des communes, où il prit place dans le parti conservateur; membre de la Chambre des lords le 12 avril 1866; ministre des Indes dans le cabinet Derby (1866-1867) et dans le cabinet Disraéli (1874-1878); ministre des affaires étrangères après lord Derby (1878-1880); second plénipotentiaire de l'Angleterre au Congrès de Berlin (1878); appelé deux fois de suite à remplacer M. Gladstone comme premier lord de la trésorerie (juin 1885, août 1886). C'est lui qui est encore à la tête du cabinet britannique.

tion, cette mission devrait être remplie collectivement par l'Europe et non exclusivement par la Russie. Mais le chancelier lui répondit qu'à son sens l'occupation de la Bulgarie par le czar lui paraissait légitime; du reste, ajoutait-il, Alexandre II serait raisonnable et l'on avait bien tort de redouter son ambition. Peu de jours après, l'empereur Guillaume, dans un discours public, déclarait que l'Allemagne, parfaitement désintéressée dans la crise orientale, avait surtout à cœur de ménager l'amitié de ses deux voisines, l'Autriche-Hongrie et la Russie, et se mettait visiblement en frais de coquetterie vis-à-vis de cette dernière puissance (30 novembre). Enfin M. de Bismarck protestait de nouveau, dans une harangue demeurée célèbre, qu'il ne se mêlerait de rien, si ce n'est d'entretenir le bon accord entre Vienne et Saint-Pétersbourg et qu'à ses yeux la question d'Orient *ne valait pas les os d'un grenadier poméranien*.

VIII

Lord Salisbury arriva fort inquiet à Constantinople où, dans les premiers jours de décembre, la conférence fut prête à se réunir [1]. Une question préjudicielle fut d'abord posée : la Turquie serait-elle admise? L'Angleterre disait oui, la Russie disait non. L'on prit un moyen terme, de peur qu'Ignatieff, toujours prêt à rompre, ne fît un éclat. Les six grandes puissances décidèrent qu'elles commenceraient par se mettre d'accord sur le programme qu'il y avait lieu de présenter à la Porte et que les ministres du sultan seraient ensuite admis à le discuter avec leurs plénipotentiaires. Ce programme, il fallut, vu l'opposition presque constante de la Grande-Bretagne et de la Russie, plusieurs semaines pour l'élaborer. Ce fut seulement le 24 décembre qu'il fut notifié au reis-effendi Edhem-pacha [2] et que la conférence fut au complet. Les

1. L'Angleterre y était représentée non seulement par lord Salisbury, mais par lord Elliot, son ambassadeur à Constantinople; l'Allemagne, par le baron de Werther; l'Autriche-Hongrie, par le comte Zichy et le baron de Calice; la France, par le baron de Bourgoing et le comte de Chaudordy; l'Italie, par le comte Corti; et la Russie, par le général Ignatieff.

2. Edhem-pacha, né vers 1820, entra, après avoir reçu en France une brillante instruction, dans l'état-major de l'armée turque, devint en 1849 aide de camp du sultan, qui le nomma bientôt général de division et chef de sa

puissances demandaient certains agrandissements de territoire pour la Serbie et le Monténégro. Elles voulaient que la Bosnie et l'Herzégovine eussent une administration autonome, un gouverneur nommé pour cinq ans par le sultan d'accord avec elles, une milice indigène et la libre disposition de la moitié de leurs revenus; elles exprimaient aussi le vœu que, dans ces deux territoires, la langue du pays fût seule officiellement employée. D'après leur plan, toute la partie de la Bulgarie située au nord des Balkans devait être traitée exactement comme la Bosnie et l'Herzégovine. Le reste serait pourvu d'institutions municipales, administratives, financières, judiciaires et même militaires de nature à garantir les populations de tout arbitraire. Les provinces en question seraient occupées par des troupes belges jusqu'à l'acccomplissement de la réforme, qui serait du reste contrôlée par une commission internationale.

A cette proposition, qui péchait par bien des points, mais qui était en somme assez nette, la Porte voulut d'abord, comme on pouvait s'y attendre, éviter de répondre catégoriquement. Suivant son habitude, elle affectait d'offrir beaucoup plus qu'on ne lui demandait. Qu'était-ce que les concessions locales dont on venait lui parler en faveur de quelques provinces? C'était l'empire tout entier qu'elle voulait affranchir et régénérer. On l'avait accusée de vouloir demeurer une puissance barbare. Eh bien! pour prouver le contraire, le sultan venait de nommer grand-visir l'homme de Turquie qui connaissait, qui aimait le plus l'Europe, qui désirait le plus ardemment introduire dans son pays la civilisation, les lois de l'Occident. C'était Midhat-pacha. Et ce législateur venait enfin d'élaborer la constitution parlementaire promise en octobre. Elle était promulguée depuis le 23 décembre. Elle allait être mise en vigueur. Que voulait-on de plus? C'est ainsi qu'Edhem-pacha répondit, le 30, à la première communication de la conférence.

Personne, sauf peut-être les représentants de l'Angleterre, qui avaient pour cela leurs raisons, ne voulait prendre au sérieux la

maison militaire, fut un instant disgracié en 1856, devint ministre des affaires étrangères (1857-1858), fut successivement chargé, sous Abd-ul-Aziz, de divers portefeuilles, prit part, après avoir été (1875-1876) ambassadeur à Berlin, aux conférences de Constantinople (décembre 1876), rentra au ministère des affaires étrangères, fut président du conseil d'État et occupa le grand-visirat du 5 février 1877 au 11 janvier 1878.

pièce de théâtre si effrontément machinée par Midhat. Les puissances insistèrent donc pour ramener les ministres turcs à la vraie question. Du reste, la Russie, voyant que le gouvernement ottoman se faisait du tort par ses subterfuges et ses refus, crut politique d'affecter une certaine modération et n'épargna rien pour mettre les apparences du droit de son côté. Ignatieff se fit relativement doux, modéra ses exigences. Bref, après avoir longuement discuté avec les ministres turcs, la conférence rabattit quelque peu de ses prétentions dans un second programme, qu'elle substitua au premier : elle renvoyait à des pourparlers ultérieurs la question de l'agrandissement demandé pour la Serbie et le Monténégro; elle consentait à ce que les grandes puissances ne fussent consultées que pendant cinq ans pour le choix des gouverneurs de la Bosnie et de l'Herzégovine; elle renonçait à diviser en deux la Bulgarie; elle consentait à ce que, dans les provinces autonomes, les milices ne fussent pas exclusivement chrétiennes, à ce que la langue turque fût employée comme la langue slave; elle accordait à la Porte un délai de trois mois pour exécuter les réformes proposées et admettait qu'elle fût représentée dans la commission internationale de contrôle.

C'est le 15 janvier 1877 que ces nouvelles demandes avaient été formulées. La Turquie eût été bien inspirée en les acceptant. L'Angleterre l'eût été, de son côté, en lui donnant le conseil de céder, puisqu'on voulait prévenir la guerre. Mais le cabinet de Londres se contenta de déclarer, comme il l'avait déjà fait plusieurs fois, au gouvernement ottoman qu'il lui laissait l'entière responsabilité de son refus; comme, d'autre part, il faisait connaître sa résolution de ne participer contre lui à aucune mesure de coercition, le sultan et ses conseillers, qui frémissaient à l'idée de laisser mettre la Turquie en tutelle, résolurent de répondre par un refus catégorique aux dernières propositions de la conférence. A la suite d'un grand conseil, où furent appelés cent quatre-vingts dignitaires de l'empire et où il fut décidé qu'on résisterait, Safvet-pacha [1] fit

1. Safvet-pacha, né à Constantinople en 1815, fut secrétaire du sultan Abd-ul-Medjid, puis secrétaire d'ambassade à Paris, président du Conseil d'État en 1859, ministre du commerce et des travaux publics en 1861, ambassadeur en France (1865), ministre de l'instruction publique (1868), de la justice (1872), encore de l'instruction publique (1874), des affaires étrangères (1875, 1878). Appelé en juin 1878 au grand-visirat, il fut, en décembre suivant, envoyé de

savoir, le 20 janvier, aux représentants des grandes puissances que son maître ne croyait pas devoir acquiescer à leurs exigences. Tous quittèrent aussitôt Constantinople; et l'un d'eux, Ignatieff, ne partit pas sans proférer les menaces les moins déguisées. Le divan n'en persista pas moins dans sa résolution, qu'il fit connaître à l'Europe par la circulaire du 25 janvier; et, peu de jours après, le sultan Abd-ul-Hamid, comme pour bien montrer combien lui-même prenait peu au sérieux la fantasmagorie constitutionnelle de Midhat-pacha, frappa ce ministre d'une subite et éclatante disgrâce [1] (5 février).

IX

L'Europe devait s'attendre à voir la Russie prendre une détermination grave. Effectivement, dès le 31 janvier, par une circulaire fort nette, Gortchakoff, après avoir retracé les négociations que le mauvais vouloir de la Turquie venait de faire échouer, invitait les puissances à lui faire connaître quelles mesures elles comptaient adopter pour mettre à la raison le gouvernement ottoman, donnant d'ailleurs à entendre que le czar, en tout cas, ferait ce qu'il voudrait et marcherait seul, si l'on refusait de le suivre. Le vieux ministre russe savait bien qu'il pouvait sans danger tenir ce langage hautain. A ce moment, en effet, la France, qui avait toujours le duc Decazes pour ministre des affaires étrangères, était moins que jamais portée à le contrarier. L'Italie était gagnée secrètement par M. de Bismarck, cet homme d'État lui faisant vaguement espérer qu'elle pourrait bien elle-même tirer quelque profit du démembrement de l'empire turc. Quant à l'Autriche-Hongrie, le chancelier d'Allemagne, comme pour rendre inévitable la guerre vers laquelle sa ténébreuse politique poussait depuis si longtemps le czar, venait de ménager (en janvier) entre cette puissance et la Russie un arrangement tout confidentiel qui devait enhardir singulièrement Alexandre II. Par cet accord

nouveau à Paris comme ambassadeur, mais n'y demeura que quelques mois, alla reprendre la direction des affaires étrangères, qu'il garda jusqu'en 1882, et mourut à Constantinople le 17 novembre 1883.

1. Il s'abstint toutefois d'abolir la constitution du 23 décembre et protesta au contraire que son intention était de la respecter.

secret, qui ne devait être révélé que bien longtemps après [1], François-Joseph s'engageait à rester neutre pendant la guerre qui allait s'ouvrir entre le czar et le sultan, se réservant seulement de faire occuper les provinces occidentales de la péninsule balkanique, *si certaines éventualités venaient à se produire*. Les conditions qu'il mettait à sa neutralité étaient les suivantes : 1° aucun gouvernement ne prétendrait à un protectorat exclusif sur les populations chrétiennes de l'empire turc, et toutes les puissances qui avaient pris part aux traités de Paris et de Londres seraient appelées à se prononcer sur les résultats de la guerre; 2° la Russie s'abstiendrait de toute acquisition territoriale sur la rive droite du Danube, respecterait l'intégrité de la Roumanie et ne toucherait pas à Constantinople; 3° si elle constituait une nouvelle principauté slave, ce ne pourrait être aux dépens de populations ou d'États non slaves, et elle ne s'arrogerait pas de droits particuliers sur la Bulgarie, qui ne devrait être gouvernée ni par un prince russe ni par un prince autrichien; 4° enfin elle n'étendrait pas les opérations militaires du côté de la Serbie et ne ferait pas passer ses troupes par cette principauté. Quoique de pareils engagements lui fussent pénibles, le cabinet de Saint-Pétersbourg les avait pris. Les tiendrait-il? Cela dépendait évidemment des chances de la guerre.

En attendant, il n'avait à redouter d'autre opposition que celle de l'Angleterre. Et encore le cabinet de Saint-James était-il trop embarrassé lui-même pour pouvoir l'entraver sérieusement. Beaconsfield et ses collègues se débattaient avec peine dans le parlement contre le parti Gladstone, qui représentait combien la Turquie s'était montrée déraisonnable à la conférence et qui demandait qu'au lieu de l'encourager dans sa résistance, on lui parlât net pour la faire cesser (février 1877). Tout ce qu'ils pouvaient faire pour aider la Porte, c'était de s'entremettre pour hâter la conclusion de la paix entre elle et la Serbie. Ce résultat fut en effet atteint par un traité signé le 1er mars et qui assurait à cette principauté le *statu quo ante bellum*. Mais l'orage n'était pas pour cela conjuré. Le Monténégro restait en armes, ne pouvant s'entendre avec la Turquie. Puis la Russie, qui n'avait pas reçu

1. En 1887, dans une discussion au parlement de Pesth.

les réponses demandées par la circulaire du 31 janvier, commençait à s'impatienter et devenait plus pressante. Au commencement de mars, le général Ignatieff, apôtre de la guerre, était chargé d'une mission spéciale auprès des grandes puissances. Il allait demander à l'Europe, à défaut d'un concours positif qu'elle ne paraissait pas disposée à donner, un blanc-seing qui permît à la Russie de se faire elle-même justice et d'exécuter *manu militari* le programme repoussé par la Porte. Il devait, en substance, représenter que, si le traité de 1856 était considéré comme toujours en vigueur, on ne pourrait trouver mauvais que la Russie contraignît enfin la Turquie à l'exécuter en ce qui concernait les chrétiens; et que, s'il était regardé comme n'existant plus, il n'y avait aucune raison de droit pour que l'Europe couvrît le sultan de sa protection.

Le général passa successivement par Berlin, par Vienne, Rome, Paris, et trouva partout bon accueil. Il n'en fut pas tout à fait de même à Londres. Mais il obtint du moins qu'une nouvelle conférence s'ouvrît dans cette capitale, et comme, des six grandes puissances qui y étaient représentées, il n'en était qu'une qui ne fût pas gagnée à sa politique, il n'eut pas trop de peine à l'intimider. Aussi put-il considérer comme un triomphe le protocole du 31 mars, par lequel l'Europe mettait une dernière fois la Turquie en demeure de subir son programme. Par cette espèce de manifeste, les six puissances invitaient formellement la Porte à traiter au plus tôt avec le Monténégro, en cessant de lui disputer les territoires qu'il réclamait, et à exécuter *réellement* les réformes tant de fois demandées. Elles lui demandaient de ramener au pied de paix son armée considérablement grossie depuis quelque temps pour faire face à la Russie. Elles l'avertissaient *qu'elles se proposaient de veiller avec soin par l'intermédiaire de leurs représentants à Constantinople et de leurs agents locaux à la façon dont ses promesses seraient exécutées*. Elles déclaraient enfin que, si, par sa faute, le malaise dont souffrait l'Orient se prolongeait, « un tel état de choses serait incompatible avec leurs intérêts et avec ceux de l'Europe en général. En pareil cas, ajoutaient-elles, elles se réservent d'aviser en commun aux moyens qu'elles jugeront les plus propres à assurer le bien-être des populations chrétiennes et les intérêts de la paix générale. »

Il est vrai que, tout en signant le protocole, lord Derby, chef du Foreign-Office, semblait vouloir lui ôter pour sa part toute signification et toute portée. Car, par une déclaration particulière du même jour (31 mars), il faisait savoir que l'Angleterre regarderait le protocole comme nul et non avenu dans le cas où le but que s'étaient proposé les puissances, notamment le désarmement de la Turquie et de la Russie et la conclusion de la paix entre ces deux États, ne serait pas atteint.

Il est vrai aussi que, par une note signée également le 31 mars, le comte Schouvaloff, qui venait de représenter la Russie à la conférence, rendait la guerre inévitable. Voici, en effet, en quels termes il faisait connaître l'ultimatum particulier que son gouvernement se proposait d'adresser à la Porte : « Si la paix avec le Monténégro est conclue, et si la Porte accepte les conseils de l'Europe et se montre prête à se remettre sur le pied de paix et à entreprendre *sérieusement* les réformes mentionnées dans le protocole, qu'elle envoie à Saint-Pétersbourg un envoyé spécial pour traiter du désarmement, auquel S. M. l'Empereur consentirait aussi de son côté. Si des massacres, pareils à ceux qui ont ensanglanté la Bulgarie, avaient lieu, cela arrêterait nécessairement les mesures de démobilisation. »

X

Des exigences si hautaines et un langage si insultant avaient été sans doute calculés pour provoquer une rupture. De fait, la guerre en résulta presque aussitôt. Le protocole et la note russe ayant été signifiés à la Porte le 3 avril, le sultan les soumit pompeusement au simulacre de parlement qu'il avait depuis quelque temps réuni à Constantinople et qui ne manqua pas de déclarer inacceptables les propositions de la conférence et surtout celles du czar (9 avril). La Porte, deux jours après, fit connaître son refus. Aussitôt, le gouvernement russe se montra prêt à commencer les hostilités. Dès le 16 avril, il concluait avec la Roumanie, qui n'osait lui résister et à qui, d'ailleurs, il promettait de faire reconnaître une indépendance complète, un traité par lequel le passage était assuré à ses troupes à travers cette principauté. Enfin, le 24 avril, il lançait sa déclaration de guerre; Alexandre II, dans son manifeste, déclarait que, sans aucunes vues d'ambition personnelle, il se croyait tenu de prendre en main la cause des chrétiens opprimés; et Gortchakoff remontrait à l'Europe que, puisqu'elle n'avait pas voulu suivre la Russie, il était assez juste que cette puissance marchât librement toute seule.

La Porte invoqua vainement le traité de 1856, qui, en cas de conflit entre elle et un autre État, lui promettait la médiation amicale des grandes puissances neutres. Les beaux jours de 1856 étaient bien loin et cet engagement était oublié, comme tant d'autres. Un seul cabinet protesta contre la déclaration de guerre moscovite. Ce fut celui de Londres. Dans une circulaire très vive, écrite au commencement de mai, lord Derby représenta que la Russie n'avait pas voulu tenir compte des chances de paix très réelles que l'Europe avait conservées jusqu'à ces derniers temps et qu'elle s'était mise elle-même par sa violence *hors du concert européen*. Mais ce n'étaient là que des phrases. L'Angleterre en viendrait-elle à l'action? Beaconsfield n'eût peut-être pas demandé mieux. Mais Derby n'était pas si hardi. Le ministère était toujours gêné par l'opposition gladstonienne. Puis l'Angleterre pouvait-elle se porter seule au secours de la Turquie contre la Russie? L'Autriche paraissait disposée à tout laisser faire. La France ne pouvait plus être entraînée vers l'Orient comme en 1854. Le duc Decazes, qui dirigeait sa diplomatie, faisait des vœux pour la cause du czar. Et du reste, quand même il eût été dans d'autres dispositions, la France avait une excellente raison pour rester neutre. C'est que, grâce à l'espèce de coup d'État que MM. de Broglie et de Fourtou [1] faisaient à ce moment même

1. Fourtou (Marie-François-Oscar Bardy de), né le 3 janvier 1836 à Ribérac (Dordogne), où il exerça la profession d'avocat jusqu'en 1871; élu à cette époque député à l'Assemblée nationale, il devint le 8 décembre 1872 ministre des travaux publics, puis le 19 mai 1873 ministre des cultes. Écarté du pouvoir avec tout le gouvernement de Thiers le 24 mai, il se rallia bientôt à l'*ordre moral*, fut nommé ministre de l'instruction publique (26 novembre 1873), tint le portefeuille de l'intérieur du 22 mai au 18 juillet 1874, fut élu à la Chambre des députés le 20 février 1876 et participa au gouvernement du 16 mai comme ministre de l'intérieur (17 mai-23 novembre 1877). Son élection du 14 octobre 1877 fut invalidée le 18 novembre 1878. Mais il en obtint le renouvellement le 2 février 1879. Envoyé au Sénat par le département de la Dordogne le 7 mars 1880, il ne fut pas élu le 25 janvier 1885. Il échoua aussi aux élections législatives du 4 octobre suivant. Mais il a été envoyé de nouveau à la Chambre par l'arrondissement de Ribérac le 22 septembre 1889.

(16 mai) accomplir au maréchal de Mac-Mahon, ce pays, dont les institutions étaient remises en question, était pour plusieurs mois condamné à ne s'occuper que de ses affaires intérieures.

Aussi, tout bien calculé, le cabinet britannique crut-il devoir bientôt se montrer plus conciliant et se borna-t-il à exiger de la Russie qu'au moins, dans la guerre qui venait de s'ouvrir, elle ne blessât pas ses intérêts propres. Elle demandait en particulier que le czar ne touchât pas à l'Égypte, qu'il respectât le canal de Suez et qu'il écartât ses armes de Constantinople et des détroits. Le cabinet de Saint-Pétersbourg ne fit nulle difficulté de lui donner satisfaction sur ces divers points (8 juin), et dès lors rien ne sembla plus devoir s'opposer à ses progrès et à ses victoires.

Les troupes russes avaient ouvert les hostilités fort peu de jours après la déclaration de guerre. Sans parler de la Crimée et de la mer Noire, où elles ne devaient guère se départir de la défensive, elles avaient deux bases principales d'opérations : le Caucase et le Danube. En Asie, l'armée commandée par le général Loris Mélikoff avait débouché dès le commencement de mai dans la direction de l'Arménie turque; le 19 de ce mois, elle avait emporté la forte place d'Ardahan, qui lui barrait la route, et, dans la première quinzaine de juin, elle était en pleine marche sur Erzeroum. En Europe, des retards, causés par les crues des cours d'eau et aussi par l'insuffisance de certains services administratifs et militaires, ne permirent pas aux forces moscovites de franchir le Danube avant la fin de juin. Mais à partir de ce moment et durant quelques semaines leurs rapides succès stupéfièrent le monde politique. S'appuyant d'une part sur le littoral, n'ayant de l'autre rien à craindre ni sur leurs derrières ni sur leur flanc droit (car la Roumanie, de gré ou de force, venait de se compromettre un peu plus qu'elle n'avait fait en avril et de conclure avec le czar, le 14 mai, un traité d'alliance offensive et défensive), elles traversèrent presque en courant la Bulgarie septentrionale, forcèrent les passes des Balkans et s'avancèrent au point que, vers le milieu de juillet, elles menaçaient déjà les communications d'Andrinople avec Constantinople.

Ces nouvelles causèrent de vives alarmes dans une grande partie de l'Europe. Le ministère britannique se montra surtout inquiet. La flotte anglaise qui, précédemment, avait quitté Bésika, y retourna mouiller sur l'ordre de Beaconsfield. A Berlin, l'on n'était pas non plus parfaitement rassuré. Tournant ses regards vers la France, que les partis monarchiques, dans un furieux assaut, disputaient alors à la République, M. de Bismarck craignait que la crise du 16 mai ne se terminât par une restauration, que le parti royaliste et clérical ne vînt à triompher et que le duc Decazes ne menât à bonne fin son éternel projet d'alliance avec la Russie. Aussi croyait-il devoir à ce moment ne mettre nul obstacle aux précautions militaires que prenait l'Autriche-Hongrie, fort alarmée de son côté par les progrès des Russes et intéressée à ce qu'ils ne dépassassent pas certaines limites. Les Magyars, toujours prêts à signaler et à combattre le panslavisme, témoignaient une bruyante sympathie à la cause du sultan. La plus vive agitation avait lieu à Pesth. On y *manifestait* avec éclat en faveur des Turcs. Le chancelier d'Allemagne, sans se compromettre vis-à-vis du cabinet de Saint-Pétersbourg, laissait faire et laissait dire avec une certaine complaisance. Dans le même temps, il caressait l'Italie et recevait avec une bienveillance tout à fait engageante M. Crispi [1], qui, sur le point de devenir ministre, venait l'entretenir des convoitises territoriales de son pays.

Bientôt, il est vrai, la fortune des armes, qui sembla changer de camp, amena ce politique, si habile à se retourner, à modifier son attitude. On apprit, à la fin de juillet, que les Russes avaient été battus en Asie, qu'ils avaient dû rétrograder, lever le siège de Kars. En Europe, ils éprouvaient, en août et septembre, de sanglants revers devant Plewna, où un vaillant capitaine, Osman-pacha [2], les tenait imperturbablement en échec. Ils avaient subi des

1. Crispi (François), né à Ribera (Sicile) le 4 octobre 1819, avocat à Naples, fut un des principaux auteurs de l'insurrection de Sicile en 1847, fit partie du gouvernement provisoire de cette île comme secrétaire général de la guerre en 1848 et 1849, se réfugia, par suite de la réaction, en France, où il vécut dix ans, reparut en Italie en 1859, poussa Garibaldi (1860) à descendre en Sicile, où il le suivit et organisa le gouvernement insurrectionnel, alla siéger, à partir de 1861, au parlement italien, où il exerça une grande influence comme chef de la partie la plus avancée de l'opposition constitutionnelle, devint président de la Chambre (novembre 1876), remplit diverses missions officieuses à l'étranger (1877), occupa le ministère de l'intérieur de décembre 1877 à mars 1878, y rentra en mars 1887 et succéda le 29 juillet de la même année à Depretis comme président du conseil. Il est actuellement encore à la tête du cabinet italien.

2. Osman-pacha (Osman-Nuri), né à Tokat en 1832 suivant les uns, à Amasia en 1837 d'après les autres; officier de cavalerie dans l'armée turque

pertes énormes. Le czar avait encore des hommes et il organisait avec un zèle fébrile de nouvelles et importantes levées. Mais il paraissait épuisé d'argent. On le crut un moment perdu. La cour de Berlin, qui ne souhaitait pas qu'il fût trop vainqueur, ne voulait pas non plus qu'il fût trop vaincu. M. de Bismarck tenait à ce que la Russie fût toujours assez forte pour faire au moins contrepoids à l'Autriche-Hongrie, puissance à la merci de laquelle il ne voulait pas que l'Allemagne se trouvât réduite. Du reste, fort bien renseigné sur les affaires de France, il commençait à s'apercevoir que l'entreprise monarchique tentée par les hommes du 16 mai était menacée d'un prochain et complet échec. Grâce aux efforts suprêmes de Thiers [1], grâce à l'autorité personnelle de Gambetta, les élections, auxquelles le ministère de Broglie ne pouvait se soustraire, devaient ramener à la Chambre des députés la majorité républicaine que ce cabinet avait voulu écarter (et en effet elles allaient amener, le 14 et le 28 octobre suivant, l'entière confusion des partis réactionnaires coalisés). M. de Bismarck n'en doutait plus. Il se disait qu'à la suite du revirement qui allait se produire dans notre pays, le duc Decazes ne resterait certainement pas aux affaires et que l'orientation diplomatique de la France serait sans doute changée. Il lui paraissait donc sage de témoigner quelque sollicitude pour la cause — alors bien compromise — de la Russie. Aussi le voit-on à cette époque se montrer beaucoup plus réservé dans ses rapports avec l'Italie. Et quant à l'Autriche-Hongrie, loin de continuer à l'encourager dans ses préparatifs militaires contre la Russie, il use de tout son ascendant pour obtenir qu'elle ménage cette puissance, qu'elle empêche au besoin la Turquie d'abuser de la victoire. Il donne rendez-vous au comte Andrassy, qu'il va voir à Salzbourg (20 septembre), et que lui promet-il? sans doute de lui faciliter l'occupation de la Bosnie et de l'Herzégovine, que sou-

en 1854; général de division en 1875 après de belles campagnes en Crimée, en Syrie, en Crète, en Arabie; vainqueur des Serbes et nommé *muchir* ou maréchal en 1876; fait prisonnier à Plewna par les Russes après une résistance mémorable; chargé par le sultan de la reconstitution de l'armée; nommé commandant de la garde impériale, grand maître de l'artillerie, grand maréchal du palais et appelé au ministère de la guerre, qu'il occupa (sauf une courte interruption en 1880) jusqu'en 1885.

1. Cet homme d'État, qui fût très probablement redevenu président de la République à la suite des élections constitutionnelles qu'il préparait, mourut subitement à Saint-Germain-en-Laye quelques semaines avant le jour fixé pour le scrutin (3 septembre 1877).

haite passionnément l'empereur François-Joseph et dans laquelle les Hongrois verront au moins un moyen d'empêcher la Serbie et le Monténégro de s'approprier ces territoires.

Quoi qu'il en soit, M. de Bismarck n'est pas au terme de ses volte-face. Le sort des combats, qui semble, en cette année 1877, se jouer de tous les calculs des diplomates, va bientôt tourner une fois de plus. La Russie, que l'on jugeait pour longtemps abattue, se relève soudain d'un vigoureux effort. A la suite d'effroyables combats, Loris Mélikoff [1], qui a remis le siège devant Kars, enlève cette place en novembre et marche de nouveau sur Erzeroum sans que rien puisse l'arrêter; en Europe, le héros de Sébastopol, Tottleben [2], placé à la tête de l'armée, triomphe enfin de Plewna (10 décembre). Dans le même temps, la Serbie, qui, depuis quelques mois, ne s'est contenue qu'à grand'peine, rompt la paix et rentre en campagne. Les Balkans sont de nouveau forcés. La route d'Andrinople est ouverte aux vainqueurs et nul obstacle sérieux ne paraît plus pouvoir les empêcher d'atteindre le Bosphore.

XI

Éperdu, ne comptant plus sur la force de ses armes, le gouvernement turc ne pouvait plus dès lors être sauvé que par l'intervention de l'Europe. Il se hâta donc de solliciter la média-

1. Mélikoff (comte Loris), né à Lori (Transcaucasie) le 1er juin 1826; général-major en 1863 après de beaux services dans les guerres du Caucase; lieutenant général et aide de camp de l'empereur en 1865, ataman des Cosaques du Terek, nommé comte et général de cavalerie après le succès qu'il remporta sur les Turcs en 1877; gouverneur d'Astrakhan (1878); gouverneur général de la circonscription militaire de Kharkoff, avec pleins pouvoirs pour la recherche et la poursuite des nihilistes (avril 1879); appelé à Saint-Pétersbourg à la suite d'un attentat contre le czar, qui le nomma président d'une commission exécutive investie d'une véritable dictature sur tout l'empire (février 1880). Après l'assassinat d'Alexandre II (13 mars 1881), il se retira des affaires. Il est mort à Nice en décembre 1888.

2. Tottleben (François-Édouard, comte), né à Mittau (Courlande) le 20 mai 1818, était capitaine du génie dans l'armée russe en 1854. Les services éminents qu'il rendit en improvisant les défenses nouvelles de Sébastopol, qui arrêtèrent si longtemps les assiégeants, lui valurent le grade de général-major (1855); lieutenant général en 1860, puis directeur du génie au ministère de la guerre, chargé en 1877 du commandement en chef de l'armée devant Plewna, il resta jusqu'en mars 1879 en Turquie, fut nommé le 20 avril suivant gouverneur général d'Odessa avec pleins pouvoirs pour poursuivre les nihilistes et passa au gouvernement de Wilna en 1880.

tion collective des grandes puissances. Mais il fallait qu'elles se missent d'accord, et elles n'y parvinrent pas. La cour de Berlin, sans l'assentiment de laquelle la médiation ne pouvait évidemment s'effectuer, jugea sage et politique de ne pas heurter de front, au milieu même de ses triomphes, la Russie, qui devait tenir pardessus tout à ce que, pour le moment, nul ne s'interposât entre elle et la Turquie. Il se dit qu'il fallait lui laisser la satisfaction de dicter la paix au vaincu; qu'il serait toujours temps de lui imposer la revision de cette paix et que l'Allemagne ni l'Europe ne perdraient rien pour attendre. Il affecta donc plus que jamais un vif désir de complaire au cabinet de Saint-Pétersbourg et fit prédominer cet avis qu'il devait y avoir tout d'abord négociation directe entre les parties belligérantes. La Porte dut donc se soumettre à sa mauvaise fortune et fit savoir le 3 janvier 1878 qu'elle était prête à traiter sans intermédiaire avec le gouvernement russe.

A cette nouvelle le cabinet britannique manifesta les plus vives alarmes. En Angleterre, l'amour-propre national se réveillait terriblement, et, malgré les efforts des Gladstoniens, l'opinion publique, sentant renaître ses vieilles méfiances à l'égard de la Russie, se retournait en faveur de la Turquie. Beaconsfield, lui, n'avait, au fond, nul faible pour cette dernière puissance. Ce n'était point un politique sentimental. Il ne lui répugnait nullement — on en verra plus loin la preuve — de participer au dépècement de l'empire ottoman. Ce qu'il voulait, c'était que cette opération ne s'accomplît pas au profit exclusif des Russes. Pour le moment, il commença par invoquer très haut les traités de 1856 et de 1871 et soutint que toutes les puissances qui les avaient signés devaient être appelées à régler les affaires actuellement pendantes en Orient (13-25 janvier). En même temps, il parlait de faire franchir les Dardanelles à la flotte anglaise et son collègue Derby, beaucoup moins belliqueux, avait quelque peine à l'en empêcher.

La diplomatie russe cherchait à gagner du temps. Aux réclamations de l'Anglelerre elle ne répondait qu'en termes équivoques. Malgré les questions qu'on lui posait de toutes parts, elle gardait le secret sur les conditions qu'elle prétendait dicter à la Porte. Elle traînait en longueur, sous d'assez mauvais prétextes, sa négociation directe avec les ministres turcs. Et pendant ce temps les troupes du czar continuaient d'avancer. A la fin de janvier, elles étaient aux portes de Constantinople. Appliquant durement le droit du plus fort, le gouvernement russe exigeait, pour accorder un armistice aux vaincus, qu'ils signassent en même temps les préliminaires de la paix. Il leur fallut bien subir cette volonté léonine; et c'est ainsi que, le 30 janvier, fut conclue à Andrinople une convention qui suspendait les hostilités entre les deux parties et faisait connaître les bases du traité à intervenir.

Le rétablissement de la paix devait avoir lieu aux conditions suivantes : Indépendance et accroissement de la Serbie et de la Roumanie; accroissement du Monténégro; érection de la Bulgarie en principauté autonome; administration autonome garantie à la Bosnie, à l'Herzégovine et aux autres provinces chrétiennes, payement d'une indemnité de guerre à la Russie, etc. Et l'on pouvait bien prévoir que ces clauses, énoncées si vaguement, seraient rendues encore plus dures pour la Turquie, quand viendrait le moment de les préciser.

Quand on apprit à Vienne et à Londres quel parti le czar entendait tirer de ses victoires. on se montra fort irrité contre lui et l'on fit sérieusement mine de vouloir l'arrêter. L'Autriche-Hongrie voyait Alexandre II fort peu disposé à se souvenir de l'arrangement secret qu'il avait conclu avec elle en janvier 1877. Elle se trouvait jouée et ne songeait qu'avec effroi à la conclusion prochaine d'un traité qui, sans doute, allait placer la péninsule des Balkans et le Danube sous la domination exclusive de la Russie. Aussi s'empressa-t-elle de faire connaître qu'elle regarderait comme nul et non avenu, dans les futurs arrangements entre les parties belligérantes, tout ce qui serait une modification des traités existants ou qui toucherait aux intérêts de l'Europe ou aux intérêts particuliers de l'Autriche-Hongrie; elle proposait, pour régler toutes les questions en litige, la réunion d'une conférence à Vienne (note du 3 février). En même temps, elle commençait à mobiliser ses troupes et à les masser du côté du bas Danube et de l'Illyrie.

Quant à l'Angleterre, elle faisait mieux encore. Le 14 février, sa flotte, qui portait un corps de débarquement assez considérable, passait les Dardanelles et venait mouiller aux îles des Princes, c'est-à-dire en vue de Constantinople; si bien que les Russes, pour éviter une descente britannique et ses conséquences, devaient s'engager à ne pas entrer dans cette capitale.

Le cabinet de Saint-Pétersbourg, qui voulait gagner le temps nécessaire pour conclure le traité en cours de négociation avec la Turquie, ne répondit d'abord à la note austro-hongroise que par des ergotages assez évasifs. Il prétendait, avec une certaine subtilité, distinguer dans le futur acte de paix ce qui intéressait l'Europe et ce qui, d'après lui, ne touchait que la Russie et l'empire ottoman. Il proposait Bade pour siège de la réunion proposée. Il demandait qu'au lieu d'une conférence on convoquât un *congrès*, c'est-à-dire un conseil diplomatique ayant pleins pouvoirs non seulement pour discuter, mais pour traiter au nom des grandes puissances. Pour assurer le succès de cette ouverture, il en vint, au bout de quelques jours, à invoquer les bons offices du gouvernement allemand et à exprimer le vœu que le congrès se réunît à Berlin. Quelle que fût sa finesse, Gortchakoff était encore dupe de M. de Bismarck. Avec un art consommé, ce dernier, qui, depuis si longtemps, louvoyait sans se compromettre entre la Russie et l'Autriche-Hongrie, semblait l'encourager pour gagner sa confiance. Ayant à s'expliquer, le 19 février, au Reichstag sur l'attitude qu'il comptait prendre au milieu des puissances qu'intéressait la question d'Orient, il déclarait que l'Allemagne n'assumerait point le rôle toujours pénible et dangereux d'arbitre, qu'elle offrirait seulement ses bons offices et contribuerait par sa médiation amicale au raffermissement de la paix européenne; qu'elle voulait être simplement l'*honnête courtier* qui sert d'intermédiaire entre l'acheteur et le vendeur. Il ajoutait, comme d'ordinaire, que son plus vif désir était de faire vivre en bon accord les deux cours de Vienne et de Saint-Pétersbourg. Mais il semblait encore ne pouvoir se défendre d'un certain faible pour cette dernière. Pourquoi, demandait-il, certaines puissances lui feraient-elles la guerre? « Victorieuses, disait-il, elles ne pourraient rétablir la domination ottomane; il leur faudrait donc substituer une solution de leur choix à la solution russe. Mais laquelle adopteraient-elles? qui se chargerait de l'appliquer?... Il est probable que si la Russie ne parvient pas à obtenir dès aujourd'hui le consentement des autres puissances cosignataires du traité de 1856, elle se consolera avec cette pensée : Contentons-nous de ce que nous avons : *Beati possidentes.* »

Il semblait, on le voit, que le chancelier de fer eût vraiment l'intention de tirer la Russie d'embaras. On n'en douta presque pas quand on le vit peu après, pour complaire à Gortchakoff, se charger de proposer aux puissances intéressées la réunion d'un Congrès, qui s'assemblerait à Berlin (3-4 mars).

Mais, juste au moment où il conviait l'Europe à ces grandes assises, la Russie se hâtait d'en finir avec la Turquie et de lui imposer, par la plume d'Ignatieff, la paix la plus dure qu'elle eût pu concevoir. C'est, en effet, le 3 mars qu'était signé aux portes de Constantinople le traité de San-Stefano.

Ce pacte était, comme on pouvait s'y attendre, la consécration brutale et sans pitié des triomphes militaires obtenus par le czar. Tout d'abord il commençait par proclamer l'indépendance du Monténégro, quadrupler l'étendue de ce petit État et lui assurer deux ports sur la mer Adriatique. Il établissait aussi que la Serbie et la Roumanie seraient désormais indépendantes et accroissait la première de ces principautés du territoire de Nisch. Ce qu'il y avait de plus grave dans le traité, c'était l'érection en principauté autonome de la Bulgarie, dont les limites devaient s'étendre jusqu'à la mer Noire à l'est, au sud jusqu'à l'Archipel, à l'ouest jusqu'au Drin et aux montagnes de l'Albanie, sur une superficie de 163 000 kilomètres carrés, de telle sorte que ce qui restait aux Turcs en Europe (168 000 kil. carrés) fût divisé en quatre tronçons, dont deux (Constantinople et Gallipoli avec leur territoire d'une part, la presqu'île de Salonique de l'autre) ne pouvaient communiquer entre eux et avec le reste de l'empire que par la mer, et les deux autres (d'un côté la Bosnie et l'Herzégovine, de l'autre la Thessalie et l'Albanie) ne se rejoignaient que par un étroit défilé, que commandaient la Serbie et le Monténégro. La Bulgarie, État d'environ 4 millions d'habitants, aurait un prince élu par les populations, avec l'assentiment des puissances, et vassal de la Porte. Elle ne serait gardée que par ses propres milices. Mais sa constitution serait élaborée *sous la surveillance* d'un commissaire russe, qui, du reste, administrerait la province avec pleins pouvoirs pendant deux années. Jusqu'à ce terme, en outre, elle devait être occupée par cinquante mille soldats du czar. Toutes les forteresses du Danube seraient démolies; la navigation de ce fleuve resterait libre; la Bosnie et l'Herzégovine seraient pourvues, sous le contrôle de la Russie et de l'Autriche-Hongrie, des institutions réclamées pour elles par la conférence de Constantinople. En Crète le règlement de 1868 serait sérieusement appliqué; des règlements analogues seraient faits, *d'accord avec la Russie*, pour les autres provinces grecques de l'empire; l'Arménie obtiendrait aussi, sous la protection du czar, des institutions propres à assurer son repos et ses libertés. Le sultan accorderait une amnistie générale. Il prendrait en considération le désir du czar que la ville et le territoire de Khotour fussent cédés à la Perse. Il se reconnaissait débiteur de 1 400 millions de roubles [1] envers Alexandre et de 10 millions de roubles envers certains de ses sujets. Le souverain russe voulait bien lui faire remise de 1 100 millions de roubles, mais il acquérait en échange : 1° en Asie Batoum, Ardahan, Kars, Alaschkert, Bayazid; 2° en Europe, le sandjak de Touldja (c'est-à-dire une partie de la Dobroudja), qu'il forçait, au mépris de ses engagements envers la Roumanie, cette principauté de prendre en échange de la partie de la Bessarabie enlevée à la Russie en 1856 et qui serait rendue à cette puissance [2]. Les intérêts privés des sujets russes dans l'empire ottoman seraient garantis. Les droits des religieux russes en Turquie et ceux des moines du mont Athos seraient placés sous la protection du czar. Les anciens traités de commerce entre les deux parties contractantes étaient maintenus. Les Dardanelles et le Bosphore devaient être ouverts en tout temps aux navires de commerce. Venaient enfin les clauses d'usage pour l'évacuation des territoires occupés, la restitution des prisonniers et les ratifications.

XII

Il n'y avait pas à s'y méprendre. Le traité de San-Stefano, c'était la fin de la Turquie. Mais il y avait au moins deux puissances en Europe qui étaient bien résolues à n'en pas permettre l'exécution. C'étaient l'Angleterre et l'Autriche-Hongrie.

Tout d'abord, cependant, il sembla que la première seule fût

1. Environ cinq milliards six cents millions de francs.

2. La Roumanie devait perdre beaucoup au change. On lui prenait, en effet, un territoire riche, fertile, dont la population était foncièrement roumaine, pour lui donner un pays marécageux, pauvre, peuplé de Tartares. En outre elle n'avait pas d'avantage à voir la Russie redevenir maîtresse de la principale embouchure du Danube, et l'Europe n'avait également rien à y gagner.

résolue à se compromettre. Le Foreign-Office, répondant, le 13 mars, à la proposition de réunir un congrès, déclara ne pouvoir en accepter le principe que si cette assemblée pouvait librement examiner et juger le traité de San-Stefano dans son ensemble. Une négociation fort aigre-douce s'engagea aussitôt entre Londres et Saint-Pétersbourg. Elle dura environ deux semaines, au bout desquelles le czar fit connaître (26 mars) sa volonté bien arrêtée de ne pas soumettre au congrès les clauses intéressant particulièrement la Russie et la Turquie (c'est-à-dire les plus graves du traité).

C'était, à ce qu'il semblait, vouloir provoquer une déclaration de guerre. D'où venait à Alexandre II et à son chancelier une pareille assurance? De l'espoir, caressé par eux depuis quelque temps, de se concilier l'Autriche-Hongrie. Fort peu après la conclusion du pacte de San-Stefano, le général Ignatieff s'était fait envoyer à Vienne pour séduire François-Joseph et Andrassy par quelques promesses. Qu'était-il allé leur offrir? Sans doute la Bosnie et l'Herzégovine. Mais il est certain que le chancelier austro-hongrois et son souverain voulaient bien davantage. Ils demandaient en effet : 1° à occuper la Bosnie et l'Herzégovine; 2° à faire de ces territoires une principauté autonome, comme la Bulgarie, mais qui eût été dominée par l'Autriche-Hongrie; 3° à traiter de même l'Albanie, la Macédoine avec Salonique; 4° à pouvoir contracter avec la Serbie et le Monténégro, reconnus indépendants, des traités militaires et commerciaux qui eussent en réalité inféodé ces États au cabinet de Vienne; 5° à former avec eux et avec les nouvelles principautés une espèce de *zollverein*, tout à l'avantage de la grande monarchie danubienne, etc. — Ignatieff fut effrayé de pareilles prétentions, que finalement il repoussa, trouvant que ce serait acheter trop cher l'alliance qu'il était venu chercher.

La négociation de Vienne n'avait donc pas, en somme, tourné à l'avantage de la Russie. On le sut tout aussitôt au Foreign-Office, et c'est là ce qui nous explique l'attitude menaçante que prit, vers la fin de mars, vis-à-vis du cabinet de Saint-Pétersbourg le cabinet britannique. Assuré que l'appui de l'Autriche-Hongrie ne lui ferait pas défaut, Beaconsfield, d'autre part, croyait pouvoir maintenant compter sur le concours moral de la France. Il s'était produit dans ce dernier pays, à la fin de 1877, un grand revirement politique. Le parti républicain avait été rappelé aux affaires. Le duc Decazes n'était plus ministre et sa place était occupée par M. Waddington [1], dont les sympathies pour l'Angleterre étaient bien connues. Le cabinet de Saint-James ne craignait donc plus de parler haut et même d'agir. Lord Derby, toujours timoré, offrit sa démission. Beaconsfield le laissa partir (28 mars), renforça la flotte mouillée à l'île des Princes, donna bruyamment des ordres pour le transport en Turquie des troupes de Malte et même de l'Inde et fit lancer (le 1er avril) par lord Salisbury, nouveau ministre des affaires étrangères, une note fort raide, par laquelle l'Angleterre remontrait que le traité de San-Stefano mettait la mer Noire sous l'absolue domination que la Russie, ne laissait à l'empire turc qu'une indépendance illusoire et que, par conséquent, le pacte en question n'était pas conciliable avec les légitimes intérêts de la Grande-Bretagne.

Le gouvernement russe allait-il accepter le défi? Sa situation était particulièrement grave. Au lendemain d'une guerre qui avait profondément ébranlé son organisme militaire et compromis pour longtemps l'équilibre de ses finances, il se voyait à la veille d'en avoir une autre à soutenir contre deux puissances de premier ordre, l'Angleterre et l'Autriche-Hongrie. Il ne pouvait compter ni sur l'amitié de la France, dont les bons offices semblaient plutôt assurés à la cour de Londres, ni sur celle de l'Italie, qu'un vague désir d'obtenir un établissement en Albanie portait à se rapprocher du cabinet de Vienne pour lui faire contrepoids.

Restait l'Allemagne, dont elle avait jadis si complaisamment favorisé l'essor et l'élévation, et qui lui devait bien, pensait-elle,

1. Waddington (William-Henry), né à Saint-Remy-sur-l'Avre (Eure-et-Loir), le 11 décembre 1826, d'un père anglais plus tard naturalisé français, se fit d'abord connaître comme helléniste et numismate, devint en 1865 membre de l'Académie des inscriptions et belles-lettres, entra dans la vie politique (8 février 1871) comme représentant de l'Aisne à l'Assemblée nationale, où il siégea d'abord au centre droit, mais se rapprocha peu à peu du centre gauche, fut nommé ministre de l'instruction publique (19 mai 1873) par Thiers, dont il partagea la chute quelques jours après (24 mai), vota les lois constitutionnelles (février 1875), fut élu sénateur, reprit le portefeuille de l'instruction publique, qu'il garda du 9 mars 1876 au 16 mai 1877, devint ministre des affaires étrangères dans le cabinet Dufaure (14 décembre 1877), représenta la France au Congrès de Berlin (juin-juillet 1878) et fut président du conseil du 4 février au 27 décembre 1879; il est ambassadeur de France à Londres depuis le 18 juillet 1883.

quelque reconnaissance. C'est à la neutralité bienveillante de la Russie que cette puissance devait d'avoir pu sans entraves mener à bonne fin la campagne de Sadowa. Si elle avait en 1870 triomphé de la France, c'est surtout parce que le czar tenait à ce moment l'Autriche-Hongrie paralysée par ses menaces. Allait-elle maintenant rendre la pareille au gouvernement russe? Il était évident que l'Angleterre ne s'engagerait pas dans la guerre sans le concours matériel du cabinet de Vienne, et que François-Joseph ne bougerait pas si Guillaume Ier lui tenait le langage que lui avait tenu Alexandre II huit ans plus tôt. La paix de l'Europe et l'avenir de la Russie étaient donc à ce moment dans les mains de M. de Bismarck et de son souverain. C'est à l'épreuve que l'on reconnaît ses vrais amis. L'épreuve fut tentée par le czar et son chancelier. Il en résulta pour eux la plus profonde et la plus cruelle des déceptions. Aux appels venus de Saint-Pétersbourg l'Allemagne fit la sourde oreille. Le cabinet de Berlin se déroba; il lui fallait toujours, disait-il, faire face à la France, la surveiller; toutes ses forces n'étaient pas de trop pour une pareille tâche. Au fond, il ne voulait pour rien au monde se brouiller avec l'Autriche-Hongrie, qui, pour les raisons exposées dans le chapitre précédent, eût pu lui faire beaucoup de mal. Bref, il ne voulut prendre aucun engagement. C'était mettre la Russie dans l'impossibilité de relever le gant jeté par l'Angleterre. Ce fut là proprement la grande trahison que les politiques de Saint-Pétersbourg et la nation russe n'ont pas encore pardonnée, et ne pardonneront sans doute pas de longtemps à l'Allemagne. Car tout ce qui s'est fait depuis au congrès de Berlin n'a été que la conséquence forcée de cette défection.

Donc, au commencement d'avril, M. de Bismarck ne laissait plus ignorer au chancelier russe qu'il n'était pas disposé à le seconder dans sa politique. Il eût été du moins charitable à lui de l'en avertir plus tôt et de ne pas le laisser se compromettre en mars par de vaines bravades. Mais, outre qu'il n'était pas fâché de mortifier à la face de l'Europe ce Gortchakoff qui avait semblé le narguer en 1875, il eût, en somme, vu sans trop de déplaisir se produire un conflit armé entre la Russie d'une part, l'Angleterre et l'Autriche-Hongrie de l'autre. Il eût été en effet fort aise de voir ces trois puissances s'entre-déchirer et s'affaiblir. *Suave mari magno*.... L'Allemagne, du reste, gardant pour elle toutes ses forces et toute son attention, eût pu tirer bon parti de la confusion générale, pêcher en eau trouble, étendre la main, par exemple, sur les Pays-Bas, qui l'eussent arrondie à merveille et dont l'Angleterre eût été impuissante à prévenir l'absorption. Puis, quand les parties belligérantes eussent été bien épuisées, elle fût sans doute intervenue entre elles, avec ses forces intactes, leur eût dicté une paix à son gré et plus que jamais eût été l'arbitre de l'Europe.

Quelque peine qu'il prît à dissimuler ces calculs, le cabinet britannique les avait pénétrés. Il ne lui convenait pas de payer la neutralité germanique d'un prix aussi exorbitant que les Pays-Bas. L'Autriche-Hongrie, de son côté, ne désirait point voir l'Allemagne devenir plus puissante. Quant à la Russie, il lui eût été par trop pénible qu'elle se fortifiât par l'effet d'une aventure où elle-même pouvait voir sombrer sa fortune.

Il résulta donc des réflexions qui furent faites à ce moment, surtout à Londres et à Saint-Pétersbourg, qu'au bout de fort peu de jours les rapports se détendirent visiblement entre le ministère britannique et le cabinet russe. Gortchakoff avait d'abord adressé au Foreign-Office (le 7 avril) une note par laquelle, tout en rétorquant les arguments produits peu auparavant par lord Salisbury dans la sienne, il demandait à la cour de Londres de faire connaître les modifications principales que devait, à son sens, subir le traité de San-Stefano. Beaconsfield fit mine au début de vouloir établir préalablement un accord sur ce point entre la Grande-Bretagne, l'Allemagne, l'Autriche-Hongrie, la France, l'Italie et la Turquie. Mais, comme le temps pressait, qu'il redoutait un coup de tête du czar et que les projets ténébreux de M. de Bismarck l'alarmaient de plus en plus, il finit par donner à entendre qu'il pourrait bien répondre isolément. Le comte Schouvaloff, ambassadeur de Russie à Londres, politique fort influent à Saint-Pétersbourg et fort opposé à la guerre, l'amena doucement à formuler ses conditions. Puis il partit le 7 mai pour aller les faire agréer à son souverain. Le 30, après avoir passé deux fois par Berlin, où il les avait fait également approuver par le chancelier d'Allemagne, il était de retour à Londres, où il signait avec le marquis de Salisbury un mémorandum secret où étaient énumérées les concessions demandées par l'Angleterre et consenties par la Russie.

Elles étaient fort considérables, et avaient dû coûter bien cher à l'amour-propre du czar et de son chancelier. L'Angleterre consentait donc à paraître au congrès. Mais tout d'abord il était entendu (et c'était ce qui lui tenait le plus au cœur) que la principauté de Bulgarie serait réduite environ des deux tiers, écartée de la mer Égée, ramenée à la limite des Balkans; qu'une partie importante de cette province (l'ouest) serait replacée sous l'autorité directe du sultan; que le reste, c'est-à-dire la portion située au sud des Balkans, serait seulement dotée d'une large autonomie administrative, avec un gouverneur chrétien nommé, du consentement de l'Europe, pour cinq ou dix ans, et que la question de savoir si les troupes turques y seraient admises pourrait être discutée au Congrès; que les engagements relatifs à l'Arménie seraient pris envers l'Angleterre comme envers la Russie; que l'organisation des provinces grecques serait soumise à *toutes* les grandes puissances; que le reliquat de 300 millions de roubles dû par la Turquie sur l'indemnité de guerre ne serait pas converti en cessions territoriales; que, du reste, la créance russe ne pourrait porter préjudice aux droits de la Grande-Bretagne, déjà depuis longtemps créancière de la Porte, et que le chiffre en pourrait être débattu. En Asie, la Russie renonçait à la vallée d'Alaschkert, à la ville de Bayazid (moyennant cession de Khotour à la Perse) et promettait de ne plus étendre sa frontière du côté de l'empire ottoman. Par contre, l'Angleterre, tout en désapprouvant la rétrocession de la Bessarabie au czar, déclarait qu'elle n'en ferait pas un *casus belli*. Du reste, par une note séparée, lord Salisbury faisait toutes ses réserves : 1° sur la nécessité de soumettre à l'*Europe* l'organisation de la Bulgarie; 2° sur la durée de l'occupation russe; 3° sur le nom à donner à la province méridionale; 4° sur la navigation du Danube; 5° sur la question des détroits, la Russie consentant pour sa part au *statu quo*; 6° enfin sur la nécessité d'admettre l'*Europe* à protéger au mont Athos les moines de nationalité non russe.

On voit par là que l'arrangement du 30 mai réduisait de plus de moitié les avantages accordés à la Russie par le traité de San-Stefano. Cependant il en laissait subsister assez pour qu'on puisse s'étonner au premier abord que l'Angleterre n'eût pas exigé davantage. Comment, par exemple, se montrait-elle si accommodante sur la Bessarabie et l'embouchure du Danube? Comment surtout faisait-elle si bon marché de Batoum et des territoires acquis par le czar du côté de l'Arménie? On devait avoir l'explication de ce mystère au bout de quelques semaines. Dans le temps même où ils négociaient avec Schouvaloff, Beaconsfield et Salisbury s'efforçaient avec succès, à l'insu de la Russie, d'assurer à la Grande-Bretagne en Orient des avantages équivalents à ceux dont le czar allait rester possesseur. Reconnaissant *in petto* la parfaite impossibilité de galvaniser et de guérir l'*homme malade*, ils tenaient du moins à ce que l'Angleterre, *sa meilleure amie*, se fît à l'avance une bonne part dans ses dépouilles.

Quelle serait cette part? S'ils eussent été maîtres, ils eussent pris l'Égypte. Mais la France, pour le moment, ne le leur eût pas permis. Quelle que fût son anglomanie, M. Waddington n'était pas homme à sacrifier les intérêts de son pays au gouvernement britannique. Il avait fait savoir que la France irait bien au congrès, mais aux conditions suivantes : 1° que toutes les puissances signataires des traités de Paris et de Londres y seraient représentées; 2° que les questions soulevées par la dernière guerre y seraient seules agitées; 3° qu'il n'y serait traité ni de l'Egypte ni de la Syrie et que les droits de la France dans les *Lieux saints* n'y seraient pas contestés. Ces réserves étant admises par toutes les autres puissances, l'Angleterre n'avait pu, pour sa part, les rejeter. Par compensation, elle eût bien voulu contracter un accord profitable avec l'Autriche-Hongrie. Aussi avait-elle proposé radicalement à cette puissance de partager avec elle le *protectorat* (c'est-à-dire la domination indirecte) de l'empire ottoman; elle se fût chargée des provinces d'Asie et eût laissé l'Europe à la cour de Vienne. Mais François-Joseph et Andrassy, ne voulant point s'exposer de gaîté de cœur à un conflit certain avec la Russie, n'avaient osé accepter cette combinaison. C'est alors que Beaconsfield s'était retourné mystérieusement vers la Porte, lui remontrant qu'en face de la Russie victorieuse, irritée, menaçante, il lui fallait un appui garanti par un traité. Cet appui, l'Angleterre était prête à le lui promettre. Il était bien juste de le reconnaître par quelques sacrifices ; ce seraient du reste les derniers (la diplomatie britannique savait bien le contraire, mais elle avait trop d'intérêt à le faire croire pour dire tout ce qu'elle savait). Et voilà comment le divan fut amené à conclure secrètement (le 4 juin) l'étrange traité par lequel la Turquie chargeait l'Angleterre du soin de défendre, au besoin, ses possessions d'Asie Mineure, promettait de réformer, suivant ses avis et sous son contrôle, l'administration de ces provinces et lui permettait d'occuper l'île de Chypre, position navale importante, qui en commande le littoral en même temps que celui de la Syrie et de l'Égypte. Si une pareille convention devait être fidèlement exécutée, c'était là, de la part de Beaconsfield, un coup de maître. L'Angleterre tiendrait ainsi, à la face du monde, la Russie en surveillance; et, par la protection officielle du sultan, elle doublerait son prestige aux yeux des populations musulmanes de l'Inde[1].

Nous avons dit que le traité du 4 juin était secret. Il l'était du moins pour la Russie. Mais cet acte et les négociations qui l'avaient amené n'avaient certainement pas échappé à M. de Bismarck. Que l'Angleterre se préparât de nouveaux conflits avec la Russie, cela lui convenait à merveille. Mais il ne pouvait admettre que, dans la curée dont l'empire ottoman allait être la victime, l'Autriche-Hongrie n'obtînt pas aussi sa part. Il fallait, pour que cette puissance ne songeât pas à troubler l'Allemagne, tourner son ambition du côté de l'Orient et la satisfaire dans une certaine mesure. D'ailleurs, plus elle s'avancerait dans la direction des Balkans, plus il lui serait difficile de s'entendre avec la Russie, avantage net pour l'Allemagne, qui continuerait de neutraliser ces deux empires l'un par l'autre. Donc le chancelier de fer voulait que l'Autriche-Hongrie, en compensation des avantages obtenus par le czar sur le Danube comme en Bulgarie et de ceux dont allait jouir le gouvernement anglais, eût au moins la satisfaction d'occuper la Bosnie et l'Herzégovine, grande route de Salonique et de la mer Égée. Il en fit même sans nul doute une condition de son acquiescement aux combinaisons britanniques. Aussi fut-il convenu très mystérieusement, et à l'insu de la Porte, qui croyait n'avoir plus rien à perdre, que le cabinet de Vienne réclamerait ce dédommagement et que l'Angleterre l'aiderait de son mieux à se le faire attribuer.

On voit, par l'exposé de toutes ces intrigues préliminaires, qu'il ne restait pas grand'chose à faire au congrès. Néanmoins, les

1. Il ne faut pas perdre de vue qu'elles forment une masse de cinquante millions d'habitants. Il n'y a pas de gouvernement au monde qui réunisse sous sa domination un si grand nombre de sujets mahométans.

débats en furent assez vifs; il était du reste bien difficile qu'il ne s'y produisît pas de fort amères récriminations et que la révélation de certains secrets ne provoquât pas, de divers côtés, de violents éclats de mauvaise humeur.

XIII

Les convocations avaient été, le 3 juin, adressées officiellement par le prince de Bismarck aux puissances intéressées. Le congrès se réunit le 13 du même mois à Berlin et, comme il était entendu d'avance, le chancelier d'Allemagne en fut tout aussitôt élu président. Avec lui le baron de Werther et le prince de Hohenlohe y représentaient l'empire germanique. Les autres plénipotentiaires étaient : pour l'Autriche-Hongrie, le comte Andrassy, le comte de Karolyi [1] et le baron de Haymerlé [2]; pour la France, M. Waddington, le comte de Saint-Vallier [3] et M. Desprez [4]; pour la

1. Karolyi (Louis, comte de), né à Vienne le 8 août 1825; attaché d'ambassade (1845) à Berlin, puis à Saint-Pétersbourg, à Hanovre, à Rome; chargé d'affaires à Athènes (1852); secrétaire d'ambassade à Londres (1853); ambassadeur à Saint-Pétersbourg (1858), puis à Berlin, où il resta jusqu'en juin 1866 et où il fut envoyé de nouveau en 1871; ambassadeur à Londres de 1878 à 1888.

2. Haymerlé (Henri-Charles, baron de), né à Vienne le 7 décembre 1828; interprète à Constantinople (1850); secrétaire de légation à Athènes (1851), à Dresde (1861), à Francfort (1862); chargé d'affaires à Copenhague (1864), puis à Berlin; ministre plénipotentiaire à Athènes (1869), à la Haye (1870), à Rome (1877); appelé au ministère de la maison de l'empereur et des affaires étrangères en remplacement d'Andrassy, le 8 octobre 1879; mort à Vienne le 10 octobre 1881.

3. Saint-Vallier (Charles-Raymond de la Croix de Chevrières, comte de), né à Coucy-lez-Eppes (Aisne) le 12 septembre 1833; attaché d'ambassade à Lisbonne en 1852, puis à Munich en 1856 et à Vienne (1857); attaché au cabinet du ministre des affaires étrangères en 1859; secrétaire d'ambassade à Constantinople (1860); détaché au ministère d'État (1863); chef du cabinet du marquis de Moustier (1866); ministre plénipotentiaire à Stuttgart (décembre 1868); commissaire général du gouvernement français auprès de l'armée allemande d'occupation (10 janvier 1872-22 septembre 1873); envoyé par le département de l'Aisne (30 janvier 1876) au Sénat où il prit place au centre gauche; ambassadeur à Berlin (20 décembre 1877), démissionnaire en novembre 1881, après la formation du ministère Gambetta; mort à Coucy-lez-Eppes le 12 septembre 1883.

4. Desprez (Félix-Hippolyte), né le 7 septembre 1819; attaché au ministère des affaires étrangères en 1852; secrétaire d'ambassade (1855); sous-directeur (1856), puis directeur des affaires politiques au ministère (1865); ministre plénipotentiaire de première classe (1867); conseiller d'État (1869); président du comité des services extérieurs (février 1877); ambassadeur près le Saint-Siège de 1880 à 1882.

Grande-Bretagne, le comte de Beaconsfield, le marquis de Salisbury et lord Odo Russell; pour l'Italie, le comte Corti [1] et le comte de Launay; pour la Russie, le prince Gortchakoff, le comte Schouvaloff et le baron d'Oubril; enfin pour la Turquie, Carathéodory-pacha [2], Sadoullah-bey et Méhémet-Ali-pacha [3].

Cette brillante réunion de diplomates, dont la plupart étaient des hommes d'un haut mérite, était à peine ouverte, que l'Angleterre, avec une singulière âpreté, commença les hostilités contre la Russie. De toutes les conditions qu'on avait à débattre, celle de Bulgarie paraissait la plus grave; on avait décidé, sur la proposition de M. de Bismarck, de la vider la première. Dès le 17 juin, les plénipotentiaires anglais demandèrent que les plénipotentiaires de la Grèce, qui désiraient être admis à la discuter, fussent introduits dans le congrès. Ce petit État, dont la Russie ne souhaitait pas du tout l'agrandissement, voulait lui aussi sa part de l'empire ottoman. Il réclamait l'Epire, la Thessalie, voire même la Macédoine, que le traité de San-Stefano englobait dans la Bulgarie. Beaconsfield affectait à ce moment un grand zèle pour les Grecs; ce n'est pas qu'au fond il s'intéressât bien vivement à eux (la suite devait le prouver); mais les opposer aux Slaves, protégés par la Russie, lui paraissait pour l'heure de bonne guerre. Les repré-

1. Corti (Louis, comte), né à Gambarano (Piémont) le 24 octobre 1823; attaché au ministère des affaires étrangères à Turin (1846-1848); secrétaire d'ambassade à Londres (1850); ministre plénipotentiaire à Stockholm (1866), à Madrid, à la Haye (1869), à Washington, à Constantinople (1875); ministre des affaires étrangères dans le cabinet Cairoli (24 mars-11 décembre 1878); envoyé de nouveau à Constantinople; ambassadeur à Londres (1886), d'où il fut rappelé en 1887 par M. Crispi; mort à Rome le 19 février 1888.

2. Carathéodory (prince Alexandre), fils du médecin et philologue grec de ce nom, né à Constantinople le 20 juillet 1833, fut successivement, dès sa jeunesse, secrétaire d'ambassade, sous-secrétaire d'État au ministère des affaires étrangères à Constantinople, ministre de la Sublime Porte près la cour de Rome, etc. Ministre des travaux publics en 1878, il fut, la même année, plénipotentiaire de la Turquie au Congrès de Berlin, gouverneur de Crète et ministre des affaires étrangères (4 décembre). Remplacé à ce dernier titre le 28 juillet 1879, il est devenu prince de Samos en 1885.

3. Méhémet-Ali-pacha (Charles Detroit), né à Brandebourg en 1827 d'une famille d'origine française, s'engagea à quinze ans comme mousse, déserta, passa à Constantinople, où il embrassa l'islamisme, et, protégé par Ali-pacha et par Omer-pacha, eut dans l'armée turque un rapide avancement; général de division en 1867 après la campagne de Crète, nommé muchir (maréchal) en 1875, il prit une part importante aux guerres de 1876 et 1877, représenta la Turquie au Congrès de Berlin et, chargé de pacifier l'Albanie, fut assassiné à Yancovan le 7 septembre 1878.

sentants d'Alexandre II étaient bien embarrassés. Beaconsfield invoquait avec une affectation ironique le dévouement bien connu et *désintéressé* du czar pour tous les sujets *chrétiens* du sultan. Gortchakoff eût bien voulu s'opposer sans réserve à l'admission des représentants de la Grèce. Mais il n'osait pas. Grâce à l'intervention des plénipotentiaires français, qui portaient beaucoup d'intérêt aux Hellènes, mais qui ne voulaient pas pousser la Russie à bout, il fut décidé qu'ils seraient autorisés à présenter leurs observations et leurs vœux au congrès, quand il s'agirait de régler le sort, non pas de toutes les provinces grecques, mais des provinces grecques adjacentes à l'État hellénique, c'est-à-dire seulement l'Épire et la Thessalie (19 juin).

Les débats sur la question bulgare occupèrent ensuite quatre longues séances (22-26 juin). Ce fut une vraie bataille rangée entre les représentants de la Russie, d'une part, et ceux de l'Angleterre et de l'Autriche-Hongrie, de l'autre. En résumé, ces derniers triomphèrent presque sur tous les points. Il fut décidément convenu que la principauté nouvelle serait limitée par les Balkans, sauf à l'ouest, où on lui laisserait, avec Sofia, un petit territoire au sud des montagnes. Elle devait être ainsi réduite de 163 000 à 64 000 kilomètres carrés, de 4 millions d'habitants à 1 500 000. Ainsi le littoral de la mer Egée serait soustrait à la domination indirecte de la Russie et la Turquie éviterait le morcellement funeste auquel la condamnait le traité de San-Stefano. L'occupation moscovite, au lieu de deux ans, ne dut plus durer que neuf mois. Le congrès décida que l'organisation de la Bulgarie aurait lieu non sous la surveillance exclusive d'un commissaire russe, mais sous celle d'une commission européenne. On pourvut de même à l'organisation d'une nouvelle province qui, située au sud des Balkans, entre la Macédoine et le sandjak d'Andrinople, aurait Philippopoli pour capitale et jouirait d'une large autonomie administrative. Ce territoire prendrait le nom de Roumélie orientale[1]. Les troupes régulières du sultan, sans avoir le droit de séjourner à l'intérieur du pays, pourraient en occuper et en défendre les frontières.

1. On ne voulut pas l'appeler Bulgarie méridionale; c'était une précaution assez puérile pour empêcher les deux Bulgaries de se tendre la main et de se réunir.

Quand vint en discussion l'affaire de Bosnie et d'Herzégovine (28 juin), Andrassy lut un long mémoire d'où il ressortait qu'à son sens la Turquie ne saurait jamais pacifier ces provinces et qu'il était urgent de pourvoir à leur sort, vu qu'elles compromettaient par leurs agitations la tranquillité et les intérêts de la monarchie austro-hongroise. Tout aussitôt, Salisbury, en bon compère, démontra que, pour leur rendre le calme et rétablir l'équilibre dans la péninsule des Balkans, il fallait les faire occuper par les troupes de François-Joseph. Gortchakoff, qui s'attendait à une proposition de ce genre, accepta d'un air boudeur. Les Turcs, il est vrai, cruellement surpris, jetèrent les hauts cris. M. de Bismarck leur fit observer durement que le congrès n'avait pas pour objet l'intérêt *particulier de la Porte*, mais l'intérêt général de l'Europe, et qu'après tout le sultan n'avait pas à se plaindre, puisqu'on lui avait rendu la Macédoine et la Roumélie. Ils se déclarèrent sans pouvoirs. Mais on leur fit entendre qu'on passerait outre à leur opposition. Quelques jours plus tard, ils devaient enfin renoncer à une résistance inutile. Il fut donc décidé que, pour une période indéterminée, l'Autriche-Hongrie pourrait occuper et gouverner la Bosnie et l'Herzégovine, qui ne faisaient plus ainsi que nominalement partie de l'empire ottoman; on l'autorisa même à mettre garnison, quand elle le jugerait à propos, dans le district de Novi-Bazar, poste avancé dans la direction de Salonique.

Les séances suivantes du congrès furent consacrées tout d'abord à la Serbie et au Monténégro. L'indépendance de ces États fut reconnue. Seulement on réduisit de deux tiers les cessions territoriales promises au second et qui avaient alarmé l'Autriche-Hongrie [1]. Quant au premier, on reportait vers l'est une bonne partie des acquisitions qui lui avaient été assurées par le traité de San-Stefano, c'est-à-dire qu'au lieu de les lui donner aux dépens de la Bosnie, on les prenait sur la Bulgarie [2] (nouvel avantage pour l'Autriche-Hongrie, nouvelle mortification pour la Russie).

Dans le même temps, ou à peu près, le congrès admettait les

1. Au lieu de s'étendre jusqu'au Lim, le Monténégro devait être borné par la Tara; on l'écartait de la Bojana; on lui reprenait Spitza (que l'on donnait à l'Autriche-Hongrie) et on ne lui laissait, comme port, qu'Antivari. Bref, on le ramenait de 15 000 à 8000 kilomètres carrés de superficie.

2. On l'obligeait en effet de recevoir Pirot et Vrania en échange d'une partie du district de Novi-Bazar.

représentants de la Grèce à lui exposer les vœux de leur gouvernement. Ces diplomates (MM. Delyannis et Rangabé) [1] refroidirent quelque peu, par l'excès de leurs prétentions, le zèle de leurs amis. Ils ne demandaient en effet rien moins que l'Albanie, l'Épire, la Thessalie et la Crète (29 juin). L'Angleterre, qui avait obtenu ce à quoi elle tenait le plus et qui n'avait plus besoin d'eux, ne les soutint plus qu'avec beaucoup de mollesse. La Russie était fort loin de les aider. Ils ne furent vigoureusement appuyés que par la France, qui a toujours attaché beaucoup de prix à la clientèle hellénique. Ce fut sur les instances de M. Waddington (séance du 5 juillet) que leurs vœux furent pris, dans une certaine mesure, en considération. Le congrès ne leur donna rien, mais déclara qu'ils auraient à négocier directement avec la Porte sur la rectification de frontières qu'ils demandaient, en prenant pour base une ligne formée par le cours du Kalamas et celui de la Salamyria [2] et que, s'ils ne parvenaient pas à s'entendre avec elle, les grandes puissances interviendraient à titre de médiatrices entre les deux parties. Quant à la Crète, il fut arrêté que le règlement de 1868 lui serait appliqué. Enfin les autres provinces helléniques appartenant à la Turquie durent être réorganisées suivant l'avis de la commission européenne instituée pour la Roumélie orientale.

Les affaires de Roumanie donnèrent lieu à des débats d'une certaine vivacité. Cette principauté fut, sans discussion, déclarée indépendante, comme la Serbie et le Monténégro. Elle dut, ainsi que ces deux États et sur la demande des plénipotentiaires fran-

1. Delyannis (Théodore), né à Kalavryta en 1826; secrétaire général du ministère de l'intérieur en 1859; membre de l'Assemblée constituante après la chute du roi Othon (1862); appelé plusieurs fois au ministère des affaires étrangères; ministre de l'intérieur (1876-1877), puis de l'instruction publique (1877). Il reprit le portefeuille des affaires étrangères le 23 janvier 1878 et le garda jusqu'au 29 octobre de la même année. Président du Conseil le 1er mai 1881, il faillit, par ses provocations à la Turquie, mettre le feu à l'Europe et dut se retirer le 12 mai 1886. — Rangabé (Alexandre-Rizos), né en 1810 à Constantinople; officier au service de la Bavière (1829), puis, de retour en Grèce, conseiller aux ministères de l'instruction publique (1833) et de l'intérieur (1841); directeur de l'imprimerie royale (1841); professeur d'archéologie à l'université d'Athènes (1844-1867); ministre de la maison du roi et des relations extérieures (26 février 1857); envoyé extraordinaire à Washington (1867), à Constantinople (1869); chargé de diverses missions (1868-1869) à Paris, où il fut accrédité comme ministre plénipotentiaire (1870-1872), puis à Berlin (1874), où il demeura au même titre jusqu'en 1887.

2. Et englobant dans la Grèce à peu près la moitié de l'Épire et de la Thessalie.

çais, qui s'honorèrent en soutenant certains principes de justice trop longtemps méconnus, admettre à une parfaite égalité civile tous ses sujets, sans distinction de cultes [1]. Elle y consentit sans peine. Mais ce qu'elle ne pouvait se résigner à subir, c'étaient les exigences brutales de son ancien allié, qui ne la récompensait de sa fidélité et de son concours qu'en la dépouillant. Les plénipotentiaires de la Roumanie (MM. Bratiano [2] et Cogolniceano) avaient demandé à être entendus par le congrès. Malgré l'aigre opposition de la Russie, que combattaient résolûment l'Angleterre et l'Autriche-Hongrie, ils le furent le 1er juillet. Ils demandaient, outre la consécration de leur indépendance, que leur pays n'eût à subir aucune cession de territoire; qu'il n'eût plus à supporter le passage des troupes russes; qu'il reçût, à titre d'agrandissement, les bouches du Danube et l'île des Serpents, et qu'une indemnité de guerre lui fût payée par la Russie. Le congrès ne jugea pas possible de faire droit à leurs prières. La rétrocession de la Bessarabie, malgré les remontrances de Beaconsfield et d'Andrassy, fut maintenue. Mais, à titre de consolation, la Roumanie obtint, sur la demande de M. Waddington, deux mille kilomètres carrés de plus dans la Dobroudja, au grand déplaisir de la Russie, car cet accroissement de territoire lui était donné aux dépens de la Bulgarie.

Le congrès eut ensuite à traiter la question du Danube et celle de l'indemnité de guerre imposée par le czar au sultan. En ce qui touche à la première, sauf quelques avantages accordés à l'Autriche-

1. Cette stipulation était surtout favorable aux juifs, si nombreux et jusqu'alors si maltraités dans les États danubiens. Les représentants de la France firent, du reste, reconnaître le même principe dans la Bulgarie et dans les provinces turques.

2. Bratiano (Jean), né à Bucharest en 1822, compléta ses études à Paris à partir de 1841, fut en 1848 membre du comité révolutionnaire de Valachie, dut, par suite de la réaction, quitter son pays et se réfugier en France, où il subit une condamnation pour délit de presse, reparut ensuite à Bucharest, fit parti du divan *ad hoc* institué en vertu du traité de Paris (1856), fut chargé dans le cabinet Catargi du ministère des finances, qu'il occupa de nouveau de 1868 à 1870 et auquel il fut rappelé, en même temps qu'il devenait président du Conseil, le 24 juillet 1876; il l'échangea contre celui de l'intérieur le 8 février 1877. Après plusieurs crises ministérielles, il se retira (décembre 1880), mais dut former, le 21 juin 1881, un nouveau cabinet, dans lequel il tint le portefeuille de l'intérieur, puis (1882) celui des affaires étrangères, manifesta beaucoup de sympathie pour les cours de Vienne et de Berlin, devint fort impopulaire, et dut, à la suite de troubles graves, donner sa démission en mars 1888.

Hongrie, le *statu quo* établi par les traités antérieurs fut maintenu. Quant à la créance russe, il fut arrêté qu'elle ne pourrait être convertie en acquisitions territoriales et que le czar ne pourrait prendre rang qu'après les autres créanciers de la Porte (ce qui équivalait à dire qu'il ne serait jamais payé) [2 juillet].

La Russie qui, tant de fois et tout récemment encore, avait paru vouloir accaparer le protectorat de la religion chrétienne en Turquie, dut également renoncer à ce monopole. La Porte exprimait elle-même la *volonté de maintenir la liberté religieuse* dans ses domaines *en y donnant l'extension la plus large*. Le congrès prit acte de cette déclaration (4 juillet) et proclama *au nom de l'Europe* ce principe qu'une égalité civile et politique sans réserve devait exister en Turquie entre les sectateurs des divers cultes; les ecclésiastiques, pèlerins et moines de diverses nationalités devaient tous jouir dans l'empire ottoman des mêmes droits, et leurs établissements, aussi bien qu'eux-mêmes, étaient placés sous la protection des grandes puissances européennes. Les privilèges des couvents du mont Athos étaient maintenus; et toutes réserves étaient faites en faveur des droits de la France dans les *Lieux saints*, où le *statu quo* devait être respecté.

Le 6 juillet, il ne restait plus à résoudre qu'une question particulière de quelque importance, celle des territoires asiatiques conquis par la Russie au cours de la dernière guerre. Elle fut tranchée sans trop de peine. Fidèle à ses engagements envers l'Angleterre, cette puissance déclara renoncer à la vallée d'Alaschkert et à la ville de Bayazid, moyennant la cession de Khotour à la Perse. Et même, pour donner une satisfaction de plus au gouvernement britannique, les ministres du czar déclarèrent que l'*intention* de leur souverain était de ne pas fortifier Batoum et d'en faire un port franc. En outre, il fut admis que le projet des réformes promises à l'Arménie serait soumis non pas à la Russie seule, mais *aux puissances*. Enfin la liberté des détroits de Constantinople et des Dardanelles, telle qu'elle était établie par les traités de 1856 et de 1871, était purement et simplement confirmée.

L'Angleterre pouvait maintenant sans imprudence révéler son accord secret du 4 juin avec la Porte. Elle le fit en effet connaître le 8 juillet, annonçant qu'elle allait immédiatement prendre possession de Chypre. Ce fut pour la plupart des puissances, mais surtout pour la Russie un vrai coup de théâtre. Beaconsfield, secondé d'ailleurs par le prince de Bismarck et par le comte Andrassy, avait merveilleusement exécuté sa pièce. Gortchakoff, depuis si longtemps joué, dut ressentir cruellement cette dernière mystification. Peu de jours auparavant, il parlait encore avec emphase des *lauriers* qu'il avait apportés à Berlin pour les y convertir en *branches d'olivier*. La paix qu'il obtenait n'était pas du tout celle qu'il avait rêvée. Aussi ne put-il dissimuler son dépit. Encore si l'Europe eût voulu assurer sa garantie à l'empire russe pour les maigres avantages qu'il retirait de la dernière guerre! C'est ce que demanda désespérement Gortchakoff en priant le congrès de faire connaître *les principes et les modes par lesquels il entendait assurer l'exécution de ses hautes décisions* (8 juillet). Une discussion très passionnée s'engagea sur cette proposition; elle dura trois jours et, finalement, elle aboutit au néant. Une fois de plus, le chancelier russe était battu. Il lui fallut boire jusqu'à la lie la coupe des déceptions. Beaconsfield, qui allait rentrer triomphalement à Londres, le narguait à la face de l'Europe; et M. de Bismarck lui faisait payer bien cher le mouvement de vanité dont il n'avait pas su se défendre en 1875.

Le congrès clôtura ses travaux le 13 juilllet par la signature d'un traité en 64 articles dont sa commission de rédaction avait puisé les éléments dans ses protocoles. Ce serait une superfétation de l'analyser ici, puisque nous en avons fait connaître la substance en exposant les négociations dont il fut le fruit. Nous nous bornerons donc à en apprécier l'esprit et la portée dans les quelques réflexions qui vont terminer ce long chapitre.

XIV

Ce qui frappe par-dessus tout dans le traité de Berlin, c'est qu'il semble avoir été fait pour brouiller entre elles toutes les grandes puissances et même plusieurs petites, plutôt que pour assurer la paix générale. A première lecture, il paraît tout le contraire d'un gage de repos donné à l'Europe. Ce qu'il y a de certain, c'est que pas une des parties intéressées ne revint du congrès sans quelque mécontentement, quelque inquiétude, quelque germe nouveau de haine ou de conflit.

La moins satisfaite, on doit le croire, c'était la Turquie. Le congrès était pourtant censé avoir consolidé l'empire ottoman. C'était du moins ce que Beaconsfield soutenait, peu après, et sans rire, au sein du Parlement anglais. Cette plaisanterie à froid était, en somme, d'assez mauvais goût. Jamais depuis le partage de la Pologne ou depuis les traités de 1815, un État n'avait été spolié plus effrontément. Tous, du reste, amis comme ennemis, s'étaient rués avec la même ardeur sur l'*homme malade* et l'avaient démembré avec la même insouciance du *qu'en dira-t-on*. Que la Russie eût commencé, rien d'étonnant à cela. Depuis deux siècles la Porte était habituée à la haïr et à la combattre. Les derniers événements, sans aggraver sensiblement sa rancune, n'étaient pas de nature à lui faire aimer l'aigle moscovite. Mais l'infortuné Turc pouvait-il conserver quelques bons sentiments pour cette Angleterre et cette Autriche-Hongrie, qui si longtemps et tout récemment encore s'étaient déclarées ses appuis naturels et l'avaient si fort encouragé dans sa résistance à la grande puissance du Nord? La première venait de lui prendre Chypre, menaçait d'annihiler son autorité en Asie Mineure, travaillait à lui enlever l'Égypte et, pour comble, l'avait trompée en lui laissant prendre la Bosnie et l'Herzégovine par la seconde. La cour de Vienne l'évinçait de l'Illyrie et jetait des regards de convoitise sur Salonique. Singulière façon de sauver un malade! Encore une ou deux cures de ce genre et le malade sera mort. Il n'était pas jusqu'à la France et à l'Italie qui n'eussent, elles aussi, quelque peu rêvé de s'enrichir aux dépens de l'Osmanli et qui n'eussent, avec l'approbation discrète de certaines puissances (de l'Allemagne en particulier), tourné les yeux, la première vers l'Égypte, la seconde vers l'Albanie, toutes les deux vers la Tunisie. Il n'y avait, en somme, que l'Allemagne qui n'eût rien demandé, qui eût affecté à l'égard de l'Orient un désintéressement absolu. Aussi l'*honnête courtier* se prévalait-il à Constantinople de cette noble conduite. Il circonvenait maintenant le Turc et, lui représentant qu'il était, en somme, son seul ami, allait bientôt exercer sur lui beaucoup plus d'influence que par le passé. Toutefois, et quelles que fussent ses protestations, la Porte ne pouvait ignorer que la longue série de machinations récemment couronnée par le congrès de Berlin était en grande partie l'œuvre de M. de Bismarck. Elle ne se dissimulait pas non plus qu'il saurait toujours sans hésiter sacrifier l'empire ottoman, en tout ou en partie, pour s'assurer les bonnes grâces de l'Autriche-Hongrie et regagner celles de la Russie.

Si la Turquie n'avait pas lieu d'être contente, les nationalités chrétiennes des Balkans, au nom desquelles la dernière guerre avait été entreprise par le czar, étaient-elles fort satisfaites? Bien au contraire. Toutes se trouvaient lésées, toutes protestaient contre le traité de Berlin. Les Roumains se plaignaient d'avoir été odieusement dépouillés par leurs propres alliés. La Serbie et le Monténégro, qui avaient compté se partager la Bosnie et l'Herzégovine, étaient profondément déçues. Les Grecs n'avaient obtenu que des encouragements, de bonnes paroles; encore ne leur avait-on fait espérer que le quart des territoires qu'ils convoitaient. La Bulgarie, qui avait voulu, qui voulait encore former un État, était divisée, malgré elle, en deux tronçons, qui, forcément, allaient tendre à se réunir, comme jadis la Valachie et la Moldavie. Les provinces chrétiennes laissées à la Turquie devaient se contenter pour l'heure d'engagements vagues, insuffisants à leur gré et qui, d'ailleurs, à l'heure actuelle, douze ans après le congrès de Berlin, ne sont pas encore réalisés. Ajoutons que les auteurs du traité semblaient avoir voulu opposer et brouiller entre elles, comme à plaisir, les diverses nationalités dont il est ici question. D'un côté, les Bulgares revendiquaient des districts cédés à la Roumanie et à la Serbie. De l'autre, Serbes, Bulgares, Monténégrins et Grecs devaient se disputer, comme ils se disputent encore, un vaste territoire dont la population est si étrangement mêlée qu'il est impossible de l'attribuer à l'un de ces peuples sans s'exposer aux réclamations des trois autres.

Le pacte du 13 juillet 1878 paraissait-il au moins de nature à fortifier l'accord toujours si chancelant des six grandes puissances européennes? Pas davantage.

Celle qui avait préparé, provoqué avec tant de passion la dernière guerre et qui l'avait soutenue à si grands frais, se trouvait naturellement fort mal payée de ses sacrifices. Elle éprouvait une colère sourde, mais violente, grosse de complications et d'orages. Elle en voulait cruellement à l'Angleterre, qu'elle se promettait de punir en réorganisant au plus tôt ses forces militaires, en reprenant au plus tôt sa marche belliqueuse à travers l'Asie centrale, en affectant même à certains moments de soutenir la cause du Turc contre l'ambition britannique. Elle n'était pas moins animée contre l'Autriche-Hongrie, éternel obstacle qu'elle trouvait devant elle, sur le Danube et dans les Balkans. Aussi, plus que jamais, menaçait-elle cette puissance d'une entière dislocation en portant de plus belle partout, chez les Ruthènes, chez les Tchèques, les Slovaques, les Croates, etc., sa propagande panslaviste. Elle n'était pas sans quelque ressentiment contre la France, qui, après l'avoir longtemps encouragée, venait de l'abandonner. Quant à l'Allemagne, elle devait avoir, on le conçoit, bien de la peine à lui pardonner ce qu'elle appelait non sans raison son ingratitude; et, de fait, elle ne le lui a pas encore pardonné.

Si, de la Russie, nous nous tournons vers l'Angleterre, nous voyons que cette puissance n'avait pas lieu de se louer des derniers événements autant que Beaconsfield voulait le lui faire croire. Outre qu'en se chargeant de protéger l'Asie Mineure et d'en réformer l'administration, elle avait assumé deux missions fort compromettantes et au-dessus de ses forces, qu'elle avait perdu la confiance de la Turquie et qu'il lui fallait se prémunir contre la revanche de la Russie, elle commençait à prendre ombrage des ambitions austro-hongroises, ne voulant voir le cabinet de Vienne ni prédominer sur le Danube ni étendre son influence jusqu'à Salonique. Ajoutons qu'elle n'était pas non plus sans suspecter la France, qui contenait la politique anglaise en Egypte et qui, visiblement, tendait à accroître sa grandeur maritime par l'acquisition de la Tunisie.

L'Autriche-Hongrie commençait, dès la fin de juilllet 1878, l'occupation militaire de la Bosnie et de l'Herzégovine, opération pénible, grâce à la vive résistance des populations, qui se prolongea plus de deux mois. Elle avait reçu, en somme, un cadeau plus gênant que profitable. Outre qu'il lui fallait contenir par la force et à grands frais des peuples réfractaires à sa domination, elle voyait s'aggraver, par l'effet même de l'extension qu'elle semblait en voie de prendre vers les pays slaves, ses embarras intérieurs. La politique personnelle de François-Joseph n'était approuvée qu'à demi par le comte Andrassy. Elle ne l'était pas du tout par la nation magyare, qui ne voulait pas que l'élément slave grandît dans l'empire. Il faut considérer d'autre part que l'Autriche-Hongrie était condamnée désormais à un antagonisme aigu et permanent avec la Russie. Et l'on ne doit pas non plus perdre de vue, que menacée à l'est par cette puissance, elle l'était à l'ouest par l'Italie, car ce dernier État qui n'avait, en définitive, rien obtenu à Berlin, semblait prêt à arborer, par dépit, le drapeau de l'*irrédentisme* [1].

Quant à la France et à l'Italie, on voit par ce qui précède quelle était leur situation vis-à-vis des autres puissances et en quels rapports elles allaient être l'une avec l'autre. Il était impossible, on le comprend, que la question de Tunisie ne les brouillât pas un jour ou l'autre.

Enfin l'Allemagne, travaillée à l'intérieur par le cléricalisme d'un côté, par le socialisme [2] de l'autre, n'avait au dehors ni l'amitié ni la confiance d'aucun gouvernement. Jalousée, suspectée ou haïe par tous, elle redoutait toujours la revanche française et se sentait particulièrement en butte à la formidable rancune de la Russie.

Ainsi, il semble qu'il ne dût y avoir rien de plus instable, rien de moins solide que l'équilibre politique établi par le congrès de Berlin. Pourtant douze années se sont écoulées; certaines clauses graves du traité ont été violées; d'autres n'ont jamais été exécutées; et cependant la paix générale n'a pas été troublée. Les grandes puissances se sont armées jusqu'aux dents. Elles n'ont cessé de se surveiller, de menacer. Mais pas une encore n'a osé tirer l'épée.

L'ascendant de l'Allemagne est devenu et s'est maintenu tel qu'il a jusqu'à présent immobilisé toutes ces forces prêtes chaque jour à se heurter et à se briser. Qu'un si vaste amas de poudre, auquel tant de mains cherchent à mettre le feu, n'ait pas encore

1. C'est-à-dire à revendiquer sur l'Autriche une moitié du Tyrol, Goritz, l'Istrie, voire même Trieste et la Dalmatie.

2. Le parti socialiste allemand était en progression constante depuis plusieurs années; il n'avait obtenu que 379 500 voix aux élections de 1874 pour le Reichstag; il en eut 550 000 à celles de 1887.

fait explosion, il y a là de quoi surprendre les contemporains ; et ce ne sera pas non plus pour la postérité un médiocre sujet d'étonnement que l'histoire des combinaisons et des tours de force diplomatiques par lesquels la tranquillité de l'Europe, depuis 1878 jusqu'à nos jours, a été tant bien que mal préservée.

CONCLUSION[1]

I. L'alliance austro-allemande. — II. Le ministère Gladstone; rapprochement de l'Angleterre, de la France et de la Russie. — III. M. de Bismarck et la triple alliance. — IV. Revirement de l'Angleterre et de la Russie. — V. La France et la triple alliance depuis 1885. — VI. L'Angleterre, la Russie et la révolution bulgare. — VII. La question de l'alliance franco-russe. — VIII. Groupement actuel des grandes puissances. — IX. La raison du plus fort au XIXe siècle. — X. Tout est-il mal dans la politique de l'hexarchie et dans celle des nationalités? — XI. La paix par la liberté.

(1878-1890)

I

Les événements qui se sont accomplis en Europe depuis le traité de Berlin sont trop près de nous pour pouvoir être jugés de haut, tout à fait sans parti pris et sans passion. En outre, ils ne sont pas tous assez bien connus pour que l'histoire soit en mesure de les

1. Sources : *Alsace-Lorraine (l') et l'empire germanique* (Revue des Deux Mondes, 15 avril, 15 juillet 1880); — *Archives diplomatiques*, années 1878-1890; — Bismarck, *Discours parlementaires*; — Brachet, *l'Italie qu'on voit et l'Italie qu'on ne voit pas*; — Caix de Saint-Aymour (vicomte de), *la Bosnie et l'Herzégovine après l'occupation austro-hongroise* (Revue des Deux Mondes, 1er, 15 janvier, 1er février 1883); — Charmes (G.), *un Essai de gouvernement européen en Égypte* (Revue des Deux Mondes, 15 août, 1er sept. 1879); *la Politique actuelle et la situation de l'Europe* (Revue des Deux Mondes, 1er oct. 1883); *la Politique coloniale* (Revue des Deux Mondes, 1er nov. 1883); *l'Insurrection militaire en Égypte* (Revue des Deux Mondes, 15 août 1883); — Cucheval-Clarigny, *l'Avenir de la puissance anglaise* (Revue des Deux Mondes, 1885); — Daniel, *l'Année politique*, années 1878-1889; — Dilke (sir Ch.), *l'Europe en 1887*; — Farley, *New Bulgaria*; — Gambetta, *Discours*; — Hervé (Éd.), *la Crise irlandaise depuis la fin du XVIIIe siècle*; — Hippeau, *Histoire diplomatique de la troisième République*; — Huhn, *der Kampf der Bulgaren und ihre nationaleinheit*; — Kanitz (F.), *la Bulgarie danubienne et le Balkan*; — Koch, *Mittheilungen aus dem Leben und der Regierung des Fursten Alexander von Bulgarien*; — Laveleye (E. de), *l'Angleterre et la Russie en Orient* (Revue des Deux

exposer avec une parfaite clarté et d'établir entre eux un irréprochable enchaînement. Nous devons donc nous borner, dans la conclusion de cet ouvrage, à retracer fort sommairement les plus graves et à expliquer, dans la mesure du possible, les grandes évolutions de la diplomatie européenne de 1878 à 1890.

Pendant cette période, comme durant celle dont on vient de lire le récit dans nos deux derniers chapitres, le régulateur et, on peut le dire, l'arbitre l'Europe, c'est toujours le gouvernement allemand. Or, depuis 1878 comme depuis 1871, la préoccupation capitale, invariable de cette puissance, c'est d'isoler la France et particulièrement d'empêcher toute alliance entre elle et l'empire russe.

Au lendemain du congrès, l'Allemagne devait s'attendre à l'inimitié que lui témoigna le grand empire du Nord et à ses sourdes menées pour entraver l'exécution du traité de Berlin. Gortchakoff était ulcéré de haine et de rancune. Alexandre II, malgré un reste d'affection personnelle pour l'empereur Guillaume, ne pouvait dissimuler son dépit. Durant plus d'une année les journaux russes furent remplis de reproches et de menaces à l'adresse de l'empire germanique. Les rapports entre les deux cabinets de Saint-Pétersbourg et de Berlin devinrent aussi aigres qu'ils avaient été cordiaux à d'autres époques. Le czar massa des troupes sur ses frontières occidentales. Il ne fut pas étranger à la résistance que les Bosniaques opposèrent assez longtemps aux troupes austro-hongroises, peut-être aussi aux atermoiements et aux ergotages

Mondes, 15 juillet 1880); *En deçà et au delà du Danube* (Revue des Deux Mondes, 1885); — Léger (L.), *la Bulgarie*; — Leroy-Beaulieu (A.), *l'Empereur Alexandre II et la mission du nouveau tsar* (Revue des Deux Mondes, 1er avril 1881); *le Quirinal et le Vatican depuis 1878* (Revue des Deux Mondes, 15 nov. 1882, 15 oct. 1883); — Mac-Carthy, *Histoire contemporaine de l'Angleterre*, t. V; — Morhain, *l'Empire allemand*; — Müller (W.), *Politische Geschichte der Gegenwart*, années 1878-1889; — *Occupation (die) Bosniens und der Herzegovina durch K. K. Truppen* (dans les Archives autrichiennes de la guerre); — Simon (E.), *l'Empereur Guillaume*; *Histoire du prince de Bismarck*; — Strauss, *Bosnien*; — Valbert (Cherbuliez), *le Rôle de la diplomatie dans la question grecque* (Revue des Deux Mondes, 1er sept. 1880); *lord Beaconsfield et la dissolution du Parlement* (Revue des Deux Mondes, 1er août 1879); *la Puissance coloniale de l'Angleterre* (Revue des Deux Mondes, 1er juin 1884); *M. Gladstone et les embarras de la politique anglaise* (Revue des Deux Mondes, 1er juin 1885); *l'Empereur Alexandre III et les réformes politiques en Russie* (Revue des Deux Mondes, 1er juin 1881); *la Triple Alliance* (Revue des Deux Mondes, 1er mai 1883); *Études sur l'Allemagne* (Revue des Deux Mondes, 1878-1889); *la France et l'Italie à Tunis* (Revue des Deux Mondes, 1er mai 1881); etc.

par lesquels, en 1878 et 1879, la Porte essayait de se soustraire aux exigences territoriales de la Grèce. Il aggrava aussi par ses encouragements aux Slaves le malaise intérieur dont souffrait l'empire des Habsbourg [1]. Aussi François-Joseph, fort alarmé, tourna-t-il bientôt des regards presque suppliants vers la Prusse, qui, de son côté, souhaitait passionnément, vu les circonstances, de contracter avec l'Autriche-Hongrie une alliance *ferme*, pour remplacer l'accord évanoui des *trois empereurs*. Il se sentait, du reste, menacé, vers l'ouest par l'*irrédentisme* italien, dont le cabinet de Rome tolérait avec une complaisance visible les manifestations et les clameurs. Le prince de Bismarck n'eut pas de peine à faire admettre par le comte Andrassy qu'une union étroite et positive avec l'Allemagne pouvait seule préserver son gouvernement de tous les périls dont il était menacé. Aussi un échange très significatif de bons offices, présage du pacte qu'il rêvait, s'établit-il bientôt entre les deux grandes puissances du centre.

Dès la fin de 1878, la cour de Vienne donnait un gage de ses tendances germanophiles en consentant à ce que l'article 5 du traité de Prague, qu'invoquaient depuis douze ans le Danemark et les Sleswicois, fût enfin formellement abrogé. Un peu plus tard, pendant l'été de 1879, le concours diplomatique de l'Allemagne facilitait à sa future alliée la prise de possession de Novi-Bazar, qui, après la Bosnie, fut occupé à son tour (septembre). Enfin le chancelier de fer, dans une entrevue qu'il eut avec Andrassy à Gastein (août 1879), posa les bases du traité qu'il méditait : les deux empires s'unissaient pour faire respecter les traités existants, et chacun d'eux, dans le cas où l'autre, aux prises avec une puissance voisine, serait menacé par une troisième, devait tenir en respect cette dernière. C'était désigner principalement, d'une part la France, de l'autre la Russie. L'empereur Guillaume, par égard pour le czar [2], fit bien quelque difficulté de signer un pareil pacte. Mais le chancelier menaçait de se retirer. Le vieux souverain céda et M. de Bismarck, après être allé se faire applaudir à Vienne

1. Les Tchèques surtout devinrent très hardis à partir de 1879 et ils n'ont cessé, depuis cette époque, de gagner du terrain, sous le ministère Taaffe.

2. Il eut avec lui en septembre, à Alexandrowo, une entrevue où il s'efforça de le rassurer sur ses intentions.

par les vaincus de Sadowa, obtint enfin de lui la ratification du traité, qu'il avait d'abord refusée (15 octobre) [1].

II

L'alliance austro-allemande, bien que conclue secrètement, ne tarda pas à être connue des cabinets. Il sembla peu après que, par réaction, une grande contre-ligue fût en voie de se former. Elle eût compris la France, la Russie et l'Angleterre. De fait, l'évolution qui se produisit, à partir de 1880, dans la politique britannique la rendait sinon très probable, du moins fort possible. Tant que le cabinet de Londres avait été dirigé par lord Beaconsfield, il avait applaudi aux tendances et aux succès diplomatiques de M. de Bismarck. Le ministre tory, fidèle à son programme de conquêtes, se créait comme à plaisir des prétextes de guerre et tenait particulièrement à narguer la puissance russe. En 1879, il était occupé d'une part à soumettre de vive force le Zoulouland [2]; de l'autre, il soutenait contre les Afghans, réfractaires au protectorat britannique, une lutte sanglante et entremêlée des plus dramatiques incidents. Il finit par lasser une nation qui n'aime pas les guerres inutiles, surtout quand elles ne sont pas fort heureuses. Les lauriers de Berlin ne purent le préserver d'une impopularité qui amena sa chute en avril 1880 [3]. M. Gladstone, son constant adversaire, remonta au pouvoir. Or, comme autrefois, ce dernier se préoccupait surtout des affaires intérieures. L'Irlande, dont le mécontentement s'était ravivé et avait pris des proportions formidables sous le dernier ministère [4], était le principal objet de sa sol-

1. A ce moment, le comte Andrassy n'était déjà plus ministre. Il s'était retiré, en septembre, pour ne pas paraître approuver l'occupation de Novi-Bazar, qui alarmait les Hongrois. Il fut remplacé aux affaires étrangères par le comte Haymerlé.

2. C'est au cours de la guerre contre les Zoulous, que fut tué (le 1er juin 1879), comme volontaire dans l'armée anglaise, le prince Louis, fils unique de Napoléon III, l'espoir du parti bonapartiste en France. Il n'avait que vingt-trois ans.

3. Il mourut assez peu après, le 19 avril 1881.

4. Le parti du *home rule* ou de l'autonomie irlandaise était plus remuant, plus hardi que jamais, dans les journaux, dans le Parlement. La ligue *agraire* (*Land league*) venait de se former; elle excitait les tenanciers à ne plus payer leurs fermages. Les crimes contre les propriétés et les personnes se multipliaient d'un bout à l'autre de l'*île sœur*. L'agitation alla si loin qu'en 1882

licitude. On sait, du reste, quelles étaient ses doctrines en matière de politique extérieure. Il avait horreur de la Turquie comme d'une puissance barbare, absolument réfractaire à la civilisation. Il ne croyait pas que l'Angleterre eût intérêt à la défendre et à risquer d'entrer pour elle en lutte ouverte contre la Russie. Il était même assez porté à se rapprocher de cette dernière puissance et à s'entendre avec elle pour partager à l'amiable, si faire se pouvait, la domination de l'Orient. On le vit, presque aussitôt après sa rentrée aux affaires, s'empresser de mettre un terme aux guerres entreprises par son remuant prédécesseur. Grâce à lui, la paix fut rétablie dans l'Afrique australe et l'État de Transvaal recouvra sa liberté (1881-1882); les Anglais évacuèrent l'Afghanistan (1880-1881) et semblèrent se relâcher quelque peu de leur surveillance à l'égard du Turkestan. Les Russes purent poursuivre leurs conquêtes dans cette région. En 1884, on les a vus s'emparer de Merw et si, en 1885, les coups de canon de Pendjeh [1] ont failli provoquer un conflit entre eux et leurs rivaux, le ministère whig s'est montré assez conciliant pour prévenir toute rupture.

Les allures de M. Gladstone, au début de sa nouvelle administration, donnaient à penser qu'il désirait complaire en même temps à la Russie et à la France. C'est ainsi qu'en 1880 il aidait énergiquement la première de ces deux puissances à faire remettre au Monténégro les territoires dont le traité de Berlin lui assurait la possession [2], et qu'en 1881, avec autant et même plus de zèle que la seconde, il arrachait enfin l'abandon d'une petite partie de l'Épire et de la Thessalie au royaume des Hellènes [3]. Si l'on rap-

le vice-roi d'Irlande fut assassiné en plein jour, à Dublin, par une troupe de conjurés. Le ministère dut faire voter un *bill de coercition* qui, malgré la rigueur avec laquelle il fut appliqué en 1883 et 1884, ne remédia nullement au mal.

1. Deux commissions militaires, l'une russe, l'autre anglaise, étaient chargées de déterminer le tracé de la frontière afghane du côté du nord. Pour répondre à l'occupation de Merw, les Afghans, poussés par la commission anglaise, venaient de s'emparer de Pendjeh, dans le territoire contesté. Le général russe Komaroff les en délogea violemment le 30 mars 1885.

2. La population de ces territoires, soutenue par celle des provinces turques voisines, avait résisté par les armes à l'annexion. L'opposition de la *ligue albanaise*, que la Porte encourageait avec assez peu de loyauté, ne put être vaincue que par l'intervention diplomatique des grandes puissances et par la démonstration navale qu'elles effectuèrent, en 1880, devant Dulcigno, à la demande de l'Angleterre.

3. Après deux ans de négociations directes entre la Turquie et la Grèce, la mauvaise volonté de la Porte était devenue si manifeste que les grandes

proche de ces faits la mort tragique d'Alexandre II, assassiné à Saint-Pétersbourg par les nihilistes le 13 mars 1881, et remplacé tout aussitôt par son fils Alexandre III, prince animé, disait-on, d'une vive aversion contre l'Allemagne[1], on comprend qu'à cette époque l'éventualité d'un accord anglo-franco-russe fut loin de paraître irréalisable.

III

Ce danger ne pouvait échapper à M. de Bismarck. Aussi cet homme d'État, toujours en éveil, travaillait-il sans relâche tant à fortifier au dedans l'empire qu'il avait fondé qu'à lui procurer au dehors de nouveaux alliés.

A l'intérieur, il venait, en agitant, comme d'habitude, devant le Reichstag le spectre de la revanche française, de faire renouveler pour sept ans la loi militaire de 1874 et d'obtenir que l'effectif de paix fût porté de 401 000 à 427 000 hommes (1880). Il cherchait, par une série de lois économiques qui soulevaient, il est vrai, une vive opposition, à assurer au trésor impérial des ressources tout à fait indépendantes des divers budgets fédéraux. Par la prorogation de la loi draconienne de 1878[2], il terrorisait dans l'empire non seulement le parti socialiste, mais la démocratie tout

puissances avaient dû interposer leur médiation. A la suite d'une conférence tenue à Berlin, elles avaient proposé d'étendre le territoire hellénique jusqu'au nord de Janina, de Mezzovo et de Larissa (15 juillet 1880); mais la Turquie avait refusé. Une nouvelle conférence eut lieu en mars 1881 à Constantinople. L'Angleterre soutenait toujours les mêmes prétentions en faveur des Grecs. La France faiblit un peu. Bref il fut décidé qu'ils n'auraient ni Janina ni Mezzovo. Ils durent se contenter d'Arta, de Tricala et de Larissa, avec un territoire d'environ 13 000 kilomètres carrés, peuplé de 150 000 habitants. Faute de mieux, et en réservant leurs prétentions pour l'avenir, ils acceptèrent, et la cession eut lieu par le traité du 22 mai 1881.

1. Il avait épousé en 1866 la princesse Dagmar de Danemark, fille du roi Christian IX, dépouillé en 1864; elle exerçait et exerce encore sur lui une grande influence et l'on comprend qu'elle n'en use pas dans l'intérêt de l'Allemagne. Le nouveau czar passait du reste pour appartenir de cœur à ce parti national de Russie, dont l'organe le plus populaire était le journaliste Katkof, et qui, surtout depuis quelques années, témoigne une si vive hostilité à l'empire germanique.

2. Cette loi investissait le gouvernement impérial d'une autorité à peu près discrétionnaire en matière de presse et de réunions publiques. Elle avait été motivée par les progrès du parti socialiste et par les attentats de Hœdel et de Nobiling contre l'empereur Guillaume (mai-juin 1878).

entière (1881). En même temps il cherchait à rétablir en Allemagne la paix religieuse. Les voix du centre lui étaient indispensables au Reichstag pour assurer le succès de sa politique de réaction et de monopole. Il y avait longtemps, du reste, qu'il lui tendait la main. Dès 1876, époque où, grâce au triomphe du parti républicain en France [1], il n'avait plus à craindre l'étroit accord de cette puissance avec le Saint-Siège, il avait apporté dans la pratique, quelques adoucissements aux *lois de Mai*. Il avait même fait des avances au Vatican. Mais Pie IX les avait accueillies assez froidement. Ce pape intraitable étant mort (le 7 février 1878), il fut plus heureux avec son successeur Léon XIII [2], politique beaucoup plus fin et plus conciliant, du moins dans la forme. Dès le mois de juillet 1878, il s'abouchait à Kissingen avec le nonce Masella, et à partir de ce moment les négociations ne furent plus interrompues entre le chancelier et le souverain pontife. En 1881, ni l'un ni l'autre n'avaient encore fait aucune concession de principe. Mais la plupart des évêques allemands étaient rétablis sur leurs sièges; en fait les fameuses lois étaient réduites à bien peu de chose; et, d'autre part, le groupe du centre, qui prenait son mot d'ordre au Vatican, commençait à *mieux voter* [3].

Il semble que les coquetteries du chancelier à l'égard du Vatican eussent dû rendre un peu difficiles ses rapports avec le Quirinal. Pourtant, à cette époque même, M. de Bismarck, impatient de renforcer l'alliance austro-allemande, recherchait l'amitié de l'Italie, et ce n'était pas tout à fait sans succès. Si on lui reprochait ses avances au Saint-Siège, il donnait à entendre que la réconciliation de l'Allemagne avec le pape ne serait pas sans faci-

1. Dû aux élections du 20 février, qui avaient formé une Chambre des députés en grande majorité dévouée à la nouvelle constitution.

2. Léon XIII (Joachim-Vincent, comte Pecci, pape sous le nom de), né à Carpineto (diocèse d'Anagni) le 2 mars 1810; ordonné prêtre le 23 décembre 1837 et délégué comme protonotaire apostolique dans les provinces de Bénévent, de Spolète et de Pérouse; archevêque de Damiette *in partibus* et nonce à Bruxelles (1843); archevêque de Pérouse (1846); élevé au cardinalat en 1850; élu pape le 20 février 1878.

3. M. de Bismarck se prévalait d'autant plus auprès du pape de ses bons procédés à l'égard du clergé catholique, qu'à ce moment la France républicaine entreprenait à son tour son *Kulturkampf* (1879-1881). C'était le temps où elle appliquait des lois longtemps méconnues aux congrégations non autorisées et où elle inscrivait sur son programme la gratuité et la laïcité de l'enseignement primaire.

liter un jour celle du successeur de Pie IX avec celui de Victor-Emmanuel. Du reste, ce dernier souverain, qui était mort le 9 janvier 1878, avait laissé le trône à un prince que les souvenirs de Magenta ou de Solférino n'attendrissaient guère et dont la gallophobie bien connue avait naturellement pour revers une teutomanie presque passionnée. Humbert Ier [1], dès son avènement, avait prêté une oreille complaisante aux séductions germaniques. M. de Bismarck, depuis qu'il avait enchaîné François-Joseph à sa politique, engageait le gouvernement italien à refréner l'*irrédentisme*, du moins en tant qu'il menaçait l'Autriche-Hongrie. Il lui remontrait, du reste, que s'unir à cette puissance était peut-être le moyen d'obtenir un jour à l'amiable ce Tyrol qu'il lui enviait; qu'il pourrait y gagner aussi l'Albanie. C'étaient surtout certaines provinces françaises, la Savoie, Nice, la Corse, qu'il désignait à ses convoitises. C'était la France qu'il lui dénonçait tout bas comme sa pire ennemie. Il exploitait à merveille la rivalité d'intérêts qui, principalement dans les dernières années (1879-1880), s'était produite à Tunis entre cette puissance et lui. Aussi, quand la France, lasse de provocations, eut pris le parti de se faire justice et qu'à la suite d'une courte expédition elle eut, par le traité du Bardo (12 mai 1881), imposé son protectorat à la Tunisie, le chancelier dut en tressaillir d'aise. En effet, l'Italie fut près d'éclater de fureur. Elle voulait ameuter toute l'Europe. Elle sollicita le concours de l'Allemagne. M. de Bismarck n'eut garde, il est vrai, de le lui accorder. A cette époque, il ne voulait nullement rompre avec la France; il était trop heureux que, pour un temps, le souci d'intérêts lointains la détournât de l'Alsace. Il se disait, du reste, que plus elle aurait établi solidement sa domination en Tunisie, moins l'Italie serait disposée à se rapprocher d'elle; et il raisonnait assez juste. Il remontrait aussi au cabinet du Quirinal qu'il pourrait lui faciliter soit en Afrique, soit ailleurs, des établissements coloniaux qui seraient pour lui un dédommagement, une consolation. D'autre part, il représentait à l'Autriche-Hongrie que, si une guerre éclatait entre elle et Russie, il serait sans doute impos-

1. Humbert Ier (Rénier-Charles-Emmanuel-Jean-Marie-Ferdinand-Eugène), fils aîné de Victor-Emmanuel et de l'archiduchesse Adélaïde d'Autriche, né à Turin le 14 mars 1844; marié le 22 avril 1868 à sa cousine la princesse Marguerite de Savoie (fille du duc de Gênes, Ferdinand, mort en 1855, frère de Victor-Emmanuel).

sible à l'Allemagne de la secourir directement, car il faudrait surveiller la France et pour cela toutes les forces germaniques ne seraient pas de trop. L'Italie seule pourrait lui fournir une aide efficace. Il fallait donc la gagner. Voilà pourquoi le roi Humbert fit à Vienne et à Berlin, vers la fin de 1882, des visites qui n'étaient pas de simple politesse. Voilà comment, l'année suivante, l'Italie adhéra formellement à l'alliance austro-allemande. La France, jusque-là, n'avait eu qu'un ennemi, celui qui l'observait du haut des Vosges. Elle en avait maintenant un autre sur les Alpes ; et il ne tint pas au gouvernement allemand, qui, cette année même, accablait le jeune roi d'Espagne de ses avances, qu'elle n'en eût un troisième sur les Pyrénées [1].

IV

Ce n'était pas assez pour M. de Bismarck d'avoir, par la triple alliance, établi au centre de l'Europe comme un camp retranché qui tenait toutes les puissances en respect. Il lui fallait aussi relâcher ou rompre les liens par lesquels la France eût pu associer sa politique à celle de l'Angleterre d'une part, à celle de la Russie de l'autre. Il fut dans cette tâche singulièrement aidé par les circonstances. Mais il faut reconnaître aussi qu'il sut, avec un art consommé, les mettre à profit.

L'entente anglo-française avait déjà perdu quelque peu de sa cordialité au commencement de 1881, par suite de l'hésitation et de la timidité que le gouvernement de la République avait montrée dans les dernières négociations relatives à la Grèce. La France, malgré les efforts de Gambetta [2] pour lui faire reprendre son rang

1. Alphonse XII, veuf en 1878 de sa cousine Mercédès de Montpensier, avait épousé en 1879 l'archiduchesse Christine, de la maison d'Autriche. Au cours d'un voyage qu'il fit en Allemagne au mois de septembre 1883, il reçut des honneurs extraordinaires. Nommé colonel honoraire d'un régiment de uhlans en garnison à Strasbourg, il eut le mauvais goût de se rendre aussitôt après à Paris où une partie de la population l'accueillit par des sifflets. Mais la nation espagnole ne parut avoir nulle envie de se laisser entraîner dans l'alliance germanique. La visite du prince impérial d'Allemagne (quelques mois après) ne changea pas ses dispositions.

2. Le maréchal de Mac-Mahon, après s'être soumis en décembre 1877, s'était enfin démis le 30 janvier 1879. Il avait pour successeur à la présidence de la République M. Jules Grévy, personnage froid et circonspect, qui semblait en

dans la diplomatie européenne, semblait, sous l'influence d'un Parlement ignorant et réduit à l'impuissance par ses divisions, vouloir s'isoler systématiquement et redouter dans toute affaire extérieure une complication funeste. Bref, M. Gladstone n'était déjà plus très content d'elle lorsque se produisit l'incident tunisien. L'Angleterre ne pouvait être fort satisfaite de nous voir doubler pour ainsi dire l'importance politique et maritime de nos établissements dans l'Afrique du nord. Elle ne pouvait ni n'osait nous en empêcher. Mais dès lors elle jugea prudent de rechercher et de s'assurer au plus tôt des avantages équivalents à ceux qu'elle nous voyait prendre. L'Égypte la tentait depuis longtemps; elle ne résista plus à la tentation. Elle exerçait en ce pays, avec la France, depuis 1878, à titre de contrôle financier, une sorte de *condominium* auquel le khédive Imaïl avait essayé de se soustraire en 1879. Ce prince avait été déposé et son successeur, Tewfik-pacha, se montrait plus docile, si docile qu'un parti bruyant et hardi, encouragé secrètement par la Porte [1] et prenant pour programme ce mot d'ordre : *l'Égypte aux Égyptiens*, se souleva, sous l'ambitieux Arabi-pacha [2], vers la fin de 1881 et réduisit le vice-roi à une impuissance presque absolue. Gambetta, qui venait d'être placé (le 14 novembre) à la tête du ministère français, eût voulu que les deux puissances protectrices intervinssent collectivement pour rétablir l'autorité de Tewfik. Mais il fut renversé par une coalition parlementaire dès le 26 janvier 1882. Il s'ensuivit, sous le ministère Freycinet [3], un tel désarroi et une telle confusion dans

général n'avoir d'autre tactique que de s'effacer. Le véritable chef du parti républicain était Gambetta. Toutefois, un groupe nombreux et résistant, qui représentait surtout l'opinion radicale, contrecarrait déjà vivement cet homme d'État, surtout dans sa politique extérieure qui, naturellement, était combattue aussi par les partis monarchiques.

1. Le sultan Abd-ul-Hamid faisait tous ses efforts pour réveiller, non seulement dans son empire, mais au dehors, la foi musulmane et l'armer contre le monde chrétien. De là, sans parler des troubles fomentés dans l'Afghanistan, le soulèvement de la Tunisie en août et septembre 1881, celui du Sud oranais vers la même époque, et enfin le prétendu mouvement national de l'Égypte à la fin de cette année.

2. Arabi-pacha (Ahmed-Arabi-el-Husseini), né à Herya-Rosna en 1839. Chassé de l'armée égyptienne par Saïd-pacha, il y rentra sous Ismaïl, fut nommé colonel par Tewfik (1879), se mit en 1881 à la tête du parti hostile à l'influence anglo-française en Égypte et, battu par les Anglais à Tell-el-Kébir (13 septembre 1882), fut déporté à Ceylan, où il est encore.

3. Freycinet (Charles-Louis de Saulces de), né à Foix le 14 novembre 1828; élève de l'École polytechnique en 1846 et depuis ingénieur des mines, il fut,

nos affaires, que personne chez nous ne vit plus clair dans l'affaire d'Égypte. Tout le monde craignit de se compromettre. L'Angleterre, sans s'inquiéter des diplomates qui, réunis en conférence, discutaient platoniquement à Constantinople, envoya une flotte devant Alexandrie, fit bombarder cette ville et, peu après, ayant triomphé sans peine d'Arabi-pacha à Tell-el-Kébir (septembre 1882), occupa militairement l'Égypte. Le gouvernement français n'avait pas osé s'associer à son entreprise. Quand il voulut réclamer le rétablissement du *Condominium*, le cabinet de Saint-James lui répondit par une fin de non-recevoir absolue. Qui quitte sa place la perd, dit le proverbe. Les deux grandes puissances occidentales n'eurent plus, à partir de janvier 1883, que des rapports très froids. Les Anglais ne voulaient ni évacuer l'Égypte (tout en promettant sans cesse de n'y rester que le temps nécessaire pour y rétablir l'ordre) ni rendre aux Français les avantages que naguère encore y possédaient ceux-ci. La France était pour sa part fort peu disposée à venir en aide au gouvernement britannique qui, surtout en 1883 et 1884, fut aux prises dans la région du Nil avec les embarras les plus variés et les plus graves [1]. La conférence de Londres (juin 1884) n'eut guère d'autre résultat que la constatation du désaccord qui régnait entre les deux puissances.

A cette époque, d'ailleurs, leur mésintelligence croissait et s'avivait chaque jour, par l'effet de la politique coloniale que venait

en septembre 1870, nommé préfet du Tarn-et-Garonne par le gouvernement de la Défense nationale. Peu après, il fut délégué par Gambetta au ministère de la guerre (10 octobre 1870) et fut, jusqu'en février 1871, le principal organisateur de la résistance aux armées allemandes en province; envoyé au Sénat par le département de la Seine (30 janvier 1876), il ne tarda pas à exercer une très grande influence dans le monde politique. Ministre des travaux publics depuis le 14 décembre 1877, il devint le 28 décembre 1879 président du conseil et ministre des affaires étrangères et donna sa démission le 19 septembre 1880. Il reprit la direction des relations extérieures dans le cabinet qu'il fut chargé de former le 30 janvier 1882 et qui tomba au mois de juillet de la même année. Elle lui fut encore confiée dans le cabinet Brisson (6 avril 1885) et dans celui qu'il constitua lui-même le 7 janvier 1886. Renversé le 3 décembre suivant, porté comme candidat à la présidence de la République en décembre 1887, il a été appelé le 3 avril 1888 au poste de ministre de la guerre, qu'il occupe encore actuellement, et il est redevenu président du conseil en mars 1890. -

1. Embarras financiers d'une part, militaires de l'autre. C'est l'époque des grands succès remportés sur le haut Nil et en Nubie par Mohammed-Ahmed, dit le Mahdi, sorte de prophète qui, exploitant le fanatisme musulman, s'est élevé dans cette région un vaste empire encore debout à l'heure actuelle (malgré la mort de son fondateur, arrivée le 21 juin 1885).

d'inaugurer en France, résolument et avec succès, le ministère Jules Ferry [1]. Non contente de la Tunisie, la grande république occidentale revendiquait les armes à la main ses droits anciens sur Madagascar et, dans l'extrême Orient, entreprenait, malgré l'opposition de la Chine, la conquête en règle du Tonkin (1883-1884). Au commencement de 1885, malgré toutes sortes de difficultés, elle était, en somme, victorieuse. Partout elle avait eu à déjouer les manœuvres et à combattre la sourde hostilité de l'Angleterre qui, toujours jalouse de sa puissance maritime, regardait presque comme un vol à son détriment tout ce que la France gagnait. Par contre, elle avait été singulièrement encouragée, et même favorisée, par le gouvernement allemand. M. de Bismarck, heureux de la voir se brouiller, ou à peu près, avec la Grande-Bretagne, comme avec l'Italie, n'avait garde de l'entraver dans de lointaines expéditions qui, sans lui faire oublier l'Alsace-Lorraine, l'obligeaient d'écarter, pour un temps, l'idée de la revanche. Il semblait lui-même vouloir l'imiter dans ses entreprises ultra-maritimes, déclarait annexées à l'empire germanique diverses parties du continent africain [2], enfin, d'accord avec la France, tenait à Berlin, de novembre 1884 à février 1885, une conférence, où, sans parler d'un important partage de territoires [3], fut proclamée la liberté de la

1. Ferry (Jules-François-Camille), né à Saint-Dié le 5 avril 1832, avocat à Paris (1851), où il prit rang de bonne heure dans le parti républicain et où il fut élu député au Corps législatif en 1869; membre et secrétaire du gouvernement de la Défense nationale (4-5 septembre 1870), qui le délégua bientôt à l'administration du département de la Seine et à la mairie de Paris; représentant des Vosges à l'Assemblée nationale (8 février 1871); maintenu par Thiers à la préfecture de la Seine jusqu'à la fin de mai 1871; ministre plénipotentiaire à Athènes (15 mai 1872); démissionnaire après le 24 mai (1873); président de la *Gauche républicaine* (1875); membre de la Chambre des députés (20 février 1876); réélu le 14 octobre 1877; appelé en février 1879 au ministère de l'Instruction publique, où il accomplit d'importantes réformes; président du conseil du 29 septembre 1880 au 10 novembre 1881; chargé de nouveau, après la chute du cabinet Gambetta, du portefeuille de l'Instruction publique, qu'il tint du 31 janvier au 29 juillet 1882, qu'il reprit le 21 février 1883 lorsqu'il redevint président du conseil et qu'il échangea, vers la fin de la même année, contre celui des affaires étrangères. Renversé le 30 mars 1885, il a obtenu le renouvellement de son mandat de député aux élections législatives du 14 octobre suivant; mais il a été moins heureux aux élections du 22 septembre 1889.

2. Notamment les territoires d'Angra-pequena, de Cameroun, de Lagos, de Togo, d'Ouarasamo, d'Ouasagara, etc. Les Allemands ont aussi planté leur drapeau, depuis peu d'années, sur plusieurs points importants de l'Océanie.

3. Ce partage eut lieu en vertu de plusieurs traités, dont les conditions principales avaient été arrêtées par la conférence. La vaste région du Congo

navigation sur le Congo et sur le Niger et furent établis, en matière d'établissements coloniaux, de nouveaux principes de droit public.

C'était déjà un tour de force pour le gouvernement allemand que d'avoir noué de pareils rapports avec sa victime de 1871. Mais c'en était un presque aussi remarquable d'avoir ramené à lui, dans une certaine mesure, sa dupe de 1878. Et ce dernier miracle, l'Europe n'en pouvait guère douter. Ce n'était pas seulement pour suivre l'exemple de la France et pour ne pas la laisser accaparer les bonnes grâces de l'Allemagne que la Russie s'était depuis quelque temps rapprochée de cette dernière puissance. Alexandre III, sentant le sol miné sous ses pieds par le *nihilisme*, était absolument dominé par la peur de la Révolution. Or la Révolution, qui la combattait à ce moment avec le plus d'énergie? Qui se faisait fort de la maîtriser à son gré? Qui semblait aussi pouvoir la déchaîner le plus facilement en Europe? Qui, si ce n'est le chancelier de fer? C'est ce que M. de Bismarck ne cessait de faire dire, répéter, et ce qu'il faisait croire à Saint-Pétersbourg. Voilà pourquoi le nouveau czar, qui au fond le détestait, venait pour ainsi dire lui rendre hommage à Dantzick en septembre 1881, pourquoi il faisait désavouer en 1882 les diatribes antigermaniques de Skobeleff [1], pourquoi son chancelier, M. de Giers [2], dans des voyages fort

fut neutralisée et divisée entre le Portugal, la France et l'Association internationale africaine de Bruxelles (fondée sous le patronage du roi des Belges et reconnue en tant qu'État souverain et indépendant). La France eut pour sa part 500 000 kilomètres carrés de territoire; l'Association en eut 2 500 000. Les puissances représentées à la conférence étaient l'Allemagne, l'Autriche-Hongrie, la Belgique, le Danemark, l'Espagne, les États-Unis, la France, la Grande-Bretagne, l'Italie, les Pays-Bas, le Portugal, la Russie, la Suède, la Turquie et l'Association internationale africaine.

1. Skobeleff (Michel), né à Riazan en 1843; attaché à l'état-major du grand-duc Michel dans le Caucase (1871), puis chargé d'un commandement d'avant-garde dans le Turkestan, c'est lui qui prit Khiva en 1873; plus tard, il contribua puissamment aux nouvelles conquêtes des Russes dans le Turkestan (1875-1876), devint général-major (8 février 1876) et gouverneur des territoires annexés. Pendant la campagne de 1877 il se couvrit de gloire devant Plewna. Il alla ensuite guerroyer contre les Turcomans et prit Géok-Tépé, ce qui ouvrit aux Russes la route de Merw. Peu de temps avant sa mort (qui eut lieu en juillet 1882), il était venu en France et y avait tenu publiquement des discours qui dénotaient une aversion et une irritation profondes contre l'Allemagne.

2. Giers (Nicolas-Karlowitch de), né le 21 mai 1820; attaché dès l'âge de dix-huit ans au département asiatique du ministère des affaires étrangères de Russie; secrétaire du consulat de Jassy, puis consul général à Bucharest et secrétaire d'ambassade à Constantinople; chef de la chancellerie diplomatique près du comte Schouwaloff à Odessa pendant la campagne de Crimée;

remarqués, allait rassurer sur ses intentions les membres de la triple alliance. Voilà pourquoi, au mois d'octobre 1884, le souverain russe recevait à Skierniewice, en Pologne, les empereurs Guillaume et François-Joseph, semblant ainsi vouloir renouer la Sainte-Alliance et ne songer qu'à vivre en paix avec ses voisins, pour refouler, d'accord avec eux, le péril révolutionnaire.

Ainsi, au commencement de 1885, grâce à la triple alliance d'une part, grâce aux dispositions particulières de l'Angleterre, de la France et de la Russie de l'autre, M. de Bismarck semblait tenir toute l'Europe dans sa main. Jamais, depuis bien des années, la paix générale n'avait paru mieux affermie.

V

C'est alors que se produisirent coup sur coup trois événements qui la compromirent et par l'effet desquels elle semble encore aujourd'hui fort chancelante : la chute du cabinet Ferry en France, celle du ministère Gladstone en Angleterre et la révolution de Bulgarie (mars, juin, septembre 1885).

Le premier a eu pour conséquence immédiate, on le sait, une très vive réaction contre la politique coloniale suivie par la République française depuis 1881 et surtout depuis 1883. Peu s'en est fallu qu'en décembre 1885 notre Chambre des députés ne votât l'évacuation du Tonkin. Nous le gardons, de même que la Tunisie. Mais il est entendu que nous ne voulons plus d'autres établissements au delà des mers et, depuis que M. Jules Ferry n'est plus aux affaires, l'opinion publique en France s'est reportée vers l'Alsace-Lorraine et n'a plus voulu s'en laisser détourner. Pensons-y toujours et n'en parlons jamais, avait dit Gambetta. Or certains ambitieux, qui n'y pensent peut-être guère, se sont mis tout à coup à en parler si haut et avec si peu de discrétion qu'il était difficile que l'Allemagne ne prît pas l'alarme. L'imprudente propagande de la *Ligue des patriotes* au delà des Vosges, les excitations des jour-

consul général à Alexandrie (1856), puis de nouveau à Bucharest; ministre plénipotentiaire à Téhéran (1863), puis à Berne, à Stockholm (1872) ; adjoint en 1875 au ministre des affaires étrangères (Gortchakoff), il dirigea presque seul, à partir de 1878, la diplomatie russe, dont il devint officiellement le chef le 12 avril 1882; il est encore actuellement aux affaires.

naux et par-dessus tout l'incroyable popularité acquise en quelques mois par un général sans gloire qui, devenu ministre de la guerre (en janvier 1886), semblait n'avoir comme programme que d'exploiter le sentiment public avec un charlatanisme éhonté pour s'élever au pouvoir suprême, tout cela explique d'une part l'inquiétude, de l'autre la recrudescence de haine et d'emportement qui depuis quelques années se sont produites contre nous en Allemagne. Après des réclamations fort aigres au gouvernement français, Guillaume Ier a cru devoir tout à coup demander publiquement à l'Empire de nouveaux sacrifices pour sa défense. Un nouveau septennat militaire, comportant une augmentation de quarante et un mille hommes pour l'effectif de paix, a été proposé aux représentants du pays (novembre 1886). Le Reichstag l'ayant repoussé, cette assemblée a été aussitôt dissoute; les électeurs, menacés de voir, s'ils votaient mal, la France entrer en campagne à bref délai, ont donné raison au gouvernement (février 1887) qui, dans l'exaltation de sa victoire, a paru quelque temps vouloir pousser à bout *l'ennemi héréditaire* en provoquant brutalement certains incidents de frontière (comme ceux de Pagny-sur-Moselle et de Vexaincourt, en avril et septembre 1887). La France, fort heureusement pour elle, n'est pas tombée dans les pièges qui lui étaient tendus. Il s'est produit, il est vrai, depuis, une légère accalmie, qui a duré quelques mois. D'une part le renvoi du général Boulanger, de l'autre la dernière maladie de l'empereur Guillaume Ier, sa mort (mars 1888) et le règne éphémère du pacifique Frédéric III (mars-juin 1888) ont fait croire pour un temps que les chances de guerre étaient écartées. Mais l'opposition de la France et de l'Allemagne est devenue plus vive que jamais depuis l'avènement de Guillaume II[1], empereur jeune, hautain, épris de gloire militaire, imbu au plus haut degré des préjugés et des haines germaniques. Ce souverain, dont la fougue belliqueuse a maintes fois inquiété M. de Bismarck, n'a guère ménagé à la France les provocations. Le régime vexatoire qu'il fait subir à l'Alsace-Lorraine[2], son attitude à l'égard de la

1. Fils de Frédéric III, né à Berlin le 27 janvier 1859, marié le 27 février 1881 à la princesse Augusta-Victoria de Sleswig-Holstein-Sonderbourg-Augustenbourg.

2. Où les Français ne peuvent pénétrer sans des passeports qui leur sont généralement refusés. Cette loi est un peu antérieure à son avènement, mais il se l'est appropriée par la rigueur avec laquelle il l'a fait exécuter.

Belgique et de la Suisse, dont il a semblé parfois disposé à méconnaître la neutralité [1], ses caresses ostensibles à l'Autriche et à l'Italie, ses bruyants voyages à travers l'Europe, tout enfin dans sa conduite, jusqu'à sa mauvaise humeur — un peu puérile — en présence du succès sans précédent qu'a obtenu la dernière Exposition universelle de Paris (6 mai-6 novembre 1889), paraît dénoter des intentions hostiles ou tout au moins malveillantes, contre lesquelles la France, méfiante et circonspecte, se tient naturellement en garde.

Si depuis le commencement de 1890, l'empereur Guillaume II s'est montré un peu plus courtois et un peu moins rogue envers cette puissance, elle ne se croit pas tenue de lui en savoir beaucoup de gré; car l'Allemagne ne désarme pas, et ses avances intéressées s'expliquent par cette raison que les traités de commerce français dont elle bénéficie depuis 1871 touchent presque au moment de leur expiration et qu'elle désire ardemment les voir renouvelés.

Il s'est produit, du reste, il y a peu de mois, au delà du Rhin, un événement grave et fort inattendu, qui ne pouvait évidemment avoir pour effet d'améliorer les rapports des cabinets de Paris et de Berlin. M. de Bismarck, qui nous a fait tant de mal et qui n'avait pas cessé de nous haïr, mais qui était au moins pour nous un sage ennemi, a cessé de présider à la direction des affaires allemandes [2]. Réduit, bien malgré lui, par suite de dissentiments per-

1. Il a réussi l'année dernière à intimider le gouvernement helvétique. Quant au gouvernement belge, qui a reçu récemment sa visite en grand appareil (août 1890), on eût dit, à voir l'affectation un peu servile qu'il mettait à le fêter, qu'il était, moralement au moins, inféodé à ce souverain.

2. Le prince de Bismarck comptait, à ce qu'il semble, être une sorte de maire du palais sous le nouvel empereur, qu'il traitait comme son pupille vers la fin du règne de Guillaume Ier et dont il aurait voulu hâter l'avènement en amenant le prince Frédéric, son père, atteint d'une maladie mortelle, à résigner ses droits au trône. Il y a deux ans, Guillaume II témoignait encore au chancelier de fer une affection et une déférence sans bornes. Que s'est-il passé depuis entre ces deux hauts personnages? On ne le sait au juste. Ce que l'on peut avancer sans témérité, c'est que le jeune souverain, autoritaire et fantasque comme on le connaît, n'a pu s'accommoder d'une tutelle qui tendait à s'éterniser. Les ennemis du ministre n'ont pas manqué de le desservir auprès de lui. L'impératrice mère, qui haïssait M. de Bismarck et qui paraît avoir depuis quelque temps repris une grande influence sur son fils, n'a pas peu contribué sans doute à l'éloignement du chancelier. Un désaccord profond s'est produit entre ce dernier et son souverain au sujet de la politique à adopter envers le socialisme, qui n'a cessé de progresser dans l'empire. On se rappelle qu'en 1878 M. de Bismarck avait fait voter contre ce parti une loi fort rigoureuse. Après en avoir obtenu le renouvelle-

sonnels avec son jeune souverain, à se démettre de ses emplois, il a dû, en mars dernier, céder la place au général de Caprivi [1], homme nouveau, qui ne pouvait se prévaloir ni d'une vieille expérience diplomatique ni de longs services rendus dans l'exercice du gouvernement pour affecter les allures d'un mentor et d'un maître, et qui sortait des rangs de ce parti militaire allemand dont la gallophobie est toujours si ombrageuse et si provocante. Guillaume II est donc hors de page et, tandis que le chancelier de fer, mal résigné à l'inaction, exhale ses regrets impuissants dans la solitude de Friedrichsruhe, le jeune empereur, dont l'esprit un peu confus et l'activité un peu brouillonne enfantent chaque jour de nouveaux projets, paraît bien homme à jeter un jour l'Allemagne dans quelque grande aventure. Il la tient dans sa main. Quelle direction lui fera-t-il prendre? On ne saurait le dire. Mais si quelques naïfs ont pu croire un instant que la politique préventive inaugurée par M. de Bismarck à l'égard de la France allait s'atténuer ou se relâcher par le fait de sa retraite, ils doivent reconnaître depuis longtemps qu'ils se sont trompés. La triple alliance est toujours debout, et il ne tiendra pas sans doute à Guil-

ment en 1880, 1884, 1886 et 1888, il a demandé au Reichstag, en 1889, de la rendre permanente. Sa proposition a complètement échoué au mois de janvier dernier. Les élections générales qui ont eu lieu peu après (en février 1890) ont été pour lui une nouvelle défaite : il n'a pu faire nommer que 132 de ses candidats et les oppositions réunies ont fait entrer 265 des leurs au nouveau Reichstag. C'est alors que l'empereur qui, depuis quelque temps, essayait de gagner les socialistes par des avances intéressées, a réuni la conférence internationale qui, du 15 au 30 mars, a délibéré à Berlin — un peu platoniquement, il faut bien le dire — sur les améliorations à introduire dans la législation ouvrière. A ce moment s'est produite la rupture entre le maître et l'élève. M. de Bismarck, qui désapprouvait hautement la politique intérieure de Guillaume II, a été, dès le 17 mars, contraint de se retirer, avec son fils, le comte Herbert, qu'il avait depuis quelque temps appelé au ministère des affaires étrangères. Les titres honorifiques qui lui ont été conférés n'ont apporté à son orgueil blessé qu'un fort médiocre adoucissement. Depuis plus de six mois qu'il vit relégué, pour ainsi dire, et, paraît-il, surveillé dans ses terres, il semble qu'il n'ait pas décoléré. Sa verve frondeuse et sarcastique n'épargne pas ses ennemis vainqueurs; et, malgré les formes respectueuses qu'il croit devoir observer à l'égard de son souverain, il n'est pas difficile de comprendre qu'il le regarde comme un écervelé et un *casse-cou* politique.

1. Caprivi de Caprera de Montecuculi (Georges-Léon de), né à Berlin le 24 février 1831 ; chef de l'état-major du 10e corps pendant la guerre de 1870 ; chargé d'une direction au ministère de la guerre (1872) ; commandant d'une brigade d'infanterie à Stettin (1878), puis à Berlin (1881) ; mis à la tête de la 30e division à Metz (1882) ; nommé chef de l'amirauté et vice-amiral en 1883.

laume II qu'elle ne se resserre et n'accroisse encore ses moyens d'action.

En vue d'une guerre qu'il veut toujours être prêt à soutenir contre l'ennemi héréditaire, le gouvernement allemand semble depuis deux ans avoir singulièrement resserré son alliance non seulement avec l'Autriche-Hongrie, mais aussi et surtout avec l'Italie. Le roi Humbert paraît un vassal docile de Guillaume II. C'est à Berlin que M. Crispi prend aveuglément son mot d'ordre. Fait étrange, M. de Bismarck est parvenu à persuader à certains hommes d'État italiens, qui ne passent pas pour naïfs, que la France rêve de rétablir le pouvoir temporel du pape! Et cela simplement parce que, depuis la mort du comte de Chambord (24 août 1883), le gouvernement de la République, redoutant moins le péril clérical, s'est radouci quelque peu dans sa lutte journalière contre l'ultramontanisme. L'absurdité d'une pareille insinuation ne crève pas les yeux du roi Humbert. Par contre, nos voisins d'outre-monts ne se sont point formalisés de la touchante réconciliation qui s'est opérée devant eux entre l'Allemagne et le Saint-Siège. Dans une petite querelle avec l'Espagne [1], le cabinet de Berlin a pris publiquement pour arbitre le pape Léon XIII (oct. 1885) et, pour achever de gagner les voix du *centre* (ce en quoi il ne paraît, du reste, avoir que médiocrement réussi), M. de Bismarck a fini par rapporter les lois de mai 1886-1887. Il est allé à Canossa. Mais la cour du Quirinal ne lui en tient pas rancune. C'est la France qu'elle hait; pour l'effrayer, elle se ruine en armements inutiles; pour rivaliser d'influence avec elle au delà des mers, elle a entrepris à grands frais, au fond de l'Abyssinie, un établissement qui lui a déjà valu bien des déboires; pour lui faire tort de quelques millions, elle se condamne elle-même à la misère [2]. Elle a pour compensation l'honneur d'être le principal satellite de

1. A propos des îles Carolines, vieille possession espagnole, que l'Allemagne voulait indûment s'approprier.

2. En effet, le traité de commerce franco-italien n'ayant pas été renouvelé, par suite de son mauvais vouloir et de ses exigences, une crise d'une gravité extraordinaire sévit actuellement de l'autre côté des Alpes sur le commerce et sur l'agriculture. Depuis quelques mois, l'Italie semble vouloir venir à résipiscence et, comme l'Allemagne, fait un peu meilleure mine à la France. Mais cette dernière puissance n'a ni le désir ni le besoin de la tirer d'embarras et se tient, non sans raison, sur la réserve.

cet empire allemand qui se sert d'elle et qui, sans doute, la dupera comme il a dupé ses autres amis.

L'Autriche-Hongrie n'a pas moins que l'Italie resserré son alliance avec l'empire germanique dans ces dernières années. Elle est, en effet, plus malade et plus inquiète que jamais. François-Joseph est débordé par les Slaves, auxquels, depuis 1879, il a dû faire concessions sur concessions. Les députés allemands ont pris, en 1886, le parti de quitter la diète de Bohême[1]. Le ciel, du reste, s'assombrit fort, du côté des Karpathes et du bas Danube. La Russie devient en effet chaque jour plus provocante, plus menaçante pour la monarchie des Habsbourg. C'est la révolution de Bulgarie qui l'a rendue si agressive. Et cette révolution se rattache elle-même assez étroitement aux revirements ministériels qui se sont opérés, il y a peu d'années, en Angleterre.

VI

M. Gladstone, renversé et remplacé par lord Salisbury en juillet 1885, est remonté au pouvoir en janvier 1886, à la suite d'élections défavorables à son adversaire. Mais le hardi projet de loi par lequel il voulait pacifier l'Irlande en la dotant d'une large et libérale autonomie a causé de nouveau sa chute en juillet 1886. Depuis cette époque, lord Salisbury et les tories sont demeurés aux affaires. Or le nouveau cabinet semble avoir voulu se montrer fidèle à la politique entreprenante et antirusse de Beaconsfield. C'est ainsi que, dès 1885, il a entrepris la conquête de la Birmanie, que depuis il s'est mêlé, peut-être un peu plus qu'il ne convenait, des affaires de l'Afghanistan. Mais c'est surtout dans la péninsule des Balkans qu'il a pris à tâche de faire prédominer ses vues et de contrecarrer la politique moscovite.

Il ne se borne pas, en effet, à favoriser l'Autriche-Hongrie dans ses efforts pour s'inféoder indirectement la Serbie et la Roumanie. Il travaille, non sans succès, à soustraire la Bulgarie à l'influence

1. Une sorte de compromis a été, il est vrai, conclu à Prague dans ces derniers temps entre les deux partis tchèque et germanique ; mais il ne peut être qu'une trêve et on ne saurait le considérer comme mettant fin à l'antagonisme des deux races.

russe. Cette principauté avait à sa tête, depuis 1879, le Hessois Alexandre de Battenberg[1], parent et protégé du czar et qui, durant quelques années, voulut bien régner sous sa tutelle. Mais les Bulgares étaient las du joug de leurs libérateurs. Ils prétendaient n'avoir fait que changer de servitude. Ils aspiraient avidement à l'indépendance absolue; ils appelaient aussi passionnément de leurs vœux leur réunion avec leurs frères de la Roumélie orientale. Le prince se laissa peu à peu gagner par le sentiment public; peu à peu il devint moins docile à la politique de Saint-Pétersbourg. Le czar prit de l'humeur. La rupture était presque complète entre ce souverain et son ancien client dès la fin de 1885. L'Autriche-Hongrie y était bien sans doute pour quelque chose. Mais l'audace d'Alexandre de Battenberg, dont un frère[2] venait d'épouser une fille de la reine Victoria, ne se dissimula plus du tout après l'avènement de lord Salisbury au pouvoir. Effectivement, dès le 18 septembre 1885, éclatait la révolution depuis longtemps préparée par lui et dont le premier effet fut la réunion de la Roumélie orientale avec la Bulgarie. Les Serbes et les Grecs protestèrent, il est vrai, demandèrent des compensations, prirent les armes. Mais ceux-là furent battus à Slivnitza (novembre 1885) et ceux-ci, peu après, furent remis à la raison par une démonstration européenne (février 1886)[3]. Le prince de Battenberg avait donc réussi. Seulement il lui restait à combattre un ennemi moins facile à vaincre que le roi Milan. C'était le czar. La Russie, par une étrange interversion des rôles, ne voulait plus maintenant de la *Grande Bulgarie*, qu'elle avait cherché à constituer par le traité de San-Stefano, et c'était elle, victime du traité de Berlin, qui l'invoquait maintenant

1. Ce prince, né le 5 avril 1857, est fils d'Alexandre de Hesse, dont la sœur, Marie, avait épousé l'empereur de Russie Alexandre II. Il est donc cousin germain d'Alexandre III. Élu par l'assemblée bulgare de Tirnova le 29 avril 1879, obligé d'abdiquer le 6 septembre 1886, il a paru, en 1888, sur le point d'épouser une fille de l'empereur d'Allemagne Frédéric III. Mais, le prince de Bismarck s'y étant énergiquement opposé, ce mariage n'a pas eu lieu. Il a pris le 11 janvier 1889 le nom de comte de Hartenau.

2. Henri de Battenberg, né le 5 octobre 1858, marié le 23 juillet 1885 à la princesse Alice d'Angleterre.

3. Après un ultimatum resté sans résultat, l'Allemagne, l'Autriche-Hongrie, l'Angleterre, l'Italie et la Russie envoyèrent des escadres sur les côtes de Grèce, qui furent mises en état de *blocus pacifique*. L'intervention amicale de la France amena le gouvernement hellénique à se soumettre et la démonstration prit fin le 8 juin 1886.

contre l'Autriche-Hongrie et contre l'Angleterre. M. Gladstone, revenu pour un moment aux affaires, lui fit quelque temps prendre patience. Mais après le second avènement de lord Salisbury il ne se contint plus. C'est alors que par suite d'une conspiration dont le gouvernement russe tenait les fils, Alexandre de Battenberg fut tout à coup arrêté, transporté hors de Bulgarie. Il parvint, il est vrai, peu après à y rentrer, mais une dépêche hautaine et catégorique du czar lui fit reconnaître qu'il ne pourrait s'y maintenir (août-septembre 1886). Il reprit donc en simple particulier le chemin de la Hesse. Ce fut pour Alexandre III une satisfaction d'amour-propre. Mais la politique russe ne regagna pas pour cela de terrain en Bulgarie. Le général Kaulbars[1], qu'il y envoya, ne parvint à intimider ni la population ni la régence à laquelle le prince de Battenberg avait abandonné le pouvoir. L'Angleterre et l'Autriche-Hongrie dominaient maintenant à Sofia et à Philippopoli. Soutenues discrètement par l'Allemagne, elles déjouaient à Constantinople toutes les intrigues et toutes les démarches de la Russie. Au mois d'août 1887, elles sont parvenues à faire appeler au pouvoir par les Bulgares un candidat de leur choix, le prince Ferdinand de Saxe-Cobourg[2]. Bien entendu, elles ne l'ont pas reconnu officiellement, non plus que l'Allemagne et l'Italie, parce que le cabinet de Saint-Pétersbourg protestait, qu'il proteste encore avec hauteur tant contre la révolution de 1885 que contre l'élection du nouveau prince et que le gouvernement français le seconde dans son opposition. Mais de fait il règne encore à l'heure qu'il est et tous les efforts du czar pour le détrôner paraissent être restés infructueux. Le seul succès que, dans ces derniers temps, Alexandre III ait pu obtenir en Orient, consiste dans l'abdication — quelque peu for-

1. Kaulbars (Nicolas, baron), né à Saint-Pétersbourg le 3 juin 1842, officier d'état-major dans l'armée russe, alla, de 1875 à 1876, étudier l'organisation de l'armée allemande, fut chef d'état-major de la 1re division d'infanterie de la garde pendant la guerre russo-turque de 1877, devint aide de camp de l'empereur et fut envoyé, comme plénipotentiaire militaire, à Vienne, puis en Bulgarie (1886), où il échoua complètement, ce qui ne l'empêcha pas de rester en faveur auprès d'Alexandre III.

2. Ferdinand-Maximilien-Charles-Léopold-Marie de Saxe-Cobourg, petit-fils du roi Louis-Philippe par sa mère, Clémentine d'Orléans, né à Vienne le 26 février 1861, proclamé prince par la *Sobranié* bulgare le 8 juillet 1887. Le gouvernement russe n'a pas cessé de l'inquiéter, non seulement par des menées diplomatiques, mais par des complots intérieurs, dont le plus récent vient d'avoir pour résultat l'exécution du major Panitza (juillet 1890).

cée — de Milan de Serbie (mai 1889), qui depuis quelques années s'était livré à la cour de Vienne et que remplace, pendant la minorité de son jeune fils [1], une régence beaucoup plus accessible à l'influence russe.

A l'heure qu'il est, en somme, la Russie est — diplomatiquement — réduite à l'impuissance parce que, tout ce qu'elle voudrait empêcher, l'Allemagne, sans y aider ouvertement, le laisse faire.

VII

Seulement, il pourrait bien, à la fin, se former une alliance franco-russe; on en a parlé, on en parle encore chaque jour, et c'est là sans doute ce qui, pour le moment, préoccupe le plus le cabinet de Berlin. Il est certain que, depuis quatre ou cinq ans, le courant de sympathie qui, depuis longtemps, existe entre la Russie et la France a pris une intensité alarmante pour l'Allemagne. Les deux nations se tendent visiblement la main. Par leurs livres, par leurs journaux et par des manifestations de toutes sortes, elles montrent chaque jour combien elles s'estiment, combien elles seraient heureuses de combattre ensemble l'ennemi commun. Les deux gouvernements vivent aussi l'un avec l'autre en termes fort amicaux et échangent fréquemment des marques de courtoisie qui dénotent leur envie mutuelle de se plaire. Le cabinet de Saint-Pétersbourg surtout semble faire de notables efforts pour gagner les bonnes grâces et s'assurer le concours politique de la France. Il paraît établi que vers la fin de 1886 il a proposé formellement son alliance au ministère Freycinet [2] et que, depuis, il est revenu plusieurs fois à la charge.

1. Alexandre Obrenowitch, né à Belgrade le 14 août 1876. La reine Nathalie, sa mère, dont Milan s'était séparé par un divorce inique, est, on le sait, Russe de naissance et protégée par le czar. Elle est rentrée récemment à Belgrade et, quoi que l'on fasse pour l'empêcher, il est bien probable qu'elle finira par prendre la haute main sur l'éducation du jeune roi et par exercer une haute influence dans l'État. Du reste, dans le cas où les Obrenowitch échapperaient entièrement à la tutelle moscovite, le czar semble tenir en réserve les Karageorgewitch, leurs rivaux, pour les leur opposer au besoin. Il n'y a pas bien longtemps qu'il a fait épouser au chef de cette famille la fille aînée du prince de Monténégro, qui lui est resté fidèle et qui jouit, on ne l'ignore pas, de toute sa faveur.

2. Le fait est affirmé par sir Charles Dilke dans ses récentes études sur *l'Europe en 1887*.

Pourtant le pacte n'est pas encore conclu, et il est même possible qu'il ne le soit pas de longtemps. Pourquoi? Parce que des deux côtés on craint de commettre, en déchaînant la guerre, une grosse imprudence. En France, des politiques de sens rassis se disent que, victorieuse ou vaincue, la République serait, pour l'heure, également menacée de sombrer. Une nation qui n'est pas encore guérie du césarisme (un exemple récent le prouve) ne se livrerait-elle pas pieds et poings liés à l'heureux capitaine qui lui aurait rendu l'Alsace-Lorraine? Ne se détacherait-elle pas du gouvernement libre pour s'abandonner à un dictateur si elle voyait de nouveau l'ennemi triomphant sur son territoire? Ce sont là des éventualités à redouter. Toutefois, si le gouvernement français avait la quasi-certitude de reconquérir ses provinces perdues, il n'est pas douteux qu'il ne se risquât à signer l'alliance. Mais il hésite, et on ne saurait le désapprouver, à s'engager sans retour pour un gouvernement qui, après l'avoir compromis, pourrait bien (cela s'est vu souvent dans l'histoire) le laisser en peine et faire sa paix sans se soucier de lui : la France ne voudrait pas *commencer*. Par la même raison, la Russie ne se chargerait pas volontiers de porter les premiers coups. Le czar serait fort aise, on le comprend, que la France ouvrît le feu et qu'il lui fût à peu près impossible de traiter sans lui avec l'Allemagne. Ajoutons qu'en sa qualité d'autocrate, ce souverain, qui exerce sur son immense empire un pouvoir absolu et qui porte encore droit le drapeau du droit divin, ne tient pas outre mesure à se compromettre lui-même pour une grande république et pour un pays qui est depuis cent ans le principal foyer de la Révolution en Europe. Enfin l'on doit penser que le désarroi parlementaire et l'instabilité ministérielle dont la France souffre depuis trop longtemps et qui ont pour effet une politique décousue, sans force, sans garanties sérieuses pour un allié, le font hésiter à se jeter dans l'aventure. Depuis qu'il est sur le trône (il y a neuf ans), Alexandre III a vu se succéder à Paris *quatorze* cabinets [1]. Comment aurait-il confiance?

1. Ce sont les cabinets Ferry (23 septembre 1880), Gambetta (14 novembre 1881), Freycinet (30 janvier 1882), Duclerc (7 août 1882), Fallières (29 janvier 1883), Ferry (21 février 1883), Brisson (6 avril 1885), Freycinet (7 janvier 1886), Goblet (décembre 1886), Rouvier (30 mai 1887), Tirard (12 décembre 1887), Floquet (3 avril 1888), Tirard (22 avril 1889) et Freycinet (mars 1890).

Le gouvernement allemand ne se fait pas faute, on le pense bien, d'entretenir, par des menées directes ou indirectes, l'indécision du czar. Il lui représente notre pays comme voué à une incurable anarchie, notre concours comme peu sûr, notre diplomatie comme peu sincère à l'égard de la Russie. D'autre part, il évite de le froisser — ouvertement du moins — par de mauvais procédés. — Frédéric III renonce pour lui complaire à marier sa fille à un Battenberg (mai 1888). Guillaume II, à peine monté sur le trône, va faire visite en grand appareil au souverain russe [1]. Puis il n'a pas de repos qu'Alexandre III ne soit venu à Berlin, où il l'enguirlande de son mieux (octobre 1889). Sans doute le czar continue à se méfier. Il ne se rapproche pas sensiblement de l'Allemagne; mais d'autre part il ne s'allie pas formellement avec la France.

Les deux cabinets de Paris et de Saint-Pétesbourg s'uniront peut-être un jour par traité. Pour le moment ils n'en sont encore qu'au libre accord diplomatique et aux bons offices. Leur entente s'est manifestée notamment par l'énergie avec laquelle elles ont déjoué en 1887 le plan de l'Angleterre au sujet de l'Égypte [2] et par l'identité de leurs vues à l'égard de la Bulgarie et du prince Ferdinand. Aussi l'Europe regarde-t-elle comme fort possible que leur union devienne un jour plus étroite; et cette éventualité suffit pour tenir en échec toutes les autres grandes puissances.

VIII

En résumé l'Europe actuelle — si nous ne tenons compte que des gouvernements principaux qui la dominent et la dirigent — est divisée en deux groupes diplomatiques. Le premier, comprenant la Russie et la France, équivaut presque au second par la masse de sa population et le surpasse quelque peu par ses ressources militaires; des deux puissances qui le forment, la première menace surtout

1. C'est en effet par Saint-Pétersbourg que le nouvel empereur d'Allemagne a commencé, il y a deux ans, *son tour d'Europe* (août 1888).

2. C'était un traité par lequel la Grande-Bretagne eût consenti à évacuer l'Égypte, mais à condition de pouvoir réoccuper ce pays quand elle le jugerait convenable, ou à peu près. Les autres grandes puissances y avaient adhéré. Il a été annulé par l'opposition de la France et de la Russie.

l'Autriche-Hongrie et la seconde l'Allemagne. Le second se compose essentiellement de la triple alliance (Allemagne, Autriche-Hongrie, Italie), qui peut se tourner indifféremment vers l'est ou vers l'ouest et dont l'Angleterre semble pour le moment singulièrement rapprochée [1]. Ce n'est pas que le cabinet de Londres se soit uni à cette ligue par un traité. Mais dans certaines éventualités il serait porté à faire avec elle cause commune. On comprend en effet que l'Angleterre se servirait volontiers de l'Italie, dont la marine n'est pas à dédaigner, pour combattre la Russie sur la Méditerranée, sauf à la servir pour sa part de sa flotte, si elle avait à se défendre contre la France.

La coexistence de ces deux groupes, qui, formidablement armés, s'observent sans relâche, pourrait bien d'un jour à l'autre enfanter une guerre générale. Mais qui prendra l'initiative de l'attaque? On a vu plus haut que ni la Russie ni la France ne se soucient d'assumer une telle responsabilité. Il en est à peu près de même des autres puissances. En effet, l'Angleterre, dans sa politique extérieure, a depuis longtemps pour principe invariable de se borner à défendre ses intérêts propres; on peut être à peu près sûr que, tant qu'ils ne seront pas directement ou indirectement lésés, elle ne tirera pas un coup de canon. Parmi les États qui composent la triple alliance, celui auquel il importerait le plus de ne pas se laisser prévenir par l'ennemi, c'est-à-dire l'Autriche-Hongrie, ne saurait songer, vu l'infériorité profonde de ses forces militaires, à prendre l'offensive contre le colosse moscovite. Elle sait bien que l'Allemagne s'excuserait de ne pas lui venir en aide en alléguant la nécessité de faire face à la France avec toutes ses troupes. Il lui faudrait donc accepter le concours de l'Italie. Or, c'est là une extrémité à laquelle la cour de Vienne, qui se souvient de Solférino et aussi de Custozza et de Lissa, se résoudrait difficilement, d'autant plus que le roi Humbert se ferait sans doute payer bien cher sa coopération. Quant à l'Italie, elle n'ignore pas qu'elle n'est

1. Les rapports de cette puissance avec l'Allemagne sont devenus particulièrement amicaux surtout depuis l'avènement de Guillaume II. Sans parler des entrevues qui ont eu lieu à plusieurs reprises entre ce souverain, son aïeule la reine Victoria et son oncle le prince de Galles, on en voit la preuve dans le traité récent par lequel le gouvernement britannique a cédé à l'Allemagne, non sans compensations, il est vrai, l'île d'Héligoland, position si importante pour protéger l'embouchure de l'Elbe.

qu'un appoint dans la triple alliance : si elle se permettait de prendre l'offensive (et ce ne pourrait être que contre la France), aux termes mêmes du pacte en question, elle serait abandonnée, et il y a, sous le rapport militaire, trop de disproportion entre elle et la France pour que sa défaite fût un moment douteuse. Reste, il est vrai, l'Allemagne, puissance formidable à tous égards et dont les instincts gallophobes et belliqueux semblent pour le moment se réveiller. Mais elle sait ce qui a été fait chez nous depuis dix-neuf ans pour la défense et l'armement du pays et, pour cette raison, n'entreprendrait pas de gaieté de cœur une nouvelle invasion de la France. Elle comprend fort bien que, pour une pareille tâche, le concours de l'Italie ne lui suffirait pas et que, du reste, il lui ferait défaut au premier revers. Il lui faudrait être assurée que l'Autriche contînt la Russie [1]. Mais, outre que cette puissance n'en paraît guère capable, le cabinet de Berlin n'est pas, au fond, absolument certain que celui de Vienne lui resterait fidèle. Quelque résignation qu'il ait montrée à la mauvaise fortune, François-Joseph ne peut avoir oublié Sadowa. Et il se pourrait bien qu'un beau jour la Russie lui achetât son concours, soit en lui faisant largement sa part en Orient, soit (ce qui est plus probable) en l'aidant à reprendre en Allemagne le rang qu'il y a perdu.

Ainsi, pour le moment, les grandes puissances se tiennent réciproquement en respect, et l'Europe demeure immobile. Combien durera cette paix armée? Nul ne saurait le dire; mais sans doute tant qu'aucun des deux groupes qui se font à cette heure contrepoids n'aura pas sous le rapport des forces matérielles une supériorité manifeste sur l'autre.

IX

Il est fort triste d'avoir à constater qu'au déclin d'un siècle où l'on a tant parlé de droit, de justice et de fraternité, les États dits civilisés semblent n'avoir encore d'autre règle de conduite que le plus brutal égoïsme, et que la raison du plus fort paraît être le

1. Faute de quoi elle devrait elle-même pour l'observer immobiliser vers l'est un tiers au moins de ses forces, et dans ce cas comment soutiendrait-elle l'effort des armées françaises?

premier comme le dernier mot de la politique européenne. C'est à cette conclusion peu consolante que certains historiens sont tentés de s'arrêter. Et, de fait, des événements nombreux et graves, accomplis sous nos yeux, nous donneraient à penser que ni la morale des gouvernements ni même celle des peuples ne sont sensiblement en progrès depuis la chute de Napoléon Ier.

En ce qui concerne les premiers, qu'a-t-on vu à partir du jour où a succombé le régime de fer institué par ce conquérant? Sous prétexte de réagir contre la prédominance d'un État qui, entraîné par un despote de génie, avait étrangement abusé de sa force, quatre grandes puissances se sont d'abord associées pour s'attribuer en Europe une sorte de dictature collective d'où, après l'avoir cruellement maltraité, elles se sont efforcées de l'exclure. Elles ont disposé souverainement des territoires, des populations, sans autre souci que celui de leurs convenances. Quelque temps après, jugeant qu'il était de leur intérêt d'admettre cet État dans leur *concert* et qu'il était pour eux plus dangereux dehors que dedans, elles ont, sans cesser de le suspecter et de le surveiller, levé l'interdit qui pesait sur lui. Dès lors, composé de cinq têtes au lieu de quatre, cette sorte de directoire a continué de régenter l'Europe, faisant la loi aux faibles qui, comme la Belgique ou la Grèce, ont dû subir les limites territoriales, accepter le mode de constitution et les chefs politiques qu'il lui a plu de leur imposer. Depuis, tandis que l'une d'elles, la Prusse, prenait la plus formidable extension, une puissance de premier ordre, l'Italie, qui n'existait pas en 1815, s'est constituée de toutes pièces et s'est adjointe aux précédentes. La pentarchie est devenue une hexarchie. Mais ses procédés diplomatiques n'ont pas changé. On l'a bien vu en diverses occasions et surtout au congrès de Berlin, où la Turquie, par la simple raison qu'elle ne pouvait se défendre, a eu à subir un si incroyable abus de la force.

Si, réunies, les grandes puissances ont souvent méconnu le droit des petites, chacune d'elles séparément ne s'est pas toujours montrée plus scrupuleuse et ne s'est en bien des cas abstenue de violenter ou de dépouiller les faibles que lorsqu'elle a eu à redouter l'opposition de toutes les autres ou de quelqu'une d'entre elles qui fût capable de lui faire peur. Le directoire européen a montré parfois à certains de ses membres une singulière complaisance. Il a, par exemple, laissé étouffer Cracovie en 1846 par les trois cours du Nord. En 1849, l'Autriche et la Russie se sont unies pour abattre et garrotter la Hongrie sans qu'il ait fait mine de s'en émouvoir. La même année, l'Autriche et la France faisaient chacune à sa guise, toutes les deux d'ailleurs à coups de canon, la police en Italie, et l'Europe ne sourcillait pas. Pas une grande puissance n'a pris sérieusement en 1864 la défense du Danemark, ni après Sadowa celle des petits États allemands confisqués par la Prusse. On a même vu parfois deux États de premier ordre entrer en lutte et l'un d'eux abaisser son adversaire outre mesure, au grand détriment de l'équilibre européen, sans que les autres aient fait effort pour l'en empêcher. Qui a protégé l'Autriche en 1866? Qui a secouru la France en 1871?

Il semble donc, à juger la morale politique du XIXe siècle par de pareils exemples, que la force soit la dernière et même la seule raison des grands gouvernements qui maîtrisent l'Europe. On est surtout porté à le croire quand on les suit dans leurs relations avec les peuples ou les gouvernements à demi barbares de l'Afrique, de l'Asie et de l'Océanie. Lorsqu'ils n'ont plus en face d'eux que des États rudimentaires, que des populations non chrétiennes et que l'imperfection de leurs lois et l'insuffisance de leurs ressources mettent dans l'impossibilité de leur opposer une résistance victorieuse, ils n'hésitent pas; ils prennent hardiment ce qu'ils trouvent à leur convenance. Il est vrai que c'est au nom de la civilisation et qu'en fait la civilisation n'y perd pas toujours. Ce n'en est pas moins presque toujours par le simple droit du plus fort que l'Angleterre, la Russie, la France, l'Allemagne, l'Italie, ont étendu ou créé depuis trois quarts de siècle les établissements coloniaux dont elles sont aujourd'hui si fières.

Les gouvernements ont donc été trop souvent bien peu soucieux du droit. Les peuples, pour leur part, l'ont-ils toujours strictement respecté? Ont-ils toujours protesté contre les abus commis par leurs gouvernements? Se sont-ils efforcés de les prévenir? L'histoire ne peut, hélas! répondre affirmativement à de pareilles questions. Il y a quarante ans, de nobles et généreux esprits annonçaient un nouvel âge d'or : l'ère des nationalités allait s'ouvrir et les nationalités, une fois satisfaites quant à leurs légitimes revendications, feraient régner sur la terre la paix et la fraternité.

Séduisante utopie d'où il nous a bien fallu revenir! Si les gouvernements ont leurs haines, leurs préjugés, leurs ambitions violentes, les peuples aussi sont souvent injustes et portés à la convoitise. Sans parler de l'étroit orgueil avec lequel, malgré les efforts de son homme d'État le plus illustre, la nation anglaise dénie encore aux Irlandais l'autonomie qu'ils revendiquent si justement, est-il rien de plus affligeant que l'acharnement âpre et farouche dont le peuple russe fait preuve depuis trois quarts de siècle contre la malheureuse Pologne? Le czar voudrait rendre à ce pays une partie de ses libertés qu'il ne le pourrait pas. Il faut, pour plaire à la majorité de ses sujets, qu'il règne par la terreur sur la Vistule. Les Allemands de Berlin dans leurs efforts pour dénationaliser la Posnanie ne se montrent guère plus équitables que leurs voisins du Nord. L'ont-ils été, en outre, quand, sous prétexte de reconstituer l'unité de la patrie germanique, ils ont forcé des Danois à devenir leurs frères et n'ont répondu à leurs protestations que par des risées? L'ont-ils été en soumettant à leur joug de fer, qui s'appesantit chaque jour, ces populations d'Alsace-Lorraine, si françaises par le cœur et encore aujourd'hui si réfractaires à leur domination? Que dirons-nous des Allemands d'Autriche qui, formant en Cisleithanie une minorité, y sont cependant les maîtres et s'obstinent à méconnaître les droits des races qui composent la majorité [1]? Si nous passons en Transleithanie, que voyons-nous? Six millions de Magyars qui, au mépris de tout droit, prétendent faire la loi et la font à plus de neuf millions de Croates, de Serbes, de Roumains, d'Esclavons, de Ruthènes et même d'Allemands. Plus loin, dans la péninsule des Balkans, de petits peuples, à peine émancipés ou à moitié affranchis, au lieu de se réunir fraternellement en une confédération qui les ferait forts et qui leur permettrait de résoudre la question d'Orient sans avoir à subir l'ingérence des grandes puissances, semblent toujours prêts à s'entre-déchirer. Roumains, Bulgares, Serbes, Monténégrins et Grecs, autant de familles rivales qui, délivrées du joug commun,

1. Sur près de vingt millions d'habitants que renferme la Cisleithanie, l'on ne compte guère que huit millions d'Allemands. Le reste, fort divisé, comprend des Tchèques, Moraves et Esclavons (plus de cinq millions), des Polonais (plus de trois millions), des Ruthènes (presque autant), des Italiens (près de sept cent mille) et un certain nombre de Serbes, de Croates, de Roumains et de Magyars.

loin de se fortifier par l'union, se jalousent, se surveillent, se menacent et, comme à plaisir, se réduisent mutuellement à l'impuissance. Enfin, dans le sud de l'Europe, la nation italienne qui a fait depuis trente ans une si merveilleuse fortune, est, on le sait, fort loin de se tenir pour satisfaite. Il lui faut maintenant l'*Italia irredenta*, et son imagination complaisante en étend chaque jour les limites. Partout où le *si* résonne, en dépit des droits acquis, des traités et même du vœu des populations, elle a la prétention de planter son drapeau. Il est même des peuples qui ne parlent pas sa langue et qui ne sont pas de son sang, mais qu'elle réclame tout de même comme de sa famille, parce que le sort a voulu qu'ils fussent ses voisins. C'est ainsi qu'elle rêve d'enlever Malte à l'Angleterre, la Corse, Nice et la Savoie à la France, le canton du Tessin à la Suisse, le Tyrol méridional et l'Istrie à l'Autriche-Hongrie ; elle irait même volontiers jusqu'à s'approprier la Dalmatie aux dépens de cette dernière puissance. Enfin il n'est pas jusqu'à la Porte qu'elle ne fût heureuse de soulager partiellement de ses soucis en la débarrassant de l'Albanie.

X

Faut-il donc s'arrêter à cette conclusion pessimiste et désolante que le mépris du droit, l'égoïsme et la force brutale règnent sans partage en Europe? que la politique, du commencement à la fin du XIXe siècle, n'a eu ni d'autres principes ni d'autres règles? enfin que la morale internationale, dans ses efforts pour établir une paix durable entre les gouvernements comme entre les peuples, n'a fait aucun progrès? Il y aurait certainement là de l'exagération. Et, sans tomber dans la naïveté béate des historiens à théories, qui voient dans l'histoire contemporaine une marche ascendante et ininterrompue de l'humanité vers le bien comme vers le vrai, il faut pourtant constater que, depuis 1814 jusqu'à nos jours, les rapports des États européens se sont améliorés dans une certaine mesure et que le nombre des causes par lesquelles la tranquillité générale pouvait être troublée a été sensiblement réduit.

Et tout d'abord, si la politique des grandes puissances et celle des nationalités ont fait souvent du mal, il serait injuste de dire qu'elles n'ont pas fait autre chose.

Sans doute il est regrettable que quatre, cinq ou six gouvernements se soient arrogé, parce qu'ils étaient les plus forts, le droit de maîtriser et de diriger l'Europe. Mais les gouvernements sont composés d'hommes et les hommes ne sont pas des anges. Je crois bien qu'à toutes les époques, les États les plus puissants ont subi la tentation de faire la loi aux plus faibles, et je n'ai point le ferme espoir qu'ils y résistent dans l'avenir. Un directoire à plusieurs têtes, quels que soient ses abus, vaut mieux en somme pour l'Europe qu'une dictature personnelle et exclusive comme celle de Napoléon. Si les gouvernements qui se sont donné mission de veiller sur la paix et sur l'équilibre général s'entendent bien entre eux, ils protègent de fait la tranquillité; ils se contiennent les uns les autres au grand avantage des petits États. Il est vrai qu'ils se brouillent quelquefois, et même souvent. C'est également regrettable. Mais la paix perpétuelle est un rêve et nous doutons fort qu'il se réalise jamais. Il arrive, du reste, dans bien des cas que les grandes puissances, quand elles se font à peu près contrepoids, n'osent en venir à la guerre et entretiennent la paix par leur rivalité même. La pentarchie d'autrefois a sans doute commis beaucoup d'excès. Elle n'en a pas moins parfois fait œuvre utile et louable. On ne peut oublier, par exemple, qu'au grand profit de l'Europe, elle a posé en principe et maintenu jusqu'à notre époque la neutralité de la Suisse et celle de la Belgique. L'hexarchie actuelle a, par la neutralisation du Luxembourg, en 1867, prévenu un conflit redoutable entre la France et la Prusse (plût à Dieu qu'elle en eût fait autant en 1870!). La diplomatie collective des grandes puissances avait empêché déjà la question d'Orient de mettre le feu à l'Europe en 1840 et 1841. Elle n'a pas été moins heureuse en 1871; et si elle n'a pas prévenu l'incendie qui s'est allumé en 1875 dans la péninsule des Balkans, si elle n'a produit en 1878 qu'une paix boiteuse et mal assise, c'est à elle, il faut en convenir, que nous devons de n'avoir pas vu encore dégénérer en guerre générale les rivalités et les différends dont cette région est depuis quelques années le théâtre.

D'autre part, si les nationalités récemment écloses à l'indépendance n'ont pas toujours été les unes pour les autres aussi justes qu'elles auraient dû l'être, s'il est téméraire de croire que certaines d'entre elles ne continueront pas ou ne recommenceront pas à abuser de leur force, est-ce un mal pour cela qu'elles aient revendiqué leur dû et qu'elles l'aient conquis? Est-ce un mal que d'autres aspirent aussi à la délivrance! Personne, à coup sûr, ne l'oserait dire. Tout peuple qui, conformément à ses traditions, à sa langue, à ses mœurs, à sa religion, parvient à former un État indépendant ou seulement autonome, n'augmente pas seulement avec sa force, son bien-être et, par une répercussion naturelle, la prospérité de tous ceux qui l'entourent (c'est ce que prouve l'exemple de la Grèce, des petits États récemment fondés dans la péninsule des Balkans, de la Belgique, de la Hongrie, etc.). Par le fait même qu'il a obtenu la satisfaction de son plus cher désir, il n'aura plus à en poursuivre la réalisation en renouvelant les menées, les soulèvements, les guerres qui trop longtemps ont été pour l'Europe entière des causes de malaise et de trouble profond. Et par la raison qu'il est devenu fort, capable de se faire respecter, il ne sera plus cette proie inerte que ses voisins tentés se disputaient sans cesse les armes à la main. Il aura par là même fait disparaître au moins une cause de guerre. Jadis, et durant des siècles, l'Autriche et la France se sont combattues avec un acharnement incroyable, parce que chacune voulait exercer la prépondérance en Allemagne et en Italie. Pareille lutte aujourd'hui n'est plus possible, parce que ces deux pays sont devenus des États de premier ordre et que certaines ambitions rivales ne peuvent plus les prendre pour champs de bataille. Certes des intérêts particuliers ont pu être lésés ou menacés en Europe par l'éclosion de ces deux grandes puissances. Les deux révolutions qui se sont accomplies dans ces trente dernières années de l'autre côté des Alpes et du Rhin (et surtout la dernière) n'ont pas été sans porter atteinte au prestige, au crédit, à l'importance matérielle de la France. L'Allemagne nous gêne, c'est incontestable. Elle gêne aussi l'Autriche, elle gêne la Russie, ce n'est pas moins évident. Mais enfin elle ne troublera plus l'Europe par la gestation révolutionnaire de son unité. D'autres puissances ne se querelleront plus pour la dominer et ne viendront plus régler chez elle et à ses dépens leurs différends à coups de canon. Ce que nous disons d'elle s'applique aussi à l'Italie. Il y a donc maintenant, grâce à la formation de ces deux États, moins de chances que par le passé pour que la paix générale soit ébranlée. Croit-on, du reste, que l'Allemagne et l'Italie, avec cette force que donne partout l'union, ne contribuent pas autrement à la prospérité de l'Europe et même du monde que le ramassis de petits États, stérilisés par leur faiblesse et leur égoïsme, dont elles étaient autrefois composées? Et si certaines nationalités dont les droits sont encore méconnus parvenaient à se reconstituer, pense-t-on que l'Europe, qui ne fait rien pour elles, et que les États même qui croient avoir intérêt à paralyser leurs efforts s'en trouveraient plus mal? Il nous semble au contraire que l'Angleterre gagnerait à doter l'Irlande d'une autonomie large et vivifiante; que l'Autriche-Hongrie s'épargnerait bien des troubles et des déboires si, dans sa constitution, elle laissait prendre aux Slaves la place qui leur revient; que les trois grandes puissances du Nord seraient plus heureuses si elles n'avaient plus à traîner collectivement ce boulet qui s'appelle la Pologne, et que l'Allemagne et l'Europe entière, toujours en armes, toujours en éveil, toujours menacées du conflit franco-germanique et de ses contre-coups, seraient délivrées d'un grand souci le jour où la France, en récupérant l'Alsace-Lorraine, aurait reconstitué son unité nationale.

Ces améliorations à l'état politique de l'Europe se réaliseront-elles bientôt? S'accompliront-elles un jour? Nous ne savons. Mais, en attendant nous devons constater que diverses nationalités, grandes ou petites, également ignorées ou méconnues en 1815, se sont fait de nos jours leur place au soleil et qu'en somme, la cause de la paix n'y a pas perdu. La révolution à laquelle elles sont redevables de leur condition actuelle s'achèvera Dieu sait quand. Ce sera toujours l'honneur du XIXe siècle de l'avoir commencée.

XI

Mais ce ne sera pas le seul titre de gloire de notre époque aux yeux de la postérité. Le XIXe siècle sera surtout dans l'histoire le siècle de la liberté. Il l'a donnée à la plus grande partie de l'Europe, et c'est ce qu'il pouvait faire de plus efficace pour diminuer les chances de conflit entre les rois comme entre les peuples. Plus la liberté s'étend et se fortifie, plus les gouvernements deviennent impuissants pour le mal, plus les nations sont portées à s'entendre et à éviter la guerre. Or ses progrès en Europe ont été à peu près continus depuis 1814 jusqu'à nos jours. Nous avons le droit d'être fiers qu'ils se soient en général accomplis sous l'impulsion de la France ou à son exemple. C'est elle qui avait jeté comme une semence à travers le monde les principes de 1789. La Sainte-Alliance, dans sa réaction systématique contre les doctrines de la Révolution, s'était étudiée à détruire en divers lieux le régime constitutionnel, à le fausser, ou à l'empêcher de naître. Mais elle n'avait pu faire que ce feu sacré s'éteignît en France. L'Angleterre le gardait aussi. Mais elle ne l'eût point répandu au dehors si notre révolution de Juillet n'eût de nouveau donné le branle à l'Europe. A partir de ce grand événement et grâce à son influence, malgré bien des obstacles, la liberté, sous la forme de la monarchie limitée, gagna du terrain de toutes parts. On la vit, en quelques années, s'établir en Grèce, en Belgique, en Portugal, en Espagne. Elle planta ou affermit son drapeau dans beaucoup d'États du centre, qui jusqu'alors ne la connaissaient guère que de nom. En 1847 le gouvernement prussien commençait à lui rendre hommage. La fermentation était alors générale. Mais il fallut le retentissement du 24 février pour que, de la Méditerranée à l'Océan, du fond de l'Italie aux extrémités du monde germanique, dix peuples se levassent à la fois et inscrivissent hardiment sur leurs bannières avec le principe des nationalités celui de la souveraineté populaire. A ce moment on put croire que le règne de la démocratie allait partout commencer. Cette puissance nouvelle fut, il est vrai, l'on s'en souvient, bientôt arrêtée dans son essor par une violente réaction. Mais elle ne fut point vaincue au point de perdre toutes ses conquêtes. Il lui fut donné, dans son malheur, de garder certaines de ses positions, d'où plus tard il lui a été possible de reprendre sa marche en avant. La France, après le 2 décembre, conservait du moins le suffrage universel. La Prusse, malgré Olmütz, demeurait pour l'Allemagne un centre d'attraction, parce que la vie constitutionnelle n'était pas en elle tout à fait éteinte. Le Piémont, malgré Novare, restait fidèle au régime constitutionnel. Aussi est-ce par lui, c'est-à-dire par la liberté, que l'Italie est devenue ce qu'elle est. Quelque médiocre que fût son penchant pour la démocratie, M. de Bismarck n'a pas cru pouvoir sans elle constituer la nouvelle Allemagne, et c'est surtout par le don du suffrage universel qu'il a séduit la nation germanique. La vieille Autriche de Metternich, disloquée, désemparée, décrépite, n'a pu se relever de ses ruines et se régénérer dans une certaine mesure que par le partage du pouvoir entre les peuples et le souverain. L'aristocratique Angleterre a brisé de nos jours, à deux reprises [1], le cadre trop étroit de ses institutions électorales et appelé les masses populaires à la vie politique. Chez nous les contre-coups de la révolution italienne ont, à partir de 1860, ébranlé peu à peu la dictature impériale. La révolution allemande l'a renversée. Pour la troisième fois, et dans les circonstances les plus défavorables à son éclosion, on a vu reparaître en notre pays la République; malgré tous les assauts, elle vit, elle grandit, elle prospère. Cette forme de gouvernement n'existait précédemment qu'en Suisse; elle n'avait fait que passer en Espagne. C'est un fait grave en Europe que son établissement définitif dans cette France, qui depuis cent ans a donné à tant de peuples le signal de l'émancipation. Et son rayonnement semble devoir être d'autant plus efficace que notre République a sagement renoncé à la politique de propagande, qui effarouche ou irrite, pour se borner à prêcher tranquillement d'exemple. En somme, qu'on s'en réjouisse ou qu'on s'en afflige, il faut bien constater qu'il y a eu, depuis 1814, tendance générale et heureuse vers la liberté, que presque tous les États européens l'ont conquise, les uns entièrement, les autres à moitié et que des deux empires d'où elle est encore exclue, l'un (la Turquie) est appelé à se dissoudre assez prochainement, l'autre (la Russie) est miné par la Révolution et peut d'un jour à l'autre faire explosion.

Voilà où nous en sommes, et ce que l'Europe a gagné depuis 1815. Le vingtième siècle verra-t-il le triomphe complet de la démocratie dans cette partie du monde? Amènera-t-il l'établissement de la République dans tous les États qui la composent? Sera-t-il témoin, grâce à la victoire des doctrines socialistes, d'une entière transformation dans le gouvernement des peuples? Quelques-uns le croient, et tout cela n'est pas impossible. Il serait sans doute aussi téméraire de prédire à la cause populaire un

1. En 1867 et en 1884.

succès aussi absolu et aussi prochain que d'annoncer pour la fin du même siècle l'affranchissement de toutes les nationalités opprimées. Ce que l'on peut, je crois, affirmer, c'est que certaines nationalités, maintenant constituées (l'Allemagne, l'Italie, la Grèce par exemple), ne se dissoudront pas et qu'en général la liberté politique, qui a fait tant de progrès, ne reculera pas. Il y a donc lieu de penser que la cause de la paix gagnera encore du terrain. Certes il y aura toujours (et il serait puéril de croire le contraire) des rivalités d'intérêt entre les gouvernements, des haines entre les peuples, des rancunes nationales, des injures à venger, par suite des conflits violents et des guerres. Mais ce qu'il y a de sûr, c'est que, grâce aux institutions libres, les gouvernants auront de moins en moins la possibilité de troubler le monde par leurs caprices, leurs passions personnelles ou leurs ambitions de famille; c'est aussi que les peuples, par l'exercice même de leurs droits, prendront chaque jour une conscience plus nette de leurs responsabilités et seront moins prompts à se jeter dans les aventures; qu'en devenant plus instruits, plus éclairés, ils comprendront mieux qu'autrefois la solidarité d'intérêts qui existe entre eux; que, se connaissant mieux les uns les autres, ils sentiront qu'ils ont moins à gagner par les armes que par les travaux et les échanges de la paix [1]. Aussi nous paraît-il permis d'espérer (sans tomber dans l'utopie) que les guerres de conquête, qui sont les plus fréquentes et les plus meurtrières et qui ont presque toujours pour cause l'ambition d'une dynastie ou l'entraînement irréfléchi d'un peuple, se feront en Europe [2] de plus en plus rares.

1. C'est ce que paraissent avoir admis, l'une vis-à-vis de l'autre, les deux nations française et britannique. Elles se haïssaient en 1815. Elles ne s'aiment peut-être pas beaucoup à l'heure qu'il est. Mais elles sont trop liées par les affaires, elles voient trop nettement le bien qu'elles se font et le mal qu'elles pourraient se faire pour être disposées à reprendre les armes l'une contre l'autre. Quelques froissements qui se produisent entre elles, cette éventualité devient chaque jour de moins en moins probable.

2. En Europe et en Amérique; mais nous croyons bien qu'ailleurs et pour longtemps encore les nations civilisées n'auront d'autre règle dans leurs rapports avec les nations barbares que le droit du plus fort.

FIN DU TOME SECOND ET DERNIER.

TABLE DES MATIÈRES

DU TOME SECOND

DEUXIÈME PARTIE

LA RÉVOLUTION

CHAPITRE PREMIER

L'ÉBRANLEMENT DE L'EUROPE

CHAPITRE II

LA POLITIQUE DE SCHWARZENBERG

CHAPITRE III

L'HOMME FORT ET L'HOMME MALADE

CHAPITRE IV

SIC VOS NON VOBIS...

CHAPITRE V

LA CONSPIRATION DE PLOMBIÈRES

CHAPITRE VI

L'UNITÉ ITALIENNE

CHAPITRE VII

LA RAISON DU PLUS FAIBLE

CHAPITRE VIII

LA POLITIQUE DE BIARRITZ

CHAPITRE IX

LE LENDEMAIN DE SADOWA

CHAPITRE X

LA VEILLE DE SEDAN

CHAPITRE XI

L'UNITÉ ALLEMANDE

INDEX ALPHABÉTIQUE

B

C

D

E

G

H

I

Q

R

S

T

U

V

W

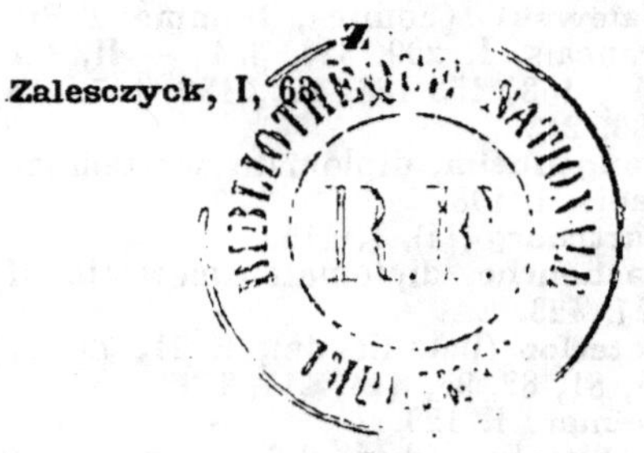

Coulommiers. — Imp. Paul BRODARD.

Coulommiers. — Imprimerie P. Brodard.

www.ingramcontent.com/pod-product-compliance
Lightning Source LLC
Chambersburg PA
CBHW071143270326

41929CB00012B/1860

* 9 7 8 2 0 1 2 6 7 0 3 1 0 *